한중 역사인식의 공유

민족주의의 뿌리와 과제

한중역사포럼
역 사 분 과

한중 역사인식의 공유

민족주의의 뿌리와 과제

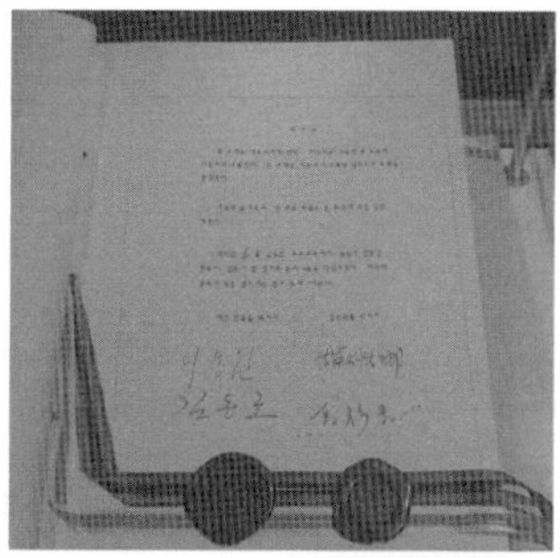

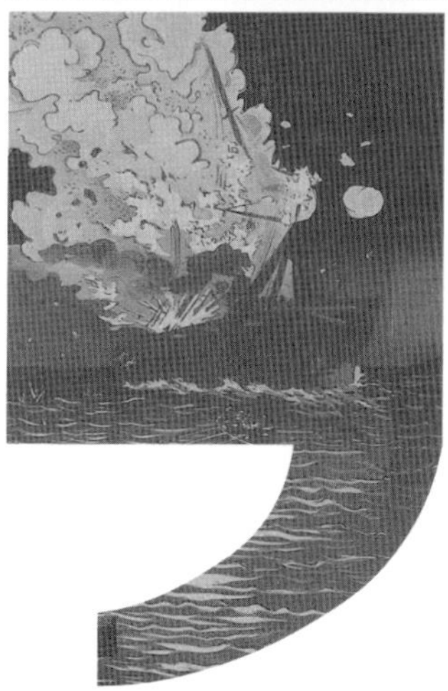

전인갑 · 왕위안저우 편

동북아역사재단
NORTHEAST ASIAN HISTORY FOUNDATION

발간사

동북아역사재단은 2018년 8월 서울에서 한국과 중국의 역사학자와 국제관계 전문가 24명을 초청하여 '동북아 평화공동체 구축'을 위한 제1회 '한중역사포럼' 학술회의를 열었습니다.

한중역사포럼을 시작할 당시와 지금 한중관계는 물론 동북아 정세는 여전히 불안정하고, 요동치고 있습니다. 그 핵심은 '자국 중심주의'라고 할 것입니다. 특히 북한의 계속된 핵실험(2013. 2~2016. 9)과 북미관계의 악화, 여기에서 기인한 '사드' 배치 등의 영향이 한·중관계를 최악으로 몰아갔습니다. '사드' 갈등 과정에서 중국의 관방 언론이 한국을 향해 쏟아낸 거친 기사는 반한 정서에 기름을 붓는 격이 되었고, 한국 사회에서는 이미 학습한 '동북공정'의 역사 기억으로 반중 정서가 최고조에 이르렀습니다. 원활했던 경제 및 문화 교류도 큰 영향을 받았습니다. 이로 인해 남북, 북미, 미중, 한일 관계 등이 모두 살얼음을 걷는 것 같은 형세입니다. 현재 미중관계가 더욱 악화되면서 동북아 지역의 정세 불안이 계속되고 있습니다.

동북아역사재단은 동북아가 맞이한 혼돈과 격동의 시대에 한·중관계의 갈등 요인을 정면으로 다루고, 나아가 '전략적 협력 동반자' 관계에 걸맞은 '인문 교류'의 내실화를 다지기 위해 '한중역사포럼'을 제안하였고, 이를 지원하여 오늘과 같은 결실을 맺었습니다. 모두 4차례에 걸쳐 서울-상하이-서울-베이징을 오가면서 이번 포럼을 이어갔고, 토론을 통해 가다듬은 논문 24편을 모아 역사 편과 국제관계 편으로 나누어 두권의 책으로 간행하게 되었습니다.

'한중역사포럼'이 이전의 다른 회의체와 다른 점은 역사 분과와 국제관계 분과로 각각 위원회를 구성하여 역사학과 국제정치학의 융합을 통해 하나의 회의체로 운영한 것이고, 또 다른 하나는 포럼의 연구 주제에 역사 갈등을 근원적으로 분석하고 동북아 국제정치의 현실을 반영한 점입니다. 포럼의 대주제인 "역사인식 공유와 동북아 평화공동체 구축을 위한 한중관계"의 함의를 담아내기 위해서 역사 분과(분과장: 전인갑, 왕위안저우)는 '한중 역사인식의 공유-민족주의의 뿌리와 과제'를 주제로 채택하였고, 국제관계 분과(분과장: 이희옥, 리청르)는 '동북아 평화를 위한 한중관계의 모색-역사로부터의 경험'을 주제로 다루었습니다. 이번 포럼의 결실로 '시진핑 · 신시대' 사상이 강화되는 가운데 중국 학계의 역사인식을 담을 수 있었고, 국제관계 분과에서는 '북핵'을 넘어서기 위한 한중 양측 전문가의 견해를 담았습니다.

동북아역사재단은 이번 포럼을 통해 전후 동북아의 저항과 갈등의 역사, 냉전 시기 동북아 국제정치의 대립 구도를 벗어나 역사적 전환기를 맞이한 지금 동북아 평화공동체 구축을 위해 무엇보다 민족주의를 경계하고, 한 · 중 양국이 전략적 협력동반자 관계의 내실을 다져나가는 데 꼭 필요한 인문 학술 교류의 토대를 구축하게 되었습니다.

저는 포럼의 의미를 『논어』에 나오는 "이문회우 이우보인(以文會友 以友輔仁)"이라는 구절을 인용하여 천명한 바 있습니다. 군자는 학문을 통해 벗을 모으고 벗을 통해 자신의 인덕(仁德)을 돕는다고 하였습니다. 한 · 중관계도 우리네 인간관계와 다르지 않다고 생각합니다. 이 책을 밑거름으로 앞으로의 한중관계도 서로 바른 인식을 통해 좋은 이웃으로 사귀고, 좋은 벗들이 모여 동북아평화공동체를 실현해나가기를 진심으로 희망합니다.

끝으로 매번 회의에 빠짐 없이 참여하여 열띤 토론을 펼치고 결과보고 원고를 거듭 수정 보완하여 제출해 준 포럼 위원 선생님에게 깊은 감사의 말씀을 드립니다.

2020년 11월

동북아역사재단 이사장

김도형

근대 민족주의의 형성과 역사문제
동아시아 평화와 공존을 위한 역사연구

1. 동기와 취지

동북아역사재단은 2018년 한·중 양국의 역사와 국제관계를 연구하는 학자들과 '역사인식 공유와 동아시아 평화공동체 구축'을 주제로 한중역사포럼을 조직했다. 포럼의 동기는 동북아시아 공동체에 관한 토론을 촉진하고 중장기적인 시각에서 지역 내 다양한 갈등과 분쟁의 경로를 탐구하여 동북아 평화발전 공동체 구축에 공헌을 하기 위해서이다. 한중역사포럼은 역사분과와 국제관계분과로 구성했다. 역사분과는 서강대학교 사학과 전인갑 교수와 베이징대학교 역사학과 왕위안저우(王元周) 교수가 소집했다. 한국 측 참가자는 경희대학교 사학과 정지호 교수, 연세대학교 사학과 김성보 교수, 충북대학교 사학과 김승욱 교수, 명지대학교 사학과 한명기 교수, 동북아역사재단 김정현 연구위원, 중국 측 참가자는 베이징대학교 역사학과 쑹청유(宋成有) 교수, 산둥대학교 역사문화대학 천상성(陳尚勝) 교수, 중국사회과학역사연구소 리화쯔(李花子) 연구원, 푸단대학교 한국학연구센터 싱리쥐(邢麗菊) 교수, 베이징대학교 외국어대학 리팅팅(李婷婷) 조교수 등 각각 연륜있는 교수와 학자로 구성되었다.

포럼은 2018년과 2019년 2년 동안 서울(1차, 4차)과 중국 상하이(2차), 베이징(3차)에서 네 차례의 토론회를 개최하였다. 역사분과의 주제는 '근대민족주의의 형성과 역사문제'이며 핵심은 민족주의 역사인식의 형성, 변천과 영향을 주로 탐구하는 것이다. 한·중 양국은 역사적으로 서로 의지할 수 있는 공동의 운명을 가지고 있을 정도로 관계가 긴밀하며 세계화의 진전으로 양국의 정치, 경제, 문화의 상호의존성과 연동성은 더욱 강화되었다. 날로 긴밀해지는 무역과 인적 왕래가 상호 이해를 증진시킬 수는 있지만 상호 간의 모든 오해와 논란을 해소하지 못하여 새로운 적대감과 갈등을 초래할 수 있다. 역사인식 문제는 한·중 양국을 포함한 동아시아 전체에서 매우 중요한 현실적인 문제이며 뉴미디어의 발전으로 더욱 대중화되어 양국 외교관계에 영향을 미칠 수 있다. 역사분과에서는 동아시아의 역사인식 문제가 동아시아 각국의 비교적 강한 민족주의, 국가주의 성향과 연관이 있다고 보고 민족주의가 역사인식에 미치는 영향을 집중적으로 다루었다. 역사분과의 각 구성원은 그 장점에 대해 네 차례의 토론회에서 광범위하고 심도 있는 논의를 거쳤으며 여러 학자의 발표 내용은 이 책에 수록된 논문에만 국한되지 않는다.

2. 전쟁의 기억과 상호인식

민족주의의 형성은 국가 간의 경쟁, 특히 국가 간의 전쟁과 밀접한 관계가 있다. 근대 이후에도 동북아 지역에서는 청일전쟁, 일본의 중국 침략전쟁, 한국전쟁 등 여러 차례의 중대한 전쟁이 발발했으며 이는 고대 역사에서 전쟁에 대한 기억을 불러일으켜 동북아 각국 특히 한·중 양국 간의 역사인식에도 깊은 영향을 미친다.

천상성은 고대 동아시아는 중화 질서 아래에 있어 각국의 민족 적대감이 그리 강하지 않았다고 한다. 그러나 16세기 말, 일본의 도요토미 히데요시(豊臣秀吉)가 조선을 침략하자 명이 조선에 파병하고 명군의 사상자가 많이 발생하였다. 그 뒤 여진족이 흥기하여 명과 대립했으며 두 차례나 조선을 침략했다. 결국 후금(청)이 중원으로 들어가 남명 세력 소멸 등 일련의 전쟁과 대격변으로 인해 동아시아 각국 사이의 민족대립과 민족의식에 대한 본질적인 변화를 가져왔다. 조선과 일본 양국은 이때부터 문화 의식적으로 '탈중국화'하기 시작했다고 지적했다. 천상성은 청이 일으킨 명 및 남명 세력과의 전쟁 그리고 조선과의 전쟁을 중심으로 당시의 남명, 조선, 일본 사대부의 청에 대한 인식과 전쟁기억을 고찰했고, 삼국 사대부가 동아시아 전체에 걸친 전쟁과 비상시국을 화이관(華夷觀)에 입각하여 어떻게 해석했는지 설명함으로써 삼국문화의 정체성 변화를 설명하고 있다.

중국에서는 강남 사대부가 가정삼도(嘉定三屠, 청 초기 청군에 의한 대학살) 등의 집단기억으로 이하지방(夷夏之防, 중국과 오랑캐 간의 방어)을 부각시키며 '화이의 구분이 군신지륜보다 크다(華夷之分, 大於君臣之倫)'고 여겼다. 그래서 정신적 도의적으로 청 통치자와 거리를 두면서 근대 신해혁명 전 혁명파의 사조가 가득 찬 공간을 남겼다. 청의 통치자는 '화이일가(華夷一家)'를 강조함으로써 다민족 공동체관념을 촉진하고 신해혁명 이후 '오족공화(五族共和)' 사상과 중화민족 개념의 형성을 위한 토대를 마련했다. 일본은 바로 '화이변태(華夷變態, 중화와 이적이 교체·역전하였다)'로 명청교체를 규정하면서 문화적 자신감을 갖게 되었고, 조선도 두 차례의 '호란(胡亂)'을 겪으면서 청을 배척하며 청의 중화 정통적

지위를 인정하지 않고 조선의 '소중화(小中華)' 지위를 강조해 자신의 문화적 자신감을 확립했다. 그래서 명청교체 이후 동아시아의 조공책봉체계와 화이지변(華夷之辨, 중국과 오랑캐 간의 구별)이 어긋나면서 동아시아 민족의식이 고양되고 동아시아 근대 민족주의의 내재적 원류를 구성하여 동아시아 각국 간의 상호인식과 상호관계에 영향을 주었다고 천상성은 설명하고 있다.

남명 정권이 청과 대결할 때 일본에 사람을 보내 군사지원을 요구한 적이 있는데, 이때 일본이 '존왕(尊王)'의 도리가 있다며 기존의 일본 '왜구'에 대한 강남 사대부의 인식이 바뀌었다고 천상성은 지적했다. 한명기도 조선이 청의 침략을 당한 후 일본에 지원을 요청했다는 주장이 있음을 밝혔다. 이로써 조선의 일본과 청에 대한 인식 사이에는 상호작용 관계가 있음을 알 수 있다. 물론 명청교체 외에도 한명기는 원명교체, 임진왜란, 병자호란, 청일전쟁과 러일전쟁의 영향에도 주목함으로써 조선의 대외인식이 지정학적 위치에 크게 영향을 받았다는 점과 대중국 인식과 대일본 인식 사이에 상호작용 관계가 있음을 설명하고 있다. 독특한 지정학적 위치 때문에 조선은 명과 청에 대해서는 사대를, 일본에 대해서는 교린을, 즉 사대교린(事大交隣)의 외교구도를 유지할 수밖에 없었다. 그러나 한명기가 지적했듯이 조선의 사대교린 체제가 불안정하여 동아시아 정세의 안정과 힘의 균형이 전제되어야 할 때가 많았다. 중국이나 일본에서 큰 혼란이 발생한다면 조선의 사대교린 체제를 유지하기 어렵고 조선 내부의 위기를 불러일으키게 되어 자연스럽게 조선의 대외인식도 바뀌게 된다는 것이다.

한명기는 현대 한국인의 대중 인식 및 대일 인식은 여전히 조선 시대에서 비롯된 측면이 크다고 보고 있다. 김성보의 연구도 한국인들은 현대에 이르기까지 한국전쟁 중 중국지원군의 참전을 화이지변으로 바라보는 데 익숙하다고 한다. 지금도 타이완으로 밀려난 국민당 정권을 중국정통으로 인식하고, 신흥 중화인민공화국을 적으로 보는 시각을 견지하고 있다. 그리고 이러한 인식은 병자호란에 관한 역사기억을 불러일으킨다. 한반도 북부의 북한도 중국 지원군의 입북작전을 역사의 연장선상에서 바라보는데, 임진왜란 당시 명이 조선을 원조한 전쟁과 연결하여 다룬다. 현실과 역사의 연계는 한반도 남북 양측의 역사인식에도 큰 차이를 초래하고 있다. 남한은 자국 역사의 '후진성'을 강조함으로써 근대화론에 길을 열었고 북한은 인민이 역사의 주체임을 강조하면서 자국 역사를 하나의 내재적 발전과정으로 보고 있다. 이 두 가지 해석이 서로 대립하여 화해와 포용의 길을 막고 있다.

동아시아 각국은 종적 역사인식에 있어 연동관계가 있을 뿐만 아니라 횡적 정치 안보에 있어서는 더욱 연쇄적이다. 김성보는 제2차 세계대전 종전 이후 한반도의 남북분단, 중국의 국공내전과 해협양안의 오랜 분단, 한때 남북으로 분단된 베트남에서 상호 연동성을 총괄했고 '동아시아 분단의 연쇄'라는 시각으로 역사인식과 상호인식의 연동성을 분석했다. 중국, 북한 그리고 한국의 과거 역사인식의 포용성 부족에도 불구하고 김성보도 한·중 양국의 역사에서 좌우협력, 국공협력 등의 경험이 있으며 이러한 역사기억은 분단문제를 해결하기 위한 역사적 경험으로 사용될 수 있다고 강조했다. 동아시아 평화공동체는 한반도의 남북분단 문제와 중국의 해협양안 문제가 해결돼야 실현할 수 있다.

큰 틀에서 많은 현대 동아시아 문제의 근원은 근대 일본제국주의의 확장 전쟁에 있다. 중·일 간 댜오위다오(釣魚島) 분쟁, 한·일 간의 독도 분쟁은 모두 근대 일본의 대외확장과 관련이 있는 반면 중국과 한반도

국경선 문제는 좀 더 복잡한 역사적 배경이 있다. 리화쯔는 종번관계하에서 중국과 조선의 국경 및 변경 지대 문제의식을 연구하였다. 한반도 북부는 원래 여진족이 살았던 지역이었으나 고려와 조선이 여러 차례 북진하면서 압록강과 두만강을 경계로 한 강역 영토가 형성되었고 이어 후금(청)이 부상하며 여진족이 싱징(興京) 지역으로 몰려와 북방 접경지역에 대한 통치를 공고히 했다. 압록강과 두만강 상류의 백두산 지역의 경계구분에 대해 리화쯔는 이는 목극등(穆克登)이 한 국경획정의 결과를 강조하였고 북한이 이번 국경획정에서 많은 것을 얻었다고 여러 차례 설명했다. 백두산 동남기슭까지 국경선이 획정되자 강렬한 백두산 귀속의식이 생겼다. 1885년과 1887년 두 차례에 걸친 탐사에서 북한도 목극등이 국경을 지정한 역사적 사실을 존중하여 두만강, 즉 투먼(土門)을 경계로 하고 있음을 승인했고 이후 대한제국이 '간도 문제'를 제기하면서 간도를 주인 없는 광활한 땅이라는 이유로 이강설을 고수하지 않았다. 조공책봉체제는 예의상 위계질서이지만 구체적 용무를 처리하는 데 있어서 불평등이 있었는지의 여부 등을 연구한 리화쯔에 따르면 영토문제와 같은 중요한 문제일지라도 청이 일방적으로 조선을 압박하는 상황이 없으면 때로는 오히려 조선에 더 유리한 경우도 있었다고 한다. 종번관계하에서 양측은 상호 이익, 관심사를 살펴볼 수 있고 우리가 조공책봉체제를 인식하는 데 의미가 있다.

3. 국가 정체성과 동아시아 정체성

학계는 흔히 국민국가(민족국가)의 건국 과정으로 동아시아 각국의 근대사 변천 논리를 이해하고 있기 때문에 각국의 근대민족주의 형성과 특징에 주목한다. 전인갑도 이런 시각에서 근대 이후 중국 민족주의와 국민국가(민족국가)의 패러다임 전환 관계를 구체적으로 고찰하면서 패러다임 전환의 원인을 민족과 천하의 길항이라고 진단했다. 전인갑은 중국 입장에서 근대 국민국가(민족국가) 건설은 보편제국, 문명제국에서 국민국가(민족국가)로의 전환을 의미한다고 강조했다.

물론 근대 동아시아 각국의 민족주의는 다른 특징을 가지고 있다. 근대민족주의는 서양에서 생겨났지만 서양에서도 나라마다 서로 달랐고 동아시아로 전파된 이후에는 자연스럽게 동아시아 각국의 역사와 정치, 문화전통과 결합하였다. 따라서 근대민족주의는 각국의 시대별 상황에 맞춰 내용과 형식은 달라졌지만 그럼에도 유사성이 적지 않다. 중국에서 근대민족주의가 전파되는 데는 량치차오(梁啓超)의 역할이 매우 중요했다. 김승욱은 량치차오의 근대민족주의 수용 과정의 분석을 통해 량치차오의 민족주의가 독일 블룬칠리(Bluntschli) 학설의 영향을 받았다는 점을 지적하며 이 역시 근대 동아시아 각국의 근대민족주의의 공통된 특징이라고 지적했다. 량치차오는 일찍이 루소의 사회계약론을 중시하여 근대국가가 군주주권에서 국민주권으로 넘어가는 개인주의, 자유주의적 성향을 강조하였다. 그러나 후에 블룬칠리에 더 무게를 둔 국가학설에 내재된 동기는, 량치차오가 청의 통치 범위 내의 모든 민족을 하나의 민족공동체로 통합하여 통일된 국민국가(민족국가)를 건설하고자 함에 따라 집단주의, 권위주의를 더욱 강조했다. 김승욱은 량치차오가 집단주의, 권위주의적 민족주의로 돌아설 수밖에 없다면서 중국의 복잡성을 강조했지만 집단주의, 권위주의가 동아시아 각국 민족주의의 공통적인 특징이라면 근대민족주의가 각국의 국정과 어떻게 내재적으로 연관되어 있는지 좀 더 숙고해야 할 문제이다.

근대 동아시아 각국의 민족주의에서 국사 구축은 중요한 위치를 차지하고 있다. 김승욱은 량치차오 민족주의의 특징을 좀 더 설명하기 위해 량치차오의 신사학(新史學)을 중심으로 발상의 전환 과정을 분석하여, 량치차오의 신사학이 신해혁명을 전후해 크게 바뀌었다고 강조했다. 신해혁명 전에는 진화론의 영향으로 역사학을 과학으로 보고 인과분석을 중시하다가 신해혁명 이후 역사학과 자연과학의 차이를 인식해 인과관계를 더 이상 강조하지 않고 의지력(심력)을 강조했다는 것이다. 이는 더 이상 과학적으로 중화민족의 '통합성'을 논증하려는 시도를 포기하고 민족의 정신, 의지를 더욱 중시한 것이다. 그러나 이런 량치차오의 변신을 어떻게 보느냐에 대해 아직 한중 학자들의 견해차가 크며 동아시아 각국의 근대민족주의의 공통성에도 불구하고 동아시아 각국이 구축한 국민국가(민족국가)의 이상과 현실을 이해해야 한다.

정지호는 량치차오의 '국성'론에서 량치차오가 신해혁명 이후의 혼란을 해결하기 위해 중화민족의 신질서 구축에 대해 고민한 점을 탐구하였다. 정지호는 량치차오가 신해혁명 이후 정치상황을 앞두고 민족(국가)주의가 아닌 '국성'을 언급했다고 지적했다. 량치차오는 '국성'은 곧 '민족성'이며 '국성'이 민족(국가)의 존망에 중요하다고 믿는다. 또한 중국의 국성이 두텁기 때문에 열강에 쉽게 망하지 않을 것이라고 믿고 '중국불망론'을 제기하였고 또 다른 한편으로 '국성'을 개량해 국민통합을 강화하고 안정된 신질서를 수립하고자 했다.

량치차오가 말한 중국 '국성'의 핵심내용은 보은, 명분, 장래에 대한 고려이다. 이는 유가도덕으로의 회귀를 나타낸다. 그는 공자를 '국성'의 상징으로 삼았다. 그러나 신문화운동이 일어나면서 신지식인의 반전통성향이 강한 만큼 량치차오의 '국성'론이 중국에 어떤 역할을 했는지 중국 역사를 접목한 실제 연구가 필요하다. 이러한 연구는 김승욱이 관심을 갖고 있는데, 량치차오 민족주의가 현대 중국 민족주의에 미친 영향에 대해서도 진일보한 답을 내놓을 수 있다는 점을 주목할 필요가 있다. 근대 동아시아 각국에서 '국성', '국혼', '민족성' 그리고 민족성 개량에 관한 논의가 있었는데, 이를 어떻게 동아시아 전체의 시각에서 분석할 것인지에 대해서도 앞으로 더 연구해 볼 필요가 있다.

정지호는 량치차오의 '국성'론에도 세계주의 경향이 있기 때문에 완전히 애국주의로 해석될 수 있는 것은 아니라는 점을 주목했다. 량치차오는 인류가 민족주의-민족제국 시대에서 만국대동주의 시대로 넘어가리라 믿었기 때문에 민족주의 수립이 최종 목표가 아니었다. 왕위안저우도 량치차오가 일찌감치 민족주의를 내세우며 가족관념과 천하관념을 타파해야 한다고 주장했지만 이 둘의 영향력이 여전히 존재하고 있으며 국가관념이 통상적으로 생각하는 것만큼 그렇게 최고로 높은 지위에 오르지 않았다고 여겼다. 그리고 전통적인 천하관념이 새로운 관념과 결합하여 동양주의, 아시아주의와 같은 지역주의, 세계주의로 변화하였다. 이 같은 사상적 경향은 동북아시아 3개국에서도 나타나는 공통적인 특성으로 근대 동아시아인이 전통 유가의 '가국천하연속체'를 타파한 이후 새로운 가국천하연속체를 구축하려는 것으로 국가와 천하 사이에 지역 정체성이 더해졌을 뿐이다.

4. 정의와 역사책임

제국주의의 침략으로 지역 정체성과 세계 정체성이 근대 동아시아에서 보편적으로 확립되고 공고해지기는 어렵지만 동아시아 평화공동체 나아가 인류운명공동체를 구축하려는 현재의 사상적 자원이 될 것이다. 그러나 제국과 제국주의에 대한 역사인식은 동아시아 각국에 따라 아직도 많은 편차가 존재한다.

쑹청유는 최근 수년간 동북아 3국 민중 사이에 유행한 '신민족주의'를 연구한 결과 동북아 3국의 신민족주의는 '제국 콤플렉스'와 '역사적 영토 콤플렉스'가 강하다고 평가했다. 역사적으로 자국민이 타민족에 대한 침략과 식민통치를 미화하는 것은 근대 역사에 무감각한 것일 뿐만 아니라 인류 정의를 무시하는 것이다. 이 역시 다분히 근대 일본제국주의 사상적 잔재이다. 제2차 세계대전 이후 일본은 여전히 '대일본제국'에 연연하며 침략전쟁을 철저하게 부정하고 반성하지 않고 있기 때문에 동아시아 각국은 여전히 역사적 화해를 이루지 못하고 있다.

쑹청유는 현재 동북아 3국 사이에 존재하는 역사인식 문제를 정치적인 것과 학술적인 것으로 구분하고 있다. 그는 한·중 양국은 주로 고대사 특히 고구려사의 인식에 있어서 다양한 이견이 존재하며 기본적으로 학술적인 성격을 띠고 있다고 보고 있다. 이 때문에 한·중 양국 학계가 협력연구와 교류를 강화해 양국 민족주의 속의 역사주의와 문화주의 경향에 대해 깊이 연구하고 진지하게 반성해 동아시아 각국의 민중이 극단적인 문화역사 민족주의적 경향을 점차 극복하도록 인도하고 인류 정의에 입각하여 공통의 가치를 세우고 타국(타민족)을 평상심과 포용심을 갖고 대해야 한다고 호소했다.

제2차 세계대전이 남긴 문제 중 일본군'위안부' 문제는 가장 중요하고 복잡한 문제이다. 이 문제는 오랫동안 해결되지 않은 채 잦은 논쟁, 국가 간 외교적 대립과 국민 간의 정서적 대립을 불러일으킨다. '위안부' 문제는 민족주의와 밀접한 관계가 있으며 이는 동아시아 민족주의 대립을 집중적으로 드러낸다. 리팅팅의 연구는 최근 일본군'위안부'를 둘러싼 한·일 양국의 외교적 대립과 국민갈등의 분석을 통해 '위안부' 문제 역시 복잡성을 지니고 있으며 민족주의의 이면에는 더 깊은 원인과 문제점이 있다고 평가했다.

쑹청유는 신민족주의 분석에서도 동아시아 각국의 역사 문제는 겉으로 보이는 현상일 뿐 중국의 부상에 따른 동아시아 지역질서 조정과 각국의 조화가 관건이라고 지적했다. 리팅팅은 동북아 역사 문제를 민족주의적 시각으로만 분석하는 것은 부족하며 민족주의가 전부가 아니라 부분적인 원인일 수 있다고 진단했다. 리팅팅은 최근 '위안부' 문제를 둘러싼 한·일 양국의 논쟁을 체계적으로 연구하여 한·일 양국의 주장에서 강점과 약점을 발견했는데, 양국 민족주의 정서고저와는 일일이 대응하는 관계가 없다고 했다. 그러므로 역사인식 문제는 간단히 민족주의로만 설명할 수 없다. '위안부' 문제에 있어 한국 내의 쟁점은 피해자 중심주의, 소수집단의 이익과 국내 의사결정 절차의 정당성 등의 문제이지만 외교적 차원으로 격상되자 한·일 양국 정부의 쟁점은 국제법에 집중되었다. 그러므로 동북아의 역사 문제에 대해서도 역사 제도, 국내 정치와 국제법 등 다각도로 접근해야 한다.

일본군'위안부' 문제의 최종 해결은 불투명하지만 이 문제는 동아시아 각국이 제2차 세계대전이 남긴 문제들을 어떻게 보고 그에 상응하는 도의적, 법적, 정치적 책임을 다할지 여부와도 밀접한 관련이 있다. 따라서 이 문제는 동아시아 역사의 과거와 현재, 미래를 관통해 역사적 진실을 살피고 역사적 책임을 가려 공통의 역사인식을 구축함으로써 동아시아 평화공동체 구축을 위한 중요한 본보기가 될 것이다. 각국 정부와 관련 학자, 사회단체 등은 관련 자료의 수집과 정리, 연구를 중시

한다. 김정현은 1990년대 이후 한·중·일 3국이 일본군'위안부' 문제와 관련된 자료의 수집, 유통과 이용 상황을 자세히 살펴보았고 일본 정부의 강제 동원 책임을 입증하는 데 있어 이용 가능한 정보의 문제가 있음을 지적하면서 보다 거시적인 시각으로 자료수집의 범위를 확대하고 다국적 사료수집과 협력연구를 진행하면, 새로운 자료가 많이 나오지 않는 상황에서 추가적인 연구가 가능할 것으로 기대하고 있다. 김정현은 또 이 같은 연구가 역사적 증오를 널리 알리기 위한 것이 아니라 오히려 역사적 화해를 도모하기 위한 것이라고 강조한다. 일본과 한·중 등 일본군'위안부' 문제를 둘러싼 정서적 대립을 해소하기 위해 김 연구원은 민족주의를 넘어 도의와 인권의 관점에서 이 문제를 바라보고 피해자 중심주의를 관철해야 한다고 주장한다. 이를 위해서는 국가를 초월한 공동자료 발굴과 연구 성과를 위한 국제교류가 더욱 필요하다.

5. 동아시아 가치와 동아시아 미래

정지호는 량치차오의 '국성'론을 분석할 때 량치차오가 민족인식에서 전통문화로 회귀한 데는 현실적인 고려가 있었다고 강조했다. 중국이 현재 경제대국에서 문명대국으로 나아가는 데 직면한 문제가 민국 초기와 유사한 측면이 있기 때문에 량치차오의 '국성'론은 시사하는 바가 있을 것이다.

전인갑은 근대 이후 중국의 국민국가(민족국가) 건설 과정을 살펴보고, 21세기 중국의 경제발전이 세계 문명사에서 갖는 의미를 탐구하는 데 착안했다. 전인갑은 근대 이후 중국의 국민국가(민족국가) 건설 과정을 6단계로 나누었고, 1982년 이후 6단계에 대해 중국이 진행한 '중국 특색'을 강조한 국가건설은 낡은 국민국가(민족국가) 패러다임의 쇠퇴, 새로운 국민국가(민족국가) 패러다임의 출현을 나타낸다. 이러한 새로운 국민국가(민족국가) 패러다임에 대해 전인갑은 자본주의도 사회주의도 아닌 '제국성 국민국가'로 요약했다. '제국'이라는 용어에 대한 학술계의 이해가 엇갈리고 있지만 이 개념을 중국학자가 받아들이기는 쉽지 않을 것이다. '중국의 부상'이 동아시아사와 세계사에서 갖는 의미를 어떻게 이해할 것인가라는 문제도 앞으로 더 연구하고 논의해야 할 과제다.

전인갑은 중국의 보편성과 문명성 추구를 설명하면서 유학으로 대표되는 전통문화가 중국에서 부흥하는 것에 주목했다. 그렇다면 동아시아는 물론 세계에 대한 유학의 의미를 어떻게 봐야 할까? 유학이 다시 동아시아 각국 공통의 가치기반이 되어 동아시아 평화공동체의 형성을 촉진할 수 있을지는 싱리쥐가 주목하는 핵심 문제다. 근대 이후 유학은 동북아에서 한·중·일 3국 모두 정도는 다르지만 부정과 비판을 받으며 급격히 쇠퇴해 왔다. 그러나 싱리쥐는 근대 이후 한국 유학의 전환 과정을 살펴봄으로써 한국 유학도 시대의 변화에 적응할 수 있는 능력이 있음을 증명하고 최근 몇 년 동안 한국에서 유학이 다시 중시되고 있으며 한국 전통문화에서 입지를 초보적으로 확립했다고 지적했다. 하지만 유학이 한국 전통문화에서 여전히 확고한 자리를 차지하지 못하고 있다면서 유학을 공리주의적으로 바라보는 경향이 있다고 지적했다. 이 밖에 유학이 한국 전통문화에서 차지하는 위상을 인정하더라도 유학은 아마도 최종적으로 학술연구와 박물관 전시의 대상일 뿐이며 현실생활과 점점 어긋나는 문제가 반전되지 않고 종교로 신봉하는 사람이 더 적어질 수 있다는 점도 인식해야 한다. 학자들이 '동아시아론', '아시아 가치'를 논할 때 유학을 자주 거론하지만 유학이 미래의 동아시아 공동체의 기반이 될 수 있을지는 여전히 검토가 필요한 문제다.

역사는 현실의 거울이고 미래는 현실의 연속이다. 한중역사포럼 역사 분과는 양국 소수의 역사학자들이 단기간 동안 교류하는 소통의 장이다. 아직 학문적 성과가 부족하지만 양국 학자들이 함께 모여 동북아평화공동체의 실현 가능성을 학문적으로 검토하는 데 노력하였다. 공유하는 역사인식 구축을 위한 동북아평화공동체 구축의 인식기반으로써 근대 이후 민족주의가 역사인식에 미친 영향에 대해 집중적으로 교류하고 토론하는 것 자체가 가시적인 학문적 성과보다 더 중요할지 모른다. 우리는 양국 학자들이 함께 모여 몇몇 공통 관심사에 대해 연구하고 서로 토론하는 것이 상호이해를 증진하고 공통의 가치 기준을 확립하여 양국이 공유할 수 있는 역사인식을 형성하는 데 도움이 될 것으로 믿는다.

공동연구자를 대표해

2020년 11월

전인갑, 왕위안저우 씀

차 례

4부 동아시아 가치와 동아시아 미래

1부

전쟁 기억과 상호인식

1장

근세 동북아의 전쟁기록과 '화이지변(華夷之辨)': 17세기 청의 조선과 남명에 대한 전쟁을 중심으로

천상성(陳尙勝)
산둥대학교 역사문화학원 교수

I. 머리말

글로벌 시대에 구역 내 국가 간 협력은 이미 추세가 되었다. 이에 2002년 '아세안'과 한·중·일 삼국 정상은 공식적으로 '동아시아공동체'구축을 목표로 내세웠다.[1] '동아시아 공동체를 구축하는 데 있어서 한·중·일 삼국의 협력 또한 매우 중요하다. 일부 학자들은 한·중·일 삼국은 한자문화와 유교문화라는 공통된 배경을 갖고 있기에 문화정체성을 통해 구역협력을 촉진할 수 있다고 보았다.[2] 그러나 현실적으로 볼 때 한·중·일 관계는 줄곧 '아시아 패러독스(Asia Paradox)'에 시달렸고[3] 역사인식 문제는 늘 상호 간 지역협력의 장애물이 되었다. 때문에 이번 포럼에서 '근대민족주의의 형성과 역사인식'을 주제로 공동역사연구를 전개하는 것은 매우 필요한 것이다.

근대 한·중·일 삼국의 민족주의의 형성에 대해 사학계에서는 이미 많은 연구가 있었다. 지금까지의 연구상황으로 볼 때 학자들은 삼국의 근대민족주의의 형성은 서방열강 및 일본의 침략확장과 관련이 있다고 입을 모으고 있다.[4] 하지만 서양역사의 경우, 근대 유럽 각국 민족주의의

---

1 '아세안'은 동남아국가연합'의 약칭으로 인도네시아, 말레이시아, 필리핀, 싱가포르, 태국, 브루네이, 베트남, 라오스, 미얀마와 캄보디아 등 10개 회원국으로 구성됨.

2 田毅鵬, 2005,『全球化, 民族國家與東亞認同』,『史學集刊』第2期; 許兆昌, 2005,『東亞文化傳統的多元與統一』,『史學集刊』第2期; 孫洪魁, 李霞, 2006,『東北亞區域合作的文化視角-打造區域合作的文化基础』,『東北亞論壇』第3期.

3 소위 '아시아 패러독스'(한·일 양국은 '아시아 역설'이라고 함)는 한·중·일 삼국 사이에서 유난히 잘 드러난다. 한편으로 삼국은 경제적인 상호의존도가 점점 커지고 다른 한편으로 삼국은 영토주권과 역사현안문제로 인해 정치관계가 지속적으로 긴장상태에 있다.

4 愼鏞厦, 1987,『韓國近代民族主義的形成與展開』, 首爾, 首爾國立大學校出版部;

발생 또한 국가와 국가 간 전쟁과 밀접한 관련이 있다.[5] 다만 동북아지역의 고대역사를 거슬러 올라가면 중국 고대왕조가 주도하는 동북아구역질서(어떤 학자는 이를 '조공체계', 혹은 '화이질서', '화하질서'라고 함.)가 존재했던 적이 있었다.[6] 그렇다면 이 구역체계에서 조선과 일본은 어떻게 문화의식에서 탈'중국중심'을 이루었는가? 이는 응당 양국의 민족주의 의식의 형성과 관련이 있을 것이다. 조선과 일본의 역사발전 과정을 놓고 볼 때 양국의 문화의식에서의 탈'중국중심'은 모두 17세기 후기 양국 사대부의 '화이지변(華夷之辨)' 토론에서 시작된 것이다. 이런 '화이지변'의 얘기는 또한 청군이 조선과 명 그리고 남명세력과 벌인 전쟁과 밀접

唐文權, 1993,『覺醒與迷誤: 中國近代民族主義思潮硏究』, 上海: 上海人民出版社; 陶緒, 1995,『晩淸民族主義思潮』, 上海: 上海人民出版社; 丸山眞男著, 王中江譯, 2000,『日本政治思想史硏究』(漢譯本), 北京: 生活, 讀書, 新知三聯書店; 王爾敏, 2003,『淸季學會與近代民族主義的形成』, 載于王氏『中國近代思想史論』, 北京: 社會科學文獻出版社; 安宣邦, 2007,『日本民族主義的解讀』, 東京: 白澤社; 朴贊胜, 2007,『民族主義的時代: 在日帝下的韓國民族主義』, 首爾: 景仁文化社; 許紀霖, 2017,『家國天下: 現代中國的个人, 國家與世界認同』, 上海: 上海人民出版社.

5 李肇忠, 2011,『近代西歐民族主義』, 北京: 人民出版社; 查爾斯·蒂利(Charles Tilly)著, 魏洪鐘譯, 2012,『强制, 資本與歐洲國家(公元990-1992年)』, 上海: 上海世紀出版集團; Andreas Wimmer, 2013, Waves of War, *Nationalism, State Formation and Ethic Exclusion in the Modern World*. New York: Cambridge University Press.

6 학계가 사용하는 '조공체계의 개념은 페어뱅크(J. K. Fairbank)와 양롄성이 제기한 것이지만 청의 대외사무에만 국한되었다.(*On the Ch'ing Tributary System*, Journal of Asiatic Studies, Vol 6, No.2, 1941) 나중에 하마시타 다케시가 '조공무역체계'론을 내놓아 아시아의 무역네트워크를 해석하였다.(『近代中國的國際契机: 朝貢貿易體系與近代亞洲經濟圈』, 北京: 中國社會科學出版社, 1999) 학술계는 이에 동아시아지역의 전통국제질서를 다룰 때 사용하였다. '화이질서'는 중국학자 허팡촨, 한둥위 등이 늘 사용하던 개념이다.(何芳川, 1998,『"華夷秩序"論』,『北京大學學報』第6期; 韓東育, 2008,『"華夷秩序"的東亞构架與自解體內情』,『東北師大學報』(哲學社會科學版2008年第1期) '화이질서'는 황지롄이 제기한 것임.(黃枝連, 1992,『亞洲的華夏秩序: 中國與亞洲國家關系形態論』, 北京: 中國人民大學出版社 참고).

한 관계가 있다. 이 때문에 본문에서는 청이 명 그리고 남명세력과 벌인 전쟁(1616~1683)과 청의 대(對)조선전쟁(1627, 1636)을 중심으로 당시 남명, 조선과 일본의 사대부들의 청군에 대한 인식과 전쟁기억을 살펴 동북아에서 한·중·일 삼국 간의 이런 '화이지변' 배경과 삼국의 문화 정체성 성향을 밝히고자 한다.

II. 17세기 청의 대(對)조선전쟁과 대(對)명 및 대(對)남명 전쟁

청의 흥기는 건주여진에서 시작된다. 건주여진은 명 시기 동북지역 3대 부락 중 하나로 다른 두 부락은 해서여진과 야인여진인데 이들은 주로 백두산과 흑룡강 사이에서 생활하였다. 여진의 각 부는 명의 초무를 받아 위(衛)를 설치하였고 요동지역에서 호시무역을 하였다. 이와 더불어 명은 베이징(北京)에 와서 조공을 바치는 여진의 각 부 추장들에게 '지휘사', '지휘동지' 등의 직을 수여하여 동북지역의 질서를 안정시켰다. 여진인들은 명과 조선과 무역을 하였고 이에 여진의 사회경제도 기존의 채집경제, 수렵경제의 기초 위에서 초보적인 농경경제가 형성되었다. 여진 사회경제의 다양화와 더불어 여진 각 부락 사이에도 충돌이 발생했다.[7] 특히 16세기 후반기 이후 여진은 "각 부가 봉기하여 왕으로 칭하고 패권을 다투었으며 각기 자기 구역에서 우두머리로 있으면서 서로

7 鄭天挺主編, 1989, 『清史(上編)』, 天津: 天津人民出版社, 19~51쪽; 魏斐德著, 陳蘇鎭, 薄小莹譯, 1995, 『洪業-清朝開國史』, 南京: 江蘇人民出版社, 32~50쪽.

전쟁을 벌였고 심지어 형제가 서로 죽이고 강한 자는 약한 자를 업신여기고 다수가 소수한테 사납게 굴면서 다툼이 끊이지 않았다." 이런 배경에서 건주여진의 수령인 누르하치는 여진 각 부를 통일하는 전쟁을 시작했다. 1583~1618년까지 누르하치는 "은혜와 위엄을 함께 베풀어 순종하는 자는 덕으로 보답하고 거스르는 자는 군대로 공격한다"는 책략[8]을 취하였으며 명과의 충돌을 힘껏 피하면서 여진 각 부락을 통일하였다.

1616년 누르하치는 허투알라[赫圖阿拉](지금의 랴오닝성 신빈현)에 후금을 세웠다.[9] 이는 누르하치가 여진이 명과의 예속관계에서 벗어나기를 원한다는 것을 의미한다. 1618년 봄과 여름 사이에 누르하치는 '7대 원한'을 들어 결의하며 명과 정식으로 전쟁을 시작했다. 누르하치가 직접 후금의 군대를 거느리고 요동의 군사요충지와 호시무역도시인 무순(撫順)을 공격하자 명군 수비장인 이영방은 군대를 이끌고 성을 나와서 투항하였고 구원하러 온 명의 광녕총병 장승음 부대도 누르하치 군에 무너졌다. 그해 겨울, 명은 이를 만회하기 위하여 양호(楊鎬)를 요동경략으로 임명하고 군대를 소집하여 후금군을 공격하였다. 1619년 봄, 양호는 9만의 대군을 모아 군대를 4갈래로 나누어 진격하였고 조선에서는 군대를 파견해 공동으로 금을 공격할 것을 약속하였다. 그러자 누르하치는 병력을 집중하여 각개격파하는 전략을 취하여 1619년 사르후[薩爾滸]전투에서 명군을 크게 이기고 기세를 몰아 개원(開遠)을 점령하고 철령을 차지하였다. 1621년 누르하치는 대군을 거느리고 심양(瀋陽)을 공

---

8 『清實錄 · 太祖實錄』 卷一, 北京: 中華書局影印本, 1985年(下同), 第一冊, 25쪽.

9 중국사서에서는 누르하치가 세운 금을 '후금'이라고 칭하여 12세기 여진족인 완안부 아구다(阿骨打)가 세운 금(1115~1234)과 구분하였다.

격하였다. 심양이 공략된 후금군은 또 기세를 타서 명의 요동에서의 정치중심인 요양(遼陽)을 공격해 빼앗고 수도를 요양으로 옮겼다. 한동안 후금군은 요하 이동 지역을 석권하였고 해주, 개주, 금주, 복주 등 성은 모두 후금군에 점령되었다. 1622년 봄, 누르하치는 군대를 거느리고 요하를 넘어 요서지역을 노렸다. 요하에 있던 명의 수비군은 서평보(西平堡)로 퇴각했다가 후금군에 포위되었고 구원하러 온 광녕위(廣寧衛) 명군도 무너졌다. 명의 광녕위 군민들은 경황실색하였고 광녕성도 후금군에 함락되었다. 1625년, 누르하치는 뭇사람들의 반대를 무릅쓰고 심양이 사통발달하여 요하를 건너 명을 치기에 길이 곧고 가깝다고 하면서 또 수도를 심양으로 옮겼다. 1626년 봄, 누르하치는 13만 대군을 거느리고 명나라 정벌에 나서 금주(錦州), 송산(松山), 대소능하(大小凌河), 행산(杏山), 연산(連山), 탑산(塔山) 등의 성을 함락시켰다. 하지만 영원성(寧遠城)을 공격할 때 명 수비장 원숭환(袁崇煥)의 홍이대포(紅夷大砲) 공격을 받아 크게 사상자를 냈고 누르하치도 대포에 부상을 입었기에 하는 수 없이 군대를 철수하였다. 그해 가을, 누르하치는 영원성전투로 인한 울화병으로 죽었고 명청전쟁은 대치단계에 들어섰다.

누르하치가 죽은 후 넷째 아들 홍타이지가 칸의 지위를 이었다. 홍타이지는 명의 경제봉쇄로 인한 어려운 국면을 타파하는 동시에 명을 공격 시 피습의 위험에서 벗어나기 위해 먼저 출병하여 조선과 압록강 하구 여러 섬을 근거지로 한 모문룡(毛文龍) 부대를 정복하기로 하였다.[10] 1627년(정묘년 정월 초8일) 후금의 대장 아민(阿敏)은 군사를 거느리고 조선을 정복하러 나섰다. 인조는 상황이 긴박해지자 강화도로 피신하면

10 『淸實錄 · 太宗文皇帝實錄』 卷二“天聰元年正月丙子”條. 第二冊, 31쪽.

서 후금의 병영에 사람을 보내 강화를 요청하였다. 3월 3일, 어쩔 수 없이 강화도에서 후금과 맹약을 맺고 양측은 형제의 나라가 되기로 약속을 하여 조선은 홍타이지의 철수를 얻어냈다. 홍타이지는 조선의 변경 도시 의주에서 완전히 철수하기 전에 조선을 압박하여 의주 중강에 호시무역을 개설하기로 하였다. 이 전쟁을 청 사서에는 '정묘지역(丁卯之役)'이라고 하였다.

그해 5월, 홍타이지는 조선정벌 승리의 여세를 몰아 다시 금주, 영원 등 요서지역의 여러 성에 있는 명군을 공격하였지만 명군의 완강한 의지와 강력한 대포에 다시 무릎을 꿇었다. 그 후 후금은 산해관 서쪽의 장성 입구에서 명 관내지역을 공격하는 것으로 방향을 바꾸었다. 1629년 가을, 홍타이지는 후금군과 항복한 몽골의 여러 부족을 거느리고 계진(薊鎭)에서 장성으로 들어가 북경성 밑에 이르렀다. 북경성이 견고하고 또 여러 지역의 명군이 응원하러 오자 홍타이지는 싸우면서 후퇴하였는데, 가는 길목에 위치한 여러 현의 사람들을 많이 학살하면서 1630년 봄에 선양으로 돌아왔다. 1635년, 정식으로 부족 명칭을 '만주'라고 바꾸었다.

1636년 여름, 홍타이지는 국호를 다시 '청'으로 바꾸고 '황제'라 칭하면서 조선에 신하로서 복종할 것을 요구하였지만 조선은 이를 거부하였다. 그러자 홍타이지는 팔기(八旗), 몽골, 한군(漢軍)에서 마병과 보병 10만 명을 뽑아 친히 대군을 거느리고 조선정벌에 나섰다. 이해가 병자년이었기에 청 사서에는 '병자지역(丙子之役)'이라고 칭하였다. 12월 2일, 청군이 출정하자 이 소식을 들은 인조는 왕경 동남쪽 30리에 있는 남한산성으로 황급히 도망쳤다. 30일, 청 팔기의 각 군사가 남한산성을 포위하였다. 이듬해 봄, 조선은 어쩔 수 없이 청의 황제에게 칭신(稱臣)하고 명과의 정치관계를 단절하며 청에 세폐(歲弊)를 바치고 왕자 등을 인질로 보내는 요구를 받아들였다. 홍타이지는 조선을 신하로 굴복시키는 목적을 달성하자 조선에서 군사를 철수하였다.

청군이 조선을 정벌하기 전, 명은 만청세력을 진압하기 위해 '요향(遼餉)'을 추가로 징수했다. 게다가 섬서 등의 지역에서 대규모의 기근이 들어 섬서 북부 등에서 고영상(高迎祥), 이자성(李自成), 장헌충(張獻忠) 등의 농민봉기가 일어났고 여기에 왕조 내부의 정치적 갈등까지 겹치면서 명의 요동지역에서의 군사방어력은 매우 약해졌다. 1639~1642년까지 명과 청은 송금결전(松錦決戰)을 벌였다. 청군은 약 20만이고 명군은 약 17만인데, 청군이 크게 승리하여 명군 5만여 명을 죽이고 영원성을 제외한 명의 산해관(山海關) 외 모든 성을 차지하였다. 1644년 3월, 이자성은 농민들을 이끌고 북경에 들어가 명의 통치를 뒤엎었다. 5월, 명의 장수인 오삼계(吳三桂)가 청에 투항한 틈을 타 청군은 산해관으로 들어왔다. 6월 초에 청군이 북경에 들어왔고, 9월에 청의 섭정왕 도르곤[多爾袞]은 북경으로 수도를 옮기기로 하였다.

청은 명을 위해 복수한다는 명분을 내걸고 죽은 명 숭정제의 장사를 황제의 예에 따라 지내 명의 전직관료들을 회유하였다. 북경 주변 지역의 일부 명 관리들이 연달아 청에 항복하면서 청은 하북, 산동 지역을 지배하게 되었다. 그러나 청군은 남하하는 과정에서 1645년 5월부터 남명정권 및 그 세력들의 완강한 저항에 부딪쳤다. 청은 잇달아 탄생한 남명정권(남경 홍광정권 1644~1645, 복주 융무정권 1645~1646, 광주 소무정권 1646, 계림과 안룡의 영력정권 1647~1659)을 하나하나 소멸시키고 1683년에 대만을 점령(명정정권 1661~1683)하고서야 드디어 중국을 완전히 지배할 수 있었다.[11]

III. 17세기 조선 지식인들의 '호란(胡亂)'에 대한 기술과 인식

홍타이지가 조선을 상대로 벌인 두 차례의 전쟁에 대해 조선왕조 역사서에는 '호란' 즉 '정묘호란'과 '병자호란'이라고 일컬었다. 조선의 공식문헌(조선왕조실록)과 개인문헌에는 이 두 차례의 '호란'에 대한 많은 기록이 있다. 여기서 그 당시 개인문헌을 중심으로 그들이 어떻게 호란을 기록하고 인식했는지 알아보자.

먼저 정묘호란 시기 군사를 이끌고 후금에 저항한 조선 무장 정충신(鄭忠信, 1575~1636)의 개인연보에 보면 다음과 같은 기록이 있다.

> 정묘년 정월 13일, 닭이 울기 시작할 무렵 건주여진의 오랑캐[建虜]가 의주에 쳐들어왔다 …… 17일 도적들이 의주 수구문에 잠입했다. 해가 뜰 무렵 의주가 함락되었다 …… 평양, 황주 두 鎭이 차례로 무너져 나라 안팎에서 크게 놀랐다. 26일, 인조 임금이 서울을 빠져나와 피난을 갔다 …… 당시 옥성부원군 장만이 체찰사로 있으면서 마침 장수와 병졸들을 뽑고 있었다. 공이 병을 무릅쓰고 일어나서 군영에 가 별장의 신분으로 앞으로 가서 적을 물리칠 방도를 올렸다. 비변사에서 말하기를 지금 여러 장수 중 재능이 뛰어난 자들을 눈여겨 시험해보니 정충신 같은 이가 없으니 부원수로 하여 서북의 군사를 맡게 하는 것이 마땅하다 …… 인조 임금이 허락했다. 그리하여 공은 장만의 군영에서 명을 받들고 수하 약간 명만을 거느리고 황해도 산골고을인 토산, 신계, 서흥 등으로 이주하였고

---

11 顧誠, 1997, 『南明史』, 北京: 中國青年出版社.

또 강원도 군사 천이백 명에게 임진강 위쪽의 6곳 여울을 지켜 도적을 막게 하였다. 오랑캐 군사(虜兵)가 중화에 오니 조정에서 이미 강화를 요청하였고 평산에 이르니 강화가 이루어져 철수하였다. 이 때문에 공은 적과 교전해 본 적이 없었고 계속 적을 쫓아서 안주에 주둔하였다. 오랑캐 군사들이 계속 약탈을 하니 공이 강홍립에게 적의 장수를 타일러 살육과 약탈을 금지하고 맹약을 저버리지 말도록 해달라는 편지를 보냈다. 당시 적에게서 도망쳐 온 우리나라 사람들이 길가에 줄지어 있었다. 공은 군량을 이들에게 나누어 주어 이들을 죽음에서 구하였고 또 어미 잃은 갓난애 몇 백 명을 거두어 민간에서 기르도록 하였고 원하지 않는 자는 쌀을 주어 그 수령에게 구제하도록 하였다. 또 승려들에게 평양의 사망자들을 매장하게 하였으며 안주에서는 현지 병사를 시켜 매장을 하였다. 눈에 띄게 두드러져 인식이 가능한 것은 별도로 매장하고 나머지는 한곳에 묻었다.[12]

위의 기록에서 정묘호란 시기 많은 조선 백성이 사망하였을 뿐더러 후금의 군사들이 많은 조선인을 노략하였음을 알 수 있다. 공식기록인 『승정원일기』는 "정묘호란 이후 사대부들은 늘 융복을 입었으며 여러 번 거짓 경보를 겪으면서 가업이 바닥이 났다"[13]고 기록하였다.

당시 조선 사대부들의 병자호란에 관한 기록 가운데 비교적 온전한 것은 김상헌의 『남한기략』, 최명길의 『병자봉사』, 신집의 『병자록』, 나만갑의 『병자록』, 이회보의 『병자남한일기』, 유계의 『남한일기』 등이 있다.

---

12 정충신, 1990, 『만운선생집』 부록 권2 「만운선생연보」, 『한국문집총간』 83, 경인문화사, 359~360쪽(아래 같음).

13 『승정원일기』 33권 173쪽, "숭정 사년 구월 이십구일"조. http://sjw.history.go.kr/id/SJW-A09090290-00600

아래에 이런 일기들을 중심으로 전쟁에 대한 이들의 기술과 인식을 살펴보자.

병자호란 시기 이조판서였던 김상헌(金尙憲, 1570~1652)은 척화파로 유명하였다. 그가 쓴 『남한기략』에는 병자년 12월 12일에서 정축년 2월 초하루 사이 조선군신과 청군의 강화협상 및 출성 항복에 관한 사실이 기술되어 있다. 그중에는 김상헌이 청과의 화친을 반대하는 입장이 많이 들어 있다. 또 글쓴이가 그동안 국왕에게 올린 상소문과 관련문헌 및 병자호란 시기 희생된 조선의 문신들과 무장들에 관한 내용들이 다수 들어 있다. 김상헌은 다음과 같이 기술했다.

> 숭정 9년 병자년 12월 12일, 석실에 있었는데 서쪽에서 올라온 보고가 매우 급하다는 소식을 들었다. 13일, 만형님의 편지를 받아보니 적의 기세가 빠르고 사나워 정찰기마병이 이미 봉산에 이르렀다고 하였다. 14일, 선영에 울면서 작별을 고하고 도성에 들어가 임금을 호종하기로 하였다. 날이 어두워지자 광찬(김상헌의 양자)이 가묘를 받들었고 가솔들도 뒤따라 왔는데, 적의 기병이 벌써 서쪽 교외에 들이닥쳐 임금은 강화도로 거동하고자 급히 성을 떠났다는 소식이 들려왔다. 땅거미가 질 무렵에 광찬과 함께 석실에서 출발하여 미음에 이르렀는데 길에서 임금이 남대문에 도착했으나 더 나아가지 못하여 급히 수구문을 거쳐 남한산성으로 향했다는 소식을 듣고 즉시 미음에서 언 강을 건넜다. 밤은 깊고 눈보라가 세차게 불어 말이 앞으로 나아가지 못하여 잠시 광주 길가에 있는 촌주막집에 들어갔다. 15일, 새벽에 닭이 울어 산성의 북문 밖에 도착하니 어떤 사람이 성안에서 나와서 임금이 이미 성을 나갔다고 하였다. 어디로 갔느냐고 물으니 강화도로 갔다고 하였다. 곧장 말고삐를 돌리고 채찍을 가하여

> 강화도로 향해 달리는데 길가에는 부녀자와 늙은이, 어린애들이 길을 가득 메우며 달아나고 있었다. 만나는 사람들한테 임금의 행방을 물으니 다들 모른다고 하였다. 삼전도에 이르니 두 기병이 산성에서 달려 나왔는데 말 위에서 스스로 이름이 이시영이라 하면서 또 임금이 오늘 저녁 성을 나와서 강화도로 가고자 했으나 형세가 급하여 다시 성안으로 들어가서 재상을 보내 마푸타(馬胡)를 오게 하여서 화친을 논의하기로 했다고 하였다. 이에 남문로를 따라 들어가니 길이 험하고 얼음이 미끄러워 열 걸음에 아홉 번은 넘어졌다. 땅거미가 질 무렵에 드디어 성에 도착하였다. 두 발이 몹시 아파서 한 발자국도 움직일 수 없어 (예조)참판 광현의 임시막사에 쓰러져 누웠다. 16일, 병으로 일어날 수가 없었다. 그날 적의 기병은 이미 삼전도를 넘었고 성문은 굳게 닫혀 있었다.

이것을 통해 전투가 임박하여 군신들이 성을 빠져나갈 때 날씨가 추워서 더욱 궁지에 빠져 허둥대는 모습을 볼 수 있다. 이어서 김상헌은 날짜별로 사건을 기록하였을 뿐더러 그의 척화주전의 관점과 청과의 화친을 반대하는 입장을 주로 기술하였다.

> 17일, 행궁에 들어가 엄숙히 절을 하고 뵙기를 청하니 바로 임금이 불러들이라고 명하였다. 임금이 말씀하기를 "정세를 잘 아는 사람을 만나지 못하여 이 지경에 이르렀다"고 하자 신이 아뢰기를 "여러 신하의 죄는 어찌 말로 다하겠나이까? 하지만 과거의 잘못은 더 이상 추궁하지 말고 지금은 반드시 먼저 싸우고 나중에 화친을 하는 계책을 세워야 합니다. 만약 비굴하게 화친만 청한다면 화친 역시 이루기 어려울 것입니다. 송 사람이 '화친을 형태로 하고 지키는 것을 실체로 하며 전쟁으로 대응한다'고

말하였사옵니다. 이 말이 지금 현실에 제일 부합되는데 임금님의 생각은 어떠하나이까?"라고 하였다. 임금이 '경의 말이 옳다'라고 하였다. 비변사에 가니 삼공(三公) 및 여러 당상관이 모두 자리에 있었다. 최명길, 한여직, 윤휘, 이경직이 잇달아 마푸타를 만났는데, 그들이 가서 본 후의 생각은 서로 달랐음을 알 수 있었다. 최명길은 적은 오로지 맹약을 맺으려 하지 절대 다른 뜻은 없다며 만약 왕자를 인질로 보내면 적은 반드시 군사를 철수할 것이라고 하였다. 한여직도 최명길의 의견에 동조하였다. 윤휘는 적의 속셈을 헤아리기 어렵다고 하였다. 나중에 윤휘가 계략이 있는 자로 일컬어짐은 바로 이 때문인 것이다. 19일, 병으로 임시막사에 누워 있었다. 날이 어두워지자 경기도 관찰사 이자연이 찾아와서 말하기를 "오늘 상황에 대해 공은 들으셨나이까?" 하여 "어떤 일이 있어났습니까?" 하니 이자연이 말하기를 "얼마 전 대신 이하가 임금을 만나뵙기를 청하여 동궁을 오랑캐 진영에 인질로 보내자고 합니다."라고 하였다. 내가 비변사에 가니 모두 이미 임금을 뵈러 들어갔고 참의 김남중과 종사 채유후 및 다른 몇 사람만 남아 있었다. 임금을 뵈러 간 연유를 물으니 이자연이 들은 그대로였다. 한참이 지나서야 사람들이 나왔다. 영상(주: 김유)한테 가서 그 연유를 물으니 대답하기를 종묘사직 때문에 어쩔 수 없다고 하였다. 이에 내가 말하기를 "종묘사직의 주인이 없는데 어찌 종묘사직이라 할 수 있고 어찌 신하가 왕세자를 적에게 인질로 보내자는 논의를 주창할 수 있단 말이오? 나는 이런 일을 건의한 자와 같은 하늘 아래 살 수 없으니 상공께서는 다시 들어가 앞선 주장이 잘못된 것이라고 스스로 아뢰어야 할 것이외다. 그렇지 않으면 충신과 의사들이 반드시 팔을 걷어붙이고 일어날 것이다"라고 하였다. 영상이 처음에는 심히 불쾌해 하였으나 압박을 거듭하니 드디어 깨닫고 말하기를 "영공이 진실로 나를 아끼는구려" 하면서 즉시 일어나 처벌을 기다렸다. 최명길, 장유만이 나오지 않아 좌우에게 물으니 대답하기를 "두 사람이 남아서 아뢴 말이 무엇인지 알지 못합니다"라고 하였다. 얼마 후 들으니 임금이 말하기를 "내 위로는 종묘 사직을 위하고 아래로는 경들을 위해 세자를 보내는 것은 마땅히 어렵지 않으나 만약 적의 요구가 여기에서 그치지 않으면 경들은 어찌 대처하겠는가?"라고 하였다고 한다.

그러나 김상헌이 보건대

성이 처음 포위되었을 때, 적의 군사가 적고 성은 크기 때문에 사면에서 포위할 수 없어 오랑캐장수가 속으로 두려워하여 왕자와 대신을 인질로 주면 군사를 철수하겠다고 하였으나 실은 일단 시간을 끌어서 지원병을 기다리려고 하였던 것인데 최명길 등이 반드시 오랑캐의 요구를 들어줘야 한다고 했다. 이에 종실 능봉수와 판서 심집을 오랑캐 군영으로 보냈다. 오랑캐장수가 먼저 박난영에게 물으니 박난영이 진짜 왕자와 대신이라고 대답하였다. 심집에게 물으니 사실대로 말하였다. 오랑캐장수가 노하여 그 자리에서 박난영과 인질을 죽였다. 심집 등이 돌아간 후 사람들이 그를 힐난하니 심집이 말하기를 "비록 오랑캐라 하지만 어찌 속일 수가 있단 말인가"라고 하니 듣는 사람들이 기가 막혀 입을 다물지 못했다. 나중에 대간이 위험에 처하여 관직에 취하는 것을 회피함을 이유로 먼 곳으로 귀양보낼 것을 청하니 관직을 삭탈하고 내쫓았다.

이튿날, 재신들이 투항서를 들고 오랑캐 군영을 찾아가니 정축년 정월 17일이다. 나는 이때부터 병이 심하여 문밖을 출입하지 못했고 비변사에서 오랑캐 군영과 오가는 말을 의논하는 것 역시 듣지 못했다.

> 23일 밤, 오랑캐가 세 갈래로 나누어 일시에 공격하자 모두 패하여 퇴각하였으니 부상자가 부지기수였다. 이튿날 새벽, 사신을 오랑캐 군영에 보내어 항복의 약속을 더욱 굳혔다. 24일, 재신들이 성 밖으로 나가 오랑캐의 사신을 만나 처음으로 강화도가 함락되었다는 소식을 들었다. 오랑캐 장수는 사로잡힌 종실 진원군, 내관 나업을 보여주었다. 나업 등은 봉림대군 및 윤방 등의 장계를 전하면서 성이 함락되어 포로가 된 연유를 언급하였는데, 모두 오랑캐가 시킨 것으로 우리를 겁주려는 것이었다. 당시 오랑캐 사신들은 노골적으로 말하기를 "칸이 급한 일이 있어 급히 돌아가야 하니 임금이 반드시 속히 나와 만나야 한다".[14]

26일, 인조는 바로 남한산성을 나와 항복하기로 결심했다. 당시 이조판서였던 최명길(崔鳴吉, 1586~1647)은 주화파의 영수였다. 그가 쓴 『병자봉사』에는 인조의 질문에 대답한 세 편의 글이 수록되어 있다. 그가 보기에 조선은 '수비가 덜 완성되어' 있어 청과 화친을 하는 것은 다만 '편의에 따라 화를 늦추는 계략'일 뿐이었다.[15] 최명길은 "오랑캐의 군대가 아직 강하기에" 기미책을 써서 화친을 하는 방법밖에 없다고 생각했다.

> 앉아서 강한 적을 도발해 놓고 돌아보는 자가 없는 것은 어째서입니까? 이 또한 신이 깨닫지 못하는 바입니다. 그런 연유로 신이 이런 기미책을

---

14 김상헌, 『남한기략』, 1~21쪽, 한국중앙도서관장본.

15 최명길, 『지천선생집』 권11 『차 · 병자봉사1』, 『한국문집총간』 89, 441쪽.

주장하는 것은 옳고 그름을 감히 팽개치고 이해득실만 따져 임금을 그르치는 것이 아닙니다.

다시 말해서 그의 주화론은 다만 청에 대한 기미책일 뿐 의리의 옳고 그름을 팽개치는 것이 아니라 나라의 안위와 이해득실을 따지는 노선이었다. 그렇지 않고 오로지 척화의 주장만 강조하는 것은 임금을 그르치고 '나라의 안위'를 아랑곳하지 않는 행위로 '생령을 도탄에 빠뜨리는 것이다'.[16]

병자호란 시기 적극적으로 지방에서 의병을 조직하여 청에 대항했던 무안현감 신집(申楫, 1580~1639)은 『병자록』을 남겼다. 『병자록』은 시간별로 그가 경험한 건주여진의 발전과정 및 건주여진과 조선의 두 차례 전쟁에 대해 주로 기술하였다. 정묘호란의 경우 다음과 같이 기술하였다.

이듬해(주: 정묘년을 가리킴) 정월, 적이 의주를 함락하고 바로 선천을 침범하였다는 소식을 듣고 당일 급히 군영으로 돌아왔다. 당시 적은 신속하게 진격하였고 이들의 거세고 사나운 칼날은 대적할 상대가 없어 평산 남쪽에서는 멀리서 보기만 해도 궤멸하지 않은 곳이 없었다. 자전, 중전이 강화도로 향했고 임금이 그 뒤를 따랐으며 동궁은 분조(分朝)하여 전주로 남하하였다. 당시 적은 평산에 크게 진을 치고 있었는데, 반달 동안 비는 내리고 군사는 잠을 제대로 자지도 못하였으며 밥도 배불리 먹지 못하였다. 앞에는 임진강이 가로막고 뒤에는 패강이 있는데, 군사를 이끌고 깊숙이 들어와 있어서 실로 난처한 경지에 처해 있었다. 적은 화친이

16 최명길, 『지천선생집』 권11『차 · 병자봉사3』, 『한국문집총간』 89, 452 · 453쪽.

순조롭게 이루어지지 않을까 봐 두려워하였다. 오랑캐 사신이 강화도를 끊임없이 왕래했고 행조(行朝)에서는 드디어 화친을 허락하니 적의 군사가 모두 후퇴하였다."[17]

그는 병자년 12월 22일 조 기사에 조선군신이 남한산성에서 곤궁에 처한 상황을 기술하였다. "행조(行朝)가 포위당한지 오늘로 벌써 9일째이다. 적의 선봉이 처음에는 성의 한쪽을 포위하더니 나중에는 대군이 차례로 진격하였으며 지금은 성을 수겹으로 포위하여 왕래할 틈이 없어 임금의 명을 전할 길이 가로막혔다. 아마 성안에 저장해둔 곡식은 2천여 섬밖에 남지 않았는데 하루에 양식을 몇 백 섬을 지급하니 지금은 아마 식량이 모자랄 것이다. 북으로부터 쳐들어온 적이 도성 및 신원과 판교 등에 가득 차 있다" 정축년 2월 8일 조 기사에는 남한산성에서 나온 이응춘에게서 얻은 정보에 근거해 다음과 같이 기록했다.

"남한산성이 포위되자 매일같이 화친을 청하였지만 적은 승낙하지 않고 반드시 세자와 척화대신을 보내야 화친이 가능하다고 하였다. 칸이 군사를 보태자 상황이 더욱 급해졌다. 남쪽으로는 동작나루, 북쪽으로는 삼전포에 이르기까지 온통 적의 기병이었고 30리 사이에는 횃불이 별처럼 이어졌으며 성을 열 겹 혹은 팔구 겹 혹은 서너 겹으로 포위하였는데 마치 긴 뱀이 성을 감싼 듯하였다. 24일, 전투가 시작되자 홍이대포(紅夷大砲) 소리가 천지를 진동하니 성가퀴가 무너지고 사졸들의 힘이 다하였다."

---

17 신집, 『하음선생문집』 권7 『병자록』, 『한국문집총간』 800, 151쪽.

신집은 조정의 식량을 구하기 위해 여주에서 이천으로 향했는데 가는 도중에 보니 대부분의 마을이 비었고 혹시 사람이 있는 곳은 "집집마다 시체가 있고 놀라는 소리를 차마 들을 수 없었다."[18]

나만갑(羅萬甲, 1592~1642)은 병조, 형조와 공조에서 잇달아 관직을 맡았다. 병자호란 기간에 관량사(管糧使)[19]로 있었는데 병자호란이 끝난 지 얼마 되지 않아 『병자록』을 썼다. 『병자록』에는 「시초의 곡절」, 「급보 이후의 일록」, 「각 처에서 근왕한 일」, 「강화도에서 있었던 일」, 「적과의 화친을 반대하다 죽은 이들의 일」, 「난리가 지나간 뒤의 이들」, 「청음이 무고를 당한 일」, 「청에게 시달림 받은 일」 등 8편의 글이 수록되어 있다. 그중 「급보 이후의 일록」에서는 병자년 12월 12일에 청군이 쳐들어왔다는 긴급 소식에서부터 정축년 2월 8일에 인조가 북행하는 세자 등 인질을 배웅하기까지 등 조청관계의 57일 간 거대한 변화과정을 기술했다. 글 말미의 발문에서는 다음과 같이 기술했다.

> "병자년의 참혹함이야 어찌 차마 말을 하랴. 멧돼지처럼 마구 달려든 변이 발생해 십여 일 사이에 삼도(三都)가 무너지고 만백성이 도륙되었으며 임금이 도성을 떠나 피난가고 강화도가 함락되어 약탈과 방화가 자행되고 관리와 백성 할 것 없이 모두 곤궁에 처하여 임진왜란 때보다 더 심하

---

18 신집, 『하음선생문집』 권7 『병자록』, 『한국문집총간』 800, 153 · 160 · 161쪽.

19 『조선왕조실록 · 인조실록』 권34 "임금이 관량사 나만갑을 명하여 불러서 이르기를, '이미 방출한 군량은 얼마이고 남아 있는 군량은 얼마인가?' 하니, 대답하기를, '원래의 수효는 6천여 석이었는데, 현재는 2천 8백여 석이 남았습니다'라고 하였다. 나만갑이 날을 헛되이 보내며 지구전을 벌여서는 안 된다는 뜻을 진달하니, 임금이 이르기를, '관향의 책임을 맡은 자는 이런 마음을 내지 말고 언제나 지구전을 벌일 수 있는 계책을 강구해야 할 것이다'라고 하였다"의 기록에 근거하면 당시 나만갑은 관량사로 있었다.

였다. 이성(二聖)(역주: 인조와 세자)께서 성을 나서고 동궁과 대군 또한 이역에 끌려갔고 양반가의 부녀자들이 모욕을 당하였으며 상하귀천을 가리지 않고 포로가 되어 포승줄에 묶이니 이는 만고에 드문 일이었다."[20]

병자호란 시기 인조를 호종한 이회보(李回寶, 1594~1669)는 호조좌랑을 한 적이 있었는데, 김상헌의 주전척화론에 동조하였으며 전쟁이 끝난 후 『병자남한일기』를 썼다. 일기에는 병자년 12월 12일에서 정축년 2월 1일까지 관련기사가 기술되어 있다. 이회보의 기록에 따르면 청군이 쳐들어온다는 소식이 전해지자 "사람들은 자신들이 반드시 도륙된다는 것을 알았고 조정도 강화도로 향했으며 양식을 많이 쌓아두어 도망갈 준비를 하였다. 위아래가 황망하여 어찌할 바를 몰랐다." "임금은 바로 발길을 돌렸다. 그런데 동궁의 말고삐를 잡는 자가 도망가고 보이지 않아 급히 다른 사람을 찾았다. 동궁이 친히 말고삐를 잡고 채찍질하며 움직여 구리고개 병문을 통해 수구문을 나와 빠르게 나아가니 그 창졸하고 궁급함이 말로 이루 다할 수 없었다. 앞뒤에 있던 사대(射隊), 기휘(旗麾), 의장(儀仗)이 넘어지고 서로 잃어버렸고 성안의 사족의 아녀자들은 맨발로 어가와 뒤섞여서 걸어갔다."[21] 여기에서 당시 군신들이 당황망조하여 매우 허둥지둥하였음을 알 수 있었다. "16일 이후부터 적의 군사들이 살인과 약탈을 자행하였고 유도대장(留都大將)과 전투를 한 번 겪은 후 적의 군사가 또다시 경성으로 들어와 분에 못 이겨 어린아이를 창에 꽂는 등 학살을 자행하여 시체가 도랑을 메우고 피가 물처럼 흘러 그

---

20 나만갑, 1987, 『병자록』, 명문당, 343쪽.

21 이회보, 『석병선생문집』 권5 『병자남한일기』, 『한국문집총간』 832, 485쪽.

참혹함이 임진왜란 때보다 더하였다."[22] 청군이 "강화도에 도착하자 강가에서 강을 건너려던 사족의 부녀자들은 대부분 적에게 잡혔다." 강화도의 청군병영에서 도망쳐온 사람들의 말에 따르면 "적의 진영에는 어린이 시체가 매우 많았는데 대개 부녀자들을 거느리고 가면서 아이들은 병영에 버렸기 때문이다."[23] 청군들이 강화도성을 함락할 때 "강화도에는 피난 온 사족의 부녀자들과 거주민들이 바닷가 풀 속 마니암 동굴에 숨었다가 모두 물에 빠졌고 자결하거나 벼랑에서 뛰어내리거나 물에 몸을 던진 사람은 부지기수였다."[24]

병자호란 시기 승정원 주사였던 유계(兪啓, 1607~1664)도 『남한일기』에서 병자호란을 기록했다. 『남한일기』도 병자년 12월 12일에 시작해 정축년 2월 3일에 끝났다. 병자년 12월 12일 "의주부윤 임경업의 장계를 받고서야 조정에서는 적의 군대가 국경을 범하였음을 알게 되었다. 윗사람이든 아랫사람이든 모두 적은 반드시 깊이 들어오지 않고 한 갈래의 군대를 보내 변경을 압박하여 화친을 하도록 위협하는 것이 그 속셈이라고 하였다. 13일 변경에서 보내는 보고가 점점 급해져 적의 군대가 벌써 안주에 이르렀다고 하였다."[25] 여기서 조선의 군신들은 청군의 침입에 전혀 준비가 되어 있지 않았고 청군의 진격속도는 매우 빨랐음을 알 수 있다. 14일 "적이 또 서흥을 지났다는 소식을 듣고 궁에서는 크게 놀라고 임금과 세자가 급히 길 떠날 차비를 하였다. 위사들은 바쁘게 뛰어다녔으며 마부와 말을 재촉했으나 나갈 길이 없었고 후궁들은

---

22 이회보, 『석병선생문집』 권5 『병자남한일기』, 『한국문집총간』 832, 491쪽.

23 이회보, 『석병선생문집』 권5 『병자남한일기』, 『한국문집총간』 832, 492쪽.

24 이회보, 『석병선생문집』 권5 『병자남한일기』, 『한국문집총간』 832, 498~499쪽.

25 유계, 『시남선생별집』 권8 『남한일기』, 『한국문집총간』 117, 534쪽.

대궐 아래에 넘어져 그 참혹함이 눈뜨고 볼 수 없었다."[26], "15일 새벽, 임금과 세자가 강화도로 향하는데 날은 춥고 큰 눈이 내려 군사와 말이 추위에 넘어졌다. 세자가 겨우 남문잔도를 나섰는데 군사들이 길을 가득 메우고 있어 앞으로 나아갈 수 없었다.", "그날 최명길이 마부대(즉 청 호부승정 마푸타)의 병영에서 돌아와 말하기를 적이 나에게 세 가지를 요구했는데 그중 두 가지는 왕자와 대신을 인질로 요구한 것이고 세 번째는 봄에 처음 척화를 주장한 사람들을 달라고 한 것이다. 만약 그 말을 따른다면 화친은 반드시 성사된다고 하였다." 16일 "종실 능봉수를 왕의 동생으로 삼고 형조판서 심집을 대신으로 하여 오랑캐 군영에 보냈다. 적이 왕의 동생이 진짜냐고 물어보자 심집은 감히 숨기지 못하였다. 적은 받아들이지 않고 심집 등을 돌려보냈다. 그날 저녁 적이 성 아래에 들이닥쳤다. 성안은 흉흉하여 보존되지 못할 듯하니 순식간에 종묘가 위급해져 어찌할 바를 몰랐다."[27] "당시 적의 군사가 비록 성 아래를 포위하였지만 성이 넓고 (적은) 군사와 말의 숫자가 적고 약하여 연결해서 대오를 만들 수 없었기에 곳곳마다 영채를 세우고 허수아비 및 우리나라 포로들을 줄로 세워 진을 쳤다. 적의 기병들은 산골짜기에 숨어 삼삼오오 홀연히 왔다 갔다 하여 보는 사람들은 이들의 숫자가 얼마인지 헤아릴 수 없었다."[28] 유계가 보건대 청군이 남한한성을 공격할 때 처음에는 병력이 얼마 되지 않았지만 위와 같이 거짓과 진실을 병용하는 조치를 취하여 조선의 군신들을 속였다. 하지만 조선에서는 화친을 하고자

---

26 유계, 『시남선생별집』 권8 『남한일기』, 『한국문집총간』 117, 534쪽.

27 유계, 『시남선생별집』 권8 『남한일기』, 『한국문집총간』 117, 535쪽.

28 유계, 『시남선생별집』 권8 『남한일기』, 『한국문집총간』 117, 536쪽.

하는 마음이 간절하여 오히려 앉아서 죽음을 기다렸다.

위의 6편 당사자들의 문헌을 보면 당시 조선 사대부들은 청인들을 '노(虜)' '적(賊)' '노(奴)' '호로(胡虜)' 등으로 불렀다. 조선 사대부들이 홍타이지가 일으킨 이 전쟁에 대한 인식은 아래와 같다.

첫째, 오랑캐는 탐욕이 끝이 없어 사신을 파견하여 조선에게 후금의 칸을 추대하여 황제라 칭하게 하였는데, 이는 조선군신들을 신첩으로 만드는 것이니 적의 상황이 크게 변한 것이다. 조선군신들은 홍타이지가 조선에게 그를 추대하여 황제라 칭하게 했다는 소식을 듣고 많은 사람이 거부의견을 밝혔다. 이들은 오랑캐는 "분에 넘치는 칭호를 가지려고 하였기에 반드시 우리를 이웃으로 대하지 않고 신첩으로 대하고 속국으로 만들 것입니다." 그런데 우리나라는 "어찌 당당한 예의지국으로 개돼지 같은 오랑캐에게 머리를 숙여 헤아릴 수 없는 치욕을 당하고 거듭 조상에게 수치를 안긴단 말입니까?"[29]라고 하였다. 장령(掌令) 홍익한이 인조에게 상소를 올려 "신이 들으니, 지금 용호(龍胡)(역주: 잉굴다이)가 온 것은 바로 후금의 칸을 황제라 칭하는 일 때문이라고 합니다. 신은 태어나서부터 다만 대명(大明)의 천자가 있다고만 들었을 뿐이었는데, 이런 말이 어찌하여 들린단 말입니까 …… 그런데 지금 오랑캐를 섬기며 편안함을 취해 겨우 보존하고 있습니다. 비록 세월을 연장해 가고 있으나, 조상들을 어찌 대할 것이며 천하 사람들을 어찌 대할 것이며, 후세 사람들을 어찌 대하겠습니까 …… 그렇다면 오랑캐가 황제라 일컫는 것은, 오랑캐가 스스로 황제라고 일컫는 것이 아니라 우리나라 묘당에서 황제라 일컫게 해서 오랑캐가 할 수 없이 황제가 되게 하는 것입니

---

29 『조선왕조실록 · 인조실록』 권32, "십사년 이월 병신" 조.

다. 진실로 천자라 일컫고 대위(大位)에 오르고 싶으면 스스로 제 나라에서 황제가 되고 제 나라를 호령하면 되는 것입니다. 그럴 경우 누가 그것을 금하기에 반드시 우리나라에 물어본 뒤에 황제의 일을 행하려 한단 말입니까. 그들이 맹약을 배신하고 분쟁을 일으킨 것은, 우리를 겁주고 업신여기는 것이 분명합니다. 그런데도 그들이 우리에게 신의를 지킬 것을 요구하는 것을 보면 장차 천하에 일컫기를 '조선이 우리를 높여 천자로 삼았다'라고 하려는 것입니다. 그럴 경우 전하께서는 무슨 면목으로 천하에 서시렵니까."[30] 홍익한이 보기에 '천자'는 오로지 명 황제의 전유물이다. 일단 오랑캐에게 신하라 칭하면 조선은 명이 주도하는 천하질서에서 어찌 발을 붙일 수 있고 또 어찌 조선의 열성조를 대할 수 있단 말인가? 그렇지만 인조는 청에 대한 임시방편책을 각 지방의 관리들에게 통지하였다. "우리나라가 갑자기 정묘호란을 당하여 부득이 임시로 기미책을 허락했는데, 오랑캐의 욕심은 끝이 없어서 공갈이 날로 심해지고 있다. 이는 참으로 우리나라에 전에 없던 치욕이다 …… 요즈음 이 오랑캐가 더욱 창궐하여 감히 참람된 칭호를 가지고 의논한다고 핑계를 대면서 갑자기 글을 가지고 나왔다. 이것이 어찌 우리나라 군신이 차마 들을 수 있는 것이겠는가?"[31] 그러나 비변사 관리들은 "오랑캐가 제호(帝號)를 참칭하여 변방 정세가 크게 변하였습니다."[32] "오늘날 오랑캐의 정세가 전일과 같지 않으니 유념하지 않을 수 없습니다."[33] 병자호란의 발전과정과 더불어 오랑캐의 정세가 크게 변했다는 점에 대해

30 『조선왕조실록 · 인조실록』 권32, "십사년 이월 병신"조.

31 『조선왕조실록 · 인조실록』 권32, "십사년 이월 병신"조.

32 『조선왕조실록 · 인조실록』 권32, "십사년 이월 병오"조.

33 『조선왕조실록 · 인조실록』 권32, "십사년 이월 무인"조.

조선군신은 공감대를 형성한 것이다.

둘째, 오랑캐는 조선을 위협하여 조선의 종묘사직을 모욕하였고 많은 백성을 죽여 실로 조선군신의 잊을 수 없는 원수이다. 병자호란을 겪은 조선 사대부들은 위에서 언급한 여러 글 외에도 다른 기록들을 남겨 많은 사람이 죽임을 당한 당시 상황을 서술하였다. 당시 집에서 한거하고 있던 조극선(趙克善, 1595~1658, 일찍이 군기시 첨정을 할 때 불행히도 정묘호란을 만나 경성의 군수물자를 강화도로 옮기는 임무를 맡았다. 병자호란이 발발하였을 때 조극선은 면천군수의 자리에서 파면된 후 고향인 한양에서 한거하던 중이었다.)의 경우 정축년 정월에 "떠돌이 오랑캐가 갑자기 고을을 범하니 선생은 먼저 자제와 부녀자들로 하여금 매오공을 모시고 서산 간월도로 피신하게 하고 홀로 어머니 신주를 짊어지고 도보로 뒤쫓아 갔다. 겨우 10리를 갔는데 적이 뒤에서 쫓고 있었다. 사족의 부녀자들 가운데 포로가 되거나 죽임을 당한 자가 부지기수였다."[34] 또 병자호란 시기 군사를 모집하고 근왕에 참여한 조경남(趙慶男, 1570~1641)의 기록에 따르면 "적이 한양에 침입하니 어른과 아이들이 황급히 달아나면서 갓난아이들을 버려 발길에 밟혀 죽은 시체가 길가에 즐비하였다"[35]라고 하였다. 『인조실록』에도 "호조가 아뢰기를, '경성에 사는 백성들이 가장 혹독하게 화를 당해 남아있는 자라고는 단지 열 살이 안 된 어린이와 나이 일흔이 넘은 사람들뿐인데, 대부분 굶주림과 추위에 거의 죽게 되었습니다. 어린이의 경우는 계사년과 갑오년의 예에 따라 남들이 길러 노비로 삼도록 허락하고, 늙은이는 본조에서 진휼하여 구제하게 하는

---

34 조극선, 『야곡선생집』 권11 『연보』, 『한국문집총간』 836, 282쪽.

35 조경남, 『속잡록』 권4, "병자 십이 월 이십사 일"조.
http://db.itkc.or.kr/dir/item?itemId=GO#/dir/node?dataId=ITKC_

것이 마땅할 듯합니다' 하니 임금이 따랐다."[36] 여기에서 병자호란이 조선의 경성에 끼친 인명피해가 매우 심했음을 알 수 있다. 현재 학자들의 연구에 따르면 병자호란으로 약 20만 명의 조선인들이 사망하였고(전쟁 사상자와 전쟁으로 인한 기근으로 사망한 자 포함) 대략 50만 명의 조선인들이 납치되어 70만 명에 가까운 인구손실을 초래했다.[37] 그리하여 당시 예조판서였던 김상헌은 "후금의 오랑캐가 스스로 전쟁의 발단을 일으켜 탐욕스럽게 우리 땅을 끊임없이 잠식하고 우리나라 사족과 백성들을 죽이고 우리나라 부녀자들을 납치하고 우리나라 사도를 전복하고 우리나라 보물을 약탈하고 우리나라 세자를 핍박하여 인질로 삼고 우리나라 능묘를 파헤치고 우리나라 종사를 능멸하였으니 이는 우리나라 신민들의 백세의 잊을 수 없는 원수다. 그런데 원수에게 충성을 맹세하니 어찌 참을 수 있는가?"라고 하였다.[38] 김상헌은 이런 인식을 갖고 있었기 때문에 줄곧 최명길의 청에 대한 주화론을 반대하였다.

셋째, 위정자들은 청군의 침입에 아무런 준비도 없었고 그 대응에 있어서도 주화론과 척화론 사이에서 우왕좌왕하다가 결국 조선은 병자호란에 대처하는 과정에서 완전히 실책을 범하게 되었다.

앞에서 인용한 이회보와 유계의 『남한일기』 두 책에서는 모두 인조와 대신들이 병자호란에 전혀 준비가 되어 있지 않았다고 하였다. 청군이 갑작스레 쳐들어오자 또다시 당황망조하였다. 실은 일찍이 3년 전

36 『조선왕조실록 · 인조실록』 권34, "십오 년 이 월 계유"조.

37 김종원, 1976, 「초기조청관계에 대한 일고찰-병자호란시기 피로인을 중심으로」, 『역사학보』 71, 한국역사학회; 한명기, 2008, 「병자호란 시기 조선인 포로 문제에 대한 재론」, 『역사비평』 85, 역사비평사; 한명기, 2009, 『정묘.병자호란과 동아시아』, 푸른역사.

38 김상헌, 『남한기략』, 26쪽, 한국국립중앙도서관소장본.

(1633)에 사헌부지평 박지계(朴知誡, 1573~1635)는 벼슬을 그만두고 낙향하는 동안 인조에게 만언소를 올려 정묘호란 이후 "적이 후퇴한 지 올해로 7년째인데, 강병지책이 전혀 없어 무슨 병력으로 적과의 충돌을 막아낼 것인가?"[39]라고 하였다. 그가 보건대 "팔도에 군사를 훈련하는 기구는 설치했지만 유명무실하고 …… 대체로 군역에 충정(充定)되는 자들은 모두 용렬하고 나약하며 재능이 없어 굶주림과 추위에 시달리는 자들입니다. 굶주림과 추위에 시달려 목숨을 부지하기에도 여력이 없는데, 어느 겨를에 무예를 익히겠습니까? 이처럼 굶주림과 추위에 노쇠하거나 폐질에 걸린 백성을 전쟁터로 몰아넣는다면 이는 굶주린 호랑이에게 고기를 던져 주는 것과 같습니다."[40] 박지계는 "더구나 이 엄선하지도 않고 가르치지도 않은 데다 근심과 원망으로 차있는 군병으로 늘 훈련하는 오랑캐군과 싸운다면 백전백패할 상황입니다"라고 지적했다.[41] 박지계는 또 "오랑캐가 꼭 강하다고 할 수도 없고 우리가 꼭 약하다고 할 수도 없습니다. 오랑캐군이 강한 까닭은 늘 무예를 훈련시키기 때문입니다. 포수, 살수 등 우리나라의 군병에게 늘 무예를 훈련시킨다면 그 강함이 오랑캐보다 못하지 않을 것입니다. 우리의 장기인 조총과 궁시(弓矢)는 오랑캐군이 도리어 우리보다 못합니다. 다만 걱정은 훈련도감에 소속된 군병의 수가 적어 많은 오랑캐군을 당해 내지 못하는 것입니다"라고 하였다. 그는 조선의 군대는 군사들의 수준이 낮을 뿐더러 전혀 훈련이 되어 있지 않아 만약 오랑캐군과 싸운다면 반드시 질 것이라고

39 박지계, 『잠야선생집』 권2 『만언소』, 『한국문집총간』 80, 110쪽.

40 박지계, 『잠야선생집』 권2 『만언소』, 『한국문집총간』 80, 111~112쪽.

41 박지계, 『잠야선생집』 권2 『만언소』, 『한국문집총간』 80, 114쪽.

보았다. 최명길의 경우 "늘 생각하건대, 우리의 국력은 모두 바닥이 났고 오랑캐군은 더욱 강하기에 우선 정묘년의 맹약을 지켜 몇 년 간 화를 늦추는 동안 시간을 벌어 어진 정치를 펴서 민심을 수습하여 성을 쌓고 군량을 비축하며 변방의 수비를 더욱 굳건히 하고 군사를 거두어들이고 움직이지 않고 저들의 빈틈을 살펴야 한다. 우리나라를 위한 길은 이보다 나은 것이 없다"[42]라고 하였다. 그는 정묘호란 이후 '오랑캐군'이 강한 상황을 감안하여 나라에서 어진 정치를 펴서 민심을 응집하여 방어조치를 강화하는 것이야말로 청을 막아내는 유일한 방도라고 보았다. 그 말인즉 조선은 정묘호란 이후 줄곧 방어조치가 미흡했다는 것이다. 이는 박지계의 관점과 완전히 일치하였다. 최명길은 또 당시 일부 사대부가 주장하는 척화론에 대해 "요즈음 사람마다 모두 척화를 주장하고 있으나 유독 간원의 차자만은 언론이 몹시 정당하고 방략이 채택할 만하니, 대중을 따라 부화뇌동하는 데 비길 것이 아닌 듯싶습니다. 참으로 묘당의 뜻이 오로지 척화에 있다면 임금에게 올리는 말을 어찌 모두 두리뭉실하게 숨겨서 한 가지도 시행함이 없게 한단 말입니까? 이것은 원래 정산은 없고 다만 지연시키기 위한 계책에 불과할 뿐입니다. 대체로 간원의 의논을 받아들여 나가 싸우거나 물러가 지킬 계책을 결정하지 못하고, 또 신의 말을 받아들여 병화를 완화시킬 계책을 세우지 않으니, 하루아침에 오랑캐의 기병이 신속하게 진군해 오면 체신(體臣)은 강화도로 들어가 지키고 수신(帥臣)은 정방(正方)에 물러가 있으면서 청천강 이북의 여러 고을은 버리어 적에게 주는 수밖에 없을 것입니다. 그렇게 되면 필시 안주성만 홀로 온전할 수 없어서 생령이 어육이 되고 종사가 파

42 최명길, 『지천선생집』 권11 『차 · 병자봉사3』, 『한국문집총간』 89, 452 · 453쪽.

천하게 될 것이니, 이런 지경에 이르면 그 잘못은 누가 책임을 지겠습니까? 신의 어리석은 생각으로는, 임금이 진주하는 것은 경솔히 의논할 수 없으나 체신과 수신은 모두 평안도에 관아를 설치하고 병마절도사도 의주에 들어가 거처하여, 진격만 있고 퇴각은 없다는 것을 여러 장수와 약속하는 것이, 전수(戰守)의 상도에 부합되는 것으로 여겨집니다."[43] 그는 위정자들이 적과 싸워서 나라를 지키는 책략도 화의를 도모하는 기미책도 의논하지 않으면서 척화와 화의 사이에서 갈팡질팡한 것이 '오랑캐의 기병이 신속하게 진군해 온' 결과를 초래하였다고 보았다. 당시 이조참판이었던 정온(鄭蘊, 1569~1641)은 비록 청과 화의하자는 최명길의 주장에 강력히 반대하였지만 그 역시도 다음과 같이 주장하였다.

"신이 듣건대, 사나운 호랑이의 꼬리를 밟고서 방어할 대책을 생각하지 않으면 결국 호랑이에게 먹히고, 독사의 혀를 건드리고서 잡을 대비책을 세우지 않으면 결국 독사에게 물리게 되는 것은 필연적인 이치라고 들었습니다. 지금 후금의 오랑캐는 사나운 호랑이이며 독사입니다. 조정이 의리를 들어서 배척하자 저들이 발끈 화를 내고 가 버렸으니, 이것은 이미 그 꼬리를 밟은 격이며 그 혀를 건드린 격입니다. 그런데 방어하고 잡으려는 대책에 대해서는 어찌 까마득히 들리지 않습니까? 혹시 신이 병들어 시골에 있다 보니 귀머거리와 같고 장님과 같아서, 비록 성상의 분발한 거조가 있었고 묘당이 계획한 대책이 있었는데도 듣지 못하고 보지 못한 것입니까? 그렇지 않다면 어찌 이토록 안이하게 대처한다는 말입니까."[44] 분명 정온은 위정자들이 한편으로는 적대적인 언행으

43 최명길, 『지천선생집』 권11 『차 · 병자봉사2』, 『한국문집총간』 89, 448쪽.

44 정온, 『동계선생문집』 권3 『병자차자(3차)』, 『한국문집총간』 75, 234쪽. 승정원 주서 유계의 『남한일기』에 따르면, 정온은 인조에게 상소를 올려 자신의 상사인 최명길을

로 청인들을 대하고 다른 한편으로는 청을 방어하는 면에서 전혀 준비가 되어 있지 않은 점에 대해 매우 불만이었다. 조선왕조는 청과의 전쟁에서 이런 문제점을 드러냈는데 박지계가 전쟁 전에 국왕에게 콕 찍어 지적하듯이 "구중궁궐에 깊이 들어앉아 계시는 전하께서 어찌 외방 백성들의 고통을 아실 수 있겠습니까? 도성의 사대부로서 삼사에 출입하는 자들 중에는 간혹 외방의 백성과 친척 관계에 있어 관계가 지극히 가까운데도 외방의 근심과 원망이 이런 지경에 이른 줄을 알지 못합니다"[45]라고 하였다. 이러한 정치적 상황에서 청과의 전쟁에서 실패하는 것은 피할 수 없는 결과이다.

IV. 17세기 남명 사대부들의 만청에 대한 기술과 인식

청군은 북경에서 남하하는 과정에서 남명세력과 일련의 전투를 벌였다. 그러자 또 일부 지역의 사대부들은 현지 백성들을 조직하여 청군에 완강하게 저항하였다. 당시 혹은 사후에 한족 사대부들도 많은 반청항

비난하면서 사직의사를 표명하여 최명길과 이조에서 같이 일하는 것을 피하려고 하였다. "이조참판 정온이 소식을 듣고 바로 상소를 올려 말하기를 '최명길이 하룻밤에 칭신의 거조를 행하는데 신은 밖에 있어서 미처 듣지 못했습니다. 하늘에는 해가 두 개 있을 수 없는데 최명길이 해를 두 개 두려 합니다. 백성들은 두 임금을 모실 수 없는데 최명길이 두 임금을 모실려고 합니다. 신은 병이 들고 몸도 약해 수판으로 부딪치지 못하는 것이 한스럽습니다. 최명길과 같은 자리에서 일을 할 수 없으니 자리에서 물러나기를 청합니다.'라고 하였다."(유계, 『시남선생별집』 권8 『남한일기』, 『한국문집총간』 117, 541쪽.)

45 박지계, 『잠야선생집』 권2 『만언소』, 『한국문집총간』 80, 112쪽.

쟁기록을 남겼는데, 『유양순절기략(維揚殉節紀略)』, 『양주십일기(揚州十日記)』, 『홍광을유양주성수기(弘光乙酉揚州城守記)』, 『청린설(青磷屑)』, 『승조순양록(胜朝殉揚錄)』(위 5편은 모두 명 관리가 양주에서 청에 항거하다 순절한 사건을 기록한 것임.), 『강상유문(江上遺聞)』, 『강음성수기(江陰城守記)』, 『강음수성기(江陰守城記)』, 『강상고충록(江上孤忠錄)』, 『강음순난실적(江陰殉難實迹)』, 『우충록(愚忠錄)』, 『징강수성기사(澄江守城紀事)』(위 7편은 모두 강음현민의 항청사건을 기록한 것임.), 『동당일찰(東塘日札)』, 『가정현을유기사(嘉定縣乙酉紀事)』, 『가정도성기략(嘉定屠城紀略)』(위 세 편은 모두 가정현민의 항청사건을 기록한 것임.), 『진충실록(盡忠實錄)』(곤산현민의 항청사건 기록.), 『뢰강기사본말(瀨江紀事本末)』(율양현민의 항청사건 기록.), 『해우피병기(海虞被兵記)』, 『칠봉유편(七峰遺編)』(상숙현민의 항청사건 기록.), 『정정강남기략(定鼎江南紀略)』(청군 남하시 강남사람들의 항청사건 기록.), 『소성기변(蘇城紀變)』(소주민중의 항청사건 기록.), 『송강기사(松江紀事)』(송강민중의 항청사건 기록.), 『가선손씨순난기(嘉善孫氏殉難記)』(가선현 손원린의 항청순국사실 기록.), 『명계해녕순절시말(明季海宁殉節始末)』(해녕현민의 항청사건 기록.), 『기황48채기사(蕲黃四十八砦紀事)』(안휘성 서남쪽과 호북성 동쪽의 대별산지역 민중의 항청사건 기록.), 『환채기사(晥寨紀事)』(잠산, 태호, 동성, 곽산 등 지역 현민의 항청사건 기록.), 『경현기사(涇縣紀事)』(경현민중의 항청사건 기록.), 『감주실사기(贛州失事記)』(감주민중의 항청사건 기록.) 등이다. 아래에 양주, 강음, 가정 세 곳을 중심으로 당시 강남 사대부들이 청군에 저항한 전쟁기록을 살펴보기로 한다.

청실록에 따르면 예친왕 도도 등은 청군을 거느리고 순치 2년(1645) 4월 5일에 귀덕부(하남성 상구)에서 남하하였는데, 진격이 매우 순조로웠다. 그런데 청군이 양주에 진입할 시 남명 홍광정권의 병부상서 사가법

(史可法)이 군대를 독려하여 저항하면서 투항을 거부하였다. 15만의 청군은 드디어 25일에 "양주성을 함락시켜 내각대신인 사가법을 사로잡아 군영에서 참수하였으며 성을 의지해 저항하는 자는 함께 죽였다."[46] 청의 공식 역사서에는 청군이 양주성에서 항복하지 않고 저항하는 자들에 대한 "학살" 행위만 간단하게 기록하였을 뿐 구체적인 상황은 자세히 드러나지 않았다. 하지만 요행으로 이 '학살'에서 살아남은 왕수초(王秀楚)는 기록을 남겼는데, 수재(秀才)인 왕수초는 자신이 4월 25일부터 5월 5일까지 직접 겪은 사실을 『양주십일기』란 제목의 글로 작성했다. 이 글에서 기록한 열흘 동안에 발생한 일을 보면 도처에서 피비린내가 난다. 그중 일부를 발췌한다.

성이 함락될 무렵 "적군 가운데 활을 들고 먼저 성을 오른 자는 시퍼런 칼날을 휘두르니 성을 지키던 군민들은 서로 밀치락달치락하여 앞길이 막히자 다들 널빤지 위로 기어올라가 민가로 가려 하였지만 새로 올린 널빤지가 단단하지 못하여 발이 닿자마자 무너져 사람들이 낙엽처럼 떨어져 열에 아홉이 죽었다.", "날이 점차 저물자 적군이 사람을 죽이는 소리가 문밖에서도 들려 지붕 위로 올라가 잠시 피신하였다. 비가 더욱 심해지자 열 몇 명이 담요 한 장을 뒤덮고 있으니 머리카락이 모두 젖었다. 문밖에서 들려오는 애처로운 소리에 사람들은 혼비백산하였다. 밤이 되어 조용해지니 그제야 처마를 타고 지붕에서 내려와 부싯돌로 불을 지펴 밥을 지었다. 성 곳곳에 불이 났는데 가깝게는 십여 곳 멀리는 셀 수 없을 정도였으며 붉은 빛이 서로 비추는 것이 마치 천둥과 번개 같았고 타닥 타다닥 소리가 귀를 울렸다. 또 가격당해 부상을 입은 자들의

46 『清實錄·世宗實錄』卷16 "順治二年五月己酉" 條, 第三冊, 147~148쪽.

고통에 찬 신음소리가 들려 참혹함이 말로 형용할 수 없었다." 26일에 왕수초는 다음과 같은 장면을 보았다. "한 병졸이 칼을 들고 앞에서 인도하고 다른 한 병졸이 긴 창을 잡고 뒤에서 쫓고 또 한 병졸이 가운데 서서 좌우에서 사람들이 도망치는 것을 막았다. 수십 명을 마치 개와 양처럼 몰아가면서 조금이라도 주춤거리면 바로 채찍질하거나 그 자리에서 죽였다. 부녀자들은 긴 밧줄에 목이 매여 마치 구슬이 꿰어진 것 같았는데 한발 걷고 한발 넘어지고 하여 온몸이 흙투성이였다. 길바닥에는 온통 버려진 갓난아기들인데 말발굽에 짓밟히거나 사람의 발에 밟혀 내장과 뇌수가 땅에 쏟아져 울음소리가 온 들을 메웠다.", "저녁이 되자 기병들이 조금 줄어들었고 주위에는 다만 사람들의 울음소리만 들릴 뿐이었다. 생각해보니 나의 형제들 중 이미 절반이 다쳤고 큰형도 살았는지 죽었는지 알 수 없고 아내와 자식은 지금 어디에 있는지도 모른다. 나가서 찾아보면 혹시라도 만날 수 있고 또 형제가 죽은 곳을 알려줄 수 있을 것이란 생각을 했다. 그리하여 대들보를 따라 천천히 내려와 살금살금 앞거리로 나갔다. 거리에는 시신들이 이러저리 포개져 있는데 날이 어두워 누구 시신인지 알 수 없었다. 시신마다 고개를 숙이고 불러보았으나 대답이 없었다. 멀리 남수에서 횃불 여러 개가 떼지어 몰려왔다. 나는 급히 몸을 숨겨 성벽을 따라 달렸다. 성벽 아래에는 시체가 물고기 비늘처럼 빽빽이 쌓여 있었다." 이날은 청군이 성안 주민들을 최고로 많이 죽인 날이다. 27일 "나는 썩은 풀 속에 쭈그리고 앉아 팽아(역주: 왕수초의 아들)를 관 위에 내려놓고 갈대자리로 덮었다. 아내가 앞에서 몸을 움츠리고 있었고 나는 뒤에서 몸을 구부리고 있었는데 머리를 들면 정수리가 드러나고 다리를 뻗으면 발이 보이므로 숨을 죽이고 팔다리를 오므렸다. 정신을 좀 차리니 사람을 죽이는 소리가 가까이 들려왔다. 칼날이 부딪칠 때마다 울부짖는 소리가 어지러이 들리고, 이구동성으로 살려달라고 애원하는 사람이 열 몇 명 혹은 백여 명이 되었다. 한 병졸이 오자 남인(南人)들은 많고 적음을 막론하고 모두 고개를 숙이고 엎드려서 목을 빼고 칼날을 받으니 감히 도망하는 자가 한 명도 없었다. 자식들이 잇달아 죽어가는 지경이 되자 많은 사람이 서로 울고 있는데, 그 소리가 천지를 울리니 그 참상은 더는 말하기가 힘들었다. 정오가 가까워오자 살인과 약탈이 더욱 심해지고 쌓인 시체가 더욱 많아져 귀로 듣고 눈으로 보기 힘들었다.", "도중에 시체가 산처럼 어지러이 쌓이고 피가 물처럼 흘러 도랑을 이루니 말로 형용하기 어려웠다." 28일 왕수초는 청군이 "젊은 여인 하나, 어린 계집애 하나, 어린아이 하나를 붙잡았는데 어린아이가 어미한테 먹을 것을 달라고 보채자 병졸이 화가 나서 퍽 내지르니 아이는 머리가 깨져서 죽었고, 병졸은 아랑곳하지 않고 여인과 계집애를 끌고 나가는 것을" 보았다. 29일에 "갑자기 또 불이 여기저기서 일어났다. 하가분 앞뒤에는 초가가 여러 채 있었는데 불이 붙자마자 모두 타서 재가 되었다. 그곳에는 자그마한 공터가 있었는데 불길에서 살아남은 한두 사람이 불을 피해 여기저기로 뛰쳐나갔지만 나가는 즉시 화를 당하니 화를 면한 사람이 한 명도 없었다. 문을 닫아걸고 스스로 불에 타죽은 사람들이 몇 명에서 수백 명에 이르렀으니 집 한 곳에 얼마나 많은 백골이 쌓여 있는지 알 수 없을 정도였다. 아마 이 지경이 되니 피할 데가 없고 또 피할 수도 없으며 피한다 해도 혹시 걸려서 몸에 돈을 지니지 않으면 죽고 돈을 지닌다 해도 죽는다. 길옆에서 시신들과 섞여서 지낸다면 오히려 살 수 있을지도 모른다. 그래서 나는 아내와 자식과 함께 봉분 뒤편으로 가서 진흙을 얼굴과 발에 바르니 거의 사람 몰골이 아니었다. 이때 불길이 점점 거세져서 무덤에 있던 나무들이 모두 불타버렸다. 불빛은 마치 번개처럼 번쩍이고 소리는 마치 산이 무너진 듯하며 구슬픈 바람이 울부짖어 두려움에 입을 다물게 되었다. 붉은 해가 어두침침해져 빛을 잃었다. 눈앞에는 마치 무수한 야차와 귀신들이 지옥에서 수천수백 명의 사람을 쫓아가 죽이는 듯했다. 놀란 나머지 잠깐 혼절하였는데 이 몸이 인간 세상에 살아있는지도 모를 지경이다." 위에서 언급한 5일은 청군이 양주성에서 대학살을 감행한 닷새이다.

5월 초하룻날, 청군통수인 도도가 학살금지령을 내렸다. "그러나 그렇다고 사람을 죽이지 않은 것은 아니었고 약탈을 하지 않은 것은 아니었다. 으슥진 곳이 조금 안전하였으며 부잣집은 역시나 깡그리 털리고, 자녀들은 예닐곱 살부터 열 몇 살까지 모두 납치를 당해 씨가 마를 지경이었다.", "초이튿날, 듣건대 부도주현(府道州縣)에 관리를 두어 안민패(安民牌)를 들고 백성들에게 놀라지 말라고 두루 알렸다고 한다. 또 각 사원의 승려들에게 쌓인 시체를 불로 태워버리라고 했다. 당시 사원에 몸을 숨긴 부녀자들 또한 적지 않았는데 놀라거나 굶어서 죽은 자도 있었다. 시체를 불사를 때 작성한 명부에 적힌 숫자를 확인해 보니 80만여 명이었다. 우물과 강에 몸을 던지거나 문을 닫아걸고 스스로 불에 타 죽거나 외진 곳에 들어가 목을 매달아 죽은 자는 명부에 포함되지 않았다.", "초사흗날에 양곡창고를 열어 사람들을 구제한다는 포고가 떴다. 모두들 홍씨 할멈과 함께 결구관에 가서 쌀을 받아왔다. 쌀은 사가법이 비축해 두었던 군량미로 산더미처럼 쌓여 있었는데 몇천 석이 순식간에 동났다. 쌀을 지고 오가는 자는 모두 몰골이 말이 아니었다. 팔이 잘리거나 다리가 부러졌고 온몸이 칼자국에 덮여 있었고 피가 엉겨 붙었으며 얼굴에는 촛농 자국 같은 것이 줄줄이 남아 있었다. 옷은 너덜너덜해서 누더기가 되었고 피비린내가 코를 찔렀다. 사람들은 지팡이를 짚고

포대를 옆구리에 끼고 있었는데, 마치 신묘의 지옥에서 도망쳐온 원귀 같았다. 오히려 비전원(역주: 절에서 거지를 수용하는 구제소)의 거지가 몰골이 그나마 나았다.", "초나흗날에 비가 드디어 그쳤다. 도로에 쌓인 시체가 오랫동안 비에 젖어 퉁퉁 부었는데 시퍼런 살가죽은 마치 몽고북 가죽과 같았다. 피와 살이 안에서 썩어 악취가 코를 찔렀다. 또 따가운 햇볕에 쪼여 그 냄새는 더욱 심해져 곳곳마다 시체를 불에 태워 그 연기가 실내까지 가득 찼고 백 리 밖에서도 피비린내를 맡을 수 있었다. 이 백만 생령이 하루아침에 비명횡사하니 비록 천지귀신이라 할지라도 슬퍼하지 않을 수 없었다. 초닷샛날에 외진 곳에 숨었던 사람들이 가만히 나왔다. 서로 마주할 때마다 모두 눈물을 흘리면서 아무 말 못 하였다."[47]

청군이 양주성에서 학살한 사람들의 수를 왕수초는 80만여 명이라고 하였지만 현재 학자들의 연구에 따르면 이 수는 매우 과장된 것으로, 당시 양주부 관할 7개 현의 인구는 전쟁발발 1년 전 고작 37만여 명이었다. 외지에서 전쟁을 피해 도망쳐온 사람들을 합쳐도 양주의 인구는 40만여 명에 불과할 따름이다.[48] 당시 양주부 성안의 인구 규모를 감안할 때 피살된 사람들은 이보다 훨씬 적을 것이다. 하지만 청군의 양주사람들에 대한 대학살은 남명인사들의 기록이든 청 관리들의 보고(위에서 인용한 청실록)이든 모두 다툼의 여지가 없는 사실이다. 중국역사에서는 청군이 자행한 이 학살을 '양주10일'이라고 부르고 있다.

청군은 양주를 함락한 후 바로 양쯔강(長江)을 넘었고 남명 홍광제는

---

47 王秀楚, 1982, 『揚州十日記』, 上海: 上海書店出版社.

48 何正標, 2018, 「"揚州十日"眞相-南明遺民王秀楚手記解析」, 山西省地方志辦公室主辦, 『滄桑』 第1期 참조.

서쪽으로 도망쳤지만 사로잡혔으며 일부 남명관리들은 성문을 열고 투항하였다. 투항한 남명관리들의 건의에 따라 도도는 강남지역의 부와 현에 사람을 보내 초유(招諭)하고 안무(按撫)하였다. "당시 삼오(三吳)지역의 백성들은 멀리서 적을 보자마자 도망갔고 고을의 장관과 아전들은 인끈을 풀고 도망가는 자가 많았다. 그 사대부들은 혹은 고향에서 병사들을 모아 고향을 지켰다."[49] 6월 초닷샛날, 청나라 조정은 명령을 내려 "각 부서의 문무관리와 군민들에게 모두 체발(剃髮)을 명했다. 만약 명을 따르지 않으면 군법에 따라 처리한다"라고 하였다.[50] 청의 상주부 강음지현 방형이 체발령을 내렸을 때 강음현학 제생(諸生)들의 저항에 부딪쳤다. 당대 사람인 허중희가 체발령 반포 이듬해(청 순치3년, 1646)에 쓴 글에 보면 "강음은 을유년(1645) 6월에 지현 방형이 체발령을 내렸다. 윤달 초하루 제생 허용이 큰 소리로 명륜당에서 '목이 잘리는 한이 있더라도 머리카락은 자를 수 없다'라고 하였다. 오후에 북문의 향병들이 먼저 분기하여 지현을 빈관에 구금하니 4성 내외에서 호응하는 사람이 몇만 명이 되었다. 사람들이 예전에 숨겨둔 화약과 무기를 나누어 달라고 요구하자 전사(典史) 진명우가 허락하였다. 이에 사람들은 수비(守備) 진단지를 잡았고 성안에 있던 첩자를 수색해서 체포했다. 휘상(徽商) 소강공이 전투에 능하여 사람들이 그를 장수로 삼고 소강공도 병사를 모집하여 스스로 막아 지키려 하였다. 옛 도사(都司) 주서룡의 배가 하구에 주둔하고 있었다. 주서룡은 소강공의 병사들이 동문으로 나오면 북문에서 협공하기로 약속하였지만 실전에서 아무런 전공도

49 朱子素, 2009, 『嘉定乙酉紀事』, "嘉定歷史文獻叢書"本, 北京: 中華書局, 1쪽.

50 『清實錄·世祖實錄』 卷17 "順治二年六月丙辰" 條, 第三冊, 150쪽.

세우지 못하였다. 적의 기세가 날이 갈수록 거세지자 성에서는 여러 향병들이 힘껏 적을 공격하여 죽이는 경우 수급 하나에 은 4냥을 포상으로 주었다. 휘상 정벽이 성에 들어와 모아둔 재물을 모두 꺼내 진명우에게 군비로 충당하라고 주고 자기는 회양(淮陽)순무 전앙 및 총병 오지규에게 구원을 요청하러 갔지만 전앙과 오지규는 구원하러 오지 않았고 이에 정벽도 돌아가지 않고 나중에 머리를 깎고 승려가 되었다. 당시 청에 항복한 자들이 틈을 타 사처에서 일어나니 다들 구하기에 겨를이 없었다. 청군은 먼저 서쪽 성벽을 공격하다가 나중에 남쪽을 공격하였다. 소강공이 가서 막았지만 막지 못했다. 적이 동쪽 성벽에 불을 지르고 성 밖의 부잣집을 크게 털자 향병들이 죽기를 각오하고 싸웠다. 어떤 형제는 말 탄 적장 한 명을 죽였고 향병 고서는 적에게 사로잡혔지만 굴하지 않고 끝내 죽임을 당했다. 주서룡은 배를 타고 도망갔다. 진명우는 사람을 보내 옛 전사 염응원을 장수로 청하였다. 향병들이 그를 옹호하여 성안으로 들어왔다. 염응원은 사람들을 거느리고 성을 수비하는 데 협조하였다. 적이 사처에서 불을 지르고 재물을 빼앗고 향병들은 멀리 도망가 더 이상 구원을 오는 부대가 없었다. 적이 성을 공격하는 데 집중하자 성안에서는 방어를 견고히 하였다. 밖에서 적의 화살이 비처럼 쏟아지자 사람들은 가마 뚜껑으로 막고 손으로 화살을 주웠는데 하루에 3, 4백 개 정도 주웠다. 어떤 사람이 구름다리를 타고 홀로 성벽에 오르자 성안에서는 긴 창으로 막았다. 그러자 장수가 입으로 긴 창을 물고 뛰어오르니 한 어린아이가 힘껏 당겼고 옆에 있던 사람이 목을 베 시신을 성 아래로 던졌다. 혹자가 말하기를 '이자는 칠왕이다'라고 하였다. 또 한 장수가 온몸에 칼을 두르고 대못을 박아서 성벽에 오르자 성안에서는 철퇴로 쳐서 죽였다. 적의 기병은 점점 군산에 진을 치고 성안의 허실을 엿보고 있다가 대포에 명중되자 진지를 옮겼다. 주민 황운강은 평소에 쇠뇌를 잘 쏘았는데 화살촉에 불을 매달아 쇠뇌를 발사하였다. 적의 얼굴에 명중되니 적은 비명을 지르며 죽어버렸다. 진단지의 아들이 감옥에서 목총과 은제총집을 만들었다. 성 위에서 아래로 던지니 화약이 폭발하고 총이 터지면서 안에 있던 철오릉(鐵烏菱)이 몸에 닿자마자 죽어버렸다. 염응원이 철채찍을 그대로 본떠서 만들고서 실에 달아매서 투척하니 철채찍에 부딪치는 적은 성안으로 끌려왔다. 또 화구(火銶), 화살 같은 무기를 만드니 적이 모두 두려워하였다. 류양좌가 적에게 항복하여 상장이 되었는데, 소가죽으로 만든 장막을 설치하고 성의 동북쪽을 공격하였다. 성안 사람들이 큰 돌을 얻어서 성 아래로 던지니 수백 명이 죽었다. 이에 류양좌는 진지를 십방암으로 옮겨 승려를 시켜 성을 바라보고 무릎을 꿇고 울면서 이해득실을 따져 설득하라고 하였지만 성안 사람들은 듣지 않았다. 류양좌가 말에 채찍질을 하며 성 근처에 가서 타일렀다. 그러자 염응원이 '일개 미관말직의 전사인 내가 죽음을 두려워하지 않는데 조정의 봉록을 먹는 네가 도리어 우리를 핍박하니 너의 가슴은 어떤 가슴이냐?'라고 꾸짖자 류양좌는 부끄러워하면서 돌아갔다. 진명우는 매일 성 위에서 백성들과 동고동락을 하면서 싸웠다. 염응원이 앞장서고 진명우가 조용하게 처리하니 백성들은 죽음을 앞두고도 후회가 없었다. 저녁에 비바람이 세차게 불고 온 성에는 등불이 꺼졌는데, 갑자기 신기한 불빛이 사방에서 반짝이면서 붉은 옷을 입은 세 사람이 성벽에서 지휘하는 것을 적의 진영에서는 보였지만 실은 아무도 없었다. 또 여자장수가 깃발을 잡고 지휘하는 모습도 보였는데 이 또한 아니다. 적이 송강을 함락한 후 버일러(貝勒, 청 작위 명)가 기병과 보병 20여 만 명을 거느리고 양쯔강으로 와서 오지규와 황비를 십방암에서 사로잡고 항복을 권유하는 글을 쓰라고 명령하였다. 황비는 '나는 성안 사람들을 잘 알지 못하는데 무슨 글을 쓴단 말인가?'라고 하였다. 성 아래에 도착하자 오지규는 투항를 권유하였고 황비는 아무 말도 하지 않았다. 염응원이 '적을 죽이지 못하고 하루아침에 적에게 사로잡혔으면 빨리 스스로 죽는 게 마땅하다'라고 꾸짖자 오지규는 크게 울면서 절을 하여 사죄하였다. 성 아래의 대포는 점점 많아져 대여섯 척 간격으로 하나씩 배치하였는데 포탄이 우박처럼 쏟아지니 어떤 사람이 성 위에 서 있다가 포탄에 맞아 죽었지만 넘어지지 않은 채로 있었고 어떤 사람은 포탄이 가슴과 등을 꿰뚫고 지나갔지만 꼿꼿이 선 채로 죽었다. 어떤 적장이 십방암에 진지를 구축한 후 성안에서 대포를 발사하여 적장이 대포에 맞아 즉사했다. 8월 보름날에 염응원이 백성들에게 돈을 나누어 준 후 달을 감상하러 술을 들고 성벽에 올라가 노래를 불렀다. 허용이 오경곡(五更曲)을 짓고 노래를 잘하는 자에게 높이 노래하라고 명하니 성 아래 사람들이 슬픔과 분노가 교차하여 감개무량해 하였다. 스무하룻날 점심에 상부사의 뒤쪽이 무너지자, 적이 안개비가 자욱한 틈을 타 슬그머니 해자를 넘어 성안으로 들어왔다. 백성들은 계속 시가전을 벌였다. 한씨 성을 가진 어떤 사람은 적을 세 명 죽인 후 스스로 목을 베어 죽었다. 우물 곳곳에는 죽은 남녀시신이 쌓여 있었다. 손랑중지 및 반지에는 시체가 몇 겹씩 쌓였고 진명우는 창문에서 불속으로 뛰어들어 죽었고 염응원은 물속에 뛰어들었다가 사로잡혔지만 크게 꾸짖으며 죽었다."[51] 청군은 강음성을 함락한 후 즉시 성안의 주민들을 대거 학살하였다. 강음

51 許重熙, 2002,「明季甲乙兩季匯略」卷三『三卷遺事補』,『續修四庫全書』第441冊, 上海: 上海古籍出版社, 59~60쪽.

현성의 주민들이 '체발령(剃髮令)'으로 인해 일으킨 항청전투는 윤 6월 초하룻날부터 8월 스무하룻날까지 81일 동안 지속되었다. 중국역사에서는 이를 '강음81일'이라고 부른다. 나중에 현지 사대부들은 "이번 전투는 성을 지킨 지 81일 만에 함락되었다. 성 아래에 온 청군은 24만 명인데, 성을 공격하다가 죽은 자가 6만 7천여 명이고 시가전에서 죽은 자가 7천여 명이다. 청군의 사망 자수를 계산해보니 7만 5천여 명이 넘는다. 우리 고을의 순절한 사람들의 수는 10만 명이다"[52]라고 기술하였다.

청의 체발령은 소주부 가정현에서 '가정삼도(嘉定三屠)'라는 피비린내 나는 대학살을 야기했다. 그 당시 사람인 주자소에 기록에 따르면 순치 2년 윤 6월 12일 "북(청을 가리킴)에서 내린 체발령이 현에 이르자 모두들 크게 떠들썩하면서 거사를 도모하기 시작했다." 13일 "체발령이 점점 엄해지자 인심이 더욱 분노하였다. 저잣거리에서는 '어디에서 관군을 얻어 우리들의 머리카락과 몸을 보존할 것인가? 만약 창의하는 자가 있다면 바로 호응할 것이다'라고 크게 외쳤다. 그러자 여러 고을의 의병들이 약속이나 한 듯이 일어났다." 14일 "경내의 의병들이 동관에서 모여 적을 공격했다. 저녁에 청군의 배 40여 척에 불을 지르고 83명을 죽인 후 후퇴하였다." 16일 청의 오송총병 이성동이 소식을 듣고 달려와 탄압하였지만 각 지역의 향병들에게 막혔다. "이성동은 기병들이 패하고 돌아갔다는 소식을 듣고 뒤쫓아도 소용이 없자 병사들을 풀어서 마구 약탈을 하게 하였다. 서쪽으로는 월포, 나점, 남쪽으로는 강만진, 양가행, 북쪽

52 黃明曦, 『江上孤忠錄』, 16쪽, "粟香室叢書"線裝本, 光緒辛卯(1891)赤溪刻本. "中國哲學書電子化計划"网站圖片, https://ctext.org/library.pl?if=gb&file=82980&pa

으로는 전가루, 시가항에 이르기까지 주민들이 이리저리 쫓겨서 남아있는 사람이 거의 없었다." 17일 현지의 사대부 후동증(侯峒曾), 황순요(黃淳耀) 등이 가정성에 들어와 고을의 제생들과 함께 성을 지킬 방도를 궁리하였다. 18일 이성동이 청군을 거느리고 나점을 함락했고 "주가교 일대에서 방화와 약탈을 감행하여 남녀 1600여 명이 죽었다." 7월 1일 가정의 향병들이 전교, 안정진 등 지역에서 청군을 포위하였지만 이성동의 청군은 오히려 안정진에 쳐들어가 현지 주민 천백여 명을 살해하였다. 초사흘부터 시작하여 이성동은 오천 명의 청군을 거느리고 가정성을 대거 공격했다. 초나흘에 "성이 함락되자 좌통정 후동증 진사 황순요, 교유 공용도, 거인 장석미 등이 모두 죽었다. 이성동의 군대는 성에 들어와 주민을 학살했다." 청군이 "학살을 자행하여 가가호호 작은 골목도 놓치지 않고 모두 수색하였으며 심지어 갈대숲도 창으로 찔러서 사람이 있는지 확인한 후 그만두었다." 기록에 따르면 이 전투에서 3만이 넘는 사람이 살해당했고 "대들보에 목을 매단 사람, 우물에 몸을 던진 사람, 팔다리가 끊어진 사람, 얼굴이 피투성이가 된 사람, 칼에 찔렸지만 죽지 않고 손발을 아직 움직일 수 있는 사람들이 온통 길바닥에 어지러이 누워 있고 강에 뛰어들어 죽은 사람도 몇천 명이 넘었다. 3일 후 서관에서 갈릉진에 이르기까지 썩은 시체가 강을 메웠고 삿대로 배를 저을 수 없을 정도였다." 이는 청군이 가정의 주민들에 대한 제1차 대학살이었다. 23일, 주영이 남명군사 50여 명을 이끌고 가정성에 들어갔다. 이들은 성으로 돌아온 생존자들을 독촉하여 성을 지키게 하고 머리를 깎고 청에 귀순한 장유광을 저잣거리에서 죽였다. "민간에서는 명의 군대가 곧 온다는 소문까지 나돌았다. 갈릉진, 마륙진 등에는 향병들이 다시 모여 머리를 깎은 자를 보면 바로 죽였다." 이성동이 이 소식을 듣고 청군을 거느리고 26일 새벽에 성에 들어왔다. 당시 "주민들은 아직 일어나지 않은 상태에서 청군에게 마구 살해되었다. 피해자들이 흘린 피가 발목을 넘었고 청군은 기세를 타서 외강진의 사람들을 죽였다." 이는 청군이 가정의 주민들에 대한 제2차 대학살이었다. 8월 16일, 명의 전 영파총 오지번이 강동에서 군사를 일으켜 청에 귀순한 명의 전 장수들을 죽이려고 계획하였지만 그가 "얻은 의군은 싸우지도 못하고 궤멸하였고" 오지번은 사로잡혔다. 의군에 참여한 백성들은 모두 살해당했다. 이는 청군이 가정의 주민들에 대한 제3차 대학살이었다. "오지번이 죽은 후 부근에서는 머리를 깎기 시작했고 청의 순민이라고 칭하였다."[53]

청은 입관 후 특히 남명세력과 동남지역의 지배권을 쟁탈하는 과정에서 한족의 백성들에게 강제로 머리를 깎게 하고 만주족의 옷을 입게 하여 적지 않은 남명의 사대부들은 청군의 남하 및 청의 지배에 다음과 같은 인식을 갖게 되었다.

첫째, 만청의 지배자들은 한족의 백성들을 강박하여 풍속습관을 바꾸도록 하였을 뿐더러 중국의 문명을 파괴하였다. 본디 강남의 많은 지역은 청군이 남경에 진입한 후 청이 파견한 관리의 초무를 대부분 받아들였다. 그러나 청이 체발령을 추진하자 많은 지역에서는 강하게 저항하였다. 유가경전인 『효경』「개종명의서」에는 "신체발부는 부모에게서 받아 감히 훼손하지 않는 것이 효의 시작이다"라고 하였다.[54] 때문에 한족들은 머리카락을 중요한 혈족의 윤리로 간주하였다. 그러나 청의 지배자

53 節自, 朱子素, 2009,「嘉定乙酉紀事」, "嘉定歷史文獻叢書"本, 北京: 中華書局. 按, 朱子素, 字九初, 號湛庵, 嘉定人. 他在文末專門說明: "予目擊酷寃, 不忍无紀, 事非灼見親知, 不敢增飾一詞. 間涉風聞, 亦必博訪耆舊, 眾口相符, 然后筆之于書."

54 李學勤主編, 1999,『十三經注疏 · 孝經注疏』, 北京: 北京大學出版社, 3쪽.

들은 체발령을 귀순과 연계시켜[55] 한족들에게 “머리카락을 남기면 머리를 남길 수 없고 머리를 남기면 머리카락을 남길 수 없다”고 요구하면서 따르지 않을 경우 성안 주민들을 학살하는 것으로 위엄을 세웠다.[56] 이에 남명 사대부들은 “만주족의 옷과 모자를 하고 만주족의 머리를 하며 온 얼굴에는 위엄이 넘치지만 수치도 넘친다. 눈에는 온통 방패와 창, 눈물뿐이고, 가슴에는 충성과 울분이 가득차고, 강에는 수심이 넘친다”[57]라고 하였다. 이런 상황에서 주지유(朱之瑜, 1600~1682, 소흥 여요 출신)는 “중국이 하늘이 무너지고 땅이 갈라지는 재앙을 겪게 되어 오랑캐가 도리를 어기고 왕토에 비리고 더러운 냄새를 풍긴다”라고 하였다.[58] ‘비리고 더러운 냄새’는 바로 만청의 지배가 중국의 문명을 더럽혔다고 여기는 것이다. 고염무(顧炎武, 1613~1682, 소주 곤산 출신, 명청시기 3대 사상가 중 한 명)는 “나라를 잃은 것과 천하를 잃은 것이 있다. 어떻게 양자를 구분하는가? 왕조가 바뀌고 연호가 고쳐진 것을 나라를 잃었다고 한다. 인의가 막혀서 짐승을 거느리고 사람을 잡아먹고 사람들이 서로 잡아먹는 지경이 된 것을 천하를 잃었다고 한다 …… 때문에 천하를 보존할 줄 안 다음에 그 나라를 보존할 줄 안다. 나라를 보존한다는 것은 그 군신들과 녹을 받아먹는 자들이 도모하는 것이고 천하를 보존한다는 것은

---

55 『淸實錄 · 世祖實錄』 卷15 “順治元年五月庚寅”條에 따르면 淸 攝政王 多爾袞이 “各處城堡著遣人持檄招撫, 檄文到日, 薙发歸順者, 地方官各升一級, 軍民免其遷徙.”라고 훈령을 내렸다. 훈령에는 또 “有雖稱歸順而不薙发者, 是有狐疑觀望之意.”라고 하였다. 청의 지배자들은 “薙髮”을“歸順”의 표시로 여겼다.

56 顧誠, 1997, 『南明史』, 北京: 中國青年出版社, 207~218쪽.

57 談遷, 2006, 『棗林雜俎』 和集 “逸詩”, 北京: 中華書局, 632쪽.

58 朱舜水, 1981, 『朱舜水集』 卷二 『安南供役紀事』, 上册, 北京: 中華書局(下同), 26쪽.

필부와 같은 하찮은 자들도 모두 책임을 가지고 임해야 한다는 것이다."[59] 고염무는 특히 사람들에게 '천하를 잃은 것'과 '나라를 잃은 것'의 차이점을 설명하였는데, 그는 청이 중국을 지배한 것을 두고 이미 '천하를 잃은 것'이라고 보았다는 것이 분명했다. 다시 말해서 고염무는 청군의 목적은 남명을 소멸하는 데 있을 뿐더러 중국의 문명전통을 파괴하고자 하는 데 있다고 보았다. 때문에 그는 "천하의 흥망에 필부도 책임이 있다"라고 주장하였다.

둘째, 청군이 여러 지역에서 한족백성들을 마구잡이로 살해하자 강남 사대부들은 이것이 '짐승을 거느려 사람을 잡아먹는' 재난이란 것을 깨닫게 되었고, 만청의 지배에 강한 비공감 의사를 표출했다. 청초의 항청투쟁이 실패한 후 강남지역의 사대부 가운데 적지 않은 사람이 '명의 유민'이 되었다. 이들은 "그리하여 부와 시로 자신의 뜻을 나타내거나 사물에 기대어 감정을 드러내거나 밤에 딱따기를 두드리거나 방울을 울리거나 하는데 단지 세상 사람들에게 인간은 금수와 같지 않다는 것을 깨우쳐 주려는 것뿐이다"[60] 때문에 황종희(黃宗羲, 1610~1695, 소흥 여요 출신, 명청시기 3대 사상가 중 한 명)는 "중국과 오랑캐는 내외의 분별이 있다. 중국으로 중국을 다스리고 오랑캐로 오랑캐를 다스리는 것은 마치 사람이 짐승과 섞여 살 수 없고 짐승이 사람과 섞여 살 수 없는 것과 같다"[61]라고 주장하였다. 그는 청군의 잔학행위는 짐승과 완전히 같으며

59 顧炎武, 1990, 『日知錄』 卷十三 『正始』, "日知錄集釋"本上冊, 石家庄: 花山文藝出版社, 590쪽.

60 此爲明淸之際溫州人叶尙皋之語, 引自楊念群, 2011, 『何處是"江南"?淸朝正統觀的确立與士林精神世界的變异』, 北京: 生活·讀書·新知三聯書店, 22쪽.

61 黃宗羲, 2012, 『留書·史』, 載于 『黃宗羲全集』 第11冊, 杭州: 浙江古籍出版社, 11~12쪽.

때문에 반드시 이런 짐승을 내쫓아야 한다고 보았다. 왕부지(王夫之, 1619~1692, 형주 형양 출신, 명청시기 3대 사상가 중 한 명)도 "천하에는 기본 예법이 두 가지 있는데 중국과 오랑캐의 구분, 군자와 소인의 구분이다"라고 하였다.[62] 왕부지는 청의 지배를 결코 인정하지 않았다. 왕부지가 보건대 "천지의 기강이 어지러워져 더는 다스려지지 못하였다."[63] 다시 말해서 그는 만청 지배자들을 쫓아내는 것을 일종의 '천지 기강'의 높은 경지에 올려놓은 것이다. 심지어는 "오랑캐를 속여도 신의가 없다고 하지 않고 오랑캐를 죽여도 인하지 않다고 하지 않으며 오랑캐에게서 빼앗아도 의롭지 않다고 하지 않는다"[64]라고 주장하였다. 오랑캐에 대한 그의 이런 극단적인 주장은 분명 청군의 잔학행위를 겨냥하여 표출한 것으로 그의 목적은 사람들이 무력으로 만청의 통치를 뒤엎는 것이었다.

V. 전쟁의 집단기억과 화이지변

지금까지 당시 사람들의 전쟁에 대한 기술과 인식을 중심으로 살폈고, 이 장에서는 다시 후세 사람들의 전쟁에 대한 집단기억 문제를 다루기로 한다. 당시 강남의 사대부들은 청에 대해 위와 같은 기술과 인식을 남겼다. 이는 후세 사람들에게 청의 '치발역복(薙髮易服)' 시행에 대한 많

62 王夫之, 1975,『讀通鑒論』卷十四『哀帝三』, 中冊, 北京: 中華書局点校本(下同), 372쪽.

63 王夫之,『讀通鑒論』卷十二『惠帝二』, 中冊, 314~315쪽.

64 王夫之,『讀通鑒論』卷二十八『五代三』, 下冊, 870쪽.

은 피비린 기억을 남겨 주었는데 명의 수재 왕수초의 『양주십일기』의 경우가 그러하다. 청초 대명세(戴名世, 1653~1713)는 이 책과 기타 관련기록에 근거하여 『을유양주성수기략(乙酉揚州城守紀略)』을 썼다. 이 책은 비록 남명의 항청지도자인 사가법을 칭송하였지만 마지막 부분에서는 청군의 잔혹함을 폭로하였다. "당시 병사들(청군을 가리킴)은 공인 줄 몰랐는데 사가법이 '내가 사가법이다'라고 크게 외쳤다. 병사들이 기뻐하며 공을 잡아서 예왕(청군통수 도도)에게 데리고 갔다. 왕이 '지난번에 편지를 보내 재삼 청하였는데 보답을 받지 못하였거늘 오늘 충성과 의리가 이루어지니 선생이 나를 위해 강남을 수습해 준다면 중임을 맡기리다'라고 하니 공은 '나는 천조의 중신인데, 어찌 구차하게 살아서 만세에 죄를 얻겠는가? 빨리 죽어서 지하에서 선제를 만나고 싶다'라고 하였다. 왕이 계속 설득하였지만 듣지 않았다. 그러자 말하기를 '충신이 되길 원하니 죽여서 그 이름을 보전케 하마'라고 하였다. 공이 '성이 망하면 같이 망하는 것인데, 내가 무슨 여한이 있겠는가? 다만 양주가 기왕에 당신의 소유가 되었으니 관대한 조치를 베풀기를 바란다. 성을 사수한 자는 나이니 양주백성들은 죽이지 말라'라고 하였다. 왕은 대답을 하지 않고 좌우의 병사를 시켜 사가법을 찢어 죽였다. 온 성의 문무백관들이 모두 나라를 위해 죽었다."[65] 여기서 대명세가 몇십 년이 지난 후에도 청군이 양주에서 자행한 학살사건에 대한 기억이 뚜렷한 점을 알 수 있다. 또 주자소의 『가정을유기사』와, 이 책과 마찬가지로 '가정삼도' 사건을 다룬 『동당일찰』, 『가정도성기략』 등의 저자의 서명도 주자소였는데 내

---

65 戴名世, 2011, 『乙酉揚州城守紀略』, 曾學文校注 『揚州著述錄』, 揚州: 广陵書社, 72~76쪽.

용도 대체로 비슷했다. 이는 주자소가 기술한 '가정삼도' 사건이 청의 지배라는 정치적 환경에서는 장기간 각판되어 나올 수 없었고 다만 필사본의 형태로 민간에서 전파되었기 때문에 책의 제목만 다르고 내용은 대동소이한 결과가 생겨났다. 이 책의 여러 판본이 세상에 널리 퍼진 것 역시 사람들의 '가정삼도' 사건에 대한 강한 집단기억을 반영한다.

바로 청의 '치발역복' 과정에서의 유혈진압이 가져다준 강한 집단기억으로 인해 강남지역의 한족 지식인들 가운데 유가의 '화이지변(華夷之辨)' 이론을 빌려 '화이지방(華夷之防)'을 강조하는 사람들이 종종 있다. 절강 숭덕 출신인 여류량(呂留良, 1629~1683)은 어린 시절 셋째 형인 여원량과 함께 공부하면서 그의 영향을 크게 받았다.(여원량은 사가법이 양주에서 조직한 항청운동에 참여했다.) 1645년에 고향에서 의병을 조직해 항청운동을 벌였고 패한 후 은거하여 의사 노릇을 하였다. 1655년, 여류량은 친구의 요청으로 청 순치 3년(1646)부터 순치 11년(1654)까지 5차례 과거시험에 참가한 선비들이 쓴 글을 정리하여 『오과정묵』이라는 책을 만들었다. 문장을 선정할 때 그는 '화이의 구분은 군신의 윤리보다 크다'라고 주장하였는데, 당시 이 책을 읽은 과거 응시생들에게 매우 큰 영향을 끼쳤다. 후에 호남사람 증정(曾靜, 1676~1735)이 시험에 응시할 때 여류량이 평론한 글을 읽고 크게 우러러보는 마음이 생겨 제자인 장희를 시켜 일부러 절강성 여류량의 고향에 가서 책을 구하였다. 당시 여류량은 이미 죽었고 그의 아들 여의중이 여류량이 남긴 책을 모두 장희에게 주어 증정에게 전해주게 하였다. 증정은 여류량의 책 속에서 반청복명(反淸復明) 사상의 영향을 받아 자신의 저서 『지신록(知新錄)』에서 "중원이 침몰한 틈을 타서 오랑캐가 그 신비한 기물을 훔쳐서 차지하니 천지가 뒤바뀌었다.", "화이의 구분은 군신의 윤리보다 크고 중화와 오랑캐의 구분은 사람과 물건의 구분과 같다"라고 하였다. 그런데 청이 중원에 들어와 주인 노릇을 하고 있는 것은 "오랑캐가 천자의 자리를 훔친 것이다"라고 하였다.[66] 1728년, 증정은 청 옹정제가 부당하게 왕위에 올랐다는 소문을 듣고 청의 기운이 다했다고 여겨 장희를 시켜 천섬총독(川陝總督) 악종기(岳鐘琪, 1656~1754, 악비의 21대 후손)에게 편지를 보내 반청을 도모하자고 책동했다. 악종기는 이 사실을 옹정제에게 보고했고 옹정제는 바로 사람을 보내 증정을 구금하여 심문하였으며 또 여류량 가문을 수색하였다. 옹정제는 여류량이 "사악한 책을 만들어 반역이론을 세웠다"라고 하면서 그의 저서를 불태워 버렸다. 그리고 여류량은 이미 죽었지만 그럼에도 그 시체를 다시 베고 효시하였으며 그의 직계자손과 조카들은 참수당했다.[67]

옹정제는 "여류량은 우리 왕조에서 조상이 쌓은 공덕으로 자손들이 작위를 받은 혜택을 누리고 그 자손이 몇십 년 전해졌는데 대일통의 대의를 모른다"라고 지적했을 뿐만 아니라[68] 여류량, 증정 등이 전파한 '화이지변'이 청의 지배정당성에 직접적인 영향을 준다고 생각해 자신이 증정과 주고받은 내용을 『대의각미록』이란 제목으로 만들어 간행하여 공포했다. 옹정제는 『대의각미록』에서 "대개 백성을 기르는 데 있어서 덕이 있는 자만이 천하의 군주가 될 수 있다. 이는 천하가 하나가 되고 만물이 일체가 되는 예로부터 내려온 만고불변의 기본도리로써 무리로 모이

66 湖南省地方志編纂委員會編, 1992, 『湖南省志』 第三十卷 『人物志』, 上冊, 長沙: 湖南人民出版社, 179쪽.

67 『淸實錄 · 世宗實錄』 卷81 "雍正七年五月乙丑" 條, 第八冊, 72~76쪽. 이 사건은 옹정 6년에 발생하였고 처리는 옹정 7년에 하였기에 옹정 7년 조에 기재되어 있다.

68 『淸實錄 · 世宗實錄』 卷81 "雍正七年五月乙丑" 條, 第八冊, 75쪽.

고 떼로 나뉘는 범상한 무리나 시골의 천박한 소견을 가진 자들이 함부로 같음과 다름을 거론하는 바가 아니다"라고 피력했다. "우리 왕조는 우러러 천명을 계승하여 중외신민들의 주인이 되었는데, 어찌 어루만져서 편안히 하고 사랑하고 기르는 은혜를 입은 자들을 화이로써 달리 구분을 한단 말인가? 중외신민들은 우리 왕조를 받들어 군주로 모신 이상 성심으로 순종하여 신민으로서의 도리를 다하고 특히 화이의 구분으로 다른 마음을 품지 말아야 한다. 이것은 하늘의 도리를 헤아리고 사람의 도리를 검증하는 것으로 바다의 한구석에 살고 있는 천하의 백성들이라 할지라도 대일통이 우리 왕조에 있다는 점을 모르는 자가 없으니 온 백성과 신하들은 감히 정도를 벗어나려는 뜻을 품고 있지 말아야 한다.", "역적들의 뜻인즉 우리 왕조가 다만 만주족의 군주로서 중원에 들어가 군주의 자리에 올랐다고 하면서 지역과 민족에 대한 편견을 터무니없이 갖고 비방하고 헐뜯는 말을 지어낸 것이다. 우리 왕조가 만주 출신인 것은 중국 역대 왕조가 여러 지역 출신인 것과 같은 도리인데 이것을 모르는가? 순임금은 동이(東夷)족이고 문왕은 서이(西夷)족인데 그렇다고 성인의 덕에 흠이 생긴 적이 있는가?", "화이지변설은 남쪽에 수도를 정한 진(晉), 송(宋), 육조(六朝) 시기에 서로 조건이 비슷하여 누구도 상대를 능가하지 못하여 북인은 남인을 도이(島夷)라고 비난하고 남인은 북인을 색로(索虜)라고 한 것에서 유래했다. 그 당시 사람들은 덕을 닦고 인을 행하는 데 힘쓰는 것이 아니라 쓸데없이 입씨름만 하였으니 그야말로 비루하기 그지없는 소견이다. 지금 역적 등이 천하가 통일되고 화이가 한 식구가 된 이때에 헛되이 중외를 구분하고 잘못된 분란을 조성하였으니 어찌 하늘의 도리를 저버리고 임금과 부모도 모르는 벌과 개미보다 못한 족속이 아니겠는가?", "천지는 인과 사랑을 마음으로 하고 사사로움이 없이 모든 것을 덮고 담으니 덕이 내지에서 창성하면 대통은 내지에서 생기고 덕이 변방에서 창성하면 대통은 변방에서 생긴다.", "또 역적 여류량 등은 오랑캐를 금수에 비교하였는데, 하늘이 내지(內地)가 덕이 없음을 싫어하여 우리 외이(外夷)를 돌보아 내지의 주인으로 명한 것을 알지 못하였다.", "중국이 통일한 이래 영토는 넓히지 못하였으며 귀순을 하지 않은 자는 오랑캐라고 비난하였는데 삼대이전의 삼묘, 형초, 험윤의 경우 지금의 호남, 호북, 산서의 지역인데 오늘날 이 지역의 사람들을 오랑캐라고 하면 맞는 것인가? 한, 당, 송의 전성기에 북적, 서융이 대대로 변방의 후환이었지만 여태껏 이들을 신하로 굴복시키고 그 땅을 차지하지 못하였기에 지역과 민족의 경계가 생긴 것이다. 우리 왕조가 중원에 들어온 후 영토를 확장하였으니 이는 중국신민에게 있어서 큰 행운인데 어찌 아직도 화이와 중외의 구분에 관한 논쟁이 있단 말인가?"[69] 여기에서 옹정제는 유가의 '덕' 사상으로 '화'와 '이'의 내용과 명분에 새로운 해석을 내놓았다. 옹정제는 청은 중국의 성세임을 들어 '덕이 있는 자가 천하를 얻는다'는 논리를 증명하여 증정 등이 고수하는 '화이지변'을 해소하였다. 소위 '화이'란 옹정제가 볼 때 다만 역사상 지리개념에 불과한데 하상주 삼대시기의 오랑캐는 모두 지금 중국의 내지가 되었다. 소위 '만주'도 중국의 지역명에 불과할 뿐이다. 옹정제는 또 이를 기초로 '대일통'의 관점을 제기하였는데, 즉 '화이일가'를 통해 '중국'을 다민족이 인정하는 공동체로 만듦으로써 청의 다민족공동체국가 구축을 위한 사상적 계도를 하는 것이다. 옹정제는 정치적 정체성을 통

69 節自, 1983, 『大義覺迷錄』 卷一, 中國社會科學院歷史研究所淸史研究室編, 『淸史資料』 第四輯, 北京: 中華書局, 3~5쪽.

해 문화적 정체성을 관철시켜 청의 다민족융합을 촉진하고자 하였다.

남명정권이 반청복명의 군사항쟁을 벌이는 기간에도 남명 융무정권의 도독 최지, 수군도독 주학지, 장수 정지용, 남명 노왕정권의 어사 풍경제, 좌부어사 황종희, 어사 유도남, 주순수, 장비 등은 민절지역 해상교통으로 맺은 인맥관계를 이용해 일본에 가서 군사원조를 요청하였지만 모두 승낙을 받지 못했다.[70] 하지만 이들은 일본에 대해 문화적으로 친근감을 느꼈다. 장배(절강 여요 출신)의 경우, 일본인은 '존왕'의 의리가 있다고 생각했다.[71] 장배가 매우 숭배하였던 주순수 역시 일본을 예의지방이라고 여겨 항청투쟁이 실패한 후 일본에 정착하였다(1659년). 주순수는 일본에서 벗들에게 오랑캐가 중화로 변하는 문명변혁의 길[72]을 논하였을 뿐만 아니라 그가 주장한 '존왕천패(尊王賤覇)'사상은 일본의 미

---

70 일본학자 기미야 야스히코의 연구에 따르면 남명인사들은 일본에 '걸사(일본에 군사원조 요청)'를 17차례 한 적이 있다고 한다. 胡錫年譯, 1980,『日中文化交流史』, 北京: 商務印書館, 628~632쪽.

71 명의 장비는『莽倉園文稿余·复大串元善啓』에서 일본 벗 大串元善에게 "我朝(按: 指明朝)必有复興之日. 我朝之興, 必有藉于貴邦, 挺生尊王之好義"라고 했다. (『民報』第十五號夏季增刊本 38쪽, 劉玉才:『淸初渡海遺民與中日文化認知』재인용,『北京大學學報』2010年第4期).

72 명의 朱舜水는『答加藤明友書二首』에서 "若以貴國褊小, 爲東夷, 謙讓不遑, 則大不然. 貴國今日之力, 爲之尙有余裕. 昔者滕壤偏小, 不能五十里. 一旦擧行學校, 猶且未能究其功用. 而學士大夫至今猶嘖嘖稱之. 今貴國幅員广大, 千倍于滕, 而百倍于丰鎬, 而物産又甚富饒. 失今不爲, 后必有任其咎者矣. 至若以風物禮儀爲歉者, 則建學立師, 乃所以習長幼上下之禮, 申孝悌之義, 忠君愛國而移風易俗也. 何歉焉? 唯期銳志擧行之. 仆生于越而貫于吳, 周之東夷也, 擯而不與中國會盟也. 斷发文身, 侏離椎結, 以御蛟龍魑魅者也. 仆荒陋不足數, 然自漢以來, 文物軌章何如者?今日之吳越, 則天下不敢望其項背矣. 擧凡亘古圣地明王之都, 賢哲接踵比肩之鄕, 亦拱手縮胸而遜讓之矣. 顧在做人者何如耳, 豈以地哉?"라고 했다(『朱舜水集』上冊, 174쪽).

토 학파에 중요한 영향을 미쳤다.[73] 이 기간에 중국 상선들이 잇달아 일본 나가사키에 가서 무역을 하면서 일본인들도 "숭정제가 붕어하고 홍광제가 오랑캐에게 붙잡혔으며 당왕과 노왕만이 남쪽으로 가서 보존하였는데 오랑캐(韃虜)가 중원에서 횡포한 짓을 하니 이는 중화가 오랑캐로 변한 상태다"[74]라는 사실을 알게 되었다. 당시 일본인들은 중국을 '화이변태(華夷變態)' 즉 '화'에서 '이'로 바뀌었다고 생각했는데 이는 남명 세력들의 영향을 받은 결과인 듯하다.

명청교체와 관련된 소식은 또한 일정한 정도에서 일본 유생들의 자국문화에 대한 자신감을 부추겼다. 당시 일본의 저명한 유학자인 하야시 라잔(林羅山, 1583~1657)은 『논어』「자한」편에 있는 '자욕거구이(子慾居九夷)' 구절을 해석할 때 '구이'를 '일본'으로 풀이했다. 그는 또 "본조(일본의 도쿠가와 막부)는 문물이 번성하여 중화와 대항할 수 있다"라고 하였다.[75] 하야시 라잔의 이런 에도시기 일본문화 우수론은 또 나중에 일본 유생들의 일본중심 화이론 구축으로 이어졌다. 1669년 유생 야마가 소코(山鹿素行, 1622~1685)는 『중국변』에서 "무지한 사람들은 중화문명의 토양(역주: 일본)에서 태어났지만 그 아름다움을 모르고 있으며 오로지 외조(外朝)의 경전만 좋아하고 다른 나라를 흠모하여 그렇게 그들에게는 방심하고 자기에게는 그렇게도 뜻을 잃는단 말인가? 이것은 호기심인가? 아니면 외국을 숭상하는 것인가? 중국(역주: 일본)의 수토는 만

73 梁容若, 1985, 『朱舜水與日本文化』 참고, 梁氏의 『中日文化交流史論』, 北京: 商務印書館, 201~221쪽에 수록.

74 林春胜, 林信篤, 1981, 『華夷變態 · 序』, 東京: 東方書店, 1쪽.

75 林羅山, 1979, 『林羅山文集』 第36卷 408~409쪽, 第48卷 56쪽. 京都: 京都史籍會; 黃俊杰, 2005, 『"東亞儒學"如何可能?』 인용, 『山東大學學報(哲學社會科學版) 第6期.

방에 뛰어나고 인물은 온 세상에서 빼어나니 고로 신명이 양양하고 성스러운 다스림이 면면하여 문물이 밝고 무덕이 빛나서 천지에 비할 수 있다."[76] 여기서 설명이 필요한데 야마가 소코가 말한 '중화'는 중국이 아닌 일본이고 외조는 중국을 가리킨다. 그의 관념 속에서 일본은 이미 인문이 창성한 지 오래된 나라다. 그렇게 되자 일본의 유생들에게 있어 '화(華)'는 이미 '일본'으로 바뀌었고 '이(夷)'는 청이 지배하는 중국으로 대체되었다. 야마가 소코는 일본문명을 중국문명의 대립점에 놓고 일본문명의 우월성을 강조하였다. 나중에 유학자 아사미 게이사이(淺見絅齋 1652~1711)도 『중국변』에서 다음과 같이 말하였다. "중국, 오랑캐란 명칭은 유서(儒書)에서 유래가 깊다. 우리나라에서 유서가 성행하니 유서를 읽은 선비가 당을 중국으로 알고 우리나라를 오랑캐로 알고 있었다. 더욱 심한 경우 오랑캐로 태어난 것을 후회하여 눈물을 흘린 자도 있다. 이는 어찌하여 이렇게 심한가? 유서를 읽는 자로서의 품위를 잃고 명분과 대의를 모르니 슬프기 그지없다. 무릇 하늘은 땅을 제외한 모든 것을 포함하고 땅은 모든 지역을 포함하고 있다. 각자 그 땅의 풍속의 제한이 있고 자기 구역의 천하가 있지만 존비귀천의 구별이 서로 없다. 당의 토지는 구주(九州)로 나뉘는데, 예로부터 풍기가 서로 열리고 언어와 풍속이 서로 통하여 자연스레 그 천하를 이룬 것이다. 그 사방의 이웃은 풍속이 통하지 않는 곳에 살고 각국은 자연스레 다른 풍속습관을 갖고 있다. 구주에 가까운 곳은 통역이 필요한 관계로 당이 바라보는 입장에서 자연히 변방으로 보고 있다. 이는 즉 구주를 중국으로 하고 그 외곽

76 山鹿素行, 1941, 『中朝事實』, 『山鹿素行全集』 第13卷, 東京: 岩波書店, 226쪽; 張昆將, 2009, 『日本德川學者的"夷夏之辨"思想論爭內涵及其轉變』 인용, 复旦大學文史研究院編, 『從周邊看中國』, 北京: 中華書局(下同), 126~152쪽.

을 오랑캐로 하는 연유이다. 이것을 모르고 유서에서 외국을 오랑캐라고 한 것을 보고 여러 만국(萬國)을 모두 오랑캐라 생각하는데 이는 우리 나라가 본디 천지와 공생하여 다른 나라를 필요하지 않는다는 점을 전혀 모르고 한 말이니 심히 잘못된 것이다."[77] 그가 보건대 '중국', '오랑캐'란 칭호는 본래 중국의 시각에서 보는 칭호로 일본인은 결코 이것을 들어 스스로 비하하지 말아야 한다. 일본인은 '중국'과 '오랑캐'의 관계에 대해 시각을 바꿀 필요가 있다. '일본'을 '중국'으로 하고 '중국'을 '오랑캐'로 하면 공자의 '춘추의 도리'에 더욱 부합된다. 그는 그 나라에서 태어나면 그 나라를 중심으로 하고 다른 나라를 다른 나라로 대하여야 한다고 주장했다. "우리나라가 '춘추의 도리'를 알기에 우리 나라가 곧 중심이다.", "오로지 우리나라를 안으로 하고 외국을 밖으로 하여 내외빈주를 구분해야 한다. 우리나라를 다른 나라라고 한다면 어쨌든 모두 이치에 맞지 않다."[78] 아사미 게이사이가 '화이지변'을 빌어 강조하고자 하는 것은 일본의 자아주체였다. 그런데 18세기 후기에 들어서 유학자 마츠미야 간잔(松宮觀山, 1684~1780)은 중국을 더 이상 '화'라 부를 수 없는 이유를 한층 밝혔는데 그것은 중국의 "국호가 여러 번 바뀌면서 점차 북적(北狄)에게 합병되었으니 지금 어찌 중화라 칭하기에 족할 수 있으며", "국호가 바뀌지 않고 종묘의 제사를 흠향하여 자손이 보존된 나라는 오로지 우리 대일본뿐이다."[79] 여기서 볼 수 있는 바 일본의 유생들

---

77 淺見烔齋, 1982,「中國辨」,『日本思想大系 · 山崎闇齋學派』, 東京: 岩波書店, 416쪽.

78 淺見烔齋, 1982,「中國辨」,『日本思想大系 · 山崎闇齋學派』, 東京: 岩波書店, 418쪽.

79 松宮觀山,「和學論」,『松宮觀山集』 第二卷 192쪽, 張昆將,『日本德川學者的"夷夏之辨"思想論爭內涵及其轉變』에서 인용, 复旦大學文史研究院編:『從周邊看中國』126~152쪽.

은 명청교체 과정에서 남명상인들과 정치유민들이 제공한 중국 관련 소식에 근거하여 체계적으로 일본을 중심으로 하는 '우리가 중화이고 그들이 오랑캐이다.'라는 사상을 서술하였다.

청이 산해관으로 들어간 후 조선왕조는 청과 빈번하게 사절을 주고받았지만 청이 조선을 상대로 벌인 전쟁은 여전히 조선의 사대부들에게 잊을 수 없는 역사의 그늘을 남겨 주었다. 누누이 관직을 사양한 김간(金幹, 1646~1732)의 경우 병자호란 때 사망한 장병들[80]에게 직접 제사를 지냈을 뿐만 아니라 "과천, 광주 사이에 몰압석굴이 있었는데 수백명이 들어갈 수 있었다. 병자호란 때 과천, 금천 사람들이 다투어서 석굴에 들어갔다. 적이 발견하고 석굴에 불을 지르니 불이 연일 꺼지지 않아 석굴에 있던 사람들이 모두 연기에 질식해 죽었다"[81]라고 기술하였다. 저자의 글 속에 나오는 청군은 조선 백성들에게 매우 잔인하였다. 경연관으로 있었던 한원진(韓元震, 1682~1751)도 청군이 강화도를 함락한 사건에 대해 "강화도가 함락하던 일은 어찌 차마 말로 다할 수 있겠는가? 사면이 바다에 쌓인 외딴 성에 오랑캐 군사가 쳐들어와 제멋대로 살인과 약탈을 감행하여 무릇 성에 있는 사람들은 굴복하지 않으면 죽임을 당했으니 어찌 죽지도 항복하지도 않고 살 수 있단 말인가? 저 오랑캐는 개돼지와 같다"라고 지적했다. 그 말인즉 '살륙'은 개돼지 같은 오랑캐인 청인들의 본성이다. 그는 또 당시 많은 조선 관리들이 문집에서 '청인'이라고 하고 '오랑캐'라고 칭하지 않은 것은 주자의 법도에 맞지 않다

80 한국의 『厚齋集 · 厚齋先生年譜』에 따르면, 金幹은 "凡于胜國及本朝節義之人, 遍訪遺迹, 其有廟者增飾之, 无廟者操文設祭, 表彰激勵之道, 无所遺焉."라고 하였다고 한다(『韓國文集叢刊』 第156冊, 305쪽).

81 김간, 『厚齋先生別集』 卷二 『隨錄』, 『韓國文集叢刊』 第156冊, 242쪽.

고 여겼다. "『남구만문집』에서는 오랑캐를 칭할 때 반드시 청국이라 칭하고 황제라 칭하였는데 차마 오랑캐라고 질책하지 못하였다. 임인년에 강희제가 죽자 조봉억의 무리가 오랑캐의 군주를 위한 상복을 만들고자 관아의 재화를 꺼내고 장부에 적기를 '강희제를 위한 상복을 만들기 위한 용도'라 하였다. 을사년에 대간이 논계를 올려 말로 임금을 핍박해 그 일을 그만두게 하였다. 주자는 오랑캐를 금국이라고 칭한 적 없고 금을 칭할 때에는 반드시 금의 오랑캐[金虜]라 하였으며 또한 황제의 칭호를 가한 적이 없다 …… 남구만의 무리는 이런 점을 모르지 않으면서 반드시 그렇게 하는 것은 주자의 교훈과 성조의 일을 법도로 꼭 삼지 않기 때문이다." 여기서 볼 수 있는 바 한원진은 청을 결단코 인정하지 않았을 뿐만 아니라 조선의 위정자들이 청과의 관계개선 및 칭호변경에 대해 논하는 것도 지극히 찬성하지 않았다. 그는 이런 작태는 "세속에 이끌려 점점 그 풍기에 물들어 의리가 점점 어두워지니 우리나라는 아마 오랑캐로 전락할 것이다"[82]라고 하였다.

한원진은 일부 사람들이 청을 수용하는 태도에 "우리나라가 다시 오랑캐로 전락한다"고 걱정하였는데, 이는 병자호란이 일부 조선의 사대부들의 이데올로기 영역에서 '화이지변'을 불러일으킨 것을 의미한다. 전쟁이 끝난 지 28년이 지난 후에야 태어난 이만부(李万敷, 1664~1732)는 '화이지변'으로 조선과 중국의 문화적 차이를 구분하였다. 그는 "비록 우리나라는 외복(外服)에 있지만 예로부터 소중화라 칭하였는데 하물며 지금 오랑캐가 정권을 훔쳐 천하가 좌임을 하고 있다. 그렇지만 오로지 우리만이 열성이 서로 계승하여 삼대의 법으로 다스리고 있다"[83]라고 하

82 韓元震, 『南塘先生文集』 卷三十八 『雜識』, 『韓國文集叢刊』 第202冊, 321쪽.

였다. 소위 '천하'란 즉 중국을 가리킨다. "천하가 좌임을 하고 있다"는 말은 『논어』「헌문」편의 "관중이 없다면 우리들은 머리를 풀고 좌임을 하고 있었을 것이다"라는 구절을 차용한 것인데 중국이 청의 지배를 받아 이미 오랑캐의 의관제도로 바뀐 것을 가리킨다. 그렇지만 조선의 경우 "열성이 서로 계승하여 삼대의 법으로 다스리고 있으니"라고 하면서 곳곳에 '소중화'로서의 문화적 자부심을 잔뜩 표출하였다. 일부 조선 사절들은 청을 방문하고 귀국 후 '연행록'을 쓴 다음, 다른 사람에게 서문을 써달라고 부탁했다. 이런 서문에서도 여전히 이들이 조선과 청의 문화를 구분한 점을 종종 볼 수 있다. 김창협(金昌協, 1651~1708)의 경우 『연경에 가는 황경지에게 준 서』에서 "지금 천하는 다시 좌임을 하는 세상이 된 지 오래되었다. 우리 조선은 외진 곳에 위치하였지만 유독 의관과 예악의 옛 관습을 바꾸지 않고 엄연히 소중화로 자처하고 있다. 하지만 옛날 적현신주(赤縣神州)의 요순삼왕이 다스렸고 공맹정주의 가르침을 받은 지역과 그 지역의 사람들을 소나 말의 젖을 먹고 비린내와 누린내 나는 고기를 먹는 족속으로 여기고 있다."[84] 그가 보건대 청이 차지한 중국은 벌써 '소나 말의 젖을 먹고 비린내와 누린내 나는 고기를 먹는' 곳이 되어 조선만이 "의관과 예악의 옛 관습을 바꾸지 않고 엄연히 소중화로 자처하고 있다." 여기에는 '화이지변'의 뜻만 있는 게 아니라 조선이 '소중화'로서 여전히 전통의관과 예악제도를 고수하는 자부심을 더욱 담고 있다. 이들보다 한 세대 늦게 태어난 신유한(申維翰, 1681~1752)도 중국으로 떠나는 친구를 보내며 지은 서문에서 비록 자신은 중국에 갈 수

83 李万敷, 『息山先生續集』 卷九『論選士文』, 『韓國文集叢刊』 第179冊, 288쪽.

84 金昌協, 『農岩集』 卷二十二 『贈黃敬之赴燕序』, 『韓國文集叢刊』 第162冊, 157쪽.

없었지만 "읽은 책은 모두 중국의 것이다. 중국의 책은 만을 헤아리는데 나는 꼭 사서육경을 취하겠다. 주공은 나의 스승이고 공맹은 나의 본보기이며 주자와 정자는 나의 안내자이니 나도 중국인이다. 나는 관은 장보(章甫)를 쓰고 옷은 봉액(縫掖)을 입고 악기는 주남과 소남을 타고 춤은 구소를 추며 부자가 걸으면 나도 걷고 안연이 빨리 걸으면 나도 빨리 걸으니 오로지 중국에만 유학자들이 있는 것이 아니다"라고 하였다. 하지만 그가 볼 때 "중국인은 억을 헤아리지만 저들은 사서육경을 읽지 않고 오랑캐 군복을 입으며 짧은 옷에 눈을 부릅뜨고 칼을 쓰니 중국인이 아니다. 오호라, 우리로 하여금 중국의 시와 사서를 읽게 하고 중국의 의대를 하게 하였으니 이것이 웅장한 대국의 기세인 것이다. 기자가 동으로 봉해진 이래 우리에게 내린 명 고황제의 빛나는 하늘 같은 은총은 약해진 적 없다. 중국에는 성인이 있어 예악정벌이 모두 천자로부터 나왔다. 그렇지 않은 경우 천하는 춘추를 명분으로 중국에게 주어지지 않고 동방에 주어지니 밝고 아름다웠다."[85] 신유한은 한유의 중국과 오랑캐 변화론에 근거하여 '동이'인 조선이 문화적인 면에서 이미 '중국'이 되었고 지리상의 '중국'은 오랑캐의 풍습에 물들어 이미 '오랑캐'로 전락한 점을 서술하였으며 또 중국문화가 조선으로 옮겨감과 더불어 조선은 중국문화의 정통지역이 되었다고 하였다. '화이지변'과 '소중화'의식에 대한 서술을 통해 조선 사대부들이 자국과 청을 구별한 것이 분명하였다. 이만부, 김창협, 신유한, 한원진 등이 보여준 이런 문화적 자부심은 나중에 유학자 성대중(成大中, 1732~1812) 오희상(吳熙常, 1763~1833) 홍직필(洪直弼, 1776~1852) 등으로 이어졌다.[86]

---

85 신유한, 『靑泉集』 卷四 『送李東望之燕序』, 『韓國文集叢刊』 200冊, 297쪽.

VI. 맺음말

위에서 살펴본 바로 청의 조선에 대한 전쟁과 남명에 대한 전쟁은 조선과 청의 정치관계를 바꾸었을 뿐만 아니라 중국역사에서의 명청교체를 이루었고 또 한·중·일 삼국에서 '화이지변'을 일으키기도 했다. 조선에서는 사대부들의 청인에 대한 증오(전쟁)와 오랑캐에 대한 경멸과 더불어 '화이지변' 의식의 영향으로 조선 선비들은 더욱더 스스로 '소중화'로서의 문화적 우월감을 강조하였다. 또한 기존의 그 '중화(명)'가 이미 더 이상 존재하지 않는 상황에서 스스로를 '소중화'라고 강조한 것은 조선이 이미 문화적인 면에서 차중심(次中心)에서 중심으로 올라갔음을 의미하여 조선인들의 문화적 자부심을 충분히 보여주었다.

명의 유민들이 주도하는 정치적인 반청복명운동과 문화적인 '화이지변'은 이미 청의 지배 정당성에 심각한 영향을 미쳤다. 청의 지배자들 역시 이론적으로 반드시 대응을 하여 한인들의 만주귀족에 대한 배척심리를 해소하였어야 했다. 그리하여 강희제는 대만의 정씨세력을 평정한 후 사상문화적인 면에서 공자를 존중하고 주자를 숭상하는(주자학) 방침을 세웠다. 그는 한족대신들에게 『주자전서』와 『성리정의』 등의 성리학 저서를 편찬하라는 명을 내렸을 뿐만 아니라 만주족과 한족의 관리들에게 경전을 읽도록 독려하였고 강희제 본인은 남방을 순시하는 도중에 일부러 곡부에 들려 공자를 참배하여 "선사에게 제사를 지내고 특별히 문교를 선양하여 유림을 격려하니 제사의 의례가 완성되었다. 경서의 뜻을 강구하여 밝혀 학설이 끊임없이 전해져 대의에 부합하였다."[87] 이로써 한

86 王元周, 2013, 『小中華意識的嬗變-近代中韓關系的思想史研究』, 北京: 民族出版社.

족 사대부들의 한문화 파괴에 관한 우려를 해소하여 만주족과 한족의 문화적 융합을 추진하였다. 1726년, 옹정제는 증정의 반청사건을 처리하는 과정에서 여류량이 '화이지변'을 들어 청의 지배정당성을 부정한 사실을 알아내고 특별히 『대의각미록』을 지어 증정 등이 주장하는 '화이지변'을 반박하였다. 옹정제는 유가의 '덕' 사상을 이용하여 '화'와 '이'의 내용과 명분론을 재해석하였다. 옹정제는 청은 중국의 성세라는 점을 들어 '덕이 있는 자가 천하를 얻는다'는 점을 증명하여 증정 등이 고수하는 '화이지변'을 반박하였다. 그는 또 이것을 기초로 '대일통'(즉 중국과 오랑캐는 한 가족이다.)의 관점을 제출하여 '중국'을 다민족공동체로 바꾸었다. 이는 청의 여러 민족융합에 유리할 뿐더러 중국의 다민족통일국가의 발전과 중국민족주의사상에도 중요한 영향을 미쳤다.

일본에서는 나가사키에 간 명의 유민과 상인들의 영향으로 일부 사람들이 중국에 '화이변태'의 인식을 갖게 되었다. 일본 유학자들은 바로 이런 환경에서 중국은 이미 '북적(北狄)'이 되었는데 어찌 '중화'라 칭할 수 있느냐는 인식을 갖게 되었으며 일본은 국호가 시종 변하지 않았고 문무가 창성하니 마땅히 '중화'라 칭하는 것이 맞다고 여겼다. 여기서 알 수 있는 바 조선과 일본 두 나라의 유학자들은 '만청'의 문화정체성으로 인해 중국문화에 대한 문화적 차이를 형성하여 문화적 의식면에서 동아시아의 '중국중심' 인식을 해소하고 자국문화에 대한 자부심과 우월감을 구축하였다. 아마 이것은 바로 한·중·일 삼국의 근대민족주주의의 내재적 원천일 것이다.

---

87 『淸實錄·圣祖實錄』卷117「康熙二十三年十一月丙子」條, 第五冊, 231쪽.

참고문헌

사료문헌

『朝鮮王朝實錄』, http://sillok.history.go.kr/

『承政院日記』, http://sjw.history.go.kr/id/SJW

金榦, 『厚齋先生別集』, 『韓國文集叢刊』 第156冊.

金尙憲, 『南漢紀略』, 韓國中央圖書館藏本.

金昌協, 『農岩集』, 『韓國文集叢刊』 第162冊.

羅万甲, 1987, 『丙子錄』, 서울: 明文堂.

朴知誠, 『潛冶先生集』, 『韓國文集叢刊』 第80冊.

申維翰, 『靑泉集』, 『韓國文集叢刊』 和200冊.

申楫, 『河陰先生文集』, 『韓國文集叢刊』 第800冊.

俞棨, 『市南先生別集』, 『韓國文集叢刊』 第117冊.

李万敷, 『息山先生續集』, 『韓國文集叢刊』 第179冊.

李回寶, 『石屛先生文集』, 『韓國文集叢刊』 第832冊.

鄭蘊, 1990, 『桐溪先生文集』, 『韓國文集叢刊』 第75冊, 서울: 景仁文化社.

鄭忠信, 『晩云先生集』, 『韓國文集叢刊』 第83冊.

趙慶男, 『續雜錄』, http://db.itkc.or.kr/dir/item?itemId=GO#/dir/node?dataId=ITKC_

趙克善, 『冶谷先生集』, 『韓國文集叢刊』 第836冊.

崔鳴吉, 『遲川先生集』, 『韓國文集叢刊』 第89冊.

韓元震, 『南塘先生文集』, 『韓國文集叢刊』 第201冊.

顧炎武, 1990, 『日知錄』, 石家莊: 花山文藝出版社.

談遷, 2006, 『棗林雜臺』, 北京: 中華書局.

戴名世, 2011, 『乙酉揚州城守紀略』, 收于曾學文校注 『揚州著述錄』, 楊州: 廣陵書社.

李學勤출판부, 1999, 『十三經注疏』, 李學勤主編点校本, 北京: 北京大學出版社.

王夫之, 1975, 『讀通鑒論』, 第372頁, 北京: 中華書局.

王秀楚, 1982, 『揚州十日記』, 上海: 上海書店出版社.

朱舜水, 1981, 『朱舜水集』, 北京: 中華書局.

朱子素, 2009, 『嘉定乙酉紀事』, 北京: 中華書局.

中國社會科學院歷史研究所淸史硏究室編, 1983,『淸史資料』第四輯, 北京: 中華書局.
『淸實錄』, 1985, 北京: 中華書局影印本.
許重熙, 2002,『明季甲乙兩季匯略』,『續修四庫全書』第441冊, 上海: 上海古籍出版社.
湖南省地方志編纂委員會編, 1992,『湖南省志』, 長沙: 湖南人民出版社.
黃明曦, 1891,『江上孤忠錄』,『粟香室叢書』線裝本, 光緒辛卯, 赤溪刻本, https://ctext.org/library.pl?if=gb&file=82980&pa;
黃宗羲, 2012,『黃宗羲全集』, 杭州: 浙江古籍出版社.

林春胜, 林信篤, 1981,『華夷變態』, 東京: 東方書店.
淺見炯齋, 1982,『中國辨』,"日本思想大系"本, 東京: 岩波書店.

단행본

朴贊胜, 2007,『民族主義的時代, 在日帝下的韓國民族主義』, 서울: 경인문화사.
愼鏞厦, 1987,『韓國近代民族主義的形成與展開』, 서울: 서울대학교출판부.
______, 2009,『丁卯,丙子胡亂與東亞』, 서울: 역사비평사.

顧誠, 1997,『南明史』, 北京: 中國青年出版社.
唐文權, 1993,『覺醒與迷誤: 中國近代民族主義思潮硏究』, 上海: 上海人民出版社.
陶緖, 1995,『晚淸民族主義思潮』, 上海: 上海人民出版社.
木宮泰彦著, 胡錫年譯, 1980,『日中文化交流史』, 北京: 商務印書館.
复旦大學文史硏究院編, 2009,『從周邊看中國』, 北京: 中華書局.
濱下武志, 1999,『近代中國的國際契机: 朝貢貿易體系與近代亞洲經濟圈』, 北京: 中國社會科學出版社.
查爾斯·蒂利(Charles Tilly)著, 魏洪鐘譯, 2012,『强制, 資本與歐洲國家(公元990-1992年)』, 上海: 上海世紀出版集團.
安宣邦, 2007,『日本民族主義的解讀』, 東京: 白澤社.
梁容若, 1985,『中日文化交流史論』, 北京: 商務印書館.
楊念群, 2011,『何處是"江南"?淸朝正統觀的确立與士林精神世界的變异』, 北京: 生活·讀書·新知三聯書店.
王元周, 2013,『小中華意識的嬗變-近代中韓關系的思想史硏究』, 北京: 民族出版社.
王爾敏, 2003,『中國近代思想史論』, 北京: 社會科學文獻出版社.
魏斐德著, 陳蘇鎭, 薄小莹譯, 1995,『洪業-淸朝開國史』, 南京: 江蘇人民出版社.

李肇忠, 2011,『近代西歐民族主義』, 北京: 人民出版社.
鄭天挺主編, 1989,『淸史』, 天津: 天津人民出版社.
許紀霖, 2017,『家國天下: 現代中國的个人, 國家與世界認同』, 上海:上海人民出版社.
丸山眞男著, 王中江譯, 2000,『日本政治思想史硏究(漢譯本), 北京: 生活, 讀書, 新知三聯書店.
黃枝連, 1992,『亞洲的華夏秩序: 中國與亞洲國家關系形態論』, 北京:中國人民大學出版社年.

Andreas Wimmer, 2013, *Waves of War, Nationalism, State Formation and Ethic Exclusion in the Modern World*. New York: Cambridge University Press, ;
J. K. Fairbank, 1941, *On the Ch'ing Tributary System*, Journal of Asiatic Studies, Vol 6, No.2.

논문

金鍾圓, 1976,「對于朝淸關系初期的考察-以丙子胡亂時被擄人爲中心」,『역사학보』第71輯.
韓明基, 2008,「對丙子胡亂時期朝鮮人被擄問題再論」,『역사비평』第85輯.

劉玉才, 2010,「淸初渡海遺民與中日文化認知」,『北京大學學報』第4期.
孫洪魁,李霞, 2006,「東北亞區域合作的文化視角-打造區域合作的文化基础」,『東北亞論壇』第3期.
田毅鵬, 2005,「全球化, 民族國家與東亞認同」,『史學集刊』第2期.
何芳川, 1998,「"華夷秩序"論」,『北京大學學報』第6期.
何正標, 2018,「"揚州十日"眞相-南明遺民王秀楚手記解析」,『滄桑』第1期.
韓東育, 2008,「"華夷秩序"的東亞构架與自解體內情」,『東北師大學報』第1期.
許兆昌, 2005,「東亞文化傳統的多元與統一」,『史學集刊』第2期.
黃俊杰, 2005,「"東亞儒學"如何可能?」,『山東大學學報』第6期.

2장

조선시대 한중일(韓中日) 관계와 상호인식(相互認識)의 추이

한명기
명지대학교 사학과 교수

I. 머리말

한반도는 중국 대륙과 일본 열도 사이에 위치해 있다. 이 같은 지정학적 조건 속에서 한반도의 역대 왕조는 대외관계를 구상하거나 외교 정책을 펼쳐 나갈 때 대륙과 열도와의 관계를 동시에 염두에 둘 수밖에 없었다. 실제로 1388년 이른바 위화도회군(威化島回軍)을 단행했던 이성계(李成桂)가 요동정벌에 반대하면서 "거국적으로 원정할 때 왜(倭)가 그 허점을 틈타는 것이 세 번째로 불가하다(擧國遠征 倭乘其虛 三不可)"라고 강조했던 것이[1] 대표적인 사례라고 할 수 있다. 나아가 흔히 말하는 대륙 왕조에 대한 사대(事大)와 열도에 대한 교린(交隣)은 바로 이와 같은 지정학적 조건을 고려한 외교정책이자 생존전략이었다. 특히 1392년에 건국된 조선왕조는 '지성사대(至誠事大)'로 불릴 만큼 명조(明朝)에 대한 사대를 중시했고, 그리고 그를 통한 우호관계 유지에 심혈을 기울였다.

그런데 중국 대륙에 대한 사대, 그와 연동된 일본 열도에 대한 교린은 동아시아 정세와 역학 구도가 안정적으로 유지된다는 전제 위에서 구상된 것이었다. 만일 동아시아 정세가 심각하게 동요할 경우, 구체적으로 중국 대륙이나 일본 열도 내부에서 왕조교체(王朝交替)를 비롯한 커다란 정세 변동이 일어날 경우, 혹은 중국 대륙과 일본 열도 사이의 기존의 역학관계(力學關係)에 변화가 생길 경우 사대와 교린을 축으로 한 한

* 이 글은 같은 제목으로 『한국학연구』 57집(인하대 한국학연구소, 2020년 5월)에 수록했던 논문을 수정, 보완한 것임을 밝힌다.

1 『高麗史節要』 권33, 辛禑 14년 4월 乙巳.

반도의 외교정책은 효력을 발휘하기가 대단히 어렵게 된다. 그 대신 주변 역학관계 변화의 여파가 몰려와서 한반도에 위기를 불러오곤 했다. 구체적으로 14세기 후반부터 20세기 초까지 한반도 주변에서는 원명교체(元明交替), 임진왜란(壬辰倭亂), 병자호란(丙子胡亂), 명청교체(明清交替), 청일전쟁(清日戰爭), 러일전쟁 등 역학관계 변화와 그에 수반된 전쟁이 일어난 바 있다. 이처럼 대륙과 열도 사이에 끼여 대륙과 열도 양쪽으로부터의 침략 위협 때문에 고민했던 조선 지식인들 가운데는 한반도의 지정학적 상황을 '정면과 배후에서 적을 맞이하는 복배수적(腹背受敵)' 형국이라고 표현했던 사람도 있었다.[2] 일각에서는 '복배수적'을 넘어 '사면수적(四面受敵)'이라는 표현이 등장하기도 했다.

> 우리나라를 비록 바다 바깥에 치우친 나라라고 하지만 실은 사면에서 적이 몰려오는 지역(四面受敵之地)입니다. 비단 서북으로 이어진 육지만이 두려워할 것이 아닙니다. 근래에는 해방(海防)이 소홀하고 도서(島嶼)의 관리가 부실하니 참으로 애석합니다. 자고로 중국에서 문제가 생기면 등주(登州), 내주(萊州), 회남(淮南), 절강(浙江)에서 배를 타고 동쪽으로 건너면 4~5일이 안 되어 우리 땅에 닿습니다 …… 왜인이 배를 타고 노략질하는 것은 이르지 않는 곳이 없으니 고려 말에 동북도가 항상 그 피해를 받았습니다 …… 근년에 대마도 왜인들이 삼(蔘) 시장을 열어 달라고 청하며 "당신들이 만약 허락해 주지 않으면 당신네 동해를 건너가 강원도와 함경도에서 삼을 캐겠다"라고 운운했다니 이 또한 염려스럽습니다.[3]

---

2 李埈, 『蒼石先生續集』 권3 「請胡差勿賜優待據險討賊疏」. "國家夷狄之患 何代無之 我東自三國以後 腹背受敵 無歲不被兵".

3 安鼎福, 『順菴先生集』 권10 「上星湖先生」.

18세기 지식인 안정복(安鼎福, 1712~1791)이 그의 스승 이익(李瀷, 1681~1763)에게 보낸 글의 내용이다. 중국과 일본 사이에 끼여 있어 양쪽 모두로부터 위협받고 있는 현실을 들어 조선의 지정학적 상황을 '사면수적(四面受敵)'이라고 표현했다.

그렇다면 '복배수적', '사면수적'의 지정학적 조건은 한반도에 사는 사람들의 대외인식과 어떤 관련이 있을까? 결론적으로 필자는 이처럼 대륙과 열도 사이에 '끼여 있는 존재'라는 지정학적 조건과 안보 상황에 맞물려 한국인들의 중국인식(中國認識), 일본인식(日本認識)이 형성, 전개되었다고 생각한다. 나아가 한국인들의 중국인식과 일본인식은 서로 연동되어 끊임없이 길항하고 있다고 생각한다. 이에 필자는 이 같은 가설을 염두에 두면서 오늘날 한국인들이 지니고 있는 중국인식, 일본인식의 기원을 탐색하는 작업을 시도해 보고자 한다. 또 그 과정에서 중국과 일본의 상호인식에 대해서도 검토하려 한다. 이 작업은 기본적으로 시론적(試論的)인 성격을 지닐 수밖에 없다. 그래서 우선 오늘날 한국인들의 대외인식이 형성되는 데 가장 중요한 영향을 미쳤던 조선시대의 경험을 중심으로 한중관계의 전개 과정에서 일본이 개입하는 양상, 그리고 그 개입을 통해 한국인들의 중국인식, 일본인식이 변화하는 추이를 살펴보려고 한다.

II. 15세기 조명관계(朝明關係)와 일본(日本)의 존재

1392년에 건국된 조선 왕조의 관리와 지식인들이 명을 바라보는 시각은 매우 긍정적이고 우호적이었다. 조선의 개국공신이자 '왕조의 설계자'로 불렸던 정도전(鄭道傳, 1342~1398)은 일찍이 명의 건국에 대해 다음과 같이 평가한 바 있다.

> 우주가 생긴 이래 虞夏商周의 世道가 있으니, 여기에 夔·皐陶·稷·契·伊尹·傅說·周公·召公 등 인재가 있어 道가 행하게 되었다. 漢唐의 세도가 있음에 蕭何·曹參·房玄齡·杜如晦 같은 인재가 있어서 도가 겨우 보전되었다. 그 밖의 秦·晉·隋는 혹은 간사한 계책을, 혹은 征伐을 일삼았고, 南北朝의 割據와 五季의 분열은 어지러움의 극치였으니 세도와 인재는 실로 논할 여유가 없었다. 宋이 天命을 받자 五星이 奎 자리에 모여, 세도가 文明의 運을 회복하고 인재는 도덕의 宗이 나와 道가 해와 별이 중천에서 빛나는 것 같았는데, 무슨 까닭인지 氣의 맑은 것이 濁해지지 않을 수 없고 盛한 것이 衰하지 않을 수 없어, 하루아침에 異類가 중국에 들어와 백여 년 동안 웅거했으니 또한 우주 간의 세도에 크나큰 변괴였다. 天心을 기다려 眞主가 일어나 명령을 받들고 罪人을 쳐서, 位를 바루고 體制를 세워 천하의 이목을 새롭게 했다. 그래서 중원의 憤을 풀고 百王의 수치를 씻었으니 功德이 지극히 크고 성하도다.[4]

정도전은 명(明)이 등장하기 이전 중국사에서 제대로 된 세도를 펼쳤던 국가로 우(虞), 하(夏), 상(商), 주(周), 한(漢), 당(唐), 송(宋) 등을 열거했다. 반면 진(秦), 진(晉), 수(隋), 남북조(南北朝), 오계(五季) 등은 간사한 계책이나 정벌을 일삼던 난세였다고 평가한다. 특히 '이류(異類)'였던

---

4 鄭道傳, 『三峰集』 권3 「贈任鎭撫詩序」.

원(元)이 중원을 차지했던 것을 '우주의 변괴'라고 규정한다. 그런데 바로 그때 '진정한 군주(眞主)' 주원장(朱元璋)이 나타나 원을 몰아내고 명을 건국한 것을 가리켜 '천하의 이목을 새롭게 한 쾌거'라고 찬양했다.

이 같은 긍정적인 대명관(對明觀)을 바탕으로 조선의 건국자들이 명 중심의 책봉체제에 순응하기로 결정하면서 조명관계는 안정의 궤도로 접어들게 된다. 당장 조선 태조 이성계는 1388년에 우왕과 최영 등이 추진하던 요동정벌을 비판하면서 '작은 나라로서 큰 나라를 거역하는 것이 불가하다(以小逆大 不可)'는 것을 맨 앞에 내세운 바 있다.[5] 그것은 분명 명을 의식한 것이었다.

조선 건국 직후 조명관계는 갈등과 우여곡절이 적지 않았지만 1398년 이후 안정적인 기조를 유지했다. 그것은 조선이 명 중심의 '책봉체제'를 받아들이면서 가능했다. 달리 말하면 조선이 고구려 시절처럼 수나 당과 맞서는 군사적 행보를 포기하고 '조두시서(俎豆詩書)를 일삼는 문치국(文治國)'으로 전환하면서 비롯된 것이기도 했다. 이와 관련하여 명의 엽향고(葉向高)는 훗날 "수당 시절의 고구려는 동이(東夷) 가운데 으뜸가는 강국이었는데 조선에 들어와 명의 문풍(文風)과 성교(聲敎) 덕분에 충순한 번봉(藩封)이 되었다"고 찬양한 바 있다.[6] 실제로 조선은 15세기 이후 명에 대해 '지성사대(至誠事大)'를 표방했고, 명 또한 조선을 '예의의 나라(禮義之邦)'으로 인식하면서 한집안처럼 대우했다는 기록이 속출

5 『高麗史節要』 권33, 辛禑 14년 4월 乙巳.

6 葉向高, 『蒼霞正續集』, 「朝鮮考」. "論曰 隋唐之際 高麗勍矣 觀其勤萬乘 抗前旌 固東夷之雄也 明興 濡沫仰流 皇風淪皮 俎豆詩書 爲冠帶國 聲敎遠矣 彼威之而不? 此柔之而愈服 雖招手雋有經 亦先聖之遺化也 成桂初興 逆取順守 引于今玆 藩封勿替 可謂盛矣"

한다.[7]

그렇다면 15세기 조선과 명의 대일 인식은 어떠했을까? 적어도 원대 이전까지 중국인들의 일본인식은 매우 긍정적이었다. 일본은 '군자(君子)의 나라'이자 '예의의 나라'였다. 하지만 원이 두 차례나 일본을 침략했던 것, 14세기 초 이래 동남 연해에서 왜구(倭寇)가 심하게 발호하고 침략했던 것을 계기로 중국인들의 대일 인식은 급변한다.[8] 특히 명 초기부터 광동~산동 연안에서 왜구의 피해가 극심해지자 일본에 대한 증오와 공포는 극에 이르게 된다. "왜인이 온다"고 하면 우는 아이까지 울음을 그칠 정도였다고 한다. 왜구에 대한 우려가 커지면서 해방(海防)에 대한 관심 또한 고조되었다. 또 왜구를 제대로 막아내기 위해 군사 체계도 정비되었다. 연안 지방에 위소(衛所)를 설치하고 다양한 명목의 비왜관(備倭官)을 배치했다. 나아가 일본의 국정(國情), 항해(航海) 기술, 무기(武器) 체계 등에 대한 관심 또한 크게 높아졌다.

명의 주원장은 1369년 양재(楊載) 등을 일본에 사신으로 보내 왜구를 단속할 것을 요구하고, 명령을 어길 경우 정복하겠다고 위협했다. 하지만 당시 일본 남조(南朝)의 가네요시 친왕(懷良親王)은 명사(明使) 가운데 다섯 명을 살해하는 등 명에 정면으로 도전하는 자세를 보였다. 1381년 주원장이 일본을 정벌하겠다고 위협하자 가네요시 친왕은 "천하는 한 사람의 천하가 아니라 천하의 천하"라며 명이 쳐들어오면 군대를 동원하여 맞서겠다고 또 다시 도전 의사를 밝힌 바 있다. 주원장은

---

7 『세조실록』 권19, 세조 6년 3월 戊戌. "明使到婆娑府 …… 兩使謂元亨曰 海外之國非一 誰如殿下至誠事大 朝廷號貴國禮義之邦 皇帝待之如一家".

8 王勇, 2005, 「中國史の中の日本」, 『日本にとって中國とは何か』 所收, 東京: 講談社, 242~251쪽.

가네요시 친왕의 태도에 격분했지만 과거 원이 일본에 원정했다가 실패한 전철을 염두에 두고 정벌의 의지를 접을 수밖에 없었다.[9] 이후에도 남북조의 내란이 이어지는 와중에 왜구를 종식시키고 일본을 '책봉체제' 속으로 끌어들이려 했던 주원장의 시도는 무위에 그치고 만다. 그러자 주원장은 일본에 보낸 국서에서 일본을 '어리석은 동이(東夷)'이자 '국민을 해적으로 만드는 나라'로 규정하고 『조훈(祖訓)』에서 일본과의 통교를 사실상 금지했다.[10] 이후 명이 취한 해금(海禁) 정책의 주요 대상은 일본이 될 수밖에 없었다.

조선 또한 14세기 후반 이래 왜구의 침략에 시달리면서 일본에 대한 적개심과 혐오감이 고조되었다. 나아가 조선 사람들의 눈에 비친 일본인들의 품성은 '사납고 이랬다저랬다 하여 믿을 수 없는' 존재였다.[11] 실제로 1397년, 주원장을 만난 자리에서 권근(權近, 1352~409)은 다음과 같은 시(詩)를 지은 바 있다.

동쪽으로 큰 파도 바깥에
倭奴가 있는데 성품이 완악합니다.
일찍이 성인의 교화를 받은 적 없어
언제나 흉악하고 간사합니다.
도둑질과 노략질로 이웃나라 침범하여
바닷가 산기슭에서 삶을 훔치니

9 『明史』 권322, 列傳 外國 三 「日本」.

10 王勇, 2000, 『中國史のなかの日本像』, 東京: 社團法人 農山漁村文化協會, 200~209쪽.

11 『태종실록』 권19, 태종 10년 4월 甲辰. "倭寇之於我國 自庚寅以來 侵掠郡縣 殺戮生民 爲患極矣 惟我盛朝 武以禦侮 文以致治 然倭之爲人 性狠反覆難信".

원컨대 하늘의 뜻을 받들어 토벌하시어
죄를 묻고 개선하여 돌아오소서.[12]

권근이 일본, 일본인들을 바라보는 키워드는 '도둑질', '노략질', '완악', '흉악', '간사' 등 온통 부정적인 용어 일색이다. 권근은 일본이 왜노가 될 수밖에 없었던 까닭을 '성인의 교화를 받은 적이 없기 때문'으로 본다. 즉 일본을 중국(역자: 명)의 교화 바깥에 있는 화외지국(化外之國)으로 규정하면서 주원장에게 토벌하라고 권하고 있다.

하지만 15세기 중반 이후 조선의 대일 인식이 달라지는 조짐을 보인다. 그것은 1443년 계해약조(癸亥約條) 체결 이후 회유책이 효과를 발휘하여 왜구의 침입이 잦아들고 일본인들이 빈번히 내조(來朝)하는 등 교류가 활발해지면서 나타난 변화였다.[13] 그와 관련하여 1479년(성종 10) 서거정(徐居正, 1420~1480)은 다음과 같이 이야기한 바 있다.

일본은 동쪽의 해 뜨는 지역에 있으니 천하의 가장 외진 곳이다. 비록 파도가 넘실대는 만리 바닷길을 건너기 힘들지만, 그 나라가 동쪽에 처하여 천지의 元과 春과 仁의 기운을 받아 풍속이 순박하고 예스러우며 善을 좋아하고 義를 즐기니 더불어 큰일을 할 만하다. 지금 우리나라와 우호를 닦아 한집안과 같고, 여러 섬들도 소문을 듣고 서로 이끌고 진심으로 귀부하여 使船이 왕래하는 것이 내지와 같게 되었다.[14]

---

12 『태조실록』 권11, 태조 6년 3월 辛酉.

13 韓明基, 「15~17世紀朝鮮知識人たちの日本認識概觀」, 東郷和彦·朴勝俊 編著, 2012, 『鏡の中の自己認識』, 東京: 御茶の水書房.

14 徐居正, 『四佳文集』 권5 「送李直提學可行奉使日本詩序」.

서거정의 일본에 대한 인식은 권근의 그것과는 대조적으로 매우 긍정적이다. '완악하고 간사한 도둑'이라는 인식이 '풍속이 순박하고 선의를 숭상하는 이웃'이자 '큰일을 같이 할 만한 한집안'으로 급변하는 모습을 보이고 있다. 왜구의 침략이 거의 종식되고 대마도 등지의 일본인들이 조선에 건너와 삼포 등지에 거주하는 등 평화로운 접촉이 잦아지면서 나타난 인식의 변화였다.

한편 조선의 일본에 대한 우월의식은 다른 형태로 나타났다. 일본이 조선의 풍속과 의리를 사모하여 조선에 귀순하고 생활 터전을 하사받아 조선의 백성이 되었다는 인식이었다. 조선이-과거의 중국이 그러했던 것처럼-대국의 입장에서 '섬 오랑캐(島夷)'을 내지에 포용함으로써 신민으로 삼았다는 자부심이기도 했다.[15]

15세기 이래 조선은 명에 지성으로 사대했고, 명은 그런 조선을 책봉하면서 일가(一家)처럼 인식했다. 반면 일본은 가네요시 친왕이 명에 도전했던 이후인 1403년 아시카가 요시미츠(足利義滿)가 책봉을 받았지만 그의 후계자였던 아시카가 요시모치(足利義持)는 명에 대한 조공과 사대를 거부하고 관계를 단절했다. 일본의 자주성을 내세우면서 명의 신하가 되는 것을 거부한 것이다. 심지어 15세기 초반에는 일본을 신국(神國)으로 자칭하면서 명에 보내는 국서에서 일본의 연호를 사용해야 한다는 주장이 등장한다. 일본이 명과 대등한 국가라는 것을 강조하려는 것이었다.[16]

15 蔡壽,『懶齋集』권1「問保邦備邊」. "臣謂島夷之禍 極於麗季 …… 開國以來 向風慕義 投誠納款 受廛爲氓 散處諸浦 厥數漸多 誠如晉之處戎於內也 江統之論 郭欽之策 可以鑑矣"

16 鍛代敏雄, 2006,『神國論の系譜』, 京都 法藏館, 104~107쪽.

그렇다면 명을 대하는 자세와 바라보는 인식이 크게 달랐던 조선과 일본은 서로를 어떻게 인식했을까? 조선은 일본과 교린(交隣)을 표방했지만 조선이 추구하는 교린관계는 결코 대등한 것이 아니었다. 어디까지나 조선이 '대국'이자 '상국'으로 자처하면서 일본을 어루만지고(字小) 다독거리는(羈縻) 입장에 선 것이었다.[17] 나아가 조선이 일본에 대해 이렇게 '대국'이자 '상국'으로 자처했던 배경에는-위에서 권근이 주원장에게 언급했던 것처럼-조선이 일본과 달리 성인(-중화문명)의 교화를 받았다는 자부심이 자리 잡고 있었다.

실제로 15세기 사행을 통해 일본 사정을 편견 없이 관찰하고 서술했다고 평가받는 송희경(宋希璟)과 신숙주(申叔舟)도 기본적으로는 조선을 '중화'로, 일본을 '이적'으로 여기는 우월적인 대일 인식을 지니고 있었다.[18]

반면 일본은 스스로 '신국'이자 명과 대등한 국가라고 내세웠던 것을 바탕으로 조선에 대해 우월의식을 지녔던 것으로 여겨진다. 실제로 1420년(세종 2) 일본의 장군 아시카가 요시모치는 당시 조선이 명의 영락(永樂) 연호를 사용하는 것에 불만을 표출하여 조선과 마찰을 빚은 바 있다.[19] 요컨대 15세기 이래 조선과 일본은 모두 서로에게 우월의식을 갖고 있었는데 우월의식의 근거와 바탕은 확연히 달랐던 것이다.

주목되는 것은 명의 태도였다. 명은 조선을 개별적으로 상대할 때에

---

17 조선시대 交隣에 대해서는 夫馬進 저, 차혜원 역, 2019, 「조선의 외교 원리, '사대'와 '교린'」, 『조선연행사와 조선통신사』 所收, 성균관대학교 출판부; 강동국, 2018, 「조선 전기의 교린 개념」, 『개념과 소통』 21, 한림과학원 참조.

18 하우봉, 2006, 「조선초기 대일사행원의 일본인식」, 『조선시대 한국인의 일본인식』 所收, 혜안.

19 『세종실록』 권10, 세종 2년 10월 戊午.

는 자신들에게 '충순한 번국'이라고 찬양했지만, 양국관계에 '일본 문제'가 개입될 경우에는 태도를 달리했다. 무엇보다 명은 조선이 일본과 접촉하고 통교하는 것에 알레르기 반응을 보였다. 한 예로 1406년(태종 6) 북경에 갔던 주문사(奏聞使) 이현(李玄)에게 명 예부의 관리는 조선이 일본과 통교하지 않는다고 해놓고 실제로는 사신을 보냈다며 간궤(奸軌)하다고 비난했다. 이뿐만 아니라 당시 명 조정은 일본 사신을 이현보다 앞 서열에 배치하여 접대했다.[20] 1418년, 조선이 왜구에게 붙잡혀 갔던 한인들을 명에 송환했을 때도 예부 관리들은 피로인(被擄人)들을 돌려보낸 것을 찬양하기는커녕 조선이 일본과 교섭한 것을 문제 삼아 문책하라고 요구한 바 있다.[21]

요컨대 명은 조선을 '충순한 번국'이라 운운하면서도 조선과 일본의 교섭과 접촉에 대해서는 대단히 민감하게 반응하면서 차단하려고 했다. 그것은 자신들의 책봉체제에 순응하고 있는 번신(藩臣) 조선이, 명에 순응하지 않고 있는 화외지국(化外之國) 일본과 접촉하는 것을 '인신무외교(人臣無外交)' 원칙에 어긋나는 행위로 인식했기 때문으로 여겨진다.

III. 임진왜란(壬辰倭亂) 시기 조명관계(朝明關係)와 일본

16세기 중반 이후 조선 지식인들의 숭명의식(崇明意識)은 극에 이르

20 『태종실록』 권11, 태종 6년 1월 丁酉.

21 『태종실록』 권35, 태종 18년 2월 丙午.

렀다. 『천자문(千字文)』을 뗀 아동들의 필독서로 자리 잡았던 『동몽선습(童蒙先習)』의 저자 박세무(朴世茂, 1487~1564)는 "위대한 명은 천년만년 영원히 존속할 것"이라는 사실을 믿어 의심치 않았다.[22] 이뿐만 아니라 극에 이른 숭명의식을 바탕으로 '위대한 명'을 부모국으로 섬기면서 명의 일가가 된 조선은 이제 일본이 도무지 넘볼 수 없는 문명국이었다.[23] 반면 조선 지식인들은, 책봉체제와 중화질서의 바깥에 머물면서 명에게 사대하지 않는 일본을 '군더더기 같은 지역(疣贅之域)'이자 '우물 안의 개구리(井底之蛙)'에 불과하다고 멸시하기도 했다.[24]

16세기 이후 조선 지식인들은 문명국 명과 가장 가까운 것이야말로 조선이 일본보다 우월한 나라일 수밖에 없는 원천이라고 인식했다. 즉 명과의 빈번한 접촉과 친연성(親緣性)을 일본에 대한 우월감의 근거로 내세웠던 것이다. 반면 1587년에 전국(戰國) 일본을 통일했던 도요토미 히데요시(豐臣秀吉)는 전혀 다른 대외인식을 지니고 있었다. 히데요시는 일본을 '신국'이라 운운하면서 동아시아 세계의 중심으로 여기고 있었다. 나아가 스스로를 일본 건국신화의 최고 주재자인 야마테라스 오오카미(天照大神)의 분신이라고 내세우면서 명과 인도를 정복하겠다고 표방했다. 요컨대 "일본=신국"이란 자기중심적 슬로건이 조선과 명에 대한 침략을 정당화하는 이데올로기로 기능했던 것이다.[25]

---

22 朴世茂, 『童蒙先習』, 「總論」. "胡元滅宋 混一區宇 夷狄之盛 未有若此者 天厭穢德 大明中天 聖繼神承 於千萬年".

23 金誠一, 『鶴峯先生集』 권5 「擬答宣慰使平行長」. "而況皇明乃我朝父母之國也 我殿下畏天之敬 事大之誠 終始不貳 故北望神京 天威咫尺 玉帛之使 冠蓋相望 此實天下之所共聞知也 貴國今雖絶和 數十年前 曾有觀周之使 豈不知我邦一家於天朝乎".

24 黃廷彧, 『芝川集』 권3 「檄日本關白書」.

실제로 '정명향도(征明嚮導)', '가도입명(假道入明)'을 내세운 일본이 임진왜란을 일으키면서 조명관계는 출렁거린다. 명은 자국 중심의 중화질서와 책봉체제를 수호하기 위해 조선에 참전했다. 동시에 일본군의 침략을 계기로 명은 조선의 지정학적 중요성을 새삼 절감하게 되었다. 조선이 일본에 넘어갈 경우 요동이 위기에 처하고, 궁극에는 북경, 천진 등이 일본군의 위협에 노출될 수밖에 없다고 인식했다.[26]

> 제가 생각하건대 지난날 朝鮮役에서 처음부터 천하의 병력을 동원해 마지않았습니다. 중국의 재력을 고갈시켜 이 하찮은 속국을 원조했던 것은 무슨 까닭이었습니까? 조선을 구원한 것은 요동을 지키기 위한 것이었고, 요동을 구한 것은 京師를 지키기 위한 것이었습니다.[27]

1618년(광해군 10) 명의 신료 이징의(李徵儀)의 발언이다. 주목되는 것은 조선을 '하찮은 속국'이라고 규정하면서 왜란 당시 명군의 조선 참전이 요동과 북경을 지키기 위한 자위 목적에서 이루어진 것임을 솔직하게 이야기하고 있는 점이다. 평화롭고 안정적인 시절의 조선은 '명의 가장 충순한 번국'이지만 일본의 군사적 도전에 직면한 시점의 조선은 '하찮은 속국'으로 규정되었다.

실제로 명군의 조선 참전을 계기로 명의 조선에 대한 고정관념과 '환

---

25 奈倉哲三, 1976, 「秀吉の朝鮮侵略と「神國」-幕藩制支配イデオロギ-形成の一前提として-」, 『歷史評論』 314, 29~34쪽; 石毛 忠, 「思想史上の秀吉」, 桑田忠親 編, 『豐臣秀吉のすべて』, 1981, 東京: 新人物往來社, 192~198쪽; 鍛代敏雄, 앞의 책, 2006, 167~172쪽.

26 한명기, 1999, 『임진왜란과 한중관계』, 역사비평사, 31~42쪽.

27 『籌遼碩畫』 권4, 「早計防剿以固封疆疏」 戊午(1618).

상'이 깨진다. 임진왜란 발생 무렵까지 명의 일각에서는 조선을 고구려의 후예로 인식했다. 그런데 명은 과거 수당과 맞설 정도로 강한 고구려의 후예인 조선이 임진왜란을 맞아 일본에게 밀리는 현실을 이해하기 어려웠다.[28] 이 같은 인식과 맞물려 임진왜란 발생 직후 명 일각에서는 조선이 요동을 되찾기 위해 일본을 끌어들였다는 이른바 여왜공모설(麗倭共謀說)이 떠돌았을 정도였다.[29]

임진왜란을 계기로 조·명 관계는 전쟁 이전과는 다른 양상으로 변화될 수밖에 없었다. 특히 1593년 벽제전투 패전 이후 명군 지휘부가 일본과 강화(講和)를 시도하고 전쟁이 장기화되어 재정 부담 등이 늘어나면서 명의 태도는 달라졌다. 전쟁 이전의 책봉체제 아래에서 양국은 일정한 거리가 유지될 수 있는 관계였다. 하지만 명군의 주둔이 길어지고 양측의 접촉이 빈번해지면서 명은 조선의 내부 사정을 잘 알게 되었다. 그에 더해 조선에 참전했던 명군이 일본군을 군사적으로 압도하지 못하면서 명의 조바심은 커진다. 명의 안보를 위해 조선을 지켜야 한다는 현실을 절감하면서 조선은 이제 '충순한 번국'이자 '자소(字小)의 대상'이 아니라 명의 '노지(虜地)'이자 '구변(九邊)'으로 떠올랐다.[30] 그런데 명의 지휘관과 관인들이 보기에 왜란 당시의 조선은 '약세(弱勢)가 누적된 형세'에서 도무지 벗어나지 못하고 있었다. 조선이 약해서 일본의 침략을

---

28 『文興君控于錄』, 「丙申使行聞見事件」, 萬曆 24년 12월 24일. "巡撫遼東贊理軍務兼管備倭兵部右侍郎右僉都御史李化龍曰 …… 爾邦 自隋唐時 固嘗謂之强國 今何不競如是耶".

29 한명기, 2006, 「조선시대 韓中 지식인의 高句麗 인식」, 『韓國文化』 38, 서울대 한국문화연구소.

30 鄭琢, 『龍蛇雜錄』, 「經略侍郎宋應昌一本」. "臣與李如松劉黃裳及將士人等 嘗謂釜山等處 猶我中國之虜地也 全羅慶尙 猶我國中之九邊".

막아내지 못할 경우 궁극적으로 명의 안보가 위태로워질 수밖에 없는 상황에서 명의 조바심은 높아졌고 조선에 대한 정치적 압박도 점점 커졌다. 1594년, 일본과 강화협상을 추진하던 명은 조선도 강화를 받아들이라고 강요했다. 즉 조선이 쇠약해진 현실을 직시하고 강화론을 받아들여 자강을 도모하라고 촉구했던 것이다.[31] 조선이 '만세의 원수인 일본과 강화할 수 없다'고 반발하자 명에서는 조선 국왕을 교체하자는 주장, 조선을 아예 명의 직할령으로 편입하자는 주장까지 흘러나왔다. 전쟁이 장기화되고 명군이 일본군에게 뚜렷한 군사적 우위를 점하지 못하는 상황에서 조선 내정에 대한 명의 간섭은 심화되었다. 임진왜란 이전 사대, 자소를 표방하던 조·명관계에서는 상상하기 어려운 사태가 빚어졌다.[32]

임진왜란 이전 조선과 명이 서로를 바라보는 인식은 주로 양국을 왕래했던 사신들의 견문과 체험을 통해, 혹은 과거로부터 '전승된 기억'을 통해 형성되었다. 하지만 왜란을 계기로 양국인들의 접촉 횟수와 견문의 폭은 전쟁 이전과는 비교가 되지 않을 정도로 커지고 넓어졌다. 이 같은 상황에서 조선과 명의 상호인식 또한 달라졌다. 전쟁 기간 동안 조선을 직간접으로 체험했던 명 측 인사들은 조선을 나름대로 규정했다. 서희진(徐希震)은 '조선이 고구려와 기자의 후예로서 예의염치를 잘 알았지만 중국만 믿고 무비(武備)와 무학(武學)을 소홀히 했다'거나 '오로지 시주(詩酒)에만 빠져 태평을 구가하면서 거의 황음(荒淫)에 가깝다'는 비판적인 인식을 드러낸 바 있다.[33]

---

31 『明神宗實錄』 권264, 萬曆 21년 9월 壬戌.

32 한명기, 1999, 앞의 책, 57~67쪽.

33 徐希震, 『東征記』. "高麗易爲高句麗 昔箕子所封地 尙廉節 知禮義 恭順天朝 改名朝鮮 恃中國卵翼 不事蘭錡矜棘 不學風雲魚鳥 惟賦詩會酒 樂頌太平 似亦荒也".

임진왜란을 계기로 조선에서도 이전과는 다른 대명 인식이 나타난다. 그것은 "왜적이 물러난 것은 전적으로 명군 덕분이었지만 조선의 전야가 황폐해진 것 또한 명군 때문"이라는 양면적인 시각이었다.[34] 실제로 선조는 '중국인들이 안팎에서 자행하는 민폐가 극심하여 고통을 견디지 못해 민심 흩어지고 근본이 흔들려서 나라가 유지될 수 없는 지경'이라고 통탄한 바 있다.[35] 하지만 임진왜란이 끝난 이후 조선의 대명 인식은 조정 차원에서 명쾌하게 정리된다. 명은 망할 뻔한 위기에 처한 조선을 구원해 준 '재조(再造)의 은인(恩人)'으로 규정되었다. 조선은 원병을 보내준 신종(神宗), 명군 지휘부를 구성했던 석성(石星), 이여송(李如松), 양호(楊鎬) 등을 특별히 숭앙했다. 이여송 등을 모시는 생사당(生祠堂)을 건립했고, 양호의 공덕을 찬양하는 거사비(去思碑)를 세우고 가요집을 제작했다.[36]

반면 임진왜란 이후 조선은 일본을 '영원히 함께할 수 없는 원수(萬世不共之讐)'로 규정했다. 선왕(先王)의 능묘를 파헤치고 백성들을 도륙한 일본은 '영원히 잊지 않고 와신상담하여 복수해야 할 대상'이 되었다.[37] 조선은 전쟁 기간 일본의 강한 군사력을 목격하면서 두려움도 동시에 느낄 수밖에 없었다. 명군이 참전했음에도 끝내 일본군을 제대로 제압하지 못했던 실상을 목격하면서 일본은 '천하에 감당하기 어려운 존재'라는 인식도 나타났다.[38] 또 전쟁 기간 일본군이 자행했던 참혹한 살육을

---

34 『선조실록』 권123, 선조 33년 3월 甲寅.

35 『선조실록』 권110, 선조 32년 3월 丁亥. "唐人等中外作弊 罔有紀極 人不堪其苦 民心已離 邦本已撅 其何以爲國乎"

36 한명기, 1999, 앞의 책.

37 『선조실록』 권212, 선조 40년 6월 辛亥.

겪으면서 "일본을 이리나 호랑이보다 더 두려워한다"는 지적이 나오기도 했다. 나아가 그 같은 공포심 때문에 전쟁 이후 일본과의 교린관계에서 조선이 수세적인 태도를 보일 수밖에 없었다는 분석이 제기된 바 있다.[39]

일본에서는 임진왜란을 겪고 에도(江戶) 시대에 접어들면서 조선에 대한 시각이 양면적으로 표출되었다. 하나는 조선을 '유교의 나라'로 존숭하는 인식이었고, 다른 하나는 '군사적 약국'이라는 인식이었다. 특히 전쟁 초반 조선군이 연전연패하고, 강화협상에서도 조선이 배제되는 상황을 통해 일본의 무사층(武士層) 사이에서는 조선을 '군사적 약국'으로 깔보는 인식이 퍼져 나갔다고 한다.[40]

한편, 임진왜란 이후 명 내부에서는 명이 조선 전쟁에 너무 깊이 개입해서 아무런 소득도 얻지 못했다는 비판이 제기되기도 했다. 즉 명이 천하의 대병을 동원하고도 이렇다 할 전과를 거둔 것이 없다는 현실에 대한 냉정한 비판이었다.[41] 이 같은 인식은 향후 명이 조선으로부터 '보은(報恩)'을 기대하는 보상심리로 연결될 개연성이 높았다.

여하튼 임진왜란을 계기로 조선의 대중 인식과 대일 인식은 확연히 나누어졌다. 명은 '은인'이자 보은해야 할 대상으로, 일본은 '원수'이자 복수해야 할 대상으로 떠올랐던 것이다.

---

38 李山海, 『鵝溪遺稿』 권5, 「陳弊箚」.

39 金邁淳, 『臺山集』 권20, 「闕餘散筆」. "但我國人性 本甚懦弱 且壬辰殺戮之慘 前古所無 故畏倭甚於狼虎 交隣之際 事事不競 兢兢然惟失驩挑釁是懼 彼亦知其然也 凡有難從之請 輒恫疑虛喝 以中我忌 必得而後已".

40 矢澤康祐, 1969, 「江戶時代における日本人の朝鮮觀について」, 『朝鮮史研究會論文集』 6; 木村 幹, 「'不潔'と'恐れ'-文學者に見る日本人の韓國イメージ」, 岡本行治 編著, 1998, 『近代日本のアジア觀』, 東京: ミネルヴァ書房, 106~107쪽.

41 石原道博, 「中國側からみた萬曆朝鮮の役」, 『文祿慶長の役』 所收, 1963, 東京: 塙書房, 136쪽.

IV. 명청교체(明淸交替) 이후 조중관계(朝中關係)와 일본의 존재

임진왜란 시기 명군의 조선 참전으로 빚어진 일련의 상황을 고찰하면서 드러났듯이, 명은 새로운 강적 일본의 도전을 받으면서 조선에 대해 강퍅한 자세를 보였다. 즉 일본의 도전을 계기로 명은 조선의 지정학적 위상과 향배의 중요성을 절감했고, 궁극적으로 조·명관계는 이전과는 전혀 다른 양상으로 변화했던 것이다. 그 같은 추이는 17세기 초 명청교체(明淸交替)가 진행되던 시기에도 마찬가지였다.

1583년 거병했던 누르하치(奴兒哈赤)에게 임진왜란은 절호의 기회였다. 요동의 명군이 조선에 참전하여 한눈을 파는 사이 그는 건주여진(建州女眞)을 통일했고 해서여진(海西女眞)을 제압할 수 있었다. 임진왜란 이후 누르하치의 세력은 더욱 커졌고 급기야 후금(後金)이란 독립국가로 변신하면서 17세기 초반 동아시아는 새로운 격동에 휘말릴 수밖에 없었다.[42]

문제는 여진족에 대한 조선 지식인들의 인식이었다. 조선 지식인들의 중국 인식은 종족에 따라 달랐다. 한족 왕조인 명과 한인들에 대해서는 중화 운운하며 긍정적으로 인식했지만, 여진과 몽골 등 여타 종족에 대해서는 부정적으로 인식했다. 조선 지식인들은 일찍부터 여진족을 야인(野人)이라 부르며 '견시(犬豕)', '노적(虜賊)', '노적(奴賊)'이라고 인식했다. 또 '오랑캐가 오면 어루만져 주되 가면 잡지 않으며, 원한을 맺지 않고 흔단(釁端)을 일으키지 않는' 것을 여진족을 대하는 기본 방침으로

42 閻崇年, 2016, 「論努爾哈赤」, 『閻崇年自選集』 所收, 北京: 九州出版社, 39~40쪽.

삼았다. 나아가 여진족을 상대할 때는 은혜와 위엄을 병용해야 그들을 복속시킬 수 있다고 강조한 바 있다.[43]

하지만 17세기 초, 후금의 세력이 더욱 커지고 그들이 본격적으로 명에 도전하자 조선은 곤혹스러운 상황에 처할 수밖에 없었다. 명은 후금의 군사적 도전을 제압하기 위해 이이제이책(以夷制夷策)을 선택했다. 그것은 다름 아닌 '순이(順夷)' 조선을 활용하여 후금과 대결시키려는 전략이었다.[44] 명은 임진왜란 당시 자신들이 베푼 '재조지은'을 내세워 조선을 후금과 대결하도록 채근했다. 비록 내부에서 격렬한 논란이 벌어지긴 했지만, 1623년 인조정권 등장 이후, 조선은 친명 행보를 유지하다가 정묘호란(1627)을 거쳐 병자호란(1636)을 통해 청에 항복하는 비운을 겪는다.

원래 임진왜란을 계기로 형성된 일본에 대한 조선의 원한과 적개심은 이전과 별로 달라지지 않았다. 1629년(인조 7) 5월, 대마도에서 보낸 왜사(倭使)들의 상경을 허용하는 여부를 놓고 논란이 벌어졌을 때 인조 정권의 중신 이서(李曙, 1580~1637)는 '임진왜란의 원한을 생각하면 동해의 파도를 기울여 일본을 가라앉혀 한 사람도 살려두지 않더라도 분이 풀리지 않는다'고 토로한 바 있다.[45] 인조 대에도 일본에 대한 원한과 적개심은 여전히 하늘을 찌르고 있었던 것이다.

그런데 후금의 위협이 커지고 급기야 정묘호란과 병자호란을 겪게 되면서 조선의 대일 인식과 태도에는 미묘한 변화의 조짐이 나타난다. 일

---

43 『세종실록』 권75, 세종 18년 11월 庚子.

44 『明神宗實錄』 권569, 萬曆 46년 윤4월 乙亥.

45 『承政院日記』 26책, 인조 7년 5월 6일.

본과 대마도 또한 호란을 계기로 조선에 조총(鳥銃) 등 무기를 원조하겠다고 제의하면서 접근하려는 자세를 보인 바 있다.[46] 급기야 1637년 성하지맹(城下之盟)을 통해 청에 굴복한 이후 신료들 가운데 일본에 대한 인식과 대응을 바꿔야 한다고 주장하는 사람이 나타나기도 했다. 조경(趙絅, 1586~1669)이 대표적이었다.

> 지금 우리의 이웃나라는 오히려 일본입니다. 그러나 우리가 교제의 도리를 다하지 못했고, 또한 정성과 신의도 없었으니 장차 위급할 때 무엇으로써 그들의 힘을 빌릴 수 있겠습니까? 들으니 天朝가 일본과 통하고 군대를 징발하려는 조처가 있다고 합니다 …… 지금 우리나라가 일본과 이웃함에도 그 힘을 빌리지 못하고 도리어 천조가 기선을 잡는다면 장차 화란을 더욱 예측할 수 없습니다. 저의 어리석은 생각에는, 文士 한 사람을 일본에 특별히 보내 交隣誠信의 의지를 보여주고 우리나라의 실상을 이야기하여, 위급할 때 서로 구하는 의리로써 잘 유시한다면 저들 또한 신의의 나라이므로 다른 날 우리가 낭패할 시기에 아마도 힘을 빌릴 수 있는 방도가 있을 것입니다.[47]

조경은 병자호란 당시 청에게 끝까지 저항하자고 주장했던 척화론자(斥和論者)였다. 그런 그가 일본과 성신으로 교제하고, 조선의 실상을 알려주고 그들의 힘을 빌리자고 강조한 것이다. 일본을 여전히 '원수'로 여기고 있던 사람들에게는 수용되기 어려운 파격적인 것이었다.

---

46 米谷均, 2000, 「17世紀前期日朝關係におけると武器輸出」, 『17世紀の日本と東アジア』, 東京: 山川出版社.

47 『承政院日記』 64책, 인조 16년 5월 13일.

조경은 또한 일본에 대한 적개심은 유지하되 적개의 대상은 분리해야 한다고 주장했다. 임진왜란을 일으킨 도요토미 히데요시는 '원수'가 분명하지만 당시의 집권자인 도쿠가와 이에야스(德川家康)는 침략에 가담하지 않았기에 원수가 아니라고 보았다. 따라서 일본의 힘을 빌려 '원수' 청을 견제하는 데 활용하자고 강조했다. 나아가 일본과 몰래 통신하여 그들을 시켜 청에 국서를 보내 '조선과의 우호를 해치지 말라'고 경고토록 하자고 주장했다. 그러면 청은 조선과 일본이 깊이 연결되는 것을 우려하여 조선을 함부로 대하지는 못할 것이라고 주장했다.[48] 일본을 이용하여 청을 견제하자는 이왜제청론(以倭制淸論)이었다.

최명길(崔鳴吉, 1586~1647)도 임진왜란의 책임론과 관련하여 도요토미 히데요시와 도쿠가와 이에야스를 분리하되 정성과 신의를 다해 일본을 회유해야 한다고 강조했다.[49] 청에 유린되어 위기에 처한 조선의 현실을 직시하면서 대일정책을 펼쳐야 한다는 현실론이었다.

이미 언급했듯이 명은 15세기 이래 조선이 일본과 통신하거나 연결되는 것에 예민하게 반응해 왔다. 임진왜란 발생 초기 명 일각에서 이른바 여왜공모설(麗倭共謀說)이 돌았던 것은 그 대표적인 사례였다. 1623년, 조선에서 인조반정이 일어나 광해군이 폐위되고 인조가 즉위했을 때는 '조선의 정변 주도자들이 일본과 결탁했다'는 유언비어가 돌았을 정도였다.[50] 그런데 주목되는 것은 1633년(인조 11) 무렵 명이 조선에 일본으

48 趙絅, 『龍洲集』 권6 「辭司諫疏」.

49 崔鳴吉, 『遲川集 原集』 권9, 「請追給日本欠幣箚」, 같은 책 권14 「待罪仍陳所懷箚」, 최명길의 對日認識과 정책에 대해서는 한명기, 2019, 『최명길 평전』, 보리, 416~429쪽.

50 王阮定, 『池北偶談』 권2, 「朝鮮疏」; 韓明基, 2009, 「丙子胡亂 이후 朝鮮의 對淸 '馴致' 過程」, 『정묘·병자호란과 동아시아』, 푸른역사, 524쪽.

로부터 군사 원조를 받아들이라고 종용했다는 사실이다. 그것은 조선이 혹시라도 후금의 겁박에 굴복하여 후금과 연합하지나 않을까 우려했기 때문이다.[51] 당시 점증하고 있던 후금의 위협에 시달리던 명은 조선이 일본의 원조를 받아서라도 후금을 견제해 주기를 바라고 있었다. 혹시라도 조선이 일본과 접촉하거나 연결될까 봐 노심초사하던 과거와는 전혀 달라진 입장이었다.

청도 1637년 1월, 조선과 '성하지맹'을 체결하면서 조선에게 일본과 계속 통신하고 일본 사신을 심양으로 데리고 오라고 요구한 바 있다. 명과의 마지막 대결을 앞두고 있는 상황에서 명이나 조선이 일본과 연결되는 것을 차단하려는 포석이었던 것으로 여겨진다. 여하튼 조경의 주장에서 드러나듯이 병자호란 이후 조선의 '원수'이자 '복수해야 할 대상'은 일본에서 청으로 옮겨가고 있었다. 요컨대 병자호란을 계기로 조선에서는 반청감정이 고조되고 있었던 것과 맞물려 반일감정은 상대적으로 희석되는 조짐이 나타나기 시작한 것이다.[52]

한편 에도시대 중기 이후 일본에서는 도요토미 히데요시의 조선 침략을 진구황후(神功皇后)의 삼한정벌(三韓征伐) 전설과 연결시키면서 조선에 대한 멸시관이 이어졌다. 또 민중들 사이에서는 "신국(神國) 일본이 만적(蠻狄) 조선을 복속시켰다"는 우월의식이 나타나기도 했다. 나아가 대마도(對馬島) 등 일각에서는 무위(武威)의 국가인 일본이 유약한 조선을 상대할 때 힘으로 밀어붙여야 한다는 생각을 드러내기도 했다.[53] 당

51 『淸太宗實錄』 권14, 天聰 7년 6월 戊寅.

52 주목되는 것은 1644년 淸의 入關 이후 南明政權에서도 일본에서 군사 원조를 이끌어냄으로써 청에 대항해야 한다는 움직임이 나타났던 점이다(石原道博, 1945, 『明末淸初日本乞師の硏究』, 東京: 富山房, 28~112쪽).

시 조선통신사(朝鮮通信使)가 왕래하는 등 일견 평화로운 관계가 유지되었지만, 일본 내부에서는 무위에 바탕을 둔 조선에 대한 우월의식이 이어졌던 것이다.

V. 18~19세기 조청관계(朝淸關係)와 인식, 그리고 일본

1. 18~19세기 중반

조선이 병자호란을 통해 '오랑캐' 청에게 무릎을 꿇고, 명이 멸망하여 중원이 '오랑캐의 땅'으로 전락했던 이후 조선에서는 청을 공격하여 복수해야 한다는 북벌론(北伐論)이 대두되었다. 그런데 그와 관련하여 효종대 이후 북벌론의 '이데올로그'이자 노론의 영수였던 송시열(宋時烈, 1607~1689) 계의 인물들이 지니고 있었던 대청 인식과 대일 인식이 주목된다. 그들은 제갈공명(諸葛孔明)이 손권(孫權)과 연결하여 조조(曹操)를 쳤던 것과 같은 차원에서 일본과 연결하여 청을 견제하려는 생각을 갖고 있었다.[54] 실제로 송시열의 수제자였던 한원진(韓元震, 1682~1751)은 "일본과 청이 모두 조선의 원수지만, 일본을 정벌하는 것은 조선의 사사로운 원수를 갚는 것인데 비해 청을 정벌하는 것은 천하의 대의를 펼치

53 須田努, 2011, 「에도 시대 민중의 조선·조선인관」, 『일본, 한국병합을 말하다』, 열린책들, 286~288쪽; 池内敏, 2017, 『日本人の朝鮮観はいかに形成されたか』, 東京: 講談社, 38~62쪽.

54 韓元震, 『南塘集』 권31, 「尤菴先生書東坡詩跋」.

는 것"이라고 설파한 바 있다.[55] 임진왜란으로 조선이 커다란 피해를 보았지만 명의 원조를 통해 일본을 물리쳤으므로 일본은 '사사로운 원수(私讐)'에 불과한데 비해 명을 무너뜨린 청은 '천하의 원수'라고 여기는 매우 흥미로운 인식이었다.

병자호란을 통해 청의 번국으로 변신했지만, 조선 지식인들은 바로 이 같은 인식을 바탕으로 18세기 이후에도 청을 의연히 '오랑캐'로 여기고 그들을 '상국'이자 '중화'로 섬기려고 들지 않았다. 조선 지식인들은 명이 멸망하고 청이 장악해 버린 중원에서는 '중화'가 이미 사라졌다고 보았다. 17세기 중반 이후 북경을 왕래했던 조선 사신들은 사행로(使行路) 곳곳에서 이미 망해 버린 명과 명의 인물들을 안타깝게 추억하는 시문을 남겼다.

하늘이 놀라고 귀신도 울었던 평양전투
공은 중국으로 돌아갔으나 공의 초상은 남아
만년 반석에 오른 조선은 공을 제사하고
내 조선 사람으로 공을 위해 슬퍼하나니
넋이여 지금은 어디 계십니까.
隴西 땅엔 후손들 모두 사라졌다니
공은 귀신이 되어서도 굶주리겠지요.
남에는 蠻이요 북에는 胡이니
넋이라도 동쪽으로 돌아감이 나을 듯한데
사민들 東征의 은혜에 감동하여

55 韓元震, 『南塘集』 권38, 「雜識」 外篇 下. "南夷北虜 皆國家讎也 孝廟復讎之計 乃在北而不在南 盖以征南一國之私讎 而征北天下之大義也".

宣武祠에서 깨끗한 제사 올린다오.[56]

채제공(蔡濟恭, 1720~1799)이 1778년(정조 2) 북경으로 사행할 때 남긴 「조승훈의 무덤을 지나며(過祖承訓墓)」란 시의 일부다. 조승훈은 임진왜란 시기 참전했던 명의 장수다. 채제공은 조선을 도와준 조승훈의 은혜를 찬양하는 한편, 이미 '오랑캐(蠻夷)' 땅으로 변해 버린 청의 영토 안에서 그의 혼이 갈 곳이 없다는 사실을 몹시 안타깝게 여긴다. 그러면서 조승훈의 혼이 청을 떠나 차라리 조선으로 오는 것이 좋겠다는 바람을 드러내고 있다.

18세기 조선에서는 대명의리론(對明義理論), 조선중화주의(朝鮮中華主義)가 퍼져나갔다. 조선 지식인들은, 청이 조선의 '상국'이자 '책봉국'이 된 현실을 부정하고, 명에 대한 의리를 강조하는 한편 조선이 진정한 '중화'라는 인식을 드러냈던 것이다. 1704년(숙종 30), 명 멸망 60년을 추념하기 위해 창덕궁에 대보단(大報壇)을 건립했던 것은 그와 관련하여 상징적인 사례였다.[57]

하지만 시간이 흐르면서 상황은 달라진다. 청은 옹정(雍正, 1722~1735), 건륭(乾隆, 1736~1795) 연간, 전성기를 맞는다. 영토는 최대로 확대되고 다민족 국가통합의 기반이 마련되면서 여유와 자신감이 생겼다. 조선에

---

56 蔡濟恭, 『樊巖先生集』 권14, 含忍錄 下, 「過祖承訓墓」; 이종찬 역주, 1995, 『含忍錄-蔡濟恭 燕行詩』, 一志社, 39~40쪽 참조.

57 정옥자, 1998, 『조선후기 조선중화사상연구』, 일지사, 66~84쪽; 김문식, 2001, 「조선후기 지식인의 자아인식과 타자인식」, 『대동문화연구』 39; 김호, 2003, 「英祖의 大報壇 중수와 明 三皇의 享祀」, 『한국문화』 32; 우경섭, 2006, 「송시열의 화이론과 조선중화주의 성립」, 『진단학보』 101; 계승범, 2009, 「조선후기 중화론의 이면과 그 유산」, 『한국사학사학보』 19; 허태용, 2009, 「조선후기 중화의식의 계승과 변용」, 『중국 없는 중화』, 인하대학교출판부 등 참조.

대한 감시와 견제, 압박은 대폭 완화되었다. 이 같은 배경에서 18세기 중반이 되면 조선의 대청 인식도 변화의 조짐을 보인다. 청을 여전히 '오랑캐'로 여기는 분위기가 대세였지만, 일각에서는 청을 '중화'로써 섬기는 것이 당연하다는 인식도 나타났다. 무엇보다 조선 지식인들은 '오랑캐' 청이 중원을 차지한 지 100년이 지났음에도 여전히 존속하는 사실에 곤혹스러워했다. "오랑캐의 운세는 100년을 가지 못한다(胡運不百年)"고 믿어 왔기 때문이다. 따라서 청의 역년(歷年)이 100년 이상 이어지는 것은 천명을 받았기 때문이고, 천명을 받은 청을 섬기는 것은 문제될 것이 없다는 인식이 나타났다. 또 '명은 조선을 가혹하게 대했는데 청이 오히려 조선에 관대했다'며 명과 청의 조선에 대한 태도를 비교하는 인식도 나타났다.[58]

18세기 이후 청에서는 고증학 등 다양한 학문이 발달하고 문화적으로 성세가 펼쳐졌다. 북경에 사행했던 조선 지식인들은 청의 학문 발달에 주목하고, 청의 학자들과 교류를 벌이거나 각종 서적들을 구매하여 들여왔다. 고증학을 비롯하여 청의 높은 학문 수준을 목도하면서 조선 지식인들은 청을 중국 문화의 계승자로 인정하지 않을 수 없었다.[59] 이 같은 배경에서 18세기 중반 이래 조선에서는 북학론(北學論)이 대두된다. 청은 이제 더 이상 '오랑캐'가 아니라 조선이 배워야 할 장점을 지닌 '중화'이자 '선진국'으로 인식되었다.[60]

박지원(朴趾源)과 홍대용(洪大容) 등은 청이 100년 이상 존속하면서

58 安錫儆, 『雪橋集』 권7, 「擬政對策」.

59 정혜중, 2017, 「18세기 滿洲族 淸과 조선의 교류」, 『東洋史學研究』 140쪽.

60 유봉학, 1995, 『燕巖一派北學思想研究』, 一志社.

정치적 안정과 문화적 성과를 이뤄낸 것을 인정했다. 그들은 중화와 이적은 시세(時世)와 시속(時俗)에 따라 달라지는 것이며 우열을 가릴 수 없다고 보았다. 나아가 박지원으로부터 학문적 영향을 받은 지식인들의 대청인식은 19세기 들어 더 긍정적으로 바뀌는 모습을 보였다. 홍경모(洪敬謨) 등 지식인들은 이제 반청의식을 거부하고 조선이 청에 사대하는 것을 긍정적으로 받아들였다. 그와 맞물려 대명의리론은 힘을 잃어갔다.[61] 병자호란 이후 100년 이상 복수하고 타도해야 할 대상으로 인식했던 청이 배우고 섬겨야 할 대상으로 전환되고 있었다.

19세기 들어 조선은 전혀 새로운 대외 환경에 직면하게 된다. 서양 세력들이 동아시아로 몰려왔다. 이른바 서세동점(西勢東漸)의 흐름 속에서 조선이 직접 목도했던 새로운 타자 서양의 실체는 이양선(異樣船)이었다. 1832년에 영국 상선 앰허스트호가 나타나 통상을 요구했을 때, 조선 관리들은 "번방(藩邦)의 도리로 볼 때 다른 나라와 사사로이 교린할 수는 없다"며 거부한다. 조선은 청의 번방이므로 청의 허락 없이는 외국과 함부로 접촉할 수 없다는 입장이었다. 이후 조선은 청에 의지하여 서양의 도전을 막고자 시도했다.[62] 조선 관리들이 '번방의 도리'를 거론한 것이 과연 진심이었는지, 아니면 청을 내세워 영국과의 통상을 거부하기 위한 명목일 뿐이었는지는 물론 따져보아야 할 것이다. 하지만 분명한 것은 서양의 도전으로 위기에 처한 조선이 청을 호출한 것의 의미는 크

---

61 조성산, 2013, 「제국의 주변과 중화의식의 성장-18세기 후반~19세기 전반 조선 지식인의 대청인식」, 『동아시아의 근대, 그 중심과 주변』 所收, 소명출판.

62 민두기, 1986, 「十九世紀後半 朝鮮王朝의 對外危機意識-第一次, 第二次 中英戰爭과 異樣船 出沒에의 對應-」, 『東方學志』 52; 노대환, 2018, 「18~19세기 조선의 대청 외교」, 『한국의 대외관계와 외교사』 조선 편, 동북아역사재단.

다고 보인다. 병자호란 이후에도 줄곧 '오랑캐'로 여겨왔던 청을 이제 해결사이자 후견인으로 여겨 의지하려 했기 때문이다. 이 같은 배경에서 청은 '상국'이자 '중화'로 확실하게 자리매김되는 한편, 서양은 새로운 '오랑캐(洋夷)'로 인식되었을지도 모를 일이었다.

18세기 이후 조선의 지식인들이 보여준 일본인식도 이전과는 달라진 모습을 보인다. 이익(李瀷)은 '만세불공의 오랑캐이자 원수'라는 인식을 넘어 미래지향적으로 일본과 관계를 맺어야 한다고 주장했다. 원중거(元重擧)는 1763년 사행의 견문을 토대로 일본인들이 질서 있고 청결하다고 찬양했다. 그들의 장점을 인정하면서 오랑캐로 치부하려는 인식을 거부했다. 박제가(朴齊家) 또한 일본을 오랑캐로 여기는 시각을 비판하고 그들의 기술과 제도의 장점에 주목했다. 정약용(丁若鏞)은 더 나아가 일본이 부국강병에 성공했다는 사실을 인정하고, 이토 진사이(伊藤仁齋)와 오규 소라이(荻生徂來) 등이 보여준 높은 고학(古學) 수준을 근거로 일본이 더 이상 침략해 올 가능성이 없다고 강조했다.[63]

19세기 들어 서양 세력의 침략이 본격적으로 이어지면서 동아시아는 격동 속으로 휘말린다. '조선 문제'를 놓고 청과 일본 사이의 갈등과 대결도 심화되었다. 19세기 초, 일본에서는 러시아의 동진과 남하를 계기로 위기의식과 해방론(海防論)이 적극적으로 개진되고 그 와중에 조선에 대한 멸시관(蔑視觀), 침략론(侵略論)이 자주 언급되었다.[64] 이 같은 흐름은 더 나아가 조선을 침략하여 복속시켜야 한다는 정한론(征韓論)으로 이어진다. 하야시 시헤이(林子平), 사토 노부히로(佐藤信淵), 요시다 쇼인

63 하우봉, 2006, 앞의 책, 49~72쪽 · 155~217쪽.

64 하우봉, 1989, 『朝鮮後期實學者의 日本觀研究』, 一志社; 藤田雄二, 1993, 「近世日本における自民族中心的思考」, 『思想』 832.

(吉田松陰) 등은 서양 열강이 조선을 장악하기 전에 일본이 먼저 조선을 복속시켜야 한다고 강조했다. 특히 요시다 쇼인은 임진왜란을 '황도(皇道)를 명백히 밝혀 국위를 드높인 위업'으로 찬양하면서 도요토미 히데요시를 계승하여 정한(征韓)을 완수해야 한다고 역설했다. 나아가 그의 제자들은 일본이 조선에 그치지 않고 만주와 청까지도 경략의 대상으로 삼아야 한다고 주장한다.[65]

19세기 중반 일본의 대표적인 사상가였던 후쿠자와 유기치(福澤諭吉)는 1880년대 이전까지는 조선을 '고대 이래의 약소(弱小)한 야만국(野蠻國)'이자 '교류해 봤자 일본에 별로 도움이 되지 않는 나라' 정도로 멸시하고 무시하는 인식을 드러낸 바 있다.[66] 임진왜란 이래 무사층이 조선에 대해 지니고 있던 인식과 대동소이한 것이었다. 하지만 메이지유신(明治維新) 이후 등장한 일본 지배층, 지식층 내부에서는 새 정부 수립 이후의 정치적 불안을 외부로 돌리고 구미 열강으로부터 밀려왔던 압박의 대가를 조선으로부터 받아내려는 지향을 갖고 있었다. 그들은 히데요시의 조선 침략을 찬양하는 한편, 요시다 쇼인의 정한론을 계승하려고 시도한다.[67]

---

65 吉野 誠, 2002, 『明治維新と征韓論-吉田松陰から西鄕隆盛へ』, 東京: 明石書店, 51~71쪽; 박훈, 2010, 「吉田松陰의 대외관-'敵禮'와 팽창의 이중구조-」, 『동북아역사논총』 30.

66 月脚達彦, 2015, 『福澤諭吉の朝鮮-日朝淸關係のなかの「脫亞」』, 東京: 講談社, 38~43쪽.

67 中塚明 지음 · 성해준 옮김, 2005, 『근대일본의 조선인식』, 청어람미디어, 53~59쪽.

2. 개항~갑신정변 무렵

일본이 서구 열강의 포함외교(砲艦外交)를 모방하여 1876년 조일수호조규(朝日修好條規)를 체결했던 것, 이어 기존에 청과 양속관계(兩屬關係)에 있던 유구(琉球)를 병합했던 것을 계기로 조중관계, 조선과 중국의 대일인식(對日認識)은 다시 출렁인다. 특히 1867년 이래, 영국, 프랑스 등 서구(西歐) 열강은 전교(傳敎)와 통상(通商) 등에만 관심을 갖고 있는데 비해 일본은 조선의 영토를 차지하려고 침략할 것이라는 소문이 퍼지면서 청의 우려는 점증하기 시작했다. 일본의 굴기와 팽창이 청의 번봉(藩封)과 번부(藩部)를 위협하고, 궁극에는 영토와 국경 문제를 야기하는 민감한 도전이었기 때문이다.[68] 이렇게 일본의 움직임이 불온해지고 그와 맞물려 조선에 대한 청의 관심과 우려가 높아지면서 청은 조선에 대해 이른바 종주권(宗主權)을 강화하려고 시도한다.

실제로 1875년 운요호(雲揚號) 사건 이후 조선 문제를 놓고 청의 위기의식이 격증하면서 이홍장(李鴻章)은 과거 임진왜란의 전례를 떠올리게 된다.

> 조선이 가난하고 허약하다는 사실을 고려할 때 그 세력은 일본을 상대하기에 부족하다. 장래 조선이 明代의 고사를 따라 淸에 구원을 청하면 우리는 장차 어떻게 응할 것인가? …… 다시 생각건대 조선이 일본에게 협박당하거나 더 나아가 점령되면 淸의 근본인 東三省 重地는 마침내 울

---

68 권석봉, 1986, 『淸末朝鮮政策硏究』, 一潮閣, 49~50쪽; 岡本隆司, 2011, 「일본의 류큐 병합과 동아시아 질서의 전환-淸日守好條規를 중심으로-」, 『동북역사논총』 32.

타리를 상실하여 脣亡齒寒의 근심이 있을 것이니 後患을 이루 말할 수 없을 것이다. 이것들은 모두 미리 대책을 마련하지 않으면 안 된다.[69]

임진왜란 당시처럼 요동의 울타리인 조선이 다시 일본의 위협 앞에서 위기에 처한 현실을 고민하고 있는 것이다.

조선이 청의 울타리가 되는 것은 일본의 위협뿐만 아니라 러시아의 위협 앞에서도 마찬가지였다. 이 상황에서 청의 양무관료(洋務官僚)들이 조선을 서구 열강과 입약(立約)토록 권도(勸導)함으로써 조선의 안전을 유지하려고 했던 사실은 이미 잘 알려져 있다. 이후 일본의 위협이 가중되면서 청의 조선 대책은 다양한 방면에서 제기되었다. 우선 주목되는 것은 1879년 정일창(丁日昌, 1823~1882)의 '조선 방책'이었다. 정일창은 조선에 대한 일본의 위협을 제거하고 궁극적으로 청의 안보 문제를 해결하기 위해 두 가지 이이제이책을 활용해야 한다고 강조했다. 하나는 군사적 측면의 방책이고, 다른 하나는 외교적 측면의 방책이었다. 전자와 관련하여 조선의 군사 유학생을 청국이 받아주고, 조선의 병제를 개편하고 병기 공장 등을 건설하자는 방안이, 후자와 관련해서는 조미수호조규(朝美修好條規) 등 조선과 열강 사이의 불평등조약 체결을 강요하는 방안 등이 거론되었다.[70]

이윽고 1880년 주일 공사관의 참사관이었던 하여장(何如璋)은 청이 조선의 내외 정책에 적극적으로 간여할 것을 주장했다. 즉 몽골과 티베

69 『淸季中日韓關係史料』 제2권, 文件番號 224, 光緖 1년 12월 26일. 권석봉, 1986, 위의 책, 61~62쪽에서 재인용.

70 김정기, 1993, 「淸의 朝鮮政策(1876~1894)」, 『1894년 농민전쟁연구 3-농민전쟁의 정치사상적 배경-』, 역사비평사, 33~40쪽.

트의 예를 따라 조선에 판사대신(辦事大臣)을 주차시켜 조선의 내정과 외정을 감독해야 한다는 것이었다.[71]

급기야 1882년 청의 요문동(姚文棟)은 청의 안전을 위해 조선을 사실상 속방으로 삼거나 아니면 군대를 조선에 보내 전략 요충을 장악하자고 촉구했다. 종래 양무관료들이 주장했던 열국(列國)과의 입약(立約)을 통한 조선 보호 방침은 하책(下策)이라고 인식했다. 요문동은 청의 안전을 유지하는 완충지대로써 조선의 중요성을 강조하면서도 영국이나 프랑스가 아프가니스탄과 터키에서 그랬던 것처럼 사실상 조선을 장악해야 한다는 주장을 폈던 것이다.[72]

본래 책봉체제에서는 번국의 내정에 간섭하지 않는 것이 일종의 불문율이었다고 할 수 있다. 하지만 일본의 도전으로 책봉체제를 유지하는 것이 위기에 처하자 청의 양무관료들은 불문율을 무시하려는 자세를 노골적으로 드러냈던 것이다. 급기야 요문동은, 임진왜란 시기 명에서 제기되었지만 결국 실현되지는 않았던, 직할통치론을 연상시키는 속방화 정책을 주문한 셈이다.

요문동의 주장은 1882년 임오군란(壬午軍亂)을 계기로 실천에 옮겨진다. 임오군란을 맞아 청은 조선에 병력을 보내 서울 점령, 흥선대원군(興宣大院君) 납치, 차관(借款) 제공, 조청상민수륙무역장정(朝淸商民水陸貿易章程) 체결, 묄렌도르프(穆麟德) 파견 등으로 이어지는 일련의 속

71 권석봉, 1986, 앞의 책, 133~134쪽.

72 『皇朝經世文續編』 권110, 洋務 10. "今尙有三策策 可以爲保全之計 倘釁生有形 卽噬臍無及 上策如英之待阿富汗 廢其自主之權 一切聽吾措置 中策如英法之扶持土耳其爲之 遣兵扼守要地 下策令入萬國公會 開埠與泰西通商". 권석봉, 1986, 앞의 책, 75쪽에서 재인용.

방화 정책을 강압적으로 밀어붙인다. 이 과정에서 조선 사민(士民)들은 청의 군대를 비롯하여 상인들이나 어민들, 그리고 무뢰배들이 조선 각지에서 자행하던 작폐 때문에 신음할 수밖에 없었다.[73]

1884년 김옥균(金玉均) 등이 주도했던 갑신정변(甲申政變)은 임오군란 이후의 청의 조선정책에 대한 도전이었다. 일본의 지원을 받으려 했던 개화파가 정강(政綱)에서 '대원군의 즉각 귀국'과 '조공 의례 폐지'를 선언한 것은 그 상징이었다. 하지만 원세개(袁世凱)가 이끄는 청군의 무력 개입으로 정변은 무산되었고, 청은 이후 '속방체제(屬邦體制)'를 더욱 강하게 밀어붙였다. 심지어 원세개는 자신에게 고분고분하지 않았던 고종의 폐위(廢位)까지 들먹이면서 조선의 개혁을 방해하는 한편, 청의 이익을 극단적으로 추구하는 데 골몰했다. 그것을 계기로 기존의 자소(字小)-사대(事大)에 입각한 양국관계는 철저히 파괴되었다.[74] 주목되는 것은 19세기 말 이른바 속방체제를 수용하라고 강요하면서 조선을 거칠게 몰아붙였던 주역들 대부분이 한인 관료들이었다는 사실이다.[75]

그렇다면 임오군란과 갑신정변 이후 청과 일본이 보인 행태에 대한 조선의 인식은 어떠했을까? 우선 두 변란을 겪으면서 일본에 대한 적개

---

73 김정기, 1993, 앞의 글, 46쪽; 김정기, 1994, 『1876~1894年 淸의 朝鮮政策 硏究』, 서울대학교 국사학과 박사학위 논문.

74 연갑수, 1993, 「개항기 권력집단의 정세인식과 정책」, 『1894년 농민전쟁 연구 3』, 131~144쪽; 김형종, 2017, 「19세기 근대 한·중관계의 변용」, 『東洋史學硏究』 140, 242~248쪽.

75 이와 관련하여 병자호란의 항복으로 조선이 청의 번국이 된 이후 조선인들을 薙髮해야 한다고 주장하고, 황제에게 조선을 더 강경하게 통제할 것을 주문했던 자들이 대부분 漢人 출신 貳臣들이었다는 사실은 매우 흥미롭다. 貳臣에 대해서는 한명기, 2009, 「정묘·병자호란 시기 이신과 조청관계」, 『정묘·병자호란과 동아시아』, 푸른역사.

심은 한층 강화되었다. 이미 19세기 후반부터 양요(洋擾), 개항(開港) 등을 거치면서 보수적인 유림(儒林)들을 중심으로 하는 조선 지식인들 사이에서는 이른바 왜양일체론(倭洋一體論)을 내세워 일본과의 통교를 반대하는 논의가 비등해졌다.[76] 특히 1876년 강제적인 개항을 계기로 각종 왜물(倭物)이 쏟아져 들어오면서 일본에 대한 반감과 적개심은 다시 높아지는 조짐을 보였다.[77]

무엇보다 주목되는 것은 임진왜란으로 말미암은 일본에 대한 원한과 적개심이 당시에도 조선 관민들 사이에 여전히 강고하게 자리 잡고 있었다는 사실이다. 그것은 당시 일본인들도 인지하고 있는 사안이었다. 다루이 도키치(樽井藤吉)의 『대동합방론(大東合邦論)』에 서문을 쓴 가츠키 조케이(香月恕經)는 조선과 일본의 합방을 쉽사리 언급할 수 없는 이유 가운데 하나로 조선 사람들의 임진왜란에 대한 원한을 언급한 바 있다.[78] 이 같은 분위기에서 임오군란과 갑신정변을 겪으면서 일본에 대한 적개심은 증폭되었다. 관민들은 일본을 조선에 다시 침략하려는 '야심국'으로 규정하면서 적대감과 위기의식이 동시에 높아졌다.[79]

반면 청에 대한 인식은 어떠했을까? 두 정변을 계기로 청의 폭압적인 태도에 대한 반발이나 원한이 만만치 않았을 가능성이 높지만 자료상으로는 뚜렷하게 나타나지 않는다. 우선 김윤식(金允植), 어윤중(魚允中)

---

76 김도형, 1993, 「개항 이후 보수유림의 정치·사상적 동향」, 『1894년 농민전쟁연구 3-농민전쟁의 정치사상적 배경-』, 역사비평사, 217~222쪽.

77 鄭在弼, 『薇齋集』 권3, 「戒家人勿用倭物」.

78 香月恕經, 「大東合邦論序」, 『覆刻大東合邦論』 所收, 1975, 東京: 長陵書林. "二國氣運 未至合同之期 我邦人常懷 蔑彼之貧弱 而彼亦久啣豊公一擧 常抱猜疑於我 恐認合同爲併呑 慾長計爲欺術矣".

79 배항섭, 1994, 「개항기 민중들의 일본에 대한 인식과 대응」, 『역사비평』 겨울호.

등은 청의 강압적인 행태와 작폐에도 불구하고 반청의식을 드러내지 않고, 청의 보호 아래 동도서기론(東道西器論)의 입장에서 개혁을 추구했다. 반면 김옥균 등은 반청 독립적인 입장에서 일본의 메이지유신을 모델로 하는 변법적(變法的) 개혁을 추구했다.[80]

민중들의 반청의식 역시 자료상으로 잘 드러나지 않는다. 일본에 대한 적개심이 워낙 높았던 탓에 상대적으로 반청감정이 희석되었기 때문에 이 같은 현상이 나타났을 가능성도 있다.[81] 다만 '군란을 일으킨 반란군과 완민(頑民)들은 청군을 원수처럼 여긴다'는 김윤식의 기록을 통해 그 개연성을 짐작할 수 있다.[82] 김윤식은 청군을 여전히 '천병'이라 불렀지만 그들에게 피해를 입었던 하층민들은 청군을 '원수'로 여길 수밖에 없었다.

임오군란과 갑신정변을 계기로 조선에서 청과 일본의 대결이 격화될 무렵, 일본 조야에서는 조선을 개조해서 독립을 유지시켜야 한다는 주장과 함께 여전히 조선에 대한 깊은 멸시관으로 인한 조선 침략 지향과 청과의 대결 분위기가 고취되고 있었다.[83] 실제로 청의 강압과 군사 개입으로 조선의 주권이 흔들리고, 그와 맞물려 조선에서 자신들의 세력이

---

80 구선희, 1999, 『韓國近代 對淸政策史 硏究』, 혜안, 83~99쪽.

81 배항섭, 2001, 「개항기의 對淸意識과 그 변화-민중계의 동향을 중심으로-」, 『韓國思想史學』 16집, 222~232쪽.

82 金允植, 『雲養集』 권11 「與津海關道周玉山馥書」 壬午. "自大軍東來 亂軍頑民 讐視天兵 賴吳帥撫綏得宜 寬猛互濟 東土之民 仰之如父母 鄕曲婦孺亦稱吳大帥賢 雖心懷憾恨驕悍不法之類 擧皆抑首而不敢異議".

83 月脚達彦, 2015, 앞의 책, 43~103쪽; 한편 1875년 강화도사건부터 1884년 갑신정변이 일어날 때까지 일본 조야의 조선인식에 대해서는 芝原拓自 · 猪飼隆明 · 池田正博, 1988, 『對外觀』, 東京: 岩波書店, 320~414쪽에 실린 논설들을 통해 확인할 수 있다.

약화되자 일본은 조선을 청으로부터 떼어내기 위해 부심한다. 갑신정변 직후 일본에서는, 안전보장 문제를 청에게 의지하려는 조선 정부의 태도를 이른바 사대주의(事大主義)라고 지칭하면서 매도하려는 움직임이 본격화되었다. 종래까지 사용되고 있던 '사대(事大)'라는 용어에 영어 -ism에 해당하는 주의(主義)를 합성하여 만들어낸 신조어(新造語)가 바로 사대주의였다. 후쿠자와 유키치가 처음으로 사용했다고 알려진 사대주의는 이후 일본의 지식인들이 조선인의 민족성을 표상하는 용어로써 굳어져 갔다.[84]

3. 청일전쟁과 그 이후

19세기 후반 일본 조야에서는 군사력의 강약을 근대화나 문명의 척도로 여기는 풍조가 강했다. 그들은 군사력이 취약한 조선을 미개국으로 여겼지만, 1880년대 북양해군(北洋海軍)을 비롯하여 상당한 군사력을 보유하고 있던 청은 만만치 않은 강국으로 인식했다. 하지만 1893년 이후 자국의 해군력에 자신감을 갖게 되면서 일본은 청에 대해 우월의식을 다시 지니게 된다. 그런 와중에 1894년 조선에서 동학농민전쟁이 일어나자 이를 계기로 일본은 청에 도전한다.[85]

일본은 1894년 전봉준 등이 봉기한 이후 조선 정부가 청에 청원한 것을 계기로 조선을 침략했다.[86] 그들은 개전을 앞두고 청군의 퇴거와 조

---

84 室井康成, 2019, 『事大主義-日本・朝鮮・沖縄の「自虐と侮蔑」』, 東京: 中央公論新社, 21~35쪽.

85 伊藤之雄, 1994, 「日清戰前の中國・朝鮮認識の形成と外交論」, 古屋哲夫 編, 『近代日本のアジア認識』, 京都大學人文科學研究所.

청상민수륙무역장정의 폐지를 요구했고, 6월 21일 경복궁을 점령함으로써 조선 국왕과 정부를 사실상 굴복시켰다.

당연히 조선의 반일감정은 극에 이를 수밖에 없었다. 전쟁 발생 직전부터 반일감정은 분출되고 있었다. 1893년 3월 보은(報恩)에 모였던 동학도(東學徒)들은 자신들의 도회소(都會所)의 이름을 창의(倡義)라고 짓고 "창의하게 된 것은 오로지 왜와 서양을 배척하기 위한 의리이니 결코 중단할 수 없다"거나 "왜적은 해와 달을 함께할 수 없고 하늘과 땅을 함께할 수 없는 원수인데 짐승 같은 무리에게 심한 모욕을 당하고 있다"는 등 반일감정을 극단적으로 표출한 바 있다.[87] 나아가 그들은 서울의 일본 영사관 벽에 '잊을 수 없는 원수' 운운하면서 임진왜란의 기억을 환기시키며 침략을 비난하고 일본인들의 퇴거를 촉구하는 괘서를 붙였다.[88] 임진왜란에서 비롯되고, 개항 이래 일본의 침략으로 말미암아 쌓여왔던 적개심이 다시 분출되었던 것이다.

일본에 겁박당한 조선 정부는 지방에 관문(關文)을 보내 관민들에게 일본군의 작전에 협조하라고 지시했다. 정부는 관문에서 "우리나라와 일본의 우의가 예전과 달리 매우 깊어졌다", "일본군이 우방(-조선)의 어려움을 돕기 위해 부산에서 급히 상경 중이다", "그럼에도 어리석은 백성들이 미혹되어 조정의 뜻을 알지 못한다"고 강조했다.[89] 하지만 '어리석

86 왕현종, 2009, 「조선 갑오개혁 정권의 대일 정략과 종속의 심화」, 『청일전쟁기 한·중·일 삼국의 상호전략』, 동북아역사재단, 23~36쪽.

87 동학혁명참여자명예회복 심의위원회, 2007, 『聚語』, 「二十二日探知 二十三日發報」, 「東學人侖」, 『동학농민혁명 국역총서』 1 所收, 18~28쪽.

88 조경달 저, 박맹수 역, 2008, 『이단의 민중반란-동학과 갑오농민전쟁 그리고 조선 민중의 내셔널리즘』, 역사비평사, 113~114쪽.

89 『忠淸道關草』, 고종 31년 7월 13일·8월 23일.

은' 백성들의 실제 행동은 달랐다. 대다수 관민들은 일본군에게 몹시 냉담하고 적대적이었다. 일본군에게 비협조적인 것은 물론 그들에게 돌을 집어던지는 경우도 있었다. 면종복배(面從腹背)의 자세를 보이는 수령들 때문에 일본군은 북상 도중 양곡이나 우마(牛馬)를 제대로 확보할 수 없을 정도였다.[90]

청일전쟁을 앞두고 청 또한 조선을 확실하게 장악하기 위해 부심했다. 장패륜(張佩綸)은 조선이 만일 일본의 수중에 떨어지면 발해의 제해권을 상실하여 요양과 심양은 물론 천진, 산동도 위험진다고 경고한 뒤 조선을 확실하게 장악해야 한다고 강조한 바 있다.[91] 하지만 조선에서 청군은 일본군에게 일방적으로 패퇴했다. 주목되는 것은 전투에서 청군이 일본군에게 밀리고 있던 객관적인 전황에도 불구하고 조선의 상당수 관료와 민인들은 청군이 승리할 것이라고 전망했다는 사실이다. 실제로 8월 17일에 벌어진 청군과 일본군의 평양전투에서는 조선의 장위영 병력은 일본군에 가담하고, 평안감사 휘하의 병력은 청군에 가담하여 전투를 벌이는 상황까지 나타난다. 대다수 조선인들은 일본군이 평양전투에서 승리하자 당혹감을 감추지 못했다.[92] 일본군의 승리를 계기로 일각에서는 노골적으로 일본을 편들고 농민군을 진압하라고 독려하는 지방관이 나타났다. 급기야 평양전투 이후 청군을 조선에서 축출하고, 일본

90 大谷正 著 · 이재우 옮김, 2018, 『청일전쟁 국민의 탄생』, 오월의 봄, 138~139쪽.

91 張佩綸, 「蘭駢館日記」 1894년 6월 5일, 『張佩綸日記 下』 所收, 鳳凰出版社, 2015. "然在今日而論 欲固遼東 非兼護朝鮮不可 朝鮮折入入倭 則渤海失其半 不但遼瀋處處可通 彼以師船出沒于登旅間 卽天津山東亦無安枕之日矣 然則今之高麗不獨視爲股肱 眞當視爲心膂也".

92 조재곤, 1995, 「청일전쟁에 대한 농민군의 인식과 대응」, 『1894년 농민전쟁연구 4-농민전쟁의 정치사상적 배경-』, 역사비평사, 459~471쪽.

군이 금주(錦州), 대련(大連) 등지에서 승리를 거두면서 일본군은 한반도의 농민군 진압에 박차를 가하게 되었다. 전봉준이 이끄는 농민군이 일본군을 축출하기 위해 2차 봉기에 나선다. 농민군은 척왜(斥倭)의 기치 아래 연합하여 항전에 나설 것을 관군과 이서, 상인들에게 호소했지만 결국 무산된다.[93]

청일전쟁에서 청이 일본에 패하는 것을 목도하면서 조선의 대청 인식은 동요한다. 지식인들에게 청일전쟁은 병자호란의 원수인 청과 임진왜란의 원수인 일본의 대결이었다. 이 전쟁을 계기로 지식인들 사이에서는 향후 조선이 청과 일본 사이에서 어떤 향배를 취할 것인지를 놓고 논란이 벌어졌던 것으로 보인다. 그것은 청과 일본 가운데 어느 쪽을 주적(主敵)으로 볼 것인가를 둘러싼 논란이었다.[94] 청의 패전과 일본의 승리를 목격하면서 지식인들의 머릿속은 복잡해졌던 것으로 여겨진다.

한편 전봉준 등 농민군 지도부는 애초 청을 연합세력으로 의식하여 반청의식을 거의 드러내지 않았다. 하지만 조선에서 벌어진 청군과 일본군 사이의 전쟁을 직접 목도하면서 관민들은 기존의 친청적 사고에서 벗어나 양국을 객관적으로 인식할 기회를 갖게 된다. 특히 청군이 자행했던 민폐와 그들의 기강해이, 그리고 실제 전투에서 패하는 것을 잇따라 목격하면서 청에 대한 인식은 부정적으로 바뀌는 조짐을 보인다. 청일전쟁은 분명 조선 사람들의 대청 인식이 바뀌는 계기로 작용했다.[95] 곧

93 조재곤, 1995, 앞의 글, 479~481쪽.

94 田愚, 『艮齋集』 別編 권1, 「答某」, 戊戌. "年前朴徵遠論淸倭 乃如此 其言曰 淸天下之讎 倭一國之讎 宜和倭而背淸 此實誖理之說也 余每謂我之與淸 力可以絶則絶之 力不及則且仍舊貫 未爲大害 至於倭賊 是今日大讎 何可一日和".

95 이 부분은 배항섭, 2001, 앞의 글에 설득력 있게 정리, 분석되어 있다.

이어 조선 지식인들 중에는 청을 '교만하여 자신의 허물을 고치지 못하고 남의 장점을 배우지 못한 잔약한 나라'라고 인식하는 사람이 나타난다.[96] 1894년 청일전쟁 당시 청의 승리를 확신하고 또한 기대했던 인식과는 사뭇 달라진 모습이었다. 더 나아가 『독립신문』에 청일전쟁에서 일본이 승리함으로써 조선이 청으로부터 독립했다거나 일본을 성공적으로 근대화에 성공한 나라라고 평가하는 인식이 나타나기도 했다.[97]

일본의 입장에서 청일전쟁은 한반도와 대륙으로 치고나가기 위한 총력전이었다. 군인뿐 아니라 낭인(浪人), 기자들을 포함한 민간인들도 조선과 만주로 몰려들었다. 낭인들로 조직된 천우협(天佑俠)은 조선에 들어와 전봉준 등을 지원하겠다고 나선다. 그들의 눈에 비친 조선은 '청의 속방'이자 '열등국'이었다. 그들은 청을 '중화의식에 사로잡힌 반개화국(半開化國)'이자 '동양 평화의 구적(仇敵)'으로 매도하면서 조선을 청으로부터 독립시키는 것이 일본의 사명이라고 외쳤다.[98]

실제로 청일전쟁을 겪으면서 일본 국민들의 중국인식은 급변했다. 소학교 시절 청일전쟁을 접했던 언론인이자 작가 우부카타 토시로(生方敏郎, 1882~1969)는 "청이 맥없이 패하는 것을 보면서 일본 국민들이 지나(支那)는 지도상으로만 커다랄 뿐 실력이 없다"고 인식하게 되었다고 회고했다.[99] 이제 일본 조야에서는 일본에 대한 자부심이 극도로 높아지는

96 『독립신문』 1898년 1월 28일 사설. 박찬승, 2012, 「18·19세기 조선의 中華論과 中國觀」, 『동아시아 문화 속의 중국』 所收, 동북아역사재단, 65쪽에서 재인용.

97 최덕수, 2005, 『대한제국과 국제환경-상호인식의 충돌과 접합』, 선인, 77~79쪽, 130~146쪽.

98 강창일, 2002, 『근대 일본의 조선 침략과 대아시아주의』, 역사비평사, 59~101쪽.

99 生方敏郎, 1978, 『明治大正見聞史』, 東京: 中央公論社, 32~34쪽, 58쪽.

것과 맞물려 "덩치만 클 뿐 실력이 없는" 청에 대한 모멸감이 퍼져나가기 시작했다.

에도시대(江戸時代)까지 중국을 문명국이자 선진국으로 인식했던 일본 지식인들은 아편전쟁을 계기로 청의 유약한 실상을 목도하고 환멸감을 표출하기 시작했다. 일부 지식인들은 이후 청이 추진한 양무운동(洋務運動) 등을 높이 평가하고 청의 강화된 해군력에 대한 경계심을 드러내기도 했다.[100] 하지만 청일전쟁에서 승리하면서 일본 지식인들의 중국에 대한 멸시감은 고정되었다. 실제로 청일전쟁 이후 우치다 료헤이(內田良平) 등은 이제 중국을 멸시하는 단계를 넘어 일본이 앞장서서 중국 영토를 보전해야 한다는 '지중(支中)', 그리고 중국을 이끌어야 한다는 '도중(導中)'의 길을 걸어야 한다고 주장했다.[101] 우치다 등은 더 나아가 신해혁명(辛亥革命)을 지원하는 한편 이른바 지나개조론(支那改造論)을 내세워 일본의 대륙 경영 차원에서 중국을 '요리'하려고 획책했다.[102] 이 같은 과정에서 지니게 된 중국에 대한 우월감과 자신감은 이후 일본의 해외 팽창론자들에게 일종의 고정관념처럼 굳어졌다.[103]

한편 청일전쟁의 패전을 계기로 청의 대일 인식도 바뀔 수밖에 없었다. 일찍이 설복성(薛福成, 1838~1894)은 19세기 동방에서 자립하면서

---

100 小島晋治, 2008, 『近代日中關係史斷章』, 東京: 岩波書店, 20~46쪽.

101 横山宏章, 2005, 『反日と反中』, 東京: 集英社, 110~114쪽.

102 王柯, 2015, 『近代日中關係の旋回-「民族國家」の軛を超えて』, 東京: 藤原書店, 60~83쪽.

103 한 예로 滿洲事變 발생 직전인 1929년 군사평론가 池崎忠孝는 중국군을 土匪軍이라 비하하면서 3~4개 사단의 육군과 3~4척의 수상함만 있으면 중국을 제압할 수 있다고 하여 극단적인 자신감을 드러내기도 했다(家永三郎, 2002, 『太平洋戰爭』, 東京: 岩波書店, 30~31쪽).

버틸 수 있는 나라는 중국과 일본밖에 없다고 보았다. 그는 일본이 메이지유신을 통해 서방을 본받아 국가의 면모를 일신하고 부강하게 되어 서양 각국과 맞설 수 있게 되었다고 찬양했다.[104] 하지만 부강해진 일본이 유구를 점령하고 조선까지 침략할 기미를 보이면서 청 신료들의 경계심과 고민은 증폭된다. 실제로 이홍장이 지닌 일본인식은 다면적이었다. 일본에 대한 전통적인 우월의식과 함께 힘이 강해진 일본에 대한 '선망감(羨日)', '두려움(畏日)' 등이 복잡하게 뒤섞여 있는 모습을 보여주었다.[105] 량치차오(梁啓超) 또한 청일전쟁 이전까지의 일본은 '중국의 10분의 1도 되지 않는 소국'이자 '중화문화를 경모하는 학생'으로 바라보았다. 하지만 패전을 계기로 이홍장 등이 추진해 온 양무운동의 성과와 그에 기반한 중국의 자신감은 물거품이 되고 말았다. 그에 따라 전쟁 이후 일본은 청이 본받고 배워야 할 스승으로 떠오른다.[106] '스승'과 '학생'의 처지가 바뀐 것이다. 이후 청일전쟁은 패전으로 깊은 상처를 입은 중국이 일본을 보는 역사적 기준이 되었다. 패전 이후 추진된 변법운동(變法運動)이 비록 실패했지만 일본은 이후 청이 모델로 삼아야 할 새로운 '서구(西歐)'로 부상했다. 수많은 유학생이 일본으로 몰려들었고, 중국어로 번역되는 일본 서적이 격증했다. 20세기 초 중국에서 나온 번역서 가운데 3분의 2가 일본책이었을 정도였다.[107]

---

104 黃遵憲, 『日本國志』 上冊, 「薛福成序」(走向世界叢書, 2013, 岳麓書社). "東方諸國足以自立 足以有爲者 惟中國與日本而已 …… 咸豐同治以來 日本迫于外患 廓然更張 …… 當有可與西國爭衡之勢 其創制立法 亦頗炳焉可觀".

105 橫山宏章, 2002, 『中華思想と現代中國』, 東京: 集英社, 80~82쪽.

106 孫雪梅, 2001, 「清末東游熱的興起」, 『清末民初中國人的日本觀』 所收, 天津人民出版社, 15~21쪽.

107 Allen S. Whiting 著 · 岡部達味 譯, 2005, 『中國人の日本觀』, 岩波書店, 49~50쪽.

요컨대 청일전쟁을 계기로 동아시아의 패권이 중국에서 일본으로 넘어가면서 조선은 물론 중국의 대일 인식도 근본적으로 변화할 수밖에 없었던 것이다.[108]

VI. 맺음말

보통 한중일(韓中日) 삼국을 '한자문화권', '유교문화권' 등으로 부르면서 삼국 공통의 문화적 요소들을 바탕으로 상호 친근함을 강조해 왔다. 하지만 조선시대 삼국 주민들의 상호 접촉과 교류는 사실상 단절되어 있었다. 삼국 모두 해금(海禁) 등을 통해 자국민의 월경과 타국으로의 이동을 엄격히 금지했기 때문이다. 이 때문에 사행(使行)이나 무역에 참여했던 관인이나 역관, 그리고 일부 상인 계층을 제외한 대다수 주민들이 타국 사람들과 만나거나 접촉하는 것은 원천적으로 불가능했다.

이 같은 조건에서 삼국, 혹은 삼국민 사이의 상호인식은 그 인식의 주체인 모집단 자체가 매우 협소한데다 상호 접촉이 제한적이었기 때문에 단편적이고 불완전한 것일 수밖에 없었다. 아니면 고대 이래로 전승되어 온 상대방에 대한 기억과 인식을 바탕으로 고정된 것이기도 했다. 중국에서는 대체로 원대 이전까지 일본에 대한 인식은 긍정적이었다. 견수사(遣隋使), 견당사(遣唐使) 등으로 왔던 일본의 관인, 승려들과의 접촉 경

108 한편 청일전쟁 패전 이후에도 辛亥革命, 滿洲事變, 中日戰爭 등 중국 근대사의 중요 고비마다 일본이 큰 영향을 미치거나 중국의 발목을 잡았다는 피해의식은 오늘날에도 중국 지식인들 사이에 일종의 트라우마로 남아 있는 것으로 여겨진다. 이와 관련한 대표적인 저작으로는 王海濤, 2009, 『日本改變中國』, 北京: 中國友誼出版公司를 들 수 있다.

험을 통해 일본을 '예의지국', '군자지국'으로 보았던 것이다. 하지만 원말명초(元末明初) 시기 왜구가 본격적으로 발호하면서 중국의 대일 인식은 극히 부정적인 혐오의 대상으로 바뀌게 된다. 조선에서도 비슷했다. 14세기 중반 이래 극심한 왜구의 침략을 겪으면서 일본에 대한 인식은 부정적인 모습으로 나타났다. 일본을 가리켜 '도이(島夷)', '왜노(倭奴)', '왜적(倭賊)' 등으로 표현했던 것이 그것을 암시한다. 그런데 조선에서는 15세기 중반 이래 왜구를 없애기 위한 회유책이 효과를 발휘하면서 인식이 바뀌는 조짐을 보인다. 하지만 조선이 스스로 대국이라 칭하면서 일본에 대해 사회경제적으로, 또 문화적으로 우월감을 표출했던 자세는 바뀌지 않았다.

15세기 조선은, 일본을 '극혐(極嫌)의 대상'으로 여겼던 데다 조선과 일본의 통교 자체를 금하려 했던 명을 의식하여 일본과의 통신 사실 자체를 숨기려 했다. 실제로 명은 조선이 일본과 접촉하거나 통교하는 것에 극도로 민감하게 반응하곤 했다.

한편 명에 지성으로 사대하면서 '충순한 번국'이자 '명과 한집안'임을 표방했던 조선과 명에 대한 사대를 선택적이고 단속적으로 수용했던 일본의 차이는 조일 양국의 상호인식과 태도를 규정하는 중요한 바탕이 되었다. 15~16세기 조선 지식인들은 조선이 명의 가장 충순한 번국이자 중화문명의 충실한 수용자임을 내세워 일본을 '화외지국'이자 '오랑캐'로 하시했다. 명과의 빈번한 접촉과 친연성을 바탕으로 일본에 우월의식을 지녔던 것이다. 반면 일본은 스스로 신국이라 내세우면서 명에 맞서거나 사대를 거부하는 '자주적인' 자세를 바탕으로 조선을 멸시하려고 덤볐다. 중국 대륙에 붙어 있는 조선과 바다를 통해 격절되어 있는 일본의 지정학적 차이는 양국의 중국에 대한 태도와 인식, 그와 맞물린 상호인식에도 영향을 미칠 수밖에 없었다.

이처럼 전혀 다른 대명인식(對明認識)과 태도를 지니고 있었던 조선과 일본이 충돌했던 사건이 바로 임진왜란이었다. 정명(征明)을 표방한 일본의 침략으로 촉발된 임진왜란을 계기로 조·명·일 사람들 사이의 접촉은 폭발적으로 증가했다. 7년이 넘는 기간 동안 조선이란 동일한 전장에서 삼국인들이 대규모로 접촉하면서 상호인식이 확대되고 다양화되는 현상이 나타났다. 우선 전쟁을 계기로 조선과 명의 상호인식이 새로운 모습을 드러냈다. 조선의 군사적, 지정학적 중요성이 부각되면서 전쟁 이전 사대(事大)와 자소(字小)를 표방했던 '연성적(軟性的)인 관계'는 사라졌다. 명은 조선을 자신들의 '노지(虜地)'이자 '구변(九邊)'으로 여겨 조선을 압박했고 급기야 직할통치론까지 대두되었다. 일본군에게 확실한 우위를 확보하지 못하고 자신들의 안보가 위협받자 조선을 대하는 태도가 몹시 거칠어졌고, 인식 또한 부정적으로 표출되었던 것이다. 하지만 분명한 것이 하나 있었다. 임진왜란을 계기로 조선은 명을 '재조(再造)의 은인(恩人)'으로, 일본을 '만세(萬世)의 원수(怨讐)'로 인식하게 되었다는 사실이다. 나아가 조선은 전쟁 기간 일본의 무력(武力)과 잔학함을 목도하면서 그들에 대한 두려움도 확실히 지니게 되었다. 임진왜란을 계기로 일본에 대한 적개심과 공포심이 공존하게 되었던 것이다.

건주여진의 굴기와 맞물려 명청교체가 벌어지면서 조명의 상호인식과 대일인식은 다시 변화의 조짐을 보인다. 건주여진을 '노적(虜賊)'으로 인식했던 조선은 끝내 친명의 행보를 포기하기 어려웠고, 궁극에는 병자호란을 계기로 청에 굴복하는 고난을 겪었다. 그런데 정묘, 병자호란을 겪으면서 조선의 대일인식 또한 의미 있는 변화의 조짐을 보인다. 이제 일본은 더 이상 '만세불공의 원수'가 아니라 '오랑캐' 청에 맞서기 위해 힘을 합쳐야 할 우방이자 후원자로 부각되었다. 명 또한 청의 위협에 직면하자 조선이 일본과 협력하여 청을 견제해 주기를 기대하는 태도를 드러낸다.

19세기 들어 일본에서는 러시아의 위협을 계기로 해방론이 모색되는 와중에 조선에 대한 멸시관, 침략론, 궁극에는 정한론이 대두된다. 이후 일본의 힘이 다시 커지고 점점 조선을 강하게 위협하면서 조선은 물론 청의 위기의식도 같이 커지게 된다. 특히 운요호 사건, 임오군란을 겪으면서 청의 양무관료들은 임진왜란의 전철을 떠올렸다. 조선이 일본에 무너지면 청도 위험해진다는 순망치한론이 환기되었다. 그 대책은 조선을 구미 열강과 입약(立約)하도록 권도(勸導)하는 것을 넘어 직접 직할령으로 통치해야 한다는 극단적인 주장으로 표출되었다. 1882년 임오군란 직후 흥선대원군을 납치하고 조청상민수륙무역장정을 강압적으로 체결한 것은 그 상징이었다. 거기에 원세개의 독단적인 행보까지 더해지면서 1882~1894년까지 조선에서는 반청감정이 비등해질 수 있는 환경이 조성되었다.

주목되는 것은 명과 청 모두 개별적으로 조선을 상대할 때는 '충순한 번국'으로 찬양했지만 일본이 자신들에게 도전할 경우, 혹은 조선과 일본이 연결될 기미가 보일 경우 조선에 대해 몹시 거칠고 강퍅한 태도와 부정적인 인식을 드러냈다는 사실이다. 15세기 명의 신료들이 조선과 일본의 접촉에 신경질적인 반응을 보였던 것, 임진왜란 시기 명군 지휘부가 직할통치론을 주장했던 것, 임오군란 이후 청의 양무관료들이 조선을 속방으로 만들려고 했던 것 등이 그 생생한 실례다.

1894년 청일전쟁을 계기로 상황은 달라진다. 일본이 경복궁을 점령하고, 농민군을 무참하게 탄압하고, 조선을 식민지화하려고 시도하면서 조선에서는 임진왜란 이후 잠재되었던 '일본=만세불공지수(萬世不共之讐)'라는 인식이 다시 표면에 드러나고 배일(排日), 척일론(斥日論)이 확산되었다. 반면 청일전쟁에서 청군이 수세에 처했음에도 조선의 대다수 관료와 민인들은 청군의 승리를 전망하거나 희구했다. 임오군란 이후 청이 속방화 정책을 강압적으로 밀어붙였음에도 여전히 친청적이고 배일적인 인식이 우세했던 것이다. 하지만 청일전쟁에서 청이 패하자 조선에서는 당혹감과 함께 청의 허약한 실상에 대한 객관적인 인식이 대두했다.

반면 일본인들은 19세기 중반 이래 조선을 '청의 허약한 속국'으로, 청을 '중화의식에 물든 원수'로 인식하면서 조선을 청의 속박에서 풀어주는 것을 자신들의 사명으로 인식했다. 바로 이런 배경에서 천우협 등이 조선으로 몰려왔거니와 청일전쟁 승리 이후 조선과 청에 대한 멸시감과 자신감은 더욱 증폭되었다. 그리고 그것은 이후 조선 병탄과 중국에 대한 전면적인 침략으로 구체화되었다.

청의 지식인들 사이에서는 청일전쟁 패전을 계기로 굴욕감 속에서 일본을 '교사'로서 배워야 한다는 분위기가 확산되었다. 전쟁 이후 유학생들이 대거 도일하고 일본 서적들을 대대적으로 번역하면서 일본은 중국이 본받아야 할 새로운 '서구(西歐)'로 떠올랐다.

요컨대 조선시대 한국인들의 중국인식과 일본인식은 대륙과 열도 사이에 '끼여 있는 존재'라는 한반도의 지정학적 조건과 안보 상황 속에서 형성되었다. 고대 이래의 신국의식과 맞물린 조선에 대한 우월의식을 바탕으로 침략을 자행했던 일본과 서구 열강의 침략으로 위기에 처해 있으면서도 '속국' 운운하면서 내정에 노골적으로 간섭했던 청의 대결에 치여 고투를 벌여야 했던 19세기 중반 이후에는 특히 그러했다. 여하튼 한국인들의 중국인식과 일본인식은 한반도를 둘러싼 중일 양국의 역학 관계의 추이를 비롯한 상황의 변화에 따라 서로 길항하고 연동되는 모습으로 나타났다.

참고문헌

사료

『高麗史節要』

『太祖實錄』

『太宗實錄』

『世宗實錄』

『世祖實錄』

『宣祖實錄』

『承政院日記』

『聚語』

金邁淳, 『臺山集』

金誠一, 『鶴峯先生集』

金允植, 『雲養集』

朴世茂, 『童蒙先習』

徐居正, 『四佳文集』

柳思瑗, 『文興君控于錄』

安錫儆, 『霅橋集』

安鼎福, 『順菴先生集』

李山海, 『鵝溪遺稿』

李埈, 『蒼石先生續集』

鄭道傳, 『三峰集』

鄭在弼, 『薇齋集』

鄭琢, 『龍蛇雜錄』

趙絅, 『龍洲集』

蔡壽, 『懶齋集』

蔡濟恭, 『樊巖先生集』

崔鳴吉, 『遲川集 原集』

韓元震, 『南塘集』

黃廷彧, 『芝川集』.

『明史』
『明神宗實錄』
『淸太宗實錄』
『忠淸道關草』
『籌遼碩畫』

徐希震,『東征記』
葉向高,『蒼霞正續集』
王阮定,『池北偶談』
張佩綸,『張佩綸日記』
田愚,『艮齋集』

단행본
구선희, 1999,『韓國近代 對淸政策史 硏究』, 혜안.
권석봉, 1986,『淸末 對朝鮮政策史硏究』, 一潮閣.
김정기, 1994,『1876~1894年 淸의 朝鮮政策 硏究』, 서울대학교 국사학과 박사학위 논문.
나카츠카 아키라 지음 · 성해준 옮김, 2005,『근대일본의 조선인식』, 청어람미디어.
오타니 다다시 지음 · 이재우 옮김, 2018,『청일전쟁 국민의 탄생』, 오월의 봄.
유봉학, 1995,『燕巖一派北學思想硏究』, 一志社.
이종찬 역주, 1995,『含忍錄-蔡濟恭 燕行詩』, 一志社.
정옥자, 1998,『조선후기 조선중화사상연구』, 一志社.
조경달 저 · 박맹수 역, 2008,『이단의 민중반란-동학과 갑오농민전쟁 그리고 조선 민중의 내셔널리즘』, 역사비평사.
최덕수, 2005,『대한제국과 국제환경-상호인식의 충돌과 접합』, 선인.
하우봉, 1989,『朝鮮後期實學者의 日本觀硏究』, 一志社.
한명기, 1999,『임진왜란과 한중관계』, 역사비평사.
______, 2009,『정묘 · 병자호란과 동아시아』, 푸른역사.
______, 2019,『최명길 평전』, 보리.

王海濤,『日本改變中國』, 北京: 中國友誼出版公司.

Allen S. Whiting 著 · 岡部達味 譯, 2005,『中國人の日本觀』, 岩波書店.

吉野 誠, 2002,『明治維新と征韓論-吉田松陰から西鄕隆盛へ』, 東京: 明石書店.

鍛代敏雄, 2006,『神國論の系譜』, 京都: 法藏館.

生方敏郎, 1978,『明治大正見聞史』, 東京: 中央公論社.

小島晋治, 2008,『近代日中關係史斷章』, 東京: 岩波書店.

石原道博, 1945,『明末淸初日本乞師の硏究』, 東京: 富山房.

室井康成, 2019,『事大主義-日本・朝鮮・沖縄の「自虐と侮蔑」』, 東京: 中央公論新社.

王柯, 2015,『近代日中關係の旋回-「民族國家」の軛を超えて』, 東京: 藤原書店.

王勇, 2000,『中國史なかの日本像』, 東京: 講談社.

____, 2000,『中國史のなかの日本像』, 東京: 社團法人 農山漁村文化協會.

月脚達彦, 2015,『福澤諭吉の朝鮮-日朝淸關係のなかの「脫亞」』, 東京: 講談社.

池內敏, 2017,『日本人の朝鮮觀はいかに形成されたか』, 東京: 講談社.

芝原拓自・猪飼隆明・池田正博, 1988,『對外觀』, 東京: 岩波書店.

橫山宏章, 2002,『中華思想と現代中國』, 東京: 集英社.

________, 2005,『反日と反中』, 東京: 集英社.

논문

계승범, 2009,「조선후기 중화론의 이면과 그 유산」,『한국사학사학보』 19.

김도형, 1993,「개항 이후 보수유림의 정치·사상적 동향」,『1894년 농민전쟁연구 3-농민전쟁의 정치사상적 배경-』, 역사비평사.

김문식, 2001,「조선후기 지식인의 자아인식과 타자인식」,『대동문화연구』 39.

김정기, 1993「淸의 朝鮮政策(1876~1894)」,『1894년 농민전쟁연구 3-농민전쟁의 정치사상적 배경-』, 역사비평사.

김형종, 2017「19세기 근대 한·중관계의 변용」,『東洋史學硏究』 140.

김호, 2003,「英祖의 大報壇 증수와 明 三皇의 享祀」,『한국문화』 32.

노대환, 2018,「18~19세기 조선의 대청 외교」,『한국의 대외관계와 외교사』 조선편, 동북아역사재단.

동학혁명참여자명예회복 심의위원회, 2007,「東學人命」,『동학농민혁명 국역총서』 1.

민두기, 1986,「十九世紀後半 朝鮮王朝의 對外危機意識-第一次, 第二次 中英戰爭과 異樣船 出沒에의 對應-」,『東方學志』 52.

박찬승, 2012,「18·19세기 조선의 中華論과 中國觀」,『동아시아 문화 속의 중국』, 동북아역사재단.

박훈, 2010,「吉田松陰의 대외관-'敵禮'와 팽창의 이중구조-」,『동북아역사논총』 30.

배항섭, 1994, 「개항기 민중들의 일본에 대한 인식과 대응」, 『역사비평』 겨울호.
______, 「개항기의 對淸意識과 그 변화-민중계의 동향을 중심으로-」, 『韓國思想史學』 16집.
스다 츠토무, 2011, 「에도 시대 민중의 조선·조선인관」, 『일본, 한국병합을 말하다』, 열린책들.
연갑수, 1993, 「개항기 권력집단의 정세인식과 정책」, 『1894년 농민전쟁 연구 3』.
오카모토 다카시, 2011, 「일본의 류큐 병합과 동아시아 질서의 전환-淸日守好條規를 중심으로-」, 『동북역사논총』 32.
왕현종, 2009, 「조선 갑오개혁 정권의 대일 정략과 종속의 심화」, 『청일전쟁기 한·중·일 삼국의 상호 전략』, 동북아역사재단.
우경섭, 2006, 「송시열의 화이론과 조선중화주의 성립」, 『진단학보』 101.
정혜중, 2017, 「18세기 滿洲族 淸과 조선의 교류」, 『東洋史學硏究』 140.
조성산, 2013, 「제국의 주변과 중화의식의 성장-18세기 후반~19세기 전반 조선 지식인의 대청인식」, 『동아시아의 근대, 그 중심과 주변』 所收, 소명출판.
조재곤, 1995, 「청일전쟁에 대한 농민군의 인식과 대응」, 『1894년 농민전쟁연구 4-농민전쟁의 정치사상적 배경-』, 역사비평사.
하우봉, 2006, 「조선초기 대일사행원의 일본인식」, 『조선시대 한국인의 일본인식』 所收, 혜안.
한명기, 2006, 「조선시대 韓中 지식인의 高句麗 인식」, 『韓國文化』 38, 서울대 한국문화연구소.
______, 2012, 「15~17世紀朝鮮知識人たちの日本認識概觀」, 東郷和彦·朴勝俊 編著, 『鏡の中の自己認識』, 東京: 御茶の水書房.
허태용, 2009, 「조선후기 중화의식의 계승과 변용」, 『중국 없는 중화』, 인하대학교출판부.
후마 스스무 저·차혜원 역, 2019, 「조선의 외교 원리, '사대'와 '교린'」, 『조선연행사와 조선통신사』 所收, 성균관대학교 출판부.

孫雪梅, 2001, 「淸末東游熱的興起」, 『淸末民初中國人的日本觀』 所收, 天津人民出版社.
閻崇年, 2009, 「論努爾哈赤」, 『閻崇年自選集』 所收, 2016, 北京: 九州出版社.
張佩綸, 2015, 「蘭駢館日記」 1894년 6월 5일, 『張佩綸日記 下』 所收, 鳳凰出版社.

奈倉哲三, 1976, 「秀吉の朝鮮侵略と「神國」-幕藩制支配イデオロギ-形成の一前提として-」, 『歷史評論』 314.

藤田雄二, 1993,「近世日本における自民族中心的思考」,『思想』832.

木村 幹, 1998,「「不潔」と「恐れ」-文學者に見る日本人の韓國イメージ」, 岡本行治 編著,『近代日本のアジア觀』, 東京: ミネルヴァ書房.

米谷均, 2000「17世紀前期日朝關係におけると武器輸出」,『17世紀の日本と東アジア』, 東京: 山川出版社.

石毛 忠, 1981,「思想史上の秀吉」, 桑田忠親 編,『豊臣秀吉のすべて』, 東京: 新人物往來社.

石原道博, 1963,「中國側からみた萬曆朝鮮の役」,『文祿慶長の役』所收, 東京: 塙書房.

矢澤康祐, 1969,「江戶時代における日本人の朝鮮觀について」,『朝鮮史研究會論文集』6.

王勇, 2005,「中國史の中の日本」,『日本にとって中國とは何か』所收, 東京: 講談社.

伊藤之雄, 1994,「日淸戰前の中國·朝鮮認識の形成と外交論」, 古屋哲夫 編,『近代日本のアジア認識』, 京都大學人文科學硏究所.

香月恕經, 1975,「大東合邦論序」.『覆刻大東合邦論』所收, 東京: 長陵書林.

3장

동아시아 분단·전쟁의 연쇄와 한국·중국의 민족주의 역사의식

김성보
연세대학교 사학과 교수

I. 머리말

세계화가 심화되고 있는 오늘날에도 국제관계의 가장 기본적인 단위는 국민국가(國民國家)이며, 민족주의(내셔널리즘)는 여전히 국민통합을 위한 힘으로 강하게 작용하고 있다. 특히 한·중 양국은 제국주의(帝國主義)에 침략당한 기억을 공유하고 있고, 분단문제(分斷問題)와 양안문제(兩岸問題)로 인해 미완(未完)의 국민국가 건설 프로젝트를 지향하는 신념과 정서가 여전하여 민족주의가 더욱 강하게 작동되는 국가에 해당한다.

한·중 양국의 분단·양안문제의 해결 없이 동아시아 평화공동체는 형성될 수 없다. 이 평화공동체의 건설과정에서 한·중 양국의 민족주의는 긍정적인 역할을 할 것인가, 부정적인 역할을 할 것인가? 이에 대한 해답을 찾기 위해서는 먼저 한국의 분단문제와 중국의 양안문제가 전혀 별개의 문제가 아니라 서로 연동(聯動)되어 있음을 이해할 필요가 있다. 한국의 분단문제를 두고 중국의 양안문제가 해결되기 어려우며, 중국의 양안문제를 두고 한국의 분단문제가 해결되기 어렵다는 것을 서로 인식할 때, 비로소 한·중 양국은 자국 중심의 협애한 민족주의를 넘어서서 공통의 문제 해결에 적극 손을 잡을 수 있을 터이다.

이 글은 '동아시아 분단(分斷)의 연쇄(連鎖)'라는 맥락에서 한·중 양국이 안고 있는 분단·양안문제의 상호연관성을 파악하고, 나아가 양국의 민족주의적 역사의식이 분단·양안문제와 관련하여 어떻게 작동해왔는지를 이해함을 목적으로 한다. 여기서 '동아시아 분단의 연쇄'라 함은 남북한(南北韓)과 중국-타이완 및 지금은 통일된 남북 베트남 3자(者)의 분단(分斷)이 서로 긴밀히 연관되어 상호작용해 온 현상을

가리킨다.[1]

최근 한국 학계에서는 일국사(一國史)의 관점을 넘어 분단문제를 동아시아사의 관점에서 파악하려는 시도가 이루어지고 있다. 대표적인 연구로는 이삼성(李三星)의 '동아시아 대분단체제론(大分斷體制論)'을 들 수 있다. 그는 중국대륙과 미일동맹(美日同盟) 사이의 대분단(大分斷)을 기축(基軸)으로 하면서 그 아래에 한반도와 대만해협 · 베트남의 소분단(小分斷)들이 상호작용하면서 동아시아 대분단체제를 구성하고 있다고 본다.[2] 그 외에도 '중국과 그 나머지' 사이의 분단 및 '일본과 그 나머지' 사이의 분단을 동아시아사의 '거대분단(巨大分斷)'으로 파악하는 백낙청(白樂晴)의 논의 등이 있다.[3] 이 연구들은 분단문제를 동아시아사의 맥락에서 포착할 수 있는 시야를 제공해 준다. 다만 국가 및 지역 사이의 대립구도를 굳이 '분단'이라는 용어로 표현할 필요가 있는지는 의문이다. 이러한 대립구도는 전세계 어디든 존재하며 국가 또는 민족 내부의 분

1 '연쇄(連鎖)'의 사전적인 뜻은 "사물이나 현상이 사슬처럼 서로 연결되어 관련을 맺거나 통일체를 이룸"이다. 동아시아사를 '연쇄'라는 용어를 통해 접근한 연구로는 야마무로 신이치(山室信一), 2009, 「서학(西學)에 의한 만국인식의 변용과 동아시아 국제질서-사상연쇄(思想連鎖)의 시각에서」, 『인간 · 환경 · 미래』 3호; 허은, 2013, 「미국의 문화냉전과 '자유 동아시아'의 구축, 연쇄 그리고 균열-미국정부의 도서계획과 한국사회 지식인의 인식」, 『민족문화연구』 59호; 허은, 2015, 「동아시아 냉전의 연쇄와 박정희정부의 '대공(對共)새마을' 건설」, 『역사비평』 111호 등이 있다.

2 李三星, 2006, 「동아시아 국제질서의 성격에 관한 일고: '대분단체제'로 본 동아시아」, 『한국과 국제정치』 22집 4호; 李三星, 2016, 「전후 동아시아 국제질서의 구성과 중국-'동아시아 대분단체제'의 형성과정에서 중국의 구성적 역할」, 『한국정치학회보』 50집 5호.

3 白樂晴, 2010, 「東亞和解的障礙」, 白樂晴 等, 『白樂晴: 分斷體制, 民族文學』, 聯經出版; 장즈창, 2013, 「'거대분단'의 극복과 이상적 동아시아의 가능성: '한중 인문유대 강화'가 지역의 미래에 주는 의미」, 『통일과 평화』 5집 2호; 유희석, 2018, 「동아시아의 '거대분단'과 한반도」, 『인문학연구』 56호.

열을 지칭해 온 본래 의미의 '분단' 개념이 희석될 우려가 있다. 아울러 고정적이며 대립적 어감(語感)이 강한 '분단체제'라는 용어는 서로 경쟁하면서도 상호의존성이 날로 심해지는 오늘날 동아시아 국제관계의 역동성을 포착하기에는 어려움이 있다. 그런 이유에서 이 글에서는 '분단'이라는 용어를 국가 또는 민족 내부의 분열을 지칭하는 한도에서만 사용하기로 한다.

근대 이래 한국과 중국은 서로 충돌하는 두 가지의 역사적 기억을 지니고 있다. 하나는 일본제국주의에 맞서 함께 싸운 항일 연대의 기억이며, 다른 하나는 한국전쟁기 중국인민지원군의 개입으로 인한 한·중 무력충돌의 기억이다. 전자는 오늘날 한·중관계를 돈독히 할 수 있는 역사적 자원이라면, 후자는 서로 드러내지는 않지만 잠재해 있는, 불편하며 언제든 상호 혐오를 불러일으킬 수 있는 역사적 자원이다. 이 두 가지 역사적 기억의 어느 하나를 의도적으로 망각할 수는 없다. 망각은 불가능하며 적합하지도 않다. 정부, 학계 차원에서 조심한다고 해도 일반 대중 차원에서는 계속 그 역사적 기억이 재생산되고 있기 때문이다. 항일과 냉전의 시기에 한국과 중국이 겪은 경험을 객관적으로 인식하고 상호 이해를 도모해야 할 터이다.

II. 동아시아 3국의 분단과 전쟁의 연쇄(連鎖)

1. 3국 분단문제의 상관성

동아시아에서 한국·중국·베트남 3자의 분단문제는 공통의 배경을 지니고 있다. 첫째, 3자의 분단은 모두 일본 제국주의의 패망 이후 신국가건설이 진행되는 과정에서 발생했다. 일본이 아시아-태평양전쟁에서 패배하면서 그 지배하에 있던 한반도와 베트남에서는 새로운 주권국가의 수립을 지향하는 활발한 움직임이 일어났다. 그러나 한반도에서는 미국과 소련의 북위 38도선 분할 점령과 좌우대립으로 인해 분단정부가 들어섰으며, 베트남에서도 일본을 대신해서 프랑스군이 다시 들어오면서 베트남민주공화국과 프랑스 사이의 전쟁 결과 북위 17도선을 경계로 분단정부가 수립되었다. 중국에서는 국민당 정부가 제2차 세계대전에서 승전국의 일원이 되었지만 국공내전에서 패배하면서 일본이 철수한 타이완으로 퇴각했고 대륙에서는 중화인민공화국이 수립되었다.

이러한 3자의 분단은 제2차 세계대전 이후 국제냉전을 주도한 미국과 소련이 처음부터 의도했다고 보기는 어렵다. 본래 동아시아에서 미국의 전후(戰後) 구상은 국민당정부를 통해 통일될 중국, 신탁통치를 거쳐 세워질 한국 정부, 그리고 미국의 단독 점령에 의해 새롭게 건설될 민주화된 일본 정부를 전제로 한 것이었다.[4] 동아시아에서 수세적이었던 소련은 미국의 전후 구상에 동조하면서 그 안에서 자신의 세력을 확대하는 데에 주안점을 두었다.[5] 3자의 분단은 전후 세계질서를 주도하려는

---

4 아키라 이리예, 1983, 「얄타체제의 붕괴와 냉전의 출현」, 브루스 커밍스 외, 『분단전후의 현대사』, 일월서각, 105~118쪽.

5 소련은 1945년 시기에 분명한 분단정부 수립구상을 가지고 있지는 않았다. 소련은 한편으로는 미국이 주도한 한반도 신탁통치 방안에 동참하여 장차 수립될 통일 한국 정부의 향방에 영향력을 행사하며, 다른 한편으로는 그 영향력 행사를 위해 우선 북한 지역에 소련에 우호적인 임시 권력을 창출하는 정책을 펼쳤다(김성보, 1995, 「소련의 대한정책과 북한에서의 분단질서 형성, 1945~1946」, 역사문제연구소 편, 『분단 50년과 통일시대의 과제』, 역사비평사, 76~84쪽; 기광서, 2018, 『북한 국가의 형성과 소련』, 선인, 131~137쪽).

미국·소련의 힘과 동아시아의 미래를 스스로 주조하려는 3자 내부의 힘이 상호 충돌, 경합하는 과정에서 발생했다. 그런 점에서 동아시아의 냉전과 분단은 미국과 소련의 압도적인 힘으로 주조되었던 유럽의 냉전, 독일 분단과 그 성격이 다르다. 독일은 국제냉전이 종료되면서 통일의 기회를 바로 얻을 수 있었지만, 한국과 중국의 분단·양안 문제는 국제냉전 종식에도 불구하고 동아시아인 스스로 주체적인 자각과 협력이 없는 한 해결되기 어렵다.

동아시아 3국의 분단은 신국가 건설과정에서의 좌우대립이라는 내인(內因)과 국제적 냉전 형성과정에서의 외세의 개입이라는 외인(外因)이 결합하여 발생한 것이다. 그런데 3국의 분단은 외적 조건에서 큰 차이점이 있었다. 한반도에는 미국과 소련이라는 서로 다른 체제와 이념을 가진 국가들이 전후처리의 명분으로 개입하여 좌우대립, 남북대립을 극단화시켰다. 베트남은 프랑스-미국으로 이어지는 서구 자본주의국가들의 외세 개입이 있었으나 소련의 직접적인 개입은 없었다. 중국의 분열은 기본적으로 중국 내부의 좌우대립의 소산이며, 소련과 미국의 영향력은 제한적이었다. 이러한 외적 조건의 차이점은 분단문제를 해결하는 방향에서도 상이한 길을 걷게 만들었다. 한반도는 국제적 냉전을 주도한 미국과 소련의 영향력 아래 냉전의 최전선이 되었고, 결국 한국전쟁으로까지 치달았다. 전쟁은 곧 체제와 이념을 달리하는 두 진영의 충돌로 비화되었고, 분단은 더욱 고착화되었다. 이에 반해 중국은 국공내전을 거치면서 대륙에는 중화인민공화국이 들어섰고, 국민당 정부는 타이완으로 이동했다. 한국전쟁 이후 동아시아의 무력 충돌은 분단 베트남으로 이전되었다. 소련과 중국의 직접 개입이 없는 상태에서 베트남민주공화국(북베트남) 및 남베트남민족해방전선 대(對) 미국의 대립구도가 형성되었다.

1945~55년 사이에 주조된 동아시아 3자의 분단이 지니는 두 번째의 공통점은 그 분단이 대륙세력 대 해양세력의 대립이라고 하는 19세기 이래 동아시아의 오랜 지정학적 대립구도의 연장선상에서 발생했다는 점이다. 두 세력의 대립은 1945년 이후 해양세력인 미국 대 대륙세력인 소련의 충돌과 타협으로 시작하여, 한국전쟁 이후 해양세력인 미국 대 대륙세력인 중국의 갈등 구도로 이전된다. 1953년 7월 한국전쟁 정전(停戰)과 1954년 8월 제네바회의에서 체결된 인도차이나 정전 및 1955년 8월 제네바에서 열린 중·미 간 대사급 회담 등 일련의 과정을 거쳐 동아시아에서 중·미 간 지정학적 투쟁은 일단락되었다. 결과적으로 한반도의 38도선에서부터 타이완 해협을 거쳐 인도차이나의 17도선에 이르기까지 미국의 군사력과 중국의 국경지역 사이에는 3자의 분단으로 인한 완충지대가 형성되었다. 보다 거시적으로 보면 이는 미국이 미일동맹과 바그다드 조약, 동남아시아 조약과 미국-타이완 군사동맹 등을 연이어 통과시켜 만든 초승달 모양의 포위권이라고 칭하는 군사동맹 체제가 형성되었다.[6]

1975년에 베트남이 통일되고 그 이후 미국과 중국이 상호 교류과정을 거쳐 수교에 이르렀으며 양국의 정치경제적 관계는 긴밀해졌다고 하지만, 중국의 해양진출을 차단하며 태평양의 안보를 미군이 책임지는 동아시아의 군사적 대립구도에는 오늘날까지 거의 변동이 없다. 그 지정학적 구도 속에서 한반도의 휴전선과 타이완 해협은 여전히 중요한 비중

---

6 뉴쥔(牛軍) 지음, 박대훈 옮김, 2015, 『냉전과 신중국 외교의 형성』, 한국문화사, 233~234쪽.

을 차지하고 있다. 션즈화(沈志華)는 중·미관계 정상화, 냉전 종식, 한·중수교를 통해 동북아시아에서 지정학적 투쟁구도는 사라졌으며, 이에 북·중관계도 특수한 '혈맹'관계가 아닌 정상적인 외교관계로 변화해야 한다고 주장한 바 있다.[7] 그러나 과연 동아시아에서 미국과 중국의 대립구도가 해소되었는지는 의문이다.

동아시아의 대륙 대 해양이라는 대립구도는 제2차 세계대전 이후 냉전으로 인해 처음 드러난 것은 아니다. 그 연원은 러일전쟁까지 소급된다. 대륙세력 러시아와 영·미 해양세력을 대변하는 일본 사이의 전쟁이었던 러일전쟁은 일본의 승리로 끝났다. 그러나 미국이 중재한 포츠머스 조약에 따라 동북아시아에서는 일종의 세력균형이 이루어졌다. 하얼빈을 경계로 만주를 양분하여 북만주는 러시아의 세력권으로, 남만주는 일본의 세력권으로 인정하여 러-일 간에 '균형잡힌 적대관계(balanced antagonism)'가 이루어졌다.[8] 1905년에 형성된 동북아시아의 세력균형은 1941년 이후 본격화한 아시아-태평양전쟁으로 인해 붕괴된다. 동북아시아에서 1905년과 1945년의 중요한 차이는 세력균형의 요충지가 만주가 아닌 한반도로 이동했다는 점이다. 중국이 연합국의 일원이 된 상황에서 중국의 의사를 무시하고 만주를 분리해서 세력균형의 희생자로 삼을 가능성은 없었다. 소련은 다른 어느 나라보다 빠르게 1945년 8월 14일 중국 국민당 정부와 중소우호동맹조약을 체결할 정도로 중국 국민당 정부를 존중했다. 미국은 한반도가 환태평양의 일원인 일본을 지켜주는 전진기지가 되기를 바랐다. 소련은 해양세력이 한반도를 차지

7 션즈화(沈志華) 지음, 김동길 외 옮김, 2017, 『최후의 천조(天朝)-모택동·김일성 시대의 중국과 북한』, 선인, 902~903쪽.

8 구대열, 1995, 『국제관계사 연구 1』, 역사비평사, 87쪽.

하여 자신을 위협하는 사태가 재발하지 않도록 주의를 기울였다. 특히 대륙에 중화인민공화국이 수립되자 미국의 관점에서 한반도의 전략적 가치는 더욱 상승했다.[9] 이후 한국전쟁으로 동아시아에서 소련 대신 중국이 대륙세력을 대표하게 되면서 해양 대 대륙의 군사적 대립은 점차 미국 대 중국의 구도로 전환되었다.

2. 국공내전 · 한국전쟁 · 베트남전쟁의 연쇄(連鎖)

이처럼 동아시아 3자의 분단문제는 그 형성배경과 성격에서 공통점을 지니고 있으며, 아울러 3자의 문제는 서로 깊이 연동되어 있다. 한국과 중국 양국의 분단문제 및 양안문제가 서로 깊이 연결고리를 가지고 있음을 가장 잘 보여주는 지리적 공간은 중국 동북지역(東北地域)(옛 滿洲)이다. 중국 동북지역은 전후 동아시아의 질서형성과정에서 가장 치열한 각축의 공간이었다. 얄타회담에서 미국은 소련에게 대일(對日) 참전(參戰) 대가(代價)로 옛 러시아제국의 만주 이권을 약속했으며, 소련군은 일본 관동군(關東軍)을 궤멸시키며 동북지역에 군사력을 일시 주둔시켰다. 이에 더해 중국의 국민당군과 팔로군이 서로 각축을 벌였으며, 이 지역에 많은 이주민과 망명세력을 두었던 한인들은 국공내전에 가담하거나 휩쓸려 들어갔다.

이미 여러 연구를 통해 밝혀진 바이지만, 중국대륙에서 팔로군의 승리와 중화인민공화국의 수립은 북한 지도부가 무력통일 방식을 채택하고

---

9 김성보, 2018, 「21세기에 돌아보는 1945년 한반도의 지정학」, 『역사비평』 124호, 64쪽.

이를 소련이 승인하게 한 결정적인 계기가 되었다. 북한 지도부는 중국 혁명에 미국이 직접 개입하지 않는 모습을 보면서, 한반도 전쟁시에도 미군이 개입할 가능성이 적다고 보았지만 이는 오산이었다. 38도선을 넘어선 미군의 북진은 중국으로 하여금 전쟁에 개입하게 만들었고, 이후 중국은 소련을 대신해서 동아시아에서 미국과 직접 대립하게 되었다. 한국전쟁으로 중국에 대한 봉쇄가 절실해진 미국은 타이완과 방위조약을 체결하고 군사와 경제원조를 확대했다.[10] 이로써 중국은 타이완을 흡수 통일할 기회를 상실했다. 베트남은 1954년 제네바협정에 따라 북위 17도선을 경계로 하여 남북이 분단되었다. 한국전쟁은 한반도뿐만 아니라 중국과 베트남의 분열까지 고착화시키는 연쇄작용을 일으켰다.

한국전쟁은 동아시아에서 긴장을 고조시키기만 한 것은 아니다. 역으로 각국이 긴장을 관리하게 하는 효과도 있었다. 일종의 '학습효과'다. 중국과 미국이 직접 전장에서 대치하여 세계전쟁으로 발전할 위험성이 매우 높았던 한국전쟁에 비하면, 베트남전쟁의 경우에는 전쟁을 국지전으로 억제하려고 한 매우 강한 '암묵의 룰'이 있었다. 베트남의 혁명세력은 한국전쟁 때 북한의 정규군이 38도선을 공공연히 넘어섰기 때문에 미군의 개입을 초래하였다고 판단했다. 그래서 북베트남은 17도선 이남에 직접 무력공격을 하기보다는 '남베트남민족해방전선'이라는 남베트

10 타이완은 한국전쟁으로 가장 수혜를 입었다. 국민정부는 붕괴 직전에 극적으로 회생하여 타이완의 안전보장과 법률적 지위를 인정받았다. 타이완의 국민정부는 반공의 보루라는 이미지를 부각시키기 위해 노력했고 이는 성공했다(박정현, 2013, 「한국전쟁과 타이완(台灣)의 지위」, 『亞細亞硏究』 56집 3호, 148~151쪽). 한국전쟁이 타이완을 구했다는 인식은 타이완 학계에서도 일반적으로 받아들여지고 있다. 이런 인식을 잘 보여주는 연구로는 張淑雅, 2011, 『韓戰救臺灣?-解讀美國對臺政策』, 衛城出版이 있다.

남 자체의 혁명세력을 후원하는 방식을 취했다. 미국도, 한국전쟁 때 38도선을 넘어 북진하여 북한체제를 위기에 빠뜨린 것이 중국군의 개입을 초래했다는 판단 아래, 미 지상군의 투입을 17도선 이남의 남베트남에만 한정하였다. 미국과 중국 지도부는 상대방이 자신의 영역을 침범하지 않는 한 직접 두 국가의 군대가 충돌하지는 않도록 조치를 취한 것이다. 베트남전쟁에 미군이 본격적으로 개입한 1965년 5월 말에 마오쩌둥(毛澤東)은 미군이 북베트남에 폭격만 할 뿐 지상군을 진격시키지 않는다면 중국군이 미군과 직접 충돌하게 될 행동은 취하지 않겠다는 메시지를 미국에 보낸 바 있다.[11]

제2차 세계대전 이후 벌어진 동아시아의 전쟁, 즉 국공내전·한국전쟁·베트남전쟁은 이처럼 상호 연동하고 있었다. 그 상호작용은 단지 냉전과 분단의 고착화 방향으로만 나아간 것은 아니다. 베트남전쟁은 역으로 한국전쟁의 학습효과로 중국과 미국이 전면전을 회피했으며 베트남 정부는 베트남 문제의 베트남화를 통해 통일을 달성할 수 있었다. 이러한 역동적인 상호작용을 통해 동아시아 3자의 연쇄가 이루어지고 있었다.

11 일본 역사교육자협의회 편, 2005, 『동아시아 역사와 일본』, 동아시아, 323~324쪽. 베트남에서 중국과 미국 사이의 직접적인 무력 충돌 회피과정에 대해서는 朱建栄, 2001, 『毛澤東のベトナム戰爭』, 東京大學出版會, 328~364쪽 참조.

III. 한국의 반공민족주의와 중국
-북한의 인민 주체 애국주의 역사의식 비교

1. 해방 후 한국의 통일 민족주의 좌절

동아시아에서 일어난 분단의 연쇄 속에서 한국인들의 내셔널리즘은 어떻게 작동했을까? 북위 38도선을 경계로 미국과 소련이 한반도에 주둔한 상황에서 한국인에게 가장 필요로 했던 안목은 이념의 문제가 아니라 한반도의 지정학적 위치를 냉철하게 파악하는 일이었다. 그러나 해방 이후 분단의 위기 속에서 한국의 정치세력은 좌우를 막론하고 미국과 소련의 분할 군사 주둔이 어떤 지정학적 함의를 지니고 있었는지 제대로 간파하지 못했다. 여운형(呂運亨)을 비롯한 중도파(中道派)는 미·소 어느 한쪽에도 치우치지 않는 국제적 균형감각과 좌우대립을 넘어설 이념적 융합 능력을 갖추고 있었다. 그러나 이들이 보여준 능력은 국제적, 이념적 균형감각 이상은 아니었다. 중도파는 해방 당시 미·소 양국의 한반도에 대한 이해관계를 냉정하게 파악하지 못했다. 이들은 두 나라가 '해방자'로서 한반도 주민들의 자주적인 국가 수립의 길을 존중해 주리라 착각했다. 중도파는 모스크바 삼상회의(三相會議) 결정 이후 좌우대립이 극심해지면서 비로소 분단의 위기를 절감했지만, 연합국과 좌우 세력을 설득할 현실적인 대안을 제시하지는 못했다. 중도파에 비해 우파 정치인들은 나름 '힘'으로 움직이는 국제관계의 현실을 냉정하게 파악하는 안목을 지니고 있었다. 그러나 이들은 러시아-소련에 대한 혐오로 인해 대미(對美) 편향성이 지나치게 강했으며, 우유부단한 미국을 자신의 편으로 끌어들이기 위해 분단정부 수립에 열중했다.[12]

한국의 좌파 사회주의 계열은 해방 당시 지정학적 사고 자체가 결핍되어 있었다. 제2차 세계대전 이후 소련은 한반도에서 이념보다는 자신의 국가안보를 우선시하는 지정학적 판단 위에서 정책을 펼쳤다. 슈티코프 등 소련의 관료들은 러일전쟁의 패배로 러시아가 일본의 침략 가능성에 노출된 역사적 경험을 소환(召喚)하여, 한반도에 소련을 위협할 수 있는 국가권력이 다시는 들어서지 못하도록 막아야 한다는 논리로 한반도의 주권국가 수립에 개입하는 자신의 행동을 정당화했다.[13] 그러나 좌파 사회주의 계열은 소련의 국가안보 중심의 사고에 대한 경계심이 결여되어 있었으며, 국수주의를 비판하고 국제 프롤레타리아주의라는 이념에 갇혀 있었다. 이처럼 해방정국에서 중도파, 우파, 좌파는 급변하는 국제정세를 읽어낼 지정학적 안목이 부족하거나, 그 안목이 있더라도 상호 경쟁하는 미·소 두 나라를 안심시키며 통일정부를 수립해 나갈 균형감각과 현실적인 대안 제시 능력이 부족했다. 그 결과는 분단의 고착화였다.

한국전쟁에서도 남북한 지도부의 지정학적 판단에는 한계가 있었다. 자본주의-자유민주주의 대 사회주의라는 이념적 대립의 내면에는 해양세력 대 대륙세력의 충돌이라는 지정학적 문제가 내포되어 있던 한국전쟁에서, 남북한 지도부는 미국과 중국의 한반도 군사개입 가능성을 오판했다. 결국 내전으로 시작한 한국전쟁은 미국과 중국의 군사개입으로 국제전이 되었다.[14]

---

12 김성보, 앞의 글, 77~78쪽.

13 김성보, 위의 글, 59쪽.

14 한국전쟁기 미국과 중국의 군사개입에 대해서는 수많은 연구가 있어 여기서 일일이 소개하지 않는다. 예를 들어 박명림, 1996, 『한국전쟁의 발발과 기원1-결정과 발발』,

한국전쟁으로 분단이 고착화된 이후, 이승만(李承晩) 정부는 분단을 극복하기 위한 노력보다는 미국의 중국 봉쇄망에 적극 협력하면서 그 속에서 국가안보와 경제적 이익을 도모하는 방향으로 나아갔다. 이승만은 필리핀의 엘피디오 키리노(Elpidio Quirino), 타이완의 장제스(蔣介石)와 협력하여 태평양 동맹을 결성하고자 했다. 그러나 일본을 배제한 채 미국과 집단안보체제를 만들려고 한 이승만의 구상은 미국의 동의를 얻을 수 없었다. 미국은 아시아에서 집단안보체제를 만드는 부담을 피하고 다만 미국-한국, 미국-타이완 등 1 대 1의 동맹을 원했다. 일본을 배제하려는 이승만의 구상은 미국뿐만 아니라 장제스에게서도 배척당했다. 이승만은 1956년, 1957년에는 한국, 타이완, 베트남 등 3자간 집단방위조약을 제안하기도 했다.[15] 이승만 정부의 아시아 집단안보체제 구상은 실패했지만, 냉전의 최전선으로써 한국의 중요성을 부각시키고 이를 통해 미국의 지원을 최대한 받으려고 하는 '냉전형 민족주의'는 어느 정도 실속을 거둘 수 있었다. 분단국 한국은 냉전의 '피해자'이면서 동시에 냉전의 '수혜자'가 되었다.[16]

나남출판; 세르게이 곤차로프 외 지음, 성균관대학교 한국현대사 연구반 옮김, 2011, 『흔들리는 동맹-스탈린과 마오쩌둥 그리고 한국전쟁』, 일조각 참조.

15 노기영, 2002, 「이승만정권의 태평양동맹 추진과 지역안보 구상」, 『지역과 역사』 11호, 189~193 · 219쪽.

16 李鍾元, 1999, 「동북아 국제질서 속에서의 한국의 좌표와 전망」, 한국정치외교사학회 편, 『제2차 세계대전 후 열강의 점령정책과 분단국의 독립 · 통일』, 건국대학교출판부, 420~423쪽.

2. 전후 한국의 반공민족주의와 호출된 '병자호란'

1950년 한국전쟁이 발발한 이후, 한국에서 통일지향의 민족주의는 설 땅을 잃어버렸다. 오직 민족주의는 반공주의적 관점에서만 유지될 수 있었다. 이른바 '동족상잔의 비극'이었던 한국전쟁을 겪으면서 더 이상 북한은 민족의 일원이 아닌 민족의 적으로 간주되었다.

이승만 대통령은 "공산주의는 가장 무서운 전염병"이라면서 "이것을 막는 단 하나의 길은 여러분이 호열자나 천연두나 기타 전염병과 투쟁하는 것과 같이 싸우는 것"이라고 표현하였다.[17] 그는 한국전쟁을 조국(祖國)이 예수처럼 십자가에 못박혔다가 '마귀의 압력'을 박차 버리고 부활한 것에 비유하기도 하였다. 이러한 극단적인 선악 이분법 속에서 북한 정권과 인민은 더 이상 하나의 민족이 아니라 싸워서 타도해야 하는 '적'이었다. 한국전쟁기 임시 교과서인 『싸우는 우리나라』에는 "공산당은 나라도 모르고 겨레도 모르는 소련의 앞잡이들이야. 그놈들은 우리 동포라고 할 수 없거든! 한 나라 한 백성이 되려면, 먼저 공산당부터 때려 부숴야 돼"라는 대목이 나온다.[18] 이렇게 민족은 같은 혈통이라면 자동적으로 주어지는 것이 아니라 공산주의에 맞서 싸우는 한국인만 같은 민족이자 국민으로서 받아들여졌다. 한국전쟁 이후 여전히 단군의 자손이라는 수사는 사용되었지만 혈통보다 국가와 이념이 중시되는 국가주의적 민족주의가 전면화되었다. 강만길의 지적대로, 분단체제의 고정화는

---

17 李承晩, 1953, 「中華民國立法院監察院及國民代表合同會議席上에서 行한 演說(4286. 11. 30.)」, 『大統領李承晩博士談話集』, 公報處, 139쪽.

18 원종찬, 2018, 「한국전쟁기 임시 교과서와 반공 아동문학: 『전시생활』·『소년기마대』·『새음악』의 반공 텍스트를 중심으로」, 『현대문학의 연구』 64호, 300쪽.

한국 민족주의의 발전에 큰 저해요인을 가져다주었는데, 무엇보다도 분단국가 중심의 국가주의적 이해가 민족주의적 이해인 것처럼 혼동되었다. 분단국가 서로가 그 정통성을 내세우기 위해 민족주의의 이름으로 오히려 국가주의를 강화해 간 것이다. 한말의 국가주의로 퇴행한 셈이다.[19]

한국전쟁에서 중국이 군사개입을 하자 이승만 정부는 북한에 대해서만 아니라 중국에 대해서도 극단의 혐오감을 표출했다. 중국인민지원군이 참전하여 전세가 역전되자 한국의 언론은 중국을 '중공(中共) 오랑캐'로 호칭하기 시작했다. 1950년 12월 6일자의 『동아일보』에는 "오랑캐들의 우리 한국에 대한 침략사는 이미 오래"이며 이는 "청조부터 시작된 것이 아니라 그전 삼한이 혼란하여 전국시대를 이루어 분립한 때부터"라고 하면서 정묘호란(丁卯胡亂)과 병자호란(丙子胡亂)을 비롯한 침략의 역사를 거론하며, 중국인민지원군 참전을 중국의 오랜 한국 침략사의 연장선상에 파악하였다.[20] 12월 14일에 서울운동장에서 열린 '멸공국민총무장궐기대회'에서는 신성모 국방부장관이 '전투상황보고'를 하면서, '삼천만 애국동포'가 '중공 오랑캐의 침입'을 맞아 자유보국방위에 총궐기하였으며 "전투력을 가진 청장년은 남녀막론하고 총동원하여 결사투쟁하여 중공 오랑캐를 쳐부셔야만 된다"고 강조했다.

---

19 강만길, 2018, 『한국민족운동사론-강만길저작집 04』, 창비, 37~38쪽.

20 "오랑캐들의 우리 한국에 대한 침략사는 이미 오래이다. 그는 淸朝부터 시작된 것이 아니라 그전 삼한이 혼란하여 전국시대를 이루어 분립한 때부터이었다. 한국을 원조하는 척하고 '로서아'와 타협하고 한국에 침입하여 老幼를 막론하고 여인을 겁탈하여 모욕을 주면서 그들의 야욕을 채우며 식민지를 만들어 장사를 하고 경제적으로 착취하였던 것이다 …… 그들은 저이가 만주벌판에 길러낸 마적의 거두인 김일성 괴뢰 집단의 잔비를 앞에 세우고 소위 人波作戰을 외치면서 …… 이리 떼와 같이 남쪽으로 몰려오는 중이다", 『東亞日報』, 1950. 12. 6.

전후에도 중국을 '오랑캐'로 부르며 멸시하는 문명 대 야만의 이분법적 표현은 계속되었다. 이승만 대통령은 1955년 11월에 저수지 대붕호(大鵬湖)를 "산화한 장병들의 유훈을 남기고자" 파로호(破虜湖)로 명명하는 기념비 제막식에 참석했다. 제막식에서 이승만은 "이 자리는 우리의 역사를 영광스럽게 하는 것이며 1950년 6월에 공산군이 내려와서 우리를 바다로 몰아넣으려고 하였으나 도리어 중공군이 이 저수지에 약 2만 1천 명이 들어가게 되었던 것"이니 이를 세계 각지에 널리 알리고자 한다고 밝혔다.[21] 다음 해 1월 초에 이승만은 병자호란 때 삼전도(三田渡)에 세워진 청 태종 공덕비를 제거하라고 문교부에 지시하였다. 이에 문교부는 이 비석의 국보 제164호 지정을 회수하고 비신(碑身)을 그 자리에 매몰하도록 경기도지사에게 다시 지시하였다.[22] 1956년도는 효종의 북벌 계획 300주년을 맞이하여, 병자호란의 치욕을 씻고자 했던 효종이 부각된 해이기도 하다.[23]

한국에서 중화인민공화국은 '오랑캐'의 야만 국가로 선전된 반면에 타이완의 국민당 정부는 정반대로 '피로써 맺어진 형제국'으로 간주되었다. 이승만은 1953년 11월 중화민국입법원감찰원(中華民國立法院監察院) 및 국민대표(國民代表) 합동회의(合同會議) 석상에서 타이완의 국민당 정부에 대해서는 "입술이 없으면 이가 시리다"는 말로 선린정신을 내세웠다.[24]

---

21 李承晩, 1956, 「파로호비 제막식에 치사(4288.11.18.)」, 『大統領李承晩博士談話集 2』, 公報室2, 263~264쪽.

22 『京鄕新聞』 1956. 1. 7.

23 『東亞日報』 1956. 1. 4; 『東亞日報』 1956. 1. 25.

24 李承晩, 1953, 앞의 책, 137쪽.

〈사진〉 파로호 명명 기념비 제막식

출처: 국가기록원.

일제강점기 한국인들이 표출한 중국에 대한 다양한 시선과 관점들은 이처럼 냉전 논리에 압도되면서 양극단으로 분열되었다. 미국과 소련이 주도한 냉전구도 아래 남북한이 본격적인 체제 경쟁에 돌입하고, 특히 한국전쟁을 거치면서 일제강점기 한국인 사이에 형성되었던 다층적인 중국인식은 '중공 오랑캐'와 '피로써 맺어진 형제국' 등 호칭에서 드러나듯 극단적으로 분열되었다.[25]

한국의 대표적인 중국 연구자인 김준엽(金俊燁)은 『사상계(思想界)』 1955년 9월호에 발표한 「아시아社會의 後進性에 關한 一考察」이라는

25 정문상, 2015, 「근현대 한국인의 중국 인식의 궤적」, 『한국근대문학연구』 25호, 215~220쪽.

글에서, 아예 북방 유목민족과 '중국세계', 즉 '정착농경의 한인(漢人)의 문명사회'를 전혀 별개의 존재로 구분했다. 그에 따르면, 아시아 사회가 정체하고 후진성에서 벗어나지 못한 원인의 하나는 유목민족의 침략이 수천 년을 두고 반복된 때문이다. 이와 달리 유럽에서는 이민족(異民族)의 침입 정복이 게르만족의 침입으로 종료되어 그 뒤 발전이 가능했고, 아시아에서는 오직 일본이 예외적으로 북방 유목민족의 침략을 받지 않아 중세 이래 유럽과 같은 길을 걸어갔다고 한다. 그렇다면 유목민족이 세운 정복왕조들은 왜 중국세계의 발전에 기여하지 못했을까? 그는 요(遼)·금(金)·원(元)·청(淸) 등 정복왕조가 새로운 변화를 추구하기보다는 침입 이전의 지배층인 관료·지주·향신(鄕紳) 등과 결탁함으로써 구질서의 부활유지에 큰 역할을 했기 때문이라고 해석했다.[26]

김준엽은 비트포겔(Karl A. Wittfogel)에게서 '정복왕조'라는 개념을 빌려왔는데, 막상 비트포겔은 아시아 사회의 정체성을 농경 수력(水力)사회에서 비롯된 것으로 해석한 바 있다. 이에 비해 김준엽이 정복왕조를 파괴하고 약탈한 존재로 설정한 것은 한족 중심의 중국사 해석이라 할 수 있다. 김준엽이 한족 중심주의적인 시각을 가지게 된 이유를 역사학자 정문상은 김준엽이 난징 국립중앙대학과 타이완대학에서 유학한 점과 청조에 반기를 둔 신해혁명을 중국 근대화 과정의 역사적 사건으로 보는 시각과 연관된 것으로 해석한다.[27] 그러한 점이 분명 있겠지만 김준엽이 이 글을 쓴 1955년도는 한국전쟁이 정전 상태로 멈춘 지 2년밖에 되지 않은 점에 비추어 볼 때, 당시 중화인민공화국을 북방 오랑캐로

26 김준엽, 1955, 「아시아社會의 後進性에 關한 一考察」, 『思想界』 26호, 48~53쪽.

27 정문상, 2009, 「김준엽의 근현대 중국론과 동아시아 냉전」, 『역사비평』 87호, 241~242쪽.

보고 중화민국을 문화 국가로 보는 당시 한국사회의 분열된 냉전적 중국관을 그대로 반영한 것으로 볼 수 있다.

김준엽의 윗글이 아시아의 정체성(停滯性)·후진성(後進性) 문제를 주 내용으로 다룬 『사상계』 1955년 9호 특집 「아시아의 지성(知性)」에 포함되어 있으며, 그다음 해인 1956년의 『사상계』 11호에 중화인민공화국을 동양적 전제주의의 연장선상에 파악한 비트포겔의 글이 번역 수록된 점은 1950년대 한국 지식인층의 반공주의적 민족주의 역사의식을 이해하는 데에 하나의 시사점을 제공한다. 1950년대에 사상계 그룹을 비롯한 지식인들은 한국사회의 '후진성'을 극복하고 '근대화'를 실현해야 한다는 문제의식을 강하게 가지고 있었다.[28] 당시 지식인들은 극복해야 할 '후진성'을 단지 한국만 아니라 일본을 제외한 아시아 전체가 직면한 문제로 인식했다. 『사상계』 1956년 11호에 실린 비트포겔의 「중공의 강제노동」이라는 글에 따르면, '중공'의 강제노동 제도는 고래(古來)의 제도를 답습하면서 여기에 교화노동이라는 소련의 새로운 노동 형태를 결합시킨 것이다. 그는 1954년에 '중공'에서 노예 노동 언도를 받은 사람의 수는 1천 4백만 명에 달한다고 하면서, '중공'이 동양의 전제주의를 계승한 것으로 보았다.[29] 사상계 그룹은 중화인민공화국을 동양적 전제주의 국가의 연장선상에 파악하면서 결코 후진성을 극복할 수 없는 국가로 인식하였으며, 아시아의 정체성 또는 후진성을 극복하기 위해서는 자유민주주의를 수용하는 길밖에 없다고 보았다.

일반적으로 1950년대에 한국의 역사학계가 식민사관의 정체성론을

---

28 홍정완, 2008, 「전후 재건과 지식인층의 '도의(道義)' 담론」, 『역사문제연구』 19호, 67쪽.

29 윗트포겔, 1956, 「中共의 强制勞動」, 『思想界』 40호, 218·230쪽.

극복하지 못한 이유를 일제강점기의 영향이 지속된 때문으로 본다. 그렇기는 하지만 당시 한국의 지식인들은 나름대로는 후진성을 극복하고자 하는 강한 민족주의적 열망을 지니고 있었다. 그들은 강한 반공주의적 역사의식 속에서 '중공'과 북한의 경우 동양의 전제주의에서 벗어나지 못하였으며 오히려 이를 더 강화하는 후진성의 국가로 보았고, 이들과 맞선 한국은 자유민주주의의 길로 그 후진성을 극복해야 한다는 신념을 가지고 있었다. 당시 한국의 민족주의적 지식인들이 식민사관과 결별하지 못한 것은 당시의 반공주의와 깊은 연관성이 있다.

요컨대 1950년대 한국 지식인층의 반공주의적 민족주의 역사의식은 한국의 후진성을 전제적인 아시아 농경사회의 유습과 계속되는 외침-한국전쟁기 중국인민지원군의 개입을 포함해서- 탓으로 보면서 단지 자유만을 위해서가 아니라 후진성 극복과 근대화를 위해 서구적 자유민주주의를 적극 수용하여야 한다는 내용으로 구성되어 있었다. 비록 당시 사상계 그룹 등 지식인층은 이승만 정부의 독재에 대해서는 비판적이었지만, 후진성 인식과 반공주의 인식에서는 공감대를 형성하고 있었다.

3. 중국 · 북한의 인민 주체 애국주의와 호출된 '임진조국전쟁'

한국의 반공민족주의 역사의식은 한국전쟁 이후 중국과 북한의 인민 주체 애국주의 역사인식과 선명한 대비를 이룬다. 중국에서는 건국 초기부터 '신애국주의'가 고취되었으며 이는 한국전쟁 이후 '항미원조(抗美援朝)'운동과 결합하면서 더욱 강화되었다. 신애국주의 아래 중국에서는 "수천 년 동안 세대를 거듭하며 전해 내려온 자기 조국과 인민, 언어문자와 자기 민족의 우수한 전통에 대한 열렬한 애정"이 강조되었다. 신애국주의의 주된 내용은 "모두가 인민의 국가주권, 인민의 역사전통, 인민의 문화, 인민의 영토와 재산을 사랑"하는 것이었다. 민족의 우수한 전통을 창조한 주체는 지배층이 아닌 '인민'으로 간주되었으며, 인민을 중심으로 하는 '인민사관'에 따라 역사가 재해석되었다.[30]

『인민일보』는 중국 인민의 반미의식을 고취하고 항미원조운동 참여와 지지를 독려하기 위해 중국과 조선이 오랜 연원을 지닌 형제의 나라이며 일본 침략자와 함께 투쟁해 왔음을 강조했다. 그런 조선을 미국이 침략하는 것은 곧 중국에 대한 침략이라는 논조였다.[31] 이러한 논조는 조선을 순치(脣齒)의 관계로 보는 중국의 오랜 전통적 관념이 애국주의·국제주의와 결합하여 조·중 연대의 정서적 기반으로 작동함을 보여준다.

인민의 애국전통을 강조하며 역사를 발전적으로 인식하는 인민 주체의 역사의식 및 애국주의와 국제주의의 결합은 같은 시기 북한에서도 확인된다.[32] 한국전쟁 발발 이후 북한에서는 애국심을 고취하기 위해 인민의 대외항쟁사를 강조했는데, 특히 '임진조국전쟁'이 부각되었다. 박태원은 1951년에 '임진 조국 전쟁 360주년'을 기념하여 『리 순신 장군전』을 국립출판사에서 출간했다. 1953년에는 김정성이 『임진 조국 전쟁에

---

30 허지시엔(何吉賢), 2013, 「'중국'의 재발견-50년대 초 '신애국주의'운동과 신중국의 '국제관'을 통해 형성된 중국의 '자기' 이해」, 백원담·임우경 엮음, 『'냉전' 아시아의 탄생: 신중국과 한국전쟁』, 문화과학사, 197~209쪽.

31 전혼, 2012, 「抗美援朝運動期 중국공산당의 한국 이미지 만들기: 인민일보를 중심으로」, 전남대학교 석사학위논문, 15·34쪽.

32 북한의 역사의식에 대해서는 이병천 편, 1989, 『북한학계의 한국근대사 논쟁』, 창작과비평사; 한국역사연구회 편, 2003, 『북한의 역사만들기: 북한역사학 50년』, 푸른역사 참조. 중국의 한국전쟁 참전은 프롤레타리아 국제주의와 사회주의 애국주의의 결합으로 강조되었다. 리형우, 1959, 「사회주의적 애국주의와 프로레타리아 국제주의」, 『력사과학』 1959년 1호, 73쪽.

서의 우리 선조들의 애국적 투쟁(강연자료)』을 국립출판사에서 출간했다. 두 책은 각각 1만 부가 출간되었다. 박태원은 1960년에도 『임진 조국 전쟁』을 문학예술서적출판사에서 출간했다.[33]

리청원이 1954년도에 출간한 『임진 조국 전쟁』은 '조국해방전쟁'과 '임진조국전쟁'의 이미지가 어떻게 중첩되는지를 잘 보여준다. 그는 책 서문에서 임진조국전쟁이 무력 침범자들을 물리친 인민적 전쟁이며 "진보적이며 정의적인 전쟁"이라고 강조하면서 아울러 "이 전쟁은 단순히 조선적 성질을 띤 조국 보위의 한계 안에서만의 전쟁이 아니라 국제적 평화 고수의 성격을 띤 정의의 전쟁"이라고 주장했다. 그러면서 "오늘 미제가 일본 군국주의를 소생시켜 동방에서 침략의 근원지를 구축하고 있으며 조선인민과 동양인민의 불구대천의 원쑤인 일본강도들을 또다시 조선인민 및 동양인민들의 흉악한 원쑤로 등장시키고 있는 이때에 일본 침략자들을 반대하여 영용한 투쟁을 전개하였던 임진 조국 전쟁을 연구할 것이 더 한층 중요한 의의를 가지고 있다"고 밝혔다.[34] 그는 '조국해방전쟁'과 '임진조국전쟁'을 둘 다 조선만이 아니라 국제적 평화를 위한 정의의 전쟁으로 간주했다. 따라서 중국의 지원은 국제적 평화를 위한 상호 협력으로 파악된다. 이 책에서 '임진조국전쟁' 시기 명 나라 군대의 파견은 "아직 자체의 력량만으로써는 불충분하므로 그 밖에 또 국제적 력량의 원조에 의거하여야" 하는 불가피한 상황에서 비롯된 것이며 조·명 부대의 연합은 일본 침략자를 물리치는 중요한 계기였음이 서

33 출판인쇄과학연구소 출판부 편, 1963, 『조선 민주주의 인민 공화국 도서목록, 1945~1960』, 출판인쇄과학연구소, 530·554·655쪽.

34 리청원, 1954, 『임진 조국 전쟁(1592~1598)』, 국립출판사, 8·16쪽.

술되었다.[35]

1956년에 출간된 『조선통사』는 더욱 선명하게 임진조국전쟁의 서사를 조국해방전쟁의 서사와 일치시켰다. 이 책은 "조선과 순치의 관계에선 명나라"가 일본 침략자를 반대하여 조선에 대량의 구원군을 파견하였으며, "명군의 조선 전선의 참가는 양국 인민들 사이에 오래 계속되여 온 우호적 전통의 명확한 표현으로 되었다. 전체 조선 인민들은 명의 래원군을 열렬히 환영하면서 그의 승리적 진군을 백방으로 원조하였다"고 하면서, 조국해방전쟁기 중국인민지원군의 원조를 북한 정부와 인민이 적극 환영했던 경험을 그대로 과거의 역사에 투영하였다.[36] 중국인민지원군이 북한에서 철수하는 1958년에도 북한 력사학연구소 고대 및 중세사 연구실은 '임진 조국 전쟁 전승 360주년'을 기념하여 조선-명 인민의 공동 투쟁을 강조했다.[37]

1950년대에 한국은 반공민족주의 이념하에 중화민국을 형제의 나라로, 중화인민공화국을 '오랑캐'의 나라로 간주하는 중국인식의 분열을 보였다. 반면 중화인민공화국과 북한은 애국주의와 국제주의를 결합하면서 일본-미국 제국주의에 맞선 조·중연대의 경험을 강조하며 서로를 형제의 나라로 간주하였다. 이러한 인식의 차이는 역사의식에 그대로 투영되어 이 시기에 주로 한국에서는 '병자호란'의 기억을, 북한에서는 '임진조국전쟁(임진왜란)'의 기억을 소환하였다. 미국이라는 해양과 연결된

---

35 리청원, 위의 책, 14~15쪽.

36 조선 민주주의 인민공화국 과학원 력사연구소 편, 1956, 『조선통사』, 조선 민주주의 인민 공화국 과학원, 397~398쪽.

37 고대 및 중세사 연구실, 1958, 「임진 조국 전쟁과 조선 인민들의 애국 투쟁-임진 조국 전쟁 전승 360주년을 맞이하여-」, 『력사과학』 1958년 6호, 69~71쪽.

한국에서는 대륙에서 밀려온 중국 '오랑캐'의 침략을, 중국이라는 대륙과 연결된 북한에서는 해양에서 온 일본의 침략 및 그에 맞선 조선-명 연합 투쟁을 부각시킨 것이다.

Ⅳ. 한중 공동항일의 경험과 상생의 길

중국의 국공내전과 한국의 좌우대립, 그리고 전쟁이 상호 연동하며 동아시아에서 분단문제를 심화시킬 때, 한·중 양국의 공동항일의 경험은 이 문제와 어떤 연관성이 있었을까? 공동항일은 분단을 막기 위한 힘으로 작용했을까? 아니면 오히려 분단을 촉진하는 역할을 했을까?

한·중의 공동항일의 경험이 전면적으로 좌우합작과 통일운동으로 이어졌다고 보는 것은 사실의 일면만을 가리킬 터이다. 동아시아의 갈등이 응축되었던 중국 동북지역을 보면, 그곳에서 한인 민족주의자들과 사회주의자들은 동북지역을 한반도의 신국가건설의 향방에서 중요한 근거지로 여기고 활동하였고 그 과정에서 좌우대립의 양상은 이미 드러나고 있었다. 동북의 국공내전에서 북한지역이 팔로군의 후방 지원기지 역할을 한 것이 팔로군 승리의 주요 배경이었음은 잘 알려져 있다. 아울러 조선의용군은 38선을 단순한 경계선이 아닌 제국주의와의 경계선으로 간주했으며, 미국이 쉽게 한반도에서 물러나지 않으리라 판단하면서, 중공 팔로군의 배경 아래 만주에서 역량을 키워 조국을 통일하자는 전략을 펼쳤다.[38] 중국 동북지역을 한반도 통일의 주요 근거지로 생각한

38 염인호, 2010, 『또 하나의 한국전쟁-만주조선인의 '조국'과 전쟁』, 역사비평사,

것은 동북항일연군과 조선의용군 등 좌익 계열만이 아니다. 대한민국임시정부의 지도자 김구(金九)는 중국 국민당과 연계해 공산주의자들을 동북지역에서 무력으로 물리친 후 그 근거지를 통해 북한의 공산주의자들을 격퇴하는 계획을 세우고 있었다. 이러한 구상은 그가 남북협상을 주장할 때도 유지하고 있었다. 이런 구상은 중국과 남한 내 임정계 인사들의 공통된 생각이었다.[39] 재중(在中) 한국독립당(韓國獨立黨) 만주지부장(滿洲支部長)이었던 김학규(金學奎)는 중국 동북지역에서 민주세력을 확보하고 남한의 반공세력과 합세하여 북한을 공격하여 남북통일을 이룬다는 구상을 하였다. 한국독립당(韓國獨立黨)은 1947년 4월에 광복군 후신부대인 민주자위군(民主自衛軍)을 창설했다. 이 부대의 주요목적은 조선의용군에게 대항하는 것이었으며, 규모는 1개 대대 병력이었다.[40] 이처럼 동북지역은 중국과 한반도 모두의 신국가건설에서 주요한 각축의 공간이었으며, 국적과 민족을 넘어서서 한·중 간에 이념적 성향에 따라 긴밀하게 상호 연관되어 있었다. 조선의용군을 포함하여 동북에서 국공내전에 참여한 좌익계 한인들이 북한의 군사력으로 합류하고, 다른 한편 관동군과 광복군(光復軍) 출신들이 남한의 군사력으로 합류하게 되면서 동북의 군사적 경쟁은 한반도로 이전되며 한국전쟁으로 귀결된다.

그럼에도 한·중 양국은 역사적으로 반제국주의 민족해방운동의 연대(連帶) 경험을 가지고 있으며, 분단 및 분열의 위기 속에서 이를 극복하기 위한 다양한 '합작'의 경험을 각자 가지고 있다. 중국의 1, 2차 국공

691쪽.

39 정병준, 1998, 「1947~48년 대한민국임시정부의 '滿洲計劃'과 長延地區民主白衛軍」, 『軍史』 37호, 90쪽.

40 염인호, 앞의 책, 692~694쪽.

합작(國共合作, 1924~1927, 1937~1945)과 한국의 좌우합작운동(左右合作運動)(1946), 남북연석회담(南北連席會談)(1948) 경험이 대표적인 사례이다. '합작운동(合作運動)'은 한국과 중국이 각각 이념적 갈등을 봉합하고 협력, 공존하는 길을 모색했던 경험이며, 오늘날 분단·양안 문제 해결을 위한 공동의 역사적 기억이 될 수 있다.[41]

한국 역사학계에서 좌우합작운동 연구는 일국사(一國史)의 관점이 강하다. 이 운동의 경험적 토대로 주로 언급되는 것은 국내의 신간회(新幹會)(1927~1931) 활동이다. 일제하에 신간회는 민족주의자들과 사회주의자들이 협력한 중요한 경험이기는 했으나, 상호 불신 끝에 와해되어 상호 부정적인 인식을 남긴 바 있다. 신간회에 비해 중국의 국공합작운동이 한국의 좌우합작운동과 어떤 연관성이 있는지에 대해 주목한 연구는 아직 없다. 좌우합작운동에 참여한 인물들을 보면, 합작위원 김규식(金奎植), 여운형(呂運亨), 원세훈(元世勳), 최동오(崔東旿), 안재홍(安在鴻), 김붕준(金朋濬) 중에서 안재홍을 제외한 5명은 모두 중국에서 민족주의 또는 사회주의 운동에 참여했다.[42] 그 외 좌우합작위원회에 참여한 주요 인물 가운데 장건상(張建相), 박건웅(朴健雄), 김찬(金燦), 강순(姜舜) 등도 중국에서 활동한 경험이 있다.[43] 다만 안재홍은 중국 체류 경험이 없

---

41 통일전선 개념은 공산당의 헤게모니를 전제로 하고 특정의 공동 목표 해결을 위한 일시적 연합 전략이라는 측면이 강하다. 이에 비해 '합작'은 다양성·대등성을 전제로 하는 求存同異의 자세이다. '합작'은 이념적인 문제 외에도 國籍이나 종교 등 다방면의 차이를 넘어서 '다양성 속의 통합'을 추구하는 오늘날의 시대정신에 부합한다.

42 김규식·최동오·김붕준·여운형은 중국에서 대한민국임시정부 활동을 했다. 동만주로 망명한 원세훈은 러시아령으로 넘어가 대한국민의회 부회장을 역임하고 상하이에서 개최한 국민대표대회에 노령한족대표로 참가했고, 베이징대학교에 적을 두고 독립당 조직 준비를 하기도 했다(한국정신문화연구원 편, 1999, 『한국인물대사전』, 중앙일보·중앙M&B, 222·294·1281·2248쪽).

고 일본에 유학하여 신간회 활동에 참여했다. 백남운(白南雲)은 일본에 유학한 경제사학자인데, 해방 후 마오쩌둥(毛澤東)의 신민주주의론(新民主主義論)에 깊은 관심을 가지고, 연합성(聯合性) 민주주의(民主主義)론을 주장했다. 이처럼 1946년 좌우합작운동 주도자들의 상당수는 중국의 항일운동과 직간접적으로 연결되어 있었다. 그리고 1940년대 초 대한민국임시정부는 좁은 범위에서지만 일종의 좌우합작을 실현한 단체이며, 좌우이념을 융합한 건국강령을 발표한 바 있다. 좌우합작운동 참여자들 중 상당수는 쑨원(孫文)의 삼민주의(三民主義) 등 좌우를 융합 또는 절충하는 사상에 공감했던 인물들이며, 중국의 국공합작을 예의주시한 인물들이다. 임정 지도자 김구는 비록 해방 이후 강한 반공의식으로 좌우대립과 남북분단에 큰 영향을 미친 인물이지만 분단정부 수립을 거부하고 통일지향의 민족주의운동의 정신적 기반이 되었다.

공동항일의 경험이 한반도의 통일민족주의운동으로 연결되는 것은 재미한인의 통일운동에서도 확인된다. 1970년대에 재미한인사회에서는 한편으로는 7·4남북공동성명 이후 남북대화와 통일에 대한 관심이 증가하고 다른 한편으로는 박정희 정부의 독재에 반대하는 민주화운동이

43 장건상은 상하이에서 동제사 활동을 했으며 임정 외무차장을 역임했다. 박건웅은 황푸군관학교를 다녔고 의열단, 조선민족혁명당, 조선민족해방동맹, 임정 활동을 했다. 강순은 만주공산청년동맹 활동을 했으며 1933년 이후 중국 난징 등에서 민족통일전선 결성을 주장했고, 한국민족혁명당 및 충칭 임정 연합내각에 참여했다(한국정신문화연구원 편, 위의 책, 41·687·1908쪽). 국내에서 조선공산당 활동을 한 김찬은 상하이로 도피했다가 1927년부터 만주에서 조선공산당 만주총국에서 활동했으며 정의부와 제휴할 필요성을 절감하여 정의부 중앙집행위원으로도 활동했다. 그는 1928년에 민족유일당조직동맹의 주석단 및 국민부의 중앙집행위원으로 선임되기도 하는 등 민족협동선노선을 중시한 인물이다. 김찬은 해방 후 조봉암의 중도파 정치세력 조직에 참여했다(박순섭, 2014, 「1920~30년대 金燦의 사회주의 운동과 민족협동전선」, 서강대학교 석사학위논문, 17~20·24~27·35~36쪽).

확대되는 양상을 보인다. 1975년 1월에 뉴욕에 모인 한인 운동가들은 기존의 활동이 "형식적이고 산만한 면이 있었고 구호에" 그쳤다고 비판하면서, 보다 조직적인 민주화·통일운동 단체를 만들 것을 결의했다. 그 결과 2월에 탄생한 단체가 재미민주한인협회(The Association of Democratic Koreans in America)이다. 이 단체는 모국의 반민주적, 반민중적, 반민족적 독재체제를 배격하고, 정의와 평등에 입각해 새로운 사회를 건설함을 목표로 하면서, 자주·민주·평화적인 조국통일을 단일민족의 지상명령으로 인식하고, 이에 방해되는 모든 세력과 투쟁할 것을 주창했다.[44]

이 단체는 강근, 고원, 선우학원, 안용구, 임창영, 장성환, 정일웅, 지창보 등 8명의 상임위원을 두었으며, 위원장은 임창영, 부위원장은 선우학원이 맡았고, 로광욱은 기관지 『밀물』의 주필을 담당했다. 이 단체의 두 주역 임창영과 선우학원은 1930년대 후반에 함께 민족운동에 동참한 경력이 있다. 1937년에 중일전쟁이 발발하자 미주 한인들은 중국의 난민과 재중한인을 구제하기 위해 조직한 중국후원회(The China Aid Society)를 조직한 바 있다. 임창용은 뉴욕에서, 선우학원은 로스앤젤레스에서 이 후원회에 참여했다. 이 단체는 1939년에 조선의용대 미주후원회로 개편되며, 김원봉과 김규식을 지지했다. 미주후원회에 참여한 사람들은 대부분 국민회나 동지회 안에서 활동하던 민족주의적 청년들로서, 당시 지도부보다는 더 진보적인 성향을 보이면서 조선의용대의 활동에 상당한 기대를 하였다.[45]

---

44 Chris H. Park, 2011, 『1970년대 미주 한인의 사회운동과 통일론』, 연세대학교 대학원 한국사 석사논문, 41~42쪽.

45 최기영, 1999, 「조선의용대와 미주한인사회-조선의용대 미주후원회를 중심으로」,

선우학원은 자신이 쓴 글에서, '미주동포 민족운동'의 역사를 이승만, 안창호, 박용만 3인 중심으로만 조명하는 문제점을 지적하면서 그로 인해 이 운동 속의 진보적인 흐름이 도외시되었다고 지적한다.[46] 그러면서 1938년에 이경선 목사 주동으로 대한인 국민회관에서 매주 금요일 밤에 시국토론회가 열렸는데, 이 토론회가 교포사회의 진보운동의 뿌리였다고 정리한다. 이 토론회에는 변준호, 김강, 신두식, 최능익, 안석중, 곽림대, 김혜란, 최봉윤, 선우학원, 최영순 등이 참여했는데, 대부분 로스앤젤레스 한인 감리교회 교인들이었다. 이들은 조선의용대 미주후원회의 로스앤젤레스 지부 역할을 했는데, 그중 선우학원과 김강, 이경선 등은 김원봉·김규식과 직접 연계하기 위해 미국 전략국(OSS)에 가담하기도 했다.[47]

1970년대에 민족통일운동에 나서는 조국통일 재미촉진위원회와 재미민주한인협회의 핵심 주체는 김용중, 임창영, 선우학원 등의 경력에서 확인할 수 있듯이, 재미 한인 민족운동 단체인 국민회, 동지회, 재미한족연합위원회 등에서 1930년대부터 활동을 시작하면서 그 안에서 중도적이거나 진보적인 성향을 보인 청년층 속에서 형성되었다. 종전 이후 미국 내 메카시즘의 선풍 속에서 중도적이거나 진보적인 성향의 한인들은 미국 사회에서 추방당하거나 활동이 극히 위축되어 갔다.[48] 그런 냉전의

『한국근현대사연구 11집』, 81~85쪽; 홍선표, 2015, 「1930년대 재미한인사회의 진보적 변화와 대응–중국후원회 결성과 조선의용대 후원을 중심으로」, 『한국민족운동사연구 85호』.

46 선우학원, 2009, 「재미동포 초기 이민사와 진보운동, 민주화운동, 민족통일운동 역사」, 선우학원·노길남·윤길상, 『미주동포 민족운동 100년사』, 일월서각, 76쪽.

47 선우학원, 위의 글, 80~81·90쪽.

48 냉전 속에서 추방, 배제되는 한인들에 대해서는 정병준, 2015, 『현앨리스와 그의 시

억압적 분위기 속에서 민족의식을 계속 견지한 일부 인물이 민주화·통일에 관심을 가진 한인들과 연대하면서 민족통일운동의 핵심 주체로 등장한 것이다.

이처럼 한·중의 공동항일의 경험은 분단과 갈등을 극복하기 위한 상생의 동력으로 작용해 왔다.

V. 맺음말

제2차 세계대전 이후 한국, 중국, 베트남 등 동아시아 3국은 각자 하나의 단일 국민국가를 수립하지 못하고 모두 분단 문제를 안게 되었다. 3국의 분단 문제는 각각 다른 상황 속에서 발생한 것이지만, 동아시아의 지정학적 조건을 배경으로 하면서 국제적 냉전 속에 자본주의진영과 사회주의진영 간 단순 대립구도로 동질화되었다. 그리고 그 분단은 상호 연동되면서 결국 국공내전, 한국전쟁, 베트남전쟁이라는 전쟁의 연쇄로 이어졌다.

1950년 전쟁이 발발한 이후, 한국에서 통일지향의 민족주의는 설 땅을 잃어버렸다. 오직 민족주의는 반공주의적 관점에서만 유지될 수 있었다. 이른바 '동족상잔의 비극'이었던 한국전쟁을 겪으면서 더 이상 북한은 민족의 일원이 아닌 민족의 적으로 간주되었다. 남북한에 대한 분열적 인식은 중국 인식에도 투영되었다. 한국사회는 중화인민공화국을 '오랑캐'의 나라로 간주했으며, 그 반면에 중화민국에 대해서는 형제의 나

대』, 돌베개 참조.

라로 존중하는 이중성을 보였다. 한편 중화인민공화국과 북한은 애국주의와 국제주의를 결합하면서 일본-미국 제국주의에 맞선 조·중연대의 경험을 강조하며 서로를 형제의 나라로 간주하였다. 이러한 인식의 차이는 역사의식에 그대로 반영되었다. 1950년대에 한국에서는 '병자호란'의 기억을, 북한에서는 '임진조국전쟁(임진왜란)'의 기억을 소환하였다. 미국이라는 해양과 연결된 한국에서는 대륙에서 밀려온 중국 '오랑캐'의 침략을, 중국이라는 대륙과 연결된 북한에서는 해양에서 온 일본의 침략 및 그에 맞선 조선-명 연합 투쟁을 부각시킨 것이다.

한국의 반공민족주의와 중국-북한의 인민 주체 애국주의에서는 단지 외세 인식에서만 차이가 있는 것이 아니라 보다 근본적으로는 자국의 역사 발전에 대한 인식의 차이를 드러냈다. 1950년대 한국의 지식인층은 자국의 역사를 발전적으로 인식하지 않고 그 '후진성'에 주목했으며 이를 극복하기 위해서는 근대화가 필요하다고 보았다. 이와 대조적으로 중국과 북한은 역사의 주체를 인민으로 보았으며, 그 인민이 이룩한 민족 전통을 긍정적으로 인식하며 자국의 역사를 발전적으로 보았다. 1950년대에 한국과 중국-북한의 역사인식은 이처럼 대조적이었지만 두 쪽 다 국제냉전 속에서 분열된 동아시아를 화해와 통합으로 이끌 포용성을 보여주지 못한 점에서는 공통적이다.

한·중 양국은 역사적으로 반제국주의 민족해방운동의 연대 경험을 가지고 있으며, 분단 및 분열의 위기 속에서 이를 극복하기 위한 다양한 '합작'의 경험을 각자 가지고 있다. 중국의 1, 2차 국공합작과 한국의 좌우합작운동, 남북연석회담 경험이 그 대표적인 사례이다. '합작운동'은 한국과 중국이 각각 이념적 갈등을 봉합하고 협력, 공존하는 길을 모색했던 경험으로, 오늘날 분단·양안 문제 해결을 위한 공동의 역사적 기억이 될 수 있다.

한·중 양국은 둘 다 밖으로는 자국의 내셔널리즘이 동아시아 평화공동체 수립의 과제와 조화를 이루도록 노력하고, 안으로는 분단·양안 문제의 장기화로 인한 내셔널리즘의 분화와 분열, 고착화를 막기 위해 노력해야 하는 동병상련(同病相憐)의 위치에 있다. 그렇지만 유감스럽게도 한·중 양국은 외교적으로는 상호존중하는 자세를 취하면서도, 속으로는 상대방이 자국(自國)의 민족·국가적 과제에 장애물이 되지 않나 우려하는 동상이몽(同床異夢)의 상태에 있다. 상당수의 한국인은 중국 정부가 자국의 발전을 위해 주위의 안정을 원하며 이에 한반도의 분단 상황에 대해서도 현상유지의 자세를 취하고 있다고 생각한다. 역(逆)으로 상당수의 중국인에게 한반도는 핵 문제, 미군 주둔 문제 등으로 골치 아픈 존재로 인식된다.

한국과 중국의 분단·양안 문제는 서로 긴밀히 얽혀 있으며 공통의 형성 배경과 성격을 지니고 있다. 자국 중심의 내셔널리즘으로는 분단·양안 문제를 해결할 수 없으며, 공통의 역사적 배경을 이해하고 동아시아 차원에서 사고할 때 비로소 문제 해결의 전망을 세울 수 있을 터이다.

참고문헌

자료

『東亞日報』

『京鄕新聞』

고대 및 중세사 연구실, 1958,「임진 조국 전쟁과 조선 인민들의 애국 투쟁-임진 조국 전쟁 전승 360주년을 맞이하여-」,『력사과학』1958년 6호.

김준엽, 1955,「아시아社會의 後進性에 關한 一考察」,『思想界』26호.

리청원, 1954,『임진 조국 전쟁(1592~1598)』, 국립출판사.

리형우, 1959,「사회주의적 애국주의와 프로레타리아 국제주의」,『력사과학』1959년 1호.

윗트포겔, 1956,「中共의 强制勞動」,『思想界』40호.

이승만, 1953,『大統領李承晩博士談話集』, 公報處.

______, 1956,『大統領李承晩博士談話集 2』, 公報室.

조선 민주주의 인민공화국 과학원 력사연구소 편, 1956,『조선통사』, 조선 민주주의 인민 공화국 과학원.

출판인쇄과학연구소 출판부 편, 1963,『조선 민주주의 인민 공화국 도서목록, 1945~1960』, 출판인쇄과학연구소.

단행본

강만길, 2018,『한국민족운동사론-강만길저작집 04』, 창비.

기광서, 2018,『북한 국가의 형성과 소련』, 선인.

뉴쥔(牛軍) 지음, 박대훈 옮김, 2015,『냉전과 신중국 외교의 형성』, 한국문화사.

박명규 · 백지운 편, 2016,『양안에서 통일과 평화를 생각하다』, 진인진.

박명림, 1996,『한국전쟁의 발발과 기원1-결정과 발발』, 나남출판.

백원담 · 임우경 엮음, 2013,『'냉전' 아시아의 탄생: 신중국과 한국전쟁』, 문화과학사.

브루스 커밍스 외, 1983,『분단전후의 현대사』, 일월서각.

선우학원 · 노길남 · 윤길상, 2009,『미주동포 민족운동 100년사』, 일월서각.

세르게이 곤차로프 외 지음, 성균관대학교 한국현대사 연구반 옮김, 2011,『흔들리는 동맹-스탈린과 마오쩌둥 그리고 한국전쟁』, 일조각.

션즈화(沈志華) 지음, 김동길 외 옮김, 2017,『최후의 천조(天朝)-모택동 · 김일성 시대의 중국과 북한』, 선인.

쑤치(蘇起), 2017, 『대만과 중국-양안관계 20년의 기록』, 고려대학교출판문화원.
염인호, 2010, 『또하나의 한국전쟁-만주조선인의 '조국'과 전쟁』, 역사비평사.
이병천 편, 1989, 『북한학계의 한국근대사 논쟁』, 창작과비평사.
일본 역사교육자협의회 편, 2005, 『동아시아 역사와 일본』, 동아시아.
전혼, 2012, 「抗美援朝運動期 중국공산당의 한국 이미지 만들기: 인민일보를 중심으로」, 전남대학교 석사학위논문.
정병준, 2015, 『현앨리스와 그의 시대』, 돌베개.
한국역사연구회 편, 2003, 『북한의 역사만들기: 북한역사학 50년』, 푸른역사
한국정치외교사학회 편, 1999, 『제2차 세계대전 후 열강의 점령정책과 분단국의 독립·통일』, 건국대학교출판부.
홍석률, 2012, 『분단의 히스테리』, 창비.
白樂晴 等, 2010, 『白樂晴: 分斷體制, 民族文學』, 臺北: 聯經出版.
張淑雅, 2011, 『韓戰救臺灣?-解讀美國對臺政策』, 新北市: 衛城出版.
朱健榮, 2001, 『毛澤東のベトナム戰爭』, 東京: 東京大學出版會.

논문

김성보, 1995, 「소련의 대한정책과 북한에서의 분단질서 형성, 1945~1946」, 역사문제연구소 편, 『분단 50년과 통일시대의 과제』, 역사비평사.
______, 2018, 「21세기에 돌아보는 1945년 한반도의 지정학」, 『역사비평』 124호.
노기영, 2002, 「이승만정권의 태평양동맹 추진과 지역안보 구상」, 『지역과 역사』 11호.
박정현, 2013, 「한국전쟁과 타이완(台灣)의 지위」, 『亞細亞研究』 56집 3호.
야마무로 신이치(山室信一), 2009, 「서학(西學)에 의한 만국인식의 변용과 동아시아 국제질서-사상연쇄(思想連鎖)의 시각에서」, 『인간·환경·미래』 3호.
원종찬, 2018, 「한국전쟁기 임시 교과서와 반공 아동문학: 『전시생활』·『소년기마대』·『새음악』의 반공 텍스트를 중심으로」, 『현대문학의 연구』 64호.
유희석, 2018, 「동아시아의 '거대분단'과 한반도」, 『인문학연구』 56호.
이삼성, 2006, 「동아시아 국제질서의 성격에 관한 일고: "대분단체제"로 본 동아시아」, 『한국과 국제정치』 22집 4호.
______, 2016, 「전후 동아시아 국제질서의 구성과 중국-'동아시아 대분단체제'의 형성과정에서 중국의 구성적 역할」, 『한국정치학회보』 50집 5호.
장즈창, 2013, 「"거대분단"의 극복과 이상적 동아시아의 가능성: "한중 인문유대 강화"가 지역의 미래에 주는 의미」, 『통일과 평화』 5집 2호.

정문상, 2009, 「김준엽의 근현대 중국론과 동아시아 냉전」, 『역사비평』 87호.
______, 2012, 「근현대 한국인의 중국 인식의 궤적」, 『한국근대문학연구』 25호.
정병준, 1998, 「1947~48년 대한민국임시정부의 '滿洲計劃'과 長延地區民主白衛軍」, 『軍史』 37호.
조재호, 2011, 「베트남 파병과 한국경제 성장」, 『사회과학연구』 5-1.
최기영, 1999, 「조선의용대와 미주한인사회-조선의용대 미주후원회를 중심으로」, 『한국근현대사연구』 11집.
Chris H. Park, 2011, 「1970년대 미주 한인의 사회운동과 통일론」, 연세대학교 대학원 한국사 석사학위논문.
허은, 2013, 「미국의 문화냉전과 '자유 동아시아'의 구축, 연쇄 그리고 균열-미국정부의 도서계획과 한국사회 지식인의 인식」, 『민족문화연구』 59호.
____, 2015, 「동아시아 냉전의 연쇄와 박정희정부의 '대공(對共)새마을' 건설」, 『역사비평』 111호.
홍선표, 2015, 「1930년대 재미한인사회의 진보적 변화와 대응--중국후원회 결성과 조선의용대 후원을 중심으로」, 『한국민족운동사연구』 85호.
홍정완, 2008, 「전후 재건과 지식인층의 '도의(道義)' 담론」, 『역사문제연구』 19호.

4장

청과 조선의 국경 및 국경의식:
종번관계의 구축에서 붕괴까지

리화쯔(李花子)
중국사회과학원 고대사연구소 교수

I. 머리말

1636년, 청태종 홍타이지가 병자호란을 일으켰으며, 조선 인조는 부득불 남한산성을 나와 청태종에게 항복을 표하였다. 이때 양국 간의 종번관계가 성립되었으며, 1895년 청일전쟁이 끝날 때까지 지속되었다. 종번관계는 조공책봉관계라고도 하는데, 번속국인 조선이 정기적으로 청에 조공하고, 종주국인 청이 조선 국왕을 책봉하는 형식으로 이루어졌다. 유교 이념하의 '사대자소' 관계이며, 동아시아 특유의 나라와 나라 간의 상하 예의 관계였다. 그렇다면 종번관계하에서 조청 양국의 국경의식은 어떻게 구현되었으며, 국경분쟁은 어떻게 처리되었는가?

일부 학자의 경우, 전근대 나라와 나라 사이의 국경은 상대적으로 모호하여, 근대 국제법하의 나라와 나라 사이에 명확하게 선으로써 경계를 하는 것과는 다르다고 본다. 그러나 필자의 경우, 종번관계하에서 청과 조선은 명확한 경계가 있을 뿐더러 선으로써 경계를 하였다고 본다. 즉 압록강·두만강 자연 경계뿐만 아니라, 백두산 지역의 육지 경계 예컨대 토석퇴·목책 등 인공 표식물로 경계를 하고 있었으며, 이는 뚜렷한 인위적 경계였다. 이로써 양국 간 국경 교섭의 이면에는 국경의식이 기초가 되고 있었음을 말해준다. 이 글에서는 종번관계 하의 청과 조선의 국경의식 및 근대 전환기 특히 종번관계 붕괴 이후의 변화, 대한제국 간도정책의 내재된 논리 등에 대해 탐구해 보고자 한다.

II. 청과 조선의 종번관계 성립 및 국경의식

종번관계하의 국경의식을 알아보기 전에 먼저 근대 국제법에서의 국경 개념에 대해 살펴보기로 하자. 근대 국제법에서 국경은 국계(國界)라고도 하는데, 국가의 영토 범위를 정하는 경계선이며, 한 나라와 이웃 나라 사이 경계가 접하는 지역이다.[1] 육지 영토 경계를 표시하는 육지 경계의 경우, 그 형성에는 두 가지가 포함된다. 하나는 오랜 역사 과정에서 형성된 국경으로써 자연 국경이라고 부르며, 호수·산맥·하천 등 자연 지형을 통해 형성된 것이다. 다른 하나는 인위적으로 국경을 나누는 인위 국경인데, 두 나라가 조약을 통해 국경을 나누는 것이다.[2] 자연 지형으로 경계를 나누더라고 국제법상 국경은 반드시 선이어야 하므로, 구체적인 절차와 합의가 필요하다. 지형적 특색이 산맥일 경우, 산의 능선 혹은 분수령을 경계로 하며, 지형적 특색이 강일 경우 항행 가능한 수로 중심선을 경계로 한다.

전근대의 나라와 나라 사이 국경은 근대 국경과 유사한 점이 있다. 예컨대 자연 장애물 즉 하천산맥·도로 등을 경계로 할 뿐만 아니라, 인위적인 시설 즉 성·책(柵)을 설치하여 경계를 나눈다.[3] 다만 근대 국경은 명확하게 선으로서 경계를 하지만 전근대 국경은 모호한 면이 없지 않다.

한중 양국은 명대 초기부터 압록강·두만강을 경계로 하였다. 원말명

1 黃瑤, 2004, 『國際法關鍵詞』, 法律出版社, 第70頁.

2 유병화, 1983, 「국제법상 영토의 개념과 권한」, 『영토문제연구』 창간호, 76~78쪽 참조.

3 방동인, 1997, 『한국의 국경획정연구』, 일조각, 2~3쪽.

초에 고려·조선 왕조는 북진정책을 실시하여 여진족을 소탕하고 북쪽으로 영토를 확장하였으며, 이로써 압록강·두만강 유역을 점하게 되었다. 특히 조선의 제4대 국왕 세종(1418~1450 재위)대에 이르러 압록강 상류를 따라 사군(四郡)을 설치하고 두만강 중하류를 따라 육진(六鎭)을 설치함으로써 압록강·두만강을 경계로 하는 변방 구도가 형성되었다.

17세기 초 누르하치가 후금을 세우는 과정에서 여진 부락이 점차 국경지역을 떠나 흥경(興京) 지방으로 모였는데, 이는 조선에서 압록강·두만강 국경을 공고히 하는 데 유리하였다. 기록에 따르면, 인조 초년에 국경지역에 사는 여진 부락이 별로 없었다고 한다. 1623년(인조 1) 6월, 함경도 관찰사가 국왕에게 보고하기를 "육진의 번호(여진족을 가리킴) 등이 모두 깊숙한 곳으로 철수하여 상황이 이전과 다릅니다"라고 하였다.[4] 1624년(인조 2) 4월, 명나라 요동도독 모문룡(毛文龍)이 5천 병마를 이끌고 회령·종성과 마주한 여진 부락을 공격하고자 할 때, 국왕은 "건너편에 호종(여진인)이 있다는 것은 들어본 적이 없으며, 군대를 출동하는 것은 무익하다"라고 거절하였다. 얼마 후 국왕이 호조판서 심열(沈悅)에게 "건너편 번호(여진인) 부락이 얼마나 되느냐?"고 묻자, 심열이 답하기를 "회령 건너편은 20여 호이고, 경흥 건너편은 30여 호가 있으며, 5·6일정을 더 가야 부락이 성합니다"[5]라고 답하였다. 이로써 두만강 이북 여진 부락이 대부분 흥경 지방으로 철수했음을 알 수 있다.

이 뿐만 아니라, 압록강 상류와 백두산 남쪽에 살던 여진 부락도 다

4 『조선인조실록』, 인조 원년 6월 임오.

5 『조선인조실록』, 인조 2년 4월 정해·기해.

철거해 갔다. 1624년(인조 2) 9월, 함경도 관찰사 이창정(李昌庭)이 국왕에게 보고하기를 "신이 삼수에 이르러 관방 형세를 살펴보았는데, 백두·장백 두 산이 눈앞에 있었습니다. 부로(父老)에게 물었더니, 백두는 우리 경계에서 4·5일정이며, 장백은 더욱 가깝다고 하였습니다. 전에 호인(여진인) 부락으로 고미평·한민평이 있었는데, 무오년(1618)부터 모두 노추(奴酋)(누르하치를 가리킴)가 데리고 갔으니, 오늘날 두 산 이남에 사는 호인이 없게 되었습니다. 백두로부터 노추의 소굴까지는 13일정입니다"[6]라고 하였다. 이 인용문에서 '백두'란 백두산을 가리키며, '장백'이란 경성 관모봉(한반도 제2의 고봉)을 가리킨다. 즉 다시 말하여, 백두산 이남과 관모봉 이남에 살던 여진 부락이 누르하치를 따라 흥경 지방으로 철수해 갔다는 것이다.

그 후 후금(청)은 압록강을 넘어서 조선을 두 차례 공격하였다. 조선은 강렬한 영토 보호의식을 나타냈다. 정묘호란(1627)이 일어나자 조선은 후금군에 대하여 압록강을 경계로 '각수봉강(各守封疆)'할 것을 요구하였으며, 후금군 통솔자인 아민(阿敏)이 사람을 파견하여 강화도에서 조선 국왕과 서약을 하고 양측이 '형제관계'를 맺은 후, 후금군은 조선의 요구에 따라 압록강 이북지역으로 철수했다. 병자호란(1636)에 즈음하여 청태종 홍타이지가 쳐들어오자 조선 인조는 부득이 남한산성에서 나와 항복하고 조청 간에 종번관계가 성립되었다. 청군은 다시 압록강 이북으로 철수하였으며, 조선은 종묘·사직과 영토를 보전할 수 있었다. 이처럼 비록 후금(청)이 두 차례 조선을 공격하였지만, 조선이 신복(臣服)하는 데 만족하였으며 특히 명과의 종번관계를 청산하고 자신들과

---

6 『조선인조실록』, 인조 2년 9월 기묘.

종번관계를 맺도록 요구하였다.

조청 간에 종번관계가 성립된 후에도 청에 대한 조선의 의구심이 가셔지지 않았다. 청 장수가 두만강을 건너 식량을 징발하자 조선 인조는 즉각 자문을 통하여, “소방이 비록 대조(필자: 청조를 가리킴)와 한집안과 같지만, 서로 간에 강역의 경계를 달리합니다. 오늘 만약 마음대로 하고 금약을 지키지 않을 경우, 강역의 구분이 없어지고 변방이 불안해집니다. 오늘 이후로는 공적인 사무가 있어 서류를 소지한 자를 제외하고는 별도로 금약을 행할 것이며, 마음대로 월경하는 것을 허용하지 않을 것입니다. 이로써 변방 주민을 안착시키고 폐해를 없앨 수 있으니, 천만다행입니다”라고 하였다.[7] 즉 국경을 준수하고 마음대로 두만강을 넘지 말도록 요구하였다.

같은 시기 청 측 역시 강한 국경 보호의식을 나타냈다. 1644년 청의 중원 입관 이후, 조선 변민들이 빈번하게 월경하여 채삼·벌목 및 사냥 등의 행위를 하자 청은 발상지를 보호하기 위하여 호부·형부 자문과 황제칙서를 통하여, 조선으로 하여금 변민을 단속하여 압록강·두만강 국경을 넘지 말도록 요구하였다. 순치 연간에 조선 변민의 월경을 금할 것을 요구한 청의 자문과 칙서의 내용은 다음과 같았다.[8]

① 순치 3년(1646), 조선 운총 토병 10명이 두만강을 건너 사냥했을 때,
청 호부자문: 나라에는 경계가 있는데, 어찌 함부로 넘어올 수 있는가?

② 순치 5년(1648), 조선 회령·종성의 20여 명이 두만강을 건너 사냥했

---

7 『清太宗實錄』 卷54, 崇德 六年 正月 丙戌, 第8~9頁, 中華書局 1986年, 第2冊, 第722~723頁.

8 『동문휘고』, 원편 영인본 제1책 권49, 1978, 「범월」, 국사편찬위원회, 2~7쪽.

을 때, 청 호부자문: 각자는 경계가 있으며, 월경하여 이익을 도모하는 것을 엄금한다.

③ 순치 6년(1649), 함경북도 변민이 두만강 이북에 있는 뢰달호(여진부족)에게 고기와 쌀 등 음식을 보냈을 때, 청 호부자문: 나라에는 일정한 경계가 있는데, 어찌 함부로 넘는 것을 용납하겠는가?

④ 순치 9년(1652), 조선 벽동 23명이 압록강을 건너 채삼했을 때, 황제 칙서: 삼을 훔치는 것은 작은 일이나, 국경을 지키는 것은 큰일이다.

⑤ 위 안건, 청 형부자문: 외국 백성은 마음대로 대국의 경내로 들어와서는 안 된다.

강희 연간에 이르러 조선 변민의 빈번한 월경 벌목과 채삼에 대하여,[9]

〈표 1〉 순치 연간 청이 조선에 국경을 엄수할 것을 요구한 사례

내용 / 시간	문서형식	내 용	강
순치 3년 (1646)	청 호부자문	나라에는 경계가 있는데 어찌 함부로 넘어올 수 있는가?	두만강
순치 5년 (1648)	청 호부자문	각자는 경계가 있으며, 월경하여 이익을 도모하는 것을 엄금한다.	두만강
순치 6년 (1649)	청 호부자문	나라에는 일정한 경계가 있는데, 어찌 함부로 넘는 것을 용납하겠는가?	두만강
순치 9년 (1652)	황제칙서	삼을 훔치는 것은 작은 일이나, 국경을 지키는 것은 큰일이다.	압록강
순치 9년 (1652)	청 형부자문	외국 백성은 마음대로 대국의 경내로 들어와서는 안 된다.	압록강

9 청대 조청 양국 변민의 월경 교섭에 관해서는 이화자, 2008, 『조청국경문제연구』, 집문당 참조.

청은 압록강·두만강을 '금강(禁江)'으로 규정하고, 조선인이 마음대로 넘어오지 못하며, 위반한 자는 엄벌에 처하고 주모자는 변경에 효수하고, 지방관 역시 연대 책임을 묻도록 하였다. 구체적인 교섭 사례는 다음과 같다.[10]

① 강희 원년(1662), 의주 사람 2명이 압록강을 건너 벌목했을 때, 청나라 예부자문: 금령을 어기고 월강하여 우리 경내에 들어와 벌목하고 채삼한 것이 한 차례에 그치지 않았다.
② 위 안건, 청 예부자문: 제멋대로 금강을 넘어서 벌목했다.
③ 강희 19년(1680), 온성 박시웅 등 3명이 두만강을 건너 벌목했을 때, 청 예부 관원이 범인을 심문: 너희들이 전에 공술한 이른바 강을 건너 피나무 껍질을 취하여 끈을 만들었다는 것은 거짓이며, 다른 원인이 있을 것이고 금강을 건넌 것은 사실이다.
④ 위 안건, 청 예부 관원이 범인을 심문: 너희들이 나무껍질을 얻기 위해 잡혔다는 것은 거짓이다. 어찌 나무껍질을 위해 금강을 건넜겠느냐?
⑤ 강희 24년(1685), 조선 변민·토병 등 수십 명이 압록강을 건너 삼도구에서 채삼하다가 청의 지도제작 인원을 습격했을 때, 황제칙서: 강을 건너지 말라는 금령을 어기고, 채삼하는 사람과 말을 조총으로 살상하였으며, 인삼과 의복 등을 탈취하였다.

위와 같이 청이 두 차례 조선을 공격하고 두 나라 사이 종번관계가 성립되는 과정에서 조선은 강한 영토보호 의식을 보여 주었다. 조선은

10 『동문휘고』 원편 권50, 「범월」 8·20·24쪽; 원편 권52, 「범월」 16쪽.

〈표 2〉 강희 연간 청이 압록강·두만강을 '금강'으로 규정한 사례

시간 \ 내용	문서형식	내 용	강
강희 1년 (1662)	청 예부자문	금령을 어기고 월강하여 우리 경내에 들어와 벌목하고 채삼한 것이 한 차례에 그치지 않았다.	압록강
강희 1년 (1662)	청 예부자문	제멋대로 금강을 넘어서 벌목했다.	압록강
강희 19년 (1680)	청 예부자문	너희들이 전에 공술한 이른바 강을 건너 피나무 껍질을 취하여 끈을 만들었다는 것은 거짓이며, 다른 원인이 있을 것이고 금강을 건넌 것은 사실이다.	두만강
강희 19년 (1680)	청 예부자문	너희들이 나무껍질을 얻기 위해 잡혔다는 것은 거짓이다. 어찌 나무껍질을 위해 금강을 건넜겠느냐?	두만강
강희 29년 (1690)	황제칙서	강을 건너지 말라는 금령을 어기고, 채삼하는 사람과 말을 조총으로 살상하였으며, 인삼과 의복 등을 탈취하였다.	두만강

한편으로는 청군에게 압록강 이북으로 철수할 것을 요구하였고, 다른 한편으로는 청조 군민이 마음대로 두만강을 건너는 것을 금하도록 요구하여, 압록강·두만강 경계가 침범당하지 않도록 노력하였다. 청은 두 차례 정벌을 통하여 조선을 신복(臣服)시킨 후, 팔기(八旗)를 압록강 이북으로 철수케 하여 조선의 영토를 보전하였다. 청의 거족적인 중원입관 후에는 발상지를 보호하고자 조선 변민들이 월경하여 채삼과 벌목 행위를 할 경우 엄금할 것을 요구하였다. 강희 초년에 이르러 압록강·두만강을 '금강'으로 규정하고 위반한 자를 엄벌에 처했으며 지방관도 연대책임을 지게 하였다. 이처럼 조청 양국이 압록강·두만강을 경계로 한 사실에서 출발하여, 1712년 백두산정계를 실시했으며, 백두산 일대 경계선을 확정하기에 이르렀다.

III. 종번관계하의 백두산정계

1712년(강희 51, 숙종 38) 청에서 오라총관 목극등을 파견하여 백두산 답사를 진행하였다. 이에 대한 학계의 관점이 서로 다르다. 일부에서는 한·중 양국의 정계라고 보고, 목극등이 세운 비(碑)를 '정계비'라고 부르지만, 일부에서는 청의 일방적인 변경 조사라고 보고, '사변비(査邊碑)'·'심시비(審視碑)' 또는 '목극등비'라고 부른다.[11] 다수의 학자가 목극등의 국경 조사가 비록 절차상 이런저런 결점과 부족함이 있지만, 과정과 결과로 볼 때 양국 간의 정계에 속하며, 모호했던 백두산 일대 경계선을 확정하였다고 본다. 예컨대 중국학자 양소전(楊昭全)는 과거 여진에 속했으며 그 후 청에 속해야 할 백두산 천지 남쪽 넓은 공지가 조선에 넘어갔으므로 청이 땅을 잃고 조선이 땅을 얻었다고 주장한다.[12]

한국의 학자들은 목극등 정계의 성격에 대해서 별로 논쟁이 없으며, 목극등이 세운 비를 '정계비' 또는 '백두산정계비'라고 부른다.[13] 다만 비문의 이른바 '동위토문(東爲土門)'을 해독할 때 착오가 있는데, '토문'이

---

11 백두산정계에 관한 연구는 다음과 같다. 篠田治策, 1938,『白頭山定界碑』, 東京: 樂浪書院; 張存武, 1971,『清代中韓邊務問題探源』, 中央研究院近代史研究所編:『中央研究院近代史研究所集刊』第2期; 楊昭全, 孫玉梅, 1993,『中朝邊界史』, 吉林文史出版社; 徐德源, 1997,『穆克登碑的性質及其鑿立地点與位移述考-近世中朝邊界爭議的焦点』,『中國邊疆史地研究』第1期; 刁書仁, 2003,『康熙年間穆克登查邊定界考辨』,『中國邊疆史地研究』第3期; 이화자, 2008,『조청국경문제연구』, 집문당; 陳慧, 2011,『穆克登碑問題研究-清代中朝圖們江界務考證』, 中央編譯出版社; Nianshen Song, 2018,『Making Borders in Mondern East Asia: The Tumen River Demarcation,1881~1919』, CAMBRIDGE UNIVERSITY PRESS.

12 楊昭全, 孫玉梅,『中朝邊界史』, 第193~196頁.

13 18세기 조선 고지도에는 '정계비' 표기가 있음.

두만강을 가리키는 것이 아니라 송화강 상류를 가리킨다고 본다. 즉 목극등이 두만강을 경계로 정한 것을 부인하며, 토문·두만 2강설을 주장한다. 1강설과 2강설은 간도(오늘날 연변의 일부 지역) 영토 귀속문제와 직결되어, 역사상 한중·중일 분쟁의 핵심 화제가 되었다.

필자는 목극등 정계의 성격에 대해 인정함과 동시에 형식적인 면에서 대등한 관계의 정계가 될 수 없으며, 종번관계 즉 상하예의 질서하의 정계라고 본다. 오라총관 목극등은 칙사 신분으로 파견되었고, 조선은 청의 사신을 영접하기 위하여 접반사 또는 문위사(問慰使)를 파견하였다. 서울에서 파견된 박권(朴權)이 접반사였고 함경도 관찰사 이선부(李善溥)도 청사를 영접하기 위해 파견되었다. 조선 측은 청의 각급 인원들에게 줄 예단을 준비했으며, 예컨대 문위사의 명의로 준비한 예단을 보면, 총관 목극등 앞으로 홍록남백주(紅綠藍白紬) 10필 등의 예물, 2등 시위 앞으로 홍록남백주 각 5필 등의 예물, 7품 필첩식·6품 통사·무품 통사 앞으로 홍록남백주 각 5필 등의 예물이 포함되었다. 이 밖에 함경도 관찰사 명의로 예단을 준비했는데 양적으로 줄어들었다.[14] 여하튼 종번관계하의 정계는 형식적으로 대등하지 않았지만 결과적으로는 조선에 불리한 것은 아니었다.

아래에 목극등 답사 중에 조선 측 인원과의 대화, 답사가 끝난 후 조선 측이 백두산에 설치한 경계 표식물, 조선 군신 간에 '땅을 얻었다'고 한 언설 및 조선 국왕이 강희제에게 올린 '사정계표(謝定界表)' 등을 통하여 목극등의 국경 조사가 종번관계하의 정계임을 논증하고자 한다.

첫째, 목극등이 조선에서 땅을 얻었다고 발언한 점이다. 목극등은 조

14 김지남, 1712, 『북정록』; 동북아역사재단 지음, 2006, 『백두산정계비』 6, 61~62쪽.

선 사람들과 함께 수원을 조사하고 비를 세우는 과정에서 두 번이나 조선에서 땅을 많이 얻었다고 언급하였다. 두만강 수원을 찾을 때, 그는 두만강 상류 세 갈래 물줄기 중에서 가장 북쪽에 있는 제1파를 수원으로 정하고 조선으로 하여금 제1파에 설책할 것을 요구하였다. 이와는 대조적으로 조선인들이 말하는 이른바 '용출처(湧出處)'란 제2파로써 제1파의 남쪽에 위치했다. 즉 양측이 가리키는 수원이 서로 달랐다. 이때 목극등이 말하기를 "제1파에 설책할 경우 너희 나라에서 말하는 이른바 용출처(제2파임)보다 10리가 멀어지니 너희 나라가 땅을 더 얻게 되어 다행이다"라고 하였다.[15] 즉 북쪽의 제1파를 수원으로 정할 경우 남쪽의 제2파보다 10여 리 땅을 조선에서 더 얻는다는 것이다.

이 밖에 천지 동남 기슭 분수령에 비를 세울 때, 목극등이 동행한 조선인들에게 조선에서 '얻은 땅이 매우 넓다'라고 말했는데, 군관 이의복(李義復)이 그 상황을 다음과 같이 묘사하였다.

> 분수령 협곡의 너비가 30보이며, 오른쪽 미곤(未坤, 서남쪽임)과 왼쪽 인갑(寅甲, 동북임)으로 경계를 이루는 골짜기가 있었다. 왼쪽으로 산 아래 평지가 조금 돌출한 곳이 있었는데, 암석이 있어서 이것으로 받침대를 삼았다. 청사가 여러 날을 이곳에 머물면서 물길이 나뉜 형세를 두루 살펴본 후 돌에 글을 새겨 기록하고, 받침대 위에 돌을 새겨 세웠다. 우리를 돌아다보며 말하기를 "너희 나라가 얻은 땅이 매우 넓도다"라고 말하였다.[16]

15 『조선숙종실록』, 숙종 38년 12월 병진.

16 김노규, 1903, 『북여요선』; 양태진, 1992, 『한국국경사연구』 부록, 법경출판사, 340쪽.

그렇다면 목극등이 이른바 조선에서 '얻은 땅이 매우 넓다'라고 한 것은 어디를 가리키는 것일까? 목극등과 조선 역관 김지남의 대화를 통해 알아보기로 하자. 기록에 따르면, 목극등과 김지남 사이에 백두산 남쪽 지역 귀속문제를 놓고 대화가 있었다. 목극등이 묻기를 "백두산 이남에 파수가 설치되어 있는가?"라고 하자, 김지남이 답하기를 "이 땅은 절험하여 인적이 드물기 때문에 황폐하여 파수가 없으며, 마치 대국의 책문 밖의 땅과 같습니다"[17]라고 하였다. 즉 김지남은 청의 유조변(柳條邊) 밖의 공지로써 백두산 남쪽 공지를 비유하고 있으며, 비록 조선에서 파수를 설치하지 않았지만 조선에 속한다고 주장하였다. 필자가 고증한 바에 따르면 백두산 남쪽 공지란 천지에서 혜산에 이르는 지역을 가리키는데, 그 사이가 약 5·6일정이고 사람이 살지 않는 공지로 조선에서 파수를 설치하지 않았고 행정시설도 없었다.[18] 목극등이 김지남에게 또 묻기를 "이른바 천지 남쪽이 조선 땅이라고 하는 것은 문서적 근거가 있는가?"라고 하였더니, 김지남이 답하기를 "나라를 세운 후부터 지금까지 전해져 왔는데 어찌 문서가 필요하겠습니까?"[19]라고 하였다. 이 두 사람의 대화를 통해 볼 때, 목극등이 이른바 조선에서 '얻은 땅이 매우 넓다'라고 한 것은 황폐하고 파수가 설치되지 않은 백두산 천지 남쪽 지역을 가리키며, 백두산정계를 통하여 조선에 귀속되었다. 즉 조선은 천지 남쪽을 영토로 보유하고자 한 정계 목표를 이루었다고 하겠다. 이에 역관 김경문이 기뻐하며 말하기를 "매우 훌륭하십니다. 공(목극등을 가리킴.)의

17 『조선숙종실록』, 숙종 38년 5월 정해.

18 李花子, 2019,「明淸時期朝鮮地理稱謂之長白山與白頭山」,『淸史硏究』第4期.

19 『조선숙종실록』, 숙종 38년 5월 정해.

이번 행차로 이 산(백두산을 가리킴.)과 더불어 영원하리오."[20]라고 하였다.

둘째, 목극등은 백두산 동남 기슭(분수령, 약 4km)에 비를 세웠을 뿐만 아니라, 동쪽에도 토석퇴(흑석구)·목책(평지) 등 인공 표식물을 설치하도록 요구하여, 압록강 수원과 두만강 수원을 연결시켜 놓도록 하였다.[21] 압록강·두만강이 자연 경계라고 한다면, 백두산에 설치한 정계비·토석퇴·목책은 인위적인 경계이다. 이 같은 인공 표식물(정계비와 토석퇴)이 후세에 이르러서도 존재하였으며(목책은 부식되어 없어짐), 목극등 정계의 옛 표식으로써 그 후의 광서 감계담판 및 중일 '간도문제' 담판에 영향을 미치게 되었다.

셋째, 목극등이 답사를 끝내고 귀국한 후, 조선 군신들은 조선에서 '땅을 얻었다'고 보았으며, 그 범위는 백두산 남쪽 지역뿐만 아니라, 백두산 동쪽 지역도 포함되었다. 접반사 박권은 『북정일지』에 다음과 같이 기록하였다.

> 오시천(吾時川)으로부터 어윤강에 이르고 장백산 이북 백두산 이남 천여 리 땅이 본디 우리나라 땅입니다. 그러나 『여지승람』이나 『북관지』에 '피지(彼地)'라고 기록하였습니다. 그리하여 우리나라 채렵자들이 금령을 어길까 두려워 마음대로 다니지 못하였습니다. 오늘 계한이 정해졌으므로 연변 사람들은 이곳이 우리나라 경내라는 것을 알게 되었습니다. 그 사이에 있는 서수라덕·허항령·완항령(緩項嶺), 그리고 보다회산 주위가 모

20 홍세태, 『백두산기』; 동북아역사재단 지음, 2006, 『백두산정계비자료집』 6, 137~138쪽.

21 정계비터와 압록·두만 2강 수원을 잇는 토석퇴·목책에 관해서는 李花子, 2011, 「康熙年間穆克登立碑位置再探」, 『社會科學輯刊』 第6期; 李花子, 2013, 「康熙年間長白山定界與圖們江上流堆柵的走向」 載于, 『朝鮮·韓國歷史研究』 第13輯, 延邊大學出版社 참조.

> 두 삼전(蔘田)이며, 곳곳에서 초서(貂鼠)가 산출됩니다. 백두산 아래 이른바 천평·장파 등지에는 자작나무가 줄지어 있어 끝이 보이지 않습니다. 또 삼갑(三甲)·무산 사람들이 이곳에서 채취하는 것을 허락하게 되면 의식(衣食)을 충족히 할 수 있습니다.[22]

위 인용문과 같이, 조선에서 땅을 얻었다는 범위는 서쪽의 압록강 상류 오시천에서 동쪽의 두만강 상류 어윤강까지, 남쪽의 경성 '장백산'(경성 관모봉임)에서 북쪽의 백두산까지 천여 리가 된다.

이 밖에 영의정 서종태(徐宗泰) 역시 강역이 확대되었음을 인정하였다. 그는 국왕에게 계문하기를 북도의 정계하는 일은 "청의 관리가 우리나라 일을 순조롭게 처리해 줘서 오래 걸리지 않고 끝낼 수 있었습니다. 또한 정계 이후 강역이 넓어진 것은 참으로 다행스런 일입니다"라고 하였다. 국왕이 이에 대해 "처음에는 백두산 남쪽 땅을 다투는 우려가 없지 않았으나, 끝에 가서 순조롭게 정계를 마치고 돌아왔습니다"라고 하였다. 서종태가 건의하기를 "마땅히 사은해야 합니다"라고 하자, 국왕은 동지사로 하여금 사은사를 겸하게 하여 청에서 사신을 파견하여 정계한 데 대해 사은을 표하였다.[23]

넷째, 조선 국왕은 강희제에게 「사정계표」를 올렸는데, 이는 오늘날

---

22 박권, 1712, 『북정일기』, 동북아역사재단 편집, 『백두산정계비자료집』 6, 130~131쪽. 自吾時川至魚潤江 長白山以北 白頭山以南 周圍千餘里之地 本是我國之土 而以輿地勝覽及北關志中 皆以彼地懸錄之 故我國人之採獵者恐犯潛越之禁 不敢任意往來是白如乎 今則界限旣定 沿邊之人皆知此地明爲我境 其間西水羅德 虛項嶺緩項嶺等地 及甫多會山左右前後 皆是蔘田是白遣 貂鼠則在在産出是白乎ㅁ 白頭山下所謂天坪長坡等地 樺木簇立 一望無際 三甲茂山三邑之民若許採於此中 則衣食自可饒足是白在果.

23 『승정원일기』, 숙종 38년 6월 20일.

〈그림 1〉「백산도」,「여지도」에 수록(서울대학교 규장각 소장, 고4709-1)

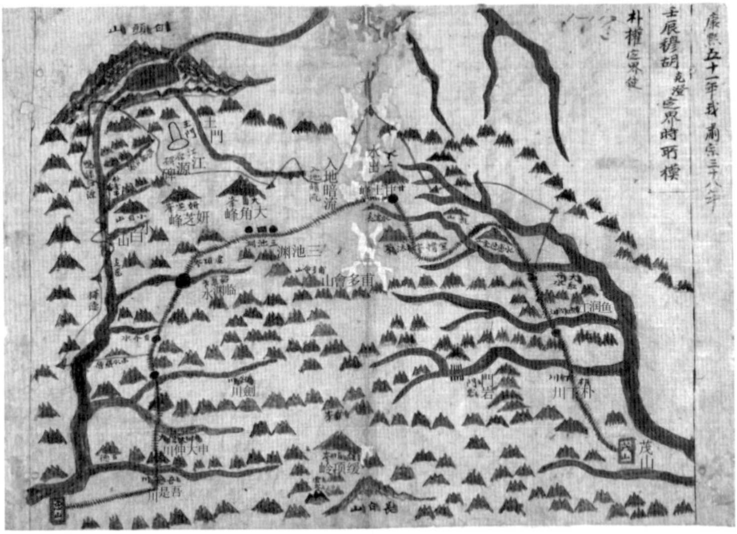

국서와 같은 것으로 종번관계하의 예의 구현 외에 국왕 문서의 형식으로 목극등 정계의 결과를 인정한 것이었다. 1712년 11월 국왕의 명의로 올린「사정계표」의 내용은 다음과 같다.

> 작년 여름에 청사가 경계를 조사하러 왔을 때, 외국(필자: 조선)의 공급을 번거롭게 하지 않고 변경의 계한을 바로 하였는데, 이는 모두 황제의 자소지덕(字小之德)을 보여준 것이며, 간사한 무리들이 범월하는 우려를 없애기 위해서입니다. 소방(필자: 조선)의 군신들은 이에 감격하고 칭송하며 하늘을 우러러 추대하며, 삼가 받들어 표를 올려 감사를 표합니다. …… 청사가 우리나라에 와서 강역의 일을 바르게 하고, 두 지방 사이 금지와 방어를 엄하게 하였으며, 물로써 계한을 삼고 산으로써 남북을 표

하였으며 돌에 새겨 세웠습니다. 또한 우리나라로 하여금 공급하도록 하는 수고를 없앴으며, 예리한 생각으로 간사한 무리들이 범월하는 우려를 없애서 영원한 계책으로 삼았습니다. …… 이에 삼가 표를 올려 감사를 표하며 계문합니다.[24]

청에서 조선에 사신을 파견하여 경계를 조사하고 조선으로 하여금 사신에게 공급하도록 하는 폐단을 없애고 '변경의 계한'을 바로잡아 조선인들이 경계를 몰라 월경하는 우려를 없앤 데 대해 사은을 표했다. 표문 중에 '물로써 계한을 삼고'라는 것은 압록강·두만강을 경계로 함을 가리킨다. '산으로써 남북을 표하였으며'라는 것은 백두산 이북이 청에 속하고 이남이 조선에 속함을 가리킨다. '돌에 새겨 세웠다'라는 것은 분수령에 비를 세웠음을 가리킨다. 요컨대 국왕의 문서는 양측이 압록강·두만강 및 백두산을 경계로 하며, 돌에 글을 새겨 비를 세워 증거로 삼는다는 내용이었다.

이뿐만 아니라, 국왕은 시를 지어 '국경 분쟁'의 근심이 사라진 가벼운 심정을 토로하기도 하였다. 이는 '백두산도'에 대한 제시(題詩)로, 청의 화원이 그린 산도(山圖)일 것으로 추정된다. 청의 화원이 두 폭의 산도를 그렸는데, 하나를 강희제에게 올리고 다른 하나를 조선 국왕에게 전달하였다.[25] 국왕이 지은 시는 다음과 같다.

그림(繪素)으로 보아도 가장 북쪽에 있으니,

---

24 『동문휘고』 원편 권48, 강계, 9~10쪽.

25 김지남, 1712, 『북정록』, 임진 5월 8일·5월 24일, 동북아역사재단 편집, 『백두산정계비자료집』 6·87·101~102쪽; 『조선숙종실록』, 숙종 38년 5월 정유.

산에 올라 보면 기운이 어떠하랴.
누가 구름이 멀다 하였느냐,
별과 닿을 듯하도다.
산 정상에 깊고 깊은 물이 있으니,
흘러내려 성대한 강물이 되는구나.
전에 있었던 쟁계의 우려가 스스로 사라지노라.[26]

위 시에서 '그림'이란 '백두산도'를 말한다. '그림으로 보아도 가장 북쪽에 있으니, 산에 올라 보면 기운이 어떠하랴'란 백두산이 조선 강역의 최북단에 위치하고 있어 요원하지만 크고 높음을 말한다. '누가 구름이 멀다 하였느냐, 별과 닿을 듯하도다'란 역시 백두산이 요원하고 웅장하다는 뜻이다. '산 정상에 깊고 깊은 물이 있으니 흘러내려 성대한 강물이 되는구나'란 백두산 천지가 압록강·두만강 발원지이고 흘러서 큰 강이 됨을 말한다. '전에 있었던 쟁계의 우려가 스스로 사라지노라'란 백두산 이남이 조선에 속하고 이북이 중국에 속하게 되어, 경계를 다투던 우려가 사라지게 되었음을 말하고 있다. 요컨대 정계 이후 백두산 천지 남쪽과 동쪽 지역을 강역으로 보유하게 되어 걱정이 사려졌음을 토로한 내용이었다.

기실 목극등 정계의 관건은 백두산에 있었으며, 강희제의 관심사 역시 여기에 집중되었다. 백두산은 이른 시기부터 만주족 조상의 발상지로 간주되었다. 후금 천총 연간에 편찬된 『만주실록』 서두에 백두산이 기록

26 김노규, 『북여요선』, 양태진, 『한국국경사연구』 부록, 337쪽, 繪素觀猶北, 登山氣若何. 雲霄誰謂遠, 星斗定應摩. 巓有深深水, 流爲浩浩河. 向時爭界慮, 從此自消磨.

되어 있고, 만주족 발상 신화가 있었다. 즉 "만주는 백두산에서 기원하였으며, 산(백두산)의 동북 포고리산 아래 포이호리라는 연못이 있었다. 하늘에서 세 선녀가 내려와 목욕을 하니, 만이가 은고룬, 둘째가 정고룬, 막내가 불고룬이라고 하였다. 목욕을 마치고 연못가에 올라갔더니, 신작(神雀)이 불고룬의 옷 위에 주과(朱果)를 올려놓았는데 빛깔이 탐스럽게 보였다. 불고룬이 좋아하여 놓치기 싫어하였으며, 입 안에 넣고 옷을 입었더니 주과가 배 안에 들어가 잉태한 느낌이었다." 불고룬이 낳은 포고리옹순이라는 아이가 용모가 남달랐고 태어나자마자 말을 하였고 후에 삼성(三姓) 지역(흑룡강의란, 黑龍江依蘭)의 난을 평정하여 국주(國主)로 추대되었으며, 청 왕조의 시조로 간주되었다.[27] 만주족 신화에 나오는 포고리산과 포이호리의 위치에 대해서는 정확히 알 수 없으며, 어떤 이는 백두산 동쪽 약 40km에 있는 적봉(赤峰)과 서북쪽에 있는 원지(圓池)에 비정하는가 하면,[28] 또 어떤 이는 백두산 북쪽 약 180km에 있는 돈화(敦化) 육정산(六鼎山)과 성련호(聖蓮湖)에 비정하기도 한다.

청대 황제 중 강희제가 백두산에 대한 관심이 남달랐으며, 여러 차례 사람을 파견하여 백두산을 답사하였다. 백두산에 대한 예의 표현 외에 지리지·지도를 편찬하기 위해서였다. 강희제는 『성경통지(盛京通志)』, 『청일통지(淸一統志)』 및 『황여전람도(皇輿全覽圖)』를 편찬하기 위하여, 여러 차례 사람을 파견하여 송화강과 압록강을 거슬러 올라가 백두산 천지에 이르도록 하였다. 강희 16년(1677) 내대신(內大臣) 무묵눌(武默訥)을 파견하여 답사한 이듬해에 "장백산신을 봉하여, 사전(祀典)은 오

27 遼宁省檔案館編, 2012, 『滿洲實錄: 滿文, 漢文』, 遼宁教育出版社, 第11~17頁.

28 劉建封, 『長白山江崗志略』, 李澍田主編, 1987, 『長白叢書』初集, 吉林文史出版社 第338~339頁; 王瑞祥, 劉建封等, 1911, 『長白山灵迹全影』.

악과 같이 하였다."[29] 강희 23년(1684) 주방협령(駐防協領) 늑초(勒楚) 등을 파견하여 답사한 후 편찬한 『성경통지』 '장백산' 조에는 백두산에서 용맥(龍脈)이 시작되어 서쪽으로 뻗어나가 홍경 영릉(永陵)의 개운산(開運山), 성경 복릉(福陵)의 천주산(天柱山)과 소릉(昭陵)의 융업산(隆業山)에 이른다고 기록하였으며,[30] 백두산을 용맥의 시작점, 즉 청조 발상을 상징하는 성산으로 간주하였다.

강희제 때 『황여전람도』 제작에 이르러서는, 1712년 오라총관 목극등을 파견하여 수원을 조사하고 정계를 행하였다. 강희제는 전대 지리지를 참고하고 또 여러 차례 답사를 통하여, 압록강·두만강이 백두산에서 발원하고 조청 양국이 두 강을 경계로 함을 잘 알고 있었다. 즉 그는 "압록강이 백두산 동남에서 흘러나오며", "압록강 서북이 중국 땅이고, 강 동남이 조선 땅이며, 강을 경계를 한다.", "토문강이 백두산 동쪽에서 흘러나오고, 토문강 서남이 조선 땅이고 강 동북이 중국 땅이며, 역시 강을 경계로 한다. 이러한 곳은 다 잘 알고 있다"고 보았다. 이에 기초하여 목극등 정계의 중점을 압록강·두만강 사이 백두산에 두었으며, 목극등에게 "이 기회를 타서 가장 끝에 이르러 자세히 살펴보되 반드시 변경을 잘 조사하여 주문하라."고 하였다.[31] 즉 백두산 정계의 명을 내린 것이었다.

그 후 목극등이 백두산에 올라 수원을 조사하고 정계하는 중에 양측의 백두산에 대한 분쟁은 별로 없었다.[32] 조선은 백두산을 얻고자 요구

---

29 王士禎, 2006, 『池北偶談』, 中華書局, 第88~91頁. 『欽定八旗通志』 卷一四九, 武默訥傳, 『景印文淵閣四庫全書』, 史部424, 第464~465頁.

30 『清圣祖實錄』 卷69, 康熙 十六年 九月 丙子; 卷71, 康熙 十七年 正月庚寅, 中華書局 1986年 影印本.

31 『清圣祖實錄』 卷246, 康熙 五十年 五月 癸巳.

32 양측 대표 사이에 두만강 수원에 대한 논쟁이 있었으며, 목극등이 정한 것은 홍토산

하지 않았으며, 백두산을 신성시하기 시작한 것도 영조 대에 이르러서이다. 조선의 정계 목표는 백두산 남쪽 지역을 경내에 포함시키는 것이었다. 비록 일부 신하 예컨대 판부사 이유(李濡)의 경우 천지를 반으로 나눌 것(橫截作限)을 제기했지만,[33] 더 많은 신하들은 백두산이 청에서 신성시되고 있음을 잘 알고 있었기에, 다만 백두산 천지 남쪽이 조선에 속함을 요구하도록 하였다. 그 이후 역관 김경문(金慶門)이 목극등에게 전하기를 "백두산 꼭대기에 큰 못(천지임)이 있는데, 서쪽으로 흘러 압록강이고, 동쪽으로 흘러 두만강이며, 큰 못의 남쪽이 곧 우리나라 경계입니다"라고 하였다.[34] 이를 통하여 종번관계하에 조청 양국은 상대방의 영토 이익에 대해 배려해 주었으며, 백두산정계를 통하여 천지가 청 경내에 포함되도록 하고 거꾸로 청은 백두산 천지 남쪽과 동쪽 공지가 조선에 속하도록 하였다.

백두산정계 결과, 목극등이 천지 동남 기슭 약 4km에 정계비를 세웠고, 서쪽의 압록강 수원과 동쪽의 두만강 수원을 경계로 함을 확정하였다. 비문에는 "서쪽으로 압록이고 동쪽으로 토문이며, 분수령상에 비를 새겨 기록한다"고 명시하였다. 정계비 위치가 백두산 천지 가까이에 놓여 있었기에 조선은 천지 남쪽 넓은 공지를 얻게 되었다. 한편 정계비 위치로 볼 때, 천지가 중국 경내로 들어갔지만 입비처가 천지 가까이에 놓여 있었기 때문에 양국은 대체로 백두산 천지를 경계로 하였으며, 그 후

수이고. 박권은 홍기하가 두만강 정원이라고 주장하였다. 두 사람의 두만강 수원 관련 논쟁은 이화자, 2019, 『백두산 답사와 한중 국경사』, 혜안, 74쪽 참조.

33 홍세태, 『백두산기』; 동북아역사재단 편집, 『백두산정계비자료집』 6, 133쪽; 『비변사등록』 제64책, 숙종 38년 3월 24일.

34 『조선숙종실록』, 숙종 38년 5월 정해.

백두산에 대한 국가의 제례가 이루어졌다. 영조 대에 이르러 백두산을 조선왕조의 발상지로 간주하여 신성시하였으며, 함경도 갑산에 '망제각(望祭閣)'을 세워 망제를 실시하였다. 백두산과 조선의 거리가 더욱 가까워졌는데, 특히 풍수지리에서 백두산은 조선 산맥의 '조종산(祖宗山)'으로, 마치 인체의 머리 부분처럼 인식되어 백두산에 대한 종산 인식이 이른 시기에 생겨났다. 그리하여 조선의 백두산 인식이 크게 달라져 오랑캐의 산에서 조선의 산으로 바뀌었다. 특히 대한제국 시기에 백두산을 5악 중의 하나인 북악으로 정하고 국가의 악진해독(岳鎭海瀆) 제사 체계에 포함시켰으며, 이로써 백두산은 대한제국 황제권과 독립 의식을 상징하는 신성한 산이 되었다.[35]

〈그림 2〉 김정호, 「대동여지도」의 부분도, 1861년, 서울대학교 규장각 소장

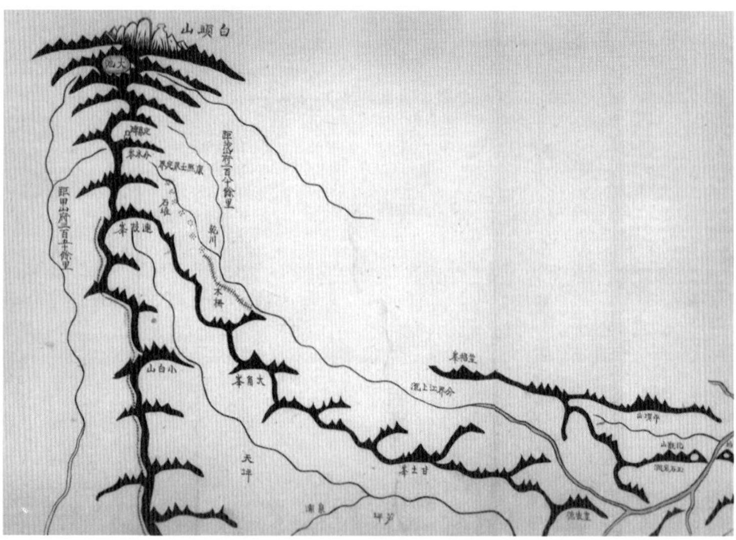

출처: 양보경 등이 지은 『백두산고지도집-한국고지도 속의 백두산』에서 인용, 동북아역사재단, 2016.

IV. 종번관계하의 국경분쟁 및 처리방식

백두산정계로부터 170년이 지난 고종 대에 이르러, 조·청 양국 간에 두만강을 둘러싼 국경분쟁이 일게 되었다. 이는 조선에 전례 없던 자연재해가 일어났으며, 조선 변민들이 압록강·두만강을 건너가 강 이북 땅을 개간한 것과 관련있다. 이를 계기로 조선인들이 중국 동북지역으로 이주하기 시작했고, 두만강 이북 지역을 '간도(間島)' 또는 '간도(墾島)'라고 불렀다. 이와 때를 같이하여 서양 열강들의 침입 및 일본의 대륙정책 추진으로 말미암아 동아시아 정세가 크게 변하게 되었다. 전통시대에서 근대로의 전환기에 들어갔으며, 청조와 조선을 포함한 주변 국가들 간의 종번관계가 크게 동요하였다.

1875년, 조선과 일본이 '강화도조약'을 체결하였다. 이로써 조선은 개항기에 들어갔으며 일본 세력이 조선에 침투하기 시작하였다. 같은 해 유구가 일본에 병탄된 데 이어, 1885년에 베트남이 프랑스 식민지로 전락하였다. 조·청 양국의 종번관계가 붕괴되는 것을 막기 위하여 청은 '임오군란'(1882)을 틈타 조선에 군대를 파견하였으며, 정치·경제·군사 등 여러 방면에서 조선에 대한 통제를 강화하였다. 이와 동시에 북양대신 이홍장(李鴻章)의 건의에 따라 조선은 미·영·프·독·러·이탈리아 등 서방 열강과 수호통상조약을 체결하였으며, 이홍장의 이른바 '오랑캐로서 오랑캐를 통제한다(以夷制夷)'는 정책으로 일본과 러시아가 조선을 독차지하는 것을 막고자 하였다.

---

35 조선왕조의 백두산 인식에 관해서는 강석화, 2000, 『조선후기 함경도와 북방영토의식』, 경세원, 103~106쪽 참조; 李花子, 2007, 「朝鮮王朝的長白山認識」, 『中國邊疆史地研究』 第2期.

근대 전환기에 이르러, 조·청 양국 간에 두만강을 둘러싼 국경 분쟁이 일었다. 그 도화선은 조선 변민들이 두만강 이북 '간도' 지역으로 월경하여 땅을 개간하고 두만강 경계를 부인하는 데 있었다. 조선의 근거는 이른바 토문·두만 2강설로, 두만강을 경계로 하는 것이 아니라 토문강, 즉 송화강 상류를 경계로 하기 때문에 토문·두만 사이에 있는 간도가 조선에 속한다고 주장하였다.

조선의 요구에 따라 1885년 조·청 양국은 각기 대표를 파견하여 공동 감계를 실시하였다. 청에서는 길림상무위원 진영(秦煐)을 위시한 감계 대표를 파견하였고, 조선은 안변부사 이중하(李重夏)를 위시한 감계 대표를 파견하였다. 이 공동 감계를 통하여 조선 측 경계 인식에 큰 변화가 일어났다. 조선 측 감계 대표인 이중하는 문헌자료를 참고하고 또 실지 답사를 통하여, 토문·두만 2강설이 잘못되었음을 인식하였다. 즉 그는 토문·두만이 동일한 강임을 인식하였는데, 이는 '토문강=두만강'의 관건 증거를 파악한 것과 관련되었다. 실지 답사를 통하여, 그는 흑석구와 두만강 수원 사이가 이어져 있었으며, 목책이 존재하였으나 부식되어 이른바 토문·두만 2강설이 생기게 되었음을 알게 되었다. 그는 이 상황을 『추후별단(追後別單)』을 통하여 조선 정부에 보고하였다.[36] 이로 인하여 1887년 제2차 공동 감계 시, 조선은 2강설을 포기하고 토문강, 즉 두만강을 경계로 함을 인정하였다. 요컨대 두 차례 공동 감계를 통하여, 양측이 두만강 본류에서 일치를 보았다고 하겠다. 다만 두만강 상류 물줄기 특히 분수령에 있어서 의견 차이를 좁히지 못하였다. 중국

36 조선 측 대표 이중하가 발견한 흑석구와 홍토산수 사이의 목책 흔적에 관해서는 이화자, 2011, 『한중국경사 연구』, 혜안, 56~104쪽 상세 참조.

측은 소백산(분수령)·석을수를 경계로 할 것을 요구하였고, 조선 측은 정계비(분수령)·토석퇴·홍토산수를 경계로 할 것을 요구하였다. 여기서 조선 측이 요구한 정계비·토석퇴·홍토산수가 실은 목극등 정계의 옛 경계였으며, 즉 다시 말하여 조선은 목극등이 정한 옛 경계를 지키고자 하였다.

앞에서 보았듯이 두 차례 공동 감계 시 양측의 영토 관념이 강하지 않다고 말할 수 없다. 결과적으로 양측은 타협을 보지 못하였고 국경조약을 체결하지 못하였다. 기실 1887년 제2차 감계 때 두만강 상류 지역에서의 양측 차이가 크지 않았다. 조선 측이 요구한 홍토산수 발원지와 중국 측이 요구한 석을수 발원지의 거리가 멀지 않았기 때문이다. 그러나 분수령에 대해서는 의견 차이가 컸다. 조선 측은 정계 비터가 분수령이며 목극등이 정한 옛 경계를 준수할 것을 요구하였다. 중국 측은 정계 비터가 백두산 천지와 너무 가까워 청의 백두산 발상지에 저애가 될 뿐더러 송화강에도 저애가 있다고 여겼다.[37] 그리하여 처음에는 천지 동남쪽 삼지연(천지에서 약 50km 거리)을 경계로 할 것을 요구하다가 한 발 물러나 소백산(천지에서 약 30km 거리)을 경계로 할 것을 요구하였다.[38] 즉 중국 측 대표의 관심사가 백두산 천지에 있었으며, 천지를 중국 경내에 포함시키고자 하였다. 반면 조선 측은 목극등이 정한 옛 경계를 지키고자 하였다.

37 고려대학교아세아문제연구소 지음, 『구한국외교문서』 제8권, 청안1, 476~477쪽; 이중하, 1885, 『문답기』, 「피원답폭(彼員答幅)」, 규장각 소장 호: 규21041, 마이크로필름, 34쪽.

38 조청 양국 광서 감계의 재평가에 관해서는 李花子, 『明淸時期中朝邊界史硏究』, 第87~104頁 참조.

제2차 감계 담판 때 조선 측 감계 대표인 이중하가 말한 이른바 "내 머리가 잘려나가도 나라의 강토는 줄어들 수 없다"[39]는 발언에 대한 해석이 잘못되었음을 밝히고자 한다. 양측 대표가 논쟁한 것은 석을수와 홍토산수였으며, 이중하가 다툰 것은 홍토산수였고 목극등이 정한 옛 경계를 준수할 것을 요구하였다. 이에 대해 일부에서는 이중하가 토문강, 즉 송화강 상류를 다툰 것이라고 잘못 해석하고 있다.[40] 여하튼 이중하의 발언을 통하여, 조선의 영토의식의 강화, 즉 '한 치의 땅도 양보할 수 없다'는 강한 영토의식을 엿볼 수 있다.

두 차례 감계 담판을 통하여 양국은 국경의 합의에 이르지 못하였으나, 종번관계하에서 국경분쟁을 잠재우기로 하였다. 실지답사가 끝난 후 길림장군이 중국 측 감계 대표(진영 등)의 제안에 따라 총리아문에 소백산·석을수를 따라 '화하금탕고(華夏金湯固) 하산대려장(河山帶礪長)'이라는 '십자비'를 세우고자 하였으나 조선은 여전히 반대하였다. 이에 총리아문과 광서제는 조·청 양국의 종번관계 수호라는 원칙에서 분쟁을 보류하도록 하였다. 1889년(광서 15) 총리아문이 주의(奏議)하기를 "조선은 대를 이어 번봉을 지켜왔으며, 오랫동안 중국의 보살핌을 받고 있었으므로, 너무 급히 처리할 필요가 없습니다.", "잠시 늦추도록 할 것을 청합니다"라고 하였다. 즉 십자비를 설치하도록 조선에 강제하지 말 것을 건의하였다. 이에 대해 광서제가 "논의대로 하라"는 유지를 내렸다.[41] 이로써 공동 감계가 일단락되었으며, 종번관계하의 국경 교섭도 막

39 이중하, 1887, 『감계사교섭보고서』, 「윤4월 16일」, 규장각 소장 번호: 11514의2, 마이크로필름, 21쪽.

40 서길수, 2009, 『백두산구경연구』, 여유당, 129~130쪽.

41 總理衙門輯, 『吉朝分界案』, 全國圖書館文獻縮微复制中心: 『國家圖書館藏清代孤

을 내리게 되었다.

V. 종번관계의 붕괴와 대한제국의 간도정책

청일전쟁은 중국의 패배로 끝났고, 1895년 중·일 『마관조약』에 조선이 '독립자주국'임을 규정하였다. 이로써 조·청 양국이 200여 년 간 유지되었던 종번관계가 끝났다. 1897년 조선은 '대한제국' 수립을 선포하였으며, 얼마 후 간도에 대한 확장정책을 실시하였다.[42]

대한제국이 간도정책을 추진한 데는 두 가지 유리한 조건이 있었다. 첫째는 1900년 러시아가 중국의 의화단운동을 기회로 삼아 동청철도 보호를 빌미로 출병하여 동북 전역을 차지함과 동시에 두만강 이북 연길·훈춘 지역에 파병하였다. 같은 해 7월, 러시아군이 블라디보스토크에서 훈춘으로 진공하여 훈춘성을 점하였다. 그 후 가야하·석두하·밀강·훈춘하 등을 따라 초소를 설치하고 남강(南崗)에 러시아군을 주둔시켰다.[43] 한편 고종이 '아관파천'을 실시한 후 대한제국은 러시아에 의존하여 일본의 침략을 막고자 하였다. 간도문제에 있어서도 러시아의 힘에 의지해 중국의 손에서 이 지역을 탈취하고자 하였다.

둘째는 두만강 이북 지역에 월경한 조선 개간민이 10만 명이 살고 있었는데, 청의 행정시설이 완전치 못하여 개간민들의 이익을 제대로 보호

本外交檔案續編』第5冊, 2005, 第1884頁.

42 대한제국의 간도 정책에 관해서는 이화자, 2011, 『한국국경사 연구』, 혜안년, 123~172쪽 상세 참조.

43 中央硏究院近代史硏究所編, 1972, 『淸季中日韓關系史料』 第9卷, 第5728頁.

할 수 없었다. 1902년 청은 국자가(局子街)에 연길청을 설치하였고, 화룡욕(和龍峪)에 분방경력(分防經歷)을 두었다. 대한제국은 이 기회를 틈타 이범윤을 '북간도관리사'로 파견하여 두만강 이북지역을 대한제국 판도로 만들고자 계획하였다. 비록 정식 군대를 파견하지 못했지만, 이범윤이 사포대(私炮隊)를 건립하고 병영을 세웠으며, 청의 회용(會勇)과 군대를 습격하였다. 또한 조선 개간민의 호적을 조사하고 세금을 거둬들였으며, 사수(社首)와 위원 등을 임명하기에 이르렀다.[44] 이로써 청의 행정력에 타격을 가했고 대한제국의 행정시설을 구축하고자 시도하였다.

그렇다면 대한제국이 간도정책을 추진하게 된 영토적 근거는 무엇인가? 어떠한 영토의식을 나타낸 것인가? 같은 시기 대한제국의 인사 및 정부는 압록강·두만강 이북지역을 '공광지(空曠地)' 또는 '한광지(閑曠地)' 즉 비어 있는 땅이라고 언급하였다. 예컨대 1897년 함경북도 관찰사 조존우(趙存禹)가 '담판 5조'를 내놓았는데, 제5조에 다음과 같이 지적하였다. "이 땅(압록강·두만강 이북 지역임)은 비어 있은 지 수백 년이 되었으며, 양국은 서로 금하였다. 청에서 사람을 보내어 금하고 쇄환하도록 하였으며, 우리 사람이 들어가면 율에 따라 효시하고 벌을 주어 금하였다. 근래에 들어 청에서 금하지 않고 우리도 금하지 않으니, 서로 섞여 살고 주객의 차이가 현저하며, 마음대로 고용하니 어찌 억울함이 심하지 않겠는가?" 즉 압록·두만 이북지역이 조·청 양국의 공동 금지구역이었으며 비어 둔 땅이라는 것이었다. 이어 그는 대한제국 정부가 국제공법에 의거해 각국 공사·영사 앞에서 두만강 이북의 영토 귀속문제

44 中央研究院近代史研究所編, 『清季中日韓關系史料』 第9卷, 第5789~5790, 5803~5806頁.

를 담판할 것을 건의하였다.[45]

이 밖에 1899년 한중 양국이 「한청통상조약」을 체결할 때, 대한제국 측 대표가 두만강 이북지역을 '접경 지역의 황폐한 땅'이라고 언급한 데 대해 중국 측 대표가 강하게 반발하였다. 중국 측 담판 대표인 서수명(徐壽明)은 "변경에는 황폐한 땅이 없으며 말이 타당치 않다"고 하고 또 "월간이란 확실히 중국 경내임을 말해 주며, 접경 지역의 땅 혹은 구탈(甌脫)의 고향이 아님을 말해 준다"[46]고 하였다. 그는 월경 개간한 조선인에 대해서도 "한민(韓民)으로서 이른 시기부터 중국 경내에서 개간한 자에 대해서는 중국 역시 업에 종사하도록 한다. 그러나 조약을 맺은 후에는 서로 간에 월경 개간하는 것을 엄격히 금해야 한다"고 하였다. 한·중 국경에 대해서도 그는 "봉천·길림 일대에는 압록·도문(두만강임)을 경계로 하고 있으며, 경계가 분명치 않은 곳이 없다. 만약 한국정부가 사람을 파견하여 공동 감계를 하고자 할 경우, 육로통상장정을 체결할 때 토론할 것이나 지금은 약정에 넣을 필요가 없다"[47]고 하였다. 즉 「한청통상조약」이 해로무역장정이므로 앞으로 육로통상장정을 체결할 때 다시 육지 경계선을 정하자는 것이었다.

그 후 1903년 대한제국이 이범윤을 '북간도관리사'로 임명할 때 한국 외부로부터 청의 주한공사 허태신(許台身)에게 보낸 조회(照會)문에서 두만강 이북지역이 간광지임을 재차 제기하기에 이르렀다. 그 상세한 내용은 다음과 같다.

45 김노규, 『북여요선』, 양소진, 『한국국경사연구』 부록, 362~364쪽.

46 王彦威, 王亮編, 1985, 『清季外交史料』 卷140, 台北: 文海出版社影印, 第2384頁.

47 조선외부, 『한청의약공독(韓淸議約公牘)』, 서울대학교 규장각 소장(규15302), 44쪽.

우리 내부대신의 문에 이르기를, 북변 간도(墾島)는 한청 교계(交界)에 속하며 민이 거주하지 않고 오랫동안 한광(閑曠)되어 있었습니다. 수십 년 동안 우리 민의 이주자가 점차 많아졌지만 명관(命官)을 파견하여 산업을 보호하지 못하였습니다. 지난번에 도민(島民)의 호소에 따라 본부에서 시찰 이범윤을 파견하여 사정을 두루 살피고 황화(皇化)를 선포하였습니다. 시찰의 보고에 의하면, 간도(懇島)에 이주한 우리 인민이 수만 호 십여 만 구가 되지만 관을 파견하여 관할하지 못하였으며, 청국 관의 학대를 받고 있습니다. 외부에 이문하고 또 서울에 주차한 청국 공사에게 조회하여 모든 것을 의논하여 침탈을 막고 생명을 보호해야 한다고 하였습니다. 이에 근거하여 살펴보건대, 우리 민의 이주자가 그토록 많지만 믿을 만한 것이 없고 청국 관의 행패와 학대를 받고 있으며 어루만지는 도리에 소홀히 하였으니 특별히 보호관을 두지 않을 수 없습니다. 도민(島民)의 소원에 따라 시찰 이범윤을 관리(管理)로 특차하여 섬에 주차하며 모든 일을 전관하여 처리하며, 생명·재산을 보호한다는 뜻으로 주문하여 재가를 받았습니다. 주경(駐京) 청국 공사에게 알리고 또 섬 부근의 청국 관원에게 명하여 억지로 치발하거나 법외 학대를 하는 것을 금하며, 민생을 안착시키고 이웃 국가 간의 우의를 돈독히 하기 바랍니다.[48]

위 조회문과 같이 간도가 양국 사이 비어 있는 땅, 즉 간광지임을 강조했을 뿐, 2강설에 근거하여 간도가 조선에 속함을 주장하지 않았다. 그러나 내부대신의 주문에는 그러한 내용이 들어 있었다.[49] 대한제국 외

---

48 中央硏究院近代史硏究所編, 『淸季中日韓關系史料』 第9卷, 第5693~5694頁.

49 내부대신 임시 서리 의정부 참정 김규홍의 주문: "…… 강계에 대해 논할 경우, 종전 분수령 정계비 아래 토문강 이남지역은 마땅히 우리나라 경내이며 결수를 정하여 세

부의 경우, 외교 사무를 주관하는 기구로써 전의 감계 담판 (정해) 때 조선 측이 토문·두만 2강설이 잘못되었음을 인정함과 동시에 땅을 빌려 두만강 이북 조선 유민들을 안치할 것을 요구한 데 대해 알고 있었다. 이뿐만 아니라 1899년 외부는 이른바 토문·두만 2강설이란 변민들의 허언일 뿐이라고 질타하였다.[50] 그러므로 위 조회문을 비롯하여 1902~1904년까지 이범윤·서상무가 두만강·압록강 이북지역에서의 활동을 둘러싼 교섭 중, 외부는 간도가 조선에 속함을 언급하지 않았고, 보호관을 파견한다는 명의로써 강북 지역의 조선인을 관할하고자 하였다. 그런 이유 때문에 이범윤의 신분에 대한 중국 측 항의가 이어졌으며, 예컨대 조회문에 "한국 측은 해구(海口)통상장정을 인용해서는 안 되며, 중국 측의 동의 없이 영사를 파견해서는 안 된다"고 하였다.[51] 이에 대해 한국 측은 청국 비적을 소탕한다든지 청국 상인의 소요를 없애기 위함이라고 하면서,[52] 이범윤의 두만강 이북에서의 활동을 묵인하거나 지지하였다.

이처럼 대한제국의 간도정책의 근거 또는 영토관념은 종전의 2강설이 아니었고 두만강 이북지역이 비어 있는 땅, 즉 공광지 또는 간광지이며, 청에 속하지도 않고 조선에 속하지도 않는다고 주장하였다. 이는 실은 국제법의 '무주지' 개념에 근접한 것이었으며, 함경도 관찰사 조존우의

금을 정해야 한다. 그럼에도 불구하고 수백 년 공광지를 갑자기 정하는 것은 일을 처리함이 과장된 면이 없지 않다." 『조선고종실록』, 고종 40년 8월 11일(양력)에서 인용.

50 은정태, 2007, 「대한제국기 '간도문제'의 추이와 '식민화'」, 『역사문제연구』, 17호.

51 中央研究院近代史研究所編, 『清季中日韓關系史料』 第9卷, 第5694~5695·5746~5747·5788·5805·5821頁.

52 中央研究院近代史研究所編, 『清季中日韓關系史料』 第9卷, 第5748~5752頁.

경우 국제공법에 근거해 각국 공사·영사 앞에서 두만강 이북지역의 영토 귀속문제를 담판할 것을 건의하였다.[53] 러일전쟁 이후 일본이 두만강 이북 간도지역으로 확장할 때 비슷한 논리를 폈으며, 간도의 귀속이 미정임을 주장함과 동시에 조선인을 마적이나 무뢰배의 침탈에서 보호하기 위하여 '통감부간도파출소'를 설립한다고 하였다.

한편 대한제국 간도정책의 이면에는 공광지 인식 외에 고구려·발해의 구강(舊疆)의식과 조선왕조의 발상지 의식이 혼재하였다. 이는 조선 초기 태조·세종대의 북진정책을 추진할 때 제시한 '조종구지(祖宗舊地)' 의식과 유사한 것이었다. 1903년 이범윤이 두만강 이북지역에서 활동할 때, 흑정자(훈춘에 있음) 동4사를 8사로 고쳐 놓았다. 즉 알동·귀화·석간·옥천·금당·능곡·노동·회룡의 8사였다.[54] 그중 알동은 조선 목조(穆祖)가 5천 호 다루가치를 임했던 곳이고, 금당 역시 두만강 이북 목조의 옛 터였다. 이로써 이범윤이 영토 개척 포부와 의지를 알 수 있었다.

요컨대 대한제국의 간도정책의 근거는 '간광지' 주장과 고토의식이었으며, 러시아가 두만강 이북지역을 점하고 있는 기회를 이용하고 또 개간민의 힘을 빌어서, 영토 확장정책을 펴고자 하였다. 이는 앞서 감계 담판 시 양측이 인정한 두만강을 경계로 한다는 협의에 어긋난 것이었으며, 대한제국 팽창정책의 일면을 보여준다. 일부 학자의 경우 이를 대한제국의 '식민화' 정책과 제국주의 속성이라고 보고 있다. 결과적으로 이범윤의 활동은 러시아와 중국의 틈새에서 진행되었으며, 비록 러시아가 처음에는 이범윤의 행동을 묵인하였지만, 중국 측의 강렬한 반대에 부딪

---

53 김노규, 『북여요선』, 양태진, 『한국국경사연구』 부록, 362~364쪽.

54 고려대학교아세아문제연구소 제작, 『구한국외교문서』 제9권, 청안2, 688쪽.

쳐 '길강군(吉强軍)'을 파견하여 반격하도록 허락하여, 이범윤과 그의 사포대는 두만강 이북지역에서 쫓겨나게 되었고 대한제국의 간도정책은 실패로 끝났다.

VI. 맺음말

이 글에서는 조·청 간에 종번관계의 성립에서부터 붕괴까지 양국이 변민의 월경·정계 및 국경논쟁 중에서 표현된 국경의식과 국경문제 처리방식에 대해 살펴보았다.

조선은 후금(청)의 두 차례 군사적 침입을 받았으며, 양국 간의 종번관계가 성립되었다. 이 과정에서 조선은 강한 강역 보호의식을 나타냈으며, 청군으로 하여금 압록강 이북으로 철수할 것을 요구하였고 또 청의 군민이 마음대로 두만강을 넘지 말도록 요구하였다. 즉 양국이 '비록 한집안과 같지만, 강역에는 각자의 경계가 있음'을 강조하였다.

청은 거족적인 중원입관과 더불어 발상지에 대한 보호의식이 강해졌다. 조선 변민들이 압록강·두만강을 넘는 것을 엄금할 것을 요구하였고, 압록강·두만강을 '금강'으로 규정하여 위반한 자를 엄벌할 것을 요구하였으며, 주범은 변경에 효시하고 지방관도 연대 책임을 지게 하였다. 종번관계하에서 월경자에 대한 엄격한 처벌 제도가 형성되었다. 이로써 양국 사이 압록강·두만강 경계를 유지하였다. 1712년, 목극등 정계는 양측이 압록강·두만강을 경계로 한다는 사실에서 출발하여 그간 모호했던 백두산 지역 경계선을 확정하였다. 이때 천지 동남 기슭에 세운 비석과 그 동쪽에 설치한 토석퇴·목책 등 인공 표식물은 압록강·두만강 천연 국경을 제외한 인위적 국경으로써, 전근대 시기에 선으로 경계를 나누는 특징을 갖게 되었다.

종번관계하에 진행된 정계는 상대방의 이익을 배려할 수 있었다. 1712년, 정계 시 백두산 귀속에 대한 분쟁은 별로 없었으며, 청의 발상지로서 백두산 천지가 청 경내에 들어갔고, 조선은 백두산 천지 남쪽 공지를 얻는 데 만족하게 되었다. 그럼에도 입비처가 천지 가까이(천지 동남 약 4km)에 놓인 관계로 양측은 대체로 천지를 경계로 하게 되었고 그 후 조선의 백두산에 대한 제례가 형성되었다.

종번관계하에서 국경분쟁 역시 진정세를 탔다. 고종 대에 이르러 조선 변민의 두만강 이북지역으로의 월경 개간과 더불어, 한때 조선은 두만강 국경에 대한 방향을 잃었으며, 이른바 토문·두만 2강설을 주장하여, 두만강 경계를 부인하였다. 그러나 제1차 공동 감계를 통하여 조선 측은 2강설이 착오임을 인정하고 목극등이 정한 옛 경계를 준수할 것을 요구하였다. 오히려 중국 측 대표가 분수령에 대한 인식이 잘못되어 담판이 무산되고 말았다. 중국 측 대표의 경우 먼저 천지에서 약 50km 떨어진 삼지연을 경계로 할 것을 요구하다가 한 발 물러나 천지에서 약 30km 떨어진 소백산을 경계로 할 것을 요구하였다. 결국 길림장군이 소백산·석을수를 따라 '십자비'를 세울 것을 건의했으나, 청 총리아문과 광서제가 유보하였다. 종번관계 유지라는 원칙에 준한 결과였다.

조·청 양국이 서로의 영토 이익을 배려하지 않게 된 것은 종번관계가 붕괴된 후부터였다. 특히 대한제국은 두만강 이북 간도지역을 판도에 넣고자 확장정책을 폈다. 앞서 공동 감계에서 양측은 두만강을 경계로 함을 인정하였기 때문에 대한제국의 간도정책의 근거는 종전의 2강설이 아니었고 간도가 조선에 속한다고 주장하지도 않았다. 다만 두만강 이북지역이 '비어 있는 땅' 즉 '간광지' 또는 '공광지'이며, 중국에 속하지도 않고 조선에 속하지도 않는다고 주장하였다. 이는 국제법상의 '무주지' 개념에 근접한 것으로써 그 후 일본이 '간도문제'를 도발할 때 비슷한 논리를 폈다. 이 때문에 일부 학자들은 대한제국의 간도정책을 '식민화' 정책에 속하고 제국주의 속성을 띠고 있다고 보았다.

참고문헌

자료

『청태종실록』, 1986, 북경: 중화서국.

『청성조실록』, 1986, 북경: 중화서국.

고려대학교아세아문제연구소, 『구한국외교문서』 제9권, 청안1.

__________________, 『구한국외교문서』 제9권, 청안2.

김노규, 『북여요선』, 양태진, 1992, 『한국국경사연구』, 서울: 법경출판사.

김지남, 1712, 『북정록』, 동북아역사재단, 2006, 『백두산정계비자료집』 6.

박권, 1712, 『북정일기』, 동북아역사재단, 2006, 『백두산정계비자료집』 6.

이중하, 『감계사교섭보고서』, 1887, 규장각 소장 번호: 11514의 2.

_____, 『문답기』, 1885, 규장각 소장 번호: 규21041.

조선외부, 『한청의약공독(韓淸議約公牘)』, 서울대학교 규장각 소장(규15302).

홍세태, 『백두산기』, 동북아역사재단, 2006, 『백두산정계비자료집』 6.

『동문휘고』 영인본, 1978, 국사편찬위원회.

『승정원일기』, 1961~1964, 국사편찬위원회.

『조선왕조실록』 영인본, 1970, 국사편찬위원회.

劉建封, 1909, 『長白山江崗志略』, 李澍田 주편, 1987, 『長白叢書』 初集, 장춘: 吉林文史出版社.

王瑞祥 · 劉建封 등, 1909, 『長白山靈蹟全影』, 북경대학교도서관 소장본.

王彦威 · 王亮 편, 1985, 『淸季外交史料』 영인본, 臺北: 文海出版社.

중앙연구원근대사연구소 편, 1972, 『淸季中日韓關係史料』 제9권.

總理衙門 편, 『吉朝分界案』, 북경: 全國圖書館文獻縮微複製中心 편, 2005, 『國家圖書館藏淸代孤本外交檔案續編』 제5책.

단행본

강석화, 2000, 『조선후기 함경도와 북방영토의식』, 서울: 경세원.

방동인, 1997, 『한국의 국경획정연구』, 서울: 일조각.

서길수, 2009, 『백두산구경연구』, 서울: 여유당.

李花子, 2008, 『조청국경문제연구』, 서울: 집문당.
______, 2011, 『한중국경사 연구』, 서울: 혜안.
______, 2019, 『백두산과 한중국경사』, 서울: 혜안.

楊昭全 · 孫玉梅, 『中朝邊界史』, 장춘: 吉林文史出版社, 1993.
王士禎, 2006, 『池北偶談』, 북경: 中華書局.
요녕성당안관 편, 2012, 『滿洲實錄: 滿文 · 漢文』, 심양: 요녕교육출판사.
李花子, 2006, 『淸朝與朝鮮關係史研究-以越境交涉爲中心』, 연길: 연변대학출판사.
______, 2007, 『朝鮮王朝的長白山認識』, 『中國邊疆史地研究』 2기.
______, 2011, 『康熙年間穆克登立碑位置再探』, 『社會科學輯刊』 6기.
______, 2011, 『明淸時期中朝邊界史研究』, 北京: 知識産權出版社.
______, 2019, 『淸代中朝邊界史探研-結合實地踏査的研究』, 광주: 중산대학출판사.
張存武, 「淸代中韓邊務問題探源」, 『中央研究院近代史研究所集刊』 제2기, 1971년.
陳慧, 2011, 『穆克登碑問題研究-淸代中朝圖們江界務考證』, 북경: 中央編譯出版社.
黃瑤, 2004, 『國際法關鍵詞』, 北京: 法律出版社,

篠田治策, 1938, 『白頭山定界碑』, 東京: 樂浪書院.

논문
유병화, 1983, 「국제법상 영토의 개념과 권한」, 『영토문제연구』 창간호.
은정태, 2007, 「대한제국기 '간도문제'의 추이와 '식민화'」, 『역사문제연구』 17호.
李花子, 2009, 「대한제국기 영토관과 간도정책의 실시」, 『전북사학』, 35호.
______, 2012, 「중국 · 북한 국경 답사기: 백두산 토퇴군(土堆群)의 새로운 발견」, 『문화역사지리』 제24권 3호.
______, 2013, 「백두산 정계의 표식물: 흑석구(黑石溝)의 토석퇴에 대한 새로운 고찰」, 『동방학지』 162집 6월.

李花子, 2019, 「明淸時期朝鮮地理稱謂之長白山與白頭山」, 『淸史研究』 4기.

徐德源, 1996, 「長白山東南地區石堆土堆築設的眞相」, 『中國邊疆史地研究』 2기.
______, 1997, 「穆克登碑的性質及其鑿立地點與位移述考-近世中朝邊界爭議的焦點」,
刁書仁, 2003, 「康熙年間穆克登査邊定界考辨」, 『中國邊疆史地研究』 3기.

『中國邊疆史地研究』1기.

Nianshen Song, 2018, *Making Borders in Mondern East Asia: The Tumen River Demarcation,1881-1919*, CAMBRIDGE UNIVERSITY PRESS.

2부

국가 정체성과 동아시아 정체성

5장

중국 근대 초기 역사학에서 민족 개념의 수용과 과학관: 량치차오(梁啓超)의 경우

김승욱
충북대학교 역사교육과 교수

I. 머리말

근대 국가의 출현과 함께 나타난 민족(주의)의 형성은 크게 두 유형의 방향을 따라왔다고 정리해 볼 수 있다. 하나는 한 근대 국가의 국경을 기준으로 그 범위 내에 소속된 모든 개체, 집단을 하나의 민족 범주로 묶는 것이고, 또 다른 하나는 기왕의 문화, 언어, 혈연적 공동체를 기반으로 형성된 인적 범주를 국가와 중첩되는 범주로 설정하는 것이다. 흔히 전자를 국가민족주의(state nationalism), 후자를 종족민족주의(ethnic nationalism)로 지칭한다.[1] 이때 이 민족의 형성을 어떻게 해석해야 할 것인지를 둘러싸고 학계에는 대비적인 논쟁 구도가 존재한다. 전형적으로는, 그것이 근대 이후 새롭게 발생한 것인지 아니면 근대 이전부터 본래 존재했던 것인지를 둘러싸고 이른바 '도구론(instrumentalism)'과 '원초론(primordialism)'으로 대비되는 논의가 있다. 또한 그것이 객관적으로 구성된 것인지, 주관적으로 조성된 것인지에 따라 이른바 '객관론'과 '주관론'으로 대비되는 쟁론도 있다. 그런데 실제 근대 민족(주의)의 전개는 이렇게 선형적으로 배열, 대비되는 논의로 '간명히' 분류하기에는 실제 양상이 매우 복잡하다. 사실 근대 민족(주의)의 형성은 많은 경우 위의 두 방향으로의 진행이 병행되는 것이 보이며, 또한 개별 지역의 사례들은 상이한 변수들과 연관되어 독자적 맥락으로 진행된 변형

* 이 글은 『동북아역사논총』 67호에 게재한 논문을 수정·보완한 것임을 밝힌다.

1 전자는 공민적 권리와 자유 원리를 기반으로 국가 이념에 대한 합의를 형성한다는 면에서 공민민족주의(civic nationalism) 또는 자유민족주의(libaral nationalism) 등으로 표현되기도 하며, 후자는 종종 종족주의(ethnisim)와 동일한 의미로 사용된다.

은 다양한 방향으로 파생되었다고 할 수 있다. 이 점에서 근대 민족(주의)의 전체 상을 선형적 시각을 넘어 보다 입체적으로 파악하려는 노력이 필요하다. 민족에 관한 기왕의 이해 틀은 특정 서구 국가의 사례를 중심으로 일단 구성된 것으로, 향후 비서구 지역 국가의 사례에 대한 폭넓은 검토를 통해서 계속 수정해야 하는 것이다.

그렇다면 중국의 민족 개념은 어떻게 형성되었는가? 이에 관한 기존의 논의들도 민족(주의)에 관한 일반 논의와 마찬가지로, 기본적으로 대비되는 논쟁 구도가 펼쳐놓은 스펙트럼 속에 배열되어 있다. 우선 이 구도의 한편에는, 중국의 민족이 근대에 접어들어 새롭게 형성되었던 점을 부각하는 논의가 전개되어 왔다. 주지하듯이 오랫동안 중국 근현대사를 설명하는 하나의 주요 논법은, 아편전쟁으로 표상되는 외부적 위협에 직면해 기존 체제가 와해, 해체되고 그를 대체하는 새로운 체제, 요컨대 민족국가(또는 국민국가, nation-state)가 구축되는 과정으로 설명하는 식이었다.[2] 이때 민족은 기본적으로 새로운 국가체제 아래 혹은 그 구축 과정에서 새롭게 구성되었으며, 또한 그 준거의 외래적 수용의 측면이 강했던 것으로 파악되었다. 그런데 이 구도의 다른 한편에서는 중국 민족이 근대 이전에 존재했던 모종의 공동체로부터 이어진 측면을 부각하는 논의가 꾸준히 이어져왔다. 이는 기존 체제 또는 그 체제 원리가 근대 이후에도 단절되지 않고 지속되었다는 인식과 연결되어 있는데, 특히 지난 십수 년 동안 "천하체계" 등 기존 체제의 연속성을 주목하는

2 황제지배체제로부터의 "共和" 정체로의 전환 이후 민족(국민)국가 수립 과정을 설명하는 것은 중국 근현대사의 오랜 서술 방식이었으며, 그 속에서 중국 민족은 기본적으로 이러한 정치체제로 수렴하는 가운데 형성된 것으로 인식되었다.

논의들이 확대되는 가운데[3] 중국 민족의 형성 시점을 근대 이전 시기로 소급하는 경향이 점점 더 강화되고 있다.[4] 앞서 지적했듯이 이런 대비적 논의 구도를 여기서 반복하는 것은 적절치 않으며, 근대 중국이 청 국가에서 새로운 국가로 이행해 가는 과정에서 그 민족 개념을 구성하는 데 어떤 지역적 변수들이 개입하고 또 그로 인해 어떤 특성이 있는 파생의 흐름을 갖게 되었는지 구체적으로 살펴보는 것이 필요할 것이다.

근대 중국 민족(주의)에 관해서는 국내 학계에서도 다양한 시각과 차원에서 이미 폭넓은 논의가 전개되어 왔다.[5] 그 가운데 이 글에서 다루려는 민족 개념의 수용 문제와 관련해서도 주목되는 연구가 적지 않다.[6] 이 글에서는 기왕의 연구들을 참조하면서 조금 다른 시각에서 그에 대해 추가적인 논의를 덧붙여보려고 한다. 구체적으로는 중국 근대 초기

3 "천하체계" 논의는 오늘날 중국 민족(주의) 논의의 큰 배경을 이루고 있다고 할 수 있다. 자오팅양 지음, 노승현 옮김, 2010, 『천하체계: 21세기 중국의 세계 인식』, 길.

4 거자오광(葛兆光) 등은 송대의 '민족주의'를 중국 국민국가의 원형으로 지목한다. 葛兆光, 2011, 『宅兹中國: 重建有關"中國"的歷史論述』, 中華書局; 葛兆光, 2010, 「重建關于"中國"的歷史論述-從民族國家中拯救歷史, 還是在歷史中理解民族國家?」, 劉鳳雲·劉文鵬 編, 『淸朝的國家認同-"新淸史"硏究與爭鳴』, 中國人民大學出版社, 245~266쪽.

5 한국 학계에서는 중국의 패권적(제국적) 민족 개념이 공존적 질서에 미치는 영향을 경계하면서 동아시아사론 등을 통해 그 극복을 모색하는 논의가 많이 이루어졌다. 유용태, 2009, 「근대 중국의 민족제국주의와 단일민족론」, 『동북아역사논총』 23; 백영서, 2000, 『동아시아의 귀환』, 창작과비평사; 백영서 외, 2005, 『동아시아의 지역질서-제국을 넘어 공동체로』, 창비.

6 서구 개념을 수입하는 가운데 서구와는 다른 개념적 변용이 나타났다는 점을 주로 지적하는 논의들이 있다. 박상수, 2005, 「중국 근대 '네이션' 개념의 수용과 변용」, 『동아시아 근대 '네이션' 개념의 수용과 변용』, 고구려연구재단; 이춘복, 2009. 6, 「청말 중국 근대 '民族' 개념 담론 연구-문화적 '民族' 개념과 정치적 '國民' 개념을 중심으로-」, 『중앙사론』 29. 그런데 이에 대해 민족 개념의 수용에서 서구적 '원본'이 갖는 의미를 상대적으로 파악하려는 노력이 더 필요하다고 판단된다.

역사학에서 민족(주의) 개념의 형성 과정에서 결정적인 역할을 했던 량치차오(梁啓超)의 사례를 중심으로 검토하면서, 특히 그 개념 수용과 변용의 과정에서 과학관이 작용한 역할에 주목하려고 한다. 과학은 이 시기 서구 학문과 개념에 대한 수용을 자극한 중요한 요소였음에도[7] 민족 개념과 관련해서 그에 대한 논의는 충분치 않았다. 이에 량치차오의 민족 개념 형성 과정에서 과학관이 어떤 영향을 미쳤는지에 비중을 두고 살펴보려고 한다.

이하 각 장별로 다음과 같은 내용을 중심으로 논의를 전개할 것이다. 우선 Ⅱ장에서 중국 민족 개념의 수용상의 특성을 살펴본다. 이때 수용된 서구의 민족 개념 자체를 가능한 한 상대적인 척도로 파악하고 그것을 수용한 중국의 맥락에서 어떤 주동적 의미를 갖는지 생각해 보려고 한다. Ⅲ장에서는 민족 개념의 변용 과정에서 영향을 준 지식계의 풍조로서, 특히 과학(科學)으로 대변되는 서구 지식의 방법론 수용이 그 개념 형성에 어떤 영향을 주었는지 살펴볼 것이다. 이어 Ⅳ장에서는 위의 민족 개념의 변용을 거치면서 중국의 민족주의가 어떤 방향으로 진행되고 어떤 문제를 내포하게 되었는지, 또한 그것이 중국 역사학계에 어떤 과제를 남겨 두었는지 검토할 것이다.

---

7 량치차오의 과학관은 일본 학계가 그에게 미친 영향을 강조하면서 다룬 경향이 있었다. 하사마 나오키(挾間直樹)는 량치차오의 구와바라 지쓰조(桑原隲藏) 등 일본 학계에 대한 중시 태도를 강조한다. 挾間直樹 主講, 淸華大學國學硏究院 主編, 2016, 『東亞近代文明史上的梁啓超』, 文景, 129~150쪽.

II. 민족 개념 수용상의 특성

중국에서 민족이라는 단어는 서구 개념의 외래적 수용과 변용 과정을 통해 자리잡았다. 그것은 기본적으로 근대 이후 서구 개념의 번역을 거쳐 정착되었다. 구체적으로 말하면 그것은 19세기 일본에서 nation의 대역어로 등장한 여러 번역어[민종(民種), 족민(族民), 민족(民族), 국민(國民) 등]의 하나로 등장했으며,[8] 당시 서구 사회와 지식, 개념에 관심을 키워가던 중국 지식인들이 중국에 도입했다. 량치차오는 바로 그 핵심 인물 중 한 명이다. 그는 주로 국가학을 펼쳤던 독일 정치학자 블룬칠리(Bluntschli)의 영향을 깊이 받았다.

블룬칠리는 중국뿐 아니라 동아시아에서 근대 민족 개념이 형성되는 데 가장 큰 영향을 준 법학자였다.[9] 그는 『교양인을 위한 도이치 국가학

---

8 19세기 중반 이후 일본에서는 people, nation 등에 대해서 다양한 대역어가 시도되었다. nation의 번역어로는 國民, 民族, 族民 등이 병용되었다. 박양신, 2008, 「근대 일본에서의 '국민' '민족' 개념의 형성과 전개: nation 개념의 수용사」, 『동양사학연구』 104집, 238~244쪽. 1880년 몇몇 사전의 예를 들어 보면, 井上哲次郎 編, 1882, 『哲學字彙』, 東京大學三學部에는 "國, 國民"으로 번역했으며, 柴田昌吉 · 子安峻, 1873, 『英和字彙』, 輿論社에는 "國民, 人民, 國" 등으로 번역했다.

9 블룬칠리의 저서 가운데 *Allgemeines Staatsrecht*(1868)는 1876~1879년에 걸쳐 가토 히로유키(加藤弘之)가 『國法汎論』이라는 제명으로 번역했다. 또한 그 축약본이라고 할 수 있는 *Deutche Staatslebre für Gebildete*(1974, Nördlingen)는 히라타 도스케(平田東助), 히라쓰카 데이지로(平塚定二郎)가 『國家論』(1889, 東京: 春陽堂)으로 일역한 것과 아즈마 헤이지(吾妻兵治)가 『國家學』(1899, 東京: 善隣譯書館)으로 중역한 번역본이 있었다. 량치차오는 1899년 4월 10일 제11기 『청의보』에 블룬칠리의 『국가론』을 번역, 게재하기 시작했다. 1902년 廣智書局은 량치차오가 번역한 블룬칠리의 저서를 모아 『國家學綱領』이란 제명으로 출판했다. 또한 1903년 5월 25일 『신민총보』 32기에는 力人을 필명으로 한 소개 글이 실렸고, 1903년 10월 4일 『신민총보』 38, 39 합기에 政治學大家伯倫知理之學說」이란 제목의 글에 블룬칠리 두상을 포함해 그 학설을 전반적으로 소개했다. 한국에서는

(*Deutche Staatslebre für Gebildete*)』에서 민족과 국민에 관해 다음과 같이 설명했다. 이때 민족, 국민은 각기 nation, volk의 번역어로 등장하게 되는데, 당시 한역본 등을 참조해 해당 부분을 번역하면 다음과 같다.

> 민족(nation)과 국민(volk)은 그 의미가 매우 유사하고 상통하는 것 같지만 본래 전혀 다른 것이다. 독일어로 이른바 민족은 동종(同種)의 민중을 말하는 것이고 국민은 같은 나라에 함께 사는 민중을 말한다. 따라서 하나의 민족은 여러 나라에 나누어 사는 경우가 있으며, 하나의 나라에 여러 민족을 포함하는 경우가 있다. 국민은 그렇지 않다. 그것은 반드시 나라의 경계를 보아야 하며, 즉 한 나라 안에 거주하며 참정권을 갖는 자로, 그를 총칭해 국민이라고 한다. 유럽의 여러 나라 가운데 프랑스인, 영국인은 민족(nation)에 정치적 의미를 부여해서 우리 나라(독일)가 말하는 volk에 해당하는 말로 사용하고 있고, 또 peuple 혹은 people을 우리가 말하는 nation에 해당하는 말로 쓴다. 따라서 정치학자는 종종 의혹을 갖는다.(밑줄은 역자) …… 나는 우선 독자들에게 국민이란 무엇인가를 명확히 알게 …… 하려고 하며, 먼저 그 대체를 말한다. 첫째, 국민이란 하나의 개체이다. 왜냐하면 국민은 하나의 큰 유기체, 즉 국가(stat)를 구성하기 때문이다. 그것을 통해 그 의지를 발하고 그 권리를 정함으로써 자신을 지켜낸다. 둘째, 국민이란 나라 안에 생식하는 하나의 법률체다. 무릇 국가라고 말하고, 국민이라고 말하는 것은 모두 합일된 활동을 하

1907년 安鍾和가 廣智書局의 『國家學綱領』을 동명의 제목으로 번역 소개했다(伯倫知理 著, 安鍾和 譯, 1907, 『國家學綱領』, 廣學書舖). 박근갑, 2017, 「한국에 건너온 블룬칠리(Bluntschli) 국가학」, 『개념과 소통』 제20호 참조.

는 공동의 단체로 그 의미가 진정으로 다르지 않다. 그렇지만 일반적인 의미로 해석하자면, 국민이란 나라를 세우는 인민의 공동의 마음이고 국가란 헌법으로 만든 국민의 공동체다. 이 공동체의 정신은 바로 활동하는 국민이다. 이 정신이 있은 다음에 이 체(體)가 갖춰진다. 따라서 국민이 있은 뒤에 국가가 있는 것이다. 국가가 없으면 국민도 홀로 존재할 수 없다. 이 두 단어는 필경 이름이 다르지만 실은 같을 따름이다.[10]

위에서 블룬칠리는 근대 국가를 국민이 만든 공동체라고 보고 국민 개념과 대비하면서 민족 개념을 설명한다. 이때 민족이란 그가 종족적·문화적 개념으로 파악하는 nation의 번역어로, 국가와 등치되는 정치적 개념으로 해석한 volk=국민과 대비되는 것이었다.

그런데 이러한 개념은 당시 서양사의 맥락에서 보편적으로 공유되는 것이 아니었다.[11] 왜냐하면 volk는 어원상 ethnic과 가까운 의미이며 nation은 이미 영국, 프랑스에서 본래 혈통을 함께하는 혈연집단을 의미하는 것에서 정치적 공동체를 내포한 개념으로 재해석되고 있었기 때문이다.[12] 당시 nation과 volk라는 단어는 각 국가, 지역마다 그 의미가

---

10 J. K. Bluntchli, 1874, *Deutche Staatslebre für Gebildete,* Nördlingen, pp. 39~43(박상수, 2005, 앞의 글, 96쪽에서 재인용); 吾妻兵治, 1899, 『國家學』, 東京: 善隣譯書館. 위 인용문은 아즈마 헤이지(吾妻兵治)의 『國家學』에서 族民이라고 번역한 부분을 民族으로 바꾸었다.

11 최갑수, 2003, 「내셔널리즘의 기원과 특성」, 『서양사연구』 31; 최갑수, 1995, 「서구에서 근대 국민국가의 형성과 민족주의」, 『근대 국민국가와 민족문제』, 지식산업사.

12 서구에서 오늘날 민족 개념으로 사용되는 용어는 nation, ethnic 등이 있다. nation은 라틴어 nātiōnem(주격은 nātiō), 고대 프랑스어 nation, nacion, nasion 등을 어원으로 하며, 중세 영어에 nacioun, nacion 등의 형태로 진입했다. 그 의미는 주로 혈통이 함께하는 혈연집단이었다. 또한 ethnic은 이교도, 이방인을 뜻하던 라틴어 ethnicus, 고대 그리스어 ethnikós(ἐθνικός), éthnos(ἔθνος) 등으로부터 영어권에

나름대로 재규정되면서 본래의 의미를 조금씩 벗어났다. 그가 앞의 글(밑줄)에서 "유럽의 여러 나라 가운데 프랑스인, 영국인은 민족(nation)에 정치적 의미를 부여해서 우리나라(독일)가 말하는 volk에 해당하는 말로 사용하고 있고"라고 얘기하고 있는 것처럼, 그(독일)가 말하는 volk는 당시 프랑스, 영국에서 말하는 nation과 가까운 함의를 갖는 용어였다. 이 점에서 그가 전자를 정치적 공동체로, 후자를 종족 집단으로 이해한 것은 법학자로서의 자기 해석이었다.[13]

블룬칠리가 nation과 volk(대역어로는 민족과 국가)를 구별한 것은 그가 지향한 이상적인 국민 '국가론'을 표명하는 과정에서 취한 하나의 설명 방식이다. 이때 그의 국가론이 갖는 특징은, 국가를 자기 의지를 갖는 하나의 유기체로 파악하고 그것을 개인보다 우위에 두는 데 있었다. 그는 개인의 사회적 계약의 산물로써 국가를 이해하려는 영국에서 기원한 학설을 비판하면서 대신 국가 의지에 주목했다. 그는 국가 관념을 결핍하거나 그것을 자율적으로 실행할 능력이 없는 자연인민(naturvolk)과 구별하여 국가체제 안에 거주하면서 활동하는 총체적 인격으로서 국가국민(Statsvolk, 영어식으로는 state nation에 해당하는 것으로 이해됨.)를

진입했으며 점차 특정한 인종, 종족을 지칭하는 의미로 사용되었다. 중세 영어에서 이 개념을 계승한 용어는 folk이다. 그런데 이 개념들은 고대로부터 오늘날까지 그대로 이어진 것이 아니며, 그것이 처한 시간적·공간적 맥락이 변화함에 따라 그 함의도 바뀌어 왔다고 할 수 있다.

13 개념 정의가 아직 확정되지 않았던 서구 상황에서 이런 다른 해석이 나타난 것은 납득 가능한 일이며, 그 자체를 별도로 논의할 논제가 될 수 있다. 오늘날 서구의 민족국가 형성 과정을 하나의 일관된, 통합된 흐름으로 보고 그 민족국가로의 이행을 이상 모델로 취급하는 것은 부적절한 측면이 있다. 또한 비서구 지역의 민족국가 유형에 대한 다양한 분석이 필요하다. 최갑수, 2003, 앞의 글; 최갑수 1995, 앞의 글 참조.

상정한다. 그는 주로 언어적 공동성에 기반한 민족공동체는 법률적 의미의 인격체가 될 수 없으며 그것을 초월하는 법인격체로서 유기적 존재들을 구성하는 통일체를 상정했다. 그것이 곧 volk였다. 이때 그는 nation과 volk를 분리하면서도 양자 사이에 상호작용이 존재하며 일종의 진화 과정에 있다고 생각한다. 그에 따르면 스스로를 다스릴 수 있는 정신적·도덕적 능력을 지니지 못한 민족은 volk가 될 수 없기 때문에 모든 인민이 본성적으로 국가국민으로 성숙할 수 없다. 따라서 그는 "모든 nation이 volk로 구성될 자격을 지니지는 않는다."고 하면서, 그 가운데 고유한 국가 관념과 그것을 실행할 욕구를 지닌 민족은 하나의 국민국가(민족국가)를 세울 자격을 가진다고 생각했다.[14]

그런데 이러한 블룬칠리의 민족, 국민 개념은 당시 유럽 지역의 맥락에서 진행된 다양한 변형 또는 그 논리의 개별적 진화 과정을 반영하고 있었다. 리아 그린펠드(Liah Greenfeld)의 분석을 인용하자면 유럽의 민족주의 간에는 다양한 변형이 진행되고 있었다. 영국이 공민적 원리 위에 개인주의-자유주의를 기반으로 국가민족주의를 지향했다면, 프랑스는 마찬가지로 공민적 원리에 기반을 두면서도 집단주의-자유주의를 기반으로 하는 방향으로 전개되어 갔다. 또한 러시아, 독일은 집단주의-권위주의를 지향하는 과정에서 민족을 특정 종족 집단 중심으로 구성하는 종족주의 경향으로 변화해 갔다(〈표 1〉 참조).[15] 이 Ⅰ→Ⅱ→Ⅲ 유형으로의 진행은 국가민족(state nation)의 초기 이상으로부터의 '퇴화'로 이해될 측면이 있지만, 국민의 형성이 그것을 주도하는 특정 민족(또는 종

14 J. K. Bluntchli, 1874, 앞의 책.

15 Liah Greenfeld, 1993, *Nationalism: Five Roads to Modernity*, Harvard University Press, pp. 3~11.

〈표 1〉 유럽 민족주의의 역사적 유형

유형	I	II	III
기반 원리	공민적	공민적	종족적
	자유주의적	자유주의적	권위주의적
	개인주의적	집단주의적	집단주의적
초기 예	영국	프랑스	러시아
전형 예	영국, 미국	프랑스	독일

출처: Liah Greenfeld, 1993, *Nationalism: Five Roads to Modernity*, Harvard University Press, pp. 3~11. 해당 내용을 참조해 재정리함.

족)을 중심으로 진행될 수밖에 없다는 현실을 반영한 '진화'이기도 했다.[16]

이 가운데 블룬칠리는 영국, 프랑스의 선행 사례에 대한 대안을 모색하는 입장에 있었다고 할 수 있다. 그는 위에 인용한 글에서 "그 학설은 오늘날에도 아직 많은 옹호자를 거느린다. 그렇지만 도이치 국가학은 그것이 잘못되고 믿을 수 없다고 내몰아 세워 물리쳤다"고 주장했는데, 여기서 말한 "그 학설"이란 '국가가 계약의 산물'이라는 루소류의 주장이었다. 국가 유기체(organismus) 이론은 바로 그에 맞서 제기된 것이다. 그는 개별적 개인들의 사회적 계약을 거쳐 국가로 통합되는 것이 아니라 개별 의지의 단순한 총합을 초월하는 공공의지('국가의지')를 주목한다.[17] 비교해서 말하자면, 이는 영국을 중심으로 발원했던 국가 범주 내의 자유로운 개인들이 합의한 이념을 공유하는 국가민족주의의 초기 원리와 구별해서 집단주의, 권위주의적인 원리를 부각한 민족(국민) 개념이었다. 이러한 블룬칠리의 민족, 국민 개념의 특성은, 이를 적극적으

16 姚大力, 2013,「談民族與民族主義」,『誰來決定我們是誰』, 譯林出版社.

17 박근갑, 2017. 12,「한국에 건너온 블룬칠리(Bluntschli) 국가학」,『개념과 소통』 제20호, 355쪽.

로 수용한 중국의 엘리트 지식인들도 주목한 점이었다.

이 점에서 그를 수용한 량치차오의 경우도 유사한 입장의 진행을 거치고 있었다. 량치차오는 초기에 서학에 대해 관심을 가졌을 때, 루소를 높이 평가하면서 사회계약설을 국가 원리로 주목했다.[18] 당시 그는 "루소가 18세기의 인물이지만 19세기 서구의 '민족주의'를 잉태한 어머니이자 프랑스혁명의 원동력이다"라고 주장했다. 그는 루소의 학설이 '군주 주권'에서 '국민 주권'으로의 전환에서 큰 역할을 했다고 평가했다. 그런데 그는 곧 루소 학설의 한계를 지적하면서 그 대안으로써 블룬칠리 학설에 주목하기 시작했다.[19] 이는 그가 민족국가(국민국가)의 구조를 설계하는 입장에서 국가민족을 지탱하는 원리를 개인주의-자유주의에서 점차 집단주의-권위주의의 방향으로 전환한 것을 보여주는 것이고, 적어도 그 전환의 방향을 수용하는 입장에 있었던 것을 설명해 준다.[20] 그는 이런 과정을 통해서 서구 민족 개념 가운데 블룬칠리류의 민족 개념을 선택적으로 수용한 것이다.

이러한 민족 개념의 선택적 수용에는 개혁파에 속했던 량치차오가 처했던 중국 사회와 국가체제의 관성(慣性)이 반영, 작용되고 있다고 할 수 있다. 첫째, 권위주의적 정치체제의 관성을 간과할 수 없다. 새로운 국가체제로의 이행을 도모하는 엘리트 지식인의 관점에서, 황제권력과

---

18 梁啓超, 1901. 11~12, 「盧梭學案」, 『淸議報』 第98~100冊; 中國之新民, 1902. 7, 「民約論巨子盧梭之學說」, 『新民叢報』 第11~12號.

19 梁啓超, 1903. 10. 4, 「政治學大家伯倫知理之學說」, 『新民叢報』 38, 39 합기, 4쪽.

20 하사마 나오키(狹間直樹)는 량치차오가 "국가"의 관점에서는 國權主義의 입장에서, "국민"(新民)의 관점에서는 民權主義의 입장에서, 마치 타원의 두 축처럼 두 개의 축을 이루고 있었다고 주장한다. 狹間直樹, 1999, 「〈新民說〉略論」, 狹間直樹 編, 『共同硏究梁啓超-西洋近代思想受容と明治日本』, みすず書房, 92~93쪽.

관료제를 중심으로 한 권위주의 정치체제의 전통은 그로부터의 급격한 이탈보다 가까운 유형의 근대국가 체제로의 이행 모색을 선행하게 했을 것이라는 점은 자연스럽다. 둘째, 민족 의식의 원초적 존재로, 이들 지역에서 근대민족 개념으로 발전할 수 있는 원초적인 형태의 개념이 이미 존재했다는 사실이다. 중국에서는 "족류(族類)" 개념이 화이론의 구조하에서 민족의 초기 형태를 형성하여, 청 제국 시기까지 기본적으로 이어졌다. "족류"는 화이적 세계관하에서 다른 종족과의 대비가 부각되면서 근대 이후의 민족의 의미와 연결되는 맥락을 갖게 되었다.[21] 이 점에서 블룬칠리의 민족 개념은 중국인에게 자연스럽게 번역되어 하나의 실체로 이해될 수 있는 측면이 있었다. 중국 지식인들은 유럽의 민족(주의) 개념 가운데 집단주의, 권위주의적 특성을 내포한 근대 국가론에 더 큰 관심을 보였다. 말하자면 그 개념의 수용에서 유럽 민족(주의) 개념 자체는 상대적인 의미를 가지며, 또한 그것이 주도적인 선택 과정이었다는 점을 생각하게 한다.

량치차오의 민족, 국민 개념은 이후 많은 변화를 겪으면서 중국 사상계의 사상적 분화의 단초를 제공했다고 지적된다. 이때 적지 않은 논자들은 그 가운데 민족 개념이 정치 중심에서 문화 중심으로의 전변했다

21 "族類"라는 단어는 본래 "族類辨物"(『周易 · 同人 · 象』)처럼 동류의 무리를 가리킨 것으로, 의미가 확장되어 동일한 성씨의 후예로 구성된 혈족을 지칭했다. 그것은 "史佚之志有之曰, 非我族類, 其心必異"(『左傳 · 成公 · 4年』)에서 혈족 범위에 주로 국한해 사용되었지만, 화이적 세계관하에서 다른 종족과의 대비가 부각되면서 근대 이후 민족의 의미와 연결되는 맥락을 갖게 되었다. 강통(江統)은 「徙戎論」에서 "非我族類, 其心必異, 戎狄志態, 不與華同"(『晉書 · 卷56 · 江統傳』)이라고 했는데, 근대 이전의 "족류" 개념은 근대 이후 "민족" 개념과 구별되는 함의를 갖지만, 오늘날 민족과 유사한 맥락의 개념으로 주목된다.

는 사실에 주목한다.[22] 또한 '문화주의'적인 변용의 결과 논리적으로 모순된 경향 속에 놓이게 되었다는 점이 지적된다.[23] 그런데 이러한 분화 이전에 위와 같이 그 수용 과정에서 그것이 집단주의, 권위주의적 특성을 내포한 근대 국가론에 경도된 선택이 이루어졌다는 사실에 일단 주목할 필요가 있다. 이는 유럽 민족주의의 진행 과정과 마찬가지로 해당 지역의 종족·문화적 특성을 반영한 변형의 일종으로, '문화주의'적 변용은 특수성과 보편성을 동시에 반영하고 있는 것이다. 민족 개념이 정치 중심이냐 문화 중심이냐 하는 문제는 그것이 궁극적으로 집단주의·권위주의적 국가건설을 지향한다는 점에 대해서 부차적이다. 이때 정치 혹은 문화 어느 쪽이 부각된 민족(주의) 흐름이든 그 속에 중국의 기존 국가, 사회에서 이어진 관성의 측면이 어떻게 처리되고 있는지 더 주목할 필요가 있다.

22 예를 들어 쉬지린(許紀霖)은 량치차오가 1912년 「國性論」을 발표할 때 國語, 國教, 國俗으로 표현되는 '국성'을 강조하면서 국민민족주의가 문화민족주의로 전환했다고 지적하고, 그 이후 현대 중국에서 공화애국주의와 문화민족주의라는 두 가지 민족국가 인식으로의 분화가 나타났다고 설명한다. 許紀霖, 2005, 「政治美德與國民共同體: 梁啓超自由民族主義思想研究」, 『天津社會科學』, 2005 第1기; 許紀霖, 2011, 「共和愛國主義與文化民族主義-現代中國兩種民族國家認同館」, 許紀霖·宋宏 編, 『現代中國思想的核心觀念』, 上海人民出版社, 283~287쪽.

23 박상수는 량치차오의 민족, 국민관 속의 문화주의를 "몰락의 도정에 있는 문화주의(decaying culturalim)"라고 비판한 레벤슨의 지적에 대해, 그의 전통적 문화주의에 대한 변용의 논리가 근대민족주의와 조화할 가능성이 모색되었다고 하는 관점에서 그 좌절의 측면을 주로 탐색한다. 박상수, 2005, 앞의 글 참조.

III. 진화론과 지리결정론

근대 중국이 민족(국민)국가의 체제로 이행하는 데는 다른 지역의 사례와 구별되는 지역적 맥락의 독특한 변수들이 있었다. 그것은 이미 많은 논자가 지적해 온 바와 같이, 바로 청 제국이 구조적으로 '균질한' 통합성을 형성하기에는 어려운 매우 다원적인 구성을 갖고 있었다는 점이다. 청은 명의 직할 16성 지역에 만주, 몽골, 위구르(서역), 티베트를 아우른 광역의 제국으로, 지리·인구·문화적으로 분절적 구도를 내포하고 있었다. '국가-민족(국민)' 또는 '종족-민족(국민)' 어떤 관점에서 보더라도, 청 제국은 그것을 하나의 통합된 체제로 묶기에는 어려운 문제를 안고 있었다. 그 속에서 당시 근대국가로의 이행을 지향했던 중국의 엘리트 지식인들은, 새로운 국가와 등치되는 민족, 국민 등의 개념을 어떻게 제시해야 할지 고민하지 않을 수 없었다. 역사학은 그러한 과제에 가장 즉각적으로 반응했던 학문 분야였으며 량치차오는 그들에게 핵심적인 영향을 끼친 인물이다.[24]

량치차오는 20세기로 접어들어 근대 민족국가에 대한 지향을 투사한 새로운 역사학, '신사학(新史學)'을 제창했다. 그는 1900년 『신민총보(新民叢報)』의 간행을 시작할 무렵 『중국통사(中國通史)』 저술을 기획하는 등 학문적 연구의 대상으로써 중국 역사에 체계적으로 접근하는 경향을 보였다. 이어 1901년에 「중국사서론(中國史敍論)」, 1902년에 「신사학(新史學)」 등을 발표해 기존의 역사학과 구별되는 새로운 치사(治史) 방식

24 조병한, 2007, 「梁啓超의 啓蒙主義 역사관과 國學」, 『한국사학사학보』 16; 정지호, 2011, 「근대 중국 사학의 형성과 변용」, 『중국지식네트워크』 1.

으로써 '신사학'을 정식으로 제기했다. 그 주장의 요지는 군주의 역사인 군사(君史)에서 국민(국가)의 역사인 국사(國史)로의 전환이었다.[25] 이는 중국 역사학에서 근대 국가를 서술 단위로 한 역사 서술의 방식을 처음으로 정식 제기했다는 점에서, 근대 역사학의 한 시작으로 간주된다.[26] 이 과정을 통해 그가 제시한 관련 논리들은 중국 민족(주의) 개념의 초기 형성 과정에서 매우 큰 영향을 끼쳤다.

그런데 량치차오가 이렇게 새로운 역사학의 성격을 규정하고 그 역사 방법론을 선택하는 데 가장 큰 영향을 끼친 지식체계는, 무엇보다 진화론을 필두로 하는 과학 정신이었다고 할 수 있다. 그는 「진화론혁명자힐덕지학설(進化論革命者頡德之學說)」에서 다음과 같이 언급하고 있다.

> 다윈의 종의 기원설이 세상에 나온 뒤에, 전 지구의 사상계에는 갑자기 새로운 천지(天地)가 열렸다. 단지 유형과학(有形科學)(역자: 즉 자연과학)이 일변한 것뿐이 아니라, 사학(史學), 정치학, 생태학, 인군학(人群學), 종교학, 윤리도덕학 모두 그 영향을 받지 않은 것이 없다. …… 위대하구나, 근 40년래의 천하는 진화론의 천하다. 유물주의가 창성하고 유심주의는 구석에서 숨을 죽이고 있다. 과학이 흥성하고 종교는 거의 남은 숨을 지키지 못한다. 진화론은 실로 수천 년 동안 구학문의 뿌리를 걷어내 버리고 새롭게 바꾸어 주었다.[27]

25 오병수, 2006, 「중국 국민사학의 형성과 인종·강역문제: 양계초, 장병린의 만주 인식을 중심으로」, 『동북아역사논총』 14.

26 첸무(錢穆)는 근세사학을 전통파, 혁신파, 과학파 3파로 구분하고 그 가운데 량치차오는 혁신파의 첫 번째 단계인 정치혁명의 주요 인물로 정리한다. 錢穆, 2010, 『國史大綱』(上,下), 商務印書館, 3~6쪽.

27 梁啓超, 1902, 「進化論革命者頡德之學說」, 『飮冰室文集』 12, 79쪽.

여기서 그는 진화론 이후 사상계에 미친 '과학'의 영향력에 주목하고 역사학 역시 그 흐름을 받아들여 새롭게 쓰여져야 한다고 보았다.[28] 그는 역사학을 자연과학과 곧바로 등치되는 과학으로 보지는 않았지만, 과학으로써 역사학의 의의를 중시했다.

그가 과학으로써 역사학을 주목하면서 그 기본 논리, 방법론으로 특히 주목한 것은 '인과율(因果律)'이었다. 그는 『중국역사연구법(中國歷史研究法)』의 제1장 「사지의의급기범위(史之意義及其範圍)」에서 "역사란 무언인가?"라는 질문을 던지면서 "인류 사회가 계승해 활동해 온 체상(體相)을 기록하고, 그 전체 성적을 계산해 내고, 그 인과관계를 구함으로써 현대 일반인의 활동에 귀감으로 삼는 것이다"라고 답하고 있다. 그는 역사가 단순한 사실을 서술, 나열하는 것이 아니라 그 속에서 사실 간의 상호관계, 즉 '인과율'을 설명해야 한다고 지적했다.[29] 또 제6장 「사적지론차(史迹之論次)」에서는 "사실의 원인결과를 설명하는 것은 역사가의 여러 직책 가운데 가장 중요한 것이다"라고 하면서 "인과율을 논하지 않는다면 사학의 목적이 소멸될 것이다"라고까지 말하고 있다.[30]

이러한 인식하에서 그는 민족도 '과학'의 범주 안에서 설명할 수 있다

---

28 당시 그는 서학(西學)에 매우 강렬한 관심을 보였고, 서학을 관통하는 정신으로 과학에 주목했다. 또한 단어도 기술적 측면으로 의미가 축소된 기존의 격치(格致)를 버리고 과학이라는 새로운 함의의 개념으로 고쳐 사용했다. 金觀濤·劉靑峰, 2004. 12, 「從〈格物致知〉到〈科學〉,〈生産力〉-智識體系和文化關係的思想史研究」, 『近代史研究所集刊』 第46期.

29 梁啓超, 1922, 『中國歷史研究法』, 上海商務印書館.

30 梁啓超, 1922, 위의 책. 그는 후에 원래 인과율은 자연과학의 命脈으로 종래는 자연과학만 과학으로 부를 수 있었고 史學은 여태까지 과학으로 인식되지 않았지만, 역사학을 애호하는 입장에서 역사학이 과학의 자격을 얻도록 하기 위해서 역사 속에서 因果를 발명하려고 노력했다고 자술하고 있다. 梁啓超, 1922a, 「研究文化史的幾個重要問題-對於舊著中國歷史研究法之修補及修正」, 『飮冰室文集』 40, 2~4쪽.

는 기대를 가졌다. 여기서 과학 개념은 물론 오늘날의 세분화된 과학 개념과 거리가 있지만, 당시 모종의 현상에 대한 합리적인 설명 방식의 추구를 대변하는 것이었다. 그는 진화론의 인과율에 따라 민족(국민)국가의 형성을 '과학'의 범주 안에서 설명하려고 했다. 그는 민족(국민)국가가 인류 진화의 결과이며 그 진화의 성패는 인과율에 따라 설명할 수 있다고 생각했다. 그가 참조한 블룬칠리의 국가 유기체론의 중심 개념인 국민(volk) 역시 그것이 공공의지를 갖는 존재로 제시된 근거는 바로 인과율에 따라 유기적인 관계를 형성한다는 데 있었다.[31] 그는 중국의 민족국가로의 진화 가능성을 인과율의 틀에서 설명할 수 있을 것으로 기대했다.

량치차오가 중국의 민족을 과학 정신 아래서 설명하려고 했던 것은, 사실 근대 서구의 경로와도 맥락을 공유하는 것이다. 당시까지 서구의 민족 역시 '과학'으로 포장되며 논리적으로 진화되어 왔다. 서구에서는 일찍이 18세기에 스웨덴 자연학자 카롤루스 린나이우스(Carolus Linnæus)의 체질인류학이 종족의 차이에 대한 생물학적 근거를 강화했으며, 19세기에 찰스 다윈(Chales Darwin)의 자연진화론은 사회진화론으로 확대 해석되어 인류의 각 종족을 문명론적인 진화 단계 속에 위계적으로 배치하도록 했다. 이는 서구 민족주의에 논리적으로 '과학'적 기반을 제공해 주었다. 진화론을 기반으로 한 종족의 위계 구조는 서구 제국주의(또는 일본)가 동아시아에 대한 압박의 실체를 잘 드러내 주는 지점이기도 했다.[32] 또한 이는 그를 수용한 중국을 비롯한 동아시아의 지

31 梁啓超, 1903. 10. 4, 앞의 글.

32 예컨대 오사카 권업박람회(1903)의 '학술인류관', 세인트루이스 세계박람회(1904)의 '인류학관', 도쿄 척식박람회(1912)의 원주민 부락 전시 등 여러 박람회에서 유행했

식인들에게도 내재화될 가능성이 농후한 것이었다. 옌푸(嚴復)는 토머스 헉슬리(Thomas Huxley)의 사회진화론을 『천연론(天演論)』으로 편역, 소개했는데, 그 과정에서 "물경천택(物競天擇), 적자생존(適者生存)"의 논리는 중국의 "구망도존(救亡圖存), 부국강병(富國强兵)" 요구와 결합해서 엘리트 지식인에게 큰 충격을 가져다주었다.[33] 량치차오가 신사학으로의 지적 전환을 하게 된 것도 바로 옌푸와의 교류가 결정적인 계기였다.

'과학'으로 포장된 유럽 민족주의가 종족적 위계를 내포했던 것과 마찬가지로, 량치차오에게서 보이는 한족 지식인들의 진화론을 기반으로 한 민족 인식은 청 국가의 종족 구성과 연결되어서 내부적으로 여타 종족에 대한 위계적 인식으로 전화될 수 있는 것이었다고 할 수 있다. 량치차오의 스승인 캉유웨이(康有爲)는 『대동서(大同書)』에서 흑인을 멸절(滅絶)하고 황인종이 백인종과 통혼하여 "종족의 구분을 없애고 인류를 갖게" 만들자고 주장한 바 있는데, 이러한 진화론에 기반한 종족 인식은 중국의 민족(주의)가 중국 내의 '소수민족'에 대한 종족적 구분과 위계를 적용하는 방향으로 진행될 수 있는 것이었다.[34] 이 점에서 장태염(章太炎), 추용(鄒容) 등으로 대표되는 "배만(排滿)" 주장도 종족의 '진화'와 위계를 전제로 한다는 점에서 청 말 한인 지식인들 속에서 그와 그리 멀지 않은 위치에 있다고 할 수 있다.

량치차오가 과학 정신의 연장에서 진화론과 함께 주목한 것은 '지리'

던 인종 전시는 진화론에 기반한 인류 사회의 위계 구조를 드러내 보여준 단적인 예였다.

33 黃克武, 2014, 「何謂天演? 嚴復"天演之學"的內涵與意義」, 『中央硏究院近代史硏究所集刊』, 2014年 第85期.

34 康有爲, 2009, 『大同書』, 上海古籍出版社.

였다. 량치차오는 지리적 통합성을 근거로 중국의 국가, 민족으로서의 통합의 당위성을 제시하려고 했다. 그는 중국사의 공간 범위를 설명하면서 역사의 진화는 지리(地理)와 밀접히 연관되어 있다고 하고 중국의 판도를 마치 자연과학의 실험실과 같이 지리적 요인에 따라 역사적 인과율이 적용되는 단일 공간으로 파악했다. 예컨대 그는 1902년 『신사학』과 같은 시기에 저술된 『중국지리대세론(中國地理大勢論)』에서 "중국은 천연(天然)의 대일통(大一統) 나라다. 인종이 일통하고, 언어가 일통하고, 문학이 일통하고, 교의가 일통하고, 풍속이 일통하니, 그 근원은 지세(地勢)에 연유하지 않는 것이 없다"라고 하였다.[35] 이어 그는 중국의 지리적 판도를 본부(本部)와 속부(屬部) 두 부분으로 나누면서도[전자는 18행성, 후자는 만주(滿洲), 몽골(蒙古), 회부(回部), 서장(西藏)이라고 하면서 그 가운데 본부를 중국의 종주(宗主)라고 함], 그 판도에 인종, 언어, 문학, 교의, 풍속이 일통(一統)한 "천연의 대일통 나라"가 존재하며 그 근원은 지세, 즉 지리적 요인에 있다고 설명했다. 그에 따르면 청 국가를 계승한 국가의 주권 범위 내에 있는 인구는 "천연"적으로 지리적 요인에 의해 "일통"의, 즉 균질한 속성의 민족(국민)으로 묶을 수 있는 것이었다. 그의 이러한 논리는 지리결정론적이라고 지적될 수 있는 측면이 있었다.[36]

이어서 그는 중국의 대일통 판도 내에서는 역사적으로 한족을 중심으로 한 민족 통합의 과정이 있었다고 설명했다. 그는 한족의 동화력과 그것이 주도한 민족 형성의 기제에 주목하고, 1905년 「역사상중국민족지

35 梁啓超, 1902, 「中國地理大勢論」, 『飮冰室文集』 10, 77~78쪽.

36 曲洪波, 2008, 「近代"地理環境論"對梁啓超學術著述的影響」, 『甘肅社會科學』, 2008年 第3期; 武軍, 2007. 3, 「地理環境論與梁啓超"新史學"理論」, 『北京科技大學學報』 第23卷 第1期.

관찰(歷史上中國民族之觀察)」에서 중국의 "변강(邊疆)"은 중원의 족(族)이 중원 주변의 여러 족과 부단히 상호교류, 융합하는 동태적 공간으로 존재해 왔다고 주장했다. 또한 삼대 중원에서 형성된 화하족(華夏族)이 묘만족(苗蠻族), 촉족(蜀族), 파저족(巴氐族), 서회족(徐淮族), 오월족(吳越族), 민족(閩族), 백월족(百粵族), 백복족(百濮族) 등 주변의 제 족과 지리적으로 변강을 형성했을 뿐 아니라 문화적으로도 변강을 형성해 왔으며, 그러한 변강의 구조가 청 말까지 지속되었다고 파악했다.[37] 그는 1922년 「중국역사상민족지연구(中國歷史上民族之硏究)」에서도, 하상주 삼대에 제 부락이 연방식(聯邦式)으로 경합해 "군후(群后)" 가운데 하나인 "원후(元后)"(군후, 원후라는 단어는 상서에서 따옴.)를 받들어 점차 중화민족의 골간이 형성되었으며, 이후 "제하(諸夏)"와 "이적(夷狄)"이 수시로 변천하면서 "이적"이 "제하"의 변강에 분포하고 "군후"에서 "원후"로 상호연동하면서 변강 기제를 형성했고, 이를 통해서 하나의 민족으로 통합되어 왔다고 설명했다.[38] 그의 진화론적 사고와 연관해서 부연하자면, 그가 중국 역사에 중원과 주변 간에 "중화민족"을 형성해 온 상호연동의 기제가 있었다고 하는 설명은, 중국 민족(국민)의 형성을 한족의 종족적 진화 결과로 파악한 것이었다고 할 수 있다.

그렇지만 여기서 그가 한족 중심의 종족성을 초월한 통합적 민족의 "실체"를 과학적으로 확증해 주고 있다고까지는 물론 말할 수 없다. 민

37 梁啓超, 1905, 「歷史上中國民族之觀察」, 『飮冰室全集』 41, 4·5~12쪽.

38 그는 춘추 중엽을 기준으로 고대 중국의 민족 분포를 18성 지역만 정리하면 諸夏組, 荊吳組, 東夷組, 苗蠻組, 百越組, 氐羌組, 群狄組, 群貊組 등 8조로 파악할 수 있다고 하고, 이후 3,000여 년의 경과를 통해 현재 중국 내지와 변강에 거주하는 종족은 中華族(漢族), 蒙古族, 突厥族, 東胡族, 氐羌族, 蠻越族 등 6대 族系로 정리되었다고 설명한다. 梁啓超, 1923, 「中國歷史上民族之硏究」, 『飮氷室專集』 42, 1~34쪽.

족(주의) 의식이 발흥할 때 정치·경제·문화적으로 강세를 점하는 주류 집단이 그 흐름을 주도하며 그들의 민족주의가 해당 국가에서 이념적으로 동일시하는 인식이 아직 확인되지 않은 주변 집단을 포함해 전체 민족(국민)의 이익과 의지를 대변한다는 "자기 확신"을 갖는 경우는 자주 보이는 현상이다. 이 과정에서 새로운 국가 이념을 둘러싼 주변 집단과의 정치적·사회적 합의는 상대적으로 모호하게 처리되고, 주류 집단을 중심으로 정리 또는 '발명'된 문화 전통이 구축되고 그들이 주도하는 정치·문화적인 동원이 진행되는 경우가 나타난다.[39] 량치차오와 같은 근대 전환 시기의 중국 지식인에게도 이러한 경향이 나타났던 것으로 보인다.

사실 량치차오의 논리는 중국 국가, 민족(국민)의 통합적 형성을 과학적으로 설명하려는 것이었지만 사실 그 '포장'은 그리 효과적이지는 못했다고 할 수 있다. 오히려 민족국가를 지향하면서 제국 시기로부터 유래하는 분절적 구도는 대비적으로 드러날 수밖에 없었다. 인종·언어·문화 등의 면에서 현실적 차이가 분명한 본부와 속부를 포괄하는 일통의 공동체를 상정할 때, 그는 본부와 속부 간의 관계가 어떻게 민족-국가의 범주를 공동으로 구성하는지 명확히 해야 할 과제를 안지 않을 수 없기 때문이다. 그가 국민(민족)이 국가와 등치되는 국민국가(민족국가)를 지향하는 이상 그 국가체제의 이행 과정에서 청 제국 국가체제하의

39 정지호는 이 과정에서 오늘날 중국에서 정치적 개념인 "중화민족"과 문화적 개념인 "민족"을 혼동해서 사용함으로써 나타난 오류에 주목한다(정지호, 2007. 12, 「근대 중국 내셔널리즘의 형성과 국민국가」, 『인문학연구』 12). 그런데 국가민족의 '이상'이 현실적으로 실현되기 어려운 측면이 드러나고 '문화민족'으로서의 측면이 상대적으로 강조되는 경향은 여러 지역에서 폭넓게 발견되는 보편적인 현상이기도 하다.

각 이질적 영역 간에 새로운 국가체제의 구성 원리에 대한 정치적·사회적 합의가 어떻게 도출되는지에 대해 어떻게든 설명해야 했다. 이는 다음 장에서 살펴볼 바와 같이, 그가 '과학'의 포장을 더 이상 유지하기 어렵게 했던 현실의 장애였다.

IV. 과학에서 의지력으로

한족 중심의 종족성을 충분히 초월하지 못한 민족 인식은, 량치차오의 중국 민족주의에 대한 논리 구조에 반영되었다. 그는 1903년 「정치학대가백륜지리지학설(政治學大家伯倫知理之學說)」에서 혁명파의 "배만방능건국(排滿方能建國)" 주장에 의문을 제기하면서 다음과 같이 주장했다.

> 우리 중국이 민족을 말하는 것은 마땅히 소민족주의(小民族主義) 외에 대민족주의(大民族主義)를 제창해야 한다. 소민족주의는 무엇인가? 한족이 국내의 다른 족을 대하는 것이 이것이다. 대민족주의는 무엇인가? 국내 본부, 속부의 제 족이 합쳐서 국외의 제 족을 대하는 것이 이것이다. 중국이 동화력이 강한 것은 동서 역사가가 공인하는 것이다.[40]

여기서 량치차오는 소민족주의(小民族主義)와 대민족주의(大民族主義)를 구별하는 주장을 통해서 한족의 동화력을 축으로 한 통합된 민족

40 梁啓超, 1903, 「政治學大家伯倫知理之學說」, 『飮冰室文集』 13, 75~76쪽.

의 구성을 주장한다. 그는 한족의 소민족주의를 중심으로 본부, 속부의 제 족이 합쳐서 대민족주의를 구성하여 국외의 제 족을 상대해야 한다고 여겼다. 그는 여기서 한족, 비한족 간의 문화적 차이를 더 이상 모호하게 두지 않고 그것을 한족의 동화력을 중심으로 통합한다는 입장을 강하게 표명했다. 한족의 문화적 핵심 역할과 그것이 강역 내 모든 민족의 이익과 이념을 대표한다는 자기 확신이 강하게 나타나고 있음이 엿보인다.

그의 대민족주의는 공화 정체로의 전환이 진행되는 과정에도 견지되었다. 1911년 신해혁명이 발생했을 때, 량치차오는 대민족주의의 관점에서 만주, 몽골, 회족, 서장 변강을 포함하는 건국방략을 견지했다. 이후 "오족공화(五族共和)"의 국가건설 방략이 실현되자 량치차오는 신설 공화국의 적극적인 지지자가 되었다. 혁명파들을 중심으로 "배만" 정서와 한족 중심의 국가 건설 논의도 여전히 제기되고 있었지만, 량치차오는 변강 분리 논의에 대해서 적극적으로 반박하는 입장을 견지했다.

그렇지만 그는 이후 한편으로 한족의 동화력을 축으로 한 통합에 한계가 있다는 점도 점차 더 분명히 인식해 갔다. 그는 대민족주의 아래 포함해야 한다고 주장하는 여러 지역을 민족국가라는 유기적 단위로 묶는 데에는 현실적 장애가 존재한다는 사실을 직시하지 않을 수 없었다. 그는 1922년 「지리급년대(地理及年代)」에서 중국의 영토는 지세(地勢)로 볼 때 ① 18행성 ② 동북성 및 특별구역 ③ 신강 ④ 외몽골 ⑤ 청해 및 천변(川邊) ⑥ 서장(西藏) 등 6부로 나눌 수 있다고 하면서, 이 6부 사이에 문화적 개발, 역사적 관계, 통치권 행사 등에 각기 차이가 있다고 지적했다. 이 가운데 ① 18행성은 "협의의 중화민족"의 오랜 근거지고, ② 동북성 및 특별 구역은 동호(東胡), 북호(北胡)를 포함한 "광의의 중화민족"의 완전한 지배 지역이라고 말하면서, 나머지 ③, ④, ⑤, ⑥ 지역에 대해서는 중국 주권하에 있지만 인종적 동화가 이루어지지 않았거나 중국 주권이 실제적으로 이루어지지 않은 지역이라는 사실을 전보다 더 분명히 서술하고 있다.[41]

이 무렵 그가 역사학에서 인과율 자체의 의미에 대해서 기존의 언급을 수정한 것이 주목된다. 전술한 『중국역사연구법』에서 인과율을 강조하는 언급을 한 뒤 얼마되지 않아서, 그는 역사의 인과율에 대한 기존 언급을 수정한다. 그는 처음에 역사학이 과학의 자격을 얻도록 하기 위해 역사에서 자연과학과 '같은' 인과율을 발견하기 위해 '머리가 복잡'할 정도로 노력했지만, 곧 "자연계(自然系)는 인과율의 영토이고 문화계(文化系)는 자유의지의 영토다"라고 하면서 역사학과 자연과학의 학문 방식을 명확히 구별하고, 역사학이 "인과를 논하지 않으면 결코 안 된다"고 했던 기존 언급을 철회하면서 "호연(互緣)", 즉 상호연관성을 설명하는 정도로 후퇴한 것이다.[42] 이에 따라 역사학은 인과율보다는 자유의지 또는 "의지력(心力)"이 작동하는 학문 영역으로 재설정되었다.

---

41 梁启超, 1922b, 「地理及年代」, 『飮氷室專集』 47, 1~5쪽.

42 그는 남경 금릉대학 제일중학에서 '研究文化史的幾個重要問題-對於舊著中國歷史研究法之修補及修正'이라는 주제의 강연을 통해 다음과 같이 말했다. "내가 작년에 쓴 「중국역사연구법」 안의 역사 정의에는 '그 인과관계를 찾는다'는 구절이 있다. 나는 근래 …… 이 말이 완전히 틀렸음을 발견했다 …… 내가 역사연구법을 쓸 때 이 문제 때문에 정말 머리가 복잡했다. 나는 역사의 인과에 대해 매우 회의했지만, 그것을 감히 버릴 수 없었다 …… 나는 지금 이 구절을 돌아보면 조금 우습다. '인과율로 역사를 제어하는 것이 불가능하고 유해하다.'고 이미 말했는데 왜 또 '인과를 논하지 않으면 결코 안 된다.'고 말했는지. 그때 내 병의 뿌리는, 인과율은 절대 과학이 결여되어서는 안 되는 속성이라고 인식하여 감히 부딪치지 못한 것이다 …… 역사 현상은 최대로 단지 '互緣'으로 말할 수 있을 뿐이며 인과를 말할 수 없다." 梁启超, 1922a, 앞의 글, 2~4쪽.

이제 그의 민족 인식은 '과학'의 대상에서 '의지력'의 영역으로 다뤄지기 시작했다. 블룬칠리에게 민족은 유기체로서 의지를 갖는 존재로 상정되었다는 점에서 과학(진화론)과 의지는 연결되는 맥락에 있었으며 본래 대비적인 것은 아니었다. 그렇지만 량치차오는 양자를 대비하면서 그 사이의 무게 중심을 이동했다. 그에게 민족은 공동체로서의 실체라기보다 민족이라는 각성(覺醒) 대상으로서의 의미가 보다 강조되었다. 아울러 국민 동원의 정신 역량으로써 "중화민족"을 강조하는 측면이 더 두드러졌다. 특히 구국의 위기의식하에서 변강, 민족과의 관계 문제에 대한 그의 접근 방식은 '과학'적 설명의 대상이라기보다는 점차 정신적 또는 의지적 차원의 문제로 다루는 비중이 커진 것으로 보인다.

이러한 전환은 그가 진화론에 근거해 과학적(학문적)으로 민족의 진화 결과로써 국민, 그리고 국민=국가의 등치 구조를 설명하는 것이 현실에서 불가능하다는 사실을 확인한 결과라고 할 수 있다. 국가에 중첩된 범주로써 국민으로 진화하는 민족의 실존은 이제 역사적 실체라고 하기보다는 이후 의지력으로 형성해야 할 과제로 다뤄졌던 것이다.

다시 지적하지 않을 수 없는 것은 이런 과정을 경과하는 가운데 다민족을 전제로 한, 제국 국가의 구조를 반영하는 민족국가 설계를 둘러싼 정치적·사회적 합의 과정이 상대적으로 소홀히 취급되었다는 점이다. 근대 민족(주의)을 주도한 한족 주류 세력의 자기 확신의 배후에 인종·언어·문화적으로 구별되는 여러 집단 간의 합의 과정이 가려진 측면이 있음을 부정할 수 없다. 다민족 구성을 전제로 한 국가 정체(이념)에 대한 내부적 합의에 대한 필요성은 오늘날까지 이어지고 있다고 할 수 있다.[43]

43 이러한 잠복된 문제에 대한 학계의 반성적 논의도 확대되고 있는 것으로 보인다. 姚

V. 맺음말

이 글에서는 중국 근대 초기 역사학에서 민족(주의) 개념의 형성 과정을 량치차오의 사례를 중심으로 살펴보았다. 특히 당시 서구로부터 민족(주의) 개념과 함께 과학의 영향도 동시에 수용되었다는 점에 주목하고 그것이 그 개념 형성에 어떤 영향을 끼쳤는지 살펴보았다.

우선 Ⅱ장에서는 중국 민족 개념의 수용상의 특성을 살펴보았다. 이때 서구 민족 개념의 '원본'으로써의 의미를 가능한 한 상대적으로 파악하고 그것을 수용한 중국 측의 주체적 입장을 드러내기 위해 노력했다. 우선 량치차오 등이 수용해 이 지역에 확산된 블룬칠리의 민족(국민) 개념은 집단주의, 권위주의적 원리가 부각된 민족(국민) 개념으로 서구 민족주의의 다양한 진화, 변형 가운데 한 부류에 속한 것이었다. 량치차오가 이러한 민족 개념을 선택적으로 수용한 것은, 그것이 정치체제와 종족 공동체 등 중국의 기존 국가, 사회체제로부터의 연속성에 대한 고려가 크게 작용했다고 할 수 있다. 이런 측면에서 중국의 민족 개념은 기본적으로 외래적 수용, 변용 과정을 거쳤지만, 그 수용 과정에서부터 기존 국가, 사회로부터 이어진 관성이 작용한 측면이 상당히 내포되어 있었다.

Ⅲ장에서는 민족 개념의 수용, 변용 과정에서 영향을 준 지적 요소로서 특히 과학관이 어떤 영향을 주었는지 살펴보았다. 량치차오는 근대국가를 서술단위로 한 역사 서술 방식으로서 신사학을 제기했다. 이를 통해 그가 구체화한 민족 개념과 논리들은 중국 민족(주의) 형성에 매

大力, 2013, 앞의 글.

우 큰 영향을 끼쳤다. 이때 그가 새로운 역사학의 성격을 규정하고 그 학문적 방법론을 선택하는 데 가장 큰 영향을 끼친 지식체계는 바로 진화론으로 대변되는 과학이었다. 그는 과학으로써 역사학의 의의를 중시하면서 중국 민족을 과학의 범주 안에서 설명하려고 했다. 이때 그는 과학 정신의 연장에서 역사학의 학문적 방법론으로서 인과율(因果律)과 지리(地理)를 특히 주목했다. 이런 가운데 그는 중국에서 대일통(大一統)의 판도가 형성되는 것이 자연스러운 현상이며, 그 판도 내에서 역사적으로 한족(漢族)을 중심으로 한 민족 통합의 과정이 있었다고 설명했다. 그렇지만 이러한 통합적 판도, 민족에 대한 그의 '과학적' 설명은 그리 실효적이었다고 보기는 어려우며, 오히려 근대 민족(주의) 형성 과정에서 종종 보이는 것과 같이 그 주류 집단으로서 한족의 자기 확신의 면모가 강했다. 청 제국 시기로부터 계승된 분절적 구조를 넘어 하나의 근대국가로서 그 다양한 요소들 간에 정치적·사회적 합의가 어떻게 도출되는지에 대해서 적극적으로 답하지 못했다.

이어 Ⅳ장에서는 이러한 민족 개념의 변용 과정을 거쳐서 중국의 민족주의가 어떤 방향으로 진행되고 어떤 문제를 내포하게 되었는지, 또 그것이 어떤 과제를 남겨놓았는지 생각해 보았다. 량치차오의 한족 중심의 종족성에 기반한 민족적 통합에 대한 자기 확신은 그의 민족주의 주장을 통해 강하게 표명되었다. 그는 한족이 국내의 다른 족에 대해 소민족주의(小民族主義)를 취하는 것 외에 한족의 동화력을 중심으로 제족을 통합해 대민족주의(大民族主義)를 형성해 함께 국외의 제 족을 상대해야 한다고 주장했다. 그렇지만 그는 한족의 동화력을 축으로 한 통합의 현실적 한계에 대해서도 분명히 인식했다. 이런 상황에서 그는 역사학이 인과율이 작동하는 과학의 범주가 아니라 의지력(心力)이 작동하는 다른 학문 영역에 속한다고 재설정했다. 그리고 민족은 국가 공동체로서의 역사적 실체라기보다 민족으로서의 각성 대상의 의미가 강조되었다.

량치차오가 도달한 이러한 문제들은 현재까지도 여전히 음미해 볼 지점이 많다. 살펴본 바와 같이 량치차오는 한편으로 서구로부터 민족 개념을 수용, 변용하면서 다른 한편으로 중국 국가, 지역의 관성을 내포하면서 한족을 중심으로 한 청 제국 시기의 종족, 국가 구조를 통합적인 근대민족과 민족(국민)국가로 연결하려고 노력했다. 이 과정을 거치면서 중국 민족(주의)의 논리적 구조 속에, 청 제국 내부의 구조적 특성이 근대 국민국가의 그것과 결합하는 양상이 나타났다고 할 수 있다.[44] 이때 '과학'은 이러한 결합에 대한 설명에 보편성을 부여하는 시도를 자극했다고 할 수 있다. 그렇지만 국가와 등치되는 민족의 존재를 과학의 논리로 설명하는 것은 분명히 한계가 있었으며, 그에 대한 대안적 논리를 모색하지 않을 수 없었다고 판단된다. 이 점에서 량치차오가 민족 개념을 수용하고 그에 대한 과학적 설명의 시도가 좌절되어 가는 과정은, 근대 민족의 형성과 관련해서 중국이 해결해야 할 논리적 과제를 분명히 드러내 주었다는 점에서 현재로 이어지는 중국 민족주의의 원형이 출현하는 지점에 있다고 할 수 있다.

---

44 오늘날 중국을 비롯한 관련 학계에는 제국 국가 구조와 근대 국가 구조의 연결성을 지적하는 논의가 매우 많다(許紀霖, 2017, 『家國天下-現代中國的 個人,國家與世界認同』, 文景). 田寅甲은 "제국에서 帝國性 國民國家로"의 이행을 주장한 바 있는데, 이처럼 제국와 국민국가의 두 요소가 결합한 체제가 가능했던 것은, 그 민족 개념이 외래적 수용에서 시작했음에도 자기 해석 과정에서 체제의 관성이 작용하고 또 그것이 국가 기획으로 연결된 측면이 있었다고 할 수 있다. 田寅甲, 2012a, 「帝國에서 帝國性 國民國家로(Ⅰ)-제국의 구조와 이념-」, 『中國學報』 65; 田寅甲, 2012b, 「帝國에서 帝國性 國民國家로(Ⅱ)-제국의 지배전략과 근대적 재구성-」, 『中國學報』 66.

참고문헌

사료

『新民叢報』

『飮氷室文集』

『飮氷室專集』

『左傳』

『周易』

『晉書』

『淸議報』

단행본

박찬승, 2010, 『민족 · 민족주의』, 소화.

백영서 외, 2005, 『동아시아의 지역질서-제국을 넘어 공동체로』, 창비.

安鍾和, 1907, 『國家學綱領』, 廣智書局.

王柯 지음, 김정희 옮김, 2005, 『민족과 국가: 중국 다민족통일국가 사상의 계보』, 동북아역사재단.

자오팅양 지음, 노승현 옮김, 2010, 『천하체계: 21세기 중국의 세계 인식』, 길.

葛兆光, 2011, 『宅玆中國: 重建有關"中國"的歷史論述』, 中華書局.

康有爲, 2009, 『大同書』, 上海古籍出版社.

梁啓超, 1902, 『國家學綱領』, 廣智書局.

______, 1922, 『中國歷史硏究法』, 上海商務印書館.

錢穆, 2010, 『國史大綱』(上,下), 商務印書館.

許紀霖, 2017, 『家國天下: 現代中國的 個人,國家與世界認同』, 文景.

柴田昌吉 · 子安峻, 1873, 『英和字彙』, 輿論社.

吾妻兵治, 1899, 『國家學』, 東京: 善隣譯書館.

井上哲次郎 編, 1882, 『哲學字彙』, 東京大學三學部.

平田東助 · 平塚定二郎, 1889, 『國家論』, 東京: 春陽堂.

挾間直樹 主講, 淸華大學國學硏究院 主編, 2016, 『東亞近代文明史上的梁啓超』, 文景.

Bluntschli, Johann Kaspar, 1874, *Deutche Staatslebre für Gebildete,* Nördlingen.

________________________, 1895, *The Theory of the State*, Oxford: Clarendon Press.

Dikotter, Frank, 1992, *The Discourse of Race in Modern China*, Stanford; Stanford University Press.

Greenfeld, Liah, 1993, *Nationalism: Five Roads to Modernity*, Harvard University Press.

Harrison, James, 1969, *Modern Chinese Nationalism*, Hunter College of New York, Research Institute of Modern China.

Levenson, Joseph R., 1953, *Liang Ch'i-ch'ao and the Mind of Modern China*, Cambridge, Mass: Harvard University Press.

Zheng, Yongnian, 1999, *Discovering Chinese Nationalsim in China: Modernization, Identity and International Relations*, Cambridge, Cambridge University Press.

논문

박근갑, 2017, 「한국에 건너온 블룬칠리(Bluntschli) 국가학」, 『개념과 소통』 제20호.

박상수, 2005, 「중국 근대 '네이션' 개념의 수용과 변용」, 『동아시아 근대 '네이션' 개념의 수용과 변용』, 고구려연구재단.

박양신, 2008, 「근대 일본에서의 '국민' '민족' 개념의 형성과 전개: nation 개념의 수용사」, 『동양사학연구』 104.

백영서, 2000, 「중국의 국민국가와 민족문제: 형성과 변형」, 『동아시아의 귀환: 중국의 근대성을 묻는다』, 창작과비평사, 2000.

오병수, 2006, 「중국 국민사학의 형성과 인종·강역문제: 량치차오, 장병린의 만주 인식을 중심으로」, 『동북아역사논총』 14.

유용태, 2009, 「근대 중국의 민족제국주의와 단일민족론」, 『동북아역사논총』 23.

이춘복, 2009. 6, 「청말 중국 근대 '民族' 개념 담론 연구-문화적 '民族' 개념과 정치적 '國民' 개념을 중심으로-」, 『중앙사론』 29.

田寅甲, 2012a, 「帝國에서 帝國性 國民國家로(Ⅰ)-제국의 구조와 이념-」, 『中國學報』 65.

______, 2012b, 「帝國에서 帝國性 國民國家로(Ⅱ)-제국의 지배전략과 근대적 재구성-」,

『中國學報』 66.
정지호, 2005, 「梁啓超의 近代的 歷史敍述과 國民國家」, 『이화사학연구』 32.
______, 2007, 「근대 중국 내셔널리즘의 형성과 국민국가」, 『인문학연구』 12.
______, 2011, 「근대 중국 사학의 형성과 변용」, 『중국지식네트워크』 1.
조병한, 2007, 「梁啓超의 啓蒙主義 역사관과 國學」, 『한국사학사학보』 16.
최갑수, 1995, 「서구에서 근대 국민국가의 형성과 민족주의」, 『근대 국민국가와 민족문제』, 지식산업사.
______, 2003, 「내셔널리즘의 기원과 특성」, 『서양사연구』 31.

葛兆光, 2010, 「重建關于“中國”的歷史論述-從民族國家中拯救歷史, 還是在歷史中理解民族國家?」, 劉鳳雲 · 劉文鵬 編, 『淸朝的國家認同-“新淸史”硏究與爭鳴』, 中國人民大學出版社.
曲洪波, 2008, 「近代“地理環境論”對梁啓超學術著述的影響」, 『甘肅社會科學』 2008年 第3期.
金觀濤 · 劉靑峰, 2004. 12, 「從〈格物致知〉到〈科學〉,〈生産力〉-智識體系和文化關係的思想史硏究」, 『近代史硏究所集刊』 第46期.
單世聯, 2016, 「對進化論的反思-梁啓超晩年的文化觀念」, 『中原文化硏究』, 2016年 第4期.
武軍, 2007. 3, 「地理環境論與梁啓超“新史學”理論」, 『北京科技大學學報』 第23卷 第1期.
王昆, 2013, 「梁啓超與伯倫知理國家學說」, 『中國國家博物館館刊』, 2013年 第11期(總第124期).
姚大力, 2013, 「談民族與民族主義」, 『誰來決定我們是誰』, 譯林出版社.
李孝遷, 2016, 「進化論與中國史家的思維方式」, 『華東師範大學學報』, 2016年 第2期.
朱晶, 2019. 2, 「地理,文明與民族自尊-梁啓超對地理環境論與文明等級論的吸收與修改」, 『浙江社會科學』, 2019年 第2期.
許紀霖, 2005, 「政治美德與國民共同體: 梁啓超自由民族主義思想硏究」, 『天津社會科學』, 2005年 第1期.
______, 2011, 「共和愛國主義與文化民族主義-現代中國兩種民族國家認同館」, 許紀霖 · 宋宏 編, 『現代中國思想的核心觀念』, 上海人民出版社.
黃克武, 2014, 「何謂天演? 嚴復“天演之學”的內涵與意義」, 『中央硏究院近代史硏究所集刊』, 2014年 第85期.

狹間直樹, 1999,「〈新民說〉略論」, 狹間直樹 編,『共同硏究梁啓超-西洋近代思想受容と明治日本』, みすず書房.

Duara, Prasenjit, 1996, "Deconstructing the Chinese Nation", Jonathan Unger ed., *Chinese Nationalism*, Armonk, N.Y., M.E.Sharp.

6장

량치차오(梁啓超)의 ‘국성(國性)’론과 ‘중화민족(中華民族)’의 신질서(新秩序) 모색(摸索)

정지호
경희대학교 사학과 교수

I. 머리말

주지하듯이 신해혁명(辛亥革命)은 왕조체제에서 근대적 공화국가(共和國家)라는 '획기적'인 변화를 가져온 일대 사건이지만, 불안정하면서도 중국의 일통을 유지해 온 청조가 무너지고 나서 새롭게 등장한 중화민국의 체제는 안정된 기반을 확립해 나가지 못하였다. 중화민국은 민주적 통일국가로서 국가권력을 확립하고 국민적 일체성을 확립해야 하는 당면 과제에 직면했지만, 국민적 통합에 실패함으로써 혼란의 아노미적 상태가 야기되었다. 이러한 점에서 일찍이 두아라(Duara)[1]가 지적하듯이 20세기 초기 중국의 근대국가건설 프로젝트는 효율적으로 진행되지 못했다고 할 수 있다.

변법운동 실패 이후 오랜 망명생활을 청산하고 돌아온 량치차오(梁啓超)는 귀국 후 1년여의 소감을 술회하는 글에서 "지난 1년간 중국의 변화는 불가사의라고 할 수 있다"라고 하면서도 "나라 전체가 혼돈 속에서 누구 하나 편안한 자리를 차지하지 못한 채 사회의 불안정한 양상은 종식되지 않고 있다"[2]라고 언급하였다. 이러한 배경에는 취약한 국가기

---

* 이 글은 『동북아역사논총』 67호에 게재한 논문을 수정 · 보완한 것임을 밝힌다.

1 Prasenjit Duara 지음, 문명기 · 손승회 옮김, 2004, 『민족으로부터 역사를 구출하기-근대 중국의 새로운 해석』, 삼인(原題: *Rescuing Hitory from the Nation-Questioning Narratives of Modern China*), 243쪽. 두아라(Duara)는 20세기 초 중국의 상황을 "취약한 국가와 강력한 국가주의 담론"이 지배한 시대라고 하고, "국가주의 담론은 국가가 사회에 대해 자신의 역할과 지배력을 확장하는 것을 정당화하였다. 그러나 국가건설 프로젝트는 효율적이지도 성공적이지도 않았다. 질서유지는 실패하고 국가건설 프로젝트는 시민사회를 불구로 만들거나 해체시키는 것으로 끝나버렸다."라고 언급하였다.

2 梁啓超, 1913a, 「述歸國後一年來所感」, 『飮氷室文集』(이하 『文集』으로 약칭) 31卷

반 위에 과잉된 '국가주의(國家主義)' 담론이 오히려 중국의 혼란스러운 상황을 야기하였다고 볼 수 있다. 량치차오의 '국성(國性)'론은 이러한 불안정한 정국을 수습하기 위한 방안으로 제기된 것으로, 민국 초기 사회를 안정시키고 나아가 새로운 국가건설을 위한 사상적 혼란을 통합하기 위한 담론으로 등장한 것이다.

그렇다면 '국성'이란 무엇인가? 량치차오는 이 '국성' 담론을 통해 무엇을 추구하고자 한 것인가? 이 '국성'론은 민국 초기 량치차오가 처음으로 제출한 것으로 당시에도 매우 생소한 개념이었지만,[3] 지금도 그다지 익숙하지 않다. 량치차오의 정치사상에 대한 연구가 많이 진행되었음에도 이 분야에 대한 연구가 미진한 것도 바로 그러한 이유일 것이다. 종래 '국성'론에 대한 연구[4]는 대체로 '국성' 문제를 애국주의적 견지에서

(『飮氷室合集』, 中華書局, 2003, 所收, 이하 동일), 24쪽.

3 '國性'에 대해서는 1913년 옌푸(嚴復)가 「讀經當積極提倡」에서 "무릇 일국이 존립하려면 반드시 그 國性을 기초로 삼아야 한다. 국성은 나라마다 각각 다르며, 모두 특별한 교화를 통해 이루어지는 데 수천 년간 서서히 감화된 이후에 비로소 크게 드러진다(大凡一國存立, 必以其國性爲之基. 國性國各不同, 而皆成于特別之敎化, 往往經數千年之漸摩浸漬, 而後大著.)."라고 언급한 바 있으며(劉夢溪主編, 1996, 『中國現代學術經典 嚴復卷』, 河北敎育出版社), 1924년 장빙린(章炳麟)도 「救學弊論」에서 "무릇 국가의 문명과 야만을 막론하고 그 國性을 지킬 수 있다면 위태롭지 않다."(姜義華 編, 2015, 『中國近代思想家文庫 張太炎卷』, 中國人民出版社)라고 언급한 바 있는데, 당시로서는 그다지 대중적인 개념은 아니었다.

4 량치차오의 '國性' 문제에 대한 선행연구로는 高柳信夫, 2007, 「梁啓超の『孔子』像とその意味」, 『中國における「近代知」の生成』, 東方書店; 賈旭東, 2011, 『梁啓超文化思想硏究』, 安徽大學碩士學位論文; 張冠夫, 2012, 「作爲嗣續光大'國民性'與'國性'的文學-梁啓超1915年前後文學觀的轉變」, 『河南大學學報(社會科學版)』 52-6; 陳澤環, 2015, 「"中國文明實可謂以孔子爲之代表"-梁啓超國性論中的儒學觀」, 『船山學刊』 6期; 于海英, 2018, 「梁啓超の晩年の民權思想について-民本への自覺」, 『山口大學文學會志』 68 등이 있으나 '國性' 문제에 대한 專論은 아직 없으며, 또한 '국성' 문제를 국가주의 내에서 제한된 해석을 하고 있다는 점에서 논의의 여지가 많다.

해석하는 데 머무르고 있다. 량치차오의 정치사상이 대체로 근대 국민국가 건설과 밀접한 관련 속에서 논해졌다고 하는 점에 대해서는 달리 이의가 없지만, '국성'론은 공자의 재해석과 연동되어 그의 정치사상이 국가주의에 그치는 것이 아니라 세계주의로의 모색을 도모하고 있었다는 점에서 좀 더 논의할 여지가 있다. 따라서 이 글에서는 민국 초기 량치차오가 제기한 '국성'론을 분석하고 그가 '국성'을 통해 추구하고자 했던 것은 무엇인가에 대해 살펴보고자 한다. 또한 '국성'의 상징으로써 공자를 어떻게 재해석해 나갔으며, 이를 기반으로 그가 모색한 '중화민족(中華民族)'의 신질서는 어떠하였는가에 대해 고찰하고자 한다. 이 글을 통해 근래 경제대국에서 문명대국으로 거듭나고자 하는 작금 중국의 민족문제를 이해하는 데 다소나마 유익함을 제공할 수 있기를 기대한다.

II. '국성(國性)'의 제기(提起)와 '중국불망론(中國不亡論)'

1912년, 오랜 망명생활을 뒤로하고 귀국한 량치차오는 당시 국가 정세가 혼란한 이유에 대해 한편으로는 "국외로부터 물질적·정신적 충격으로 인한 자극을 받아서"이며, 다른 한편으로는 "고유하게 전해져 온 규범이 점차 사회를 지탱해 갈 힘을 상실하면서 사람들이 방황하고 귀의할 곳이 없어졌기 때문이다"[5]라고 지적하였다. 그는 이러한 혼란스러

5 梁啓超, 1916b, 「五年來之教訓」, 『飲氷室專集』(이하 『專集』으로 약칭) 33卷(『飲氷

운 정국을 수습하고 사회를 안정화시키기 위한 차원에서 잡지 『용언(庸言)』 창간호에 「국성편(國性篇)」을 발표하였다.[6] '국성'론을 처음으로 제기한 것이다. 이 글에서 그는 "세상에는 반드시 국가가 존재하는데, 국가가 존재하는 연유는 무엇인가?"라고 자문한 뒤 이를 '국성' 때문이라고 규정하였다. 즉 국성이란 "사람에게 인성이 있는 것과 같이 국가의 고유한 본성으로, 사람이 인성을 상실하면 사람이라고 할 수 없듯이 국가 역시 그러하며, 이 국성이 다르기 때문에 세상에 국가가 존재할 수 있다"[7]는 것이다. 그는 일찍이 1902년에 발표한 「논중국학술사상변천지대세(論中國學術思想變遷之大勢)」에서 "무릇 한 나라가 천지에 바로 서려면 반드시 자립할 수 있는 특질을 지녀야 하며, 이 나라를 부강하게 만들기 위해서는 이 특질을 갈고 닦아 성장시켜야 한다."[8](강조점-필자)라고 언급한 바 있다. 그는 또한 같은 해 발표하기 시작한 「신민설(新民說)」에서도 다음과 같이 서술한 바 있다.

> 무릇 한 국가가 세계에서 자립하기 위해서는 반드시 독립적인 정신을 구비해야 한다. 위로는 도덕·법률에서 아래로는 풍속·습관·문학·예술에 이르기까지 모두 일종의 독립정신을 지니고 있다 …… 이것이야말로 민족주의의 원천이다. 우리 동포는 수천 년에 걸쳐 아시아대륙에 국가를 세우

室合集』, 中華書局, 2003, 所收), 148쪽.

6 梁啓超, 1912a, 「國性篇」, 『文集』 29卷. 참고로 『庸言』은 天津에서 출판된 잡지로 1912년 12월에 창간되어 1914년 6월까지 간행되었으며, 량치차오가 주필을 담당하였다. 량치차오는 발간사에서 '民智'를 교화하고 '民德'을 함양하며 '民力'을 발휘해서 공화 법치국가의 자격을 양성하기 위해 이 잡지를 발간하게 되었다고 언급하였다.

7 梁啓超, 1912a, 「國性篇」, 『文集』 29卷, 82~83쪽.

8 梁啓超, 1902a, 「論中國學術思想變遷之大勢」, 『文集』 7卷, 3쪽.

> 고 있기 때문에 구비하고 있는 특질에는 반드시 다른 민족과 명확히 다른 광대하고 고상하며 완미한 것을 지녔을 터이다. 우리들은 당연히 그것을 보존해야 하며 상실해서는 안 될 것이다.[9](강조점-필자)

여기에서 언급하고 있는 한 국가가 자립할 수 있는 특질과 독립적인 정신은 바로 이 글의 핵심 키워드인 '국성'에 대한 초보적 규정이라고 할 수 있다. 특히 독립적인 정신을 민족주의의 원천이라고 하고 있는 것에서 '국성'은 다른 민족과의 차이를 내세울 수 있는 '민족성'과도 깊이 연결되어 있다고 하겠다. 이러한 점에서 '국성'은 국가의 특질을 좌우하는 것이기도 하다.

량치차오는 세계사적 시야에서 각국 흥망성쇠의 명운을 밝히는 열쇠를 '국성'을 통해 찾았다. 즉 "진실로 국성이 없는 국가는 스스로 국가를 세울 능력이 없는 것이다. 국성이 성숙되지 않은 국가는 비록 국가를 세웠더라도 견고하지 못하다. 국가를 세운 이후 국성을 상실하면 곧 그 국가는 망하게 된다"[10]라는 것으로 '국성'의 여하에 따라 국가의 운명이 결정된다는 것이다.

> 국성이 서로 비슷한 여러 나라를 통합해서 한 용광로에 넣어 주조해 하나의 큰 국성을 이루게 되면 여러 소국을 합해서 대국을 이룰 수 있다. 자기 나라의 국성을 타국에 부가해서 자신에 동화시키면 타국을 멸하고 자기 나라의 이익을 증대시킬 수 있다. 국성이 분열되면 나라 역시 이에 따라

---

9 梁啓超, 1902c, 「新民說」 第3節 釋新民之義, 『專集』 4卷, 5~6쪽.

10 梁啓超, 1912a, 앞의 글, 83쪽.

분열된다. 하나의 지역 혹은 일부분 사람이 그 국성을 상실하면 국가는 그 한 지역 혹은 일부분 사람을 상실하게 되어 나라는 약해진다.[11]

즉 한 국가는 그 나라 '국성'의 유무 또는 건전 여부에 흥망성쇠가 달려 있는 것이다. 특히 국가를 구성하는 일부 지역 및 국민이 국성을 상실하면 그 국가는 해당 지역 및 일부 국민을 상실하게 되어 약해진다고 하는 논의는 매우 의미심장하다. 량치차오는 무창기의(武昌起義) 이후 '신중국'의 국체를 연방제(聯邦制)로 할 것인가 아니면 공화제(共和制)로 할 것인가에 대한 모색에서 "몽(蒙), 회(回), 장(藏), 강(疆)은 모두 연방을 구성할 이유가 없기 때문에 연방제를 채택하면 사실상 이들 지역을 방기하게 될 것이다"[12]라고 언급한 바 있다. 여기에서 몽, 회, 장, 강 등 변경 지역은 내륙의 중심부와 국성을 달리하고 있다는 것을 암시하는 것으로, 역으로 생각하면 이들 지역을 아우르기 위한 새로운 국성이 필요하다는 것을 의미한다.

그렇다면 '국성'이란 구체적으로 무엇을 가리키며, 그것은 어떻게 형성되고 파괴되는가? 그것은 어떻게 흥성하고 쇠퇴해지는가? 사실 량치차오는 '국성'이 구체적으로 가리키는 것은 없으며, 또한 어디에서 어떻게 시작하는지도 알 수 없다고 한다.

---

11 梁啓超, 1912a, 위의 글, 83쪽.

12 梁啓超, 1911, 「新中國建設問題」, 『文集』 27卷, 29쪽. 량치차오의 연방제론에 대해서는 鄭址鎬, 2016, 「淸末民初 梁啓超의 聯邦制論과 '新中國' 建設」, 『中國近現代史硏究』 72 참조.

> 인류가 한 지역에 모여 거주하면서 혈연이 화합하고 무리들의 교류가 점차 빈번해진다. 공동의 이해가 밀접해지고 언어와 사상을 서로 공유하면서 오랜 시간이 흐름에 따라 부지불식간에 각종 무형의 신조가 형성되어 인심에 깊게 자리하게 된다. 이 무형의 신조는 커다란 위력을 갖추고 있어 물리적 작용을 일으키듯이 전 국민을 널리 어루만져 이탈하지 못하게 하고 화학적 작용을 일으키듯이 전 국민을 용광로에 녹여 일체가 되어 타자와 구별되게 한다. 축적되는 것이 오래되면 될수록 무리는 더욱 확대되고 깊어지는데 …… 이것이 바로 국성의 효용이다.[13]

즉 '국성'이란 한 민족이 오랜 역사 속에서 공동 사회생활을 하며 점차 형성되어 온 무형의 신조를 가리키며, 이 무형의 신조는 바로 해당 민족이 자립할 수 있는 근본적 특질로써 전 국민을 일체화시키는 작용을 한다는 것이다. 량치차오는 이 '국성'의 구체적 표상으로 '국어(國語)', '국교(國教)', '국속(國俗)'을 들고 있는데, 이 삼자가 합해져야 비로소 '국성'을 체현할 수 있다고 한다.[14]

이러한 논의는 1915년 중화서국(中華書局)에서 발간한 잡지 『대중화(大中華)』[15] 창간호에 집필한 「『대중화(大中華)』 발간사(發刊辭)」에서 보다 구체화되고 있다. 이 글에서 그는 당시 국민의 의지와 기상의 쇠퇴가 극도로 심해졌다고 한탄한 후 "국가가 성립하려면 국성이 있어야 한다. 국성이 소실되면 저절로 망하게 된다. 타국의 국성을 삭탈하면 그 국가

13 梁啓超, 1912a, 앞의 글, 83~84쪽.

14 梁啓超, 1912a, 위의 글, 84쪽.

15 량치차오는 『大中華』 잡지와 3년 계약을 체결해서 주필을 맡았다. 丁文江·趙豊田 編, 島田虔次 譯, 2004, 『梁啓超年譜長編』 第4卷, 岩波書店, 3쪽.

는 망하게 된다"[16]라고 하였다. 나아가 '국성'이란 "귀로 들을 수 있는 것이 아니고 눈으로 볼 수 있는 것도 아니지만, 구체적인 형상으로 대략 가리킬 수 있는 것은 언어(言語)·문자(文字)·사상(思想)·종교(宗敎)·습속(習俗)이고, 그다음이 예문 법률로써 전 국민이 덕과 지혜, 재주와 지모를 교류하면서 서로 깨우쳐주고 계발하여 상친상부(相親相扶)하는 것이다"[17]라고 언급하였다.

이처럼 국성이란 언어와 종교, 풍속 등을 공유하는 집단이 오랜 세월 함께 생활하는 가운데 부지불식간에 형성된 것이기 때문에 누군가가 창조하거나 폐기할 수는 없는 것이다. 그렇다고 해서 '국성'이 단지 묵수하기만 하면 된다는 것은 아니다. "국성에 부패한 요소와 시세에 적합하지 않은 요소가 있다면 그것을 바로잡고 개량하는 것이 마땅하다"[18]라고 하듯이 량치차오에게 국성은 오랜 역사 속에서 무의식적으로 형성되어 온 것이기 때문에 그것을 지금의 인간이 '창조'하거나 '폐기'할 수는 없지만, 동시에 묵수만 한다고 되는 것은 아니다. 이러한 점에서 량치차오가 말하는 '국성'이란 단지 과거의 전통에 매몰되는 것이 아니라 현실적 변화에 대응해 나가는 현재적 의의를 지니고 있는 것이다. 따라서 그는 "국성이 쇠락하면 그 나라 사람들이 자기 나라의 전장(典章)·문물(文物)·기강(紀綱)·법도(法度) 등 역사적으로 전수받은 유산에 대해 모두 의심을 품고 경멸하며, 나아가 심한 경우에는 모두 이를 멸시해서 방기하게 된다"라고 하고, "공공의 신조가 추락하면 개인과 개인, 개인과 사

16 梁啓超, 1915b, 「『大中華』發刊辭」, 『文集』 33卷, 83쪽.

17 梁啓超, 1915b, 위의 글, 83쪽.

18 梁啓超, 1912a, 앞의 글, 84쪽.

회의 행위에서 모두 표준이 없어져서 …… 공동생활의 기초는 날로 박약해져 소멸하게 된다"[19]라고 하였다. 이리하여 가족에서 국가에 이르기까지 모두 중심점을 잃게 되어 내부적으로 단결하고자 해도 구심점을 상실해 외부의 조그마한 충격에도 무너져 버린다는 것이다.

여기에서 공공의 신조는 앞에서 언급한 무형의 신조인 것이다. 이 공공의 신조가 무너지면 국가의 기강이 무너진다고 하는 논의는 역으로 생각하면 공공의 신조가 있다는 전제를 내포하고 있다는 점에서 주목할 필요가 있다. 이는 마치 중국이 열강에 의해 분할될 수 있다는 과분(瓜分)의 공포를 통해 중국이라는 영역이 불가분의 일체라는 관념을 선전한 것과 맥락을 같이하는 것이다.[20] 량치차오는 공공의 신조가 민국 초기 다양한 정치적 입장을 초월해서 존재한다는 것을 암묵적으로 내세우고 있다.

이러한 점에서 '국성'은 곧 '국민성'과 직결되는 것이기도 하다.

> 무릇 나라의 존망은 종묘와 사직의 흥성과 몰락을 말하는 것이 아니며, 정삭과 복색의 보존과 교체를 말하는 것도 아니고 대체로 국민성을 말하는 것이다. 국민성을 상실하게 되면 비록 종묘와 사직, 정삭과 복색이 엄연하더라도 군자는 나라를 유지하지 못했다고 한다.[21]

즉 한 국가의 흥망성쇠는 국민성의 여부와 밀접하게 연관되어 있다는

19 梁啓超, 1912a, 위의 글, 84쪽.

20 청 말 과분의 공포에 대해서는 요시자와 세이치로 지음, 정지호 옮김, 2006, 『애국주의의 형성-내셔널리즘으로 본 근대 중국』, 논형, 118~123쪽 참조.

21 梁啓超, 1914, 「『麗韓十家文抄』序」, 『文集』 32卷, 35쪽.

것이다. 량치차오에 따르면 이 글은 구한 말 조선의 유민 김택영(金澤榮, 1850~1927)이 덕행과 학문이 뛰어난 선조들의 글에서 모범적인 것을 모아 기록해 『여한구가문(麗韓九家文)』이라 명명하고 지인 왕성순(王性淳)에게 주었는데, 왕성순이 다시 김택영의 글을 더하여 『여한십가문(麗韓十家文)』으로 만들어서 장건(張謇)의 소개로 자신에게 서문을 부탁한 것이라고 한다. 김택영은 구한 말 문장과 학문으로 저명한 학자로, 을사조약 체결 이후 나라의 운명을 개탄해서 1908년 중국으로 망명한 인물이다. 이 서문에서 량치차오는 국민성이란 "한 나라의 사람들이 천 수백 년간 내려오면서 그 조상으로부터 전수받아 그 탁월함을 자각해서 하나로 합치를 이루고 집단으로 동화되어 다른 국민과 차이를 보이는 것"[22]이라고 하면서 조선은 비록 망하게 되었지만, 조상의 문학을 받들어 숭상하는 정신을 높게 평가하고 있다. 이러한 정신을 기반으로 오래 전에 멸망했다가 다시 부활한 세르비아처럼 조선의 운명도 다시 일어설 것이라는 사실을 암시하고 있다. 이는 곧 '국성'을 상실하지 않는다면 나라를 다시 세울 수 있다는 것을 의미하는 것이기도 하다.

이와 같이 국성은 국가의 성립에 필수불가결한 것으로, 역으로 말하면 국성이 없다면 국가는 성립할 수 없다는 것이다. 량치차오는 세계 역사상 다양한 국가의 흥망성쇠를 '국성'의 여하에 따라 4개 부류로 분류해서 설명하고 있다.[23]

첫째, 본래 '국성'이 없었기 때문에 멸망한 경우로 인도 등을 들고 있다. "인도는 광활한 대륙 위에서 일찍이 하나의 통일 국가를 이룬 적이

22 梁啓超, 1914, 위의 글, 35쪽.

23 梁啓超, 1915b, 앞의 글, 83쪽.

없고, 오늘날에도 언어와 문자는 80여 종이며 부락의 군장 역시 수십 명이다"[24]라고 하여 유사 이래 통일 국가를 구축하지 못한 채 언어 역시 다양한 인도를 가리켜 본래부터 국성이 없어서 망한 전형적인 사례로 들고 있다.

둘째, 국성이 아직 성숙되지 않았는데 갑자기 강적을 만나 멸망한 사례로 베트남과 조선을 들고 있다. "베트남과 조선은 천여 년 동안 중국의 속국(附庸國)으로 완전히 독립된 언어와 문자, 예교, 풍속을 지니지 못했으며, 중국에서 벗어나 독립하고자 했으나 국성이 성숙되지 않은 가운데 갑자기 무도한 세력의 먹이가 되어 멸망하였다"[25]라는 것이다. 다만, 지금 프랑스와 일본은 비록 미완이기는 하지만 베트남과 조선의 국성을 완전히 제거하는 것이 쉽지 않아 여전히 골몰하고 있는 것에서 '국성'이 끈질긴 생명력을 지니고 있다고 하였다.

셋째, '국성'이 성숙되어 있었지만 스스로 훼손해서 멸망한 사례로 로마, 신성로마제국, 투르크제국 등을 들고 있다. 특히 로마는 "본래 매우 뛰어난 국성을 겸비해서 전성기에는 전 유럽을 로마인들이 지배했지만, 자신들보다 훨씬 많은 수의 피지배자를 동화시키기에는 역부족이어서 오히려 소수의 로마인이 현지에 동화됨에 따라 로마 고유의 국성 또한 점차 상실하여 멸망하게 되었다"[26]라는 것이다. 몽골이나 만주(청조)도 국성을 훼손해서 멸망하게 된 경우이지만 로마의 경우 이탈리아가 국성을 계승해 세계 강국의 지위를 고수하고 있는 반면, 몽골이나 만주는 국

24 梁啓超, 1915b, 위의 글, 84쪽.

25 梁啓超, 1915b, 위의 글, 84쪽.

26 梁啓超, 1915b, 위의 글, 84쪽.

성이 미성숙한 상태였기 때문에 다시 일어서지 못했다고 한다. 여기에서 만주는 차치하더라도 몽골은 현재 중국으로부터 독립하여 한 국가를 이루고 있다는 점에서 량치차오의 분석대로라면 '국성'을 잘 계승하고 있는 셈이다.

넷째, 매우 특수한 경우로 국성이 이미 성숙되고 스스로 훼손하지 않았는데 갑자기 멸망한 사례로 카르타고를 들고 있다.

이와 같이 량치차오는 국성을 상실해서 멸망한 나라들을 소개하면서도 그리스와 같이 국성이 심후해서 전 국민이 깊이 자각할 경우에는 타국에 멸망되지 않으며, 유대나 폴란드, 이집트 등과 같이 이미 망한 나라도 다시 부활할 수 있다고 언급한다. 이들 후자의 사례는 서구 열강의 압박하에서 위기적 상황에 처해 있는 중국에 매우 희망적인 내용이었다.

량치차오는 「국성편」과 같은 시기에 발표한 「중국도덕지대원(中國道德之大原)」에서 인성에는 각각 장단점이 있듯이 국성도 그러하며, 이 국성은 단시간에 소수인의 공적으로 이루어지지 않으며 파괴하는 것 또한 불가능하다고 언급한다.[27] 이러한 시각은 '국성'의 자각을 통해 당시 중국 사회에 팽배하던 망국(亡國) 심리를 떨쳐버리려는 것이기도 하다. 량치차오는 일본의 21개조 요구, 위안스카이(袁世凱)의 제제복벽운동 등으로 인해 "오늘날 중국인들은 중국의 전도를 논함에 십중팔구는 말하길 아! 나라가 거의 망했구나, 나라가 거의 망했구나 한다"[28]라고 하면서 당시 중국 사회 전반에 팽배해 있는 망국 심리를 개탄하였다. 그는 중국인의 망국 심리를 여섯 가지로 분류해서 설명하고 있다.

---

27 梁啓超, 1912b, 「中國道德之大原」, 『文集』 28卷, 13쪽.

28 梁啓超, 1916a, 「國民淺訓」, 『專集』 32卷, 20쪽.

첫째, 혈기가 있어 만일 망한다면 차라리 내 손으로 망하게 하겠다며 날로 반란을 도모하고 재화(災禍)를 선동해 질서를 파괴하는 것으로 이는 혈성을 지니고는 있지만 치우쳐 있는 경우이다. 둘째, 자신의 이익을 위해 물불을 가리지 않아 우리의 적을 끌어들여 우리의 종사를 무너트리는 것으로 매우 탐욕스러우면서 간교한 경우이다. 셋째, 겉으로는 선하고 부드럽지만 간교한 경우로서 나라의 존망이 조석에 달려 있는데도 그 틈을 타서 이득을 취하려 하고 이득을 취한 후에는 바람처럼 사라지려고 하는 경우이다. 넷째, 의지와 행동이 순결한 인사로 평시에는 포부를 가지고 세상을 위해 노력하지만 한번 좌절하고 나면 스스로 질책해서 다시는 국가를 위해 진력하려고 하지 않는 경우이다. 다섯째, 근면하고 신중한 자로 직무를 수행할 때 윗사람의 뜻을 받들어 공을 추구하지 않고 단지 허물이 없기만을 추구하니 이는 평시에는 공민(公民)으로서 마땅하나 무기력함을 사회에 전파하는 경우이다. 여섯째, 언동이 지나치게 궤변적이고 격한 경우로 중국인은 이미 이 나라를 통치할 능력이 없으니 차라리 빨리 망하는 것이 나으며, 통치할 수 있는 통치자를 기다리자는 것이다.[29]

량치차오는 이러한 중국인의 망국적 심리에 대항하기 위해 우선 망국(亡國)의 정의를 다시 내릴 필요가 있다고 한다. 즉 "진(秦) · 한(漢) · 위(魏) · 진(晉) · 수(隋) · 당(唐) · 송(宋) · 명(明) · 청(淸)이 일찍이 망했어도 중국은 지금까지 한 번도 망한 적이 없다"[30]라는 것에서 편협한 민족주의적 시각에서 벗어날 필요가 있다고 한다. 즉 개별적 왕조를 초월해서 중

29 梁啓超, 1915b, 앞의 글, 81~82쪽.

30 梁啓超, 1915b, 위의 글, 82쪽.

국 전체의 역사를 포괄하는 국가관을 지닐 필요가 있다는 것이다. 전통적 왕조 중심에서 벗어나 국민국가로서 '중국'은 선조가 물려준 뛰어난 기량과 위대한 유산이라는 '국성'을 가지고 있기 때문에 어느 누구도 중국을 망하게 할 수 없다[31]는 신념을 드러낸 것이다. 그는 이러한 '국성'을 지니고 있는 중국은 절대로 멸망할 수 없다고 단언하면서 나아가 객관적인 차원에서도 다음과 같은 이유를 들어 '중국불망론(中國不亡論)'을 주창하고 있다.

첫째, 지금 세계 열강은 중국을 망하게 할 힘이 있지만, 새로운 영토를 취해서 경영하는 데에는 막대한 비용과 어려움이 뒤따르기 때문에 중국을 멸망시킬 이유가 없다. 둘째, 지금 세계는 경제를 주축으로 해서 움직이기 때문에 중국에서 경제상의 특권을 추구하기 위해서는 중국의 주권을 유지시키는 것이 더 유리하다. 셋째, 열강이 중국을 멸망시키려면 과분(瓜分)을 해야 하는데 이것은 실질적으로 불가능하다는 것이 이미 판명되었다. 넷째, 열강이 독력으로 중국으로 멸망시키기 위해서는 두 가지 책략이 있는데, 하나는 중국과 특수한 협약을 체결해 통치권의 일부를 장악하는 것이고, 다른 하나는 중국 각 지방의 반란을 조장해 전국을 혼란에 빠트린 후에 이를 평정해 나가는 방법이다. 그러나 충량한 중국 국민 중에는 일찍이 청에게 투항한 오삼계나 한국사에서 친일파의 대명사인 이완용 같은 무리가 없기 때문에 중국이 내부적으로 공고히만 하면 외국 열강의 의도는 성공하지 못할 것이다.[32]

이러한 평가가 그의 주장처럼 당연히 객관성을 담보할 수 있는 것은

31 梁啓超, 1915b, 위의 글, 85쪽.

32 梁啓超, 1915b, 위의 글, 86~87쪽.

아니다. 오히려 '중국불망론'을 강하게 주장하면 할수록 당시 시대상의 분열과 쇠락의 위기가 심각하게 고조되었음을 말해 준다. 「『대중화』발간사」의 서두에서 "우리 국민의 지기(志氣)의 쇠락함이 오늘에 이르러 지극해졌구나. 마치 온 나라가 장송곡을 부르는 황폐한 묘지가 되었으며 우리 국민이 오랫동안 바라던 몽상은 이제 사라져 버렸다"[33]라고 한탄한 것은 바로 시대적 위기의 절박함이 담겨 있는 것이다. 량치차오는 중국 국민이 오랫동안 희망하던 것, 몽상하던 것이 순식간에 사라져 버린 이유에 대해 "국민이 오랫동안 희망해 온 것, 몽상해 온 것이 오로지 근저(根底)도 없고 의미도 없는 정치생활에 속해 있었기 때문"[34]이라고 한다. 즉 당시 사회 전반에 팽배해진 국민들의 실망감은 정치적 실망감이 작용한 것이라고 분석하고 있다. 따라서 량치차오는 정치적 실망감에서 벗어나 팽배해진 시대적 위기감을 극복하기 위한 방편으로 '국성'을 바로 세울 필요가 있다고 믿은 것이다. 그렇다면 '국성'을 바로 세우기 위해서는 어떻게 해야 하는가의 문제가 등장한다. 량치차오는 이 '국성'을 견고하게 진전시켜 나가기 위해서는 국가의 구성원인 국민의 일체화가 필요하다고 강조한다. 즉 오늘날의 국가는 예전과 달리 "단일민족이 단일국가를 구성한다"는 방침하에서 국민을 일체화하는 것이 무엇보다도 절실하다는 것이다.[35] 그렇다면 국민을 일체화하는 데에는 어떠한 정신

33 梁啓超, 1915b, 위의 글, 79쪽.

34 丁文江·趙豊田 編, 島田虔次 譯, 2004, 앞의 책, 6쪽.

35 근대 중국의 정치적·사회적 사고 속에서 중국의 단결과 일체성을 추구하는 문제는 매우 중요하게 부각되었다. 중국의 일체성 문제는 크게 ① 국토의 일체성, ② 국민의 일체성, ③ 통시적인 역사의 일체성으로 구분되는데, 이 '국성'론에서는 ② 국민의 일체성을 주요 대상으로 하고 있지만 그렇다고 해서 ①, ③의 문제를 배제하는 것은 아니다. 근대 중국의 일체성 문제에 대해서는 요시자와 세이치로 지음, 정지호 옮김,

이 필요한 것인가?

량치차오는 "중국에는 실로 견고하고 강하며 선하고 아름다운 '국성'이 존재하는데, 그것은 무엇으로도 파괴할 수 없는 것으로써 오늘날은 바로 그것을 갈고닦아 발휘할 필요가 있다"[36]라고 한다. 나아가 "한 사회에는 반드시 그곳에서 공인된 도덕적(道德的) 신조(信條)가 있는데, 선천적 유전과 후천적 감화에 영향을 받아 사람들의 뇌리에 깊숙이 들어가 내면화된다. 이리하여 분자와 분자 간의 관계가 강고해져서 사회의 생명도 영속하는 것이 가능하게 된다"[37]라는 것이다. 즉, '국성'은 한 사회 내의 구성원 모두에게 공인된 도덕적 신조로써 이것이 선천적·후천적으로 사람들의 내면에 깊이 작용하여 사회의 생명력을 유지할 수 있게 해 준다는 것이다.

그런데 이 도덕적 신조는 '삼종(三種)의 관념(觀念)'으로 구체화된다. 량치차오는 대다수 중국인의 심리 중에는 '삼종의 관념'이 존재하는데, 이는 "수천 년의 유전과 감화를 받아 구성된 것으로 모든 도덕이 거기에서 나왔으며, 사회는 그것에 의지해서 무너지지 않고 유지되어 왔다"[38]라고 한다. 량치차오에 따르면 이 '삼종의 관념'은 바로 '보은(報恩)', '명분(明分)', '여후(慮後)'를 가리키며, 이것이 바로 '국성'의 구체적인 내용을 이루고 있다고 한다. 각각의 내용을 살펴보자.

첫째, '보은'에 대해 량치차오는 "중국의 모든 도덕은 보은을 동기(動機)로 하지 않음이 없다. 이른바 윤리 강상, 명교는 모두 이것을 근본으

2006, 앞의 책, 118~123쪽 참조.

36 梁啓超, 1912b, 앞의 글, 13쪽.

37 梁啓超, 1912b, 위의 글, 14쪽

38 梁啓超, 1912b, 위의 글, 14쪽.

로 한다. 무릇 사람이 태어나서 총명 여하를 막론하고 외부에 의지하지 않고 자립할 수는 없다." 따라서 "예전 사람과 지금 사람은 모두 나에게 은혜를 베푼 것이며, 국가와 사회는 무형의 깊은 은혜이다"[39]라고 언급하였다. 둘째, '명분'에 대해서는 "중국 윤리강상(倫理綱常)의 가르침은 무릇 명분을 정하고 규범을 바르게 하는데, 사회조직이 강고하고 치밀하게 어우러져 흩어지지 않는 것은 바로 이것 때문"[40]이라는 것이다. 셋째, '여후'에 대해 "구미의 이른바 문명국은 '현재의 쾌락주의'에 함몰되어 후사(後嗣)를 원하지 않는 자가 10의 8~9나 된다. 이로 인해 인구 출산율이 크게 감소하여 정치상·경제상 모두 커다란 문제"라고 인식한다. 이러한 문제는 가족주의를 주창하는 것으로 구제할 수 있는데, "중국에는 수천 년간 이 가족주의가 전 국민의 심중에 자리하고 있다"[41]라는 것이다.

이처럼 '삼종의 관념'은 중국 사회를 유지해 나갈 수 있게 하는 중요한 동력이다. 량치차오에 따르면 '보은'은 현재와 과거를 연결시켜 주고, '여후'는 현재와 미래를 연결시켜 주며, '명분'은 현재를 심오하게 해서 사회적 혼란을 방지해 주는 역할을 한다. 게다가 이 세 가지 관념은 맹자가 말하는 양지(良知), 양능(良能)과 같이 "배우지 않아도 알고 고려하지 않아도 할 수 있는 것(不學而知, 不慮而能)"으로 "중국이 수천 년간 헤아릴 수 없이 많은 혼란 속에서도 국성을 상실하지 않았던 것은 바로 이것 때문"[42]이라고 한다. 이 '삼종의 관념'을 통해 중국 국민의 일체성을

39 梁啓超, 1912b, 위의 글, 16쪽.
40 梁啓超, 1912b, 위의 글, 19쪽.
41 梁啓超, 1912b, 위의 글, 19쪽.
42 梁啓超, 1912b, 위의 글, 20쪽.

추구하고자 한 것은 그동안 서양의 학술, 사상, 정치 제도 등을 대대적으로 수용해서 중국의 제 문제를 해결하고자 했던 량치차오의 입장에서 볼 때 파격적인 변화라고 할 수 있다.

그런데 량치차오는 1915년 슝시링(熊希齡) 내각의 폐제국 총재를 사임한 이후 그동안 자신의 생애는 곧 정치생애(政治生涯)였으나, 현재 중국의 정치사회는 정치단체 활동을 포용할 여지가 없기 때문에 앞으로는 정치단체 활동을 중지하겠다고 선언한다. 그리고 "정치의 기초는 항상 사회에 있기" 때문에 이후 자신이 추구하고자 하는 사업에 대해 다음과 같이 언급하였다.

> 나는 진실로 사람으로서 장차 사람이 사람다워지는 법을 강구해서 나와 더불어 논의하고자 한다. 나는 진실로 중국의 국민으로서 장차 국민이 국민다워지는 법을 강구해서 우리 국민과 더불어 논의하고자 한다.[43]

여기에서 량치차오는 향후 자신의 천직을 사람 교육과 국민 교육 두 방면의 교육을 통해 중국 사회에 대한 계몽을 강조하고 있다.[44] 이를 위해 중국 '국성'을 상징하는 인물로 공자(孔子)를 제시하였다. 그는 공자야말로 2,000여 년간 중국의 일체성을 유지해 온 '무형의 중심축'이라고 강조하면서 공자의 가르침을 통해 중국 국민의 '국성'에 대한 자각을 환기시키고자 하였다. 국민을 일체화하는 데에는 막연한 도덕적 신념보다는 공자라는 역사적인 인물로 상징을 삼는 것이 이론적으로 유용한 면

43 梁啓超, 1915c,「吾今後所以報國者」,『文集』33卷, 54쪽.

44 張冠夫, 2012, 앞의 글, 88쪽.

이 있었을 것이라고 생각한다. 유교를 봉건적 유폐로써 타도의 대상으로 삼던 오사신문화운동 시기에 공자를 국성의 표상으로 삼은 이유는 무엇일까?

III. 공자(孔子)의 재해석과 '중화민족(中華民族)'의 신질서 모색

량치차오는 '국성'의 상징으로 공자의 도덕정신을 높게 평가하고 있다. 그는 「중국지무사도(中國之武士道)」 범례(凡例)에서 "오직 공자만이 2,000년 동안 전국 사상의 중심점이었기 때문에 모두의 우두머리가 되었으며 믿고 따르는 대상이 되었다"[45]라고 언급하였다. 그렇다고 해서 공자를 무비판적으로 계승하고자 하는 것은 아니었다. 일찍이 그는 「논지나종교개혁(論支那宗教改革)」에서 다음과 같이 언급한 바 있다.

> 한 나라의 강약과 흥폐는 국민의 지식과 능력에 달려 있다. 지식과 능력의 진보와 퇴보, 증진과 감소는 오로지 국민사상(國民思想)에 달려 있다. 사상의 높고 낮음, 통함과 막힘은 모두 국민의 습관과 신앙에 달려 있다. 따라서 국가가 독립하기 위해서는 국민의 식력(識力)을 증진시켜야 하며, 국민의 식력을 증진시키기 위해서는 국민의 사상을 변화시켜야 한다 …… 대체로 종교는 국민의 정신[腦質]을 주조하는 좋은 약재이다. 우리 지나는 주진(周秦) 시기 사상이 발흥하고 재지(才智)가 구름처럼 일어나

45 梁啓超, 1904, 「中國之武士道」凡例, 『專集』 24卷, 2쪽.

서방의 그리스에 뒤지지 않았다. 그런데 한대 이래 2,000여 년간 점차로 쇠퇴했으며 오늘날에 이르러 퇴락함이 더욱 심해졌다. 이리하여 천박한 유자들은 육경의 정수를 오해하고 공자 가르침의 본지를 상실하고 곡학아세해서 …… 마침내 2,000여 년간 공자의 진면목을 볼 수 없었으며, …… 공자 가르침의 참된 종지를 밝힐 수 없었다.[46]

이 글에서 그는 천박한 유자들의 곡학아세로 인해 공자 가르침의 진면목과 참된 종지가 가려졌다고 비판한다. 즉 한대 무제(武帝) 이래 육예(六藝)를 현창하고 백가를 물리침에 따라 육예 과목은 진보가 사라지고 오히려 속박하는 것이 많았는데, 이는 공자의 가르침 자체의 문제가 아니라 공자의 가르침을 이용해서 사복을 채우려고 하는 천박한 유자들 때문이라는 것이다.[47] 이리하여 한대 훈고학에서 청대 고증학에 이르기까지 공자의 무리를 자명하는 자가 많아지면 많아질수록 공자의 도(道)는 더욱 암울해졌다고 한다.[48] 이러한 문제는 종래의 학문이 공자의 가르침을 그 자체로 탐구하기보다는 단지 입신출세의 수단으로 이용함으로써 공자의 바른 모습을 파악하지 못한 것에 기인한다. "공자를 공자로 인정하는 이유는 바로 그 사상의 자유로움 때문이다. 그런데 스스로 공자의 무리를 자처하는 자들은 오히려 그 정신에 반해 공자를 이용하니 이것이 어찌 공자의 잘못이겠는가!"[49]라고 언급한 것 역시 같은 맥

---

46 梁啓超, 1899, 「論支那宗教改革」, 『文集』 3卷, 55쪽.

47 梁啓超, 1903a, 「新民說」 第11節 論進步, 『專集』 4卷, 59쪽.

48 梁啓超, 1915a, 「孔子教義實際裨益于今日國民者何在欲昌明之其道何由」, 『文集』 33卷, 61쪽.

49 梁啓超, 1902b, 「保教非所以尊孔論」, 『文集』 5卷, 55~56쪽.

락에서 이해할 수 있다. 흥미로운 점은 자신의 스승이기도 한 캉유웨이(康有爲)의 신학(新學) 역시 비판의 대상으로 삼고 있는 것이다. 이 시점에서 량치차오와 캉유웨이의 사이에는 확연하게 균열이 드러난 것이다.[50]

량치차오는 공자의 교지(敎旨)를 "진화(進化)주의로써 보수(保守)주의가 아니다. 평등(平等)주의로써 전제(專制)주의가 아니다. 겸선(兼善)주의로써 독선(獨善)주의가 아니다. 강립(强立)주의로써 문약(文弱)주의가 아니다. 박포(博包)주의로써 단협(單狹)주의가 아니다. 중혼(重魂)주의로써 애신(愛身)주의가 아니다"[51]라고 설명한 바 있다. 여기에서 언급하는 진화·평등·겸선·강립·박포·중혼 등은 량치차오가 중국의 계몽을 설파할 때 자주 등장하는 개념으로 이를 공자의 사상에서 찾고 있는 것은 매우 흥미롭다. 그는 이러한 "공자의 교지(敎旨)를 발전시키고자 한다면 무엇보다 공자에 충실하지 않으면 안 된다"[52]라고 주장한다. 이 말은 공자의 사상을 해석하는 데 다른 학설을 섞음으로써 그 참됨을 문란하게 해서는 안 된다는 것이다. 그는 공자의 학설을 크게 세 가지 범주로 구분해서 설명한다.

첫째, '성(性)', '천도(天道)' 등에 관한 철학적 범주, 둘째, '치국평천하의 대법(大法)'에 관한 '정치학·사회학'적 범주, 셋째, '입신처세의 길'에

---

50 량치차오는 일생 동안 스승인 캉유웨이를 존경했지만, 정치적 입장은 반드시 일치하지 않았다. 특히 1902년 일본 망명 초기에는 혁명파와 어울리면서 '革命排滿共和'의 논리를 제창하면서 캉유웨이에게 민족정신을 고취하여 민족주의를 제창하기 위해서는 만주를 타도해야 한다는 의견을 제출하기도 하였다. 丁文江·趙豊田 編, 島田虔次 譯, 2004, 앞의 책, 151쪽.

51 梁啓超, 1899, 앞의 글, 55~56쪽.

52 梁啓超, 1915a, 앞의 글, 63쪽.

관한 '윤리학 · 도덕학 · 교육학'적 범주이다.[53] 여기에서 철학적 범주는 전문적 연구자의 영역이기 때문에 모든 국민이 이해할 필요는 없으며, '정치학 · 사회학'적 범주는 공자가 살았던 시대를 위해 설파한 것이기 때문에 오늘날에 적용할 수 없고, 적용할 필요도 없다고 한다. 따라서 오늘날 공자를 가리켜 만세사표(萬世師表)라고 하는 것은 그의 철학론이나 정치론이 탁월해서가 아니라 바로 세 번째 거론한 입신처세의 길을 가르치는 '인격을 양성하는 데에 있다'는 것이다. 그는 「보교비소이존공론(保教非所以尊孔論)」에서 공자의 교지는 "사람이 사람다운 법을, 사회가 사회다운 법을, 나라가 나라다운 법을 가르치는 데 있다"[54]라고 하며, 특히 인격 교육 면에서 다음과 같이 언급하였다.

> 동서고금의 성철 중에서 인격에 대해 말한 사람은 하나가 아니지만, 가장 많이 언급한 사람으로 공자만 한 인물이 없다. 이 점에서 공자는 장래 세계 덕육(德育)의 숲에서 가장 중요한 위치를 차지할 것이라고 나는 감히 예언한다.[55]

량치차오는 중국에서 공자를 대성(大聖), 지성(至聖)이라고 하는 것은 바로 이러한 연유에서라고 한다. 그런데 그는 일찍이 「신민설」에서 "공자의 가르침은 훌륭하지만, 한 나라 사람들의 사상이 하나의 길에서만 나오게 하는 것은 진화하는 데 미치는 해가 매우 크다"[56] 라고 비판적으

53 梁啓超, 1915a, 위의 글, 63쪽.
54 梁啓超, 1902b, 앞의 글, 57쪽.
55 梁啓超, 1902b, 위의 글, 57쪽
56 梁啓超, 1903a, 앞의 글, 59쪽.

로 서술한 바 있다. 이러던 그가 공자를 인격 양성의 최고의 스승이라고 하면서 '국성'의 표상으로 삼은 이유는 무엇일까? 다양성에서 단일성으로의 회귀인 것인가?

당시 량치차오는 영국이 세계를 제패할 수 있었던 원인으로 인격 양성을 주요 정신으로 삼은 영국의 교육을 꼽았다. 그는 영국의 젠틀맨(Gentleman)과 중국의 군자(君子)를 비교하면서 이상적 인격에 대한 관념을 비교 설명하였다. 즉 영국인이 이상적으로 생각하는 '젠틀맨'은 중국어로 표현하면 '군자'에 해당하며 모두 인격 양성을 종지로 여겼기 때문에 영국과 중국의 교육정신은 추구하는 세계가 같다는 것이다. 다만, 영국의 경우 '젠틀맨'은 그 자체로 일종의 '무형의 모범'으로서 사람들의 의식 속에 깊게 자리하고 있었던 반면, 중국의 경우 군자에 대한 의식은 "몽롱하고 막연하며 그 힘이 매우 미약해서 사회를 통제하지 못하기 때문에 사람들은 반드시 군자가 되려고 노력하지 않는다"[57]라는 상태가 되어 버렸다는 것이다. 이 중국의 이상적 인격인 '군자'의 모범은 공자 혼자서 만든 것은 아니지만, 공자가 집대성하여 자신의 언어로 가르치고, 몸소 행동으로 가르친 것은 확실하기 때문에 그가 제시한 무형의 모범을 명확히 해서 사회적 실효성을 지니게 단련할 필요가 있다고 한다. 현대에서도 공자를 만세사표로서 칭송하고 받드는 것은 바로 이러한 연유에서라고 역설하고 있다.[58]

그런데 인격양성은 개인적 측면에서 심신을 수양하는 것으로 국가적 측면이 결여되어 있다는 비판에 직면할 수 있다. 특히 일생을 근대 국민

57 梁啓超, 1915a, 앞의 글, 65~66쪽.

58 梁啓超, 1915a, 위의 글, 66쪽.

국가 건설에 투신한 량치차오의 국가주의 사상에 비추어 볼 때 이는 다소 모순적이라고 생각할 수도 있다. 이에 대해 량치차오는 "세계 고금의 교조가 국가주의를 교육한 것이 있는가?"라고 자문하며, 국가주의의 등장은 100년 정도에 불과하고 또한 국가의 기초는 개인을 바탕으로 하고 있으며 서양의 국가주의 교육은 이 개인주의 교육의 기초 위에서 세워졌다는 것을 강조하고 있다.[59] 량치차오가 슝시링 내각에서 기초한 「정부대정방침선언서(政府大政方針宣言書)」에서 "우리 사회는 2,000년간 공자의 교의(教義)를 (사회)통합의 중심으로 삼았으며" 따라서 정부는 "인민의 신교(信教)의 자유를 존중하면서 한편으로 공자의 가르침을 교화의 근본으로 삼는다"[60]라고 명시한 것 역시 같은 맥락에서 이해할 수 있다. 즉 공자의 가르침은 종교가의 가르침이 아니라 인문교화의 가르침인 것이다.

한편, 량치차오는 1920년 파리강화회의 중국대표단 고문으로 유럽을 방문하고 귀국한 후 "상층에서의 정치활동을 완전히 방기하고 국민의 실질적 기초를 육성하는 교육사업(教育事業)에 전력으로 종사하게 되었다"[61]라고 하듯이 그의 말년의 활동은 교육과 저술이 중심이 되어 중국학술사상사에 관한 대량의 저술을 집필하였다. 당시 중국의 사상계는 '민주'와 '과학'을 슬로건으로 하는 오사신문화운동이 한창이었으며, 특히 '타도공가점(打倒孔家店)'이라고 해서 유교에 대한 비판적 인식이 팽배해 있었다. 량치차오는 오사신문화운동에 대해 1922년에 발표한 「심

59 梁啓超, 1915a, 위의 글, 67쪽.

60 梁啓超, 1913b, 「政府大政方針宣言書」, 『文集』 29권, 122쪽.

61 丁文江 · 趙豊田 編, 島田虔次 譯, 2004, 앞의 책, 292쪽.

마시신문화(甚麽是新文化)」에서 "근래 이른바 신문화운동은 거국적으로 선각(先覺)이 잇달아 제창하고 일반 청년이 용맹하게 전진하고 있다. 이것은 매우 바람직한 현상이다"[62]라고 하듯이 기본적으로는 긍정적으로 평가하고 있었다. 그러나 동시에 "구두선(口頭禪)인 경우가 매우 많아 가령 그들에게 신문화란 무엇인가?라고 물어보면 대부분이 답하지 못할 것이며 답하더라도 그 답은 각양각색일 것이다"[63]라고 해서 '신문화'가 실제 중국 사회에 뿌리내렸다고 보기는 어렵다고 지적한다. 이에 신문화를 논할 경우에는 두 가지 전제 조건이 필요한데, 하나는 지식에서 '과학적 이해'를 가져야만 하고, 다른 하나는 품격에서 '자율적 정조(情操)'를 가져야만 한다는 것이다.[64]

그런데 여기에서 주목할 만한 점은 '자율적 정조(情操)'라는 측면에서 신문화 정신은 오히려 유가의 정신과 일치하는 측면도 있다고 하는 것이다. 즉 "법령으로써 인도하고 형벌로써 가지런하게 하면 백성이 (형벌을) 면해도 부끄러움이 없다(道之以政, 齊之以刑, 民免而無恥)"라고 하는 법가의 엄격주의와 달리 "덕으로써 인도하고 예로써 가지런하게 하면 부끄러움을 가져 역시 바르게 될 것이다(道之以德, 齊之以禮, 有恥且格)"[65]라고 하는 유가의 자율주의가 바로 신문화운동의 정신과 합치된다는 것이다. 이런 점에서 "신문화의 구성 요소 중 특히 후자의 '신인격(新人格)'에 관한 부분에 대해서는 유교와 신문화에는 공통하는 부분이 있고

62 梁啓超, 1922b, 「甚麽是新文化」, 『飮氷室合集』集外文 上冊, 北京出版社(2005), 906쪽.

63 梁啓超, 1922b, 위의 글, 906쪽.

64 梁啓超, 1922b, 위의 글, 906쪽.

65 이 글은 『論語』「爲政」 편에 보인다.

따라서 유교주의는 바로 신문화와 합치"[66]되기 때문에 청년들이 신문화운동을 추구하려면 지식적인 측면에서 과학적 이해가 없으면 불가하고, 도덕·품격적인 측면에서 자율적 정조가 없으면 불가하다고 주장한다. 이러한 그의 입장은 앞에서도 언급했듯이 서양 일변도에서 중국 전통문화에 대한 가치를 재평가하는 길을 열어 주었다는 점에서 매우 중요한 의의를 지니고 있다고 할 수 있다. 부언하면, 이러한 그의 논의는 오사신문화운동의 격렬함 속에서 중국 전통문화의 역사성을 긍정적으로 파악하고자 한 '문화보수주의'[67]의 흐름과도 맥을 같이하는 것이다.

량치차오는 말년 동남대학(東南大學)에서의 고별강연에서 공자의 인격적 이상에 대해 논하면서 "우주는 고정된 것이 아니라 영구히 인간의 노력 여하에 따른 창조의 과정이며", "세계에는 참된 의미에서 '나'라는 것은 존재하지 않는다"[68]라는 두 가지 세계인식에 의거해서 '성패득실'을 고려하지 말고 타자를 위해 적극적인 행동에 나설 것을 요구하고 있다. 이 말은 역설적으로 참된 나를 지향해서 현실에 안주하지 말고 끊임없이 노력하라는 말로도 들린다. 이것이야말로 그가 이상적으로 생각한 인격양성의 지향점이 아니었을까 생각한다.

그런데 앞에서 거론한 바 있듯이 그는 1915년 「오금후소이보국자(吾今後所以報國者)」에서 정치의 기초는 사회에 있기 때문에 이후 다시는 정담가(政談家)가 되지 않겠다고 언급하면서 "나는 진실로 사람으로서 장차 사람이 사람다워지는 법을 강구하며, 나는 중국의 국민으로서 장

66 梁啓超, 1922b, 앞의 글, 907~908쪽.

67 '문화보수주의'에 대해서는 전인갑, 2016, 『현대 중국의 제국몽-중화의 재보편화와 100년의 실험』, 學古房, 123~169쪽 참조.

68 梁啓超, 1923, 「東南大學課畢告別辭」, 『文集』 40卷, 13~14쪽.

차 국민이 국민다워지는 법을 강구하려고 한다"[69]라고 해서 사람에 대한 교육과 국민교육이라는 두 방면의 교육을 다짐하고 있다. 그가 '국성'의 개량과 조장을 통해 민족의 정체성을 확립하고자 한 것은 바로 이와 맥락을 같이하는 것이라고 하겠다.

그는 세계 역사상 국민은 매우 많지만, 그중에서도 중화국민(中華國民)은 인류 역사상 하나의 기적이라고 단정한다. 그리고 그 이유로써 이 웅대한 민족은 광활한 국토 위에서 형성되어 수천 년 동안 문명이 중단되지 않고 나날이 정진해 왔다는 것을 제시하고 있다.[70] 또한 이렇게 형성된 중화민족[中華民族, 화하민족(華夏民族)]은 "수천 년에 걸쳐 연마되었기 때문에 마침내 전복되거나 부서지지 않는 일체가 되었다"[71]라고 강조한다. 1922년에 저술한 「중국역사상민족지연구(中國歷史上民族之研究)」에서 량치차오는 혈연·언어·신앙은 모두 민족이 성립하는 데 중요한 조건이지만, 이 세 가지만으로 단정할 수는 없으며 가장 중요한 요소로 '민족의식'의 발현과 확립을 들고 있다.[72] 그렇다면 '민족의식'의 발현과 확립이란 무엇을 의미하는 것인가? 그는 일찍이 '멸만흥한(滅滿興漢)'의 기치하에 청조 타도를 외쳤던 혁명파의 주장을 편협한 '소민족주의(小民族主義)', '민족복구주의(民族復仇主義)'라고 비판하면서 중국의 위기를 극복하고 서구와 같은 민족제국주의로 나아가기 위해서는 한족을 포함한 '대민족주의(大民族主義)'로 나아가야 한다고 주장한 바

69 梁啓超, 1915c, 앞의 글, 54쪽.

70 梁啓超, 1921, 「歷史上中華國民事業之成敗及今後革進之機運」, 『文集』 36卷, 25쪽.

71 梁啓超, 1926, 「太古及三代載記」, 『專集』 43卷, 4쪽.

72 梁啓超, 1922c, 「中國歷史上民族之研究」, 『專集』 42卷, 1쪽.

있다.[73] 이 '대민족주의'는 혈통이나 언어, 풍속을 초월해서 "나는 중국인이다.", "나는 중화민족의 일원이다."라고 스스로 자각하는 민족의식에 의해 발현되는 것이라고 하면서, 역사는 바로 '중화민족'의 관념, '중화민족'의 일원이라는 의식이 어떻게 형성되어 왔는가를 연구해야 한다는 것이다.[74]

> 만주인은 처음 청을 건국했을 때 우리들을 한인이라 하고 자신들은 기인(旗人)이라 했는데, 지금은 이러한 의식이 사라져 중화민족의 일원이 되었다. 이에 비해 몽골인은 나라가 멸망한 지 수백 년이 지났음에도 그들은 스스로 몽골인이라고 자각하고 우리들을 한인이라고 해서 구별하고 있기 때문에 몽골인은 여전히 중화민족의 일원이라고 할 수 없다.[75]

여기에서 그가 생각하는 '민족의식'은 객관적 기준에 따른 것이 아니라 주관적인 가치판단에 따른 것이다. 량치차오는 이러한 민족의식은 "몇몇 혈연관계의 사람들이 공통의 자연환경에서 일상생활을 서로 협력하며 공유하는 가운데 언어와 문자 및 기타 도구를 발명하고 공통의 신앙, 학문과 기예 및 관습을 양성하게 된다." 이러한 가운데 "일종의 독특

73 梁啓超, 1903b, 「政治學大家伯倫知理之學說」, 『文集』 13卷, 75~76쪽.

74 梁啓超, 1922c, 앞의 글, 1~2쪽. 량치차오는 중국의 지리를 本部(18개 省)와 屬部(滿洲, 蒙古, 回部, 西藏)로 구분하고, "아시아는 전 세계의 宗主이며, 중국은 아시아의 宗主이고, 본부는 중국의 宗主이다"(梁啓超, 1902d, 「中國地理之大勢」, 『文集』 卷10, 78쪽)라고 주장한다. 김승욱은 량치차오가 '본부'와 '속부'를 하나의 중국으로 인지하고 이렇게 확정된 역사공간을 '대민족주의' 주장의 논리적 근거로 삼고 있다고 지적하고 있다(김승욱, 2019, 「중국 근대 역사학에서 國家개념의 재구성」, 『역사와 담론』 제89집, 178~179쪽).

75 梁啓超, 1922c, 위의 글, 2쪽.

한 '문화체계(文化體系)'를 형성하게 되는데 이것이 다른 문화체계와 접촉하면서 타자에 대한 자아를 자각하게 된다. 이것이 바로 민족의식이 성립하는 중요한 요소"[76]라고 한다. 이 '민족의식'이야말로 바로 이 글의 핵심 키워드인 '국성'과 맥락을 같이하는 것이다.

그렇다면 중화민족은 동일한 조상에서 나온 것인가? 아니면 다원적으로 결합되어 형성된 것인가? 량치차오는 이 물음에 대해 역사서에서는 황제(黃帝)의 자손이라고 하지만 이는 후대에 만들어진 설화에 불과하다고 일축하고 '제하(諸夏)'라고 하듯이 여러 부락이 결합해서 형성된 것이라고 한다. 나아가 이렇게 형성된 중화민족을 다음과 같이 언급하였다.

> ① 매우 복잡하면서도 지극히 견고한 민족이다.
> ② 이 복잡하고 견고한 민족은 매우 커다란 대가를 치르고 형성되었다.
> ③ 이 민족은 장래 결코 쇠락하지 않을 뿐만 아니라 또한 더욱 확대될 가능성이 있다.[77]

이 '중화민족'론은 현재 중화인민공화국에서 강조하는 '중화민족'론의 이론적 근거를 제공하고 있다는 점에서 매우 흥미롭다.[78] 여하튼 현재 청

---

76 梁啓超, 1922c, 위의 글, 2쪽.

77 梁啓超, 1922c, 위의 글, 2쪽

78 1988년 중국의 저명한 사회학자 페이샤오퉁(費孝通)은 「中華民族의 多元一體 格局」에서 "중화민족의 구성은 매우 복잡하지만, 다원일체적 구조를 이루고 있으며, 자연발생적인 민족 실체로서 대일통의 구조를 형성하고 있다."라고 언급한 바 있다. 한족을 중심으로 다원일체적 대일통의 구조를 이루고 있다는 이 '중화민족'론은 기본적으로 량치차오의 '중화민족'론과 맥락을 같이하는 것이다. 鄭址鎬, 2007, 「근대중국 내셔널리즘의 형성과 국민국가」, 『인문학연구』 12, 경희대학교 인문학연구원,

조 영역 내에 거주하고 있는 모든 민족이 한족을 중심으로 '중화민족'이라는 기치하에 대동단결해서 민족주의 국가를 건설하자는 것이다. 이 '중화민족'을 기반으로 한 민족주의 국가야말로 량치차오가 '국성'의 조장과 개량을 통해 지향하고자 한 새로운 질서인 셈이다. 그 새로운 질서는 문화적·인종적 차이에 따른 구별을 초월한다는 점에서 전통적 '천하사상(天下思想)'에 입각한 '대일통(大一統)'의 관념과 일맥상통하는 것이기도 하다. 즉 하늘 아래 '중화(中華)'와 '사이(四夷)'를 불문하고 지상의 모든 만물을 일률적으로 포섭해 나간다고 하는 '천하사상'은 량치차오가 구상하는 '중화민족'의 신질서 내에 온전히 융화되어 있는 것이다. 따라서 그가 모색한 '중화민족'의 신질서는 전통적(傳統的) 덕치(德治)와 교화(敎化)가 전례 없이 강하게 확대된 것이라고도 할 수 있다. 이러한 량치차오의 실천운동은 그가 처한 시대적 제약 속에서 성공적으로 진행되지는 못하였지만, 지금도 여전히 진행형에 있는 것으로써 이른바 '역사적 함의의 현재적 과제'라고 하겠다.

Ⅳ. 맺음말

본론에서 이미 언급했듯이 량치차오에 따르면 중국인의 심리 중에는 '삼종(三種)의 관념(觀念)'이 존재하는데, 그것은 "수천 년의 유전과 감화를 받아 구성된 것으로 모든 도덕의 원천이며 사회는 그것에 의지해서

290~291쪽.

무너지지 않고 유지된 것"[79]이라고 한다. 이 '삼종의 관념'이란 '보은(報恩)', '명분(明分)', '여후(慮後)'를 가리키는데, 보은은 현재사회와 과거사회를 서로 연결시켜 주고, 여후는 현재사회와 미래사회를 서로 연결시켜 주며, 명분은 현재사회를 심오하게 해서 혼란을 방지해 주는 것으로 중국 '국성'의 가장 기본적인 것이라고 한다. 특히 '보은'은 중국이 수천 년에 걸쳐 '국성'을 깊이 내면화하고 굳건하게 양성할 수 있었던 힘의 원천으로 이러한 사상이 점차 동요되면서 그 영향력을 상실해 가는 상황에서 향후 이를 어떻게 계승 발휘해 나갈 것인가에 국가의 존망이 달려 있다고까지 역설하고 있다. 그는 일찍이 「논민족경쟁지대세(論民族競爭之大勢)」라는 글에서 다음과 같이 언급한 바 있다.

> 오늘날 중국을 구하고자 한다면 다른 방법이 없다. 우선 민족주의 국가를 건설해야 할 뿐이다. 지구상 최대의 민족으로서 능히 천연(天演, 진화론)에 걸맞은 국가를 건설한다면, 천하제일 제국(帝國)의 칭호를 누가 빼앗을 수 있겠는가?[80]

즉 "동방 대륙의 가장 큰 나라로 가장 기름진 토양을 갖고 있지만, 가장 부패한 정부와 뿔뿔이 흩어져서 가장 약한 국민이 있는"[81] 중국을 구하기 위해서는 무엇보다도 민족주의 국가를 건설할 필요가 있는데, 이것이 가능하게 되면 진화론에 입각해 명실상부하게 '천하제일의 제국'이

79 이 글 주석 38번 참조.

80 梁啓超, 1902a, 앞의 글, 13~14쪽.

81 梁啓超, 1902c, 앞의 글, 4쪽.

될 수 있을 것이라는 뚜렷한 희망을 제시하고 있는 것이다.[82] 이 '천하제일의 제국'은 민족주의에 기반한 국가지상주의를 표방하고 있지만, 한 걸음 더 나아가 그로부터의 해방을 복선으로 깔고 있는 것이기도 하다.

이러한 관점은 그의 역사관에서도 명확히 드러난다. 량치차오는 종래의 왕조사를 초월해 '중국사'의 변화·발전 양상을 크게 '중국의 중국'[고대-황제(黃帝)에서 진(秦)의 통일], '아시아의 중국'(중세-진의 통일에서 건륭말년), '세계 속의 중국'(근세-건륭 말년에서 현재)으로 구분하고 있다.[83] '중국의 중국'에서 '아시아의 중국'을 거쳐 '세계 속의 중국'으로 변화·발전해 나갔다는 역사관을 통해 본원적인 중국적 질서가 세계질서로 전환되어간다는 것을 계시하고 있는 것이다.[84] 그는 나아가 세계사의 변화를 가장주의시대(家長主義時代)-추장주의시대(酋長主義時代)-제국주의시대(帝國主義時代)(과거), 민족주의시대(民族主義時代)-민족제국주의시대(民族帝國主義時代)(현재), 만국대동주의시대(萬國大同主義時代)(미래)[85]라고 하여 궁극적으로 국가주의에서 세계주의로 진행되어 나갈 것이라고 예견하고 있다. 량치차오는 만년에 집필한 『선진정치사상사(先秦政治思想史)』의 서론에서 춘추전국시대 이래 중국 정치사상의 특징을 천하주의(天下主義), 평민주의(平民主義) 또는 민본주의(民本主義), 사회주의(社會

82 鄭址鎬, 2015, 「梁啓超의 '帝國'論과 '大淸帝國'의 國體」, 『東洋史學硏究』 132輯, 279쪽.

83 鄭址鎬, 2005, 「梁啓超의 近代的 歷史敍述과 國民國家」, 『梨花史學硏究』 32, 梨花史學硏究所, 9~10쪽.

84 이러한 측면에서 량치차오의 세계관을 국가주의에서 천하주의로 해석한 가오리커(高力克)의 연구는 유익함을 주고 있다. 高力克, 2015, 「世界國家與普世文明-梁啓超的新天下主義」, 『天津社會科學』, 2015-6.

85 梁啓超, 1901, 「國家思想變遷異同論」, 『文集』 6卷, 18쪽.

主義)의 내용을 지니고 있다고 전제한 후 "중국은 문명이 시작된 이래 일찍이 국가를 인류 최고의 조직으로 여기지 않았다. 정치사상은 항상 전 인류를 대상으로 삼았기 때문에 평천하(平天下)를 지향하고 있었으며 국가(國家)는 단지 가족과 같이 조직에 불과해서 '천하'의 한 단계로 여겨졌다. 즉 정치란 전 인류 중의 특정 지역이나 특정 부류의 사람들을 위해 존재하는 것이라 여기지 않았다"라는 것이다. 이러한 결과 "'중국인'을 구성하는 사람들은 항상 증가했으며 이른바 '천하'의 내용 역시 날이 갈수록 더욱 확대되었다. 서구에는 오늘날 크고 작은 수십 개국이 있지만, 우리 나라(중국)는 이미 오래전부터 일체를 이루어왔다"라고 언급하였다.[86]

량치차오는 중국의 정치사상에 깊게 자리하고 있는 '평천하주의(平天下主義)'(세계주의)하에서 배양된 중국의 국민의식이 전 인류문화에 커다란 기여를 할 것이라고 전망하고 있다.[87] 중국 국민들을 망국의식에서 벗어나게 하여 중국의 혼란스러운 정세를 극복하고자 제안된 '국성'론은 결국 중국의 국가주의를 추구하면서도 그 저변에는 세계주의로의 모색을 통해 활로를 추구하고 있었던 것이다. 량치차오는 일찍이 "중국은 절대 망하지 않을 것이라고 나는 감히 단언한다"라고 하면서도 다만 "정치상의 국가는 비록 망하지 않더라도 경제상의 국가는 실제로 서서히 망하고 있다"[88]라고 우려를 표명한 바 있다. 이러한 우려에 비추어서

86 梁啓超, 1922a, 「先秦政治思想史」, 『專集』 50卷, 2쪽.

87 梁啓超, 1922a, 위의 글, 5~6쪽. 근래 중국의 왕후이(汪暉)를 비롯한 신좌파학자나 서양의 마틴 자크(Martin Jacques) 등은 향후 새로운 국제 질서의 대안으로 왕도에 기반한 조공질서를 새롭게 해석하고 있는데(전인갑, 2016, 앞의 책, 6~7쪽), 이러한 주장은 량치차오의 논리와 맥을 같이하는 것이다.

88 梁啓超, 1916a, 앞의 글, 20쪽.

개혁개방 이후 막강해진 경제력을 바탕으로 '일대일로(一帶一路)' 사업을 추진하고 있는 현재 중국의 상황은 량치차오가 추구한 국가주의를 기반으로 한 세계주의로의 길을 그대로 걸어가고 있는 것만 같은 느낌이다.

참고문헌

단행본

요시자와 세이치로 지음, 정지호 옮김, 2006, 『애국주의의 형성-내셔널리즘으로 본 근대 중국』, 논형.

전인갑, 2016, 『현대 중국의 제국몽-중화의 재보편화와 100년의 실험』, 學古房.

프라센지트 두아라(Prasenjit Duara) 지음, 문명기·손승회 옮김, 2004, 『민족으로부터 역사를 구출하기-근대 중국의 새로운 해석』, 삼인.

姜義華 編, 2015, 『中國近代思想家文庫 張太炎卷』, 中國人民出版社.

梁啓超, 1902, 『新民叢報』 第5號, 新民叢報社.

______, 2003, 『飮氷室合集』, 中華書局.

______, 2005, 『飮氷室合集』 集外文, 北京出版社.

劉夢溪 主編, 1996, 『中國現代學術經典 嚴復卷』, 河北教育出版社.

丁文江·趙豊田 編, 島田虔次 譯, 2001, 『梁啓超年譜長編』 第4卷, 岩波書店.

논문

김승욱, 2019, 「중국 근대 역사학에서 國家개념의 재구성」, 『역사와 담론』 제89집.

鄭址鎬, 2005, 「梁啓超의 近代的 歷史敍述과 國民國家」, 『梨花史學硏究』 32, 梨花史學硏究所.

______, 2007, 「근대중국 내셔널리즘의 형성과 국민국가」, 『인문학연구』 12, 경희대학교 인문학연구원.

______, 2015, 「梁啓超의 '帝國'論과 '大淸帝國'의 國體」, 『東洋史學硏究』 132輯.

______, 2016, 「淸末民初 梁啓超의 聯邦制論과 '新中國' 建設」, 『中國近現代史硏究』 72.

賈旭東, 2011, 「梁啓超文化思想硏究」, 安徽大學碩士學位論文.

高力克, 2015, 「世界國家與普世文明-梁啓超的新天下主義」, 『天津社會科學』 6.

張冠夫, 2012, 「作爲嗣續光大'國民性'與'國性'的文學—梁啓超1915年前後文學觀的轉變」, 『河南大學學報(社會科學版)』 52-6.

陳澤環, 2015,「"中國文明實可謂以孔子爲之代表"一梁啓超國性論中的儒學觀」,『船山學刊』6期.

高柳信夫, 2007,「梁啓超の『孔子』像とその意味」,『中國における「近代知」の生成』, 東方書店.

于海英, 2018,「梁啓超の晩年の民權思想について-民本への自覺」,『山口大學文學會志』68.

7장

새로운 세기의 동북아 신민족주의와 역사인식 문제

쑹청유(宋成有)
베이징대학교 역사학과 교수

I. 머리말

민족주의는 자민족 역사전통, 가치관, 이익추구, 문화 독특성에서 오는 강렬한 공동체 의식으로 자아중심과 배타성을 겸비한다. 근대 이래로 민족주의는 두 종류로 나뉘었다. 외부 적의 침략에 대항하고 민족 독립을 쟁취하는 것은 정당하고 이성적인 민족주의에 속한다. 이와 반대로 자민족의 우월성과 이익추구를 과장하고, 인종주의의 깃발 아래 이웃을 제물로 삼는, 마치 무력 궐기하는 '대일본제국'과 같은 것은 극단적으로 비이성적, 침략적인 민족주의에 속하며 교훈으로 삼을 만한 것이 못 된다. 제2차 세계대전 후 민족주의는, 일본의 패전투항에도, 종적을 감추지 않았다. 경제 고속성장이나 장기침체는 민족주의의 대두에 자극적인 역할을 한다. 새로운 세기에 신민족주의는 다시 한·중·일 3국에 출현하였다. 신민족주의 사조의 '새로움(新)'이란 무엇이며, 원인은 어디에 있는가, 역사인식 문제와의 관련은 어떠한가, 어떻게 역사 화해를 실현하고 신민족주의를 초월하는가? 이 문제들은 동북아의 평화발전과 협력공생과 관련되어 깊이 사고하고 진지하게 대할 가치가 있다.

II. 신민족주의의 '새로움'

새로운 세기에 신민족주의 사조가 떠올랐다. 그 '새로움'은 어디에 있는지 아래와 같이 개괄할 수 있다.

1. 역사문화민족주의의 등장

여러 요소의 발효로 인해 서로 다른 역사인식과 역사적 기억이 충돌하여 역사문제는 여론의 관심을 받게 되었고 역사요소와 문화해석이 서로 연결되어 역사문화민족주의를 촉성하였다. 개괄해 보면 그 특징은 주로 다음과 같다.

첫째, 사회 기층에 입각하고 재야의 색채가 농후하다. 일반적으로 말해 사회 대중과 일정한 거리를 유지하는 학원사학, 강단사학에 비해 역사문화민족주의 저술가는 대부분 대학, 연구원 등 상아탑에서 활약하는 것 외에 재야사학 혹은 풀뿌리사학 연구를 추진하는 데 열중한다. 그 출판물의 학술가치는 높지 않지만 사회 영향력은 학원사학보다 높다고 할 수 있다. 학원사학의 연구자 다수가 역사학과 출신으로 엄격한 전문훈련을 받고 정사전적(正史典籍) 등 문헌자료 혹은 고고학적 발굴을 근거로 한다. 학원사학의 연구자들이 이론 근거의 역사학과 교육과 과학연구를 전개하는 것에 비해 역사문화민족주의 저술자의 학술배경과 연구 수단은 상대적으로 번잡하다. 그 전문적 배경을 점검해 본다면 참여자 반 이상이 비역사학과 출신으로 각자의 자국 민족사에 대한 상상과 이해를 기반으로 임의로 사료를 재단하거나 혹은 역사과정을 억측하여 만들어낸 것을 어렵지 않게 발견할 수 있다. 학원사학 연구가 엄격하게 진실을 추구하고 고독함을 참아가며 끊임없이 탐색하는 것과 비교하여 역사문화민족주의 저술자는 정사전적의 구속을 받지 않고 자유롭다. 그들은 길거리 홍보차량, 신문, 잡지의 광고, 인터넷 매체 등과 같은 수단을 즐겨 사용하고, 가장 빠르고, 가장 큰 사회적 센세이션 효과를 추구한다. 발전 추세로 보면 역사문화민족주의, 재야사학의 학원사학에 대한 압력이 갈수록 커지고 있어 얕보아서는 안 된다.

둘째, 입론근거와 서비스 대상에 새로운 변화가 발생했다. 역사문화민족주의 저술자는 주관적인 역사적 기억 혹은 주관적 상상력을 입론근거로 삼으며 그것은 종종 역사적 진상과는 관계가 없다. 2001~2006년 일본 고이즈미 준이치로(小泉純一郎) 총리는 야스쿠니 신사를 연속 참배하여 동북아 국가관계의 긴장을 조성하였다. 그래서 일본에서는 생사관, 귀신관의 문화 독특성으로 총리의 야스쿠니 신사 참배를 변명하는 것이 유행했다. 일본 우익이 출판한 『새역사 교과서』(2001), 『대동아 전쟁: 일본의 주장』(2006) 등 출판물은 일본 문화, 천황 문화의 독특성을 선양하는 형식을 빌어 역사를 왜곡하고 침략을 미화하였다. 한·중 간에는 고대 역사문화 자원의 오리지널리티에 관한 논쟁이 벌어졌고 풍파가 빈번하게 일어났다. 이 과정에서 선택적인 역사 기억, 사관의 설명, 역사 문헌자료의 해석 등은 모두 민족주의의 자기 표방을 반영하고 국가 체면 수호에 전력을 다하고 주관 의식이 매우 강렬하다. 그러한 입장과 관점을 선양할 때, 자아의식을 고취하고 타인의 비평이나 질의는 들으려고 하지 않는다. 이를 위해 진상의 말살을 서슴지 않거나 사실을 날조하여 사물의 본 면목에서 벗어난다. 공자가 제시한 '군자화이부동' 제의와는 다르게 역사문화민족주의 저술자는 걸핏하면 논쟁을 일으키고 '동이불화'에 열중한다.

셋째, 역사문화민족주의는 국가관계와 국민감정에 대해 매우 강한 살상력을 갖고 있다. 중·일 외교관계 회복, 한·중 수교 후 국가관계와 국민감정의 '밀월'기가 출현하였다. 중·일 간에는 1972년 국교정상화를 실현하고 1982년 역사교과서 사건의 발발까지 양국의 경제무역관계는 빠르게 발전하였고 문화교류가 활발하였으며 양국의 국민 호감도는 상당히 높았다. 그러나 역사 교과서 사건은 중국인에게 역사인식 문제는 여전히 양국이 가까워지는 데 거대한 장애임을 일깨워 주었고 일본에 대한 호감도는 하락하였다. 한·중 간에는 1992~2002년 사이에 양국 관계가 폭발적으로 증가했고 상호 호감도가 높았는데, 고구려 역사 귀속 논쟁이 일어나 지속적으로 온도가 오르던 국민감정에 찬물을 끼얹었다.

2. 민족주의의 촉진 요소에 변화 발생

첫째, 중국의 경제개발고속발전 기간 동북아 경제 구도의 변화는 주변 국가의 불편함을 유발하였다. 1978년 중국은 개혁개방을 시작하였다. 당시 산업 총생산액은 4,231억 위안, 대외무역 적자는 19.8억 위안, 무역 외 수지는 21억 위안으로 수지는 대체적으로 균형을 이루었으나 국고에는 1.2억 위안만이 남아 있어,[1] 경제 총량은 일본에 훨씬 못 미쳤다. 1988년 중국의 GDP는 3,070억 달러로 일본의 10.4%, 한국의 155% 였다.[2] 이 기초 위에서 중국 경제는 글로벌화의 천시(天時), 지리(地利), 인화(人和)의 힘을 빌려 연평균 9%의 성장률로 연이어 배로 성장했다. 2000년에 이르러 중국의 GDP는 1.21조 달러에 이르러 이탈리아를 넘어섰다.[3] 이어서 프랑스, 영국, 독일을 넘어섰고, 2010년 중국 GDP는 6.1조 달러로 일본(5.7조 달러)을 넘어서[4] 세계 제2의 경제체가 되었

1 『中華人民共和國國民經濟和社會發展統計公報』, 1978.

2 World Development Indicators database.

3 World Bank national accounts data, and OECD National Accounts data files

4 World Bank national accounts data, and OECD National Accounts data files.

다. 중국 경제가 빠르게 성장하는 동안 일본은 1991년 버블 경제 붕괴 이후의 장기 침체에 빠져들었고 산업 전환을 서둘렀으며 경쟁력을 강화하였다. 한국은 1997년 아시아 금융위기의 곤경에서 벗어나기 위해 산업, 금융의 지속적인 조정을 실시하였다. 중국 경제는 안정 속에서 발전을 이어갔으며 우주항공, 고속철도, 원자력 발전, 5G, 위성항법 등의 분야에서 기술이 세계 선두를 향해 나아갔다. 동북아의 국제경제 구조에 생각지도 못한 변화가 발생한 것이다.

개혁개방 40년 만에 중국의 국력은 비약적으로 성장했고 이웃 국가들의 관심을 끌면서, 경쟁에 따른 압력과 함께 불안 초조 역시 생겨났다. 아편전쟁 이후 생겨난 빈곤, 낙후, 연약이라는 중국에 대한 오랜 인상을 바꾸려면 적응의 시간이 필요하다는 것을 쉽게 알 수 있다. 이 외에 정치체제의 차이, 냉전사고, 중국을 경시하는 습관 나아가 중국을 악마화하는 관찰방식이 여전히 그 영향력을 가지고 있었다. 서구 매체들이 앞다투어 주장한 '중국위협론', '중국붕괴론', '중국패권론' 등의 논조는 늘 한국과 일본에서 어느 정도의 반응을 얻을 수 있었다. 마찬가지로 역사상의 조공체제 혹은 '중화사상'을 이용해 오늘날 중국의 국제 역할을 해설하는 것 역시 주관적 상상과 객관적 사실이 상반되도록 만들었다. 군소리할 필요 없이, 국제사회가 경제개발 업적이 뛰어난 중국을 어떻게 대하는지와 중국이 스스로를 어떻게 평가하는지는 이미 신민족주의 사조의 흥기를 자극하는 새로운 요소가 되었다.

한·일 양국 경제의 지속적인 고속성장이 민족주의를 일깨운 것과 마찬가지로 세기를 뛰어넘어 빠른 경제성장을 한 중국에서도 역시 자아팽창의 신민족주의 논조가 출현하였다. 2009년에 파문을 일으켰던 『중국은 불쾌하다(中國不高興)』가 출판되었다. 저자는 중국이 "이 세계에서 폭도를 몰아내어 선량한 사람을 안도하게 해야 하며", "더 크고 더 많은 자원을 관리해야 한다" 등 2개의 '대목표'를 추구해야 한다고 주장했다. "인류문명의 역사로 볼 때" 중국이 "가장 세계를 지도할 자격을 갖추었고, 서양인은 두 번째"라고 강조했다. 이를 위해 중국은 "민간에서 궐기"한 "영웅 무리"의 지도가 필요하다.[5] 이러한 논조는 중국이 제시한 각국과 함께 의논하고, 함께 구축하며, 함께 나누는 '일대일로' 구상 혹은 '인류운명공동체'의 추구와는 조금도 관계없는 별도의 일이다.

둘째, 도서 귀속분쟁이 갑작스럽게 첨예화되었다. 중·일 간의 댜오위다오(일본 측 '센카쿠 열도'), 한·일 간의 독도(일본 측 '다케시마'), 러·일 간의 남쿠릴 열도(일본 측 '북방 4도')의 귀속문제는 동북아 3대 도서 영토 분쟁이다. 비록 그 원인은 차이가 있지만 근대 일본 군국주의 침략 확장과 밀접한 관련이 있다.

댜오위다오는 중국 고유의 영토이고 명대 영락(永樂) 연간에 이미 중국 영토에 포함되었다. 1894년 1월 14일, 이토 히로부미(伊藤博文) 내각은 청일전쟁을 틈타 오키나와현 지사에게 밀령을 내려 댜오위다오에 '국가 표식'을 세우고 불법적으로 점유하여 오키나와현 관할로 넘겼다. 마찬가지로 독도는 신라 지증왕 시대부터 한국의 역대 왕조들의 영토였다. 러일전쟁 기간인 1905년 1월 28일 가쓰라 다로(桂太郎) 내각은 독단적으로 독도를 '다케시마'로 바꿔 부르고 시마네현 오키도사(隱岐島司) 관할로 넘겼다. 2월 22일 시마네현의 제40호 고시에서 '다케시마'를 일본 영토에 포함시켜 독도는 한국 최초로 일본이 점거한 영토가 되었다. 러·일 간의 도서 분쟁에 대해서는 1945년 8월 9일에 소련이 '얄타

---

5 宋曉軍等, 2009, 『中國不高興』, 江蘇人民出版社, 第98, 99, 102頁.

협정'에 근거하여 중국 동북과 한반도에 출병하여 북에서 남으로 쿠릴 열도 전체와 남사할린섬을 탈취하였다. 이는 '대일본제국'이 발동한 침략 전쟁의 자업자득이었다.

1972년, 국교정상화 협상에서 중·일 양측은 방임해 온 댜오위다오 귀속 문제를 잠정적으로 해결했다. 21세기에 들어서면서 일본 정부의 활동으로 중·일 도서 분쟁은 갑자기 백열화되었다. 2002년 1월, 일본 정부는 개인 '보유'자 손에서 댜오위다오, 난샤오다오, 베이샤오다오 등 3개 도서를 조차하고 실제로 장악하여 해협 양안에서 모두 항의를 하였다. 2010년 9월, 일본 해상보안청의 순시선이 댜오위다오 해역의 중국 어선 '민진위(閩晋漁)5179호'에 협공 진입하여 선장을 나포하고 통제권을 강제 행사하였다. 2012년 9월, 노다 요시히코(野田佳彦) 내각은 댜오위다오 '구매'를 선포하고 소위 '국유화'를 실시하여 여러 해 동안 고요했던 중·일 도서분쟁은 급격하게 달아올랐다. 중국 정부는 곧 댜오위다오 및 그 부속 도서의 영해 한계선을 공포하고 해상감시선이 권리수호 순항을 시작하였다. 일본 역시 순시선을 파견하여 쌍방이 대치하였다.

한·일 사이의 도서 분쟁도 마찬가지로 강한 바람과 큰 파도가 몰아쳤다. 2008년 7월, 일본 문부과학성은 새로운 『학습지도요령해설서』에서 처음으로 "다케시마는 일본 영토"라는 내용을 삽입하여 한국의 강한 반발을 불러왔다. 한승수 총리 등이 독도에 올라 주권을 알렸다.[6] 2012년 7월, 일본 방위성은 『방위백서』를 발표하고 다시 '다케시마'에 대한 '주권'을 주장했다. 8월, 이명박 대통령이 인솔한 정부 관료들이 독도를 방문하여 주권을 널리 알렸다.[7] 9월, 동북아역사재단은 독도체험관

6 「韓國總理首登獨島視察」,『惠州日報』國際新聞版, 2008. 7. 30.

을 설치하고 대중에 개방하였다. 이후 일본 문부과학성이 심의 결정한 교과서, 방위성의 『방위백서』, 외무성의 『외교청서』 등에서 모두 '센카쿠 열도(댜오위다오)', '다케시마(독도)'를 일본의 '고유 영토'로 표현하였다. 일본 정부는 잘못된 입장을 고수하여 국가 관계의 긴장을 유발하였다.

3대 도서 영토 분쟁은 유래가 깊으며 모든 나라의 민족주의를 자극하였다. 2012년, 중국의 여러 도시에서 민중이 자발적으로 일본 정부의 댜오위다오 '국유화' 선포에 항의하는 시위가 일어났다. 일제 자동차, 일본 식당 등이 습격을 받았고 여행사는 일본 단체 여행을 취소하였다. 한국에서는 주한일본대사관 앞에서의 항의가 일상화되었다. 일본에서는 '북방영토의 날'마다 항의 활동을 하고 있다.

셋째, 인터넷 플랫폼은 신민족주주의의 발산과 반등의 장소가 되었다. 1991년, 인터넷이 세상에 나오며 세계는 네트워크 시대로 진입하였다. 인터넷은 보급 속도가 빠르고 정보 전파 효율이 높으며 이용자 층이 거대하기 때문에 생활 속에서 긍정적, 부정적 역할이 모두 있다. 인터넷은 각 국가, 각 민족 사이의 거리를 좁혀 주었다. 인터넷 세상에 같이 있으면 정보는 순식간에 교환된다. 키보드만 두드리면 세계를 여행할 수 있어 '지구촌'은 생생한 현실이 되었다. 네티즌은 국제사건, 국가정책과 사회 문제에 직접 발언할 수 있다. 이를 통해 정부정책과 집행에 영향을 주어 국내 정치와 외교는 더 이상 정부만의 것이 아니게 되었다.

인터넷은 가상세계이기도 하다. 조회 수를 2배로 만들어 이익을 취하는 사이트, 팬들을 끄는 데 열중한 각종 '스타(Bigcasting)' 등은 종종 센세이션을 일으키기 위해 사회적 책임을 소홀히 한다. 네티즌들은 분산화,

---

7 「韓國總統李明博訪問獨島宣示主權」, 『重慶日報』 國際版, 2012. 8. 11.

정서화, 대중화 등의 특징을 가지고 쉽게 여론의 지배를 받으며 때로는 조작된 뉴스, 인물 또는 사건을 이성적으로 객관적이고 냉정하게 대하기 어렵다. 인터넷 세계의 분산화와 언론의 극단화는 서로가 표리관계로, 헛소문이 꼬리를 물거나 맹목적으로 좇는 무리가 소동을 일으키거나 네티즌 사이의 상호신뢰와 우정을 손상시켜 인터넷 폭력을 일으킨다. 물론 전체적으로 보면 인터넷 시대에는 과학기술이 크게 발전한다. 3G, 4G 시대 시스템 표준 발전 단계를 지나 스마트폰, WiFi 등 스마트 단말이 빠르게 발전하고 각국은 경쟁적으로 더 선진적인 5G 시대에 진입한다. '인터넷+N' 시대가 도래함에 따라 전자상거래 시장을 개척하였으나 이와 동시에 포퓰리즘 색채가 강한 신민족주의가 정서를 분출하고 여론을 만들면서 성행할 수 있는 교류 플랫폼을 제공하였다.

새로운 세기에 진입하여 일본 고이즈미 총리의 야스쿠니 신사 참배, UN 상임이사국이 되려는 경쟁, 일본 우익 역사교과서 심의 합격 등의 사태는 중국 네티즌의 민족 감정을 자극하고 있다. 2005년, 인터넷 플랫폼의 동원하에 선양·충칭·광저우·베이징·상하이·청두 등 많은 대도시의 네티즌이 자발적으로 항의 시위를 하였다. 시위자들은 일본제품의 불매를 호소했는데, 일본 상점을 부수는 등의 과격한 행위가 그 사이에 뒤섞였다. 2012년, 댜오위다오 귀속을 둘러싼 분쟁에서 중국 네티즌은 다시 온라인의 호응에 응답했고 가두시위를 했다. 중국의 항의 시위는 일본 매체의 과장된 보도를 통해 일본 국민의 대중국 호감도를 대폭 떨어뜨렸다. 마찬가지로 한·중의 해상 충돌, '사드' 풍파 등은 매체, 온라인상의 과장된 정보를 통해 한국 네티즌의 대중국 호감도가 떨어지는 중요한 원인이 되었다.

III. 신민족주의와 역사인식 문제의 상호작용

1. 성격이 다른 두 종류의 '역사인식 문제'

세기의 교차 시기에 동북아 지역의 신민족주의가 대두한 것은 우연이 아니다. 그 원인은 정치, 경제, 사상문화, 관념의식 등 다양한 방면에서 찾을 수 있지만 동북아 지역의 독특한 인문·자연환경 때문에 신민족주의는 반 이상이 아래에서 서술하는 두 종류의 역사인식 즉, 근대 정치적 및 고대 학술적 역사인식 문제와 밀접한 관련이 있다.

근대 정치적 역사인식 문제의 핵심은 일본 정부가 근대 침략 전쟁을 어떻게 인식하고 책임을 지는가로, 강렬한 정치성을 갖고 있다. 중·일 간 양국 관계 정치 기초를 구성하는 문서는 1972년 양국 관계 정상화를 실현한 「중일공동성명」이다. 문서에는 "일본 정부는 '일본국이 과거 전쟁으로 인해 중국 국민에게 조성한 중대한 손해의 책임을 통감하고 깊은 반성을 표하며' 중국 정부의 '타이완은 중화인민공화국 영토의 불가분의 일부'라는 입장을 충분히 이해하고 존중한다. 중국 정부는 '일본국에 대한 전쟁 배상 요구를 포기한다.' 쌍방은 '평화공존 5원칙'을 준수한다. 어떠한 일방이 아태지역에서 패권을 모색하는 것을 반대한다" 등 몇 가지 원칙이 기재되어 있다.[8] 상술한 내용은 일본 정부의 하나의 중국 인정, 타이완 귀속, 중국의 전쟁 배상 포기, 평화공존, 패권 반대 등 중대한 원칙을 언급하고 있으며 모두 정치적 문제이다. 다양한 원인으로 인

8 田桓主編, 1997, 「中日聯合聲明」, 『戰后中日關系文獻集1971-1995』, 中國社會科學出版社, 第100, 111頁.

해 성명에서는 밝히지 않은 '과거 전쟁'의 침략을 '책임 통감', '깊은 반성' 등의 용어를 혼용하여 전쟁 책임과 사과를 대체했으며 이후 중·일의 역사인식 문제를 둘러싼 논쟁이 일어날 여지를 남겨두었다.

뒤이어 1978년의 「중일평화우호조약」은 「중일공동성명」이 '양국 간 평화우호 관계의 기초'이고 그 '각항 원칙은 반드시 엄격히 준수해야 함.'을 확인하였다.[9] 1998년의 「중일 평화발전의 우호협력동반자 관계 구축을 위한 공동선언」은 성명과 조약이 '양국 관계에서 가장 중요한 기초'임을 확인하였다.[10] 2008년의 「중일 전략적 호혜관계 전면적 추진에 관한 공동성명」은 앞의 세 문서가 '중일 관계 안정 발전과 미래 개척의 정치 기초를 구성하며 계속해서 세 문서의 각항 원칙을 준수함을 확인하고', '역사를 바로 보고 미래를 지향하며 중일 전략적 호혜 관계의 새로운 국면을 부단히 열어 나간다'고 강조한다.[11] 2018년 10월, 중국 시진핑(習近平) 국가주석과 일본 아베 신조(安倍晋三) 총리는 "쌍방은 중일 4개 정치문서가 확립한 각항 원칙을 준수해야 한다"고 재천명하고[12] 상술한 문서의 정치 속성을 거듭 표명하였다. 다시 말해 상술한 4개 문서는 중일 근대 역사인식 문제의 정치 속성의 마지노선을 확정한 것이다.

한·일 간에는 1965년 6월 양국 관계 정상화를 실현하는 「한일기본

---

9 田桓主編, 「中日和平友好條約」, 『戰后中日關系文獻集 1971~1995』, 第228頁.

10 「中日關于建立致力于和平與發展的友好合作伙伴關系的聯合宣言」, 『人民日報』 1998. 11. 27.

11 「中日關于全面推進戰略互惠關系的聯合聲明」, 中央政府門戶网站, 2008. 5. 7. http://www.gov.cn/jrzg/2008-05/07/content_964157.htm

12 習近平, 「遵循四个政治文件确立原則推動中日關系新發展」, 大公网 2018-10-27 03:17:43. http://www.takungpao.com/news/232108/2018/1027/195584.html?from=groupmessage

관계조약」을 체결하고 '쌍방은 1910년 8월 22일 및 이전 일본과 한국 사이에 체결된 모든 조약 및 협정의 무효를 확인한다'고 선포하였다.[13] 조약은 일본 식민통치의 합법성을 부정하였지만 일본이 식민통치에 대한 책임과 사과를 회피하여 다방면의 항의를 받았다. 1998년 10월, 한국의 김대중 대통령이 일본을 방문하고 나서야 일본 측의 뒤늦은 사과를 받았다. 쌍방이 체결한 「21세기를 향한 새로운 한일 파트너십 공동선언」에서 일본 정부는 36년의 식민통치가 한국 국민에게 손해와 고통을 준 것에 대해 '후회를 표하며 진심으로 사과한다'고 밝히며 양국이 불행한 역사를 초월하여 새로운 국가관계를 구축한다고 선포하였다.[14] 한·일 사이의 근대 역사인식 문제는 한·중 사이와 마찬가지로 명확한 정치 속성이 있음을 쉽게 알 수 있다.

중·한 양국과 일본의 근대 역사인식 문제가 정치 속성을 가지고 있는 것은 첫째, 전쟁 성질, 전쟁 책임, 전쟁 파괴 등의 문제로 그 자체가 정치 문제이기 때문이다. 둘째, 일본 정부가 근대 침략 확장, 식민 통치 등의 문제에 대해 반드시 해야 할 태도 표명은 국가 관계 정상화를 실현하는 정치적 전제이고 쌍방의 공동성명 혹은 선언 등을 문서에 기재하였기 때문이다. 셋째, 전쟁 책임을 인정하고 진심으로 사과하는 것은 가해자 '대일본제국'과 경계를 분명하게 긋는 것으로 국가 관계를 수호하고 발전시키는 정치 문제이기 때문이다. 마지막으로 일본 우익 세력이 야스쿠니 신사를 참배하고 역사를 왜곡하고 사과를 거절하는 것 역시 실제로 정치 행위이기 때문이다. 근대 역사인식 문제는 국가 관계의 정

13 「日韓基本關系條約」, 『國際條約集』(1963-1965), 商務印書館, 1976年, 第520頁.

14 『日本政府向中國道歉了嗎?』, 『觀察者』 2012-09-18 17:42:33
https://www.guancha.cn/Neighbors/2012_09_18_98491.shtml

치 기초와 관계하고 인류의 양지와 전쟁 책임 문제와 관련되어 변통할 만한 것이 없기 때문에 시비를 분명히 가리고 원칙을 성실히 지키는 수밖에 없다.

한·중 고대사에 관한 각종 이견은 비록 그것을 정치화, 현실화하는 혼란은 있었지만 학술적이라는 기본 속성은 바꿀 수 없었다. 당해 가장 센세이션했던 고구려 역사 귀속 논쟁이 바로 전형적인 예다. 2003년 6월 '볜중(邊衆)'은 『광밍르바오(光明日報)』에 「고구려 역사 연구의 몇 가지 문제 시론」이란 글을 발표하였는데, 고구려 정권은 '동북 역사상의 소수민족 정권'으로 중원 왕조와 '지방정권과 중앙정권의 관계'였다고 생각한다며 학술토론이 전개되기를 희망한다고 밝혔다.[15] 일찍이 '동북공정'을 의심하던 한국 매체들은 이를 크게 보도했고, 학술단체들은 공동으로 항의하였으며 심지어 어떤 이는 중국이 조선을 중국의 '동사성(東四省)'으로 바꾸어 향후 출병하여 조선을 관할하는 역사 근거를 만들려는 것인지 의심했다. 한국 매체의 세찬 바람으로 일순간 중국에 대한 한국인들의 호감도가 급격하게 하락하였다.

양국 관계의 대국을 해결하기 위하여 양국 정부는 상응하는 행동을 취했다. 2004년 8월, 양국의 외교차관 우다웨이(武大偉)와 최영진은 서울에서 장장 9시간 반에 이르는 협상을 통해 「5개 양해사항」에 합의하였다. 강조한 내용은 다음과 같다. '고구려사 문제는 양국이 공동으로 관심을 갖는 중대한 문제로 중국 측이 중요시해야 한다. 전면적인 협력동반자 관계를 발전시킨다. 쌍방은 고구려사 문제를 공정하게 이해하는 방안을 찾기 위해 노력하여 정치 문제로 변하고 복잡화되는 것을 방지

15 邊衆, 「試論高句麗歷史研究中的几个問題」, 『光明日報』, 2003. 6. 24.

한다. 학술교류와 국민의 이해도 증진을 위해 노력한다.'[16] 그 후 중국 정협 자칭린(賈慶林) 주석이 한국을 방문하였고 한국의 노무현 대통령과 양국 관계 안정에 대해 공감대를 형성하였다.

양국 정부의 공동 노력을 통해 논쟁은 길거리에서 회의실로 돌아왔다. 같은 해 9월, 한·중 학자들은 서울에서 제1회 '고구려의 한국사적 위상' 국제학술세미나를 개최하였다. 그 후 중국사회과학원 변경사지연구센터와 한국 동북아역사재단이 교류를 시작하였다. 2007년 4월, 원자바오(溫家寶) 총리는 한국 방문 전 한국 매체와의 인터뷰에서 민족과 강역 변천사 연구는 반드시 학술과 정치를 분리하고 현실과 역사를 분리한다는 원칙에 따라 전개해야 하며 양국 관계에 영향을 주어서는 안 된다고 거듭 천명하였다.[17] 쌍방의 노력으로 고구려 역사 귀속 논쟁은 정치화의 곤경에서 벗어나 학술 본장으로 회귀하였다.

고구려 역사 귀속 문제가 학술 문제인 까닭은 각국 학자들이 이미 다년간 연구하였고 관점은 보는 이에 따라 다르지만 정치와는 관계가 없기 때문이다. 중국에서 학술계의 주요 관점은 다음과 같다. ① 외국사설: 저우이량(周一良), 우위친(吳于廑)이 편집한 『세계통사』 상고 부분은 고구려와 백제, 신라를 외국사로 정하고 있다.[18] 같은 관점을 가진 것으로 베이징대학교 역사학과의 『간명 세계사』의 고대 부분,[19] 중산대학교 역사과의 『세계 약사』의 「아시아봉건국가」,[20] 교육부가 편찬한 종합대학교 교재

---

16 「高句麗問題中韓達五項諒解爭議重回學術范疇」 鳳凰衛視, 2004. 8. 25. http://www.phoenixtv.com/home/news/world/200408/25/317250.html

17 中國网 china.com.cn2007-04-06.

18 周一良, 吳于廑主編, 1962, 『世界通史上古部分』, 人民出版社, 第396~404頁.

19 北京大學歷史系, 1974, 『簡明世界史古代部分』, 人民出版社, 第158頁.

『세계사』의 고대사권,[21] 쑨이쉐(孫義學)의 『세계중세기사』[22] 등이 있다. ② 427년 전후 분속설: 탄치샹(譚其驤)은 427년 고구려 장수왕이 평양으로 천도한 것을 경계로 하여 이전 고구려는 '중국 경내 하나의 소수민족이 설립한 국가였고' 이후는 '이웃 국가'라고 말한다.[23] ③ 중국소수민족 지방정권설: 쑨위량(孫玉良) 등은 고구려 건국 700여 년은 '시종 중원 여러 정권의 관할하'의 '중국 북방 민족 할거 정권 중 하나'라 여기고,[24] 추이롄중(崔連仲)은 고구려가 '줄곧 중원 왕조에 예속된 중국 소수민족 지방정권이었다'고 생각한다.[25] 그 관점은 일찍이 '벤중'이 주장해 놀라운 것은 아니다. ④ 일사양용설: 장멍산(姜孟山)은 고구려사가 '일사양용'이어야 한다고 생각하는데, 즉 '처음에는 중국사, 그다음에는 조선사'라는 것이다.[26] 쑨진지(孫進己)는 '조·중 양국 국민은 고구려에 대해 쌍방향으로 계승했다'고 주장한다.[27] 류쯔민(劉子敏)은 '고조선, 한사군, 고구려의 역사는 조·중 사이의 '공동의 역사'이어야 한다'고 생각한다.[28] 한마디로 말하면, 1960년대 이래로 중국 학술계는 이미 고구려사 귀속에 대해 다각도의 학술적 탐구를 전개했고 아무도 정치 문제나 외교 문제로 보지 않는다.

---

20 中山大學歷史系, 1974, 『世界簡史』, 广東人民出版社, 第41頁.

21 崔連仲主編, 1983, 『世界史 · 古代史』, 人民出版社, 第446-458頁.

22 孫義學主編, 1985, 『世界中世紀史』, 遼宁教育出版社, 第333頁.

23 譚其驤, 1991, 「歷史上的中國和中國歷代疆域」, 『中國邊疆史地研究』, 第1期.

24 孫玉良, 李殿福, 1990, 『高句麗簡史』, 三省出版社, 第93頁.

25 崔連仲主編, 1997, 『世界通史 · 古代卷』, 人民出版社, 第442頁.

26 姜孟山, 1999, 「高句麗歷史的歸屬問題」, 『東疆學刊』 第4期.

27 孫進己, 2001, 「當前研究高句麗歸屬的几个問題」, 『東疆學刊』 第3期.

28 劉子敏, 2008, 「論高句麗政權的性質以及在中朝韓歷史中的地位」, 中國朝鮮史研究會2008年學術硏討會論文集, 第42頁.

2. '제국 콤플렉스'와 역사인식 문제

1945년, 일본이 패전하여 투항하고 '대일본제국'이 붕괴되었지만 제국의 옛 구성원과 그 잔당은 여전히 남아 있다. 우익은 침략의 죄행을 씻어내고 제국을 과시하며 지난날 아시아에 횡포를 부리던 '업적'의 '제국 콤플렉스'에 빠져 일본 민족주의의 부활을 자극하는 데 병근을 남겨두었다. 1960년대 일본 경제가 고속성장하면서 민족 자부심이 높아졌다. 하야시 후사오(林房雄)는 『대동아전쟁긍정론』을 출판하고 '자존자위'론을 다시 꺼내어 '대일본제국'의 명분을 분명히 했다. 1970~80년대에 이르러 일본 우익은 침략을 부인하였고 제국 정신을 호소하며 제국의 '업적'을 선양하는 행위가 더욱더 활발해졌다. 1990년대 들어 거품경제가 붕괴하는 배경하에 신국가주의, 신민족주의가 범람하고 역사를 왜곡하며 '제국 콤플렉스'를 부추기는 우익 세력의 활동이 더욱더 빈번해졌다.

새로운 세기에 들어 『새로운 역사교과서』(2001), 『대동아전쟁-일본의 주장』(2006) 등 우익의 대표적 출판물이 계속해서 세상에 나왔다. 귀납해 보면 그 주요 관점은 다음과 같다. ① 전쟁 전 '건국신화'의 기술을 회복하여 황국사관과 '국체론'을 부추기고 제국 이데올로기를 선양한다. 편저자는 진무(神武) 천황은 "'아마테라스 오미카미(天照大神)'의 직계 후예"로 군을 인솔하여 야마토(大和)로 원정하였으며 가시하라 궁(橿原宮)에서 즉위하였다 등을 공언하며 전설을 역사적 사실로 보았다.[29] ② 침략과 전쟁 책임을 전가하고, '대일본제국'의 죄과를 씻어냈다. 편저자는

29 『新歷史教科書』, 扶桑社, 2001, 第36, 60-63頁.

"안중근이 이토 히로부미(伊藤博文)를 암살한 의거를 '한일병합'과 연결하였고, 루거우차오(盧溝橋) 사건은 '어떤 이가 훈련 중인 일본군대에 총을 쏘았기' 때문이고, '8·13사변'의 도화선은 '두 명의 일본 군인이 사살되었기 때문이라면서' 중국이 전쟁을 일으켰다고 모함하였으며,[30] 남경대학살은 '자료상 많은 의문점이 있다'고 공언하고 있다.[31] '삼광' 정책, 731 세균부대, 독가스 작전, 무차별 대폭격, 일본군'위안부', '강제징용' 등 전쟁 폭행은 단 한마디도 언급하지 않고 침략 죄과는 말살하였다. ③ 일본이 일으킨 '대동아전쟁'의 '업적'을 찬양하고 '대동아전쟁'은 일본의 "자존자위의 전쟁이자 아시아를 해방하는 '의전'"이었으며[32] 일본군의 남방진출이 '아시아 각국의 독립의 발걸음을 가속화하였다'고 공언한다.[33] 원인을 찾아보면 상술한 견해는 1945년 8월 쇼와(昭和) 천황의 「종전조서」에서 밝힌 자기변명의 반복에 지나지 않으며 '제국 콤플렉스'로 잠시나마 자신을 위로하려는 근거였다. ④ 도쿄국제군사법정의 정의 재판을 부인하였다. 편저자는 도쿄 재판은 '불법'이고 뉘른베르크 국제군사법정의 나치 전범 재판이 앞선다는 사실은 고려하지 않고 평화에 대한 죄를 지은 일본 전범을 징벌하는 것은 '지금까지 국제법 역사상 없었던 것'이라고 질책하였으며 A급 전범을 위해 억울함을 호소했다. 또한 '연합군 최고사령부(GHQ)가 일본인의 본국 전쟁에 대한 죄책감을 키웠고, 전후 일본인의 역사 견해에 영향을 주었다'고 말한다.[34] 상술한 발언들이 추구

---

30 『新歷史教科書』, 第 270頁.

31 『新歷史教科書』, 第177, 270, 294頁.

32 「大東亞戰爭: 日本的主張」, 『正論』(別冊), 2006年 12月號, 第52頁.

33 『新歷史教科書』, 第277, 280, 282頁.

34 『新歷史教科書』, 第294, 295頁.

하는 목표는 가해자의 전쟁 책임을 약화하고 부인하려는 것에 지나지 않으며 '제국 콤플렉스'를 정당화하는 것이다.

물론 한·중 양국에도 '제국 콤플렉스'가 없진 않았다. 한국에서 근세 이래로 대국들이 압출한 역사적 비정과 '북진'의 갈망은 '대조선국' 혹은 '고구려 제국'이라는 동경으로 표현된다. 1976년, 일부 비역사학과 출신의 한국 재야사학 인사들로 구성된 '국사찾기협의회'는 『환단고기』 등의 서적을 날조하여 출판하였고, 자의적으로 유아독대(唯我獨大), 중국으로 영역을 확장한 '국사'를 날조하였다.

고구려가 망한 후부터 한반도에 세워진 나라들은 계속 북진을 하고자 했다. 조선 후기에 이르러 명칭이 교체되고 '북벌', '북진'론이 고양되었다. 1675년 과거에 급제하지 못하고 세상을 떠돌던 북애자(北崖子)는 『규원사화』를 저술하고 상상 속의 '대조선국'을 묘사하였다. 북애자는 환인-환웅-신시씨-치우씨-고시씨-단군씨의 건국 신화 계통을 구상하였고 '압록강 밖 종횡 만 리의 땅은 예전에 우리의 성인과 선민들이 고생하여 일구어 온 땅'이라고 생각했다. 치우씨는 '황하의 이북 땅에 범처럼 앉아서', '동쪽으로 회대(淮垈)의 땅에 할거하고 있었다.' 단군이 태백산의 남쪽 즉, '오늘날 만주 길림의 땅'에 수도를 정하고, 다시 '하와 은을 정벌하고 우역(禹域)에 제후를 세웠다.'[35] 3국 시대에 이르러 고구려는 남방의 오(吳)와 월(越)을 치고 북방의 유연(幽燕) 및 제·노(齊·魯)와 싸움을 일으키는 등 항상 한나라 땅에 위엄을 세웠다. 백제는 발해를 넘어 요서(遼西)와 진평(晉平)을 공략하였고 초해(草海)를 건너 월주(越州)를 점령하였다. 신라는 명석(明石)에 강력한 군대를 주둔시키고 백마를 잡

35 북애 원저, 2005, 『규원사화』, 한뿌리, 48·50·51·129·209쪽.

아 적관(赤關)의 맹세를 받았다.[36] 이로써 '규원사학'의 방대한 '제국영역'을 형성하였다. 근대에 이르러서는 독립운동의 투지를 고무시키고자 민족사학이 세상에 나왔다. 그 창시자인 신채호는 '규원사학'의 사고 방향을 한층 더 확장하여 '단군이 바로 우리 동국의 시조이고', '그 영토는 북으로는 흑룡강부터 남으로는 조령(鳥嶺)에 이르고, 동으로는 대해를 임하고 서로는 요동에 이른다'고 강조하였다.[37] 부여는 '선업을 계승하여 만몽대지에서 천여 년의 혁혁한 문화를 발양하였다'[38] 등 특히 '만주'에 애정을 가졌다.

'규원사학'과 민족사학의 영향은 매우 깊어 '역사영토 콤플렉스'로 이어졌고 이 점에 집중되었다. 이 '콤플렉스'는, 자민족의 선조가 역사상 개척한 땅, 가보지도 않은 토지를 포함해 모든 세대가 반드시 계승해야 하는 유산으로 여겼다. 그러나 기나긴 역사 과정 속에서 정권의 교체와 민족의 이동으로 과거의 영토는 일찍이 그 모습이 완전히 달라졌다. 그러므로 '역사영토 콤플렉스'는 당당한 근거가 있는 듯 보이지만 실제로는 금방 탄로가 난다. 2002년 '국사찾기협의회'의 중심인 대전대학교 철학과 임균택 교수가 『한국사』를 출판했다. 삽입한 지도 중 삼국 시대의 고구려, 백제, 신라의 영역은 중국 대륙까지 뻗어나가 당의 영토는 운남, 사천으로 치우쳐 축소되어 있다. 왕씨 고려는 북으로는 동시베리아부터 시작하여 남으로는 중국 운남에 이르러 동아시아 최대의 국가였다. 송의 영역은 양광, 복건, 호남에 국한된 소국이 되었고, 거란(요)은 서북으

36 북애 원저, 2005, 위의 책, 217쪽.

37 신채호, 1995, 「독사신론 · 상세」, 『단재 신채호 전집』 상, 형설출판사, 478쪽.

38 신채호, 「조선민족의 전성시대」, 『단재 신채호 전집』 중, 140쪽.

로 치우쳐 있었다.[39] 2008년 2월 11일 『뉴욕타임즈』에 게재된 삼국 시대 동아시아 지도 광고는 『한국사』의 삽입 지도와 유사하였다. 이 책에 실린 과장된 역사지도는 중국에서 네티즌들의 강력한 반발을 불러일으켰고 '혐한'정서가 계속 늘어나는 중요한 원인 중 하나가 되었다.

고대 중국의 한자, 중국 불교 및 전장(典章) 제도, 시사(詩詞)와 회화 등이 멀고 가까운 이웃 국가로 전해져 동아시아 문명이 세계를 정립하는 데 공헌하였다. 동시에 높이 앉아 내려다보고 유아독존하는 문화 에고이즘도 형성하였다. 근대에는 중국의 전쟁 패배로 인한 조약 체결, 영토 할양과 배상의 백 년 치욕으로 역사적 슬픔이 뿌리내리게 되어 '문화제국'의 영광을 재현하기를 갈망하였다. 최근에는 중국에서 『허구의 서방 문명사: 고금서방의 '중국 복제(復制)'연구』와 『문명 발원과 대동세계』 등의 저서가 출판되어 서양 문명의 존재에 질의했고, '중국중심론'을 이용해 '서방중심론'을 대체하여 '구미(歐美) 문명이 주로 중국에서 왔으며', '중국이 구미의 민주(民主)를 만들었다.'고 여겼다.[40] 고대 이집트인, 고대 그리스인, 고대 로마인, 아리아인, 갈리아인, 히타이트인, 일본인, 동남아인, 인디안 등이 중국에서 왔으며, 대상서(大湘西)가 세계 문명의 중심이었다고 공언했다.[41] 그 입론이 기묘하여 중국 매체에서 상당한 논쟁이 있었고, 의견도 다양하였다. 그러나 결국 상술한 한·중 양국의 '제국 콤플렉스'는 여전히 학술적 문제로 일본의 정치적인 '제국 콤플렉스'와

39 「南韓教授出書中國大片領土划入古代南韓版圖」, 『星島环球网』 www.singtaonet.com 2006-05-08 GM.

40 諸玄識, 2017, 『虛构的西方文明史: 古今西方"复制中國"考論』, 山西人民出版社, 第260, 402頁.

41 杜鋼建, 2017, 『文明源頭與大同世界』, 光明出版社, 第1-2頁.

는 분명하게 구별된다.

3. 역사문화 오리지널리티 문제

한·중·일 삼국은 모두 문명사가 유구한 고국(古國)으로, 역사·문화 자원이 상당이 풍부하며 객관적으로 역사문화민족주의 사조의 융성에 심후한 정신적 토양을 마련해 주었다. 자국과 자민족의 유구한 역사와 문화에 대해 깊은 자부심과 자신감을 갖는 것은 비난할 일이 아니다. 그러나 일단 지나치게 과장되거나 극단적으로 활용되어 국가주의 또는 민족주의의 궤도에 들어서면 심후한 역사문화 자원이 편견을 자생하는 온상으로 변한다. 당대인은 과거가 현재를 지배하는 악순환에서 벗어나기 힘들고 부정적인 연쇄반응이 그에 따라 도래한다.

의심할 바 없이 한·중 양국의 민족, 역사, 문화는 관계가 밀접하여 심후한 친근감을 만드는 동시에 논쟁이 끊이지 않는 분쟁을 양성할 수도 있다. 더 높은 차원에서 본다면 역사인식과 문화 오리지널리티 문제의 복잡성은 중·한 양국이 국력을 증강하고 국제 지위를 제고하였지만 상호신뢰가 부족한 것과 관련이 있다. 신국가주의, 민족주의가 역사적 원한과 슬픔을 활성화하였고 각종 역사 문화의 부담과 콤플렉스가 현실 이익, 감정과 함께 규합되어 종종 감정이 이성을 누르고, 현실이 역사를 대체하며 자아를 과장하고 타인을 폄하하는 결과를 만들었다.

사회 책임감이 결핍된 매체는 광적으로 효과를 조작하고 여론을 오도할 수 있다. 정당은 표를 얻는 데 관심을 두고 원래는 학술 문제인 논쟁에 대해 정치적인 표현을 할 수 있다. 종합적인 작용하에 문화 오리지널리티 문제가 양국의 국민감정에 살상적인 영향을 만들어 내도록 했다. 새로운 세기에 한국은 한의학, 인쇄술, 단오제 등을 세계문화유산으로 신청하여 중국 네티즌의 질책을 받았다. 대문구(大汶口) 문화, 한자의 기원, 혼천의의 발명 등이 한국에서 유래한 것이라 말해지고, 의학자인 이시진, 전설 신화 인물인 염제, 치우에게 한국 '국적'이 부여되었다는 등의 소식이 보도되고, 인터넷을 통해 중국에 전해져 중국 네티즌들에게 각종 부정적인 반응을 불러일으켰다. 물론 생각지 못한 효과도 있다. 단오제의 세계문화유산 신청 문제는 중국 정부의 관심을 불러일으켜 2008년부터 중국은 단오절의 휴일을 늘렸다.

4. 역사인식 문제와 신민족주의의 관련성

1868년, 일본은 메이지유신을 시작하였다. 이웃 국가를 배수지로 삼는 '탈아입구' 방침을 추진하고 청일전쟁, 러일전쟁을 일으키고 중국을 약탈했다. 류큐, 타이펑, 한국에서 '황민화'를 추진했는데 역사를 멸하고 신체는 부리고 혼을 해롭게 하여, 악영향이 심각했다. 1931년 '9·18 사변'부터 일본은 14년의 중국 침략 전쟁을 시작했다. 근대 일본의 무력 침략은 이웃 국가에게 거대한 손실을 주었다. 1931~1945년까지 14년의 중국 침략 전쟁 기간에 3500만의 중국 군인과 국민이 사상했으며, 1937년의 화폐가치로 계산하면 직접 경제 손실이 천여 억 달러이고 간접 경제 손실은 5천여 억 달러에 이른다.[42] 일본이 한국을 식민 통치한 기간에 136만 명의 청장년이 광산 혹은 전장으로 끌려갔고 재산적 손실

42 「我國抗戰損失調查: 傷亡3500万人經濟損失達6千亿美元」, 中國經濟网2015-08-31 09:04.
http://www.ceweekly.cn/2015/0831/125553.shtml

은 158조 원(약 1350억 3100여 만 달러)이었다.[43] 중국과 한국이 입은 상처는 매우 심각하여 역사적 상처가 치유되기 전에는 민족주의의 시도 때도 없는 발흥은 피하기 어려웠다.

전후 일본 정부의 역사인식 문제에서의 변덕은 한·중의 민족주의 감정을 자극하였다. 1960년 이래로 일본 정부가 전쟁 책임을 회피하고 진정성이 부족한 사과를 한 사례는 너무 많다. 1965년 2월 일본 시나 에쓰사부로(椎名悅三郞) 외무상이 한국을 방문하여 「한일기본관계조약」을 가조인했는데 양국 외교부장관의 공동성명에서 한반도 36년의 식민통치에 대해 '유감'과 '깊은 반성'을 표했다.[44] 그러나 6월에 공식 체결한 「한일기본관계조약」에서 '깊은 반성' 등의 용어는 종적을 감추었다. 1972년 9월, 일본 측은 「중일공동성명」 중 모호한 '책임 통감'과 '깊은 반성'이라는 표현은 20여 년간 일본 총리가 중국을 방문해 유감의 뜻을 전하는 표준 용어가 되었다. 이러함에도 불구하고 1975년 미키 다케오(三木武夫) 총리는 여전히 '개인 신분'으로 야스쿠니 신사를 참배하였다. 1982년 일본 문부성은 침략을 미화하는 우익 역사교과서를 통과시켰다. 1985년 나카소네 야스히로(中曾根康弘) 총리는 공직자 신분으로 야스쿠니 신사를 참배하였다. 정치적 약속을 깨는 일본 정부의 이러한 행위는 이웃 국가를 아프게 하고 신뢰를 잃게 한다.

1982년 8월, 스즈키 젠코(鈴木善幸) 내각 미야자와 키이치(宮澤喜一) 관방장관은 역사교과서 심사 결정의 담화를 발표하였는데 한·일, 중·일 정부 성명의 정신을 존중하고 이웃 국가의 비평을 경청하며 '정부가

43 「일제 조선수탈 158조 원」, 『경향신문』, 1996년 2월 28일.

44 安成日, 2009, 『當代日韓關系硏究(1945~1965)』, 中國社會科學出版社, 第347頁.

교정 책임을 지고', '이웃 국가 조항'의 정신을 서술하였다고 밝혔다.[45] 1993년 8월, 일본 내각 고노 요헤이(河野洋平) 관방장관은 일본군'위안부'는 '당시 군 측 참여하에 많은 여성의 명예와 존엄이 심각하게 손상당하였다'는 사실을 인정하였다.[46] 1995년 8월, 연합내각 무라야마 도미이치(村山富市) 총리는 담화를 발표하고 일본이 '식민통치와 침략을 하였음'을 인정하고 아시아 각국 국민들에게 심각한 상처와 고통을 안겨주었으며 이에 대해 '깊은 반성을 표시하며 진심으로 사과한다'고 밝혔다.[47] 이러한 소위 '3대 담화'는 모두 일본 정부의 정중한 태도 표명으로 당연히 지켜져야 했다. 2001년부터 일본 고이즈미 준이치로(小泉純一郎) 총리는 '3대 담화'를 무시하고 연속하여 야스쿠니 신사를 참배하였다. 2012년 총리에 재취임한 아베 신조(安倍晋三)는 '3대 담화'에 대해 의문을 제기하였다. 2014년 아베 신조 내각은 집단자위권을 해금하였고 헌법 수정의 길에서 위험한 걸음을 내딛었다.

일본 우익 세력의 인류 양지에 대한 도전은 경쟁적으로 일본의 침략 폭행, 역사왜곡을 미화하고 당시 피해 국가의 민족 감정을 자극하였다. 1995년 도쿄대학교 교양학부 후지오카 노부카츠(藤岡信勝) 교수는 각계 인사 500여 명을 불러 모아 '자유주의사관연구회'를 조직하고 '대일본제국'의 명예를 회복하기 위해 『교과서가 가르치지 않는 역사』 편집에

---

45 田桓主編, 「日本內閣官房長官宮澤喜一關于"歷史教科書"問題的談話」, 『戰后中日關系文獻集 1971~1995』, 中國社會科學出版社, 1997年, 第370頁.

46 「河野談話」, 百度百科.
https://baike.baidu.com/item/%E6%B2%B3%E9%87%8E%E8%B0%88%E8%AF%9D/2292288?fr=aladdin

47 田桓主編, 「村山富市首先關于戰后50年的談話」, 『戰后中日關系文獻集 1971~1995』, 第934頁.

착수했다. 1997년 후지오카는 또 니시오 간지(西尾幹二), 만화가 고바야시 요시노리(小林善紀) 등 일본 우익 인사들과 '새로운 역사 교과서를 만드는 모임'을 설립하고 자유주의 사관을 관철하고 침략 죄행을 말살하는 『새로운 역사 교과서』를 편찬하고 대기업 및 『산케이 신문(産經新聞)』, 이쿠호샤(育鵬社), 후소샤(扶桑社) 같은 신문, 잡지사 또는 출판사의 지원을 받았다. 2000년 일본 우익 세력은 오사카에서 '20세기 최대의 거짓말-난징 대학살을 철저히 검증'하는 집회를 열고 난징대학살을 부인했다.[48] 요컨대 우익 세력은 역사 사실을 제멋대로 왜곡하고 일본 정부의 진정성 없는 태도는 역사적 상처의 치유를 어렵게 하기 때문에 근대 역사인식 문제는 신민족주의의 촉매제가 되었다.

IV. 신민족주의 혼란을 초월하는 가능한 경로

1. 역사 화해 실현의 전제

세계 글로벌화 배경하의 지역화 과정 중 역사적으로 남아 있는 문제는 보편적으로 존재하고 미묘하면서 민감하다. 동북아에서 역사 요소의 역할은 특히 독특하다. 역사 화해의 실현은 다년간 논의되어 온 오랜 과제라 할 수 있고 새로운 세기에 역사 화해가 현실로 이루어지려면 다음과 같은 노력이 필요하다.

첫째, 역사 시비와 전쟁 책임을 분명히 가린다. 일본 정부의 근대 일본

48 「中日人民抗議日本右翼否定南京大屠殺集會側記」, 『光明日報』 2000. 1. 25.

의 이웃 국가 침략 인정과 진정한 사과는 국가관계를 수호하고 발전시키는 정치적 기초를 구성하고 역사 화해를 실현하는 전제이기도 하다. 역사인식 문제를 언급한 미야자와, 고노, 무라야마의 '3대 담화' 및 1998년의 「한일공동선언」은 근대 일본의 침략, 식민통치와 전쟁 책임 문제에 대해, 어휘 선택이 같지는 않았으나, 유감을 표해 역사 화해 실현의 전망을 밝게 하였으나 야스쿠니 신사 참배, 우익 역사교과서 출판 등의 문제로 매우 빨리 사라지고 다시 암담한 상태로 돌아갔다. 새로운 세기에 역사인식에서 일본 정부가 약속을 지키고 우익의 언행을 단속하고 민간 배상을 지원해야 동북아의 역사 화해를 실현할 수 있다.

둘째, 한·중 간 역사문화 오리지널리티에 관한 논쟁은 학술적 역사인식 문제에 속한다. 쌍방은 학술연구의 운영 방식에 따라 전적·문헌 혹은 고고학 발굴을 근거로 하여 연구 토론을 전개하고 역사문화자원의 긍정 에너지를 진작해야 한다. 한·중·일 3국은 모두 문명사가 유구한 고국이고 충분히 자부심을 가질 만한 역사 인물과 문화 업적이 풍부하여 이것을 '사람은 저마다의 아름다움을 가진다.'라고 부른다. 만약 한걸음 더 성인지미(成人之美)로 나아가 '타인'의 장점을 취하고 단점을 보완하여 '아름다움과 아름다움이 어울리는' 경계에 도달하면 완전무결하다 할 수 있으므로 역사 화해에 필요한 분위기를 만들고 학술의 참뜻을 함께 추구할 수 있다.

셋째, 서로가 평상심과 포용심을 갖는다. 신민족주의는 여러 자극 요소가 있지만 생성된 효과는 단 하나만 있는데, 즉 적극적으로 서로를 마주 보고 나아가는 것과 상호이해를 방해한다. 이 과정에서 역사적 비정(悲情) 혹은 '제국 콤플렉스'에서 벗어나야 하고 자국과 타국을 다시 포지셔닝 하고 주관이 아닌 객관으로, 단편이 아닌 전체로, 극단이 아닌 이

성으로 이웃을 경건한 자세로 대해야 한다. 습관적 사유를 전환하는 데는 시간이 필요하며 '길이 멀어야 말의 힘을 알 수 있고, 세월이 흘러야 사람의 마음을 알 수 있다'는 오래된 속담은 현대인에게도 여전히 깨우침의 역할을 한다.

2. 민관 양성 상호작용의 시도의 추진

일본 정부가 발기하여 한·중·일 3국 학자들은 여러 차례 역사공동연구를 전개하였다. 2001년 와다 하루키(和田春樹) 일본 됴쿄대학 교수와 김용덕 서울대학 교수가 솔선하여 한일 역사공동연구를 시작하였다. 2006년에는 중국사회과학원 근대사연구소 부핑(步平) 교수와 기타오카 신이치(北岡伸一) 일본 릿쿄대학 교수가 이끄는 중·일 최초 역사공동연구를 시작하였다. 근대 역사인식 문제는 공동연구의 중심 문제로 한 차례의 공동연구로 모든 대치와 대립을 풀 수 있다고 기대할 수 없다. 중·일 역사공동연구는 '중일전쟁의 성질이 침략 전쟁'이고 '난징대학살이 반인도적 대량 학살'이라는 관점에서 일부 진전을 거두었지만[49] '성과를 거두기는 매우 어려웠다.'[50] 처음으로 전개되었던 한일 역사공동연구 논쟁은 격렬해져 "이미 '장기전'의 소용돌이에 빠져들었다."[51]

2007년 조광 고려대학 교수, 도리우미 야스시(鳥海靖) 도쿄대학 명예교수가 이끄는 제2기 한일 역사공동연구가 시작되었다. '고대사', '중세

49 「中日共同歷史硏究將南京大屠殺定性反人道屠殺」, 北京: 中新社, 2009. 12. 28 電訊.

50 「日中在歷史認識問題上依然存在鴻溝」,『産經新聞』, 2009. 12. 25.

51 歷史學硏究會編, 2004,『圍繞歷史教科書的日韓對話』, 大月書店, 第5頁.

사'와 '근현대사'를 제외하고 그 연구 내용은 역사 교과서에 관한 연구를 추가하였다. 2009년 쌍방은 연구 성과를 취합하고 교환하였으며 한·일 양국 정부의 지원위원회에 제출하였고 온라인 플랫폼에서 공개 발표를 계획하였다. 조광은 이러한 행동이 향후 교과서 문제 연구에 '기초를 다져주었다'고 생각했다. 도리우미 야스시는 "젊은 세대에게 좋은 영향을 만들어 주고 향후 10년, 20년에 착안해 성과를 거두고",[52] 한·일 양국 학자의 역사공동연구가 새로운 진전을 이루길 바랐다. 그러나 일본의 법원은 오히려 시효 문제를 강조하며 일본군'위안부', '강제 징역', 세균전, 화학전 등 한·중 피해자의 배상 요구 상소를 기각하여 피해국의 여론을 악화시켰으며 국민에게 고통을 주었다.

민간에서는 역사공동연구가 지속적으로 진전을 거두었다. 2005년 민간단체인 한·중·일 삼국 공동역사편찬위원회가 편찬한 『동아시아 3국의 근현대사』가 출판되었다. '자기 생각대로 결정하는' 부족함을 바꾸기 위해 2013년 3국 학자들이 공감대를 형성하여 2권의 『국경을 초월한 동아시아 근현대사』를 발간하여 3국 근현대 사회 구조의 진전을 수직 서술하였고 동아시아 민중의 생활과 교류를 수평 기술하였다. 2015년 제3기 역사공동교재의 편찬 작업에 착수하여 2020년에 완성될 것으로 예상된다. 3국 민간학자들이 협력하여 편집한 역사교과서 사례는 정부 배경의 역사공동연구에 유익한 깨우침을 제공하였다.

---

52 「日韓共同編寫歷史報告擬在网上公開」, 网易新聞 2009-11-29 14:00:00. http://news.163.com/09/1129/14/5P9SVSPS000120GU.html

3. 독일 · 프랑스, 독일 · 폴란드의 화해와 한 · 중 · 일의 미래

유럽에서는 1951년 유럽석탄철강공동체 설립부터 1993년 'EU' 설립까지 유럽 통합의 과정에서 프랑스 · 독일 양국의 화해가 관건이었다. 프랑스와 독일이 화해할 수 있었던 것은 독일연방 정부가 나치와 선을 분명히 그었고 결연하게 '탈나치화'를 하였기 때문이다. 동맹국이 독일을 점령한 후, 나치 세력 타파에 힘을 쏟고 반나치를 표방하는 정권의 집권을 지지하였다. 1946년 1월, 동맹국규제위원회는 '탈나치화'의 지령을 반포하였다. 3월, 미국은 독일 점령구역에서 다음과 같이 규정하였다. '히틀러와 나치즘을 찬양하고, 나치 및 그 조직 표식, 경례, 노래 등의 행위를 하는 자는 모두 엄벌에 처한다.' 1949년 독일연방 정부가 수립되고 지속적으로 나치를 금하는 동시에 국가의 사과와 배상을 병행해도 위태롭지 않았다. 1970년, 브란트(Willy Brandt) 총리는 폴란드 바르샤바 유대인 격리 수용 구역 기념비 앞에서 무릎을 꿇고 사죄하여 국제사회의 수긍과 존중을 받았다.

1985년, 『독일형법전』이 공포되었다. 제130조에서는 '공개 지역 집회 중 나치 집정 기간의 폭행 또는 독재에 대해 찬성, 부인 혹은 변호하여 이로 인해 피해자의 존엄을 침범한 경우 3년 이하의 감금 혹은 벌금에 처한다.'라고 규정하고 있다. 1992년, 독일은 '공개선동법'을 개정하고 유대인 대학살을 공개 부인하거나 혹은 대학살을 칭찬한 경우 최고 5년의 유기징역에 처할 수 있다고 규정하였다.[53] 1994년 독일의회는 '반나

53 「各國立法去法西斯化否認大屠殺用納粹標志會受懲罰」, 中國新聞网 2014. 12. 08. 04:10.
www.chinanews.com/gj/2014/12-08/6852910.shtml

치 및 반형사범죄법'을 채택하고 신나치주의자를 엄하게 추궁하였으며 나치 깃발 문양, 제복, 구호, 인사 등의 모든 사용이 위법에 속한다고 규정하였다.[54] 1997년 독일은 '정보통신서비스법'을 실시하여 신나치주의가 인터넷을 이용해 악의적 언론 보도와 소문을 전파하는 것을 척결하였다.

1990년, 프랑스 국회는 '게소법'을 채택하고 프랑스 국경 내에서 뉘른베르크 재판 결과에 의문을 갖거나 혹은 재판 증거, 전제에 대해 의심을 제기하는 경우 모두 법률 제재를 받는다고 규정하였다. 프·독 양국의 나치 청산 입장이 일치하기 때문에 양국은 공동의 역사적 기억을 형성하고 화해를 실현하는 견고한 기초를 마련하였다. 2003년 프·독 화해의 「엘리제 조약」 체결 40주년을 기념하기 위해 프·독 양국은 중학교 역사교과서를 공동 편찬하였다. 2006년, 독일어와 프랑스어판 역사 교과서가 출간되었다. 2011년까지 양국 편찬위원회는 독일어, 프랑스어로 된 3권의 『고등학교역사』를 공동으로 출판하였고 '제2차 세계대전에 대한 기억을 통해 공동의 가치를 찾았고', 시비를 분명히 가리는 공동의 역사적 기억을 형성했다.[55] 2008년 독일과 폴란드의 역사 교과서 공동편찬위원회가 공식적으로 설립되었다. 2013년, 독·폴 양국이 공동 편찬한 역사교과서 제1권이 공식 출간되었다.

동아시아에서 정부 배경의 공동역사연구가 발걸음을 내딛기 어려웠던 것은 독일·프랑스, 독일·폴란드 같은 정치 기초가 결핍된 데 원인이 있다. 전후 일본에서는 '대일본제국'의 오랜 구성원들이 철저히 청산되지

54 「德國去納粹化: 正視歷史方不重蹈覆轍」, 鳳凰网資訊 2017. 08. 07. 17:19:23. news.ifeng.com/a/20170808/51585171_0.shtml

55 孟鐘捷, 「共同記憶歷史: 德法合作"密碼"」, 『解放日報』, 2012. 6. 12.

않고 대를 잇고 있다. 일본 정부의 침략 역사에 대한 인식은 계속 흔들리고 있으며, 우익은 여전히 활개치고 있다. 야스쿠니 신사, 호국 신사, 위령탑 등 제국시대의 유물이 남아 있어 알게 모르게 당대 일본인의 역사 인식과 역사적 기억에 영향을 주고 있다. 만약 베를린에 여전히 나치의 卍 자 깃발이 휘날리고 있고 정부 고관 혹은 국회의원이 정기적으로 히틀러 등 나치 요인을 애도하고, 교과서가 여전히 나치를 위한 찬가를 부른다면 독·프, 독·폴 사이에 역사 화해는 실현되지 못했을 것이다.

4. 역사인식 문제상의 국제협력 강화

국제 협력의 방식은 주로 두 종류가 있다. 첫째, 동북아 지역 내의 국제 협력이다. 역사상 한·중 양국은 모두 중세 왜구, 도요토미 히데요시(豊臣秀吉)의 조선 침략 및 근대 일본 군국주의 침략의 피해자다. 그러므로 일본 우익의 역사 왜곡, 침략 미화 발언에 반박하는 것은 한·중 양국이 마땅히 해야 할 책임으로 협력의 기초가 깊고 두텁다. 일찍이 1982년 제1차 교과서 사건 기간에 한·중 양국은 비록 수교하지 않았지만 호흡이 잘 맞아 일본 정부에 압박을 가해 '미야자와 담화'가 나왔으며 결국 일본 내각이 나서서 교과서의 착오를 수정하였다. 한·중 수교 후 양국 학자들은 여러 차례 근대 일본 침략을 규탄하는 국제학술 세미나를 개최하였고 반향은 뜨거웠다. 2019년 한·중 방송국이 협력 촬영한 '만력(萬歷)조선전쟁'은 중국에서 방영되어 큰 인기를 끌었다. 동시에 일본 국내 평화헌법을 수호, 군국주의 침략을 비판하는 양심 있는 인사들을 지지하고 국제협력의 역량을 강화해야 한다. 또한 한·중·일 3국 청소년의 교류를 강화하고 역사 시비를 명확하게 알도록 가르치고 3국 평화협력의 활력소가 되도록 추진해야 한다.

둘째, 동북아 역 외의 국제협력으로, 주로 구미와 동남아 국가와의 협력 전개다. 그중 일본정부에 대한 미국의 영향력은 각별하다. 알다시피 미국은 일본이 발동한 '대동아 성전'의 피해자이자 일본 군국주의를 격파한 중요한 역량이다. 1945년 12월 GHQ는 『요미우리신문』에 10편의 '태평양전쟁사'를 연재하였고 일본인의 '대동아전쟁' 사관을 교정하였다. 냉전이 발발하고 동서양 진영이 대항하고 미·일이 안보체제를 구축한 배경하에 미국의 일본정부의 역사인식 문제에 대한 태도는 소극적으로 바뀌었고, 우익 세력의 권토중래를 내버려 두었다. 2002년 마티(Michael E.Marti) 미국 국방대학 교수는 중국은 '역사 문제에서 자주 일본을 참회 상태에 있게 만들었고', '아시아 지역의 경제와 군사 패권'을 모색한다고 질책하였다. 마티는 일본에게 '역사 문제에서 벗어나 경제 역량과 맞먹는 군사 역량을 구축하고, 국가이익 지상의 외교 방침을 다시 취하라고' 주장하였다.[56] 마티는 역사인식 문제에서 중·일 대치의 이용 가치를 잘 알고 있으나 그 수단은 오히려 남에게 손해를 끼치고 자신에게도 이롭지 않다. 마찬가지로 일본군'위안부' 강제동원을 규탄하는 결의안이 여러 차례 미국 국회에서 채택되지 못했다. 그러나 이것은 문제의 일면이었다.

다른 한편, 미국 국회의 일부 도의적 행동은 일본 정부의 태도를 바로잡는 데 도움이 되었다. 2006년 9월 13일(워싱턴 시간) 미국 하원의 국제관계위원회는 처음으로 하원 제759호 결의안을 채택하고 일본 정부에 일본군'위안부'를 동원한 사실과 책임을 인정하고 UN과 '국제사면위원

56 『産經新聞』, 2002. 1. 12.

회'의 관련 권고를 이행하라고 요구했다.[57] 처음 내각을 구성한 아베 신조는 '고노 담화 정신'을 계승하겠다고 표명했다. 2007년 6월 14일, 일본 우익세력은 『워싱턴포스트』에 전면 광고를 게재하고 일본정부와 군대의 일본군'위안부' 강제동원을 부인하였다. 미국 국적 한국 동포와 화교 인사들은 첨예하게 대립하여 『뉴욕타임즈』와 『워싱턴포스트』에 일본군'위안부' 강제동원과 폭행을 폭로하는 광고를 게재하였고 일본계 마이크 혼다(Mike Honda) 하원의원이 제출한 일본군'위안부 결의안'을 지지했다. 6월 26일, 미국 하원 외교사무위원회는 39표 대 2표의 압도적인 다수로 결의안을 채택하였고 일본 정부가 일본군'위안부' 문제에 대해 반드시 명확하게 사과하고 반드시 져야 할 책임을 지라고 요구하여[58] 일본정부는 이로 인해 큰 충격을 받았다. 이와 동시에 역사인식 문제에서 유럽 및 동남아 국가들과 협력을 강화하고 강력한 국제 여론을 형성하여 일본 우익이 수렴하도록 만드는 것 역시 관심을 가질 만한 문제이다.

V. 맺음말

새로운 세기에 신민족주의의 자생과 흥기에는 여러 원인이 있으며 일본 정부가 어떻게 역사인식 문제를 대하는지와 관련이 가장 밀접하다.

---

57 蘇智良, 「日本慰安婦問題再掀波瀾」, 豆丁网. www.docin.com/p-1515595233.html

58 「美衆院外委會通過決議案譴責强征"慰安婦"暴行」, 中國网 china.com.cn, 2007-06-27.
www.china.com.cn/overseas/txt/2007-06/27/content_8444353.htm

최근 발생한 일본 정부가 노동자 강제징용 문제로 한국에 화풀이하고 무역제재 수단도 불사한 것은 양국 관계에 고도의 긴장을 유발하였다. 이와 동시에 한국 국민의 감정이 격앙되어 일본제품을 불매하였고 일본 국민들 사이에 '혐한' 바람이 일어 한국 제품을 냉대하는 등 국민 감정의 골이 깊어진 사태는 양국 민족주의 정서의 고조를 자극했다. 향후 한·일 사이의 제재와 대치가 설령 다소 완화되더라도 여전히 일본 정부의 역사인식 문제는 과거가 되지 않았음을 표명하는 것이다. 동북아에서 역사인식과 신민족주의를 초월하여 진정한 역사 화해의 길을 실현하는 것은 여전히 갈 길이 멀어 끊임없는 노력이 필요하다.

참고문헌

자료

『조선일보』

『東疆學刊』

『中國邊疆史地研究』

『人民日報』

『光明日報』

中國网 china.com.cn

中國新聞网 http://www.chinanews.com/gj

星島环球网 http://www.singtaonet.com

百度百科 https://baike.baidu.com/item

『產經新聞』

World Development Indicators database.

World Bank national accounts data, and OECD National Accounts data files

단행본

北崖子, 2005, 『규원사화』, 한뿌리.

孫玉良, 李殿福, 1990, 『高句麗簡史』, 서울: 三省出版社.

신채호, 1995, 『단재 신채호 전집』, 형설출판사.

杜鋼建, 2017, 『文明源頭與大同世界』, 光明出版社.

步平, 北岡伸一主編, 2014, 『中日共同歷史研究報告』, 社會科學文獻出版社.

北京大學歷史系, 1974, 『簡明世界史古代部分』, 人民出版社.

蘇智良, 1999, 『慰安婦研究』, 上海書店出版社.

孫義學主編, 1985, 『世界中世紀史』, 遼宁教育出版社.

安成日, 2009, 『當代日韓關系研究(1945~1965)』, 中國社會科學出版社.

田桓主編, 1997, 『戰后中日關系文獻集(1971~1995)』, 中國社會科學出版社.

諸玄識, 2017,『虛构的西方文明史: 古今西方“复制中國”考論』, 山西人民出版社.
周一良, 吳于廑主編, 1962,『世界通史上古部分』, 人民出版社.
中山大學歷史系, 1974,『世界簡史』, 廣東人民出版社.
崔連仲主編, 1983,『世界史 · 古代史』, 人民出版社.
__________, 1997,『世界通史 · 古代卷』, 人民出版社.
『國際條約集(1963~1965)』, 商務印書館, 1976.

藤岡信勝主編, 1996,『教科書に教えない歷史』(1), 扶桑社.
西尾幹二, 2001,『新しい歷史歷史教科書』, 扶桑社.
歷史硏究委員會編, 1997,『大東亞戰爭的總結』, 新華出版社.
歷史學硏究會編, 2004,『歷史歷史教科書を巡ぐる日韓對話-日韓合同歷史硏究シンポジウム』, 大月書店.

논문

「大東亞戰爭日本の主張」,『正論』(別冊), 2006年 12月號.

3부

인류보편의 인권·역사책임

8장

한일 ‘위안부’ 문제와 동북아 역사 문제 재조명: 민족주의적 시각에 대한 성찰

리팅팅(李婷婷)
베이징대학교 외국어대학 부교수

I. 머리말

최근 근현대사 인식 문제는 동북아 지역의 평화와 협력에 매우 큰 영향을 미치는 요인이 되었다. 전 세계와 지역의 정치, 경제 질서가 급격히 개편되면서 역사인식에 대한 이견을 조정하여 역사 문제에서 화해를 추진하는 것은 한·중·일 3국이 역내 안정과 발전을 도모하는 과정에서 공통으로 주목하는 과제다. 근본적인 화해와 협력 방안을 모색하기 위해서는 먼저 역내 역사 문제가 오랫동안 해결되지 못하고 분쟁이 빈발하는 심층적인 원인이 어디에 있는지를 정확히 이해해야 한다.

지금까지의 연구 결과, 동북아 역사 문제는 역내 국가의 민족주의가 고조된 결과로 종종 해석되었다. 이러한 해석은 최근 몇 년간 지역 내 민족주의의 부흥 징후와 함께 점차 유행하고 있으며, 서구 세계가 주도하는 국제 주류 담론에서 압도적인 위치를 차지할 뿐만 아니라 역내 국가의 학계와 여론에도 서서히 확고한 틀로 자리 잡고 있어 한·중·일 3국의 상호인식과 자기 인식에까지 심각한 영향을 미치고 있다. 이 글에서는 민족주의적 시각에 따른 해석은 당연히 그 자체로써 크게 기여하고 가치도 있지만 논리와 사실관계 등 측면에서 맹점과 한계가 많다는 것도 사실임을 지적하면서 한일 '위안부' 문제[1]를 사례로 들어 이에 대한 성찰을 통해 동북아 역사 문제의 근본 원인을 좀 더 면밀히 이해할 수

* 저자의 「"慰安婦"問題與韓日關系: 協議, 爭議與影響」, 『韓國硏究論叢』 2019年 第2期 17~30쪽의 내용을 보충, 수정하여 본 논문을 완성하였다.

1 '위안부'란 제2차 세계대전 기간 일본군이 강제로 징용한 종군 성노예를 말한다. 당사국들은 이 문제를 표현하는 방식에서 서로 다른 주장을 하고 있지만 본고에서는 표현의 통일성을 고려하여 한일 협정에서 사용한 표현을 사용했다.

있기를 기대한다.

민족주의적 시각에 근거한 해석은 다양하고 구체적인 형태로 나타나지만 동북아 역사 문제가 오랫동안 해결되지 못한 채 분쟁이 빈발하고 격화되는 원인을 동북아 국가들의 민족주의가 고조된 결과로 본다는 점에서는 공통적이다. 이러한 해석 논리에 따르면, 역내 국가들은 역사 인식에서 자국 이익의 극대화를 추구하여 각국의 주장들 사이에 확장성, 배타성, 비타협성이 존재하도록 야기함으로써 이견 해소와 화해 실현을 이룰 수 없게 되었다. 이러한 맥락에서 민족주의적 시각에 근거한 해석들은 동북아 역사 문제를 해결하기 위한 근본적인 해결책이 민족주의적 역사 인식을 초월하는 것이라고 말한다. 예를 들면, '민족'을 초월하여 지역, 세계 등으로 정체성의 경계 재편을 추구하거나 이데올로기, 문화 등 대안적 가치에 기초해 동북아 각국 구성원들의 정체성을 재정립해야 한다거나 '역사'를 초월하여 현실적인 수요와 앞으로의 비전을 우선시해야 한다거나 역사 문제를 정치, 경제 등의 문제와 따로 분리해서 개별적으로 문제 해결을 추진해야 한다고 주장한다.

이 글에서는 이러한 시각이 합리적이고 설득력을 가진다고 볼 수 있으나 상당한 논리적인 결함과 시각적인 편차를 내포하고 있어 동북아 역사 문제를 심층적으로 이해하기 위해서는 이 문제를 좀 더 성찰해야 한다고 지적한다. 첫째, 최근 민족주의 부흥 현상이 전 세계적으로 광범위하게 나타나고 있지만 역사 문제가 오랫동안 해결되지 않은 채 논쟁이 빈발하는 것은 동북아 지역만의 고유한 현상이므로 단순히 민족주의적 시각으로 동북아 역사 문제를 해석하기에는 부족한 측면이 있다. 세계의 다극화 추세와 대국의 전략적 경쟁 심화, 세계 경제 성장 둔화, 새로운 과학기술과 산업혁명의 가속화에 따라 전 세계적으로 정도는 다르지만 자국의 이익을 우선 추구하는 민족주의 사조가 출현하고 있다. 미국의 일방주의와 포퓰리즘에서 유럽 주요 국가에서 잇달아 등장한 역세계화와 토착주의, 중동과 아프리카 일부 지역에서 빈번한 무장 충돌에 이르기까지 이러한 현상은 각 지역의 특수한 역사와 현실 환경에서 다른 방식으로 표출된 민족주의이다. 이러한 맥락에서 동북아 국가의 민족주의 정서 심화는 역내 국가 고유의 역사인식이나 정치 문화가 야기한 지역적인 현상으로 단편적으로 해석해서는 안 되며 세계 질서의 구조적 개편이라는 배경에서 이해해야 한다. 이뿐만 아니라 민족주의 영향이 동북아 지역에서 왜 다른 지역과는 다르게 유독 역사 문제에 대한 논쟁으로 표출되는지를 직접적으로 설명할 수 없으므로 역내의 구체적인 역사와 현실 상황을 결부 지어서 좀 더 논의해 볼 필요가 있다.

둘째, 동북아 역사 문제에서 민족주의적 시각에 따른 해석이 오랫동안 주류를 이루어 왔고 심지어 고정관념을 띤 담론으로 고착화되기도 하였다. 관련 분석들도 점차 개괄적이고 현실에 뒤떨어지는 경향을 보여서 서로 다른 의제나 관계 당사자의 입장 차이, 관련 논쟁의 최신 이론과 진전 상황을 충분히 나타내지 못한다. 동북아 역사 문제, 특히 근현대사 논쟁 문제는 다양한 의제를 포괄한다. 이러한 의제는 역사적 기억과 민족 정체성과 관련된 인식 문제일 뿐 아니라 제2차 세계대전 종식 후 지역 질서를 규정한 국제법 등 제도적 문제와도 밀접한 연관이 있기 때문에 민족주의적 시각으로만 바라본다면 관련 문제의 제도적인 속성을 간과하기 쉽다. 이해 당사자들의 입장 차이와 관련하여 동북아 근현대사 분쟁에는 가해국과 피해국이 뚜렷하게 구분되어 있다. 현재 분쟁국 내부에 민족주의 정서가 고조되는 현상이 비슷하게 나타나고 있다 할지라도 일본의 역사수정주의를 한·중 양국의 역사인식에 관한 주장과 동일선상에서 다루거나 추상적인 차원에서만 민족주의의 배타성과 비타협성을 논의해서는 안 된다. 또한 민족주의적 시각에서는 대체로 동북아 각국이 역사 문제에서 주장하는 출발점이 국가나 민족 이익의 극대화를 추구하기 위한 것으로 간주하지만 관련 논쟁의 최근 진전 상황으로 볼 때 관련 논쟁에는 이미 민족-국가 전체의 이익 범주를 넘어 피해자 중심주의, 여성 인권, 국내 의사 결정 적법성 등 더욱 다원화된 새로운 정치적 가치와 국제법 개념이 도입되었다. 요컨대, 민족주의적 시각은 거시적 분석 차원에서 강한 설득력이 있지만 동북아 역사 문제에 존재하는 복잡다단한 역사적 콘텍스트와 사실 관계를 완전히 반영하기는 어렵다.

셋째, 해결 방안에 대한 논의에서 민족주의적 시각에 근거한 기존 분석은 민족주의적 역사인식을 초월하는 방향을 제시하면서 '민족'에서 '세계', '역사'에서 '미래' 등 양분법적인 대안 도출에 빠지는 경우가 많다. 우선 이러한 대안 도출은 앞서 서술한 논리적 결함과 관점의 한계에 갇혀 동북아 역사 문제의 원인, 성격, 고질적 병폐를 충분히 파악하지 못하고 양분법적인 시각은 또한 의미 왜곡, 확대 해석 등의 문제점을 갖는다. 게다가 이러한 관점은 오랫동안 서방 국가들이 주도해 온 국제 담론 구조와도 무관하지 않다. 서방 국가들의 가치 판단에는 동북아 정치에 이성, 성숙함, 창의성이 결여돼 있다고 여기는 서방 중심주의적 시각이 깔려 있고 정치적 지향에 있어서는 제2차 세계대전 이후 미국과 일본의 이익을 중심으로 구축된 지역 질서를 수호하기 위해 역사 문제 피해자의 정당한 요구를 억압하는 경향이 있다. 이처럼 민족주의적 시각에 기반한 해석이 비록 동북아 역사인식 문제를 연구하는 데 크게 기여했지만 그 해석에는 한계가 있을 뿐 아니라 기존의 분석 틀에도 논리적인 결함과 시각적인 편차가 존재하므로 이에 대한 성찰이 필요하다.

이 글에서 한일 ‘위안부’ 문제를 사례로 들어 관련 역사 분쟁의 기원과 전개 과정, 2015년 한일 ‘위안부’ 합의 이후 한국 내에 등장한 다양한 쟁점과 한·일 갈등의 국제법 비화 등의 측면에서 민족주의적 시각으로 동북아 역사 문제를 해석할 때 어떤 한계가 있는지를 구체적으로 분석하고, 어떻게 하면 동북아 역사 문제를 좀 더 이해할 수 있을지 논의해 보고자 한다. 한일 ‘위안부’ 문제를 사례로 선택한 이유는 동북아 역사 문제와 관련된 다양한 의제 중 전형적인 문제이며, 최근 ‘위안부’ 문제의 진전 상황이 역내 역사 문제의 본질과 고질적 문제를 분석하는 데 최적의 접점을 제공할 수 있기 때문이다. 특히, 2012년 말 아베 신조 일본 총리가 재집권한 이후 ‘위안부’ 문제는 한일 관계 전반에 영향을 미치는 이슈가 되었고 2015년 양국 정부가 ‘위안부’ 문제에 합의한 이후 관련 분쟁은 오히려 더욱 격화됐다. 합의에서 논쟁에 이르는 과정은 한·일 역사 문제가 오랫동안 풀지 못한 난제라는 사실을 압축적으로 보여주며, 또한 양국 관계의 현황과 전망을 만들어 가는 데에도 중요한 영향을 미치므로 중국 학자들에게 있어 역사적 맥락과 현실적 영향을 다방면으로 연구하도록 관심을 불러일으켰다.[2] 그러나 ‘위안부’ 문제를 핵심 사례로 삼아 동북아 역사 문제와 민족주의 분석 관점에 대해 전반적으로 성찰해 보는 것은 이번이 처음이다.

II절에서는 한일 ‘위안부’ 문제의 기원과 전개 과정에 초점을 맞춰 관

2 姜龍范, 2018,「日韓建交后的“慰安婦問題: 政府, 民意與美國因素」,『日本學刊』第6期; 李成日, 2018,「安倍政府的“慰安婦”問題認識與日韓關系的困境」,『東北亞學刊』第3期; 張源, 2018,「日韓“慰安婦”問題的歷史演變及其原因分析」,『當代韓國』第2期.

련 역사인식 논쟁이 시작되고 격화되는 정도와, 최근 일본에서 제기한 역사수정주의 주장 이후 논쟁과 민족주의가 동반 가열된 것을 제외하면 양자 사이에는 역방향의 변화가 더 많이 나타나고 있음을 지적한다. III절에서는 2015년 '위안부' 합의 이후 한국의 국내 논쟁을 중점적으로 고찰해 보고 '위안부' 합의에 관한 논의의 초점이 일본에 대해 전반적인 국가 이익을 극대화하려는 단순한 틀을 넘어섰음을 논의하고자 한다. '위안부' 합의 비판론자들이 주장하는 핵심은 당시 정부가 국가 전체 이익을 이유로 피해자 개인의 권익을 억압하고 의사 결정 과정의 적법성을 훼손하는 것에 반대하는 것이며, 이러한 주장은 민족주의적 시각에서 역사인식 문제를 단순하게 해석하는 것과 구별되는 한국의 다원화된 주장을 보여준다. IV절에서는 '위안부' 합의에 관한 후속 논쟁이 한·일 외교 차원까지 비화된 이후 국제법으로의 전환에 대해 분석한다. 양측의 분쟁은 타협이 불가한 자국의 이익 문제뿐 아니라 피해자 중심주의 등 새로운 국제법 원칙을 어떻게 바라봐야 하는지, 국내법과 국제 합의 사이의 갈등을 비롯한 보편적인 문제를 어떻게 처리해야 하는지까지 논쟁의 범위가 확장됐다.

II. 한일 '위안부' 문제의 전개 과정

한일 양국은 1990년대 초부터 '위안부' 문제에 관한 교섭을 시작하였다. '위안부' 강제 동원은 제2차 세계대전 기간에 발생하였지만 전후 냉전 구도, 권위 정치, 역사인식 등의 요소들로 충분한 관심을 받지 못했고 일본 전후 처리와 한일 국교 정상화 협상에서 독립적인 의제로 다뤄

지지 못하였다. 1991년 8월, 한국 '위안부' 피해자 김학순 할머니가 처음으로 공개 증언을 한 뒤 양국 대중들은 비로소 '위안부' 문제에 관심을 기울이기 시작했다. 그 후 일본과의 역사 문제가 양자 간, 지역 간에 두드러지게 나타나고 여성 및 전시 인권 문제가 전 세계적으로 떠오르면서 크게 주목받게 된 '위안부' 문제는 한일 관계의 중요한 의제가 되었다. 특히 2012년 말, 아베 총리가 재집권하면서 '위안부' 문제는 일본 역사수정주의의 충격으로 재점화되었고, 일본의 고노 담화 검증 등으로 더욱 주목을 받으면서 '위안부' 문제의 파급력은 역사 교과서, 야스쿠니 신사 참배, 도서 분쟁 등을 넘어서며 한일 관계 전체 국면에 영향을 미치는 뜨거운 화제로 부상했다.

한일 '위안부' 문제와 관련된 논쟁의 전개 과정을 돌이켜 보면 논쟁의 치열한 정도와 양국 민족주의 정서 강도 사이에는 일정한 규칙이 없음을 알 수 있다. 최근 일본에서 역사수정주의 주장이 제기된 이후 양자가 동반 상승한 것을 제외하면 대부분 역방향의 변화를 나타냈다. 처음 논쟁이 가열된 것은 1990년대이다. '위안부' 문제가 처음으로 수면 위로 떠오른 후 1990년대 중반 일본 정부가 보상 방안을 제시하기까지 논쟁의 초점은 역사적 사실과 도의적인 책임을 확인하는 단계였다. 피해자의 성토, 양국 민주인사의 호소, 노태우 당시 대통령의 요구에 직면한 일본 정부는 1991년 12월, '위안부' 문제 조사에 착수하였으며 1993년 8월에 조사 보고서를 공개하고 '위안부' 동원 과정에서 일본군이 관여하였음을 인정하였다.[3] 당시 고노 요헤이 내각관방장관은 조사 결과를 공표하는 자리에서 유명한 '고노 담화'를 발표하였고 '위안부' 문제에 대해 반

3 内閣官房内閣外政審議室, 1993年 8月 4日, 『いわゆる従軍慰安婦問題について』.

성하고 사과를 표명하였다.[4] 1995년 7월, 일본은 민간 기금 조성과 정부 지원을 통해 '위안부' 피해자들에게 보상하는 것을 골자로 하는 '아시아여성기금'을 설립했다. 이로써 한·일 양국은 일본군이 관여한 역사적 사실 확인과 일본 정부의 도의적 책임 등 문제에 대해 기본적 공감대를 형성하였다. 주목할 만한 점은 '위안부' 문제가 처음으로 의제화된 것이 민족주의 정서 강화에 따른 결과가 결코 아니라는 사실이다. 오히려 글로벌 냉전의 종식과 양국 민주 정권의 집권으로 국가와 진영을 중시하는 전체성과 권위주의 담론이 지위를 상실하고 세계화, 지역화, 개인을 존중하는 이념이 빠르게 부상하면서, 이 모든 것은 '위안부' 문제가 한·일 양국에서 주목을 받게 된 중요한 배경이 되었다.

그 후 1990년대 중반부터 2012년 말까지 '위안부' 문제에 관한 한·일 양국의 분쟁은 소강 상태에 진입했다. 이전의 거국적인 관심과 논의와는 달리 주로 한국 측 피해자와 관련 민간단체들이 일본에 법적 책임을 주장하는 것으로 나타났다. 이들은 앞에서 서술한 대로 일본이 역사적 사실과 도의적 책임을 인정하는 것을 기반으로 '위안부' 문제에 대한 일본 정부의 법적 책임을 한층 더 주장했다. 이러한 견해는 한국 민간단체에서 처음으로 제기했다. 다수의 '위안부' 피해자들은 민간 기금 조성과 도의적인 보상 방식이 일본 정부의 법적 책임에 혼동을 야기할 수 있다고 보고 아시아여성기금에 보상 신청을 거부했다. 그 후 피해자와 사회단체들은 계속해서 일본 정부에 법적 배상을 요구하였으며 한국 법학계에서도 일본의 법적 책임에 대해 상당한 논증을 실시하였다.[5] 이에 대

4 河野洋平, 1993年 8月 4日, 「慰安婦關係調査結果發表に關する河野內閣官房長官談話」.

5 하재환, 1996, 「한국 및 한국인에 대한 일본의 법적책임: '일본군위안부' 문제에 관한

해 일본 측은 1965년 한일 수교 당시에 체결한 「한일 청구권 협정」에서 양국 사이의 모든 법적인 배상 문제를 이미 해결하였다고 보고 한국 측 주장을 거절하였다. 한국 정부는 한·일 청구권 협정과 대일 관계를 고려하여 민간의 대일 법적 책임 주장에 대해 모호한 태도를 취해왔다. 그러나 2011년 헌법재판소가 '위안부' 배상 분쟁에서 정부의 구체적 노력이 없었다는 것(부작위)은 위헌이라고 판단한 이후[6] 민간의 대일 법적 책임 주장을 지지하기 시작하였다.

2012년 말, 아베 총리가 재집권한 이후 역사수정주의를 주장하면서 한일 '위안부' 문제를 둘러싼 논쟁이 또다시 가열되었다. 일본 측은 '위안부' 문제에 관한 역사적 사실 판단을 '수정'하려고 시도했고 이는 기존의 도의적 합의와 법적 분쟁의 토대를 흔들기 위한 시도로 한일 간의 전면적인 논쟁이 촉발되었다. 일본의 다수 정계 인사들은 '고노 담화'의 수정안을 제시했고 이후 고노 담화 검증 과정과 『아사히신문』에 압력을 가해 최초 보도를 철회하는 등의 방식[7]으로 '위안부' 동원의 강제성과 일본 정부의 관여 등 이미 정설로 굳어진 역사적 사실 문제에 대해 의문을 제기하고자 하였다. 이에 한국 각계에서는 관련 역사적 사실에 관한

국제법적 검토를 중심으로」, 『법학연구』 37(1), 83~127쪽; 도시환, 2008, 「일본군'위안부' 문제의 현황과 국제인권법적 재조명」, 『국제법학회논총』 53(3), 41~68쪽; 조시현, 2014, 「일본군'위안부' 문제에 있어서 역사와 법」, 『법사학연구』 49, 119~147쪽 참조.

6 헌법재판소, 2011, 「대한민국과 일본국 간의 재산 및 청구권에 관한 문제의 해결과 경제협력에 관한 협정 제3조 부작위 위헌확인(2011. 8. 30. 2006헌마788)」, 『헌법재판소공보』 179, 1285~1303쪽.

7 「河野談話作成過程等に關する檢討チーム」, 『慰安婦問題を巡る日韓間のやりとりの經緯~河野談話作成からアジア女性基金まで』, 事務局(內閣官房, 外務省), 2014年 6月 20日.

논쟁을 용납할 수 없다고 피력하며 일본이 주장하는 오류에 대해서 비판하는 한편, 전시 여성 인권 등 보편적 가치 관점에서 국제사회를 향해 한국의 입장을 천명하며 국제적 연대 확보에 나섰다. 요컨대 일본 패전 70주년을 맞이하는 중요한 시점에 아베 정부는 제2차 세계대전 전후의 역사에 대해 다수의 수정주의 주장을 제시했으며 그중에서도 '위안부' 문제에 대한 역사적 사실 판단과 일본 측 책임에 대한 성격 규정에 대해 양국 간에 치열한 논쟁이 불붙었다.

논쟁에 불이 붙게 된 직접적인 원인은 일본의 민족주의 사관 때문이나 이후 전개되는 상황은 기존의 민족주의적 시각에 의한 단순한 추론에 부합하지 않는다. 처음에 한·일 정부는 국가 전체 이익에 기반한 판단에 따라 논쟁을 종결하고 관계를 개선하고자 2015년 말 '위안부' 문제에 합의하였다. 그러나 합의 이후에도 논쟁에 시달렸는데, 논쟁에 불을 지핀 것은 바로 피해자 중심주의 등 다원적 가치와 국제법의 보편적인 문제에 관한 논쟁이었다. 우선 '위안부' 합의 과정을 살펴보면, 당시 박근혜 정부는 초반에 '위안부' 문제와 양국 관계를 연결하여 일본의 역사수정주의 주장을 바로잡는 것을 관계 발전의 전제로 삼아 양측의 논의는 한동안 교착 상태에 빠져 있었다. 그러나 2014년 초, 현실적인 협력의 필요성과 미국의 중재에 직면한 양국 정부는 관계 회복을 시도하기 시작했다. 양국은 4월 '위안부' 문제에 관한 외교부 국장급 회담을 개최했고, 이듬해 초에는 제2차 세계대전 종전 70주년과 양국 관계 정상화 50주년을 맞이하여 연내 타결을 목표로 한국 대통령비서실장과 일본 국가안보국 국장이 주재한 비공개 고위급 회담을 개최하였다. 양국 정부는 2015년 중반 관계 개선에 관한 합의에 도달하여 양국 정상은 국교 정상화 50주년 기념행사에 교차 참석하였다. 박근혜 대통령은 광복 70주년 경축사에서 '아베 담화' 등 대표적인 사안을 온건하게 평가한 데 이어 양국은 11월 초 한·중·일 정상회의 이후 정상회담을 다시 열고 "가능한 한 빠른 시일 안에 '위안부' 문제를 타결하겠다"고 선언했다. 2015년 말까지 양측은 12차례의 국장급 협의와 8차례의 비공개 고위급 협의를 열고 12월 28일 마침내 합의에 도달했다.[8]

'위안부' 합의가 신속하게 이루어지게 된 것은 '위안부' 문제를 양국 정부의 관계 개선을 위한 전제 조건 성격의 돌파구로 간주했기 때문이다. 양측이 이러한 결정을 내리게 된 내부 동기는 주로 의사결정 엘리트와 한·일 정상의 의지에서 비롯되었다.[9] 이른바 의사결정 엘리트란 정부 관료, 정재학계, 고위 언론인 등 국가 의사 결정에 직간접적으로 영향을 줄 수 있는 엘리트 그룹을 말한다. 식민지 시대와 국교 정상화 이후 양자 관계의 급속한 발전을 겪으면서 한국과 일본의 의사결정 엘리트 사이에 긴밀한 협력 네트워크가 형성되었는데, 이들은 관계 개선을 옹호하는 주요 그룹이다. 그 이유는 세 가지로 정리할 수 있다. 첫 번째는 경제적 이익이다. 양국의 정치적 냉각은 경제와 무역 교류를 방해하고 국가 경제에 부담을 가한다는 분석이 제기돼 왔다. 두 번째는 외교적 압력이다. 정치적 갈등이 심화되고 장기화됨에 따라 한국 엘리트 계층은 일본의 대미 공공외교가 '한국 피로증', '한국 친중론', 한국의 동맹국 내 주변화를 심화시킬 것이라는 우려의 목소리를 내왔고, 일본에서는 '위안

8 회담 세부 과정 참조. 한·일 일본군 위안부 피해자 문제 합의 검토 태스크포스, 외교부, 2018년 1월 1일, 「한·일 일본군위안부 피해자 문제 합의(2015. 12. 28.) 검토 결과 보고서」, http://www.mofa.go.kr/www/brd/m_4076/view.do?seq=367886, 5~10쪽.

9 李婷婷, 2016. 2, 「韓日慰安婦問題協議: 內容, 机制與影響」, 北京大學國際戰略研究院 『國際戰略研究簡報』 第33期, 3쪽.

부' 문제에 대한 정부의 강경한 입장이 일본의 국제 이미지를 훼손할 것이라는 우려가 많이 제기돼 왔다. 세 번째는 전략적 고려다. 2015년 이후 중국의 경제 성장 둔화, 미국의 아시아 회귀, TPP 체결 등에 직면하여 한국 엘리트 그룹은 일본의 전략적 가치에 대한 논의를 강화했으며 일본 측도 '정상국가화', 역사적 부담 종결 등의 각도에서 한국과의 관계 중요성에 대한 재평가를 요구하기 시작했다.

'위안부' 합의의 최종 결정권자인 한·일 정상이 태도를 바꿔 화해를 서두른 이유는 엘리트 그룹의 주장에 영향을 받았을 뿐 아니라 자국의 상황을 고려했기 때문이기도 하다. 2015년, 박근혜 대통령은 임기의 절반이 지난 후 '레임덕'을 피하기 위해 노동 개혁과 역사 교과서 개정 등을 비롯한 민감한 의제를 적극적으로 추진하며 보수와 진보 진영 사이에서 개인의 강력한 지위를 유지했다. '위안부' 문제가 여론의 분열을 심화할 것이나 집정 초기와 같이 국내 정치 상황에 근본적인 영향을 미치지는 않을 것이었다. 아베 총리는 '위안부' 문제를 한국에 양보한다면 극우 세력으로부터 비판을 받을지라도 보수파의 수장 지위가 흔들리지는 않을 것이며 오히려 야당과 국제사회로부터 호평을 받아 안보 법안과 헌법 개정 절차에 박차를 가하기에 유리한 정치적 환경을 조성할 수 있었다.

한일 '위안부' 합의는 서면이 아닌 양국 외교 장관의 구두 형식으로 발표됐으며 합의한 세 가지 사항의 주요 내용은 다음과 같다. 첫째, '위안부' 문제의 역사적 사실과 책임에 대하여 기시다 후미오 일본 외무상은 "당시 군의 관여하에 다수 여성의 명예와 존엄에 깊은 상처를 입힌 문제"로, 일본 정부는 "책임을 통감한다"며 "아베 총리는 일본 내각총리대신 자격으로 희생자들에게 '마음으로부터의 사죄와 반성의 마음'을 표명한다"고 밝혔다. 둘째, 보상 조치 측면에서 한국 정부가 '지원' 재단을 설립하고 양국 정부가 협력해 '위안부' 피해자의 명예와 존엄의 회복 및 마음의 상처 치유를 위한 사업을 시행하는 데 일본 정부가 이를 위한 예산으로 약 10억 엔을 출연하기로 약속했다. 셋째, 합의의 효력 범위와 관련하여 양측은 합의가 제대로 이행되면 '위안부' 문제는 "최종적이고 불가역적으로 해결되었음을 확인한다"고 밝히며 유엔 등 국제 사회에서 이 문제에 대해 상호 비난을 자제하기로 합의했다. 이 밖에 한국은 주한 일본대사관 앞 소녀상에 대한 일본의 우려를 고려해 관련 단체와의 협의를 통해 적절히 해결되도록 노력할 것이라고 밝혔다.[10]

합의 내용은 간단명료해 보이지만 양국 정부의 해석이 크게 엇갈리는 이유는 합의의 기본 근거가 양국의 역사인식 격차 축소와 공감대 확대가 아니라 양자 협력의 회복을 위한 정부의 정치적 판단 및 일부 모호한 표현과 이행 조항의 개선이라는 합의 자체의 한계 때문이다. 이에 따라 해석이 엇갈리는 양측 조항 내용을 토대로 합의의 한계를 좀 더 구체적으로 분석해 보고자 한다.

첫째, 역사적 사실에 관한 문제에서 이번 합의는 '위안부' 동원의 강제성과 일본군의 관여를 구체적으로 판단하지 않은 채 고노 담화의 표현을 일부 가져와서 '군의 관여'와 여성에 대한 '깊은 상처'로 모호하게 표

---

10 외교부, 2015년 12월 28일, 「한·일 외교장관회담 결과(일본군 위안부 피해자 문제 관련 합의 내용)」, http://www.mofa.go.kr/www/brd/m_4076/view.do?seq=357655&srchFr=&srchTo=&srchWord=%ED%95%9C%C2%B7%EC%9D%BC%C2%A0%EC%99%B8%EA%B5%90%EC%9E%A5%EA%B4%80%ED%9A%8C%EB%8B%B4%C2%A0%EA%B2%B0%EA%B3%BC&srchTp=0&multi_itm_seq=0&itm_seq_1=0&itm_seq_2=0&company_cd=&company_nm=&page=1&titleNm=; 「日韓兩外相共同記者發表」, 外務省, 2015年12月28日, http://www.mofa.go.jp/mofaj/a_o/na/kr/page4_001664.html.

현했다. 합의 이후 일본은 이 협정이 최근 몇 년 동안 제기된 역사적 의혹에 영향을 미치지 않는다고 밝혔으며, 아베 총리도 군이나 정부 자료에 '위안부'를 강제 징용했다는 증거 자료가 없는 만큼 일본 정부의 관련 입장은 바뀌지 않았다고 천명했다.[11] 이에 대해 한국 외교부 대변인은 '위안부' 동원의 강제성은 어떠한 경우에도 부인할 수 없는 역사적 사실이며, "강제적으로 동원한 것은 피해자의 증언, 연합국 문서, 극동국제군사재판소 자료, 인도네시아 스마랑위안소 관련 바타비아 임시법정 판결, 쿠마라스와미 보고서, 네덜란드 정부 조사 보고서 등 다양한 자료에서 확인된 바 있다"[12]고 밝히며 일본 측이 합의 이행에 저해되는 언행을 자제해야 한다고 촉구했다.[13]

둘째, 일본 측 책임의 성격에 있어서 이번 합의는 일본의 '책임 통감'이라는 모호한 표현으로, 일본 측이 중요하게 생각하는 '도의적' 등의 수식어는 제거됐지만 한국 측이 주장하는 법적 책임은 역시 명시되지 않았다. 합의 이후 한국 측은 이 모호한 표현이 지금까지 일본이 한 최대한의 양보이며, 이는 법적 책임 추궁에서 진전을 이룬 것으로 볼 수 있다고 평가했다. 당시 윤병세 외교부 장관을 비롯한 중요한 외교 인사들은

---

11 「安倍否認日軍强征慰安婦, 稱日韓協議有利于安保」, 中國新聞网, 2016年 1月 18日, http://finance.chinanews.com/gj/2016/01-18/7721054.shtml.

12 외교부, 2016년 1월 19일, 「대변인 정례브리핑」, http://www.mofa.go.kr/www/brd/m_4078/view.do?seq=358218&srchFr=&srchTo=&srchWord=&srchTp=&multi_itm_seq=0&itm_seq_1=0&itm_seq_2=0&company_cd=&company_nm=&page=21.

13 외교부, 2016년 2월 2일, 「대변인 정례브리핑」, http://www.mofa.go.kr/www/brd/m_4078/view.do?seq=358380&srchFr=&srchTo=&srchWord=2.2&srchTp=0&multi_itm_seq=0&itm_seq_1=0&itm_seq_2=0&company_cd=&company_nm=&page=2.

일본 정부가 '책임'이라는 말 앞에 다른 수식어를 붙이지 않은 것은 이번이 처음이며, 책임 이행 조치에 사실상 법적 책임을 구성하는 요소의 대부분이 포함되어 있어 중요한 의미가 있다고 설명했다.[14] 반면에 일본은 합의가 법적 책임 인정이 아니라고 선을 그었다. 합의 당일 기시다 외무상은 합의에서 언급한 책임에 대해 "역대 내각의 입장에 입각한 것"이라며 "한·일 간의 재산 청구권에 대한 법적 입장은 과거와 아무런 변함이 없다"고 강조했다.[15] 아베 총리 또한 '위안부' 문제는 1965년 협정을 통해 "법률적으로 완전하고도 최종적으로 해결됐다는 입장에 변함이 없다"고 말했다.[16]

이와 관련하여 '위안부' 피해자에 대한 합의의 보상 조치도 과거와 비교하면 진전이 있었지만 이러한 조치가 '도의적 보상'인지 '법적 배상'인지는 확실하지 않으며, 이에 대한 양측의 해석도 엇갈린다. 예컨대 아시아여성기금의 민간 기금 조성 및 민간 운영에 비해, 일본 정부의 예산 출연, 한국 정부의 재단 설립, 양국 간 협력 이행 등 방식은 한국 피해자의 법적 책임 추궁 요구를 부분적으로 반영한 셈이다. 일각에서는 이러한 방식이 합의 이행 부담을 한국 정부에 전가한다고 비판하지만 한국

---

14 유명환, 「위안부 협상에 담긴 정치적 결단」, 『서울신문』, 2015년 12월 29일, http://www.seoul.co.kr/news/newsView.php?id=20151229030007; 윤병세, 「일본군 위안부 피해자 문제 합의 관련 새누리당 의총 보고」, 외교부, 2015년12월31일, http://www.mofa.go.kr/www/brd/m_20140/view.do?seq=302420; 윤덕민, 「한·일 위안부 피해자 합의 이후」, 『세계일보』, 2016년 1월 6일, http://www.segye.com/newsView/20160105003013.

15 「기시다 日 외무상 "소녀상 적절히 이전되는 것으로 안다"」, 『연합뉴스』, 2015년 12월 28일, https://www.yna.co.kr/view/AKR20151228153152073.

16 「安倍稱日韓慰安婦問題早已在法律上得到解決」, 中國新聞网, 2016年 1月 7日, http://www.chinanews.com/gj/2016/01-07/7706538.shtml.

측은 이러한 방식이 사실상 다양한 법적 책임 요소를 반영한다고 평가했다. 이에 대해 일본 측은 정부의 예산 출연으로 지원되는 보상 방안에 대해 "배상은 아니다"[17]라고 강조하며 법적 책임과는 명확한 선을 그었다.

셋째, 합의의 효력과 관련하여 '최종적이고 불가역적인 해결'에 대한 해석에서도 양측은 심각한 입장 차를 보였다. 일본 측은 이러한 서술이 양국 '위안부' 논쟁을 철저히 해결하여 '위안부' 문제에 "종지부를 찍었다"고 선언했다.[18] 아베 총리는 "합의는 차세대에게 사죄의 숙명을 지우지 않게 하기 위한 것이며, 앞으로 더 이상 '위안부' 문제에 관해 한국에 사죄하지 않을 것"이라고 밝힌 것으로 알려졌다.[19] 반면 한국 측은 이러한 발언은 제한된 범위에 적용된다고 밝혔다. '최종적' 표현에 관하여 한국 외교부는 '위안부' 문제는 외교 현안, 보편적 인권, 역사적 기억, 피해자의 존엄과 명예 등 네 가지 측면을 포함하며, 정부 간 합의의 효력 범위는 외교 부문에 국한될 뿐 피해자의 존엄과 명예 회복과 관련이 있기는 하지만 역사 교육과 여성 인권 등 보편적 가치를 제한할 수는 없다고 지적했다. 또한 한국 측은 '불가역적'이라는 표현은 "일본 측이 합의를 번복하거나 역행하는 언행을 해서는 안 된다"는 의미를 포함하므로 양측이 합의를 성실히 이행하는 것을 전제로 한다고 밝혔다.[20]

---

17 「기시다 日외무상 "소녀상 적절히 이전되는 것으로 안다"」, 『연합뉴스』, 2015년 12월 28일.

18 「기시다 日외무상 "소녀상 적절히 이전되는 것으로 안다"」, 『연합뉴스』, 2015년 12월 28일.

19 「安倍首相發言全文, 『次世代に謝罪する宿命を背負わせない』決意を實行」, 『産經新聞』, 2015年 12月 28日.

20 이상덕, 2016, 「일본군 위안부 피해자 문제 타결과 그 의미」, 『외교』 116, 180쪽; 「일

이 밖에 소녀상 문제를 해석하는 데에도 양측의 견해는 엇갈렸다. 일본 측은 소녀상 이전을 합의 조치의 구성 부분이자 전제 조건으로 간주했다. 기시다 외무상은 소녀상이 "적절히 이전되는 것으로 안다"고 밝혔다.[21] 자민당은 10억 엔을 제공하는 조건으로 소녀상 철거·이전을 제시한 바 있고 일본 정부가 소녀상 문제에 대해 한국 정부를 강력히 설득해야 한다고 촉구하는 결의안을 통과시키기도 하였다.[22] 그러나 한국 정부는 소녀상 문제는 합의 효력과 무관한 문제해결을 위한 '노력'사항임을 강조하면서 관련 사회단체와 의견을 조율하겠지만 관련 사회단체에 구체적인 조치를 취하도록 강요할 수는 없으므로 일본 측은 합의 내용을 넘어서는 해석을 해서는 안 된다고 지적했다.[23]

이처럼 한일 '위안부' 문제가 오랫동안 해결되지 못한 채 역사 현안으로 남아 있는 것은 양국이 '위안부' 문제와 관련한 역사적 인식에서 자국의 이익을 우선시하는 입장을 고수해 갈등이 해소되기 어렵다는 이유

본군 위안부 문제 합의 관련 Q&A」, 외교부, http://www.mofa.go.kr/www/wpge/m_20331/contents.do.

21 「기시다 日외무상 "소녀상 적절히 이전되는 것으로 안다"」, 『연합뉴스』, 2015년 12월 28일; 「岸田外務大臣會見記錄」, 外務省, 2016年1月4日, http://www.mofa.go.jp/mofaj/press/kaiken/kaiken4_000281.html; 「岸田外務大臣會見記錄」, 外務省, 2016年1月8日, http://www.mofa.go.jp/mofaj/press/kaiken/kaiken4_000286.html.

22 外務省, 2016年 1月 8日, 「岸田外務大臣會見記錄」; 人民网, 2016年 1月 27日, 「日本自民黨決議要求盡快撤走首爾慰安婦少女像」, http://world.people.com.cn/n1/2016/0127/c1002-28089686.html.

23 외교부, 2016년 1월 5일, 「대변인 정례브리핑」, http://www.mofa.go.kr/www/brd/m_4078/view.do?seq=357741&srchFr=&srchTo=&srchWord=1. 5&srchTp=0&multi_itm_seq=0&itm_seq_1=0&itm_seq_2=0&company_cd=&company_nm=&page=1; 이상덕, 2016, 「일본군 위안부 피해자 문제 타결과 그 의미」, 『외교』 116, 179쪽.

도 있지만, 제2차 세계대전 이래 동북아 지역 질서가 냉전 상황에서 구축되고 변화하는 과정에서 파생된 연성(軟性) 제도 문제와도 무관하지 않다. '위안부' 문제가 중요한 의제로 부상한 것은 냉전 종식, 세계 다극화, 혹은 강대국의 전략적 경쟁 심화 등 지역 질서의 구조적 조정기에 한일 양국이 새로운 질서를 구축하기 위해 적극적으로 모색하는 배경에 서였다. 또한 관련 논쟁에서 양측이 주목하는 초점은 역사인식 측면에 국한되지 않고 일본의 법적 책임을 어디까지 정할지에 초점을 맞추었는데, 이는 일본의 식민지 지배와 침략 역사에 대한 책임을 규정하는 시도로써 '위안부' 문제가 동북아 질서 재편에 중대한 영향을 미치는 연성 제도 문제의 성격을 갖고 있음을 보여준다.

III. 한국 내 논쟁에 등장한 다원적 주장

한일 '위안부' 문제는 한·일 양국 합의 이후 줄곧 논쟁에 직면해 있다. 논쟁의 전개 측면과 주요 참여자에 따라 국내 논쟁과 외교 분쟁이라는 두 가지 시기로 구분할 수 있으며, 그 전환점은 2017년 초 발생한 부산 소녀상 사건이다. 초기 국내 논쟁 상황을 살펴보면, 자국의 이익 극대화를 우선 추구하는 민족주의적 시각은 양국에 뚜렷한 영향을 미쳤지만 논쟁의 전체를 포괄하지는 못한다. 양국에는 피해자 혹은 소수집단의 관점에 바탕을 둔 다원적 주장이 존재한다. 특히 한국에서 논쟁이 가장 치열한 문제는 국가 전체 이익의 득과 실에 관한 것이 아니라 피해자의 권익과 정부의 의사 결정 절차의 적법성 등에 관한 문제였다.

합의 직후 민족주의적 시각에 근거한 국가적 득실에 관한 논의가 한일 양측에서 모두 나타났으며, 의제는 크게 두 가지로 구분할 수 있다. 첫 번째는 자국 이익의 인식을 기반으로 구체적인 합의 사항에서의 자국의 득실을 논의하는 것이다. 한국의 주요 야당과 사회단체는 정부가 역사적 사실 등 원칙 문제에서 과도하게 양보하여 일본이 책임을 벗어날 구실을 남겨 준 반면 한국 각계에서 오랫동안 노력해 온 법적 책임의 성과를 충분히 구현하지 못했다고 비난했다. 반면 일본 비판론자들은 정부가 사과와 보상 문제에서 과도하게 양보하여 한국 측에 해석의 여지를 너무 많이 남겨 줬다고 비난했다. 두 번째는 합의 전체의 필요성과 실행 가능성을 겨냥한 비판이다. 한국의 비판론자들은 '위안부' 문제와 관련한 대일 외교에서 한국이 우위를 점하고 있으므로 형식적인 화해를 강요할 필요가 없고 피해자 보상도 일본의 자금 출연 없이 한국 내부 역량만으로도 해결할 수 있다고 지적했다. 실행 가능성 측면에서는 일본 우익 세력의 역사수정주의 인식을 고려할 때 사과와 반성을 비롯한 합의 내용이 이행되기 어려울 거라고 판단했다. 일본 비판론자들은 '위안부' 문제가 1965년 협정을 통해 완전히 해결되었기에 더 이상의 합의는 필요하지 않다고 지적했으며, 극단주의자들은 '위안부' 여성은 자발적인 매춘 활동에 종사한 것이므로 일본이 이에 대해 보상하거나 사과할 필요가 없다고 주장했다. 실행 가능성에 대해서는 한국이 합의를 이행하지 않고 새로운 요구를 제기할 것이기에 합의가 실질적으로 이행되지 않을 것으로 내다봤다.

이 밖에 한국 국내 논쟁의 주요 초점은 국익 전반의 손익 판단에 국한되지 않고 합의의 형식과 절차의 적법성 측면에서 한국 정부의 행동을 판단하는 데 있으며 합의의 실효성에 대해 근본적으로 의문과 도전을 제기했다. 합의 형식 측면에서 한국의 비판론자들은 외교부 장관 간의 구두 합의가 국제법상의 효력을 갖는지 여부에 초점을 맞췄다. 당시 제1야당인 더불어민주당 문재인 대표는 합의 직후 무효를 선언하며 합의 내용이 국민의 권리를 포기하는 조약이나 협약에 해당되기 때문에 국회 동의를 받아야 발효된다고 주장했다.[24] 이후 법률 전문가는 연구 논문을 통해 해당 합의가 국회의 심의를 고의적으로 피해 국회의 심의 동의권을 침해했다고 주장했다.[25] 또 다른 전문가는 합의의 형식이 '외교관계에 관한 비엔나 협약'에서 제시한 조약의 정의에 어긋나며, 구두 합의가 있는 것으로 보더라도 법적 권리 의무 관계를 맺지 못해 법적 구속력을 갖지 못하므로 이번 합의는 양국 정부의 정치적 선언에 불과하다고 지적했다.[26]

법리적 판단의 또 다른 초점은 합의 당사자의 권한, 즉 한국과 일본 정부가 '위안부' 피해자를 대신하여 합의할 권한이 있는지의 여부이다. 한국의 대표적인 '위안부'권익단체 '한국정신대문제대책협의회(정대협)'는 여러 시민단체와의 공동성명에서 합의 협상 과정에서 '위안부' 피해자를 배제하고 내용 측면에서 "피해자와 국민들의 바람을 철저히 배신했다."고 선언했다.[27] 한국의 민주주의법학연구회도 '위안부' 피해자가 배제된

---

24 「문재인 "위안부 협상, 국회 동의 없었다 …… 무효 선언"」, 연합뉴스, 2015년 12월 30일, https://www.yna.co.kr/view/AKR20151230049400001.

25 방승주, 2016, 「위안부 피해자 문제에 대한 한일외교장관회담의 헌법적 문제점」, 『민주법학』 60, 105~144쪽.

26 조시현, 2016, 「2015년 한일 위안부 합의의 법적 문제」, 『민주법학』 60, 79~103쪽; 민주주의법학연구회, 2016, 「일본군 '위안부' 문제에 관한, 한일외교장관 회담에 대한 교수, 법률가 의견서」, 『민주법학』 60, 345~350쪽.

27 한국정신대문제대책협의회, 2015. 12. 28, 「일본군 '위안부' 문제해결을 위한 한일 외교장관 회담 합의에 대한 제 시민사회단체 입장」, http://www.womenandwar.net/contents/board/normal/normalView.asp?page_str_menu=335&action_flag=&search_field=&search_word=&page_no=0&bbs_seq=14429&passwd=;

합의는 무효일 뿐 아니라 국제 인권 기준에도 위배된다는 성명을 발표했다.[28] 또한 '위안부' 피해자 대표와 '정대협'은 매주 수요일 주한일본대사관 앞에서 정기집회를 열고 한국, 일본, 미국에서 기자회견을 여는 등 다양한 형식을 통해 적극적으로 목소리를 내며 국제사회의 이해와 지지를 확보하기 위해 노력했다. 그 결과 관련 유엔 기구와 관계자들도 합의가 '위안부' 피해자들의 감정을 고려하지 않은 데 대해 유감을 표하며 피해 당사자만이 진정한 배상을 받았는지 여부를 판단할 권리가 있다고 지적했다.[29]

국내 비판에 직면한 한국과 일본 정부는 합의 성과를 유지하고 논란의 확산을 막기 위해 다양한 조치를 취했다. 첫째, 양측은 내부를 설득하는 작업에 적극 나서서 합의가 자국에 유리한 점을 선전하는 한편, '위안부' 문제를 조속히 해결하는 것이 중요하다는 점을 강조했다. 양측이 모두 원하는 양자 간 협력 재개에 초점을 맞출 뿐 아니라 당시 박근혜 대통령은 '위안부' 피해자가 한 분이라도 더 살아계실 때 문제를 해결하는 게 중요하다고 밝혔으며, 아베 총리는 미래 세대에게 사죄의 운명을 더 이상 지게 하지 않을 것임을 강조했다.[30] 둘째, 양측은 합의 이행

「'위안부' 문제해결 올(All) 연대 네트워크 성명서」, 한국정신대문제대책협의회, 2016년 1월 14일, http://www.womenandwar.net/contents/board/normal/normalView.asp?page_str_menu=335&action_flag=&search_field=&search_word=&page_no=0&bbs_seq=14474&passwd=.

28 민주주의법학연구회, 2016, 「12.28 일본군 '위안부' 문제 '합의'를 규탄하는 민주주의법학연구회 성명서」, 『민주법학』 60, 352쪽.

29 「聯合國消除對婦女歧視委員會批日本在'慰安婦'問題立場」, 新華社, 2016年3月7日, http://news.xinhuanet.com/2016-03/07/c_128780935.htm; 「聯合國人權高專: 唯有慰安婦受害人才能判斷賠償是否妥當」, 环球网, 2016年 3月 11日, http://world.huanqiu.com/exclusive/2016-03/8690503.html.

30 「청 '위안부 문제 합의 관련 국민께 드리는 말씀' 전문」, 『연합뉴스』, 2015년 12월

과 구체화에 박차를 가했다. 한국은 2016년 7월에 '화해·치유재단'을 설립했고, 8월에 일본 내각은 의회에서 심의할 필요가 없는 연간 예산 예비비에서 10억 엔을 출연해 송금했으며 그 후 재단은 '위안부' 생존자에게 1억 원, 사망자 유족에게 2000만 원을 지급했다. 셋째, 양국 정부는 갈등이 증폭되지 않도록 상호 비판을 자제했다. 언론의 요구에 응해 상대 정부의 해석에 대해 논평하지 않을 수 없다 하더라도 합의 성과를 높이 평가하고 합의 이행을 위한 좋은 분위기 조성을 호소하며 직접적인 상호 비판을 피했다. 이러한 노력을 통해 양국 정부는 국내에 국한해 논란을 통제할 수 있었다.

그러나 양국의 국내 논쟁이 흘러간 방향은 서로 상반된다. 일본은 논쟁을 수렴하는 경향을 보인 데 반해 한국 사회내의 갈등은 나날이 증폭되었다. 일본의 경우, 비판론자들은 우경화된 관점으로 국익을 인식하고 정책을 주장하는 경우가 대부분이라, '위안부' 합의 이후 정부가 이에 대해 설명하며 강경한 태도를 보이자 초기 논쟁은 일본 정부의 법적 책임과 '위안부' 강제 동원 문제에서의 입장 불변, 자금 출연으로 합의의 완전한 이행, 한국 '위안부' 문제의 완전한 해결, 한국의 지속적인 피해자 보상과 소녀상 이전 등과 같은 몇 가지 공감대로 점차 수렴되었다. 반면 대부분 진보파에 속하는 한국 비판론자들은 보수적인 박근혜 정부의 정치적 견해와 달리 '위안부' 문제에서 정부의 일방적인 정치적 요구보다는 피해자의 입장과 여성 인권 등 원칙을 강조했다. 게다가 정부의 사후 대응 방법이 비판론자들의 요구에 부응하지 않아 불만은 더 고조

31일, https://www.yna.co.kr/view/AKR20151231087400001; 「安倍首相發言全文, 『次世代に謝罪する宿命を背負わせない』決意を實行」, 『産經新聞』 2015年 12月 28日.

됐다.

이러한 배경에서 한국 국내 논쟁은 ① 소녀상 지킴이 대학생 농성, ② 사회단체의 대안적 성격의 민간 재단 설립, ③ 변호사 단체의 정부 관련 책임자 고소, ④ 야당의 합의 폐기 결의안 국회 발의 등 다양한 집단행동으로 점차 발전했다. 대학생들은 일본대사관 앞의 소녀상이 철거되거나 강제 이전되는 것을 막기 위해 자발적으로 소녀상 지킴이에 나섰고, 이를 위해 '일본군 '위안부' 사죄 배상과 매국적 한일 합의 폐기를 위한 대학생 공동 행동' 등 전국적인 단체도 결성했다. 학생들은 합의 발표 이틀 후 일본대사관 앞 소녀상 곁에서 노숙 농성에 들어가 수백 일간 변함없이 소녀상을 지켰다.[31] 둘째, '정대협' 등 단체는 '일본군 성노예 문제 해결을 위한 정의기억재단'을 설립하여 일본 측에서 출연한 규모에 상당하는 자금을 기부금으로 모금하여 정부 측 재단과 일본 자금을 대신하여 '위안부' 피해자 복지, 한일 정부 청원, 소녀상 건립, 역사 연구와 교육 등 활동을 전개했다.[32] 셋째, '민주사회를 위한 변호사 모임'과 소속 변호사들은 대통령 비서실에 '위안부' 합의 당일 한일 정상 간 전화통화 기록 중 청구권 문제에 관한 박근혜 대통령의 대답과 아베 총리의 사죄 내용 공개 촉구 및 외교부 장관에 2014년 이후 관련 협상 중 언급된 '위안부' 동원의 강제성에 관한 역사적 사실 인정 문제를 담은 한국 측 문서 공개를 촉구하며 서울행정법원에 두 차례 소송을 제기했고, 그중 후자

31 「'소녀상 지킴이' 대학생 농성 1년째 … "안전 확신해야 철수"」, 연합뉴스, 2016년 12월 27일, https://www.yna.co.kr/view/AKR20161225051000004; 「400일째 '위안부 소녀상' 지킨 마음」, 뉴스1, 2017년 2월 1일, http://news1.kr/articles/?2900642.

32 정의기억재단, 2016년 6월 9일, 「정의기억재단 설립 선언문」, http://foundationforjustice.org/intro.

는 1심 원고 승소 판결을 받았다.[33] 넷째, 더불어민주당은 정부가 '위안부' 협상 무효화를 인정하고 재협상을 촉구하는 결의안을 국회에 제출하는 한편, 정부 재단 설립 후 보상 지급을 중단하고 합의 무효화를 선언하도록 촉구했다.[34] 이러한 조치로 인해 한국 내부적으로 합의에 반대하는 영향력과 사회적 기반이 확대됐을 뿐 아니라 비판론자들과 정부 사이의 간극은 한층 더 벌어지게 되었다.

IV. 한일 양자 간 분쟁의 국제법 전환

2016년 말, 한국에 '측근 국정 개입' 사건의 발발과 박근혜 대통령 탄핵으로 양국 정부의 국내 논쟁 통제에 큰 변화가 일어났고 한국의 여론은 비판론 쪽으로 빠르게 무게가 실리기 시작했다. 이듬해 초, 부산 소녀상 사건을 계기로 '위안부' 논쟁은 외교 문제로 비화되었다. 이후 한·일 정부는 합의의 당사자이자 국내외 이중 공격을 받는 주요 대상자로서 논쟁의 초점을 국제법 문제에 맞추었다. 본절에서는 외교 분쟁의 양대 사건인 부산 소녀상 사건과 '위안부' 합의에 관한 문재인 정부의 국내 조사와 처리에 중점을 두고 살펴보며, 양측의 분쟁이 타협이 불가한 자국의 이익 문제뿐 아니라 피해자 중심주의 등 새로운 국제법 원칙을

33 서울행정법원 제1부, 2017년 1월 6일, 「2016구합57274 정보공개거부처분취소」; 서울행정법원 제6부, 2017년 1월 6일, 「2016구합55698 정보 비공개 처분 취소의 소」.

34 「野, 위안부 재협상 촉구 국회 결의안 제출」, 『연합뉴스』, 2016년 1월 4일, https://www.yna.co.kr/view/AKR20160104061051001; 「野 "한일 위안부 합의 무효화해야 …… 10억 엔 받아선 안 돼"」, 연합뉴스, 2016년 8월 29일, https://www.yna.co.kr/view/AKR20160829064900001.

어떻게 바라봐야 하는지, 국내법과 국제 합의 사이의 갈등을 비롯한 보편적인 문제를 어떻게 처리해야 하는지 살펴보고자 한다.

부산 소녀상 사건은 한국의 시민단체가 부산에 있는 일본영사관 앞에 '위안부' 소녀상을 설치하는 것에 대해 지방정부가 여론의 압력에 못 이겨 이를 승인한 것에서 시작됐다. 일본은 이 사안에 대해 강력한 대응에 나섰다. 우선, 스가 요시히데 관방장관은 한국 측의 승인 철회를 요구한 데 이어 주한일본대사를 일시 귀국시키겠다고 선포했다. 또한 일본 측은 한일 통화스와프 협의 중단, 한일 고위급 경제 협의 연기, 부산총영사 일시 귀국, 부산총영사관 직원들의 부산시 행사 참석 보류 등의 조치를 취했다.[35] 이러한 조치는 한국에서 강력한 반발을 불러일으켰지만 대통령 탄핵과 차기 대선이 압도적인 정치 의제로 자리 잡음에 따라 일본과 심도 있는 협상을 갖지 못해 양국은 장기적인 교착 상태에 빠지게 되었다. 일본 대사는 한국이 대선을 치르기 한 달 전인 85일 만에 한국에 돌아왔다.

일본 측은 강력한 조치를 국제법 수호로 해석하며 한국 측의 소녀상 설립 승인은 '위안부' 합의와 '외교 관계에 관한 비엔나 협약'을 위반한 것이라고 지적했다. '위안부' 합의와 관련하여 일본 측은 주한일본대사관 앞에 있는 소녀상을 이전·철거하는 것은 합의 이행 조치의 일부라고 간주하고 대사관 앞의 소녀상이 이전·철거되지 않은 상황에서 한국 측이 부산 영사관 앞에 소녀상 설립 승인을 내린 것은 합의 정신에 위배된다고 지적했다. 또한 일본 측은 '외교 관계에 관한 비엔나 협약' 제22조

---

35 中國新聞网, 2017年 1月 6日, 「日官房不滿釜山少女像, 召回駐韓大使等報复」, http://www.chinanews.com/gj/2017/01-06/8116025.shtml.

를 인용해, 재외 공관 앞 소녀상 건립은 "공관의 품위를 손상시킨다"고 지적했다.[36] 이에 대해 한국 측은 일본의 주장이 합의와 협약 내용에 대한 과도한 해석이며 국제법을 남용할 우려가 있다고 반박했다.

소녀상을 둘러싼 양국의 국제법 해석의 차이가 새로운 문제는 아니다. 이에 대해 일본 측이 강력 대응에 나선 이유는 정치적인 상황에 대한 고려 때문일 것이다. 첫째, 한국의 정치적 변화에 직면한 아베 정부는 한국 측이 합의를 뒤집을까 봐 우려했다. 일본 각계에서는 박근혜 대통령 스캔들이 폭로될 때부터 한국이 '위안부' 정책을 바꾸지 않을지 걱정하기 시작했다. 2016년 말, 한국 국회가 대통령 탄핵안을 통과하고 관련 여론이 악화하는 상황에서 선제적으로 강경한 입장을 표명한 것은 한국이 협정을 뒤집는 것을 막는 데 유리했다. 둘째, 일본 국내에서 여론이 비교적 같은 목소리를 내는 '위안부' 문제에서 한국을 몰아붙이는 것은 아베 총리가 국내 지지를 이끌어내는 데에도 도움이 되었다. 아베 정부는 이처럼 다양한 정치적 입장을 고려하여 일본영사관 앞 부산 소녀상 신설이라는 특수성을 포착하여 국제법을 수호한다는 이유로 강력한 대응을 취했다.

부산 소녀상 사건에 일본 측이 '위안부' 합의의 유효성을 강조하려는 목적이 있다면 한국 정부는 합의의 한계성을 강조하는 데 조사의 중점을 두었다. 문재인 대통령은 당선 초기 외교부 장관 직속 TF를 출범시켜 '위안부' 합의 과정과 내용을 면밀히 검토하게 하는 한편,[37] 합의 이행

---

36 '외교 관계에 관한 비엔나 협약' 제22조 2항에서 접수국은 어떠한 침입이나 손해에 대하여도 공관지역을 보호하며 공관의 안녕을 교란시키거나 품위의 손상을 방지하기 위하여 모든 적절한 조치를 취할 법적 특별한 의무를 진다고 규정하고 있다.

37 외교부, 2017년 7월 31일, 「'한일 일본군위안부 피해자 문제 합의 검토 TF' 출범」,

기관인 '화해·치유재단'에 회계 및 감사 실무자를 파견해 재단 운영과 자금 상황에 대한 조사를 실시했다.[38] TF는 2017년 말에 검토 결과 보고서를 발표했는데, '위안부' 합의 과정에서 피해자 중심주의와 국민 중심 원칙이 충분히 구현되지 못했고 청와대와 외교부 사이에 소통이 부족했으며 합의 내용에 비공개 사항이 포함되어 있었다고 지적했다.[39] 이에 따라 문재인 대통령은 "위안부 합의가 절차적으로나 내용적으로나 중대한 흠결이 있었다", "이 합의로 '위안부' 문제가 해결될 수 없다"라고 밝혔다.[40] 이에 대해 일본은 "한일 관계는 관리되지 못할 것이다", "합의는 1mm도 옮길 생각이 없다"라고 강도 높게 경고했다.[41]

한국 측의 의도는 합의 원칙과 절차상의 결함을 증명하여 합의 효력에 한계가 존재함을 나타내려는 것이었다. 합의의 원칙적인 측면에서 한국 측은 '위안부' 합의가 국제사회가 여성 인권 문제를 해결할 때 보편적으로 따르는 피해자 중심주의 원칙을 위반했고, 협상 과정에서 외교부가 합의 효력의 최종적 및 불가역적, 일본에 대한 비판 자제, 보상금액

---

http://www.mofa.go.kr/www/brd/m_4080/view.do?seq=365986&srchFr=&srchTo=&srchWord=%EC%9C%84%EC%95%88%EB%B6%80&srchTp=0&multi_itm_seq=0&itm_seq_1=0&itm_seq_2=0&company_cd=&company_nm=&page=1.

38 여성가족부, 2017년 12월 27일, 「여성가족부, 화해·치유재단 점검결과 등 발표」, http://www.mogef.go.kr/nw/rpd/nw_rpd_s001d.do?mid=news405&bbtSn=705334.

39 한·일 일본군 위안부 피해자 문제 합의 검토 태스크포스, 2017년 12월 27일, 「한·일 일본군위안부 피해자 문제 합의(2015. 12. 28) 검토 결과 보고서」, 30~31쪽.

40 청와대, 2017. 12. 28, 「위안부 TF 조사결과에 대한 대통령 입장문」, http://www1.president.go.kr/articles/1915.

41 外務省, 2017年 12月 27日, 「『慰安婦合意検討タスクフォース』の検討結果發表について(外務大臣談話)」, http://www.mofa.go.jp/mofaj/press/danwa/page4_003587.html; 「日韓合意, 首相『1ミリも動かず』」, 『日本經濟新聞』 2017年 12月 28日.

등 중요한 문제를 피해자 쪽에 알려주지 않았다고 지적했다.[42] 절차에 대해 보고서는 '위안부' 협상과 관련한 권한이 청와대에 지나치게 집중된 반면 외교부는 소외되어 정당한 민주적 절차에 부합되지 못했다고 지적했다.[43] 이와 관련하여 일본 측은 합의가 "민주적으로 선출된 양국 정상의 지도하에서", "정당한 협상 과정을 거쳐 합의를 도출했다"라고 반박하며 "협상 과정에 문제가 있다고 생각하지 않는다"라고 밝혔다.[44]

이를 바탕으로 한국 정부는 국내 조치로 합의 이행의 기반을 점차 원점화했다. 2018년 1월, 강경화 외교부 장관은 일본 측이 출연한 10억 엔을 전액 한국 정부 예산으로 충당하겠다고 선언했다.[45] 이 예산은 7월 하순 승인되었고 국무회의에서 여성가족부에서 운용하는 '양성평등기금'에서 103억 원을 출연해 정부 예비비로 충당하는 것에 동의했다.[46] 또한 한국 정부는 2018년 11월 '위안부' 합의에 따라 설립된 '화해·치유재단'을 해산하겠다고 발표했으며, 일본 측이 출연한 재단 잔여기금(약 57억 8000만 원)과 한국 측에서 출연한 103억 원의 후속 용도에 관해서는 '위안부' 피해자 및 관련 단체와 상의할 것이라고 밝혔다.[47]

---

42 한·일 일본군위안부 피해자 문제 합의 검토 태스크포스, 2017. 12. 27,「한·일 일본군위안부 피해자 문제 합의(2015.12.28) 검토 결과 보고서」, 26~27쪽.

43 한·일 일본군위안부 피해자 문제 합의 검토 태스크포스, 2017. 12. 27,「한·일 일본군위안부 피해자 문제 합의(2015.12.28) 검토 결과 보고서」, 24, 29쪽.

44 外務省, 2017年 12月 27日,「『慰安婦合意検討タスクフォース』の検討結果發表について(外務大臣談話)」.

45 청와대, 2018. 1. 9,「강경화 장관, 한일 위안부 합의 처리 방향 관련 정부 입장 발표」, http://www1.president.go.kr/articles/2017.

46 「'위안부 합의' 日 출연금 10억 엔 대체할 정부 예비비 편성」,『연합뉴스』, 2018년 7월 24일, https://www.yna.co.kr/view/AKR20180724050200005?input=1195m.

47 여성가족부, 2018. 11. 21,「여성가족부, 화해·치유재단 해산 추진」, http://www.mogef.go.kr/nw/rpd/nw_rpd_s001d.do?mid=news405&bbtSn=705987.

그럼에도 한국 정부는 '위안부' 합의를 뒤집거나 일본 정부에 대해 재협상을 요구하지 않을 것이며 일본 측이 출연한 잔여기금을 일방적으로 반환하지 않을 것이라고 거듭 강조했다.[48] 이는 문재인 정부 초기 주장과 '위안부' 피해자의 요구사항과 비교하면 다소 완화된 조치로, 일본 정부와의 국제법 갈등 격화를 우려하고 다양한 계층의 정치적 입장을 수렴했기 때문이다. 첫째, 한국의 일부 의사 결정권자들은 일본과의 관계와 자국의 신뢰가 크게 훼손될 것을 우려하여 합의 철회에 반대했다. 여기에는 합의 지지자뿐 아니라 합의에 불만이 있더라도 과격한 대응에 반대하는 신중론자도 포함되는데, 국내외 문제의 의사 결정에서 이들의 역할을 간과할 수 없다. 둘째, 종전 일본 정부의 강경한 태도, 특히 소녀상 문제에서의 강경한 대응은 재협상에 대한 한국의 기대를 낮추었다. 셋째, 한미 공조, 특히 북핵 문제에서 한·미·일 안보 협력이 중요한 것도 한국이 한·일 양국 간 갈등을 과도하게 증폭시키지 못하도록 자제하는 데 일조했다.

한편 일본도 절충적인 대응 자세를 나타냈다. 기존의 입장을 유지해 한국의 합의 이행을 촉구하는 한편, 소녀상 사건 때의 강경 해법 대신 보다 억제된 대응 방식을 취했다. 국제법 주장과 관련하여 한국이 재단 해체를 발표하자 아베 총리는 "한일 합의는 최종적이고 불가역적인 해결"이라고 강조하며 "국제 공약을 지키지 않으면 국가 간에 관계를 맺을 수 없다"고 지적했다. 고노 다로 일본 외무상은 한국의 결정에 대해 "끝까지 수용할 수 없다"며 "합의를 이행하는 것은 일본뿐 아니라 국제 사회에 대한 책임을 다하는 것"이라고 밝혔다. 잔여 기금과 관련하여 스가

48 청와대, 2018. 1. 9,「강경화 장관, 한일 위안부 합의 처리 방향 관련 정부 입장 발표」.

요시히데 관방장관은 반환을 요구하지 않을 것이며 "합의를 실질적으로 이행한다는 취지에서 잔여 기금을 적절히 사용하고 일본 정부의 의도와 반대되는 형태로 사용하지 말 것을 강력히 촉구할 것"이라고 밝혔다. 그러나 동시에 일본은 한국 정부의 결정이 합의 파기로 정의하거나 주한 일본대사를 임시 귀국시키는 대항 조치를 강구하지 않았다.[49] 한국 측의 상황과 유사하게 국내 정치, 한국의 입장, 한·일 협력의 필요성에 대한 복합적 정치 상황을 고려한 것으로 풀이된다.

어쨌든 두 차례의 외교 분쟁을 거친 이후 일본 측은 한국이 협정을 뒤집지 않도록 막을 수 있었고, 한국 정부는 합의의 효력에 이의를 제기하며 원점화하기 위해 노력했다. 요컨대 양측은 자국의 주류 여론을 통합, 대표하여 자국에 최악의 결과가 야기되는 것을 피할 수 있었다. 양측은 자국 주장의 정당성과 적법성을 강조하기 위해 두 차례의 논쟁에서 국제법 문제를 중심으로 분쟁의 초점을 합의의 효력에 대한 해석상의 차이에 맞췄다. 한·일 정부의 입장이 완전히 다른 피해자 중심주의 원칙이든 일국의 국내 절차와 양자 간 합의 사이의 갈등을 처리하는 보편적 문제이든 '위안부' 합의에 대한 양국 간의 외교 분쟁은 기존의 민족주의적 시각으로 이해되는 역사인식 논쟁에 국한되지 않는다.

49 「韓宣布解散慰安婦財團致日韓關系緊張, 安倍欲嚴正抗議」, 中國新聞网, 2018年 11月 22日, http://sports.chinanews.com/gj/2018/11-22/8682699.shtml.

V. 맺음말

이 글에서는 한일 '위안부' 문제를 사례로 들어 기존의 동북아 역사 문제 연구에서 주류를 차지한 민족주의적 시각을 재조명해 보고, 민족주의적 시각이 학술적으로 크게 기여하고 강력한 설득력을 갖고 있지만 불충분한 인과 해석, 개괄적인 사실 분석, 양분법적 사고방식과 같은 문제도 갖고 있음을 지적했다. 한일 '위안부' 문제 관련 논쟁의 치열한 정도와 양국 민족주의의 정서 강도는 최근 몇 년 동안 일본의 역사수정주의 주장이 제기된 이후 같은 방향으로 상승한 것을 제외하고는 그 관계에 일정한 규칙은 없으며 양자는 더 많은 경우 반대 방향으로 움직이는 것으로 분석됐다. 한일 '위안부' 합의 이후 최근 상황으로 볼 때 한국의 국내 논쟁은 민족 전체 이익에 기반한 배타적인 요구를 넘어서서 피해자 중심주의, 소수집단 권익, 국내 의사 결정 절차의 적법성 등 다양한 관점으로 표출됐다. 한일 외교 분쟁은 주로 피해자 중심주의, 여성 인권과 같은 새로운 이념에서의 이견, 합의 해석에 대한 분쟁과 한국 국내 절차상의 효력에 관한 논쟁에 이르기까지 양국의 이익을 초월한 보편적인 문제에 초점을 맞추고 있다. 이러한 문제들은 기존의 민족주의적 시각에서 쉽게 가려져 있었고 그 현실적, 이론적 의미는 동북아 역사 문제에 대한 주류 연구에서 중요하게 다뤄지지 않았다. 동북아 지역에서 제2차 세계대전 이후의 역사제도적 변천 과정과 결합하여 현재 역사 인식 논쟁의 복합적 속성과 핵심적인 원인을 분석하고 관련 논쟁의 최신 진전과 관련된 다원적 가치와 보편성 논쟁을 바탕으로 앞으로의 해결 방향을 모색해보는 것은 앞으로도 계속해서 심도 있게 논의해야 할 문제이다.

참고문헌

자료

서울행정법원 제1부, 2017년 1월 6일, 「2016구합57274 정보공개거부처분취소」.

서울행정법원 제6부, 2017년 1월 6일, 「2016구합55698 정보 비공개 처분 취소의 소」.

여성가족부, 2017년 12월 27일, 「여성가족부, 화해·치유재단 점검결과 등 발표」, http://www.mogef.go.kr/nw/rpd/nw_rpd_s001d.do?mid=news405&bbtSn=705334.

________, 2018년 11월 21일, 「여성가족부, 화해·치유재단 해산 추진」, http://www.mogef.go.kr/nw/rpd/nw_rpd_s001d.do?mid=news405&bbtSn=705987.

외교부, 2015년 12월 28일, 「한·일 외교장관회담 결과(일본군위안부 피해자 문제 관련 합의 내용) 」, http://www.mofa.go.kr/www/brd/m_4076/view.do?seq=357655&srchFr=&srchTo=&srchWord=%ED%95%9C%C2%B7%EC%9D%BC%C2%A0%EC%99%B8%EA%B5%90%EC%9E%A5%EA%B4%80%ED%9A%8C%EB%8B%B4%C2%A0%EA%B2%B0%EA%B3%BC&srchTp=0&multi_itm_seq=0&itm_seq_1=0&itm_seq_2=0&company_cd=&company_nm=&page=1&titleNm=.

______, 2016년 1월 5일, 「대변인 정례브리핑」, http://www.mofa.go.kr/www/brd/m_4078/view.do?seq=357741&srchFr=&srchTo=&srchWord=1. 5&srchTp=0&multi_itm_seq=0&itm_seq_1=0&itm_seq_2=0&company_cd=&company_nm=&page=1.

______, 2016년 1월 19일, 「대변인 정례브리핑」, http://www.mofa.go.kr/www/brd/m_4078/view.do?seq=358218&srchFr=&srchTo=&srchWord=&srchTp=&multi_itm_seq=0&itm_seq_1=0&itm_seq_2=0&company_cd=&company_nm=&page=21.

______, 2016년 2월 2일, 「대변인 정례브리핑」, http://www.mofa.go.kr/www/brd/m_4078/view.do?seq=358380&srchFr=&srchTo=&srchWord=2.2&srchTp=0&multi_itm_seq=0&itm_seq_1=0&itm_seq_2=0&company_cd=&company_nm=&page=2.

______, 2017년 7월 31일, 「'한일 일본군위안부 피해자 문제 합의 검토 TF' 출범」, http://www.mofa.go.kr/www/brd/m_4080/view.do?seq=365986&srchFr=&

amp;srchTo=&srchWord=%EC%9C%84%EC%95%88%EB%B6%80&srchTp=0&multi_itm_seq=0&itm_seq_1=0&itm_seq_2=0&company_cd=&company_nm=&page=1.

______, 「일본군 위안부 문제 합의 관련 Q&A」, http://www.mofa.go.kr/www/wpge/m_20331/contents.do.

유명환, 2015년 12월 29일, 「위안부 협상에 담긴 정치적 결단」, 『서울신문』, http://www.seoul.co.kr/news/newsView.php?id=20151229030007.

윤덕민, 2016년 1월 6일, 「한·일 위안부 피해자 합의 이후」, 『세계일보』, http://www.segye.com/newsView/20160105003013.

윤병세, 2015년 12월 31일, 「일본군 위안부 피해자 문제 합의 관련 새누리당 의총 보고」, 외교부, http://www.mofa.go.kr/www/brd/m_20140/view.do?seq=302420.

정의기억재단, 2016년 6월 9일, 「정의기억재단 설립 선언문」, http://foundationforjustice.org/intro.

청와대, 2017년 12월 28일, 「위안부 TF 조사결과에 대한 대통령 입장문」, http://www1.president.go.kr/articles/1915.

______, 2018년 1월 9일, 「강경화 장관, 한일 위안부 합의 처리 방향 관련 정부 입장 발표」, http://www1.president.go.kr/articles/2017.

한국정신대문제대책협의회, 2015년 12월 28일, 「일본군 '위안부' 문제해결을 위한 한일 외교장관 회담 합의에 대한 제 시민사회단체 입장」, http://www.womenandwar.net/contents/board/normal/normalView.asp?page_str_menu=335&action_flag=&search_field=&search_word=&page_no=0&bbs_seq=14429&passwd=.

______________________, 2016년 1월 14일, 「'위안부'문제해결올연대네트워크 성명서」, http://www.womenandwar.net/contents/board/normal/normalView.asp?page_str_menu=335&action_flag=&search_field=&search_word=&page_no=0&bbs_seq=14474&passwd=.

한·일 일본군위안부 피해자 문제 합의 검토 태스크포스, 2017년 12월 27일, 『한·일 일본군위안부 피해자 문제 합의(2015.12.28) 검토 결과 보고서』.

헌법재판소, 2011, 「대한민국과 일본국 간의 재산 및 청구권에 관한 문제의 해결과 경제협력에 관한 협정 제3조 부작위 위헌확인 (2011. 8. 30. 2006헌마788)」, 『헌법재판소공보』 179.

「400일째 '위안부 소녀상' 지킨 마음」, 『뉴스1』, 2017년 2월 1일, http://news1.kr/

articles/?2900642.
「기시다 日외무상 "소녀상 적절히 이전되는 것으로 안다"」, 『연합뉴스』, 2015년 12월 28일, https://www.yna.co.kr/view/AKR20151228153152073.
「문재인 "위안부 협상, 국회 동의 없었다 …… 무효 선언"」, 『연합뉴스』, 2015년 12월 30일, https://www.yna.co.kr/view/AKR20151230049400001.
「청 '위안부 문제 합의 관련 국민께 드리는 말씀' 전문」, 『연합뉴스』, 2015년 12월 31일, https://www.yna.co.kr/view/AKR20151231087400001.
「野, 위안부 재협상 촉구 국회 결의안 제출」, 『연합뉴스』, 2016년 1월 4일, https://www.yna.co.kr/view/AKR20160104061051001.
「野 "한일 위안부 합의 무효화해야…10억엔 받아선 안 돼"」, 『연합뉴스』, 2016년 8월 29일, https://www.yna.co.kr/view/AKR20160829064900001.
「'소녀상 지킴이' 대학생 농성 1년째……"안전 확신해야 철수"」, 『연합뉴스』, 2016년 12월 27일, https://www.yna.co.kr/view/AKR20161225051000004.
「'위안부 합의' 日 출연금 10억엔 대체할 정부 예비비 편성」, 『연합뉴스』, 2018년 7월 24일, https://www.yna.co.kr/view/AKR20180724050200005?input=1195m.

「聯合國人權高專: 唯有慰安婦受害人才能判斷賠償是否妥當」, 环球网, 2016年 3月 11日, http://world.huanqiu.com/exclusive/2016-03/8690503.html.
「日本自民黨決議要求盡快撤走首爾慰安婦少女像」, 人民网, 2016年 1月 27日, http://world.people.com.cn/n1/2016/0127/c1002-28089686.html.
「聯合國消除對婦女歧視委員會批日本在'慰安婦'問題立場」, 新華社, 2016年 3月 7日, http://news.xinhuanet.com/2016-03/07/c_128780935.htm.
「安倍稱日韓慰安婦問題早已在法律上得到解決」, 中國新聞网, 2016年 1月 7日, http://www.chinanews.com/gj/2016/01-07/7706538.shtml.
「安倍否認日軍强征慰安婦, 稱日韓協議有利于安保」, 中國新聞网, 2016年 1月 18日, http://finance.chinanews.com/gj/2016/01-18/7721054.shtml.
「日官房不滿釜山少女像, 召回駐韓大使等報复」, 中國新聞网, 2017年 1月 6日, http://www.chinanews.com/gj/2017/01-06/8116025.shtml.
「韓宣布解散慰安婦財團致日韓關系緊張, 安倍欲嚴正抗議」, 中國新聞网, 2018年 11月 22日, http://sports.chinanews.com/gj/2018/11-22/8682699.shtml.
河野洋平, 1993年 8月 4日, 「慰安婦關係調査結果發表に關する河野內閣官房長官談話」.
河野談話作成過程等に關する檢討チーム, 2014年 6月 20日, 『慰安婦問題を巡る日韓間のやりとりの經緯~河野談話作成からアジア女性基金まで』.

外務省, 2015年 12月 28日, 「日韓兩外相共同記者發表」, http://www.mofa.go.jp/mofaj/a_o/na/kr/page4_001664.html.

______, 2016年 1月 4日, 「岸田外務大臣會見記錄」, http://www.mofa.go.jp/mofaj/press/kaiken/kaiken4_000281.html.

______, 2016年 1月 8日, 「岸田外務大臣會見記錄」, http://www.mofa.go.jp/mofaj/press/kaiken/kaiken4_000286.html.

______, 2017年 12月 27日, 「『慰安婦合意檢討タスクフォース』の檢討結果發表について(外務大臣談話)」, http://www.mofa.go.jp/mofaj/press/danwa/page4_003587.html.

內閣官房內閣外政審議室, 1993年 8月 4日,『いわゆる從軍慰安婦問題について』.

「安倍首相發言全文, 『次世代に謝罪する宿命を背負わせない』決意を實行」, 『產經新聞』, 2015年 12月 28日.

「日韓合意, 首相『1ミリも動かず』」, 『日本經濟新聞』, 2017年 12月 28日.

논문

도시환, 2008, 「일본군'위안부' 문제의 현황과 국제인권법적 재조명」, 『국제법학회논총』 53(3).

방승주, 2016, 「위안부 피해자 문제에 대한 한일외교장관회담의 헌법적 문제점」, 『민주법학』 60.

민주주의법학연구회, 2016, 「12. 28 일본군 '위안부' 문제 '합의'를 규탄하는 민주주의법학연구회 성명서」, 『민주법학』 60.

________________, 2016, 「일본군 '위안부' 문제에 관한, 한일외교장관 회담에 대한 교수, 법률가 의견서」, 『민주법학』 60.

이상덕, 2016, 「일본군 위안부 피해자 문제 타결과 그 의미」, 『외교』 116.

조시현, 2014, 「일본군'위안부' 문제에 있어서 역사와 법」, 『법사학연구』 49.

______, 2016, 「2015년 한일 위안부 합의의 법적 문제」, 『민주법학』 60.

하재환, 1996, 「한국 및 한국인에 대한 일본의 법적책임: '일본군위안부' 문제에 관한 국제법적 검토를 중심으로」, 『법학연구』 37(1).

姜龍范, 2018, 「日韓建交后的"慰安婦問題: 政府, 民意與美國因素」, 『日本學刊』 第6期.

李成日, 2018, 「安倍政府的"慰安婦"問題認識與日韓關系的困境」, 『東北亞學刊』 第3期.

李婷婷, 2016,「韓日慰安婦問題協議: 內容, 机制與影響」, 北京大學國際戰略研究院『國際戰略研究簡報』第33期.
張源, 2018,「日韓"慰安婦"問題的歷史演變及其原因分析」,『當代韓國』第2期.

9장

한중일의 일본군'위안부' 기록물 발굴 성과와 과제:
역사수정주의와 보편적 인권의 길항

김정현
동북아역사재단 연구위원

I. 머리말

1990년 초, 전후 반세기 이상 묻혀 있던 일본군'위안부'[1] 문제가 본격적으로 제기되었다. 일본 정부는 일본 정부와 민간의 조사로 발굴된 일본군'위안부' 공문서를 통해 1993년 8월 고노 요헤(河野洋平) 관방장관이 '위안부' 모집과 위안소 설치에 일본군과 정부의 직접 관련성과 강제성을 공식적으로 인정하였다.[2] 일본군'위안부' 증언집이 계속해서 출간되었으며,[3] 연구자들은 구체적인 사료와 증언을 통해 '위안부' 모집의 강제성과 국가에 의한 범죄임을 논증하였다.[4] 중국도 각지의 일본군'위안부' 피해 생존자와 위안소 유적지를 찾아 사실을 확인하고, 옛 일본군 병사 구술자료, 일본 점령군의 문서, 전시 신문 등을 조사한 결과를 발표하였다.[5]

---

1 일본군'위안부'란 1931년 이후 제2차 세계대전 종식까지 일본군이 식민지와 중국 등 점령지에 설치한 위안소 등에서 일본 군인들을 상대로 성노예를 강요당했던 여성들을 말한다.

2 '위안부관계 조사결과 발표에 관한 고노 내각 관방장관담화'(慰安婦關係調査結果發表に關する河野內閣官房長官談話, https://www.mofa.go.jp/mofaj/area/taisen/kono.html)

3 한국정신대문제대책협의회·한국정신대연구회, 1993~1999, 『강제로 끌려간 조선인 군위안부들』 1~3, 한울; 한국정신대연구회·한국정신대문제대책협의회, 2001, 『강제로 끌려간 조선인 군위안부들』 4~5, 풀빛;한국정신대연구소, 1995·2003, 『중국으로 끌려간 조선인 군위안부들』 1·2, 한울.

4 일본군'위안부'문제는 국가가 저지른 범죄 안에 강대국·약소국, 제국주의·식민지 간의 문제라는 중층적 억압구조를 포함하고 있다. 정진성, 1999, 「민족 및 민족주의에 관한 한국여성학의 논의: 일본군'위안부'문제를 중심으로」, 『한국여성학』 15-2, 41~42쪽.

5 중국에서 '위안부'문제 조사에는 각 지역 고등교육기관, 사회과학원, 중국공산당 당사(黨史)연구실, 국가당안관, 문화재관리부처, 중국인민정치협상회의 문사위원회(文史委員會), 민간 연구인력, 법조계 인사가 광범위하게 참여하였다. 구술자료집·유적

하지만 일본군'위안부' 문제 해결을 위한 유엔 인권위원회와 관련단체의 조사활동, 한국·중국·타이완·필리핀 등 '위안부' 피해자들의 사죄와 배상을 요구하는 법정투쟁, 일본교과서에 '위안부' 서술 등이 전개되자, 이에 반발한 일본의 우익들이 일본 정부의 관여와 책임을 부정하는 역사수정주의와 일본군'위안부' 부정의 소리를 높이기 시작하였다. 한국은 '위안부'운동의 전개과정에서 한국 대 일본이라는 민족주의적 사고가 중심이 되는 흐름을 보인 반면 일본에서는 1990년대 말부터 역사수정주의 담론이 일본 정치의 우경화를 견인하고 일본 사회의 주류 담론으로 힘을 얻으면서 '위안부' 문제는 역사수정주의의 집중적인 공격 대상이 되었다.[6]

2012년 제2차 아베(安倍)내각 발족 후 2013년 '위안부' 문제를 둘러싼 '역사전쟁'이 시작되었다.[7] 일본 정부는 '위안부' 문제 해결을 요구하는 한국과 중국 및 국제기구의 주장을 반일 프레임으로 매도하면서 정치·외교적으로 해결하고자 하였다. 2015년 전격적으로 한일 '위안부' 합의가 이루어졌지만, '위안부'운동 단체의 비판이 커지고 한일관계가 악화되었다. 한일관계 악화의 반작용으로 국내에서도 일본 우익의 역사수정주의 논리와 같은 일본군'위안부'의 강제연행과 성노예를 부

조사기록·다큐멘터리·영상물 등이 만들어졌다.

6 김정란, 2006, 「일본군'위안부' 운동에 나타난 민족주의적 경향」, 『철학과 현실』, 116쪽.

7 1997년 '새로운 역사교과서를 만드는 모임이 결성되어 대동아전쟁 긍정론과 일본군 '위안부' 부정론을 전면화하였고, 일본 우익은 '위안부'문제와 식민지배 책임을 언급한 고노 담화·무라야마 담화를 부정하는 역사수정주의와 국가주의 운동을 벌였다. 조경희, 2019, 「일본의 역사수정주의·국가주의·백래시의 연동-'새역모'와 '일본회의'를 중심으로」, 『황해문화』 겨울, 107~115쪽.

정하는 도서가 발간되었지만, 편향적인 자료선별, 생략과 왜곡을 통해 역사적 사실과 어긋난 주장을 하고 있다.[8] 따라서 일본군'위안부' 문제의 본질인 식민주의와 전시 성폭력 문제를 부정하는 역사수정주의를 극복하기 위해서는, 지금까지의 '위안부'운동과 외교적 노력에 더하여 역사 자료발굴과 검증, 자료를 기반으로 한 연구가 더욱 뒷받침되어야 한다.[9]

일본군이 패전을 전후해 '위안부' 관련자료들을 파괴해 많은 문서가 사라졌기에 공문서 발굴이 쉽지 않지만,[10] '위안부'의 실상을 증명하는 기록물이 현재까지 다양한 형태로 발굴·생산되고 있다. 예컨대 중국에서 일본군이 패전 후 소각하지 못한 채 남겨진 문서자료,[11] 중국 내 조선인동향회 및 포로명부(名簿)에 포함된 일본군'위안부' 명단,[12] 전직 군인

---

8 이영훈 외, 2019, 『반일 종족주의』, 미래사. 이 책은 조선에서 일본군'위안부' 여성들은 공창이었거나 최빈곤 계층으로, 조선의 가부장제와 조선인 업자들이 이들을 위안소로 보냈다고 함으로써, 일본군'위안부' 제도의 배후인 일본군과 일본 정부에 면죄부를 주었다. 이에 대한 비판은 강성현, 2020, 『탈진실의 시대, 역사부정을 묻는다-'반일 종족주의 현상비판』, 푸른역사; 호사카 유지, 2020, 『신친일파-반일종족주의의 거짓을 파헤친다』, 봄이아트북스; 전강수, 2020, 『'반일종족주의'의 오만과 거짓』, 한겨레출판, 219~297쪽 참조.

9 일본군'위안부' 문제는 여성인권침해라는 보편적 성격이 우선시되면서 역사성을 따지는 시도는 뒤로 밀려나는 경향을 보였고, 자료발굴과 역사연구의 진전이 좀처럼 보이지 않았다. 정진성, 2018, 「일본군'위안부' 문제의 역사적 실태와 식민지성」, 『일본군'위안부'문제와 일본의 역사수정정책』, 동북아역사재단, 21~22쪽.

10 일본이 1945년 8월 패전 시에 대량의 공문서를 소각 처분한 것은 잘 알려져 있다. 林博史, 2009, 「公文書·天皇關係書類の廢棄と'慰安婦'隱し-日本軍戰報の暗號解讀資料」, 『戰爭責任研究』 63, 88쪽.

11 莊嚴 [外] 主編, 2014~2017, 『鐵證如山』 1~10, 長春: 吉林出版集團有限責任公司(좡얜, 인화이 주필, 이범수 옮김, 2016~2017, 『불멸의 증거』 1~3, 학고방).

12 蘇智良, 2018, 「중국 금화지역의 일본군 위안소와 조선인 위안부-'金華鷄林會會則及名簿'분석」, 『한국학연구』 49; 강정숙, 2019, 「기록과 기억의 사이에서, '위안부' 관련 명부 연구」, 『덧칠된 기록에서 찾은 이름들: 일본군'위안부' 관련 명부 분석』, 일본

장병과 관련 기관 직원들의 증언·회고록·일기, 사진영상 등 다양한 증거 자료들이 존재한다.[13] 최근 일본군 「진중일지(陣中日誌)」, 타이완 및 연합군 자료에 기반한 연구들이 '위안부' 제도의 실상을 규명하고 있고,[14] 지금까지 '위안부' 자료 조사·정리·해제가 국가별 지역별로 일부 이루어졌지만,[15] 민족주의를 넘어 보편적 인권의 관점과 피해자 중심주의에 기반한 연구를 위해서는 현재까지 공개된 자료 분석과 정보공유, 새로운 자료발굴을 위한 노력이 계속되어야 한다.

이 글은 한·중·일의 일본군'위안부' 자료에 초점을 맞추어, 자료 발굴의 성과와 일본 정부가 인정하지 않는 자료의 역사적 맥락 및 역사수

군'위안부' 문제연구소; 윤명숙, 2019, 「중국 당안관 자료 현황과 자료 해제: 일본군 '위안부' 자료를 중심으로」, 『동북아역사논총』 59; 박정애, 2020, 「중국 저장성(折江省) 진화(金華)의 위안소와 조선인 '위안부'」, 『일본군'위안부'문제와 과제 II: 피해자 중심 해결』, 동북아역사재단 등.

13 안병직 번역·해제, 2013, 『일본군 위안소 관리인의 일기』, 이숲; 林博史, 2002, 「日本軍'慰安婦'·性暴力に關する資料狀況」, 『戰爭責任硏究』 36 참조.

14 「진중일지」는 부대 이동과 주둔·작전·훈련 등의 통상적인 행동과 맞물리면서 위안소가 개설되고 운용되었음을 알려준다. 하종문, 2019, 「진중일지 속의 부대 운용과 일본군 위안소 제도」, 『동북아역사논총』 64, 173쪽; 최종길, 2017, 「타이완척식회사 자료를 통해 본 일본군위안소 설치와 운영」, 『일본연구』 27; 공준환, 2019, 「연합군 자료를 통해 본 버마의 일본군'위안부' 제도」, 『동북아역사논총』 66; 공준환, 2019, 「연합군과 연합군 정보기관 문서 속의 일본군'위안부' 문제」, 서울시·서울대 사회발전연구소 편, 『일본군'위안부'관계 연합군 자료』 II 등.

15 강성현, 2016, 「일본군'위안부' 미국 자료 발굴 현황과 과제」, 『일본군'위안부' 연구성과와 과제 국제학술회의 자료집』, 동북아역사재단; 김득중·황병주, 2017, 「해제 일본군위안부관련 연합군번역통역부 자료」, 『일본군'위안부'·전쟁범죄 자료집 I-남서태평양지역 총사령부 연합군번역통역부(ATIS) 문서 1』, 국사편찬위원회; 정진성 편, 2018, 『일본군'위안부'관계 미국자료』 I-III, 선인; 한국여성정책연구원, 2017, 『중국의 일본군'위안부' 기록물 조사·정리·해제』, 여성가족부; 한혜인, 2017, 「일본군'위안부'연구 자료 발굴의 도달점과 과제」, 『일본군'위안부'연구 성과와 과제 국제학술회의』, 동북아역사재단; 김상규, 2016, 「일본군 위안부 관련 사료의 축적과 구성」, 한국사연구회 전국역사학대회발표집, 『일본군'위안부'문제의 기록과 역사적 전망』 등.

정주의 주장을 분석하고, 보편적 인권문제로서의 '위안부'문제 해결을 위한 국제적 노력에 대해 언급하고자 한다. 먼저 1990년대 이후 한·중·일에서 발굴된 '위안부' 자료와 연구 성과를 정리하고, '위안부' 문제가 국제적으로 확산되면서 일본이 책임회피를 위해 어떤 주장을 하는지, 일본 정부의 역사수정주의 정책과 인정하지 않는 '위안부' 자료는 무엇인지, 한국은 '위안부' 증거를 제시할 새로운 자료를 어떻게 발굴하고 공개하고 있는지, 그리고 한·일 '위안부' 합의 이후 계속된 자료 발굴과 공개발간의 성과, 중국이 발굴·공개한 문서와 유네스코 세계기록유산 공동등재를 위한 노력에 대해, 마지막으로 일본의 '위안부' 부정과 역사수정주의 극복을 위해 일본군'위안부' 기록물의 지속적인 발굴과 연구, 국제협력이 중요한 과제임을 서술하고자 한다.

II. 1990년대 '위안부' 자료 발굴의 성과와 일본 정부의 미인정 자료

1. 1990년대 자료 발굴의 성과

1) 일본의 자료 발굴 성과와 1993년 고노 담화

일본에서 일본군'위안부' 문제 진상규명을 위한 자료 수집은 민간에서 먼저 시작되었고, 1990년 한국 여성단체와 정부의 요청에 따라 일본 정부가 경찰청·방위청·외무성·문부성·후생성·노동성 등 6개 기관의 자료조사를 실시하여 총 127건의 자료를 발견하였다. 일본 정부는 이를 근거로 1992년 7월 '위안부' 문제에 정부의 관여는 인정하였으나 강제연행을 입증하는 자료는 없다고 공표하였다.[16] 한국 정부가 조선인 강제 연행을 인정하지 않는 데 대해 재조사를 요구하자, 일본 정부는 1993년 국립공문서관 · 국립국회도서관 · 미국국립문서기록관리청(NARA)과 한국 등 일본 이외의 지역에 대한 2차 자료조사를 실시하였다. 내각관방 내각외정심의실은 피해자들의 증언청취, 국내외 문서와 출판물, 미국 공문서 조사, 오키나와 현지조사를 거쳐, 위안소 제도와 '위안부' 동원에 군의 관여와 강제성을 인정한 「소위 종군위안부 문제에 관하여」를 발표하였다.[17] 요시미 요시아키(吉見義明)는 군 위안소 설치와 '위안부' 동원 과정에 일본 정부와 군이 개입되어 있음을 보여주는 106건의 핵심자료, 위안소가 일본군의 부대시설이었음을 입증하는 연합군번역통역부의 「조사보고서 제120호」 등 NARA에 소장되어 있던 일본군'위안부' 관계 연합군 자료 19건 등을 수록한 『종군위안부자료집』을 발간하였다.[18]

1993년 '위안부' 제도의 강제성을 인정한 고노 담화는 바로 이 조사

16 內閣官房外政審議室, 「いわゆる從軍慰安婦の調査結果について」(1992. 7. 6.). 자료는 방위청 70건 · 외무성 52건 · 문부성 1건 · 후생성 4건이다. 이에 대해 방위청과 조선, 타이완에 관한 척무성과 경찰 조직을 관할하는 내무성 소장 자료 등 중요자료가 공개되지 않았다는 비판이 제기되었다. 荒井信一, 1993, 「創刊の辭」, 『季刊 戰爭責任研究』 創刊號, 3쪽.

17 內閣官房外政審議室, 1993. 8. 4, 「いわゆる從軍慰安婦問題について」. 조사결과 방위청 48건, 법무성 2건, 외무성 43건, 무부성 1건, 국립공문서관 30건, 국회도서관 17건, 미국국립공문서관 19건 등 총 160건이 발굴되었다. 정부 각 기관이 제출한 문서는 현재 일본 국립공문서관과 외교사료관에 이관되어 있다.

18 吉見義明 編, 1992, 『從軍慰安婦資料集』, 東京: 大月書店(요시미 요시아키 · 김정호 역, 1993, 『자료집: 종군위안부』, 서문당). 吉見義明이 1992년 1월에 발견, 공표한 「軍慰安所從業婦等募集]에 關한 件(陸軍省副官) 1938년 3월 4일(출전: 防衛省 昭和13年 「陸支密大日記」 第10號) 요시미는 일본군이 위안소 설치와 '위안부' 모집에 직접 관여했다는 사실을 논증한 연구서를 발간하였다. 吉見義明, 1995, 『從軍慰安婦』, 岩波新書;吉見義明 · 林博史編, 1999, 『共同研究 日本軍慰安婦』, 大月書店.

결과를 발표와 각종 자료를 종합적으로 검토한 결과였다.[19] 이후 일본 정부가 1995년 7월 민간주도로 발족시킨 '여성을 위한 아시아평화국민기금'(이하 국민기금)이 『정부조사 '종군위안부' 관계자료집성』(1997~1998)을 출간하였다. 일본 정부가 1992~1993년에 공표한 문서와 연합군이 전쟁 당시 작성한 대일 정보문서 중에서 일본군'위안부' 제도 관련 자료들, 위안부 정책의 유래와 실제 동원 방식 및 각 지역 위안소의 건설, 경영, 관리 상황 등이 담겨 있다.[20] 1993년 설립된 '전쟁책임 자료센터'도 일본군'위안부' 관련 자료를 공개하고 있다. 1990년대 후반 이후에도 일본에서 '위안부' 관련 자료가 꾸준히 발굴되었다. 하지만 일본 정부는 1993년 고노 담화 시까지 파악한 문서만 인정하고 나머지는 공문서로 인정하지 않고 있다. 현재 일본의 '위안부' 관련 공문서는 일본 정부 인정 자료와 비인정 자료로 구분되어 있다.

2) 한국의 증언 수집과 자료집 발간

한국 정부는 일본 측 보고서가 나온 이후 총리실 주관으로 외무부, 내무부 등 6개 관련 부처가 일본군'위안부' 관련문서를 조사하고, 1992년 7월 정신대문제실무대책반의 이름으로 「일제하 군대위안부 실태조사 중간보고서」를 발표하였다. 현재 국가기록원에는 정부에 신고된 여성들의 피해신고서 및 관련 자료가 보관되어 있다. 한국에서는 1990년대 초반, 한국정신대문제연구소가 중심이 되어 일제강점기 각 지역 피

---

19 日本軍'慰安婦'問題解決全國行動(日本の戰爭責任資料センタ_ 監修), 2015, 『日本軍「慰安婦」關係資料21選』, 東京: 愛甲社, 130쪽.

20 日本(財)女性のためアジア平和國民基金 編, 1997~1998, 『政府調査'從軍慰安婦'關係資料集成』 1~5, 龍溪書舍.

해자들의 증언을 채집한 『강제로 끌려간 조선인 군위안부들』, 『중국으로 끌려간 조선인 군위안부들』 등의 집단적·개별적 증언집이 발간되었다.

한국에서 발굴한 일본군'위안부' 관련 공문서는 조선총독부 외사부·경무국·법무국이 생산한 자료이며, 도항통제, 인신매매, 여성동원관계 '조언비어'죄[21] 등 일본군'위안부'의 동원과 이송 과정을 보여준다. 조선총독부는 강제 동원된 '위안부'의 중국 도항을 허가하거나 통제하고, 중국 내 조선 여성의 '위안부' 이동 상황을 파악하였다. 이 공문서는 국사편찬위원회, 서울대 도서관, 보훈처 공훈전자사료관, 일제강점하강제동원피해진상규명위원회와 외교부 등이 수집하여 자료집이나 연구논문을 통해 그 내용이 일부 소개되었으나, 수집 자료가 체계적으로 정리된 자료집은 아직 발간되지 않았다.

일본군'위안부' 명부는 1991년 4월 1일 일본에서 여성이 포함된 연합군총사령부(GHQ) 포로명부가 처음 발견되었다는 『동아일보』의 보도로 알려졌다. 기사에는 '미군 오키나와기지 사령부가 태평양군총사령관 앞으로 보낸 『전쟁포로명부』에 여성임이 확인된 사람이 51명, 여성으로 보이는 사람이 47명이며, 이 시기에 여성이 오키나와로 보내진 것은 종군위안부 이외는 생각할 수 없다'고 하였다.[22] 한국 정부가 일본 정부에 요청하여 받은 명부도 있다. 1993년 10월 명부를 넘겨주면서 일본 정부가 작성한 「부로명표에 관한 조사결과 개요」에는 조선 여성 19명 중 10명

21 경기도 경찰부장이 조선총독부경무국장과 경성지방법원검사정에게 보낸 보고(1939년 9월 13일)에 난징 위안소에 다녀온 후 다시는 황군위안소의 창기가 되지 않겠다며 군사와 관련내용을 발설한 여성을 취조하여 구류 처분한 내용이 들어있다.

22 「정신대 명부 첫 발견」, 『동아일보』, 1991. 4. 1. 2면.

이 'comfort girl'로 분류되어 있다.[23] 명부는 강제동원 피해자가 중심이지만, 「유수명부」 자료는 '위안부' 피해자 김복동 등이 포함되어 있다. 이 유수명부에 적혀 있는 여성이 모두 '위안부'라고는 확정할 수 없지만, 일본군'위안부' 실체를 밝히는 귀중한 자료다.[24]

3) 중국의 문서 발굴 성과

중국에서 일본군은 패전을 앞두고 '위안부' 문서를 폐기하였지만, 일부 문서가 남아 있어 중국의 여러 당안관(檔案館, 공문서관)에서 위안소 설립, '위안부' 강제연행 관련 자료를 찾아볼 수 있다. 중국은 1990년대 중반부터 자료 조사를 시작하였다. 당사자들의 회고록, 신문·잡지와 서적, 점령지 정권의 문헌자료에 일본군이 위안소를 세웠다는 기록이 다수 발견되었다.[25] 중국의 각종 지방지와 문사자료[26] 등에도 '위안부' 관련 내용이 있고, 일본 민간으로부터도 중일전쟁 당시 일본군 서한 2천여 건 등 '위안부' 주제 영상 데이터와 실물 자료를 수집하였다.[27] 이 외에도 중

---

23 『俘虜名票」に關する調査結果概要』, 平成 5年 10月 8日, 厚生省社會援護局. http://contents.nahf.or.kr/item/item.do?levelId=iswc.d_001_0050_0050

24 일본군'위안부'문제연구소 편, 2019, 『일본군'위안부' 관련 명부 분석-덧칠된 기록에서 찾은 이름들』, 한국여성인권진흥원 일본군'위안부'문제연구소, 참조.

25 일본군이 위안소를 설립하고 여성을 강제적으로 '위안부'로 징용한 기록(山西省 文水縣의 일본군 점령하 당국이 하달한 '위안부' 모집문서 「文水漢奸'通令'强徵妓女」, 『文獻』 5, 1939. 2), 일본군이 소주(蘇州)에서 저지른 집단강간, 위안부 강제징용과 집단살해 사실(國民政府軍事委員會政治部, 1983, 『日寇暴行紀略』); 蘇智良, 2016, 위의 글, 33~35쪽에서 재인용.

26 중국 문사자료(文史資料)는 1959년부터 중국 인민정치협상회의 전국위원회와 각 지방위원회가 수집, 연구, 출판한 중국 근현대사 자료이다. 蘇智良, 2016, 「중국 소장 '위안부'자료 개관」, 한국사연구회, 『일본군'위안부' 문제의 기록과 역사적 전망』, 제59회 전국역사학대회발표집, 39쪽.

국인민해방군 군사과학원 역사연구부, 중국인민항일전쟁기념관, 중국 당사(黨史)연구소, 사지(史志)연구소 등이 '위안부' 자료를 수집·보존하고 있다.

상하이 사범대학은 1999년 중국'위안부' 연구센터를 설립하고, 50여 명의 연구원을 초빙하여 합동조사와 연구를 통해 중국에서 '위안부'로 충당한 총인원수가 20만 명 이상이며, 일본군'위안부' 제도의 규모는 이전에 상상했던 것 이상임을 발견하였다. 예컨대 난징(南京)에 최소 70여 곳, 하이난도(海南島)에 최소 67곳, 상하이에만 최소 172곳의 위안소가 설치되었고, 우한(武漢)에도 수십여 곳의 위안소가 확인되었다. 조사를 기반으로 쑤즈량(蘇智良), 『위안부연구』(上海書店, 1999) 등 다수의 연구서와 조사기록이 출간되었다.[28]

2. 일본군'위안부' 문제의 국제적 확산과 일본 정부의 미인정 자료

1) 일본군'위안부' 문제의 국제적 확산

일본군'위안부' 문제는 1990년대부터 국제사회에 전시 여성 인권문제로 제기되었다. 한국 정신대문제대책협의회가 1992년 유엔 인권위원회

---

27 조옥결, 2016, 「한일화해 배경의 중국'위안부' 사료 발굴 및 연구」, 『일본군'위안부' 연구 성과와 과제 국제학술회의 자료집』, 동북아역사재단, 235~236쪽.

28 蘇智良, 2000, 『日軍性奴隷』, 人民出版社; 陳麗菲, 2007, 『日軍"慰安婦"制度批判』, 中華書局; 張雙兵, 2011, 『炮樓裏的女人-山西日軍性奴隸調查實錄』, 江蘇人民出版社; 蘇智良·陳麗菲, 2015, 『"慰安婦"與性暴力』, 山東畵報出版社; 蘇智良·張建軍, 2018, 『南京日軍慰安所實錄』, 南京出版社; 蘇智良·陳麗菲·姚霏, 2018, 『證據 : 上海172個日軍慰安所揭秘』, 上海交通大學出版社등; 蘇智良, 2018, 「문헌, 구술과 연구: 일본군'위안부'의 역사적 사실의 재건」, 일본군'위안부'국제학술회의자료집, 『일본군'위안부' 자료발굴의 현재와 향후과제』, 동북아역사재단, 239쪽.

에 '위안부' 문제를 상정한 후, 조사를 실시한 국제사법재판소(ICJ)는 1993년 사과와 배상, 국제법원 설립안 등을 건의한 보고서를 발간하였다. 일본 정부가 1995년 7월 민간 주도의 '여성을 위한 아시아평화국민기금'(이하 국민기금)을 발족시켜 '위안부' 피해자에 대한 위로금 지급을 추진하자, 아시아 각국 여성단체는 기금 설립을 통해 국가 책임을 회피하는 책략으로 삼았다며 비판하였다.[29] 1996년 유엔 인권위원회는 일본 정부의 법적 책임과 피해자 보상을 건의한 라디카 쿠마라스와미(Radhika Coomaraswamy)의 「전시(戰時)의 군사적 성노예 조사보고서」를 채택하였다.[30] 쿠마라스와미는 피해자들이 당한 성적 학대를 고려할 때 '위안부'보다 '군 성노예'가 더 정확한 용어라고 본 것이다. 국제적으로 '위안부' 제도는 국제법이 규정하는 성노예라 인식되었고, 1993년 오스트리아에서 개최된 제2회 세계인권회의, 베이징에서 개최된 1995년 제4회 세계여성회의도 성노예 용어를 사용하였으며, 1998년 국제형사재판소 규정은 성노예가 '인도에 대한 죄'라고 명기하였다.[31]

2000년 일본과 아시아 피해국 그리고 세계 여성들은 연대하여 도쿄에서 '일본군성노예 여성국제전범재판'을 개최하고, 2001년 헤이그 판결

---

29 일본 정부가 책임회피 정책으로 발족한 '국민기금'은 한국·타이완·필리핀의 위안부 피해자 280여 명에게 위로금을 지급하고 2007년 3월 31일 해체되었다.

30 보고서는 일본 정부에 '1. 국제법을 위반하고 위안소를 설치한 행위에 대한 법적 책임, 2. 성노예 피해자 모두에게 배상, 3. 모든 자료 공개, 4. 피해자에게 정식 사죄, 5. 교과서에 역사적 사실을 정확히 반영, 6. 전쟁범죄 처벌'을 건의하였다. Ms. Radhika Coomaraswamy, 1996 , *Report of the Special Rapporteur on violenstwomen,itscauses and consequences*. in accordance with Commission on Human Rights resolution , UN Doc.E/CN.4/1996/53

31 이타가키 류타·김부자 엮음, 배영미·고영진 옮김, 2016, 『Q&A '위안부'문제와 식민지 지배책임』, 삶창, 75~77·167쪽.

을 얻어냈다.[32] 2000년 재판은 1946년 도쿄재판(극동국제군사재판)을 재구성하여 일본군의 전쟁범죄와 일본군'위안부'를 조직한 행위를 비판·검증하였다. 법정에서 수석 판사 가브리엘 커크 맥도널드 부장판사가 히로히토(裕仁) 천황(天皇)과 9명의 전범의 유죄 판결, '일본 정부가 일본군성노예에 대해 책임 있다'고 선포하였다.[33] 재판에서 천황의 책임을 언급한 이유는, 일본은 패전 직전 전군에 천황 관계자료 처분명령을 내려 천황과 군의 밀접한 관계를 은폐하고, 책임 추궁을 피했기 때문이다.[34] 일본 정부가 '위안부' 강제연행과 책임을 부정하는 이유 역시 천황의 이름으로 행해진 '성스러운 전쟁'에서 천황의 군대와 정부가 행한 반인권적 행위를 인정할 수 없기 때문이다.[35]

2000년 미국 의회가 일본제국 정부기록공개법을 통과시켜 일본전쟁범죄 관련 기밀자료들이 대량 공개되고, 연합군 자료에서 전범재판, 포로 심문조서 및 관련자료, 전보문서 등이 발굴되었다. 또한 일본 정부를 상대로 한국·중국·타이완·필리핀 등 각국의 생존자들이 소송을 진행하였고, 비록 패소했지만 일본의 재판소가 '위안부' 피해사실을 부분 인정한 문서는 남게 되었다.[36] 2000년대 들어 미국의 여러 주에서 일본군

---

32 前田朗, 2008, 「歴史に挑む國際連帶-日本軍性奴隷制をめぐる議論動向」, 『戰爭責任研究』 60, 80쪽.

33 VAWW-NET Japan(Violence Against Women in War Network Japan), 2002, 『日本軍性奴隷制を裁く-2000年女性戰犯國際法廷の記錄』 全6卷, 綠風出版.

34 林博史, 2009, 「公文書·天皇關係書類の廢棄と'慰安婦'隱し-日本軍戰報の暗號解讀資料」, 『戰爭責任研究』 63, 89~90쪽.

35 최종길, 2015, 「행정문서 재구성을 통해본 일본군 '위안부'제도의 성립과 운용」, 『한일관계사연구』 51, 446쪽.

36 坪川宏子, 2007, 「日本の裁判所が認定した日本軍'慰安婦の被害事實」, 『戰爭責任研究』 56.

'위안부' 관련 결의안이 제기되고 2007년 1월 말 미국 하원에서 일본 정부의 사과와 문제 해결을 요구하는 '위안부' 결의안이 통과되었다. 이에 아베 수상은 3월 미 하원 결의안 내용이 '객관적 사실에 기반하지 않았고 사죄할 수 없다', '일본 관헌이 집에 난입해 사람들을 끌고 나온 것을 직접적으로 기술한 자료는 없다.'는 것을 이유로, 고노 담화를 존중한다는 정부의 공식입장을 거슬러 '위안부'의 강제연행을 부정하였다. 이 같은 아베 수상의 '협의의 강제성' 발언 이후, 역설적으로 국제사회의 '위안부' 문제 해결을 촉구하는 목소리가 고조되었다.

마이크 혼다 의원은 '위안부' 생존자의 증언에 근거해 일본군'위안부' 피해자 문제 해결을 요구하는 미 하원 결의 제121호를 제출하였다. 미 하원은 일본 정부가 1930년대부터 제2차 세계대전 기간 동안 여성들에게 성노예를 강요한 사실을 인정, 사과하고 책임을 받아들일 것을 요구하는 결의안을 7월 30일 만장일치로 채택하였다. 2008년 유엔 인권위원회는 일본 정부에 '위안부' 문제의 해결을 촉구하는 프랑스·네덜란드·남북한·중국 및 필리핀의 목소리를 담은 보고서를 채택하였다. 유엔에서 일본군'위안부' 문제는 단일주제로는 최장시간 논의되고 있다. 아직까지 문제가 해결되지 않았고, 일본 정부가 역사적 사실을 인정하지 않기 때문이다. 일본 정부는 증거가 없다고 하지만, 사실 수많은 피해자가 이미 증언했을 뿐 아니라, 역사적 사실을 증명하는 문서기록 역시 넘치도록 쌓여 있으며,[37] 국제적으로 여러 국가들이 박물관을 건립하여 증거자료를 전시하고 있다.[38]

---

37 서울시·서울대 정진성 연구팀, 2019. 『기록 기억: 일본군'위안부'이야기, 다 듣지 못한 말들』. 14쪽.

38 일본군'위안부' 증거자료와 기록물을 전시하는 '위안부'자료관과 박물관이 한국, 중

2) 일본 정부의 미인정·비공개 '위안부' 자료

일본 우익과 정부는 일본군'위안부' 문제가 국제적인 보편인권의 문제로 인정되는 것을 막기 위해 협의의 강제성에 포함되지 않는 고노 담화 이후 발견된 '위안부' 문서를 인정하고 있지 않다. 일본 정부와 우익이 '위안부' 자료라고 인정하는 문서는 '군의 관여'가 명확히 드러나는 범위에 국한된다. 아베는 고노 담화까지 발견된 1차 자료, 일본군 관헌이 생산한 공문서라는 가장 좁은 범위의 기록을 앞세워, '위안부' 피해자에 대한 국가의 불법행위는 없었다고 주장한다.[39] 그러나 일본에서 군'위안부' 제도의 창설, 위안부 모집과 이용에는 군부 외에도 중앙과 지방 정부, 조선과 타이완 총독부 해외파견 기구 및 민간 관여자[40]가 관련되기에 일본군'위안부' 공문서는 범위가 넓고 다양하다.

또한 일본에는 폐기되지 않았지만 숨겨져 있는 육해군 관계 자료들이 있다. 전후 미군이 몰수하여 미국으로 갖고 갔다가 1958년 이후 일본에 반환되었고, 방위청 방위연구소 도서관과 국립공문서관에 나뉘어 보관되어 있다. 미국 사서들은 미국에 있던 자료 중 일본에서는 공개되지 않는 것도 있다고 지적하고 있다. 또 전후 처분되지 않고, 미군의 몰수도 피한 자료,[41] 각 성청이 갖고 있는 행정자료 중 폐기되지 않고 남아 있는

국, 타이완, 일본, 필리핀, 네덜란드, 미국, 캐나다 등지에 건립되었고 연대활동을 하고 있다.

39 한혜인, 2018, 「젠더 유산으로서의 일본군'위안부' 기록물」, 『기록인』 44, 101쪽.

40 '위안부' 제도로 이익을 취한 민간 모집 알선인과 타이완척식회사 등 기업, 점령지에 진출한 일본기업과 사원, '위안부'를 수송한 선박회사, 콘돔 생산기업 등이 포함된다.

41 예컨대 동경 八王子의 지하창고에 보존되어 있던 육군 영구보존 공문서류를 모은 「大日記」류(1942년분까지) 안에 '군위안소 종업부 등 모집에 관한 건' 등 위안부정책에 관한 중요한 문서, '위생 사쿠(콘돔)'에 대한 자료가 포함되어 있다. '대본영기밀전쟁일지'와 천황이 육군에 보낸 최고통수명령인 '대륙령(大陸命)' 등은 미군에 발견

자료 중 일본 국공립문서관이 공개하지 않는 자료도 있으며, 경찰자료는 기본적으로 비공개이다. 일본군'위안부' 관련 공문서 중 업무일지와 같이 군'위안부' 관련 내용이 상세히 기술된 자료도 남아 있다.[42]

일본의 「공문서관리법」에 따라 각 관계 부처가 보유한 '위안부' 관련 행정문서들은 정보공개 대상 문서이다. 거기에는 1991년 12월에 외무성이 NARA에서 입수한 '위안부' 강제연행을 보여주는 미국 전시정보국(UNITED STATES OFFICE OF WAR INFORMATION)의 「일본군 전쟁포로 심문 보고서 제49호: 한국인 위안부들」[43]도 포함되어 있다. 외무성은 이 문서에 "일본인 대리업자가 감언이설로 꼬여 조선인 여성을 위안부로 모집한 양상이 구체적으로 기술되어 있다"고 보고하였지만, 문서를 정부 조사에 제출하지 않았다. 1992년 7월 28일 네덜란드의 헤이그 공문서관이 인도네시아에서 열린 네덜란드 B, C급 전범재판의 「바타비아군사재판기록」을 입수했다는 행정문서가 있으나, 이 문서에 대해서도 외무성은 소재 불명이라고 답변하고 있다. 하지만 만일 국립공문서관이 정부의 '법적 책임'을 입증하는 다수의 '위안부' 관련 문서를 내각관방에 제출한다면, 일본 정부의 사실 인정을 촉구할 수 있을 것이라는 기대도 있다.[44]

되지 않았다. 이 자료들은 현재 방위연구소도서관에 있지만 일부만 공개되어 있다. 林博史, 2002, 위의 글, 95쪽.

42 예컨대 「陸軍省業務日誌摘錄」은 전쟁 중 기록한 '육군성업무일지'를 전후에 정리한 것으로, 육군성 국장회보와 동 과장회보, 의무국회보 등 상황이 기술되어 있다. 방위청 방위연구소 도서관에 사본이, 원본은 육상자위대 위생학교에 소장되어 있다. 吉見義明, 1993, 「陸軍中央と'從軍慰安婦'政策-金原節三'陸軍省業務日誌摘錄'を中心に」, 『戰爭責任研究』, 創刊號, 4쪽; 小林久公, 2016, 「일본정부가 보유중인 '위안부' 관련 문서의 경계선에 대하여」, 『일본군'위안부' 연구 성과와 과제 국제학술회의』, 동북아역사재단, 204쪽.

43 Japanese Prisoner of War Interrogation Report No.49: Korean Comfort Women」(1944. 10. 1.)

III. 2000년대 일본의 '위안부' 자료집 발간과 역사수정주의 강화

1. 2000년대 일본의 '위안부' 자료집 발간

2000년대 들어 일본의 전쟁범죄 및 전쟁책임을 추궁하는 NGO단체인 전쟁책임자료센터가 '위안부' 자료를 체계적으로 해제하였고, 연구자 개별적으로도 많은 자료를 수집·분석하였다. 2002년 마쓰오카 다마키(松岡環)는 일본 노병의 일기 100여 종을 수집·분석하여, 난징을 중심으로 일본군이 강제징집한 중국인 '위안부'와 위안소 설치에 관한 사실을 밝힌 증언집을 발간하였다.[45] 2003년 '전쟁과 여성에 대한 폭력' 일본네트워크(VAWW-NET JAPAN) 공동대표 니시노 루미코(西野瑠美子)는 중국의 윈난·난징 등지에서 박영심의 궤적을 조사하고 '위안부' 문제의 실태를 고발한 『전장의 위안부』를 출간하였다.[46] 2005년 나가이 카즈(永井和)는 자신이 발굴한 육군성 문서를 통하여 일본 육군이 1937년 9월 병영 내 매점인 주보(酒保)의 규정을 개정하여 위안소를 군의 병참시설로 설치할 근거를 마련하였으며, 군이 위안소 설치와 '위안부' 모집에 직접 관여하였다는 사실을 밝혀내었다.[47] 2006년 조선총독부 발간문서를

---

44 小林久公, 2016, 위의 글, 206~207쪽.

45 松岡環, 2002, 『南京戰閉ざされた記憶を尋ねて: 元兵士102人の證言』, 社會評論社.

46 西野瑠美子, 2003, 『戰場の"慰安婦"-拉孟全滅戰を生き延びた朴永心の軌跡』, 明石書店.

47 중일전쟁기 대량의 일본군이 중국에 투입되자 일본육군성은 「야전주보규정」을 개정(日本陸軍省, 「野戰酒保規程改正ニ關スル件」, 1937.9.18)하여 군의 위안시설로써 위안소를 설치하였다. 永井和, 2000, 「陸軍慰安所の創設と慰安婦募集に關する一

정리한 『일본군'위안부' 관계 자료집성(日本軍'慰安婦'關係資料集成)』이 발간되었고, 2008년 '전시 성폭력을 조사하는 회'는 필리핀 방면 육군 전사 자료의 일본군 위안부 관련 자료를 모아서 『자료집 일본군으로 보는 성관리와 성폭력』을 발간하였다.[48]

2009년 하야시 히로후미(林博史)는 방대한 도쿄재판자료 중에서 네덜란드·중국·프랑스의 검찰단이 제출한 증거서류에서 '위안부' 관련 증거자료 7점을 발굴하였다.[49] 이는 전범재판 당시 다루어지지 않았던 것이다.[50] 2011년 요시미 요시아키는 도쿄재판에 제출된 성폭력 관련자료 40점(선서 공술서 등의 증거 자료)에 추가 발굴된 도쿄재판의 '위안부' 관련 증거자료 8점을 수록한 자료집을 출간하였다.[51] 이 자료는 2014년 일본 국회에 일본 정부가 인정해야 하는 '위안부' 자료로 질문주의서 형태로 제출되었고,[52] 일본 정부는 이 자료를 부정하거나 반박하지 못하였다. 따라서 이는 공인된 '위안부' 관련 사료라 할 수 있다. 관헌과 같은 공권력에 의한 '위안부'의 강제연행을 부정하는 일본 우익의 발언과는 달리, 도쿄재판의 전범기록에서 납치 및 체포와 같은 강제연행이 여러

考察」, 『二十世紀硏究』, 京都:二十世紀硏究編集委員會.

48 鈴木裕子·山下英愛·外村大 編, 2006, 『日本軍'慰安婦'關係資料集成』, 全2巻, 明石書店;同編, 2008, 『資料集 日本軍にみる性管理と性暴力 フィリピン1941年~1945年』, 梨の木舍.

49 林博史, 2009, 『戰犯裁判の硏究·戰犯裁判政策の形成から東京裁判·BC級裁判まで』, 東京: 勉誠出版, 284~285쪽.

50 전쟁범죄 증거자료 총 2,600건 중 포로 관련자료는 1,035건인데 반해, '위안부' 관련 자료는 8건에 불과했다. 강경자, 2020, 「대일전범재판에 나타난 일본군'위안부'의 '강제동원성'-도쿄재판의 전범기록을 중심으로-」, 『일본연구』 52, 204쪽.

51 吉見義明, 2011, 『東京裁判-性暴力關係資料』, 現代史料出版.

52 2014년 辻元清美 의원이 국회에 제출한 자료(「いわゆる從軍慰安婦問題に關連する資料等」に關する質問主意書).

지역에서 반복적으로 나타나는 패턴임을 확인할 수 있다.[53]

2014년 6월, 제12회 일본군'위안부' 문제 해결을 위한 아시아 연대회의에서 고노 담화 발표 이후 발굴된 공문서 538건이 발표되었고, 목록은 일본 정부에 제출되었다.[54] 2015년 6월, 일본의 일본군'위안부'문제해결전국행동은 '위안부' 문서문제의 사실 인정에 관한 기본문서를 수록한 『일본군'위안부' 관계자료 21선』을 간행하였다.[55] 이 자료집에는 일본 정부가 주체가 되어 조사·수집했던 것과 고노 담화 이후 발굴된 '위안소에서 여성들에 대한 강제가 있었음을 보여주는 문서,'[56] '군과 관헌에 의한 유괴를 기술한 문서',[57] '군과 관헌에 의한 약취(略取)를 기술한 공문서',[58] 시민들의 정보공개 청구 이전까지 숨겨져 있던 문서들[59]이 설명

53 강경자, 위의 글, 2020, 219쪽.

54 林博史, 2017, 「일본군'위안부' 연구 현황과 과제」, 『일본군'위안부'연구 성과와 과제 국제학술회의』, 동북아역사재단. 64쪽.

55 日本軍'慰安婦'問題解決全國行動, 2015, 『日本軍「慰安婦」關係資料21選』.

56 「군위안소에 관한 보고통첩(軍慰安所ニ關スル件報告通牒)」(欽寧派遣憲兵長 西條清治郎, 1940년 7월 6일)(출전: 防衛省 『欽寧派憲兵 445호, 軍慰安所關 件報告(通牒) 森川史料』)은 '위안부'피해여성이 증언하고 있는 위안소의 비참한 생활을 뒷받침하는 자료이며, 고노 담화 이후인 2014년 수집되었다. 같은 책, 58~59쪽.

57 「東京裁判判決書の表紙と桂林事件の判決部分」(출전: 國立公文書館 『東京裁判判決書(和文)』「B級第七章 太平洋戰爭」의 183째 장). 이 판결문에 '桂林을 점령하고 있을 때, 일본군은 강간과 약탈과 같은 모든 종류의 잔학행위를 범했다. 공장을 설립하다는 구실로, 모집한 부녀자에게 일본 군대를 위한 醜業을 강제했다'라는 군이 행한 '유괴' 사실이 쓰여 있다. 고노 담화 발표까지 정부가 수집하지 않았고 현재도 인정하지 않는 문서이다. 같은 책, 83~84쪽.

58 도쿄재판에 증거로 제출된 일본해군 점령기간 중 네덜란드령 동인도 서부 보르네오에서 강제 淫賣行爲에 관한 報告 문서는, 군에 의한 '위안부' 여성의 약취(略取)를 증명하지만, 고노 담화 발표까지 수집되지 않았고 현재도 미수집 상태이다. 같은 책, 90쪽.

59 「オランダ人從軍慰安婦問題に關連する想定問答」(1992. 7. 28. 外務省西區 第一課, 출전: 外務省南東アジア2課 情報公開請求文書 2014-00297-9, 2014년 12월

과 함께 정리되어 있다. '여성들의 전쟁과 평화 자료관'[60]은 일본정부와 군의 공문서, 일본 소장 전범재판 자료와 연합군 자료 중 일본 정부가 인정한 자료 521건과 미인정 자료 446건을 정리하여 공개하였다.[61] 중국 각 당안관이 발굴한 공문서 자료는 포함되어 있지 않다.

2. 일본의 역사수정주의 강화와 한일 '위안부' 합의

일본에서 역사수정주의자들은 위안부 피해자들의 주장을 부정하고, 그 결과의 하나로 중학교 교과서에서 위안부 문제를 삭제하는 데 성공하였고, 2000년대 말부터는 미국과 유엔을 중심으로 세계 여론의 전환에 역량을 쏟았다.[62] 한편 2011년 8월 한국의 헌법재판소는 한국 정부가 '위안부' 피해자들의 일본에 대한 배상청구권 문제 해결을 위한 조치를 강구하지 않는 부작위는 '위헌'이라고 결정하였다. 이어 대법원은

開示). 이 문서는 네덜란드령 동티모르 바타비아 臨時軍事裁判判決(要點) 판결상황을 일본외무성이 정리한 것으로, 판결에서 '강제매춘을 목적으로 한 부녀자 납치' 등이 인정되어 있다고 요약하였다.(정보공개청구문서 2014-00297-9, 2014년 12월 개시), 이 문서는 시민의 정보공개청구까지 숨겨져 있었다. 같은 책, 109쪽.

60 '여성들의 전쟁과 평화 자료관(女性たちの戰爭と平和資料館/WAM-Women's Active Museum on War and Peace)은 2005년부터 일본군의 위안부 강제 동원에 대한 진상 규명에 앞장서고 있는 일본 민간단체다.

61 현재 WAM이 공개하고 있는 공문서 967건 중 일본 정부가 인정한 문건은 1993년 고노 담화 시까지 파악한 문서(https://wam-peace.org/ianfu-koubunsho/list/k-all-list.html)이며, 고노 담화 이후 새롭게 발견된 일본 정부의 미인정 자료는 연합군정보와 네덜란드재판 관련 등 영국립공문서관·미국국립공문서관·방위성·법무성·대만성문헌위원회 소장 및 일본점령하 천진시정부결창국 공문자료이다.
문서목록 https://wam-peace.org/ianfu-koubunsho/list/m-all-list.html 참조.

62 신기영, 2016, 「글로벌 시각에서 본 일본군 '위안부' 문제-한일관계의 양자적 틀을 넘어서」, 서울대학교 일본연구소, 『일본비평』 제15호. 286쪽.

2012년 5월 일본의 국가권력의 반인도적 불법행위로 인한 개인의 손해배상청구권은 1965년 한일청구권협정으로 '해결된' 대상에 포함되지 않는다는 판결을 내렸다. 이를 계기로 일본의 역사수정주의가 더욱 강화되고 '위안부' 문제는 외교문제로 부상하였다.

2012년 12월, 아베 총리는 일본군'위안부' 문제에 대한 일본 정부의 공식 입장인 고노 담화를 수정해야 한다고 주장하였다. 고노 담화 검증은 산케이 신문과 일본 우익 계열 의원들의 정치적 공격으로 시작되었다. 산케이 신문은 2013년 10월 16일, 고노 담화 당시 증언을 청취했던 한국인 '위안부' 피해자 16명의 증언을 뒷받침하는 조사를 실시하지 않아 신뢰하기 어렵다고 주장하였다. 2013년 4월, 아베 총리는 국회에서 무라야마 담화와 관련하여 "침략이라는 정의는 학문적으로나 국제적으로 정해지지 않았다"라며 침략을 부인하는 발언을 하였다.[63] 2014년 8월 초, 『아사히신문』은 1982년 제주도에서 일본군'위안부' 사냥을 했다고 밝힌 '노무보국회' 회원 요시다 세이지(吉田淸治)의 인터뷰 증언이 오보라며 기사를 공식 취소했다. 이에 대해 요시미 요시아키 교수는 "일부 잘못을 들어 위안부 문제 전체까지 없었던 것으로 하는 것은 역사수정주의자의 전형적인 언설"이라고 지적하였다.[64]

2015년, 아베 총리는 반성·사과·배상 등 중요한 문제에 대해 '더 이

---

63 『朝日新聞』, 2013년 4월 24일.

64 『朝日新聞』이 '전쟁 때 제주도에 가서 여성을 강제로 끌고 왔다'는 취지로 일본인 요시다 세이지(吉田淸治·2000년 사망)의 발언을 보도했다가 2014년 사실이 아니라며 취소한 것을 계기로 일본군'위안부' 문제가 전부 날조인 것처럼 호도하려는 움직임에 맞서 문제의 본질을 직시하라고 목소리를 낸 것이다. 吉見義明, 「일본군'위안부' 문제의 핵심은 성노예와 같은 상황」(마이니치 신문 인터뷰, 2019. 9. 13.) https://www.yna.co.kr/view/AKR20190913033500073?input=1195m

상 사죄의 숙명을 지지 않고 싶다'고 강조하였다. 한국 정부는 미국의 지지를 확보하여 일본을 압박한다는 전략을 추진하였다. 그러나 역사 갈등이 안보협력에 부정적 효과를 끼치고 있다고 인식한 미국 측은 한·일 양국의 화해를 요청하는 입장을 견지하였다.[65] 한국은 미국을 무대로 공공외교전을 펼쳤으나 2015년 12월 28일 일본 정부와 한국 박근혜 정부 간 '불가역적'인 '위안부 합의'가 졸속 체결되는 결과를 초래했다. '침략', '강제연행', '법률적 책임'을 부정하는 데 성공을 거둔 이 합의는 아베 정권의 외교적 승리이나, 일본군'위안부' 문제해결을 위한 내용은 고노 담화보다 퇴보한 것이다. 세계 각국의 '위안부' 지원 단체와 학자, 법조계 인사들은 돈으로 정의를 대체함으로써 '위안부' 피해자의 명예와 존엄 문제를 모호하게 처리한 합의 내용에 의문을 제기하였다. 글로벌 수준에서 일본 정부의 입장이 적극 수용되지 않았으며, 일본군'위안부' 문제는 일본의 수정주의적 역사해석 대 국제 인권규범과의 대립이라는 큰 구도로 이해할 수 있다.[66]

한일 '위안부' 합의에 따라 2016년 7월 화해·치유재단이 설립되자, 한일 양국의 야당과 시민단체 및 '위안부' 피해자들이 이 합의의 이행에 저항하는 시민운동을 전개하였다. 2018년 11월, 한국 문재인 정부는 화해·치유재단의 해산을 공식 발표하였고, 2019년 7월 3일 해산 절차가 완료되었다. 일본군'위안부' 문제로 인한 한일관계의 악화는 안보나 경제적 고려보다 피해자의 존엄과 명예 회복, 올바른 역사관 정립과 역사적 진실규명이라는 대의가 우선된 것이다.

---

65 손열, 2018, 「위안부 합의의 국제정치」, 『국제정치논총』58, 155~158쪽.

66 신기영, 2016, 위의 글, 290쪽.

Ⅳ. 한 · 중의 일본군'위안부' 문서 발굴 성과와 유네스코 세계기록유산 공동등재 신청

1. 2000년대 이후 한국의 문서 발굴성과

한국의 '위안부' 연구자들은 '위안부 합의' 이후에도 이전부터 추진하던 해외 자료 소장처를 직접 조사하여 '위안부' 증거사료를 수집하였다. '대일항쟁기강제동원피해조사 및 국외강제동원희생자 등 지원위원회'는 피해자들의 증언자료를 주로 수집하였고, 문서 수집은 여성가족부, 국사편찬위원회, 동북아역사재단 등이 수행하였다. 독립기념관은 2002년 해방 직후 '위안부'를 집단 수용한 상하이 한국부녀공제회 『수용인원명부』를 발굴하여, 공개하였고,[67] 여성가족부는 미국 국립문서기록관리청에서 여성들이 한국에서 사기와 강제에 의해 위안부로 끌려왔다는 OSS 중국지부의 쿤밍 보고서를 발굴하였다. 여성정책연구원은 일본 · 중국 · 영미권(싱가폴) 지역으로 나누어 사료를 발굴하고 정리한 「일본군'위안부' 관련 기록물 발굴 정리 해제 사업」을 수행하였고, 2015년 『일본군 '위안부'피해자 문제 해결을 위한 종합연구』와 2016년 인도네시아와 동티모르 피해자와 일본군'위안부' 명부 등을 분석한 보고서를 발간하였다. 여성가족부는 2016년 「일본군'위안부'피해관련 사료조사 및 BD화 사업」에서 일본군'위안부' 관련공문서 210점을 번역 해제하고, e역사관에 실려 있던 37명의 피해자 증언을 정리 · 해제한 『일본군'위안부' 피해

67 명부에는 총 831명(여자 807명, 남자 24명)이 기록되어 있는데, 20대(71%)와 30대(14%)가 주를 이루고 있다. 한혜인, 2019, 위의 글, 21쪽.

자 구술자료 재정리 자료집』을, 2017년 『일본군'위안부' 피해자 문제에 관한 보고서』를 발간하였다.

서울대학교 정진성연구팀은 2014~2019년 미국소장 자료와 영국 국립공문서관(TNA), 태국 국립공문서관 자료를 조사하고, 일본군 포로(군인, 군속, 민간인) 심문보고서, 일본군 노획자료 번역본, 전범재판 자료 등 일본군'위안부' 관계 자료 총 130건을 발굴하고 '위안부'의 귀환 상황과 실태를 증명하였다.[68] 미국이 소장한 연합군 자료는 일본군 및 정부와 다른 시각과 입장에서 '위안부' 제도 실체를 밝히는 공문서이다. 이는 총 5권의 자료집으로 발간되었다.[69] 연합군이 생산한 일본군'위안부' 자료는 피해자의 증언의 맥락을 확인할 수 있으며, 일본 정부와 군경의 문헌자료가 제한적인 상황에서 일본 자료를 보완하고, 일본 정부의 강제성 입증과 일본군'위안부' 제도의 실체에 접근하도록 돕는 사료적 가치가 있다.[70]

국사편찬위원회는 2015년부터 미국 등지에서 연합군이 일본군으로부터 노획·압수한 자료, 전시와 전후 일본 점령 영토(남양군도·남방·필리핀·중국·타이완·조선·일본)를 점령하는 과정에서 노획·압수한 문서를 조사하면서 조선인'위안부' 동영상이나 사진, 문서자료들을 발굴하였고, 2017년 12월 『남서태평양지역 총사령부 연합군번역통역부(ATIS)

68 자료기관별로는 NARA 95건, MA 25건, 자료 생산기관별 ATIS 32건, SEATIC 21건, NEFIS 33건, 기타 26건이다.

69 정진성 편, 2018, 『일본군'위안부'관계 미국자료』, 선인.

70 일본군 포로문서는 일본군'위안부' 제도가 군에 의해 체계적으로 관리된 성폭력이라는 측면을 보여주는 중요한 자료이다. 백재예, 2017, 「체계적으로 관리된 성폭력, 일본군'위안부'제도-연합군번역통역부(ATIS) 심문 보고서를 통한 재고찰」, 『사회와 역사』 114, 197쪽.

문서 1·2·3』으로 간행하였다.[71] 2016년, 서울시와 서울대학교 인권센터는 '위안부' 모집업무를 군이 감독·통제했음을 보여주는 일본공문서와 전쟁포로를 심문한 미군공문서, 피해자 증언자료를 실은 『문서와 사진, 증언으로 보는 일본군 '위안부' 이야기』를 발간하였다.[72]

2018년, 동북아역사재단은 『일본군'위안부' 자료목록집(전4권)』 I~II(일본)·III(연합국)·IV(중국·타이완·타이)를 발간하였다. I~II권은 일본 정부가 공개한 문서와 고노 담화 이후 연구자와 시민단체가 발굴한 문서 총 594건의 목록과 해제이다. III권은 중국과 태국에서 생산된 전략첩보국(OSS) 문서, 연합군번역통역부(ATIS)가 생산한 포로 심문보고서 및 조사보고서, 일본군 노획문서, 영국군이 주로 작성한 동남아시아 번역심문센터(SEATIC)와 네덜란드 동인도군첩보국(NEFIS)보고서 소개이다. IV권은 중국의 8개 당안관 소장 자료 목록,[73] 타이완총독부가 타이완척식주식회사를 통하여 하이난도에 일본군 위안소가 설치되고 타이완에서 '위안부'가 동원된 상황을 보여주는 자료목록[74]이 들어있다. 일

---

71 남서태평양총사령부 연합군번역통역부가 생산한 문서에서, 일본군'위안부' 공문서를 선별하여 번역하고 수록하였다. 국사편찬위원회 편, 2017~2018, 『일본군'위안부'·전쟁범죄 자료집 남서태평양지역 총사령부 연합군번역통역부(ATIS) 문서』 1-5.

72 서울대학교 인권센터 일본군'위안부'기록물 관리 사업팀이 2016년 미국 국립문서기록관리청(NARA)에서 현지조사를 통해 발굴·수집한 자료를 바탕으로, 피해여성 10명의 이야기를 모아 발간하였다.

73 8개 당안관은 난징시(南京市)·상하이시(上海市)·지린성(吉林省)·헤이룽장성(黑龍江省)·저장성 진화시(浙江省 金華市)·산시성(山西省)과 제2역사당안관·중앙당안관이다.

74 전쟁 당시 타이완은 일본군 남방 작전의 중요 보급기지로 일본군과 군무원들의 숫자가 계속 증가하였고, 타이완 각 지역의 위안소도 수백 개로 증가하였다. 朱德蘭, 2007, 「대만의 일본군 위안소와 성폭력(1936~1945)」, 일본군'위안부'문제 국제학술회의, 『일제식민지배의 폭력성과 일본군'위안부'』, 동북아역사재단, 64쪽.

본 정부는 타이완 측 문서를 수집하거나 인정하고 있지 않다. 이 책에 소개된 타이국립공문서관(National Archives of Thailand) 소장 자료 중[75] 명부 자료는 '위안부' 피해자 판정에 실제로 이용되었다.[76] 이는 한국 연구자들이 국경을 넘나들며 '위안부' 증언과 문서의 교차 분석을 통해, 보편적 인권의 가치를 보여준 사례라 할 수 있다.

2019년 일본군'위안부'문제연구소는 일본의 '위안부' 정책과 실태를 보여주는 『일본군'위안부'관련 번역자료집』을 발간하였고,[77] 2020년 동북아역사재단은 일본군의 '위안부' 동원과 위안소 설치가 일본군과 정부주도로 이루어졌고, 그 과정에서 불법행위가 자행된 사실을 보여주는 공문서를 수록한 자료집을 발간하였다.[78]

---

75 연합군이 제2차 세계대전 종결 후 아유타야로 보낸 군인, 군속, 위안부 및 민간인들의 수용소 생활과 한국으로의 귀환과정 관련 자료, 여성들의 이름이 기록된 명부가 소개되어 있다. 타이 주재 일본대사관 무관 야마타 구니타로(山田國太郎)가 「군 지정 영업자에 관한 건 통첩」이라는 제목으로 일태동맹 연락사무국장에게 보낸 문서는 일본군이 '위안소' 운영에 관여했음을 보여주는 자료이다. 빳뻔 푸통이 「타이 사회의 불관용 발견하기: 타이'위안부' 사례연구」(성공회대학교 석사학위논문, 2009. 8); 서현주, 2019, 「타이국립공문서관 소장 일본군'위안부' 자료 소개」, 『동북아역사논총』 66, 274~280쪽.

76 2005년, '일제강점하강제동원피해진상규명위원회'는 사망한 위안부 피해신고 건에 대해, 근거자료가 없이 진술만으로는 '위안부'로 판단하기 곤란하다며 2009년 피해판정불능을 결정하였으나, 이후 타이 국립공문서관 소장 아유타야 수용소 여성입소자 명단에 기재되어 있음이 확인되어 2015년 피해자로 인정되었다. 서현주, 2016, 「최근의 한국 내 위안부문제 연구 현황과 과제-역사분야를 중심으로」, 『일본군'위안부' 연구 성과와 과제 국제학술회의 자료집』, 동북아역사재단, 176쪽.

77 일본군'위안부'문제연구소, 2019, 『일본군'위안부'관련 번역자료집』 I(정책)과 II(실태).

78 동북아역사재단편, 2020, 『일본군'위안부'문제 자료집』 I, II. 동북아역사재단.

2. 중국의 자료 발굴과 공개

중국은 중앙당안관 · 랴오닝(遼寧) · 지린성 · 헤이룽장성 · 산시성 · 상하이와 난징 · 톈진(天津)시 당안관 내몽고자치구 · 허베이(河北)성 · 친황다오(秦皇島)시 · 저장성 진화시 당안관 등에서 1931~1945년 일본의 침략시기 일본군이 시행한 위안부 제도, 강제징집, 위안소 개설, 피해실태를 보여주는 공문서를 발굴하였다. 전후 중국정부가 조사한 전쟁피해 및 일본전범 심문자료, 점령지 친일정권과 일본군 관동헌병대(關東憲兵隊)와 만주국 중앙은행 문서 등 모두 1차 자료이다.

관동군 문서는 일본군이 소련 참전에 밀려 급하게 후퇴하면서 소각되지 못하고 남겨진 자료들이다. 자료를 발굴한 지린성 당안관이 발간한 『철증여산(鐵證如山)』[79]에는 관동헌병대, 화북 · 화중 · 화남 · 자바 헌병대의 통신검열월보(通信檢閱月報), 일본군인 범죄조사표(軍人犯罪調查表) 등 문서에 '위안부'와 관련된 내용과 조선인'위안부' 피해 상황을 담은 기록들이 있다. 이 자료들은 일본 정부, 군대, 일본군'위안부'가 중국 동베이(東北) · 화베이(華北) · 화중(華中)에서 인도네시아 자바까지 있었으며, 나아가 일본군'위안소' 제도의 피해 범위가 얼마나 광범위한 지를 증명한다. 상하이시 당안관이 발굴한 상하이시 정부와 경찰국 문서는 위안소 설치, 위안소 조합 등 일본군이 위안소 개설에 상하이특별시 정부를 어떻게 이용하였는지, 어떤 방식으로 제도를 만들었는지를 보여준다.[80] 난징시 당안관에는 일본군 관련 위안소의 설립과 운영 방안, 일제

79 莊嚴 [外] 主編, 2014~2017, 『鐵證如山』(1~10), 長春: 吉林出版集團有限責任公司.
80 점령지에서 발굴된 자료는 일본 측 자료에서 볼 수 없는 사실들이 있다. 한혜인,

항복 이후 적산(敵産) 관련 분쟁 처리 관련 문서가 있다.[81] 진화시 당안관에서 발굴된 1944년 4월 중국 저장성 진화에 거류한 조선인들의 「진화계림회 회칙과 명부」는, 위안소 업주와 주소를 공유하는 대부분 20세 전후 나이의 여성들 명단이 '위안부'로 추정되는 명부이다.[82] 산시성 당안관은 8년 동안의 항일전쟁에서 발생한 인적 피해상황 중 일본군에 강간당한 부녀 피해자 상황이 들어있는 「대일항전 손실 조사보고」를 발굴하였다.

중국 중앙당안관 소장 일본전범 문서에는 일본군이 아시아 각 지역에서 부녀자 납치와 위안소 설치 사실이 들어있다. 중앙당안관은 1,109명의 전범재판 기록 가운데 842명의 전범 진술을 공개한 『중앙당안관 소장 중국침략 일본군 전범 자필진술선집(中國檔案館藏日本侵華戰犯筆供選)』 120권을 출간하였다. 중앙당안관은 그중 전범 9명의 자필기록 진술에서 성폭력과 일본군'위안부' 관련 내용 일부를 홈페이지 공개하였다.[83] 전범 진술은 일본군 점령지에 설립한 위안소와 중국·조선·인도네시아 및 아시아 각 지역에서 일본군이 부녀를 강제로 위안부로 충당한 내용을 담고 있다.[84] 이러한 자료발굴의 성과 위에서 중국은 2014년

2016, 「사료로 보는 일본군'위안부' 문제의 성과와 과제」, 26쪽.

81 1938년 4월 16일, 일본 영사관과 일본 육군, 해군이 연석회의를 열고, 난징 위안소 관리를 협의했고, '군대에 위안소를 설치할 경우 위안부의 본적, 주소, 성명, 나이, 출생과 사망 등 변동 상황을 영사관에 통보한다.' 등의 내용을 정했다. 吉見義明, 김순호역, 1993, 『자료집 종군위안부』, 서문당, 179~181쪽.

82 박정애, 2020, 위의 글 참조.

83 중국 중앙당안관은 푸순(撫順)과 타이위안(太原)전범관리소에 수감된 일본군 전범 842명의 자백서를 120권으로 출간하였는데, 전체 6만 3천 페이지에 이른다. 中央檔案館主編, 2015·2017, 『中央檔案館藏日本侵華戰犯筆供選編』 120卷, 中華書局; 중국침략 일본전범 자필진술서(http://www.saac.gov.cn/zt/zfbg/qy.htm)

6월 일본군'위안부 자료'와 '난징대학살 자료' 두 건의 세계기록유산 등재를 단독 신청하였다. 난징대학살 자료는 등재되었으나, '위안부', 즉 일본군 성노예 자료는 일본 정부의 반대 활동에 부딪혀 등재가 보류되었다. 유네스코는 '위안부' 관련 다른 피해 당사국들과의 공동등재를 권고하였다.

3. 유네스코 세계기록 유산 공동등재 노력과 일본의 반(反)'위안부' 정책

2015년 5월, 한국 · 중국 · 일본 · 타이완 · 필리핀 · 인도네시아 · 네덜란드 · 동티모르 등 8개국 지역의 14개 시민단체가 「일본군'위안부'기록물 유네스코세계기록유산[85] 공동등재를 위한 국제연대위원회」(이하 국제연대위원회)를 결성하였다. 국제연대위원회는 1년여 간 회의를 거쳐 2016년 5월 31일 영국 왕립전쟁박물관 자료와 함께 「일본군'위안부'의 목소리(Voices of the'Comfort Women')」라는 제목으로 관련 기록물 2,744건[86]을 유네스코 세계기록유산으로 공동등재 신청하였다.[87] 공동

---

84 蘇智良, 2017, 「'慰安婦'的的聲音申遺之旅」, 『中國檔案』 11, 30쪽.

85 유네스코는 1992년 각국의 기록유산 보존과 접근성 향상을 위해 '세계의 기억(Memory of the World) 사업을 시작하였다. 여기서는 기록유산으로 번역하였다.

86 자료 2,774점 중 피해자 증언과 트라우마 치료기록 1,449점, 문제해결을 위한 활동자료 732점이고, 공문서는 대부분 네덜란드, 미국, 영국 문서다.

87 소장 기록물의 등재허가 기관(개인)은 한국의 국가기록원 · 독립기념관 · 서울여성재단, 중국의 중앙당안관 · 지린성 당안관 · 헤이룽장성 당안관 · 랴오닝성 당안관 · 내몽고자치구 당안관 · 상하이시 당안관 · 난징시 당안관 · 후베이성 당안관, 타이완의 국사관이다. 일본은 요시미 요시아키 개인이다. 네덜란드는 국립공문서관과 전쟁기록연구소, 호주는 전쟁기념관, 미국은 국가기록원, 타이는 국가기록원이다.

등재를 신청한 기록물은 일본군'위안부' 제도에 관한 공문서와 사문서, 위안소 운영사실을 증명하는 사료, 일본군'위안부' 피해자 조사자료와 관련문서(피해자 증언, 치유기록, 그림 등), 일본군'위안부' 피해자 문제해결 활동 기록물(고발장, 재판, 집회기록) 등으로 구성되었다.[88]

중국은 일본이 패전시 묻었던 것을 발굴한 자료, 전후 중국 정부가 전쟁손실을 조사한 문서, 전시에 형성된 자료, 전후 국민정부가 피점령지 자산과 전쟁손실을 조사한 자료, 위안소가 포함된 지도 등이 있다.[89] 타이완 자료와 문물은 일본의 하이난섬 위안소 건설과 자금조달 자료 등 271건이다.[90] 이 자료 중에는 손상된 부분도 있지만 유일하고 진실한 자료로써 유네스코가 제시한 세계기록유산의 요건에 부합한다.[91]

그런데 2017년 10월 유네스코 국제자문위원회(IAC, International Advisory Committee)는 자료의 중요성은 인정하면서도 일본 측과 대화를 전제로 「일본군'위안부'의 목소리」 등재 보류를 결정하였다. 등재 보

---

88 한국의 유네스코세계기록유산 공동등재 신청에 포함된 자료는 강희영·이화용, 2016, 『2000년 일본군성노예전범 여성국제법정자료 분석 보고서』, 서울시여성가족재단, 87~92쪽 목록표 참조.

89 상하이시 당안관이 제공한 공공조계 경무처 문서에는 1938년 4월 일본군에 복무한 친일분자가 중국여성을 속여 일본군'위안부'로 삼은 심문조서와 상하이지방법원이 제공한 재판문이 있다. 상하이 친일정부 문서에는 위안소 개설보고, 신청서, 위치표시도, 영업허가증과 통계표가 있다. 상하이 사범대학 소장 자료 중 1937년 일본이 제작하여 인쇄한 상하이 거리지도에는 첫 번째 위안소의 주소와 위치가 있다. 1943년 일본인이 제작한 「최신 대상해 지도」에도 상하이 해군지정 위안소 '대일(大一)살롱' 등이 있다.

90 『대만일일신보』의 위안소 설립 기사, '위안부' 할머니들의 도항허가증 등 공식문서, 증언과 예술 작품, 1992년 이후 인권운동 과정, 소송, 거리 시위 관련 문헌과 자료 등이다.

91 2017년 2월, 유네스코 심사위원회(RSC, Register Sub- Committee)는 〈일본군'위안부'의 목소리〉가 '유일하고 대체 불가능한 기록물'이라는 검토 의견을 발표하였다.

류는 일본 정부의 분담금을 무기로 한 외교적 압력에 따른 것으로 분석된다.[92] 일본군'위안부' 문제에 유독 일본 정부와 민간 우익들의 반대가 강한 이유는 일본군'위안부' 문제가 인류의 보편적 인권과 관련된 사안이기 때문이다.[93] 일본 정부와 우익은 '위안부' 문제가 '평화와 인권을 위한 연대운동'으로 성숙되어 가는 변화를 받아들이기를 거부하고 '위안부' 기록물의 유네스코 등재라는 공공성 확보를 적극 반대한다. 이들은 한국과 중국 등 피해국 '위안부' 기록의 유네스코 등재 신청을 '정치화'라는 프레임으로 방해하고 보편적 여성 인권문제인 '위안부' 문제를 '반일' 프레임으로 덧씌웠다.

일본 정부는 「일본군'위안부'의 목소리」 등재를 강력 저지하였고,[94] 일본 우익 민간단체 '역사의 진실을 구하는 세계연합'은 위안소가 합법적으로 운영됐다는 취지의 「'위안부'와 일본군의 훈련에 관한 기록」을 유네스코세계기록유산에 등재 신청하였다.[95] 이 자료는 미군 심문조서 등 일본 패전 후의 '위안부' 관련 기록물, 일본군인의 증언 등 6건이며, '위안소 관리가 위생적이었고, 전투지 근처에 설치되어 보수가 좋았으며, 위안소 내 병사의 예의범절이 요구되었고, '위안부'들은 후한 보수를 받은 '매춘부'였으며, 군대에 의한 강제연행은 없다'라는 내용이다. 일본 우

---

92 2015년 10월, 중국이 유네스코세계기록유산에 신청한 '난징대학살' 자료가 등재되자, 스가 요시히데 관방장관은 분담금과 임의 출연금의 정지·삭감을 검토하겠다고 표명하였다.

93 최종길, 2015, 위의 글, 445쪽.

94 「日, 위안부 자료 세계유산신청에 경계 …… '모든 힘 다해 저지'」, 『연합뉴스』, 2016. 6. 2.

95 일본 측 신청자는 4개의 연합단체(일본의 '위안부의 진실 국민운동', '미디어보도연구정책센터', '나데시코 액션, 정의와 평화를 추구하는 일본 여성들'과 미국의 '일본재생연구회')로 되어 있으나 일본 우익단체 대표가 주도한 것이다.

익의 등재신청 목적은 「일본군'위안부'의 목소리」 기록물의 유네스코세계기록유산에 등재를 저지하는 것이다. 일본 정부는 유네스코세계기록유산 관련 규정 개정을 주도하고 많은 경비를 들여 일본 측의 입장을 대대적으로 선전하고 있다. 유네스코의 '제도개선' 방안에는 시민단체가 직접 신청하는 대신 국가가 개입하는 방안을 포함시키고자 한다. 이같이 일본 정부와 우익은 일본군'위안부' 기록물의 발굴과 공개, 공공성 확보 저지활동과 반위안부 정책에 매진하고 있다.

V. 맺음말: 일본군'위안부' 기록물의 지속적 발굴과 역사수정주의·국가주의 극복

일본군'위안부' 문제해결과 올바른 역사교육을 위해 관련 기록물들은 체계적으로 관리되어야 하며, 전쟁 가해자의 잘못을 분명히 기록하고 보편적 인권문제로 공유되어야 한다. 지금까지 '위안부' 문제 해결을 위한 자료 발굴과 조사는 힘겨운 복원 과정을 거쳤다. 전쟁에서 패한 일본이 대량의 문서를 폐기하였고, 1991년 일본 정부가 자료를 조사하면서 '위안부' 모집과 위안소설립에 정부가 관여한 문서를 입수하였지만 고노담화 이후 새롭게 발견된 자료는 인정하지 않고 오히려 '강제연행을 보여주는 문서는 없다'라고 계속 주장하기 때문이다. 1997년 이후 일본 우익이 역사수정주의와 일본군'위안부' 부정 활동은 평화헌법과 상징천황제, 기본적 인권으로 대표되는 '전후 일본 레짐'에서 벗어나려는 장기적인 프로젝트로 이해할 수 있다.[96]

한편 일본 정부와 우익의 행태와 달리 '위안부' 문제와 관련 자료를 적극적으로 발굴하고 이를 토대로 많은 성과를 내어놓은 것 역시 일본 시민사회와 연구자라는 점은 '위안부' 문제 해결에 희망적이다.[97] 요시미 교수는 '방위청도서관에 소장되어 있는 종군일지와 업무일지는 비공개 자료이나, 이들 일지를 조사하면 진상은 밝혀질 것'이라고 하였다.[98] 앞으로 일본을 비롯한 어떠한 우익들도 부정할 수 없는 문서증거를 찾아내려는 노력이 필요하며, 이러한 작업은 불가능하지 않다.[99]

한국에서는 일본 정부의 '위안부' 자료 미인정과 부정 상황에서 해외의 '위안부' 자료를 발굴하였고 유엔군 자료 등을 통해 '위안부' 문제에 새롭게 접근하고 있다. 지금까지 미국 NARA에서 미국이 감청한 암호에 대한 추가적인 수집이나 발표는 없었고, 암호문이 나온 문서철이 1,479박스나 되는 분량에서 '위안부' 관련 자료를 찾아내기는 쉽지 않다. 하지만 암호문 가운데 새로운 자료가 발견된다면 매우 중요한 내용을 담고 있을 가능성이 크다. 일본군 상층부나 조선총독부의 관여를 보여줄 수 있는 내용일 가능성이 있기 때문이다. 앞으로 추가적인 자료 발굴을 기대할 만하다.[100]

'위안부'기록물의 발굴과 공개는 역사적 증오를 널리 알리기 위해서가 아니라, 오히려 역사적 화해를 도모하기 위한 것이다. '위안부' 자료의 유네스코세계기록유산공동등재신청은 '위안부' 문제의 최종적인 해결을

---

96 조경희, 2019, 위의 글, 111쪽.

97 송규진, 2019, 「일본군의 '위안소' 설립과 조선 여성의 일본군'위안부' 강제동원」, 『아세아연구』 62(4), 25~26쪽.

98 일본의 전쟁책임 자료센터 엮음, 강혜정 옮김, 2011, 『일본의 군 '위안부' 연구』, 동북아역사재단, 162쪽.

99 최종길, 2015, 위의 글, 451쪽.

100 공준환, 2019, 「연합군과 연합군 정보기관 문서 속의 일본군'위안부' 문제」, 33쪽.

추진해 인류의 항구적 평화에 공헌하려는 목적이 있다.[101] 일본 우익의 '위안부'를 부정하는 망언과 공격적 민족주의를 극복하기 위해서는, 중국·조선뿐 아니라 일본인도 일본군국주의의 피해자라는 역사적 사실이 인정되어야 한다. '위안부' 자료 발굴과 공개는 계속되어야 하며, 이를 위해 국경을 넘나드는 자료 발굴과 연구 교류 네트워크가 이루어져야 한다. 현재 흩어져 있는 '위안부' 자료수집과 번역, 아카이브 구축이 필요하다. 정부와 민간이 함께 자료를 수집·관리하고 '위안부' 관련 증거자료를 기반으로 전시와 교육·운동을 유기적으로 연계하며, 일본군'위안부' 문제 해결을 위해 국제사회와 지속적으로 협력하여 역사수정주의와 국가주의를 극복해 나가야 할 것이다.

101 조옥결, 2016, 위의 글, 245~246쪽.

참고문헌

단행본

국사편찬위원회 편, 2017~2018, 『일본군'위안부'·전쟁범죄 자료집』 I, IV, V, 국사편찬위원회.

동북아역사재단 일본군'위안부'연구센터 편, 2018, 『일본군'위안부'자료 목록집』 I-IV, 동북아역사재단.

________________ 편, 2018, 『일본군'위안부' 문제와 일본의 역사수정정책』, 동북아역사재단.

박정애 편, 2020, 『일본군'위안부' 문제와 과제 III-관점과 실태』, 동북아역사재단.

서울대학교 사회발전연구소 편, 2019, 『일본군'위안부'관계 연합군 자료』 I·II, 서울시.

서울대학교 인권센터, 2016, 『문서와 사진, 증언으로 보는 일본군 '위안부' 이야기』. 서울시.

야마시타 영애, 박은미 역, 2012, 『위안부문제를 보는 또 하나의 시각, 내셔널리즘의 틈새에서』, 한울아카데미.

여성정책연구원, 2017, 『중국의 일본군'위안부' 기록물 조사·정리·해제』. 여성가족부.

요시미 요시아키(吉見義明), 김순호 역, 1993, 『자료집 종군위안부』, 서문당.

______ 지음, 남상구 옮김, 2013, 『일본군'위안부' 그 역사의 진실: 일본군'위안부'제도란 무엇인가?』, 역사공간.

일본군'위안부'문제연구소, 2019, 『일본군'위안부'관련 번역자료집』 I II, 일본군'위안부'문제연구소.

일본군'위안부'문제연구소 편, 2019, 『덧칠된 기록에서 찾은 이름들 :일본군'위안부 관련 명부 분석』. 일본군'위안부'문제연구소.

일본의 전쟁책임자료센터 엮음, 강혜정 옮김, 2011, 『일본의 군 '위안부' 연구』, 동북아역사재단.

정진성 편, 2018, 『일본군'위안부'관계 미국자료』 I-III, 선인.

호사카 유지, 2018, 『일본의 위안부문제 증거자료집.1 :1937년부터 1945년까지의 위안부문제 관련 자료를 번역 분석』, 황금알.

日本軍'慰安婦'問題解決全國行動, 2015, 『日本軍「慰安婦」關係資料21選』, 東京: 愛甲社.

논문

강경자, 2020, 「대일전범재판에 나타난 일본군 '위안부'의 '강제동원성'-도쿄재판의 전범

기록을 중심으로-」, 『일본연구』 52.

강성현, 2016, 「일본군'위안부' 미국 자료 발굴 현황과 과제」, 『일본군'위안부' 연구성과와 과제 국제학술회의 자료집』, 동북아역사재단.

강정숙, 2019, 「기록과 기억의 사이에서, '위안부' 관련 명부 연구」, 『덧칠된 기록에서 찾은 이름들 :일본군'위안부' 관련 명부 분석』, 일본군'위안부'문제연구소.

고바야시 히사토모, 2016, 「일본정부가 보유중인 '위안부'관련 문서의 경계선에 대하여」, 『일본군'위안부' 연구성과와 과제 국제학술회의』, 동북아역사재단.

공준환, 2019, 「연합군자료를 통해 본 버마의 일본군'위안부' 제도」, 『동북아역사논총』 66.

김부자, 2015, 「일본에서 '위안부' 문제와 새로운 역사수정주의」, 『일본군'위안부'문제의 해결을 위한 역사적 과제와 전망』, 동북아역사재단.

남상구, 2017, 「일본정부의 일본군'위안부'에 대한 역사인식과 정책변화」, 『한일관계사연구』.

박정애, 2020, 「중국 저장성(折江省) 진화(金華)의 위안소와 조선인 '위안부」, 『일본군'위안부'문제와 과제 II: 피해자중심 해결』, 동북아역사재단.

백재예, 2017, 「체계적으로 관리된 성폭력, 일본군'위안부'제도-연합군번역통역부(ATIS) 심문 보고서를 통한 재고찰」, 『사회와 역사』 114.

林博史, 2017, 「일본군'위안부' 연구 현황과 과제」, 『일본군'위안부'연구 성과와 과제 국제학술회의』, 동북아역사재단.

서현주, 2016, 「최근의 한국내 위안부문제 연구 현황과 과제-역사분야를 중심으로」, 『일본군'위안부' 연구성과와 과제 국제학술회의』, 동북아역사재단.

______, 2019, 「타이국립공문서관 소장 일본군'위안부' 자료소개」, 『동북아역사논총』 66.

苏智良, 2018, 「문헌, 구술과 연구: 일본군 '위안부'의 역사적 사실의 재건」, 『일본군'위안부' 자료발굴의 현재와 향후과제』, 동북아역사재단.

______, 2018, 「중국 금화지역의 일본군 위안소와 조선인 위안부-'金華鷄林會會則及名簿'분석」, 『한국학연구』 49,

송규진, 2019, 「일본군의 '위안소' 설립과 조선 여성의 일본군 '위안부' 강제동원」, 『아세아연구』 62(4).

송연옥, 2017, 「일본의 일본인'군위안부' 문제 연구 현황과 과제」, 『식민주의, 전쟁, 군'위안부'』, 선인.

신기영, 2016, 「글로벌 시각에서 본 일본군 '위안부' 문제 -한일관계의 양자적 틀을 넘어서」, 『일본비평』 제15호.

윤명숙, 2018, 「중국 당안관 자료 현황과 자료 해제 : 일본군 '위안부' 자료를 중심으로」,

『동북아역사논총』, 59.
정진성, 1999, 「민족 및 민족주의에 관한 한국 여성학의 논의: 일본군위안부 문제를 중심으로」, 『한국여성학』 제15권 2호.
______, 2018, 「일본군'위안부' 문제의 역사적 실태와 식민지성」, 동북아역사재단 편, 『일본군'위안부'문제와 일본의 역사수정정책』, 역사공간.
조옥결, 2016, 「한일화해 배경의 중국'위안부' 사료 발굴 및 연구」, 『일본군'위안부' 연구성과와 과제 국제학술회의』, 동북아역사재단.
최종길, 2015, 「행정문서 재구성을 통해본 일본군 '위안부'제도의 성립과 운용」, 『한일관계사연구』 51.
______, 2017, 「타이완척식주식회사 자료를 통해본 일본군위안소 설치와 운영」, 『일본연구』 27.
하종문, 2019, 「진중일지 속의 부대 운용과 일본군 위안소 제도」, 『동북아역사논총』 64.
한혜인, 2017, 「일본군'위안부'연구 자료 발굴의 도달점과 과제」, 『일본군'위안부'연구 성과와 과제 국제학술회의』, 동북아역사재단.
______, 2016, 「한국에서의 일본군'위안부' 관련 자료 발굴 및 활용」, 『일본군'위안부' 연구성과와 과제 국제학술회의 자료집』, 동북아역사재단.
황선익, 2016, 「일본의 '유네스코 세계유산' 등재와 동북아 역사갈등」, 『일본공간』 19.
https://unesco.or.kr/ (유네스코 한국위원회)
http://wam-peace.org (WAM : Women's Active Musium on war and peace)

蘇智良, 2017, 「"'慰安婦'的聲音"申遺之旅」, 『中國檔案』 11.

永井和, 2000, 「陸軍慰安所の創設と慰安婦募集に關する一考察」, 『二十世紀研究』, 京都:二十世紀研究編集委員會.
林博史, 2002, 「日本軍'慰安婦'·性暴力に關する資料狀況」, 『戰爭責任研究』 36.
______, 2002, 「進展するアメリカの戰爭關係資料の公開-米國國立公文書館資料調査報告(2)」 『戰爭責任研究』 37.
______, 2002, 「敗戰時の公文書廢棄についての資料(補遺)」, 『戰爭責任研究』 38.
______, 2009, 「公文書·天皇關係書類の廢棄と'慰安婦'隱し」, 『戰爭責任研究』 63.
______, 2014, 「'慰安婦'など性的の强制事件と軍による隱蔽工作」, 『戰爭責任研究』 82.

4부

동아시아 가치와 동아시아 미래

10장

한국 근대전환기 유학의 발전 및 현대 유학 발전의 장애

싱리쥐(邢麗菊)
푸단대학교 국제문제연구원 교수

I. 머리말

조선 시대의 통치이념과 지도사상으로써의 유학사상은 한반도를 500여 년을 통치했다. 조선 전기의 유학은 주로 조선 건국의 정당성과 당위성을 강화하기 위해 유학의 이론체계를 공고히 했기 때문에 배불론, 사단칠정론 등과 같은 대규모 사상적 논쟁을 전개했다. 17세기 조선 왕조는 임진왜란과 병자호란을 겪으며 사회·경제가 심각한 타격을 받아 국력이 총체적으로 크게 쇠약해진 상태에서 근대사회의 맹아기에 접어들었다. 1876년 「강화도 조약」 체결 후 한국은 강제로 개항하여 열강의 서세동점(서양의 동양 진출)의 근대 시기에 들어섰다. 한국 근대사상은 유가문명과 서방문명이 충돌하면서 형성된 것으로 이는 자아와 타자의 충돌이라고 할 수 있다. 동서양의 이질적 문명이 합류하는 과정에서 자아로서의 동방문명은 필연적으로 타자로서의 서방문명과의 다른 점, 즉 자신의 정체성을 확인하고 나서야 더 큰 역할과 영향력을 발휘할 수 있다. 서구 열강의 침략과 서방문명이 침투함에 따라 조선 사회에는 척사위정파, 개화파 및 애국민중운동 등 세 가지의 사조가 나타났다. 이 세 가지 사상이 한국 근대화에 어떤 역할을 했는지 다시 말해 유학은 한국 근대사회의 변천 및 현대 사회 발전에 어떤 모습이었는지가 본문에서 중점적으로 고찰해 볼 내용이다.

II. 한국 유학의 기본 특징

한국 유학은 중국 유학을 흡수한 바탕 위에 형성되었다. 이미 한·당시기 중국 유학은 고서경전 등을 통해 조선에 전해졌지만 고려 말기 조선 초기(여말선초)에 대규모로 전래되었다. 한국 유학은 중국 유학을 단순히 복제한 것이 아니라 한국의 풍토에 적응한 바탕 위에서 민족화와 현지화의 발전을 이루었다. 이로 인해 한국의 문화정신을 형성하였다.[1] 1392년, 이성계가 조선 왕조를 건립한 후 유학은 조선 시대의 통치이념과 지도사상으로써 500여 년간 조선반도를 통치했고 이 과정에서 중국 유학과는 다른 현지화와 민족화의 특색을 이루었다.

1. 조선 전기 유학의 사변

조선 왕조는 명실상부한 유교국가로, 유교는 정치지도 사상이었다. 조선 건국의 정당성과 당위성을 강화하기 위해 성리학의 이론적 체계를 공고히 하고 조선 초기 성리학자들이 대대적인 배불론을 펼쳤다. 불교를 배척한 근본 원인은 성리학이 도통을 중시하고 이단을 배척하는 이념적 특징을 갖고 있기 때문이다. 당시의 대표적인 배불론 학자로는 정도전, 서경덕, 이언적 등이 있다. 이들은 불교를 배척하면서 성리학의 권위를 세웠다. 도통 의식을 중시하는 것도 조선 시대 도학사상을 발전시

1 최근 몇 년간 중문학계에서 흔히 쓰이는 '문화정신'은 서양학계에서는 일반적으로 에토스(Ethos)라고 부른다. 인류학자인 보크(P. K. Bock)는 문화정신이라는 용어는 가치 시스템 정합성의 일반적인 패턴과 방향을 묘사하기 위하여 인류학적으로 해석했다. 반면 클리퍼드 거츠(Clifford Geertz)는 에토스를 세계관념(World View)과 연결시켰다. 그는 한 집단의 에토스란 그들 생활의 풍조, 특징, 성품을 말하며 도덕과 심미적인 방식과 기조로 그들 자신과 그들이 있는 세계에 대한 이 집단의 근본적인 태도를 나타낸다고 지적했다. 에토스와 세계관념은 상호 영향을 줄 뿐만 아니라 서로를 기반으로 한다(천라이(陳來), 2009, 『고대 종교와 이론: 유가사상의 기원』, 생활, 독서, 신지삼련서점, 7~9쪽).

켰다. 조선 초기 도학사상의 명맥을 잇는 전승자는 정몽주, 길재, 김숙자, 김종직, 김홍필, 정여창, 조광조였다. 율곡은 진정한 의미에서 한국 도학사상을 확립한 인물로 정암 조광조를 꼽았다. 도학사상의 발전은 한국 역사의 전개와 밀접하게 연관되어 있다. 한편 조선 시대의 연이은 왕위 쟁탈과 사화가 유교의 정신적 의지에 큰 영향을 미쳤다. 도학자들은 국내의 불의에 항거하고 정치적 숙청과 학살에 맞서 오랫동안 항쟁하며 타협하지 않는 정신을 촉구했다. 또 다른 한편으로 반도라는 지리적 위치 때문에 한국은 여러 차례 이민족의 침입을 받았고 선비의 절의 정신을 불러일으켰는데, 이 때문에 의리와 충성을 강조하는 것이 한국 유학의 기조가 되었다.

조선 전기 유학을 대표하는 것은 사변정신을 가진 '사단칠정변론'이다. 맹자의 사단설은 성선론의 이론적 근거로, 중국 유학발전사 전반에 걸쳐 유학자들은 대부분 심성, 도덕적 차원에서 이 문제를 다루고 있으며 사단을 칠정과 대구(對句)하는 일은 드물었다. 하지만 조선 시대의 성리학자는 사단칠정을 대구하고 이를 이치에 맞게 해석했다. 퇴계는 이와 기의 관계를 이분화하여 서로 섞이지 않는다는 불상잡(不相雜)을 강조하였는데, 사단은 이가 발하여 기가 그것에 따르고(理發而氣隨之), 칠정은 기가 발하여 이가 그것에 탄다(氣發而理乘之)고 하였다. 즉 '이기호발설(理氣互發說)'이 여기서는 이기에는 선후가 있고 사단과 칠정은 이질적이다. 반면 율곡은 이와 기는 서로 떠나지 않는다는 이기불상리(理氣不相離)를 중시하는데, 이와 기는 어느 한쪽으로 쏠리지 않고 서로 묘하게 하나가 되어 조화를 이룬다는 '이기지묘(理氣之妙)'로 요약하며 사단은 이가 발하여 기가 그것에 따르며(理發而氣隨之) 여기에는 이기의 선후가 없고 사단칠정은 동질이며 칠정이 사단을 품고 있다고 여긴다.

율곡은 퇴계의 이가 발하는 입장에 반대하며 퇴계가 주자의 뜻을 곡해하고 '인심은 두 가지 본심이 있다'는 잘못을 범했다고 여겼다. 퇴계와 율곡은 전통 주자학의 입장을 거스르지 않고 보다 내면화하고 구체화하였다. 두 사람의 사상의 체계에 대해 한국의 학자들은 일반적으로 다음과 같이 생각한다. 퇴계는 인간의 심성을 중심으로 이기를 해석하고 이를 이론적 근거로 삼아 자연을 추리한 반면, 율곡은 자연의 이기를 먼저 통찰하고 그 원리로 사람을 관통한다. 퇴계는 도덕적 이상주의자이고 율곡은 도덕적 현실주의자는 말도 있다.

퇴계와 율곡 시대의 사단칠정변론은 겉으로는 순수한 철학적 문제처럼 보이지만 실제로는 많은 정치적 문제를 내포하고 있다. 이는 사대부가 나라의 기둥이 되어 조선 왕조를 수립하고 주도한 역사적 사실과 무관하지 않다. 시대적 배경을 보면 퇴계가 살았던 조선 중기는 훈구파의 주도하에 유학사상을 위주로 한 행정과 사회제도를 확립하였지만 훈구파의 권력 독점은 많은 사회적 병폐를 초래하였다. 이때 사림파가 그 비판세력으로 등장했으나 훈구파의 공격을 받았다. 탐욕스러운 권력집단인 훈구파와 의리를 추구하는 사림파의 갈등 속에서 의리의 순수성을 드러내기 위해 퇴계는 이기의 이분법적 이론을 바탕으로 사단을 이의 발현으로 규정하였고 그 순수성 확립을 도모하는 것은 이론적으로는 현실에서 도덕적 가치 실현의 가능성과 당위성을 확립하여 당시의 가치관을 바로잡으려는 시도로 볼 수 있다. 이에 비해 율곡이 살았던 16세기 중반에는 사림정치가 이제 처음으로 그 실마리가 보였다. 사대부들은 적극적으로 사회현실에 뛰어들고 정치에 참여했다. 율곡은 태조, 태종의 창업기와 세종, 성종의 수성기를 거쳐 당시 시대는 경장기[2]여야 하며 시대에 맞지 않는 선왕의 법을 시류에 맞게 개혁해야 한다고 여겼다. 율곡은 이론도 중시하고 실천도 중시한 이러한 사상적 기초 위에 '이기지묘설'을 제시하였다. 그러나 이와 동시에 그는 현실변화의 중요성을 강조하며 사단이 기가 발하여 이가 그것에 탄다(氣發而理乘之)고 주장하였다. 퇴계든 율곡이든 사단칠정을 이기론으로 해석한 그들의 사고는 조선 유학이 엄격히 사변을 추구하는 특징을 잘 나타내 후기 유학에 모범을 보였다.

2. 조선 후기 유학의 딜레마

17세기 조선 왕조는 임진왜란과 병자호란을 겪으며 사회·경제가 심각한 타격을 받아 국력이 총체적으로 크게 쇠약해졌다. 전란으로 조선 왕조는 국가체제를 재정비해야 할 처지에 놓였다. 임진왜란 후 조선 왕조는 조선 건국을 주도하고 정국을 주도해 온 훈구파에서 성리학 이념을 내실 있게 발전시킨 사림파로의 정권 교체가 이루어졌다. 토지 생산능력이 점차 향상되면서 경제 사유관념도 확대되었다. 여러 요인의 발전이 국가 재건론을 낳고 사회 전체의 개혁도 생겨나게 되었다. 그래서 한국학계는 17세기 이후의 조선 후기를 근대사회의 맹아기 또는 계몽기로 정의하고 있다. 퇴계와 율곡을 거치며 발전한 성리학은 조선 후기에도 계속 융성하여 사회를 이끌어 가는 지도이념이 되었다. 조선 후기의 사상 조류는 대략 다음과 같다.

성리학: 조선 전기 유학은 퇴계와 율곡을 중심으로 영남학파와 기호

---

2 경장, 즉 개혁의 의미. 율곡은 법구폐생(法久弊生, 좋은 법도 오랜 세월이 지나면 폐단이 생김)이라고 생각하여 언제라도 현행법이 아니라 수성기를 지났다면 시대에 맞춘 개혁이 필요하다고 보았다.

학파가 형성되었다. 그중 기호학파 내부에는 인물성동이논쟁(人物性同異論爭 사람과 사물의 본성이 같은가, 다른가 하는 문제를 두고 노론을 중심으로 일어난 논쟁) 위주의 호락논쟁(湖洛論爭)이 전개되어 조선 성리학의 새로운 국면을 열었으며 이는 북학파의 실학사상과도 관련이 있다. 영남학파 중 17세기 후반 이현일이 율곡을 비판하고 퇴계를 옹호하며 학맥의 정통성을 확립했다. 이 밖에 허목, 윤휴 등 기호영남학파의 사상은 탈주자학적인 성향을 띠고 있다.

예학: 17세기 초부터 18세기 중반은 한국 역사상 '예학시대'라고 불린다. 학자들은 성리학의 예 사상에 대해 적극적이고 활발한 연구를 했다. 이 과정에서 예학은 붕당 집단 투쟁의 도구로 이용되어 두 차례의 예송논쟁을 불러일으켰다. 예송의 실체는 유가의 정명사상에 있고 또한 한국 유학의 의리 중시 사상의 구현이기도 하다.

양명학: 조선 중기에 들어온 양명학은 퇴계의 비판을 받은 이후부터 이단 학설이라고 여겨지며 밀려났다. 하곡 정제두는 양명학의 새로운 체제를 재구축하고 강화 지역 위주의 학파를 형성하였다. 양명학자는 당시 성리학을 중심으로 한 사회사상계에 대해 다른 시각을 갖고 있었으며 선진 원전유학에 대한 연구를 통해 성리학과는 다른 대안을 제시하려고 노력했다.

실학: 조선 후기 최대의 성과는 바로 실학사상의 확립이다. 조선 실학은 성리학을 비판적으로 발전시켰다. 이 밖에 중국에서 전래된 서양 과학과 천주교가 기존의 우주관과 세계관에서 벗어나 새로운 사상적 모델을 만들어 낸 것은 실학사상 형성의 외적인 원인이라고 볼 수 있다. 다산 정약용은 한국 실학사상의 집대성자다.

이 네 가지 유학사상의 출현은 당시의 조선 사회가 내부조정 시기로 들어섰다는 것을 설명하면서도 한편으로는 사회 발전에 대한 지식계의 당혹감을 나타내고 있다. 바꾸어 말하면 내우외환의 국면과 유학자의 '공리공론'에 맞서 후기 유학은 어디로 가야 하는지가 당시 학자와 관료들이 생각해야 할 중요한 문제였다. 특히 조선 후기 중국에서 명·청이 교체되는 등 조선의 조야는 공포에 떨었다. 명의 재조지은(再造之恩, 거의 멸망하게 된 것을 구원하여 도와준 은혜)과 청 여진의 입관을 두고 조선은 계속 중국을 배워야(북학) 하는가? 등의 문제로 당시 지식계는 복잡했고 이 때문에 '소중화' 사상과 인간과 사물의 본성이 같은지 판단하는 '인물성동이논쟁'이 제기돼 당시 사상계의 당혹감을 볼 수 있다.

3. 한국 유학의 전반적인 특징

첫째, 사람의 내면심성과 도덕적 의리를 중시한다. 주자학을 대표하는 중국 유학이 한국 유학의 형성과 발전에 지대한 역할을 했다. 한국 유학이 주자학을 계승하고 주자학의 '성즉리'(性卽理, 인간이 가지고 태어난 본성)를 신봉하지만 중국 학자들이 흔히 쓰는 '이학(理學)'과 달리 한국 학자들은 '성리학'을 선호하며 용어 차이를 보면 한·중의 유학 차이를 알 수 있다. 이학은 사람의 도덕원리를 연구하는 학문이고 성리학은 성명의리(性命義理, 주어진 인간 본성과 천명을 파악하고 현실 속에서 실천하는 태도로 의리를 밝힌다)의 학문이며 천명과 인간성의 연관에서 인간의 내면심성과 도덕원리를 탐구한다. 한국 유학은 상대적으로 사람의 내면심성과 도덕적인 문제에 대한 연구에 더 큰 심혈과 노력을 기울였다. 그중 대표적인 것이 이론에서는 사단칠정논쟁과 인물성동이논쟁이고, 실천에서는 의리사상의 대대적인 발양을 통해 국가와 백성을 보위하기 위한 것으로 표현되었다.

둘째, 성리학 개념을 독창적으로 만들어 이론혁신을 실현했다. 한국 유학은 현지화와 민족화 과정에서 많은 중국 유학의 개념을 따랐다. 그러나 한국의 시대발전과 사상적 배경이 중국과 많이 달라 한국 유학자들도 이통기국(理通氣局), 성삼층설(性三層說), 심성일치(心性一致), 성사심제(性師心弟) 등과 같은 중국 유학에서는 찾아볼 수 없는 개념을 많이 만들어 냈다. 예로 들면 성삼층설은 조선 후기의 유학자인 남당 한원진의 독창적 견해로, 전통 주자학 이분법과는 다른 삼분법적 사고를 구현했다. 남당은 본성이 한 가지인데 보는 관점에 따라 세 가지 층이 있을 뿐이라고 여겼다. 성삼층설은 이가 본래 하나지만 형기를 초월한(초형기, 超形氣) 태극(太極)의 층이 있고, 기질로부터 나오는(인기질, 因氣質) 건순(健順), 오상(五常)의 층이 있고, 기질과 섞여 있는(잡기질, 雜氣質) 선악(善惡)의 성(性)에 해당하는 층이 있다고 하였다. 이렇듯 성은 인물마다 같은 초형기성, 인물마다 다른 기질성, 사람마다 다른 성질, 사물마다 다른 잡기질성으로 이어진다. 초형기의 본성은 주로 이기부잡의 측면에서 단지 이치만을 말한다면 기의 존재가 논리적으로 고려되지 않았기 때문에 기가 동일하든 아니든 이는 영원히 같은 것이고 그것은 만물의 원상적인 보편성을 나타내기 때문에 이는 같고 본성이 같다. 기질로부터 나오는 본성이 이기부잡(理氣不雜, 이와 기는 전연 별개)을 고려하고 이기불리(理氣不離)를 고려했기 때문에 이것을 기반으로 '각기 보는' 방법을 적용하면 같은 종의 사람과 사람에 대해 기가 같고 이가 같으며 본성이 같다. 종류에 따라 사람과 사물을 보면 기가 다르고 이가 다르며 본성이 다르다. 따라서 기질에서 나오는 본성은 동종 사물 간의 보편성을 나타내면서도 이종 사물 간의 특수성을 나타낸다. 기질과 섞여 있는 본성은 만물의 기질 차이를 고려한 순수한 기질의 본성으로써 만물의 특수성을 보여준다. 이 단계에서 이기를 보면 사람과 사물이 모두 다르고 이러한 차이가 전부 기로 인해 생긴 것이기 때문에 기다 다르고 이가 다르며 본성이 다르다. 남당은 성삼층설을 통해 주자의 이기동이론에 대해 명확한 구분도 했다.

셋째, 민족 주체성 고양을 중시한다. 민족 주체성 고양은 민족의 자기각성 의식 속에 존재한다. 민족의 생존상황, 생존환경 등의 차이로 민족마다 자의식은 역사의 인식과 실천 속에서 독특한 사고방식을 형성한다. 반도라는 특별한 지리적 위치는 한국 유학이 특히 민족 주체성의 고양을 강조하게 했다. 이러한 의식은 단군신앙에서 가장 먼저 생겨났다. 『삼국유사』에 따르면 한국인은 천신인 환인의 손자이며 환웅의 아들로 태어난 단군의 자손으로 이 땅에 태어난 '천손'이다. 중국인들이 염황의 자손인 것처럼 한국은 단군을 민족의 조상으로 신봉한다. 한국인의 민족신앙도 단군에 대한 신앙에서 출발한 것인데, 후에 유학의 전래는 이러한 주체적인 민족의식을 더욱 공고히 하였다. 유학이 한국에 전래된 후 중국의 『사기』, 『한서』, 『후한서』, 『춘추』 등의 영향을 받아 당시의 고구려, 백제와 신라는 각각의 사서를 편찬하기 시작하여 고구려의 『유기』, 백제의 『백제기』, 『백제본기』와 신라의 『국사』 등과 같은 국가의 연원과 통사를 기술하였다. 사서 편찬은 한국인의 주체의식을 보여주고 유학의 전래가 이러한 주체성의 공고함을 촉진하는 역할을 했다고 할 수 있다. 주목할 만한 점은 조선 시대에 편찬된 『조선왕조실록』이 한국인의 역사적 주체 의식을 관통하는 훌륭한 성과를 기록한 세계 유일의 기록으로써 유네스코 세계문화유산으로 지정되어 민족정신을 진작하고 인류문화를 고양하는 데 적극 기여했다.

한국 유학의 특징은 인간 내면의 도덕성을 중시할 뿐 아니라 사회현실에서 이러한 도덕을 실현하는 제도를 적극적으로 추구하는 데 있음을 알 수 있다. 한국 유학자는 유학 이념을 실천하면서 당시 사회문제를 성리학의 신중한 언어체계로 해석하고 극복하는 동시에 주자학 이론에 대한 많은 개념 혁신을 통해 유학에 대한 현지화와 민족화의 발전을 이룰 수 있었다. 또한 한국은 반도라는 지리적 위치와 기타 역사적, 정치적인 다른 요소들 때문에 한국 유학은 특히 민족 주체성을 강조하여 발전하였다. 특히 역사적으로 국난의 시기에도 이러한 민족 각성의식과 민족 주체성 고양을 통해 국가를 보위하고 한국 유학의 의리정신을 심도 있게 반영하였다. 도덕과 실천, 이상과 현실의 통일을 종합적으로 보여주는 한국 유학은 중국 유학의 해외 발전의 좋은 본보기임을 알 수 있다.

III. 근대 맹아기 실학자 정약용의 서방문명 흡수[3]

한국 사상사 연구에 사용된 '실학'이라는 용어는 주로 17세기 이후의 조선 후기에 일어난 새로운 유학 학술적 경향을 가리킨다.[4] 실학은 조선 후기 병자호란 이후에 나타난 사상으로써 원전유학을 바탕으로 주자학의 유일주의를 인정하는 개혁을 거부하는 사상이다. 실학자 중 상당수는 주자학을 존중하지만 학문적 판단에서 주자학을 유일한 이론적 근

3 이 장에서는 중점을 논술하고 상세히 기술하지 않으며 주로 한국 근대사상사에서 정약용 다산 실학사상의 접목작용을 고려하였다.

4 이 점에 대해 한국 사학계와 철학계가 대체로 공감하고 있으며 대표학자로 김장태 교수, 윤사순 교수, 신승하 교수 등이 있다.

거로 삼는 것에는 반대한다. 그들은 유가 경전 해석에 대한 주자의 권위를 부인하고 선진시기의 원전유학은 물론 육경 중심의 고학을 존중해 이 과정에서 탈성리학의 학문적 성향을 형성했다.[5] 실학자들이 보여준 이러한 탈성리학적 경향은 송의 명리학을 계승한 조선 성리학의 일관된 이념을 극복하고 새로운 사고체계를 형성하려는 노력의 결과다. 이 과정에서 실학자들은 당시의 사회현실과 역사적 갈등을 직시하고 범유학의 입장에서 유가민본의식을 적극적으로 강조함으로써 전통적인 왕도정치 이념의 실현을 기대하였다. 그들은 실사구시를 제시하고 자연과학과 기술과학을 연구하며 서학을 흡수해 사회개혁을 뒷받침할 수 있는 이론과 방안을 확립하기 위해 노력했다. 이 시기 실학파의 특징은 현실성, 실용성, 개방성, 실증성 등이다.

정약용(丁若鏞, 1762-1836)의 자는 미용(美鏞), 호는 다산(茶山), 여유당(與猶堂)이며 사숙인 성호파 종사 이익은 조선 후기 실학파 사상의 집대성자다. 조선 전기가 성리학 발전의 전성기였다면 조선 후기는 가장 영향력 있는 학술사상인 실학이 태동했다. 다산이 평생 남긴 저술은 500여 권이며 그중 경집이 절반을 차지한다. 그의 『자찬묘지명』만 232권에 이른다.[6]

다산은 자신이 서학의 신봉자라고 공언하지는 않았지만 유학의 전통에 대한 새로운 탐구, 즉 유학 경전의 주석연구 과정에서 서학의 성격을 잘 드러냈다. 유학자임에도 불구하고 그는 서학연구에 대해 어느 정도의 이론적 기초가 있었다. 다산은 서학의 영향을 받아 성리학의 관념적

5 고려대학한국사연구실 엮음, 쑨커즈(孫科志), 『新編韓國史』, 山東大學出版社, 182쪽.

6 『자찬묘지명(自撰墓志銘)』 중 경집은 총232권이다. 그러나 다산화갑과 합친 이후의 저서는 250여 권에 이른다(이지형, 1996, 『다산경학연구』, 태학사 16쪽).

인 이론 부분과 성리학 고정 체계에 대한 비판적인 부분에서 잘 나타난다. 이뿐만 아니라 다산은 서학의 종교체계에 적극적인 호의를 보였다. 그의 저술에서 하느님과 귀신 모두 많은 의미를 부여받았는데, 이것들은 천주교 신앙에서 벗어나면 해석하기 어렵다. 그는 유학과 서학의 이념적 조화를 시사했지만 서학의 교회 등 제도적인 요소를 당시의 사회제도로 도입하려는 시도는 하지 않았다. 마테오 리치 선교의 동기와 달리 다산의 서학에 대한 연구는 우선 서학 사상체계에 대한 이해이지 신앙 활동을 위한 것이 아니었기 때문에 서학에 대한 이해는 유교사상에 대한 새로운 해석을 통해 이루어졌다. 예를 들어 그의 하느님과 하늘의 개념은 서학의 천주 개념과 매우 비슷하지만 모두 유가 경전에 대한 주석을 통해 밝힌 것이다. 그의 심성론이 서학의 영혼론과 일치하는 부분이 있지만 경전 대의를 견지하는 일관성 측면에서 그의 입장은 분명하다. 다산의 사상체계에서 우리는 유학을 근본으로 삼을 수 있고 서학을 끝으로 볼 수 있다. 다산은 유학자였기 때문에 그는 유학정신의 재해석을 더욱 강조했다. 다산은 서학에 대한 이해와 흡수를 통해 유학의 체계화를 시도했고 이는 한국 유학사상사에서 매우 의미 있는 단계로의 발전과 귀감이 되었다. 또한 그가 동양과 서양의 전통사상을 조화롭게 추구하는 데도 시사하는 바가 크다.

그중에서 다산의 하느님에 대한 인식이 가장 대표적이다. 유가 경전에서 하느님과 주재지천은 줄곧 어떤 인격신의 의미와 주재자의 성격을 갖추고 있다. 『주역』에는 음양불측지위신(陰陽不測之謂神, 신이라 함은 음양의 변호를 함부로 예단할 수 없음)이 있고, 『서경』에는 감소고우상천신후(敢昭告于上天神後, 하늘의 신에게 명백히 아뢰고)가 있으며 『주례』에도 이사귀신(以事鬼神, 귀신을 섬기다)이 있다. 이런 내용들은 모두 유학 중 귀신을 숭배하는 일을 중시한다는 것을 보여준다. 심지어 인본주의를 강조했던 공자도 제신여신재(祭神如神在 신이 계신 듯 신을 모시다)라고 말한 적이 있어[7] 신의 실재성과 하늘의 신위성을 지적했다. 다산은 하늘과 하느님이 동일한 존재의 동의어에 불과하다고 여겼지만[8] '주재지천'의 인격 주체성과 하늘이라는 대상의 객체성을 구분하여 하느님을 인격의 주재성을 가진 절대자로 간주했고 신앙 차원의 '유일신'이라고 주장했다. 다산사상에서 주재자의 인격성을 직접적으로 드러내는 하느님은 첫째 '유일신'이며 경전에서 언급한 절대 초월자로서의 하늘의 뜻은 바로 하느님이라는 점에 주목해야 한다. 예로부터 하느님이나 하늘은 천제, 조물주, 하늘, 황상제, 호천 등 여러 가지 다른 명칭을 가지고 있다. 이에 대한 각 세대 유학자의 해석도 분분해 다산은 '호천은 하느님의 확징이다'[9]라고 지적하며 하느님의 개념에 대한 명확한 판단을 내렸다.

다산이 하늘과 하느님에 대한 경계를 통해 유가 경전에 나오는 인격신으로서의 주재자의 성격을 드러내 보인 것과 같다.[10] 그러나 하늘, 하느님과 같은 궁극적인 존재에 대한 철학적 해석의 문제는 유학의 전통에서 계속해서 큰 비중을 차지하고 있음을 부인할 수 없다. 다산이 이 주재자의 신앙 문제를 제기하고 강조한 것은 주목할 만하다. 서학이 다

---

7 『論語 · 八佾』.

8 『여유당전서 · 춘추고증(與猶堂全書 · 春秋考征)』, 1987, 경인문화사, 172쪽. 인주는 왕이라 부르거나 대왕이라 부르거나 승여라 부른다. 대왕 외에 다른 나라의 군주가 있는 것은 또 다른 승여의 임금이 있는 것이다. 하느님을 하늘이라고 부르거나 호천이라고 부르거나 여인주를 나라라고 부르거나 승여라 부른다.

9 『여유당전서 · 상서고훈』, 1987, 경인문화사, 163쪽.

10 백민정, 2010. 12, 「유학과 서학의 융합」, 『한국유학사상대계: 종교사상 편』, 한국국학진흥원, 576쪽.

산사상에 미친 영향이 크다는 것을 잘 보여주기 때문이다. 이뿐만 아니라 서학은 다산의 이(理) 개념, 성기호설 등에도 큰 영향을 미쳤다. 다산사상은 한국의 중세와 근대를 잇는 중요한 중심축이며 사상사의 접목 측면에서 의미가 크다고 할 수 있다.

IV. 근대 개항기의 조선 사회 및 유학 대책

19세기 전반까지 동아시아는 중국 중심의 질서체계 아래에 있었다. 그 후 중국이 아편전쟁에 패하면서 서구 열강들이 동아시아에 점차 침입했다. 조선도 이런 운명을 비켜가지 못하였는데 1866년 프랑스의 침공으로 발생한 병인양요, 1871년 미국의 침공으로 발생한 신미양요가 대표적인 사례다. 특히 개항 이후 조선은 서구 열강과 일본이 공동 견인한 피동적 근대에 강제로 휘말렸다. 서방문명의 침입과 일본의 불평등한 압박에 직면하여 조선 사회에 많은 사조가 나타났다. 서방문명의 침입에 맞서 유학도 자신만의 대응책을 쓰기 시작했다.

1. 척사위정파: 이단을 배척하고 유학을 지키다

척사위정파는 유학의 도덕의식을 기준으로 정학과 이단을 판단하고 서방문명은 문명화의 정도로 문명과 야만을 구문한다. 이것으로 보아 조선 근대 개항시기는 서로 다른 문명이 서로 부딪치고 충돌했던 시기였다. 서양의 이질적인 문명에 맞서 현지 문화는 격렬히 반대하거나 반항한다. 이것이 바로 척사위정의 기본주장이고, 정통유학을 보호하고 이

단에 저항하는 유학문명이다. 구체적으로는 개화파가 제시한 변복령, 단발령을 포함한 일련의 조치들을 강력히 저지하는 것이다. 양복으로 갈아입고 상투를 자르는 것은 단순히 외모의 변화만이 아니라 조선 민족의 내면문화를 말살하는 행위이기에 중요하며 이는 중화가 이적으로 변했다는 것을 의미한다. 서방의 침입을 막고 개혁파를 제압하는 과정에서 척사위정파는 성리학을 지키려고 애를 썼고 유교의 도덕문명을 기준으로 서방문명을 평가하고 이를 오랑캐라고 불렀다.

척사위정 사상의 대표적인 인물은 화서 이항로(李恒老, 1792~1868)이다. 그는 사학을 배척하는 가장 좋은 방식은 정학, 즉 유학의 취지를 밝히는 것이라고 생각하였다. 이항로는 조선의 유학문명이 서방문명보다 우월한 것은 오륜의 윤리를 갖고 있기 때문이며 서방문명은 오랑캐의 학문이라고 부를 수밖에 없다고 지적했다. 따라서 유학의 가치관에 관한 오랑캐는 기본적 도덕의식에서 벗어난 문화주체다. 서양 이질문명의 충격에 맞서 이항로는 유학의 정체성을 어떻게 확보할지 재고하지 않을 수 없었다. 그리하여 그는 척사를 통해 이러한 정체성을 지키기로 결심하고 그의 이기론은 이를 반영한다. 척사위정파는 이의 능동성과 주재성을 강조함과 동시에 악의 근원인 기를 억누를 것을 요구하였다. 이와 기는 성격상 근본적으로 다르고 이기를 이분하기 때문에 이들을 따로따로 논술해야 하며 이존기천(理尊氣賤, 본연지성은 理이고, 기질지성은 氣이며, 이기 이원하다)과 이주기객(理主氣客, 理를 중심에 두고 氣로써 이끌다)의 사상을 주장했다. 척사위정파는 '서양의 무질서가 가장 근심스럽고 천지간의 한쪽인 양기가 우리 동쪽에 있고 만약 이렇게 망가지면 하늘이 어찌 이를 참을 수 있겠는가. 나는 당연히 천지에 마음을 세우고 이 길을 밝혀 재난에서 사람을 구해 내는 것이 내 조급한 심정이다. 나라의 존망은 그래서 두 번째 일이다.'[11] 화서는 성리학이 자주이념과 보편적 진리로 실현되지 못한 것은 사람들이 본질을 제대로 알고 실천하지 못했기 때문에 현 시점에서 실천적 이학이념을 강조하는 것이 가장 시급하다고 주장했다. 따라서 그들은 이의 주재성과 능동성을 적극적으로 강조하고 주시하며 현실에서의 실현을 추구했다. 척사위정파는 당시의 사학인 천주교를 단호히 배척하고 정학인 성리학을 수호해야 하며 서양문명이 침략적이고 배타적이어서 이를 용인하면 국가는 스스로 멸망할 것이라고 여겼다. 척사위정파는 유가의 정통성을 옹호하고 서양 이단을 배척할 것을 주장하고 당시 조선의 국가체제 유지를 주장하면서 개혁이나 변법에 소극적이었다. 이러한 사상은 조선 후기의 소중화 의식과도 밀접한 관련이 있다.

2. 개화파: 동도서기와 변법개혁

근대 이후 서구열강의 동양진출 국면에 맞서 개화사상은 조선 왕조체제의 속박에서 벗어나 근대사회로의 전환을 주장했다. 그러나 개화사상과 척사위정사상이 완전히 배제된 것은 아니었다. 그들은 모두 자신들이 서양의 이질적인 문명과의 차이를 반성하려고 노력하고 남의 장점을 취하여 자신의 단점을 보완할 방법을 고민하며 결국 민족의 발전에 적합한 길을 찾았다. 개화사상은 서양문명 운용을 강조하고 서양과 비슷한 근대국가 건설을 자체 목표로 삼았다. 척사위정파와의 변론에서 서양의 기술과 무기로 국가 근대화를 이루겠다고 강조한 것이 바로 '동

11 이항로, 1986, 『화서선생문집』 부록 『어록』, 학고방, 186쪽.

도서기론'이다. 동도서기론의 사상은 서방기물을 응용한 원인을 유학형이상학의 범주에 넣어 담론을 벌이고 이를 합리화하며 이와 동시에 이를 구체적으로 실천화할 방법을 적극적으로 모색한다. 신기선(申箕善, 1851~1909)은 성리학 사상을 철저히 부인하지 않고 유학을 도와 술(전략)로 나누어 서양 기물을 배운 이유를 설명했다. 그는 우리의 도가 정덕의 기반이니 바꿀 필요가 없다고 생각했다. 반면 서양의 기술과 무기는 백성을 복되게 하는 것이기 때문에 바꿀 수 있다. 그는 당시의 유학이 구두학으로 전락하고 현실적인 내포가 부족했으며 구두점과 배척사상을 고수할 뿐 유가의 중용의 도를 완전히 반영하지 못한다는 점도 강조했다. 동도서기론이 유학의 도덕이념을 완전히 부정하는 것은 아니었지만 그들은 또한 이의 주재성(主宰性) 함의를 최대한 간과함으로써 서방기물 학습의 필요성을 보여주었다. 신기선은 만물과 인간의 존재를 설명할 때 "이치란 모든 것이 그런 까닭과 당연히 해야 하는 것이다. 천지가 공허하여 아무런 조짐도 보이지 않는 아득한 상태지만 우주만상은 이미 갖추어져 있고 사물은 있으나 사물에 섞이지 않으며 기에 실려도 기에 섞이지 않고 온전하고 미묘하며 형언할 수 없는 것으로 그 속에 정이 있어 이를 이치라 한다"[12]고 지정하였다.

동도서기론 외에 당시 한국 사회에는 김옥균(金玉均, 1851~1894)으로 대표되는 변법개화파도 등장했다. 김옥균은 실사구시를 추구하는 사상가이자 개혁가로, 그의 사상은 대부분 현실적인 문제를 개혁하는 데 집중되어 있다. 그는 나중에 기독교를 받아들였지만 그 출발점은 종교적인 믿음 때문이 아니라 기독교가 백성을 교화하는 데 매우 이롭다고 생

12 『유학경서 · 이기』, 아시아문화사, 1985, 63년.

각했기 때문이다. 김옥균은 『갑신일록』에서 14개 정치개혁 강령을 체계적으로 밝힌 바 있다. 이들 강령에서 그는 정부는 청 정부가 조선의 병권과 재정권을 장악하고 내정을 간섭하는 행위를 막아 국가의 자주와 독립을 이뤄내야 한다고 생각했다. 또한 김옥균은 당시 양반들의 독단적인 결정과 전횡을 일삼는 행위를 비판하면서 국가의 근대화 개혁과 건설을 촉진하기 위해 가장 중요한 것은 양반제 폐지라고 주장했다. 경제적 측면에서 그는 세제개혁을 통해 백성의 부담을 줄이고 상인을 관리하는 기구를 폐지함으로써 공업과 상업의 자유로운 발전을 도모하고 이러한 조치를 국가실업 발전의 초석으로 삼는다는 제안을 했다. 군사개혁의 경우 근대 경찰제도 도입과 신군 창설의 전략을 제시했다.

동도서기론과 변법개화론 모두 서구 문명을 온전히 받아들이려면 비판적 이학에서 출발해야 한다고 보았다. 당시의 사회환경에서 어려움을 해결하는 데에는 두 가지 방식이 있었다. 하나는 성리학을 비판하면서도 유학의 틀 안에서 새로운 해결책을 찾는 것이고 다른 하나는 유학을 비판하면서 서방문명을 적극적으로 공부하는 것이다. 동도서기론은 민족문화의 정수인 도와 서양 과학기술인 기를 채용하여 부국강병과 안정된 생활을 누리며 즐겁게 일할 수 있어야 한다고 주장했다. 반면 문명개화론은 서방문명을 배우는 데 보다 적극적이고 포괄적이지만 이들이 전반적으로 유학사상에 반대하는 것은 아니다. 당시의 시대적 배경을 볼 때 유학은 이미 사회의 모든 방면에 깊이 뿌리박혀 있었고 개화사상은 척사위정사상과 마찬가지로 사회에서 유학의 위상을 직시해야 했다. 그러나 두 가지의 차이점은 유학에 대한 그들의 평가와 서방문명을 보는 시각이 다르다는 점이다.

개화사상은 서방문명의 영향을 받았지만 전면적인 서구화를 추구하지는 않는다. 전통사상을 완전히 버리고 전면적인 서구화를 통해 국가 근대화를 이루자는 주장도 있었지만 전통의 변혁을 통해 근대화를 이루자는 주장도 있었다. 개화파와 척사위정파의 가장 큰 차이점은 개화파가 주장하는 서양의 선진기술을 본받자는 것이었다. 개화파는 척사위정파에 비해 만국공법의 세계를 이미 보았다. 개화파는 성리학 이념을 고수하는 것은 조선이 위기를 벗어나는 데 도움이 되지 않는다고 보았고 이러한 현실에 대한 깊이 있는 사고는 결국 서방문명을 적극적으로 배우고 이용하는 것으로 귀결된다.

3. 민중운동: 동학사상 및 애국계몽운동

19세기 후반 날로 심각해지는 사회위기는 조선 민중의 주체의식을 각성하게 했다. 당시 세도정치는 정치적 혼란을 야기했고 조선 사회는 피폐했으며 백성들의 생활은 도탄에 빠져 농민 봉기가 기승을 부렸다. 당시 조선 민중은 국내의 세도정치와 국외의 적으로부터 침략을 받는 등 이중의 억압을 받았기 때문에 사회에 새로운 사상이 나타나기 시작했다. 하층 백성들 사이에서 점차 전파되고 광범위하게 받아들여진 것이 바로 동학사상이다. 동학사상의 창시자는 최제우(崔濟愚, 1824~1864)로 그는 동학만이 서학과 대항할 수 있다고 여겼다. 최제우는 서학이 인륜예의와 제사를 버리고 예배만을 강조하는 것을 반대하고 서학은 하느님께 기도하고 마음을 지키는 내면 수련이 부족하다고 생각했다.

동학은 시천주와 보국안민을 기치로 삼아 천주가 우주의 무상한 권력의 존재로서 자신을 믿는 모든 민중에게 평등한 권리를 줄 수 있다고 주장하는 것으로, 이는 바로 인내천(人乃天, 사람이 곧 하늘이다), 오심즉

여심(吾心卽汝心, 내 마음이 곧 네 마음)이다. 그러므로 인간은 우주의 본체이며 우주의 본체인 모든 사람은 평등한 존재다. 당시 남녀유별과 양반과 백성의 계급 차가 심한 조선 사회에서 동학사상은 천주를 믿고 섬기면 누구나 군자와 천신이 될 수 있다고 주장한 것인데, 이런 사상은 사회 계급 차를 줄이고 모든 사람이 평등한 사회를 구축하는 데 중요한 의미를 갖는다. 양반들에게 동학이 주장한 신분평등은 일종의 반역적 관점이었다. 그러나 평등한 권리를 누리지 못하는 일반 백성에게 이는 새로운 흐름이었다. 동학사상은 새로운 사조지만 종교적 차원에서 서양의 천주교에 대항하여 백성을 안정시킨다는 주장은 매우 의미 있는 일이다. 그러나 이런 사상의 한계는 사회개혁의 구체적 대안을 제시하지 못하고 효율적인 조직을 형성하지 못한 데 있다.

척사와 개화를 주도한 것은 주로 선비 계층이었고 민중운동을 주체로 한 동학사상은 제국주의에 직접 침략당한 하층민들이 자발적으로 일으킨 배척운동이었다. 그들은 정부와 관료의 부패를 비판하면서도 서구열강의 침략성을 비판했다. 동학사상이 한국 사회를 근대 자주발전의 길로 이끌지는 못했지만 다양한 자발적 민중운동을 통해 근대 한국 사회의 발전에 기여했다.

애국계몽운동은 개화파 이후 독립협회와 만민공동회를 계승 발전시킨 민중독립운동으로, 독립협회의 영향을 크게 받았다. 독립협회는 국가의 자주독립을 수호하고 제국주의 침략을 저지하기 위해 민권을 강화하자고 주장하며 천부적인 인권을 이론의 근거로 삼아 민중의 생명권과 재산권 보호를 주장하면서 관련 활동을 활발하게 전개하였다. 독립협회와 만민공동회는 적극적인 대중화를 위한 정치운동이라고 할 수 있으며 민중의 호응도 높았다. 그러나 독립협회 활동은 일반 민중의 주체 역량을 인식하지 못한 한계가 있었다. 그것이 주장하는 주권회복과 의회 설립에는 어느 정도 긍정적인 의미가 있지만 군주의 높은 권리를 인정하고 독립협회 회원을 제외한 일반 민중도 평등한 참정권을 갖고 있다고 인정하지 않아 비판을 받았다.

애국계몽사상은 부국강병 정책을 통해 국가와 민족을 부강하게 하자고 주장하며 사회진화론을 부국강병의 이론이라고 여겼다. 사회진화론은 진화와 자연도태의 법칙을 인간사회에 적용했는데, 그중 적자생존과 약육강식은 강자의 침략 명분이 되었다. 17세기 후반, 일본 사회는 사회진화론을 받아들였고 한국과 중국도 점차 서양 사회의 진화론을 받아들였다. 이 시기 동아시아 삼국이 모두 서방세력의 침입에 직면했던 시대적 배경하에서 국가 근대화 개혁을 지키는 것이 당시 삼국의 가장 시급한 과제였다. 이 때문에 애국계몽사상가는 사회진화론 사상을 적극적으로 흡수하여 서양 문명화법칙을 탐구하고 국가독립을 위한 구체적 방안을 적극적으로 모색했다. 1900년 이후, 진화론은 한국에서 광범위하게 전파되기 시작했고 애국계몽운동가들이 중요한 역할을 했다. 이들이 열정을 쏟은 것은 사회진화론뿐이 아니었다. 이들은 서구 근대사상과 과학기술을 대대적으로 배우고 도입해야 한다고 주장했다. 한국 근대사상 중 많은 경우 일본과 중국에서 전래된 것이지만 서양사상을 배우고 흡수하는 과정에서 한국 근대사상은 자신만의 특색을 유지했다. 이것은 한국이 보호국에서 식민지로 전락하는 슬픈 역사를 겪었던 한국의 특별한 시대적 배경 때문이다. 중·일 양국과 비교하여 이러한 독특한 역사는 한국 사회의 인인지사(仁人志士)들이 서양사상을 흡수 학습하는 과정에서 국권회복과 민족독립의 사상과 구체적 방안을 모색하는 데 더욱 치중했고 민족 주체성 추구를 더욱 중시하는 것도 많은 인인지사가 해외로 망명해 임시정부를 수립했던 이유다.

많은 노력을 기울였지만 척사위정파, 개화파와 민중운동은 모두 한국 근대화 발전에 적합한 길을 찾지 못했다. 1910년, 조선은 결국 일본에 강제 식민지로 점령당했고 '한일병합' 시대에 접어들었다. 그럼에도 유학은 근대화 과정에서 진행한 저항과 후기 유학의 영향을 받은 근대 애국계몽운동, 민중운동 등 한국인의 주체의식 고양과 인본주의 사상 홍보에 중요한 역할을 했다. 오늘날까지도 유학사상은 여전히 한국인의 생활 곳곳에 영향을 미치고 있으며 한국인의 일상행위규범과 생활윤리가 되었다.

V. 맺음말: 현대 한국의 유학관 및 미래 발전 전망

조선 왕조 500여 년의 통치로 유학은 공식적으로는 권위적인 지위를 다졌지만 일본의 근대 식민통치로 인해 유학의 앞날에 그늘이 드리웠다. 근대 지식인들은 심지어 조선 유학이 공리공론에 몰두해 경세치용의 실천에 소홀했다는 유학망국론까지 제기해 나라를 망하게 한 원흉이라 여겼다. 근대 학자인 박은식은 일찍이 유학의 폐해를 구태의연하고 혁신하지 않는 전통, 공허한 예절만 강조하고 경제를 중시하지 않는 허영, 개인의 도덕수양을 중시해 국가 문제를 소홀히 하는 것 등의 분열된 붕당정치라고 귀결하였다. 이뿐만 아니라 박정희 시대에는 '반공'과 '충효'를 강조하고 이를 독재체제를 정당화하는 이데올로기로 삼아 유학은 더욱 비판받는 처지가 되었다.

그럼에도 근대에 개항한 지 불과 한 세기 만에 한때 한국의 약점이었던 과학기술이 일약 세계적 선진 수준에 이르자 한국의 경제와 군사력도 이 토대 위에서 단숨에 세계 선두로 올라섰다. 그뿐 아니라 한국은 절차적 민주주의도 성공적으로 실현해 한국 사회가 '우리가 왜 성공했는지'를 생각하게 했다. 마침내 학자들은 동아시아 경제발전의 문화적 요인, 즉 유가자본주의론을 찾아냈다. 그 핵심 요점은 아래와 같다. 유가문화 전통은 경제발전에 필요한 인적자원 육성에 중요한 역할을 하였다. 유가 방식의 정치질서와 사회전통은 국가정책을 효과적으로 관철시키고 강력한 자원동원과 이동에 긍정적인 역할을 하였다. 유가의 가족공동체주의, 정직과 도덕 중시 등의 전통적 윤리가 경제발전에 중요한 추동 역할을 했다.

한국 현대사에서 지난 1990년대는 유학에 대한 연구와 토론이 특히 활발히 이루어지며 이는 '한강의 기적' 이후 전통문화를 되돌아보게 하는 것과 밀접한 관련이 있다. 유학에 대한 학계의 관심은 한국 사회의 부흥을 말해 준다. 다시 앞으로 거슬러 올라가면 1950년대부터 1970년대까지의 고도압축성장은 한국이 주목할 만한 경제적 성취를 이루게 했고 이는 전통문화를 되돌아보는 계기가 됐다. 해방 이후 50여 년 동안 한국은 끊임없이 이어진 민주화 투쟁을 통해 1993년 군부 통치를 끝내고 문민정부를 수립해 경제발전과 정치민주화를 이룩했다. 이러한 자부심은 한국인이 과거 서양문화에서 한국 자신의 것을 탐구하는 쪽으로 관심을 돌리기 시작했다. 1990년대 중반 학계에 동아시아론이 대두된 이유가 여기에 있다. 그러나 1997년 겨울 갑작스러운 경제위기는 동아시아 경제발전 모델의 한계를 드러냈다. 이와 함께 이른바 아시아 가치가 사람들이 관심을 두는 핫이슈가 되었다.[13] 이 기간 학자인 김경일의

---

13 최영진 저, 싱리쥐 역, 2008, 『한국유학사상연구』, 동방출판사, 379~390쪽.

저서 『공자가 죽어야 나라가 산다』는 천박한 상업주의와 결합하여 사회적으로 공자에 대한 논쟁을 불러일으켰다. 갑자기 유학이 경제위기의 주범이자 오늘날 한국사회에 병변을 일으키는 악성종양으로 여겨졌다. 일각에서는 유학에서 활로를 모색해야 한다는 반론 즉, '유학대책론'도 나왔다.

현재 한국 사회의 유학에 대한 긍정적인 평가는 조선 왕조 500여 년의 눈부신 역사문화를 만들어 냈고 그 덕분에 한국의 문화유산과 문화상품이 세계적으로 인기를 끌게 되었다. 도덕과 정의를 중시하는 조선 학자들이 지닌 깊은 학문과 교양, 그리고 소박한 의식은 한국인 정신력의 원천이다. 한류문화의 성공과 한국 문화산업의 발전은 유학이 추구하는 진선미의 윤리적 가치와 깊은 연관이 있다. 한국 사회의 높은 교육열이 바로 유학이 인재를 중시하는 환경에서 형성되었고 이는 한국이 첨단기술 강국으로 급속히 발전한 것과 밀접한 관련이 있다. 부정적인 평가는 남존여비, 즉 남성중심의 유학사상은 현대 여성을 억압하는 질곡이 되어 왔는데, 많은 여성이 이에 대해 비판의식을 갖고 있다. 장유유서의 위계질서와 서열의식이 젊은이들의 심리 및 성장공간을 억눌러 그들이 질문이나 정직한 의견개진을 회피하게 했다. 대기업의 가족적 경영 이념과 직장의 권력형 비리, 뇌물 비리 등의 문제 등이 그것이다.

유학에 대한 현대 한국 사회의 인식은 긍정과 부정, 즉 '빛과 그림자', '비판과 적극적 지지'의 양면적인 관점이 존재하고 있음을 알 수 있다. 유학 자체가 긍정적이고 부정적인 이중성을 가지고 있기 때문이다. 유학은 경제발전의 이유이자 경제위기의 주범이다. 권위주의적인 봉건윤리이자 민권, 정의 등 현대 민주주의와 병존할 수 있는 정치윤리이며 서구 자유주의의 결함을 보완할 수 있는 대안이다. 유학은 여성을 속박하면서 우리에게 양성상반윤리의 이론적 근거를 제공했다. 이와 같은 사상은 유학사상에서 많이 찾아볼 수 있으며 이것은 또한 그 어떤 사물이든 서로 상반된 논리적 사고가 있음을 증명하였다. 따라서 현대 한국 유학은 기존의 전통유학에 내재된 폐해를 개혁하면서 서구 자본주의의 운영 모델을 적극 활용하고 동서양 사상 사이에서 균형점을 찾아야 한다. 이것이 시대의 수요이자 한국 유학 발전의 길이다.

유교를 믿는 인구의 비율 감소, 가족주의 사상 약화, 성균관의 재원과 인력 부족 등 현대 한국 유학의 발전은 여전히 심각한 도전과 생존의 한계에 직면해 있다. 특히 성균관은 조선 유학의 권위 있는 중심지로써 역사적으로 한때 명성을 날렸다. 지금의 성균관은 여전히 전국 유림의 핵심 조직이지만 내부에는 재정예산 부족으로 발전이 더디고 인력 부족으로 조직 활동이 줄어들고 파벌 싸움으로 힘이 분산되는 등 여러 가지 문제점이 나타났다. 이뿐만 아니라 인재육성의 경우 성균관 유림 조직의 전반적인 학문적 자질도 떨어지고 있으며 참여자 중 상당수는 전문적인 소양을 갖추지 못한 일반 사회인이다. 그리고 노인과 사회적 직무가 없는 사람이 너무 많은 점은 유학이 점점 더 젊은 세대에게 비주류화되는 결과를 초래하였다. 파벌 싸움으로 전문지식을 갖춘 대학 교수들이 참여를 꺼리면서 유림의 예비 인재 양성에 차질이 빚어지고 있다. 이 밖에 기존의 유림 팀은 낡은 것을 고수하고 정보화시대와 현대인공지능에 대응할 수단이 부족하며 언론 전파와 수업에 있어서 단점이 심각해 현대의 첨단과학 기술역량을 유학 지식의 보급과 전파에 적용할 수 없다.

성균관뿐 아니라 지방 전통 향교, 서원 등 교육시설도 부족하다. 현재 한국에는 약 234개의 향교와 186개의 서원이 있다. 향교는 지금까지도 여전히 지방 유학교육센터의 역할을 하고 있다. 매년 성균관과 유림은 시범 향교 5곳을 선정해 한국 정부에 중점 지원 대상으로 추천하고 있다. 한국 전통서원은 기본적으로 잘 보존되어 있으며 정부가 안동서원을 비롯한 9개 서원의 유네스코 문화유산 공동등재를 추진하여 이미 성공을 거두었다. 그러나 부인할 수 없는 것은 현재 한국 내 교회가 약 70,000개, 사찰이 약 20,000개, 성당이 약 1,600개인 것에 비해 234개인 향교의 수가 너무 적다는 것이다. 한국 총인구 5,000만 명을 기준으로 하면 124,000명 당 한 곳인 셈이다. 이뿐만 아니라 현재 한국 전통서원은 기본적으로 정부 보호 아래 문화재로 보전 또는 전시되고 있으며 새로운 사회교육 기능으로 회복되거나 활성화되지 않고 있다. 최근 몇 년 동안의 경제불황과 유학 인식에 대한 이중성도 재계와 사회 인사들이 새로운 서원을 만드는 데 투자할 수 있는 자신감과 동력이 부족하게 했다.[14] 이러한 것들이 바로 한국인의 정신적 명맥과 문화적 유전자이다. 정부가 계속 노력하지 않으면 한국이 서양이 주도하는 기독교 등의 외래 사상에 매몰될 가능성이 크다는 점은 경계할 필요가 있다. 종교의 다원화, 종교의 자유에 대한 정부 제창에도 불구하고 민족의 문화적 유전자는 보존되고 적극적으로 전승되어야 한다.

앞선 평가에도 불구하고 한국 학계는 여전히 유학이 민주주의, 자본주의, 가족주의 등과 결합하는 문제를 시도하고 있다. 물론 이런 시도는 한계도 있다. '동아시아론', '아시아 가치', '유가자본주의론' 등은 서양의 기존 이론에 기초하거나 인용하면서 동양을 연구하기 때문에 토론에 그치고 있다는 비판이 있다. 또 공동체주의를 재해석해야 한다는

---

14 진성수, 2018, 「현대한국유학의 발전」, 한국국제교류재단 '한중인문교류포럼' 회의 발표문.

주장도 나온다. 가족의 유대에 입각한 유가공동체주의는 경제발전의 계기이기도 하지만 혈연, 지연, 학연 등 네트워크적 요인으로 인해 경제발전을 저해하는 인정주의의 주범이기 때문이다. 그럼에도 이러한 공동체주의는 어느 정도 서구 개인주의의 폐해를 극복하기 위한 대안이 될 수도 있다.

유학의 영향을 가장 많이 받은 동아시아 국가 중 하나인 한국 유학은 향후 발전의 길이 멀다고 할 수 있다. 1990년대 후반 한강의 기적을 이루고 아시아 네 마리 용으로 도약한 이후 한국의 경제발전과 문화건설은 모두 아시아 선두를 달리고 있다. 정부와 민간의 대대적인 지원으로 한국은 오랜 역사 전통을 가진 유학 유적을 복구하고 재건하였으며 어떤 면에서는 문화전통을 수호하기 위해 적극적으로 유산등재를 신청하였다. 다른 한편으로 한국은 유학의 현대가치, 가족주의 등 문제를 적극적하고 탐구하여 현대 사회에 더 잘 봉사할 수 있도록 하였다. 전술한 바와 같이 사상의 자유, 문화가 다원적인 한국 사회는 유교인구 감소, 가족주의 약화, 재원과 인력 부족, 전통서원 등 교육자원의 희소성 등이 유학의 발전을 심각하게 제약하고 있다.

이대로라면 2025년에는 한국 유교 인구의 숫자는 5만 명 정도에 머물 것이다. 고령화 문제가 가중되고 있다는 점도 이 문제의 심각성을 더욱 부각시킨다. 또 앞으로 확고한 의지와 흥미를 가지고 유학 발전과 진흥에 매진할 인재도 턱없이 부족할 것으로 예상되어 인재 대열과 전통의 계승이 더욱 시급해질 것이다. 그중 주요 원인은 유학에 대한 청년세대의 무관심이나 냉담이다. 이를 위해 한국 성균관은 2017년 4월에 '유교와 성균관 중장기 발전계획'을 제정하고 모든 역량을 동원해 바꿀 수 있는 모든 것을 바꾸자는 행동구호를 내걸면서 변화는 생존의 필수 조건임을 강조했다.[15] 중앙조직과 지방조직의 개혁 필요성을 중점적으로 제시했고 주로 인상개선, 효율적 운영, 지속 가능한 발전이라는 세 가지 측면에서 진행되며 성균관의 주도적 역할을 최대한으로 수행함으로써 한국 유학의 재부흥을 실현했다. 특히 중국 유학과 전통문화의 부흥을 언급하며 한국 유학이 이 기세를 타고 중국과의 문화교류를 확대하고 혁신과 발전을 적극 실현하여 자신의 발전에 더 넓은 기반을 제공해야 한다고 여긴다.

한국 정부도 이 문제의 시급성과 중요성을 인식하여 유학을 재정적으로 지원하는 것 외에 근로시간 단축, 직장인의 여가활동을 늘리는 것을 주요 내용으로 한 일과 생활의 균형에 관한 정책들을 내놓았다. 이 조치는 각종 문화소비를 촉진할 뿐 아니라 부모와 자녀 등 가족 구성원의 시간을 늘려 가족 유대를 강화하는 데 큰 도움이 될 것으로 보인다. 이뿐만 아니라 출산 장려, 고령화 문제 대응 등 일련의 조치들을 시행했다. 아울러 2017년부터 문화관광체육부, 문화재청은 지방자치단체와 손잡고 다음과 같은 조치를 시행하고 있다. 서원과 향교의 진흥 사업을 적극적으로 시행하고 역사의 무게감과 현실의 생동감이 있는 향교와 서원을 중점적으로 조성하고 있다. 서원과 향교의 현대화 경영 모델을 모색하고 우수한 서원과 향교 진흥 프로그램 등을 적극 지원했다. 이런 것들은 한국 유학 진흥의 다짐과 의지, 특히 유학이 현대사회에 어떻게 적응할 것인지 젊은 세대의 마음속에 긍정적인 인상을 어떻게 되살릴 것인지, 어떻게 생기와 활력이 넘치는 유학으로 발전할 수 있는지 등은 확실

15 진성수, 2018, 「현대한국유학의 발전」, 한국국제교류재단 '한중인문교류포럼'회의 발표문.

히 한국 유학 발전의 중요한 축이다.

종합해 보면 현대 한국 유학의 진흥과 발전이 시급하며 한국 사회도 이를 위해 적극적으로 노력하고 있다. 특히 한류문화의 세계적인 성공은 한국의 문화적 자존심과 자부심을 강하게 심어 주었고 일련의 문화재의 세계문화유산 등재 성공은 한국의 문화발전에 대한 자신감과 결의를 북돋아 주었다. 유학은 근대에 여러 굴곡을 겪었지만 대부분의 한국인에게 유학이 종교이든 아니든 간에 그 전통이념(인의예지신 등)은 여전히 그들의 일상생활 속에서 실천의 신조이고 한국의 문화역량이며 한국의 중간국 리더십의 문화적 버팀목이다.

한국의 이웃 나라인 중국에 최근 몇 년 동안 '전통문화 붐'이 일어났다. 중국 정부는 전통문화가 민족부흥에 중요한 역할을 한다는 점을 인식해 대대적으로 육성했고 유학은 정부당국과 민간에서 모두 좋은 발전 흐름을 보였다. 제19차 전국대표대회에서 공식적으로 문화적 자신감을 제시한 이후 중국 정부의 전통문화에 대한 지원이 더욱 강화하였고 전통문화의 부흥은 중국몽의 중요한 구성 부분이 되었다. 이뿐 아니라 한·중 양국 정부의 대대적인 추진으로 한·중 문화교류도 날로 활발해지고 양국 간 협력 프로젝트도 점차 추진되고 있다. 한·중 문화교류는 양국의 우호관계를 발전시키는 데 매우 중요한데, 유학이 바로 양국 문화교류의 유대와 문화적 유전자를 강화한다. 다음 세대에는 인적 유대의 중요성을 잘 활용해 양국 관계발전의 민의 기반과 사회 기반을 다지고 한·중 문화교류를 한 단계 발전시켜 나가야 한다.

참고문헌

단행본

민족과 사상연구회 편, 1995, 『사단칠정론』, 서광사.

배종호, 1985, 『한국유학의 철학적 전개』, 연세대학출판부.

______, 1997, 『한국유학사』, 연세대학출판부.

윤사순, 2008, 『실학의 철학특성』, 나남출판사.

______, 2012, 『한국유학사: 한국유학의 특수성 연구』(상, 하권), 지식산업사.

이동준, 1997, 『한국의 도학전통과 의리사상』, 한민족서원.

정옥자, 1998, 『조선후기역사의 이해』, 일지사.

최영진, 2002, 『유학의 본질과 현재성』, 성균관대학출판부.

______, 2005, 『조선왕조시기 유학사상의 상황』, 성균관대학출판부.

최영진 주편, 2009, 『한국철학사』, 신문사.

현상윤, 1982, 『조선유학사』, 현음사.

금장태 저, 한메이(韓梅) 번역, 2011, 『한국유학사상사』, 중국사회과학출판사.

김충렬, 1992, 『고려유학사상사』, 타이베이둥대학도서출판사.

류성국 저, 강일천, 박광해 등 번역, 2008, 『한국유학과 현대정신』, 동방출판사.

류성국 저, 푸지궁(傅濟功) 번역, 1989, 『한국유학사』, 타이완 상무인서관.

이지형, 1996, 『다산경학연구』, 태학사.

고려대학한국사교연구실 저, 쑨커즈(孫科志) 번역, 2010, 『신편한국사』, 산둥대학출판사.

리밍후이(李明輝), 2006, 『사단과 칠정-도덕감정에 대한 비교철학 탐구』, 타이다출판센터.

린웨후이(林月惠), 2010, 『이곡동조: 주자학과 조선성리학』, 타이다출판센터.

머우쭝싼(牟宗三), 1975, 『중국 철학의 특질』, 타이완학생서국.

양쭈한(楊祖漢), 2005, 『당대 유학의 관점에서 본 한국 유학의 중요한 논쟁』, 타이다출판센터.

오석원 저, 싱리쥐(邢麗菊), 자오톈톈(趙甛甛) 번역, 2014, 『한국유학의 의리사상』, 푸단대학출판사.

위안싱페이(袁行霈) 등 주필, 2006, 『중화문명사』, 베이징대학출판사.

윤사순 저, 천원서우(陳文壽), 판창허(潘暢和) 번역, 1998, 『한국유학연구』, 신화출판사.

장리원(張立文), 2013, 『이퇴계 사상세계』, 인민출판사,

장민(張敏), 2003, 『입언수교: 율곡이이 철학정신』, 베이징대학출판사.

차이마오쑹(蔡茂松), 1995, 『한국 근대사상문화사』, 타이베이둥대학도서출판사.

차이전펑(蔡振豐), 2010, 『조선 유학자 정약용의 사서학: 동아시아를 시야로한 토론』, 타이다출판센터.

천라이(陳來), 2000, 『주자철학연구』, 화둥사범대학출판사.

______, 2004, 『송명이학』, 화둥사범대학출판사.

______, 2009, 『고대종교와 윤리: 유가사상의 기원』, 생활 · 독서 · 신지삼련서점.

______, 2009, 『동아시아유학구론』, 생활 · 독서 · 신지삼련서점.

______, 2009, 『전통과 현대: 인문주의의 시야』, 생활 · 독서 · 신지삼련서점.

펑유란(馮友蘭), 2007, 『중국철학사신편』, 인민출판사.

______, 2013, 『중국철학약사』, 베이징대학출판사.

______, 2015, 『중국문화정신』, 베이징대학출판사.

황쥔제(黃俊杰) 주편, 2006, 『동아시아 시야에서의 다산학과 한국유학』, 타이다출판센터.

______, 2010, 『동아시아 문화교류에서의 유가경전과 이념: 상호작용, 전환과 융합』, 타이다출판센터.

훙쥔(洪軍), 2003, 『주희와 율곡 철학 비교연구』, 중국사회과학출판사.

11장

국가, 지역과 세계:
근대 동아시아인의 정치 관심 범위

왕위안저우(王元周)
베이징대학교 역사학과 교수

I. 머리말

현대인의 생활과 국가는 서로 떨어질 수 없는 관계인데, 과거에 천하가 태평하던 세상에 국가와 국민이 서로 소홀히 하는 현상이 출현할 수 없게 된다. 다른 한편으로는 사람들의 생활과 사상에 대한 글로벌화의 영향 역시 날로 깊어지고 사람들의 정치 관심 역시 국내로만 한정되지는 않는다. 소수의 사상가가 세계 전체를 자신이 사고하는 문제의 출발점으로 삼을 뿐만 아니라 상당히 많은 일반 대중 역시 국가를 가슴에 품고 전 세계로 시야를 넓혔다. 이러한 상황에서 개인, 국가, 지역과 세계의 관계를 어떻게 처리하고 다른 차원의 정체성을 어떻게 구축하고, 다른 차원의 정체성 사이의 균형 관계를 어떻게 수호하는가는 많은 정치가와 학자들이 열중해 탐구하는 문제가 되었다. 쉬지린(許紀霖) 교수는 『국가천하: 현대중국의 개인, 국가와 세계 정체성』에서 근대 중국이 '국가천하연속체'를 타파하고 난 후 국가는 지고지상의 지위를 획득하였으나 개인은 의지할 곳이 없어졌고 존재의 의미를 잃어버렸다고 지적한다.[1] 다른 한편으로 몇 년 전 한국의 백영서 교수는 중국 지식인들의 마음속에는 '아시아'가 없으며 '아시아적인 전망'이 결핍되어 있고 중국을 아시아 범위 내에 두고 문제를 사고하지 않는다 생각한다고 글을 썼다.[2] 만약 이 두 가지 인식이 정확한 것이라면 국가는 이미 중국인의 마음속에서 지고지상의 지위를 얻었고 중국 지식인들은 중국에 대해서만

1 許紀霖, 2017, 『家國天下-現代中國的个人, 國家與世界認同』, 北京世界文景文化傳播有限公司, 第10頁.

2 백영서, 2000, 「중국에 아시아가 있는가? 한국인의 시각」, 『동방문화』 제4기, 99쪽.

문제를 사고할 수 있다는 의미일까? 분명 그렇지는 않다. 중요한 증거 하나가 바로 최근 중국이 세계를 향해 인류운명공동체 구축의 호소를 제기했고 적지 않은 중국 학자들 역시 적극적으로 논증하고 있다. 이는 중국 지식인들이 국가를 초월해 문제를 사고할 수 있다는 것을 보여주는 것일 뿐 아니라 심지어 동아시아 혹은 아시아 같은 지역을 통하지 않고도 직접 중국을 세계 범위 내에 두고 문제를 사고할 수 있음을 보여준다. 그러면 중국인에게 지역(동아시아 혹은 아시아)은 필요한 것인가, 동아시아인에게 지역의 의의는 무엇인가? 이 역시 마찬가지로 생각할 만한 문제이다. 실제로 동아시아 각국, 특히 동북아의 한·중·일 3국은 근대 국민국가를 구축하는 과정에서 모두 천하주의를 배척하고 민족(국가)주의를 제창하는 과정을 겪었다. 그러나 이 과정에서 지역주의와 세계주의 역시 지속적으로 영향력을 발휘하였다.[3] 이 3개 차원의 정체성이 혼재되어 동아시아 각국 근대 정치 사상의 복잡한 성격을 증가시켰고 근대 정체성 중에서 새로운 사상 자원을 개발할 수 있는 가능성을 제공하였다. 본문에서는 중국을 중심으로 일본과 한국의 상황을 결합하여 근대 동아시아인의 정치 정체성이 국가(민족), 지역(동아시아, 아시아), 세계의 3개 차원에서 전개되는 과정 및 그 변화 발전의 내재된 논리를 보여주고자 한다.

3 여기에서 말하는 '지역주의'란 삼국연대론, 동양주의 아시아주의 등 각종 아시아와 황인종 협력을 입론 기초로 한 사상을 가리키며, 세계주의는 대동주의, 무정부주의 등 각종 국가와 지역을 초월한 사상을 가리킨다.

II. 국가와 민족

근대 동아시아 각국은 서양 열강의 침략에 맞서 보편적으로 국민에게 애국을 요구하였다. 당시 정치가와 급진적 지식인들이 보기에 국민들은 보편적으로 애국심이 부족해 보였다. 사실 이러한 인식은 주로 서양인의 영향을 받은 것이다. 량치차오(梁啓超)는 특별히 『애국론』을 작성해 시작 부분에서 말하길, "서양인들이 중국을 논할 때 걸핏하면 말하길 그 사람은 애국하는 성질이 없다. 그래서 기세가 무질서하고 마음이 나약하며 어떤 사람이든지 모두 그 땅을 약탈하여 그 백성을 노예로 삼을 수 있고, 세력으로 그에 임하니 복종하여 따르고 작은 이익으로 구슬리니 다투어 몰려들더라. 그것을 덮고 우리 4억 명을 보니 아무도 없는 것 같다."[4]

량치차오는 이러한 관점을 수용하길 바랐는데, 이는 중국이 몇 번 패전한 이유를 중국민들은 국가의 존망이 자신과 무관하다고 생각했기 때문이다. 국민이 국가의 전도와 운명에 대해 무관심한 것을 량치차오는 국민이 국가 관념이 없는 것을 주요 원인으로 보았고 심지어 나아가 중국 고대에는 원래 국가가 없었다는 결론을 내렸다. 량치차오는 『소년중국설』에서 이렇게 말하였다. "무릇 옛날의 중국은 비록 국가 이름은 있었지만 국가의 형태를 만들지 못했다. 가족의 나라든, 추장의 나라든, 제후봉건의 나라든, 일왕독재의 나라든."[5] 여기에서 그는 예부터 줄곧 존재한 '중국' 명칭을 무심코 소홀히 하고 각 왕조의 명칭만 관심을 가졌

4 哀時客, 1899,「愛國論一」,『淸議報』第6冊, 本館論說, 第1頁.

5 任公, 1900,「少年中國說」,『淸議報』第35冊, 本館論說, 第2頁.

고, 왕조와 국가가 절대 같지 않다며 그는 다음과 같이 말했다. “더욱이 우리 중국이 옛날에 어찌 나라가 있었겠는가? 조정이 있었을 따름이다. 우리는 삼황오제의 자손으로 가족이 모여 살았고 이 지구 위에 선 것이 수천 년인데 그 나라의 이름이 무엇인지 물으면 없다고 한다. 무릇 소위 당, 우, 하, 상, 주, 진, 한, 위, 진, 송, 제, 량, 진, 수, 당 송, 원, 명, 청이라는 것은 모두 조정의 이름일 뿐이다. 조정이라는 것은 한 집안의 사유재산이다. 국가라는 것은 국민들의 공공재산이다.”[6]

이는 고대국가와 근대국가가 다른 점이 있지만 근대국가를 기준으로 중국 고대국가의 존재를 부인하는 것은 분명 지나치게 우악스럽다. 이와 같은 까닭은 중국 지식인들은 청일전쟁의 참패로 국가 전도를 걱정하는 격분의 감정이 생겨났고 사람들이 직접 국가에 귀속되는 것을 방해하는 모든 장애를 타파하고 싶어 했다. 1949년 전후에 이르러 량수밍(梁漱溟)은 여전히 중국인에게 국가관념이 부족하다고 여기고 있었으며 그는 “중국인 마음속의 모든 것은 가까운 것은 본인 가족이고 먼 것은 천하라 그 외에는 대부분 가벼이 보았다”라고 말한다.[7]

그래서 국가를 부각하기 위하여 한편으로는 가정 포기를 주장하여 ‘국가를 위해 집안을 무너뜨렸다’고 하였다.[8] 다른 한편으로는 천하관념 타파를 호소하고 국가와 국가의 대립을 강조하였다. 량치차오는 국가는 반드시 다른 나라에 상대적이어야 비로소 수립될 수 있기 때문에

6 任公, 1900, 「少年中國說」, 『淸議報』 第35冊, 本館論說, 第2頁.

7 梁漱溟, 1949, 『中國文化要義』, 路明書店, 第182頁.

8 가정 혁명 관련 연구는 趙妍杰, 2018, 「爲國破家: 近代中國家庭革命的反思」, 『近代史研究』 第3期, 第74-86頁을 참조할 수 있다.

천하관념이 중국인의 국가관념을 덮을 수 있다고 생각했다. 그는 "우리 백성이 말하는 중국 땅은 천하를 말하는 것이지 나라를 말하는 것이 아니다. 나라가 없는데 어찌 그것을 사랑한다고 할 수 있겠는가?"라고 말했다."[9] 그의 논리를 논증하기 위해서 량치차오는 고대중국과 주변 국가의 영역을 인정하지 않고 고대중국에서는 국제 대항이 없었기 때문에 대내적으로 느슨했으며 대외적으로도 긴장하지 않아 하나의 나라 같지 않았다고 생각했다. 이러한 판단을 할 때 량치차오는 사실 중국 주변 국가의 지위를 얕잡아 보았다. 예를 들어, 그는 "중국은 자고로 통일되어 있었고 열 지어 있는 것은 모두 오랑캐고 문물도 없고 정체도 없어 국가가 되지 않으며 우리 백성은 평등하게 국가라 보지 않으며 그러므로 우리 나라는 수천 년 동안 늘 독립세력에 처해 있었다"라고 말했다."[10]

만약 중국이 동아시아 맹주로서 국제 대항이 없어 국가관념이 결핍되었다면 주변 소국들은 늘 중국과 다른 주변국의 압력을 받았기 때문에 강력한 국가관념이 있었을 것이다. 그러나 신채호 역시 량치차오와 마찬가지로 조선이 수백 년간 대외의 경쟁이 없었기 때문에 국가관념이 미약하고 국민의 국가정신이 유치하다고 생각했다. 게다가 신채호는 량치차오와 마찬가지로 국민이 애국심을 수립하기 위해서는 국민이 가족관념과 천하관념을 타파하기를 호소했다. 이를 위해 한편으로는 국가가 가족임을 강조했고[11] 다른 한편으로는 일본의 동양주의를 비판하였다.

---

9 哀時客, 1899, 「愛國論一」, 『淸議報』 第6冊, 本館論說, 第1頁.

10 哀時客, 1899, 「愛國論一」, 『淸議報』 第6冊, 本館論說, 第1頁.

11 신채호, 1984, 「국가는 즉 일가족」, 단재신채호선생기념사업회 편, 『단재신채호전집』 별집, 형설출판사, 148~149쪽.

그는 국가가 주이고 동양이 객이라고 강조했다.[12] 그리고 동양 흥망의 기회는 이미 일본인의 손에 쥐어졌기 때문에 동양은 일본의 동양이지 조선의 동양이 아니라고 지적했다.[13]

사실, 중화질서의 종주국으로서의 중국이든 아니면 번속국으로서의 조선이든 모두 천하관념만 있고 국가관념이 없는 것은 불가능하다. 동아시아인의 관념 속에는 가족, 국가, 천하가 원래 공존하고 있었다. 그러므로 어떤 이는 '가국천하연속체'라 부르기도 한다.[14] 량치차오와 신채호는 모두 국가를 '가국천하연속체'에서 벗어나게 하여 지고지상의 지위를 얻게 하려고 했다. 또한 가족, 국가와 천하 3자 사이를 관통하고 있는 유가가치체계 역시 마찬가지로 근본적 의의를 가지고 있다. 어떤 이들은 중국이 근본적으로 하나의 문화체, 문명체라고 생각한다. 고염무(顧炎武)는 망국과 망천하를 구분하였고, "쉽게 이름을 바꾸는 것을 망국이라 한다. 인의가 충만한데 짐승을 몰아 사람을 잡아먹게 하고, 사람이 서로를 잡아먹으니 이를 망천하라 한다"고 말했으며 천하를 지키는 것을 보국 위에 두었는데 역시 이런 이치이다.[15] 이 때문에 유가문화 영향을 깊이 받은 동아시아 전통 지식인들은 천하관념 배후의 가치 체계를 일시에 철저하게 포기하기 힘들었다. 보국(保國), 보종(保種), 보교(保教)를 한데 섞어 논할 수밖에 없는 이유이다.

---

12 신채호, 1984, 「동양주의에 대한 비평」, 단재신채호선생기념사업회 편, 『단재신채호전집』 별집, 형설출판사, 148~149쪽.

13 신채호, 1982, 「아란 관념을 확장할지어다」, 단재신채호선생기념사업회 편, 『단재신채호전집』 별집, 형설출판사, 158쪽.

14 許紀霖, 2017, 『家國天下-現代中國的个人, 國家與世界認同』, 北京世界文景文化傳播有限公司, 第1頁.

15 顧炎武, 1929, 『日知錄(五)』 卷十三 『正始』, 商務印書館, 第41~42頁.

그러나 그들이 직면한 곤경은 역사상의 '이적활하(夷狄猾夏)'의 상황과는 달랐다. 서양 열강이 일종의 더 선진적인 문명을 대표하고 있어 나라가 부강해지기 위해서는 서학을 받아들일 수밖에 없었다. 이러한 상황에서 후쿠자와 유키치(福澤諭吉)의 문명론은 직접 중국과 조선, 일본을 반개화 국가로 귀납하고 '화이지변'을 철저히 부정하였으며 동아시아 각국 역시 '문명개화'를 다시 추구해야 한다고 했다. 이렇게 보교는 점차 매력을 잃었고 신지식인들은 점차 강렬한 반전통 경향을 갖게 되었다.

화이지변이 의의를 잃자 중화질서 역시 이론적 근거를 잃게 되었다. 조선에서 개화파는 사대관계 반성을 시작했고 중국의 종주지위는 의심을 받았다. 그러나 일본은 문명개화의 성공으로 인해 점차 중국의 동아시아 지위에 도전하는 실력을 갖게 되었다. 그래서 근대 서양 세력이 동아시아 각국에 준 충격이 가져온 변화는 고립적인 것이 아니라 전체적인 문명 전환과 권세 이전 과정을 갖고 있다는 것이다. 이런 복잡한 형세는 심지어 중국의 변법을 주장하는 사람들조차 한때 대응하기 힘들게 느끼도록 했다. 우헝웨이(吳恒煒)는 당시 직면했던 곤경을 형용하여 말하길, "현재에 반하여 과거로 돌아가는 것은 예의는 있으나 백성에게 해를 끼치는 재앙이 있다. 중화문명을 버리고 서양문명을 따르는 것은 이족을 이용하여 중국을 바꾼다는 비방을 받을 것이다. 의회를 열면 형세는 풀리지만 소란이 일어난다. 교회를 제창하면 도덕은 높아지나 이루기가 어렵다. 학당을 설립하면 재물은 많이 필요하기 때문에 들 수가 없다. 자선을 확대하면 일은 많아지지만 효과가 얕아진다. 부곡을 편곡하면 헛소문이 뒤섞여 속됨에 가까워진다. 전기를 연기하면 뜻이 변하여 악이 따라온다. 번역하면 힘은 약해지고 시간을 늦춘다. 유력을 추구하면 세력은 고립되고 비용만 낭비하다. 이것은 나중의 효과에서 기인되지 현재의 급함에서 말미암은 것이 아니다. 지금 비록 소통하려 하지만, 방책이 없다."[16]

변법은 비록 매우 많고 복잡하지만 의회를 열고 국민의 권리를 신장하는 것이 주요 개혁 조치가 되었으니 필경 새로운 제도를 이용해 국민을 통합하고 국가 간의 경쟁에 참가해야 한다. 허수링(何樹齡)은 "옛날 전국의 정치는 군왕에게서 나왔고 오늘날 유럽의 권력은 의회에서 나온다. 임금과 백성의 성향이 서로 다르고 고금의 세상 변화에 현저한 차이가 있다"라고 말한다.[17] 국가조직 형식이 다르기 때문에 국가경쟁 방식 역시 자연스럽게 달라진다. 소진(蘇秦), 장의(張儀) 같은 사람은 재능을 발휘할 곳을 잃었고 국가의 운명은 주로 국민이 결정하였다. 량치차오는 심지어 근대국가 경쟁은 그야말로 국민 경쟁이라고 생각했다. 그는 "국가 경쟁은 국왕이 그 백성을 타락시켜 타국과 다투는 것이다. 국민 경쟁은 한 나라의 사람 각자가 그 생명과 재산을 지키기 위해 타국과 다투는 것"이라고 말한다."[18]

그래서 근대국가 경쟁 중 우위를 점하려면 국민의 슬기를 계발하고 국민의 권리를 신장해야 한다. 국민권리 신장의 중요성에 대해 량치차오는 "국민권리의 신장은 바로 국권이 서는 것이고 국민권리가 사라지면 바로 국권은 망하는 것이다. 군주를 위해 백성의 권리를 억압하는 것은 그 나라를 스스로 포기하는 것이라 할 수 있으며 백성을 위해 신장

16 吳恒煒, 1897, 「知新報緣起(續前篇)」, 『知新報』 第3冊, 第1頁.

17 何樹齡, 1897, 「論今之時局與戰國大异」, 『知新報』 第12冊, 第3頁.

18 哀時客, 1899, 「論近世國民競爭之大勢及中國之前途」, 『淸議報』 第30冊, 第1-4頁.

한 권리를 사용하지 않는 것은 그 자신을 포기한 것이라 할 수 있으니 고로 애국이라고 말하는 것은 반드시 스스로 국민의 권리를 신장해야 한다"고 강조했다.[19] 국민의 슬기 계발에 대해 마이멍화(麥孟華)는 "오호! 오늘날 경쟁의 세계는 한 말의 힘의 세계구나. 야만의 세계는 유형의 힘으로 경쟁하고, 문명의 세계는 무형의 힘으로 서로 경쟁한다"고 말한다.[20] 소위 '무형의 힘'은 전체 국민의 지혜와 슬기를 모아 만드는 '공공의 힘'을 말한다.

량치차오는 안으로는 국민 권리를 제창하고 밖으로는 민족주의를 제창하여 제국주의에 대항하자고 하였다. 그는 서양의 근대정치 이론의 양대 산맥 중 하나는 루소의 계약론이고, 다른 하나는 스펜서의 진화론으로 여기에서 민족주의와 민족제국주의가 도출되었으므로 반드시 민족주의를 제창하여 제국주의에 저항해야 한다고 주장했다. 그는 "오늘날의 구미는 민족주의와 민족제국주의가 서로 교체하는 시대다. 오늘날의 아시아는 제국주의와 민족주의가 서로 교체하는 시대다. 오늘날의 세계는 실제로 이 양대주의 활극의 무대일 뿐이다"라고 말했다.[21] 그래서 중국은 민족주의로 제국주의에 대항하는 것 외에는 다른 방법이 없다는 것이다. 그는 "제국주의 국가가 침범하는 것의 두려움을 알아 우리 고유의 민족주의를 빨리 길러 저항해야 하기 때문에 오늘날 우리 국민이 급급해졌다"고 강조했다.[22] 또한 "민족주의는 세계에서 가장 광명정대하고 공평한 주의로 다른 민족이 나의 자유를 침범하지 못하게 하고 나 역시

19 哀時客, 1899, 「論愛國三 · 論民權」, 『清議報』 第22冊, 第1頁.

20 佩弦生, 1900, 「論中國救亡当自增內力」, 『清議報』 第41冊, 第1頁.

21 任公, 1901, 「國家思想變遷异同論」, 『清議報』 第95冊, 第1頁.

22 任公, 1901, 「國家思想變遷异同論」, 『清議報』 第95冊, 第4頁.

다른 민족의 자유를 침범하지 않는다. 그것이 본국에서는 사람의 독립으로, 그것이 세계에서는 나라의 독립으로 이끌 수 있으며 각각 그 한계와 미래 영겁에 분명히 하니 어찌 천지간의 일대 쾌사가 아니겠는가."라고 말했다.[23] 신채호는 량치차오의 영향을 받아 대체적으로 같은 관점을 형성하였다. 그는 "제국주의는 바로 영토와 국권을 확장하는 주의이고 민족주의는 타민족의 간섭을 받지 않는 주의"라고 말했다. 20세기는 제국주의의 시대로 세계 무대는 이미 제국주의의 활극장이 되었고 제국주의에 저항하는 방법은 민족주의밖에 없기 때문에 민족주의가 바로 민족 보전의 유일한 방법이라는 것이다.[24]

민족주의를 제창하는 것은 구국을 위해서이고 민족과 국가는 분리하기 어려우므로 쑨중산(孫中山)은 "내가 말하는 민족주의는 바로 국족주의로 중국에서 적절한 것"이라 말했다.[25] 그러나 쑨중산이 민족주의를 강의할 때가 마침 제1차 세계대전 후 사상계가 국가주의를 비판하고 있었을 때라 쑨중산은 민족을 추종하고 국가는 경시하며 민족은 천연력, 즉 왕도가 조성한 것이고 국가는 무력, 즉 패도가 만든 것이라 여겼다.[26] 그는 민족을 강조하고 국가를 경시하기 때문에 그저 민족자결권을 강조했고 심지어 중국 내의 몽골 등 소수민족 역시 모두 자결권을 가져야 한다고 여겼다.[27] 그래서 쑨중산이 말한 민족주의는 상당한 정도에서 바

23 任公, 1901, 「國家思想變遷异同論」, 『淸議報』 第95冊, 第2頁.

24 신채호, 1984, 「제국주의와 민족주의」, 단재신채호선생기념사업회 편, 『단재신채호전집』 별집, 형설출판사, 108쪽.

25 孫文, 1927, 『三民主義』, 民權書局, 第2頁.

26 孫文, 1927, 『三民主義』, 民權書局, 第2-3頁.

27 甘乃光, 1927, 『孫文主義硏究』, 甘乃光等著, 『孫文主義硏究集』, 大東書局, 第8頁.

로 한족의 인종주의다. 차오위안(曹任遠)은 쑨중산의 민족주의를 논할 때 일찍이 "쑨중산의 인식에는 한족이 바로 국족이다"라고 말한 적 있다.[28]

그러나 이러한 관찰은 정확하지는 않다. 쑨중산은 몽골 등 소수민족이 중국을 이탈하기를 바라지 않았을 뿐 아니라 심지어 류큐, 조선, 미얀마, 안남 등을 잃어버린 중국의 영토로 보았고 중국이 강대해진 후 다시 중국 중심의 질서 속으로 돌아올 것이라 믿었다.[29] 실제로 쑨중산뿐 아니라 많은 혁명파가 신해혁명 이후 국가와 영토 완정을 수호하는 것을 가장 중요한 목표로 삼았다. 그러므로 한국의 배경한 교수는 이 시기 쑨중산이 구상했던 동아질서는 여전히 전통 중화주의 동아질서의 '변종'이었다고 비평했다.[30]

쑨중산의 민족과 국가인식 상의 혼란은 근대 중국인의 국가 정체성 구조상의 어려움에 반응하였다. 이러한 국가를 경시하는 경향은 '5·4' 시대 신지식인들의 사상 속에서 더 뚜렷하게 표현되었다. 퓨쓰넨(傅斯年)은 "나는 단지 크게는 인류가 있고, 작게는 '나'가 있음이 진실이라고 인정한다. '나'와 인류 중간의 모든 계급, 예를 들어 가족, 지방, 국가 등등은 모두 우상이다. 우리는 인류를 위한다는 연고로 '진짜 나'를 양성해야 한다"고 말했다.[31] 리다자오(李大釗) 역시 당시 "우리의 가정 범위는 이미 전 세계로 확장되었고 그 나머지는 모두 진화 궤도상의 자취로 모두 타파해야 한다"고 믿었다.[32] 그러므로 제1차 세계대전 이후 세계주의

28 曹任遠, 1927,「中山先生的民族主義」, 甘乃光等著,『孫文主義研究集』, 大東書局, 第32頁.

29 孫文, 1927,『三民主義』, 民權書局, 第14頁.

30 배경한, 2011. 12,「신해혁명 전후시기 손문의 아시아 인식」,『중국근현대사연구』제52기, 14쪽.

31 傅斯年, 1919,「新潮之回顧與前瞻」,『新潮』第2卷 第1期, 第205頁.

와 무정부주의 등 각종 초국가사상이 중국에서 크게 유행하였다.

세계주의와 무정부주의자들이 보기에 중국, 조선 등은 모두 하나의 지역 명칭일 뿐이고 국가 정체성은 마치 존재의 가치를 잃은 것 같았으므로 운대잉(惲代英)은 '소년 중국'을 어떻게 창조할 것인지 토론할 때 먼저 중국이 아직 존재 가치가 있다는 가설이 필요하다고 하였다.[33] 왕광치(王光祈)는 심지어 이러한 가설조차 필요하지 않다며 "나는 대동세계를 꿈꾸는 사람으로, 중국이라는 이 지역을 세계의 일부로 보고 대동세계의 지위로 만들고 싶다. 그러려면 우선 중국이라는 이 지역을 대동세계의 일부에 어울리도록 만들지 않으면 안 된다. 내 머릿속에는 국경의 존재가 없고 우리가 인류의 행복을 위해 활동하는 것은 원래 중국 국경 내로 국한되어서는 안 된다"고 공언했다.[34] 왕광치는 그것이 침략적이든 평화적이든 간에 어떠한 국가주의도 믿고 싶지 않으며 그래서 그는 자신이 말하는 '중국'은 그저 하나의 지역 명칭일 뿐 국가를 가리키는 것이 아니며, 중국을 개조하는 것 역시 중국을 세계 개조를 시작하는 곳으로 삼을 뿐임을 강조하였다. 국가주의파라 할지라도 이때는 그 국가주의가 침략을 반대하는 것임을 강조할 뿐 아니라 국가가 사회조직 최후의 이상이 아니고 단지 현재 사회에서 가장 강한 힘을 가진 일종의 조직일 뿐이라 생각했다.[35]

민족을 강조하고 국가를 경시하기 때문에 대외관계에서도 민족 간의 연합을 강조하였지 국가 간의 연합은 강조하지 않았다. 쑨중산은 평등

32 李大釗, 1919. 9, 「'少年中國'的'少年運動'」, 『少年中國』 第1卷 第3期, 第3頁.

33 惲代英, 1920. 7, 「怎樣創造少年中國?(上)」, 『少年中國』 第2卷 第1期, 第1頁.

34 王光祈, 1919. 8, 「"少年中國"之創造」, 『少年中國』 第1卷 第2期, 第1頁.

35 陳啓天, 1924. 1, 「新國家主義與中國前途」, 『少年中國』 第4卷 第9期, 第11頁.

하게 나를 대하는 다른 민족과의 대외연합을 강조하고 그로써 해방을 구하며, 국가주의가 국가 간의 연합만을 주장하고 다른 민족과 공동으로 분투하자고 주장하지 않는 것을 비판했다.[36] 사실 근대 이래로 세계에서 강력한 힘을 가진 합종연횡은 기본적으로 모두 국가 간 행위이고 국가를 벗어나 다른 민족과 연합하는 것은 대개 무정부주의자들처럼 그렇게 연합할 뿐이었다. 신채호는 노년에 무정부주의로 전향했는데, 아마도 여기에서 나왔을 것이다.

항일전쟁 시기에 중국의 민족주의는 고조되었지만 여전히 국가를 강조하는 것을 원치 않는 사람들이 있었다. 1939년 왕사오룬(汪少倫)은 『민족철학대강』을 출판하였는데, 여전히 국가경쟁이 아닌 민족경쟁으로 세계 정세를 이해하였으며 중국의 문제는 국가의 문제가 아닌 중화민족 생존과 자유의 문제라고 생각했다.[37] 뤄멍체(羅夢冊)는 중국의 목표가 민족국가를 수립하는 것이라고 인정하지 않고 중국의 특수 성격을 강조했다. 그는 중국은 민족국가로 전환되지 않은 상태로 여전히 '천하국가' 단계에 머물러 있다고 생각했다. 그는 '천하국가'는 민족국가와 시대 차이가 존재하지 않고 오히려 '천하국가'는 제국과 민족국가와 마찬가지로 인류사회 발전의 3개의 길 중 하나라고 생각한다. 그는 "중국 혹은 '중국의 국가'는 과거에 혹은 줄곧 현재까지도 '족국'(민족국가)이 아니었으며 '제국' 역시 아니며 초'족국', 반'제국'의 '국가'다. 또한 하나의 '국가'이자 '천하'이며, 즉 하나의 '천하체계', '천하기구' 혹은 '천하국가'"라고 말한다.[38]

36 甘乃光, 1927,「孫文主義硏究」,『孫文主義硏究集』, 大東書局, 第8頁.

37 汪少倫, 1946,『中國之路』, 商務印書館, 第4頁.

III. 동양과 황인종

일찍부터 중서 교류는 있었지만 근대 이전 동아시아 각국이 진정으로 관심을 가진 범위는 극히 제한적이었다. 중국을 보면 주로 중국 중심의 조공책봉체계가 관련된 범위였고 이 범위 이외의 일에는 거의 관심을 두지 않았다. 근대 서세동점이 동아 지역 질서에 대한 충격은 전체적이었고 동아시아인의 일체감을 심화하여 동아시아인은 지역과 인종 2가지 각도에서 이 변국을 이해했다.

지역적으로 보면 동양과 서양 사이의 경쟁이었다. 인종적으로 보면 황인종과 백인종 사이의 경쟁으로 나아가 동양문명과 서양문명의 경쟁이었다. 동아시아 지역 정체성은 이 다중 대립 구조 속에서 점차 형성되었다. 일본인은 아시카가 요시미쓰(足利義滿) 시대 말기부터 막부 말기까지 다른 국가와의 관계가 밀접하지 못하였고 아시아 일체의 관념이 기본적으로 없었으며 막부 말기에 이르러서야 동양을 하나의 문화 총체로 인식하기 시작하였다.[39] 그래서 전통적인 가국천하의 정체성 중에 지역, 인종, 문화상에서 구축된 동아시아 지역 정체성을 한층 추가하였다.

중국인들은 중국이 서구열강의 쟁탈 대상이 되었을 뿐 아니라 주변의 번속국 역시 열강의 식민지로 전락해 중국의 성쇠가 동아시아 나아가 세계 대세와 관계있다고 느꼈다.[40] 동아시아 다른 국가들 역시 마찬가지로 생존 위기에 직면했다. 모든 국가가 뒤섞여 있어 관문을 닫고 외부와

38 羅夢冊, 1943,『中國論』, 商務印書館, 第11頁.

39 王屏, 2004,『近代日本的亞細亞主義』, 商務印書館, 第54頁.

40 徐勤, 1897,「中國盛衰關于地球全局」,『知新報』第4冊, 第2-4頁.

왕래를 끊는 것 역시 불가능하지만 약국들은 강국과 공존하기도 어려워 각국은 무력으로 경쟁하여 약육강식의 세상이 되었다. 동아시아 각국은 열강의 경쟁 속에서 생존하려면 우선은 스스로 강해져야 하고 그다음은 외교를 중시해야 한다. 쉬친(徐勤)은 일찍이 "중국은 동맹국이 없어 쇠퇴하고 터키는 외교가 없어 약탈당했다. 열국의 세계는 동맹이 가장 중요하다. 독일·이탈리아·오스트리아는 서로 연맹하여 그 세력을 스스로 이루었다. 남미는 미국과 연합하여 소국들이 설 수 있었다"고 말한 적 있다.[41] 이러한 사유방식에서 출발하여 자연스럽게 동아시아 각국이 연합할 수 있기를 희망하고 특히 문화와 인종이 같은 한·중·일 삼국은 우선 반드시 연합해야 한다고 했는데, 삼국 연대론은 여기에서 생겨났다.

그러나 일본이 메이지유신 이후 국력이 날로 증강되면서 중국의 동아시아 종주 지위에 도전하기 시작하였다. 일본은 동양주의를 제창하는데 열중하였는데, 바로 동아시아 지역 주도권을 획득하길 바라는 일종의 표현이었다. 중국이 청일전쟁에서 참패한 후 일본은 중국의 동아시아에서의 지위를 성공적으로 대치하였고 러일전쟁 승리를 통해 공고화하여 서양 열강과 어깨를 나란히 하는 강국 중 하나가 될 수 있었다. 이에 비해 중국은 철저하게 '동양의 터키'로 전락해 버렸다. 일본인은 자랑스럽게 "오늘날 국가는 동양에 있지만 열강과 각축하고 있는 것은 우리 일본이다"라고 공언할 수 있었다.[42] 후쿠자와 유키치(福澤諭吉)는 "동아 맹주를 맡은 자는 우리 일본이다"라고 선포하였다.[43] 심지어 어떤 이는 문

---

41 徐勤, 1903, 「論俄國不能混一亞東」, 『知新報』 第2冊, 第4頁.

42 不詳, 1966, 「與中國志士書(東亞同文會報告)」, 橫濱新民社, 『淸議報全編』 卷十七, 文海出版社影印本, 第11頁.

43 福澤諭吉, 1960, 「朝鮮の交際を論ず」, 『福澤諭吉全集』 第8卷, 岩波書店, 第30頁.

명사의 각도에서 근대 동아시아 맹주가 중화제국에서 일본제국으로 전환되는 필연성을 해석하기 시작하였다. 나이토 코난(內藤湖南)이 말하기를, 조선은 세력중심 형성에 적합하지 않은 민족이므로 중국과 일본만이 동아시아의 세력중심이 될 수 있지만 중국은 이미 쇠락하여 세력중심은 이미 중국에서 일본으로 이전되었으므로 중국인은 동아시아 세력중심이 이미 이전되었다는 현실을 수용할 수 있기를 희망한다라고 하였다.[44]

일본은 동아시아 맹주가 된 이후 어떻게 동아시아에서 이 지위를 유지할 수 있을지, 그리고 동아시아 각국과의 관계를 어떻게 안배할지 생각할 필요가 있었다. 청일전쟁이 발발한 후 오자키 유키오(尾崎行雄)는 『지나 처분안』를 쓰고 중국 병탄을 주장했다. 중일평화 담판 시, 다케코시 요사부로(竹越與三郞)는 다시 『지나론』이라는 책을 쓰고 평화 담판에 반대하며 철저하게 중국을 병탄해야 한다고 주장하였는데, 그 이유는 중국 인구는 빠른 속도로 증가하고 해외로 이민하여 만약 미래에 중국이 부흥하면 일본은 중국과 경쟁할 수 없을 것이므로 '동양'이라는 두 글자의 지리적 공명(空名)과 동양평화라는 허문(虛文)을 사용할 수 없으니 오랜 세월 일본을 깊은 우려 속에 빠뜨리고 대환을 가져다줄 것이기 때문이라고 하였다.[45]

병탄론과 비교하여 동정심이 있었던 것은 아시아주의이다. 오카쿠라 텐신(岡倉天心)은 최초로 '아시아일체론'을 제시하였는데, 일본의 지도하에 아시아 각 민족의 대조직을 수립하여 공동으로 서양의 침략에 대항

44 內藤湖南著, 林曉光譯, 2016, 『東洋文化史研究』, 复旦大學出版社, 第154頁.

45 竹越與三郞, 1900, 「中國人种侵略世界」, 『淸議報』 第40冊, 第7頁.

하자고 주장하였고, 이후 일본의 아시아주의에 사상적 기초를 마련해 주었다. 당시 한·중 양국의 사람들은 일본의 아시아주의에 희망을 품었다. 조선의 이기(李沂) 역시 "무릇 동아시아를 연합하여 황인종을 육성하는 것, 이는 일본인의 의무다"라고 말했다.[46] 러일전쟁이 발발하자 그는 3국 정립론에서 출발하여 일본이 만주를 점령한 후에 만주를 3부분으로 나누어 한 부분은 중국에게 돌려주고, 한 부분은 일본에 귀속하고, 한 부분은 조선에게 나눠주어 조선이 너무 작아지지 않도록 하자고 제안하면서 중·일·한 3국의 세력 균형의 효과를 얻기를 희망하였다.[47]

그러나 이상주의적 아시아주의와 일본 정부의 모든 행위는 거리가 멀었다. 일본이 메이지유신 이후 류큐를 병탄하고, 타이완을 침략하고, 조선을 억압한 일련의 행위는 동아시아를 진정한 하나로 만들기 어렵게 했고, 한·중 양국 사람들은 망국의 주요 위협이 일본으로부터 온다는 것을 인식하였다. 게다가 일본 국내 역시 아시아주의의 한 가지 주장만 있지 않았다. 후쿠자와 유키치는 이 시기 이미 중국과 조선 등을 일본의 '나쁜 벗(惡友)'이라고 선포하였고, 이런 동양의 '나쁜 벗'을 사절하려 했다.[48] 이렇게 일본은 비록 아시아에 위치하지만 오히려 먼저 '탈아시아'를 하여 일본 이외의 아시아를 낙후와 보수의 대명사로 나누었다. 1902년, '탈아입구' 후의 일본은 영국과 동맹을 맺었다. 다른 동아시아 국가 사람들로 하여금 일본의 행위를 이해시키기 위해 일본인 역시 동양은 일찍이 동양인의 동양이 아니라 세계의 동양이라 강조하였다.[49]

---

46 이기, 1974, 『삼만론』, 『해학유서』 3권, (한)국사편찬위원회, 64쪽.

47 이기, 1974, 『삼만론』, 『해학유서』 3권, (한)국사편찬위원회, 64쪽.

48 福澤諭吉, 「脫亞論」, 『時事新報』, 1885年 3月 16日.

49 不詳, 1966, 「與中國志士書(東亞同文會報告)」, 橫濱新民社, 『淸議報全編』 卷十七,

이후 일본인이 말하는 동양의 위기는 단지 일본의 동아시아 침략을 방해받았을 때의 위기였다. 중국이 열강에 의해 분할되는 위기에 직면했을 때 일본 국내의 어떤 이는 분할을 제창했고, 어떤 이는 보전을 주장했는데 분할이든 보전이든 모두 일본이 어떻게 동아시아 패권을 장악할 것인가라는 취지에서 출발한 것이다. 중국이 일단 와해되어 열강이 다투어 분할하면 군사력이 부족한 일본은 수수방관밖에 할 수 없음을 걱정했을 따름이다. 이러한 국면의 출현을 피하기 위해 분할론자 중에서는 영·프·미·독·이·오·일이 만국공회를 열어 중국의 분할에 대해 주지하여 전쟁이 일어나는 것을 피할 수 있다고 제안한 사람도 있었다.[50] 보전론자 중에서는 일본의 주도하에 일·영·미·독·러·프 6개국이 중국의 간접 보호자가 되어 중국 공통 보전의 조항을 수립하자고 주장한 사람도 있었다.[51]

고노에 후미마로(近衛文麿)는 당시 '지나 보전론'의 주요 제창자로, 그가 중국 보전을 희망한 것은 러시아가 기회를 틈타 중국 동북 지역을 분할·점거할까 봐 걱정했기 때문이었으며 "만주 일대가 러시아에게 귀속되면 일본이 이전에 얻었던 만주 부근의 땅 및 태평양 일대가 러시아에게 빼앗길 것이고, 그때는 지나와 조선을 보전하고 싶어해도 얻지 못할까 두렵다"[52]고 했다. 그러므로 당시의 일본은 분할과 보전이 어려운 선택이었고 그래서 어떤 평론에서는 "보전이라는 말은 참으로 아름다워

文海出版社影印本, 第15頁.

50 不詳, 「擬立瓜分中國平和會」, 『淸議報』 第4冊, 西報譯編, 第9~10頁.

51 不詳, 1899, 「論保存中國之策(譯太陽報第拾六號)」, 『淸議報』 第26冊, 聞戒錄, 第6~8頁.

52 近衛篤麿, 「論列國宜妥商保護滿洲」, 『北京新聞匯報』, 1901年 7月 17日.

그러저럭 도리에 맞지만 우리들이 머리를 숙이고 그것에 복종하라 청해야 한다. 분할이라는 말은 건장하고 그럭저럭 법에 맞지만 팔을 걷어붙이고 일하라 청해야 한다. 현재 보전은 현실에 맞지 않아 행할 수 없고, 분할은 포악하게 굴어 취할 수 없으니 그러므로 그것이 아름답고 건장하다 말하더라도 외무 당국이 할 수 있는 것이 아니다. 당국이 할 수 있는 것은 오직 청국의 무한한 자원을 개발하여 우리가 부족한 부분을 메우고 많은 물건을 만들어 청국으로 수출하여 불시의 수요에 맞추고 몸과 마음을 다해 고심하여 경영하여 우리 나라 상무가 날로 번성하도록 만들고 무한한 이익을 차지하고 나서 가능하니, 그 보전과 분할지책에 이르면 때에 맞게 처리하면 된다"[53]고 했다.

이렇게 소위 동양의 평화대국 수호의 의무와 책임은 일본의 이웃 국가 침략의 은폐물이 되었다. 일본의 어떤 이는 "우리 일본은 지나와 조선에 적합하게 우리의 권력권을 확장할 수 있으며 철도권, 해안선은 우리가 필요하면 세력권 내에 두는데 결코 열강과 함께 침략하려는 목적이 아니며, 대개 구원의 수단상 부득이한 것이었다. 왜 그런한가? 우리는 침략의 뜻이 없어 일시적으로 지나와 조선의 토지, 지나와 조선의 권익이 일본의 손안에 있으나 마치 지나와 조선의 손안에 있는 것과 같다. 스스로 분발하여 자강해져 다른 나라에 저항할 수 있을 때가 되면 다시 손안으로 돌려보내면 된다. 요약해서 말하자면, 지나, 조선은 권익을 유지할 수 없으니 우리 일본이 불가불 임시로 그것을 대신 지켜준다"라고 하였다.[54] 그래서 신채호는 일본의 동양주의를 비판하고 조선인이 일본

53 不詳, 1899, 「對淸政策(譯商業世界報)」, 『淸議報』 第23冊, 第11~12頁.

54 不詳, 1899, 「歐洲列國對中國用柔緩侵略論」, 『淸議報』 第29冊, 第13頁.

인에게 나라가 망하는 것은 망하는 것이 아니라는 생각을 지워버렸다. 그러나 철저하게 동양주의가 조선인에게 주는 영향을 끊어내는 것은 쉽지 않았다. 안중근이 이토 히로부미를 암살할 때 여전히 그 목적은 동양평화수호에 있다고 강조했다. 그는 동양의 한·중·일 삼국은 나눌 수 없다고 굳게 믿으며 그렇지 않으면 동서양, 황백인종의 경쟁 중에 실패를 맛보게 될 것으로 믿었고, 옥중에서도 『동양평화론』을 쓰려고 하였다.[55] 안중근의 황백인종 경쟁의식은 이렇게 강렬했고, 심지어 일본이 워싱턴을 선택하여 러시아에 대한 강화협상을 하는 것도 주객의 구분을 잃었다고 느꼈다.[56]

다케코시 요사부로가 『지나론』에서 걱정한 것처럼 중국은 일본에 있어 모순의 존재이고 중국은 망국이든 부흥이든 모두 일본에 불리하다고 생각했다. 그러나 일본 민간에서는 시종 중국, 조선과 연합하기를 바라는 사람들도 있었고, 중국과 조선 역시 일본에 희망을 품는 사람들이 있었는데, 다루이 도키치(樽井藤吉)의 『대동합방론』이 한·중 양국에서 큰 영향을 만들어 내었다. 량치차오의 주지하에 상하이대동서국에서 출간했는데, 중국인이 쉽게 받아들이지 않고 첨삭할까 걱정했다.[57] 무술변법 시에 캉유웨이(康有爲)는 일본인 야노 후미오(矢野文雄)와 양국 합방의 구체적 방법을 상의하였고 일단 총리관아에서 비준을 받아 각 성에서 양국 합방대회를 거행하는데, 나중에 야노 후미오는 러시아인의 원망으로 감히 실행하지 못할까 걱정했다.[58] 캉유웨이, 량치차오는 이 시기 중

---

55 안중근, 1999, 『동양평화론』, 윤병석 편역, 『안중근전기전집』, 국가보훈처, 184~186쪽.

56 안중근, 1999, 『동양평화론』, 윤병석 편역, 『안중근전기전집』, 국가보훈처, 190쪽.

57 雷家圣, 2010. 6, 「"大東合邦論"與"大東合邦新義"互校記-兼論晩淸"合邦"在中國的發展」, 『中國史硏究』 第66輯, 第89~95頁.

일합방에 찬성했는데 완전히 동아시아 지역 정체성에서 나온 것은 아니었으며, 당시에는 중국과 영·미·일 3국 합방을 주장했던 사람들도 있었다.[59] 조선의 이용구 역시 우치다 료헤이(內田良平)의 영향하에 한일합방론을 수용하였고, 결국 1909년 안중근의 이토 히로부미 암살사건 발생 후 일진회는 한일합방을 공개적으로 요구하였으며 이를 빌미로 일본이 쉽게 조선을 병탄할 수 있었다. 이는 지역주의가 민국(국가)주의를 쇠약하게 할 뿐 아니라 강자가 약자를 지배하는 도구가 될 수 있음을 설명한다. 일본은 줄곧 중국을 병탄하려는 마음을 포기하지 않았다. 신해혁명이 발발하고 나카지마 탄(中島端)은 『지나 분할의 운명』을 저작하고 중국은 필히 열강에 의해 분할될 운명이라고 생각하여 일본이 중국 분할에 참여하는 것을 부추겼다.[60] 이 책은 출판된 후 천진 북양법정학회가 곧 조직적으로 번역 출판했고 "저자는 중국을 분할할 뜻으로, 어쩔 수 없이 중국은 분할될 수 있다고 속였다. 중국이 분할될 수 있다는 유언비어를 퍼트려 천하의 이목을 어지럽혀 간계를 부렸다"고 반박했다.[61]

게다가 일본이 관심을 가진 범위 역시 조선 반도와 중국 대륙에 국한되지 않았다. 1855년 요시다 쇼인(吉田松陰)은 『유수록』에서 일본은 "조선, 만주와 지나를 쉽게 나눠 가진" 후에 반드시 나아가 "남으로는 루손

---

58 雷家圣, 2010. 6, 「"大東合邦論"與"大東合邦新義"互校記-兼論晚淸"合邦"在中國的發展」, 『中國史硏究』 第66輯, 韓國中國史學會, 第95~103頁.

59 國家檔案局明淸檔案館編, 1958, 『戊戌變法檔案史料』, 中華書局, 第178頁.

60 中島端, 1912, 『支那分割之運命』, 弘文堂, 第125頁.

61 李大釗等, 1999, 「〈支那分割之運命〉駁議」, 朱文通等整理編輯, 『李大釗全集』 第一卷, 河北教育出版社, 第548頁.

제도를 취하여 진취적인 세력을 보여줄 수 있다"고 생각했다.[62] 일본은 전체 태평양의 주도권을 장악하려 했고 태평양에서 백인종과 맞섰다.[63] 이러한 야심은 결국 이시하라 간지(石原莞爾)의 최종전쟁론으로 발전하였다. 즉 일본은 최종적으로 누군가를 둘러싸고 세계의 중심이 되려 하고 태평양과 미국을 끼워 인류 최후의 대결전을 할 것이라 여겼다. 관심의 범위가 확대됨에 따라 심지어 인종론 또한 바뀌었다. 이시카와 야스지로(石川半山)는 중국, 일본, 조선, 헝가리, 터키 국민을 황백인종으로 정리하고 서유럽인은 홍백인종으로 칭했다. 그는 인종 사이의 경쟁은 주로 황백인종과 서구의 홍백인종 사이의 경쟁이며 황백인종이 결국 승리를 거둘 것이라고 믿었다.[64]

마찬가지로 약국으로서 중국은 연합하는 대상을 일본으로만 국한하지는 않았다. 청 말기에 미국은 이미 가장 신뢰할 수 있는 연맹 대상으로 여겨졌다. 당시 쉬친은 '천하를 어지럽히는 것은 러시아고 천하를 안정시키는 것은 미국'이라고 믿었다. 그래서 중국이 반드시 미국과 연합해야 한다고 주장했다.[65] 천지얀(陳繼儼) 역시 중국이 만약 "오늘 자립하려고 한다면 다른 국가와 조약 체결을 제1의로 삼아야 하고", "오늘 다른 국가와 조약 체결을 한다면 미국과의 연합을 제1의로 삼아야 한다"고 주장했다.[66] 그러므로 중국인은 비록 황백인종의 경쟁을 자주 말하지

62 嚴紹璗, 1997, 「幕末的"宇內混同說"與明治時代的"大東合邦論"-近代日本的"國家主義思潮硏究"」, 『日本學刊』 第1期, 第86頁.

63 不詳, 1899, 「論太平洋之未來與日本國策」, 『淸議報』 第13冊, 第12~13頁.

64 石川半山, 1900, 「論种界之競爭」, 『淸議報』 第48冊, 第5~7頁.

65 徐勤, 1903, 「論俄國不能混一亞東」, 『知新報』 第13冊, 第1頁.

66 陳繼儼, 1897, 「論中國今日聯歐亞各國不如聯美國之善」, 『知新報』都41冊, 第2頁.

만 이는 사실 고정된 사유방식이 아니다. 산시성 타이위안부 문묘에 세워진 종성사(宗聖社) 같은 공교(孔教) 조직 역시 『종성회지』에 글을 게재하고 "황백 두 인종은 상호보조하기에 적합하다"고 했다.[67] 그러므로 강국 일본에 대해서든 약국 중국, 조선에 대해서든 동아시아 지역 정체성은 모두 취약한 것이었다. 일본은 영일 동맹 성립 후 한때 아시아주의를 국가 이데올로기에서 배제하고, 그 후 다시 대아시아주의를 일본 대외 확장의 방패로 삼았다. 중국의 후한민(胡漢民)은 "대아시아주의, 천하에 많은 악행은 모두 너의 이름을 빌려 행하였다"고 말했다.[68]

1917년, 추인푸(丘引夫) 등은 오데라 겐키치(小寺謙吉)의 『대아시아주의론』을 번역할 때 서적명을 『중국병탄론』으로 직접 바꾸었다. 오데라 겐키치는 책에서 "중국은 오늘날 구차하게 생존을 도모하고 치료를 바라고 있으며 그 국가 통치기관이 제 역할을 다하지 않고 있어 일본에게 넘겨준 것은 공이 아니다"라고 주장한다. 추인푸 등은 그렇다고 생각하지 않아 "그래서 특별히 현재의 서적 명을 바꾼 것은 국민들이 그것을 읽기 바라서이고 그 뜻은 명확하여 불을 보듯 분명하다"고 하였다.[69] 그래서 이 시기 일본인이 대아시아주의를 제창한 것은 중국인들로 하여금 더 경계하게 하였다. 리다자오는 "일본은 근래에 일부 사람들이 대아시아주의를 제창하고 있다. 우리 아시아인은 이 명사를 듣고 매우 걱정하였다"고 말했다.[70] 1917년 4월, 리다자오는 일본 도쿄 『중앙공론』에 발표된 「대아시아주의란 무엇인가」라는 글을 겨냥해 「대아시아주의」라는

---

67 前人, 1913. 6, 「黃白二族宜互相補助」, 『宗圣匯志』 第1卷 第2號, 第12頁.

68 胡漢民, 1934, 「再論大亞細亞主義」, 『三民主義月刊』 第4卷 第3期, 第13頁.

69 小寺謙吉著, 丘引夫等譯, 1917, 『幷呑中國論 · 譯例』, 民鐸雜志社, 第1~2頁.

70 李大釗, 1919. 2, 「大亞細亞主義與新亞細亞主義」, 『國民』 第1卷 第2期, 第1頁.

글을 써 "무릇 중국이 없으면 곧 아시아도 없으며, 우리 중국인이 무릇 자립할 수 없으면 곧 아시아인은 세계에 존립할 수 없다", "그러므로 대아시아주의라는 것은 중화국가의 재건, 중화민족의 부활을 절대 관건으로 삼아야 한다"고 지적하였다. 따라서 중국이 아시아 대국의 기둥이자 주춧돌임을 일본이 인정하기를 바라며 일본이 중국 부흥에 원조하고 대아시아주의를 빌어 아시아 패권의 실익을 탈취하는 것을 숨기지 않길 바랐다.[71] 1919년 설날 리다자오는 다시 「대아시아주의와 신아시아주의」라는 글을 발표하고 재차 국민들이 "반드시 '대아시아주의'가 중국 병탄주의의 은어임을 알아야 하고", "'대아시아주의'는 대일본주의의 다른 이름임을 알아야 한다"고 일깨웠다.[72]

리다자오는 비록 일본의 대아시아주의를 비판하였지만 그 역시 신아시아주의를 제창하였으며 지역 정체성을 중시하는 것 같지만 그가 말하는 아시아는 하나의 지역명칭일 뿐 인종상의 의미를 갖고 있지는 않다. 리다자오가 '신아시아주의'를 제창하는 것은 그가 당시 세계연방이 매우 빠르게 실현될 것이라 믿었고, 아메리카가 반드시 하나의 아메리카 연방으로 결성되고 유럽 역시 반드시 하나의 유럽연방으로 결성될 것이라 믿었기 때문이다. 그래서 아시아 역시 반드시 하나의 아시아연방으로 결성되고 공동으로 세계연방의 기초가 될 것이라 믿었다.[73] 1924년 11월, 쑨중산 역시 일본에서 「대아주주의」라는 제목으로 강연을 하고 아시아 민족은 반드시 연합해야 한다고 주장했다.[74] 쑨중산의 이 강연에

---

71 李大釗, 「大亞細亞主義」, 『甲寅』 日刊, 1917年 4月 18日.

72 李大釗, 1919. 2, 「大亞細亞主義與新亞細亞主義」, 『國民』 第1卷 第2期, 第1頁.

73 李大釗, 1919. 2, 「大亞細亞主義與新亞細亞主義」, 『國民』 第1卷 第2號, 第3頁.

74 孫文, 1939, 「大亞洲主義」, 『興建月刊』 第1卷 第1號, 第22頁.

대해 배한경은 쑨중산의 조선 문제에 대한 태도는 소극적이었고 그가 바랐던 아시아 각 민족의 연합은 단지 일본이 중국의 지위를 충분히 존중해 중·일 양국을 중심으로 연합을 실현하기를 바라는 것이지 약소민족의 해방을 아시아민족연합의 전제로 삼는 것은 아니었다고 지적했다.[75] 이 비평은 비록 일리가 없는 것은 아니지만 쑨중산이 원래 체계적으로 아시아민족연합 구상을 논술한 것이 아니라 단지 일본의 지지를 얻길 원했던 것뿐이었다는 사실을 알아야 한다. 쑨중산은 자주 그의 사상을 '천하위공', '세계대동'의 경계로 밀어붙였는데, 아시아 정체성 구축을 목표로 하지는 않았다. 후한민의 해석에 따르면, 쑨중산의 대아시아주의는 민족주의와 세계주의 사이의 연쇄이자 민족주의에서 세계주의로 과도하는 교량이다.[76] 그러므로 리다자오, 쑨중산 등의 주장에서 볼 때 중국인이 아시아주의를 말하더라도 인종으로 근거를 나누는 것이 아닐 뿐 아니라 지역 공동체의식을 최고 가치로 보는 것도 아니고 더욱 강한 세계주의 경향을 갖고 있는 것이다. 고청위안(高承元)은 리다자오의 「대아시아주의와 신아시아주의」를 읽고 심지어 리다자오가 세계 각 민족이 연합하여 세계연방을 만들자고 직접적으로 주장하지 않고 먼저 아시아연방을 구축하고 다시 세계연방을 재구성하자고 주장한 것에 대해 이해가 되지 않는다고 했다.[77]

사실 일본 입장에서 대아시아주의는 단지 일본이 세계패권을 쟁탈하는 과정 중에 중·일 관계와 동아시아 다른 국가와의 관계를 어떻게 처

75 배경한, 2011. 12, 「신해혁명 전후시기 손문의 아시아 인식」, 『중국근현대사연구』 제52집, 14쪽.

76 胡漢民, 1934, 「再論大亞細亞主義」, 『三民主義月刊』 第4卷 第3期, 第15頁.

77 李大釗, 1919. 11, 「再論新亞細亞主義」, 『國民』 第2卷 第1號, 第1頁.

리하는지에 대한 일종의 사고일 뿐이다. 특히 '9·18 사변' 이후 중·일 양국 간의 모든 연결고리가 단절되어 이해되지 않는 원수가 된 후 많은 일본인은 일본의 이권 침탈을 유지하면서 중국과의 관계를 조정하기를 바라며 여러 주장을 제시하였다. 예를 들어 나카야마 마사루(中山優)는 도쿄 교외의 초당에서 고고하고 청빈한 삶을 살았지만 여전히 열렬한 정서에 경주하며 중·일 협력 문제를 생각했다.[78] 이 시기 일본 사람들에게 비교적 큰 영향을 끼쳤던 주장은 동아연맹론과 동아협동체론이었다. 이시하라 간지는 최종전쟁론에서 출발해 중·일 협력의 중요성을 강조했고 그리하여 '동아연맹론'을 제시하고 동아연맹운동을 전개하였다. 동아연맹론은 후에 왕웨이(汪僞) 정권의 투항 이론이 되었고 그 통제 구역에서 동아연맹운동을 전개하였다. 동아협동체론은 일부 일본 지식인이 제시한 것으로, 동양문화에서 협동주의를 뽑아내 이를 기본이념으로 삼아 일본과 중국의 관계를 다시 확립하려고 하였다.[79] 그러나 동아협동체론은 내용이 모호하여 중국에서의 영향이 매우 적었다. 당시 일본 정부에서는 동아시아 신질서 구축과 대동아공영권 건설이라는 두 종류의 외교 방침을 제시하였다. 이 두 가지 방침은 비록 사기성이 짙었지만, 일본의 잔혹한 죄악은 덮지 못하였다. 장제스(蔣介石) 역시 당시에 논평하여 말하기를 "소위 '동아신질서'라는 것은 일본이 중국을 병탄하려는 것에 불과하며 태평양을 독점하려는 야심과 계획의 자백일 뿐이다"[80]라고 하였다.

---

78 中山优, 1944, 『關于大東亞宣言』, (南京)中央電訊社, 扉頁(作者介紹).

79 史桂芳, 2001, 『東亞聯盟論硏究』, 首都師范大學出版社, 第135頁.

80 蔣介石, 「駁斥所謂"建立東亞新秩序"謬說」, 『最高領袖駁斥所謂"建立東亞新秩序"謬說的重要演詞』, 江西省各界民众第二期抗戰第一次宣傳周籌備委員會印, 第3~4頁.

일본의 전면적인 중국 침략전쟁이 발발한 후, 일본제국의 식민지인 조선에서도 중·일 간의 전쟁을 어떻게 볼 것인가에 대해 고민한 사람들이 있었다. 이미 친일파가 된 최남선은 북방 이민족의 중원 쟁탈 연장선에서 일본의 중국 침략전쟁을 보았는데, 이는 북방 이민족의 중원 쟁탈의 제5단계일 뿐이라고 생각했다. 그는 일본인, 조선인, 만주인이 함께 대북방세력을 결성하여 한족으로부터 중원 쟁탈을 하자고 호소했다. 그러면 만주인은 권토중래할 수 있고 조선인은 고구려 이래로 중원에 들어가는 꿈을 실현할 수 있으며 일본인 역시 도요토미 히데요시의 '하루 아침에 대명국에 들어가는' 숙원을 실현할 수 있다고 하였다.[81] 사실 이 시기 한국 독립운동은 중국에서 전개되고 있었는데 중국의 항일전쟁과 결합하여 공동으로 일본의 침략에 대항하였다. 이것이 진정한 의미의 민족연합이었다.

제2차 세계대전이 끝나고 전승국의 일본 처리 문제가 출현하였고, 중국 역시 일본과의 관계를 다시 재고해야 했다. 재미있는 것은 이때 중일합방론을 제창한 중국인이 또 있었다는 점이다. 허융지(何永佶)는 전후 중국은 결코 일본을 압도할 수 없었고 만약 동아시아에서 중국과 일본이 모두 독립국이라면 하나의 산에 두 마리의 호랑이가 살 수 없어 중·일 경쟁을 피할 수 없으며 동아시아 평화에 해를 끼치므로 동아시아 평화를 영원히 보장하는 가장 좋은 방법은 중·일 양국이 합방하는 것이라고 생각했다. 더욱 주의할 만한 것은 허융지가 중일합방의 형식을 생각할 때 또 과거의 조공책봉체제를 생각하였고 이것이 국가가 저절로

81 최남선, 1973, 「백두산근참기」, 육당전집편찬위원회 지음, 『육당최남선전집』 제10권, 현암사, 286~287쪽.

결합되는 일종의 '합방' 방법이라고 여겼다.[82] 물론 허융지도 제도적인 혁신을 구상했는데 각국이 참여하는 하나의 회의를 설립해야 하고 소국이 일정 한도의 부결권을 향유하도록 보증해야 한다는 것이었다. 하지만 새로운 제도를 만들어도 사람들에게 중화질서의 부흥을 연상하게 할 것이다. 사실 당시 영미 등에서는 이미 중국이 4강 중 하나가 되는 것에 대해 경계심을 품었다. 이에 장제스는 "중국은 전혀 아시아를 영도할 생각이 없다"고 재천명하였다.[83] 사실 대다수 중국 지식인은 중국이 제국주의를 답습하는 것을 바라지 않을 뿐 아니라 중국이 아시아 혹은 세계를 이끄는 것을 바라지 않았고 단지 중국 주변 지역이 전후에 중국과 대립하는 입장으로 가지 않아 중국이 충분히 국가와 민족의 독립과 자유를 지켜내는 지리적 환경을 보유할 수 있기를 바랄 뿐이었다. 세계를 이끄는 책임에 대해 대다수 중국 지식인은 미국에 희망을 걸었다. 그러므로 허융지 역시 미국이 '천하국'을 해낼 수 있는지, 세계를 리드하는 역할을 할 수 있는지에 대해 걱정하였다.[84]

다시 말해, 천하관념이 해체된 후 사람들은 여전히 국가, 지역, 세계의 3개 차원에서 문제를 고려하려 하였지만 각국의 사람들이 처해 있는 상황이 달라 각자가 치중하는 것이 있을 뿐이다. 국가, 지역, 세계 3개 차원의 정체성 중 지역 정체성은 도구적 성격을 가지고 있어 가장 취약하다. 일본은 동아시아 지역주의의 주요 창시자이자 제창자이지만 동아시아 지역 역시 일본 확장의 주요 목표이므로 일본의 국가주의와 동아시

82 何永佶, 1948,「中日合邦論」,『中國在戰盤上』, 觀察社, 第179~186頁.

83 羅夢冊, 1943,『中國論』, 商務印書館, 第10頁.

84 何永佶, 1948,「美國能領導世界嗎?」,『中國在戰盤上』, 觀察社, 第240頁.

아 지역주의 사이의 충돌은 근대 동아시아 지역 정체성 구축을 어렵게 했던 주요 장애물이었다.

IV. 천하와 세계

량치차오는 중국인은 천하관념으로 국가관념을 대체하여 유럽인들과는 전혀 다른 두 개의 두뇌라고 생각했다. 나이토 코난 역시 중국인은 세계주의의 특성을 갖고 있으며 일종의 초국가적 관념을 품고 있다고 생각했다.[85] 사실 중국뿐 아니라 중화질서하에 번속 지위에 있는 조선 사대부들 역시 마찬가지로 매우 강한 천하관념을 갖고 있었다. 특히 임진왜란을 겪은 후 천하가 하나의 완전체라고 더욱 믿었다. 조선의 황경원이 말한 것처럼 "한 국가가 존재하면 천하는 장기간 안정된 형세가 있고, 한 국가가 사라지면 천하는 필망의 기회가 있으니, 대개 대소가 서로 의지하니 그 기세가 홀로 온전할 수 없다."[86] 그래서 황경원은 번속국에 속한 가신 역시 종주국의 천자를 위해 충절을 다해야 한다고 생각했다. 그는 "명이 세운 이래로 속국의 선비는 천자의 나라에 출사할 수 없었다. 그때에는 사신이 되어 배알하니 천자가 황극전에서 소견하는데 그 예도 매우 박하고 속국의 소원한 선비 역시 천자를 부모처럼 섬기는데 스스로 그 절개를 다하지 못할까 두려워하고 천성이 충직한 사람은 아니니, 어찌 그러하겠는가?" 또한 최효일, 임경업 두 사람의 사적을 겨

85 內藤湖南著, 林曉光譯, 2016, 『東洋文化史硏究』, 复旦大學出版社, 第154頁.

86 황경원, 「배신전1」, 『강한집』 27권, 전수, 서.

낭하여 논평하여 말하길 "이 두 사람은 속국의 장수로서 명 천자에게 예우를 받는 자도 아니고 스스로 중국에 충성하였다. 그래서 사람들이 그들이 절개를 지키지 못한 죄를 개의치 않고 그 후의 선택을 칭송하였다."[87]

근대에 이르러 열강의 침입은 동아시아 각국에 대한 천하의 의미가 변하게 만들었고 천하는 이미 열강의 소유물이 되어 중국은 계속해서 천하의 종주를 하기 어려웠을 뿐 아니라 심지어 자신이 새로운 천하에서 생존할 수 있느냐가 문제가 되었다. 조선의 입장에서는 청과의 종속관계를 벗어나는 것이 복인지 화인지 일시적으로 예측하기 어려웠다. 조선의 개화파는 청에 대한 사대가 노예 근성이라고 비판했는데 그러나 개화파 역시 외국을 학습하는 것을 피할 수 없었고 심지어 외국 세력에 의지하였으며 그래서 유인석이 보기에 개화파가 오히려 더 노예 근성을 갖고 있었다. 그는 개화파를 비판하며 "노예 근성이 없으려면 워싱턴의 다스림, 예수의 가르침에서 독립해야 하는데 광분하고 흠모하니 무엇 때문인가?"라고 말했다. 청을 사대하면 나라가 아직 남아 있고 개화하여 스스로 강해지면 나라가 망하므로 유인석은 '소위 개화라는 것은 실제로 나라를 망하게 하는 발단'이라고 생각했다.[88]

사실상 근대 세계가 비로소 진정으로 관계가 긴밀한 천하를 구성하였고 각국은 독립적으로 존재하기가 매우 어려우므로 중국은 스스로 이 천하로부터 멀리할 수 없을 뿐 아니라 더욱이 열강 쟁탈의 목표가 되어 오히려 중국인이 점차 중국 문제를 세계 범위 안에 놓고 사고하는 데 익

87 황경원, 「배신전4」, 『강한집』 30권, 전수, 서.

88 柳麟錫, 『毅菴先生文集』 卷二十五, 通告一國縉紳士林書.

숙해지도록 만들었다. 량치차오는 중국의 위기는 중국에만 속한 것이 아니고 '중국의 위기가 움직이면 만국의 위기가 모두 움직인다'고 믿었다.[89]

5·4 운동 시기에 이르러 세계주의, 무정부주의, 사회주의, 공산주의 등의 유행은 동아시아인의 세계 통합성 인식을 더 강화하였다. 천두슈(陳獨秀)는 세계가 이미 하나의 총체가 되어 한 가닥만 당겨도 전신이 움직이게 되므로 중국 청년들에게 세계적이 되어야지 쇄국적이 되어서는 안 된다고 호소했는데,[90] 황경원이 천자에게 충성해야 한다고 호소했던 느낌이 많이 있다. 급진적인 청년 지식인일수록 세계가 빠르게 대동으로 향할 것이라고 믿고 있어서 천두슈가 걱정했던 것은 단지 무교육, 무지식, 무단결력의 중국인이 대동세계의 일원으로 어울리지 못할까 하는 것이었다.[91]

세계주의 역시 지역주의와 마찬가지로 겨우 환기시킨 애국 열정에 충격을 주었다. 천두슈는 국가, 민족, 가족, 혼인 등 관념이 모두 야만시대의 편협한 편견의 유물이고 미래의 대동세계는 존재할 여지가 없는 것이라 생각했다.[92] 다시 말해, 그가 이해한 대동세계는 국가, 민족이 기초인 연합이 아니라 심지어 민족, 언어, 문자 역시 존재의 가치가 없기 때문에 반드시 세계어를 제창해야 한다. 당시 세계어는 중국 청년 사이에서 유행이었는데 우즈후이(吳稚暉), 첸쉬안퉁(錢玄同) 등은 한자를 폐지하여 세계어로 중국 언어 문자를 대체하자고 주장했다. 타멍허(陶孟和) 등은

89 任公, 1900, 「論今日各國待中國之善法」, 『淸議報』 第53冊, 本館論說, 第3頁.

90 陳獨秀, 1987, 「敬告靑年」, 『獨秀文存』, 安徽人民出版社, 第7頁.

91 陳獨秀, 1987, 「我們究竟應當不應當愛國?」, 『獨秀文存』, 安徽人民出版社, 第432頁.

92 陳獨秀, 1987, 「四答錢玄同(中國今后之文字問題)」, 『獨秀文存』, 安徽人民出版社, 第738頁.

한자 폐지는 반대했지만 미래에 세계가 반드시 대동으로 향할 것이라는 것은 의심할 바 없다고 믿었으며 단지 그는 '세계의 전도는 같지 않은 통일이고 일치하지 않는 통일이며' 국가, 민족은 여전히 존재할 필요가 있다고 여길 뿐이었다.[93] 더 급진적인 무정부주의자들은 심지어 국가의 역할은 이미 과거가 되었고 진화하는 길 위의 장애물이 되었다고 생각했다. 세계대동의 실현을 촉진하기 위하여 그들은 폭력수단을 이용해 국가를 타파하자고 주장했다.[94]

그러나 세계대동은 느릿느릿 실현될 수 없었고 현실 세계에는 정글의 법칙이 성행하였으며 근대 이전의 국제관계와 비교하여 더욱 도의라고 할 만한 것이 없었다. 동아시아 각국의 사람들은 모두 춘추전국으로 당시의 세계정세를 형용하는 것을 좋아하여 '근자에 지구 각국이 맞서고 있으니 또한 춘추전국의 형세'라고 생각했다.[95] 춘추전국 시대의 특징은 바로 열국의 경쟁으로 최종적으로 약국은 강국에 병탄되는 것으로, 캉유웨이는 "『좌전』부터 『전국책』을 읽을 때 200여 국가가 백여 년을 가지 못하는 것이 예닐곱이니 지금이 그때구나"라고 말했다.[96] 그는 세상의 약국은 조만간 열강에 먹힐 것이고 '오늘날 대지가 번성하고 강한 것은 몇 개국밖에 되지 않고, 생존할 수 있는 것은 몇 개국밖에 없다'고 생각했다.[97] 어

93 陳獨秀, 1987, 「答陶孟和(世界語)附陶孟和書」, 『獨秀文存』, 安徽人民出版社, 第725頁.

94 陳獨秀, 1987, 「答鄭賢宗(國家, 政治, 法律)附鄭賢宗書」, 『獨秀文存』, 安徽人民出版社, 第814頁.

95 不詳, 1966, 「論中國爲各國聯盟之中心点(上海商務日報)」, 橫濱新民社, 『淸議報全編』 卷二十五, 文海出版社影印本, 第75頁.

96 康有爲, 1913, 『中華救國論』, 『不忍』 第1冊, 第3頁.

97 康有爲, 1913, 『中華救國論』, 『不忍』 第1冊, 第4頁.

떤 이는 샴을 예로 들어 약한 국가는 외교적으로 응대가 적절하면 생존할 수 있다고 설명했지만 캉유웨이는 이것 역시 일시적인 현상일 뿐이라 여겼다.[98]

약국이 생존해 가려면, 물론 상책은 스스로 강해지는 것으로, 국민들에게 애국심을 호소하고 가족과 천하관념의 속박을 타파하여 국가를 지고지상의 지위로 올려두어야 한다. 그러나 가족관념과 천하관념의 영향 역시 쉽게 없애지 못한다. 천하 관념의 영향을 보면, 지역주의와 세계주의의 유행이 바로 명확한 증거다. 그러므로 량치차오는 중국인은 국가주의에 대해 예전부터 익숙하지 않아 '반국가주의' 혹은 '초국가주의'의 정치이론이 오히려 더 사람들의 마음속에 깊이 파고들어 중국이 근대국가 경쟁에서 여지없이 패배한 것을 비판했다.[99]

강국이 약국을 보살피지 않는 것은 만국공법에 구속력이 부족하고 열강들은 오히려 '공법을 미끼로 하여 어리석은 자는 그것에 들어가고, 지혜로운 자는 그것에서 나가니, 공법이 날로 증가하고 나라를 위해 일을 하는데, 공법은 적군의 자본이지 만국을 위한 것이 아니기' 때문이다.[100] 서양 국제법과 비교하여 사대자소를 중시하는 동아시아의 전통인 중화질서는 만국공법의 정신에 더 부합하는 것 같았기 때문에 조선의 정교(鄭喬)는 "내 생각에 동아시아에는 공법이라는 이름은 없지만 공법의 실질을 실천하는 자는 많고, 서구는 공법의 이름은 있지만 공법의 도리를 위반하는 자 역시 많다"라고 말했다.[101]

98 康有爲, 1913,『中華救國論』,『不忍』第1冊, 第3頁.

99 梁啓超, 1926,『先秦政治思想史』, 商務印書館, 第4頁.

100 韓文擧, 1897,『万國公政說』,『知新報』第6冊, 第1頁.

101 정교, 1906. 11,「국제공법」,『소년한반도』1호, 13쪽.

그래서 약국들은 공법 역시 의지할 만하지 않다. 정관잉(鄭觀應)은 명확하게 "무릇 국가의 강약이 같으면 공법을 빌려 서로 유지하지만, 만약 너무 강하거나 너무 약하면 공법을 반드시 행할 수 있는 것은 아니다" 라고 지적했다. 그가 보기에 공법은 원래 강국이 약국을 구속하는 도구이고 약국은 공법에 의지해 스스로 보호할 수 없다. 그는 "강자는 법을 집행하여 통제할 수 있지만, 약자는 억울함을 참는 것을 반드시 면하는 것은 아니다. 고로 나라가 있는 자는 유일하게 분발하여 스스로 강해져 모두 공법의 이익을 얻어야 한다. 만일 오랫동안 쇠퇴하며 부진하다면 비록 많은 공법이 있다한들 어떻게 보탬이 되겠는가? 아아!" 하고 말하였다.[102]

외교는 믿을 수 없고, 공법은 의지할 수 없으니 약국은 생존해 가려면 스스로 강해지는 것을 제1의로 삼아야 한다. 자강을 위해 변법하지만 캉유웨이는 '무릇 열국 경쟁의 국가는 천하일통의 국가와 그 법치가 반대에 달하고 국가 경쟁력을 결정하는 것은 입헌군주 실행이 아니라 민주공화이고 국가통치의 완비 여부임'을 발견했다.[103] 중국은 신해혁명 후의 혼란 국면을 겪고 난 후 자강의 목표를 실현하기 위해 더욱 세계 형세 변화에 근거하여 각종 사상을 들여왔고 각종 제도를 시험하였다. 예를 들어 천두슈는 처음에 군국주의와 금권주의를 제창하였으나,[104] 제1차 세계대전 이후 국가주의가 비판을 받은 것을 감안하여 군국주의에 반대하고 심지어는 국가 역시 포기할 수 있다고 생각했으며 세계 각 민

102 鄭觀應著, 辛俊玲評注, 2002,『盛世危言』, 華夏出版社, 第60~61頁.

103 康有爲, 1913,『中華救國論』,『不忍』第1冊, 第4頁.

104 陳獨秀, 1987,「〈新青年〉宣言」,『獨秀文存』, 安徽人民出版社, 第244頁.

족이 하루빨리 일종의 국가와 다른 신결합체를 구축하기를 희망했다. 조선에서 '3·1 운동'이 발발한 후 천두슈는 조선이 무력이 아닌 민의를 이용해 민족의 독립자치를 실현할 수 있기를 바랐으며 조선이 독립된 후에도 '영원히 군사를 모집하지 않고 탄환을 만들지 않으면 세계에서 각 민족 신결합(국가라 부르지 않음)의 모범이 된다'는 이러한 정신을 유지하기를 바랐다.[105] 그러나 이후 오래지 않아 그는 다시 공산주의로 전향하였다.

공법은 믿을 수 없고 자강 역시 할 수 없어 약육강식의 세계가 빨리 끝나기를 바랄 뿐이다. 당시의 세계정세를 춘추전국 시대와 비교하는 데 익숙하였기 때문에 춘추전국 시대의 역사 경험에 쉽게 근거하여 열국시대에서 대일통시대로 빨리 진입할 것이라 생각했다. 캉유웨이의 학설은 대동을 행하여 천하를 구하는 것이 최고의 목표였고 중국을 구하는 것은 단지 그가 시작한 첫 번째 단계일 뿐이었다. 그는 각 대국들을 여러 개의 대등한 작은 군으로 나누어 소정부로 만들고 나서 지구상에 무수한 소정부를 합쳐 유일한 대연방으로 만들어 군대를 없애고 이렇게 하면 국가 간의 전쟁을 없앨 수 있다고 주장했다.[106] 조선에서는 소수의 보수 유학자들이 오히려 과거의 중화질서를 그리워하였다. 1913년 유인석은 『우주문답』을 쓰고 여전히 중국 중심의 대일통 국면을 회복하기를 바랐다. 그는 다음의 대화를 설계하였다.

문왈: "천하가 어디에서 정(定)하겠습니까?"

105 陳獨秀, 1987, 「朝鮮獨立運動之感想」, 『獨秀文存』, 安徽人民出版社, 第404頁.

106 康有爲, 1935, 『大同書』, 上海中華書局, 第81~165頁.

왈: "한곳에 정해질 것이다."

문왈 : "한곳은 어디에 있습니까?"

왈: "중국에 있다. 중국이 대일통을 할 수 있어 연후에 하나가 될 것이다."[107]

제1차 세계대전 이후 민족자결의 학설이 성행하고 한·중 양국의 국민들은 진리가 강권에 승리했다고 믿었으며 이를 빌어 일종의 세계조직을 구축하여 세계질서를 유지하기를 바라여 국제연맹이 바로 전 세계인들의 공동의 기대 속에 탄생한 것이다. 미국이 평화회의 개최를 제시했을 때 중국 각계는 높은 관심을 가졌다. 공교회장 천환장(陳煥章)은 상원의원으로서 국회에 세계 상원의원대동맹 설립안을 제출했고 파리강화회의에 전달을 요청했다. 천환장은 세계대동맹정부 조직을 건의했고 조직법 요강 25조의 초안을 잡았으나[108] 천환장의 주장은 공교에서 출발한 것으로 공자의 태평대동학설을 세계에 발휘하는 것을 취지로 하여 공교 성질을 갖고 있기 때문에 상원에서 채택되기 어려웠다.[109] 도덕학사 역시 세계평화회의 개최를 통해 강자가 그 강함에 의지해서는 안 되고 약자가 그 약함을 무서워하지 않아 강약이 평균의 복을 공유해야 하고 최종적으로 거국적인 예를 알고 국민은 군사를 모르는 국면을 실현하기를 바랐다. 그들은 그때가 되면 '사람이 사람이 되면 천지와 삼재를 아울러 칭할 수 있다. 곧 지구 위에 같은 바람이 불고 한마음 한뜻을 만날 것이니 누가 평화회의의 귀중함을 찬미하지 않겠는가, 상제의 박애의 도

107 유인석, 『우주문답』, 『의암선생문집』 51권.

108 『來复報』 第38期, 1918年, 第19頁.

109 『新聞報』, 1918年 12月 8日, 第一張第三版, 專電.

를 널리 행할 수 있으니 상제와 함께 영원하리라. 고로 평화회의 성립 이후부터 모든 애인, 제가, 치국, 정성, 태화, 불계, 복명의 일이 순서대로 하기 어렵지 않다."[110] 비록 다시 명확하게 '평천하'를 제시하지 않았지만 여전히 수신, 제가, 치국, 평천하의 논리구조로 세계질서를 사고하는 것이다. 수광(曙光)은 사천 사람으로, 1922년 일본으로 건너가 세계의 대세를 대략 알고 난 후 대동주의에 심취하여 포부를 가지고 "인류의 경계를 허물고 인류의 분쟁을 종식시키고 가장 아름다운 대동세계를 만들려는" 방안을 연구해 내려 하였으니[111] 세계주의가 중국 지식인들에게 미친 영향이 깊음을 충분히 알 수 있다.

쑨중산은 민족주의를 강연할 때 세계대동을 최고 목표로 중국이 앞으로 강대해지면 약한 자와 곤란한 자를 돕는 것을 천직으로 여겨야 하고 중국 고유의 도덕 평화를 이용해 기초를 잡아 세계를 통일하여 대동자치가 되어야 한다고 강조했다.[112] 쑨중산의 민족주의를 설명하기 위하여 주첸즈(朱謙之)는 『국민혁명과 세계대동』이라는 책을 썼는데, 중국의 국민혁명은 자산계급을 넘어설 수 있으며 즉시 대동의 세계로 향해 전진한다고 여겼다.[113]

파리강화회의가 비록 한·중 양국 국민의 이상 목표와 차이가 매우 컸지만 제1차 세계대전 이후 설립한 베르사유-워싱턴 체계는 여전히 중국이 일시적으로 열강에 의해 분할되는 위험을 면하도록 해 주었고 국제연맹의 설립 역시 새로운 세계질서 구축에 희망을 가져다주었다.

110 未詳, 1918. 11,「和平會說三」, 道德學志附刊『道德淺言』第7冊, 社員講編, 第32頁.

111 曙光, 1934,「自序」,『大同世界』, 成都大中印務局, 第2~3頁.

112 孫文, 1927,『三民主義』, 民權書局, 第63頁.

113 朱謙之, 1929,『國民革命與世界大同』, 泰東圖書局, 第16頁.

'9·18 사변' 이후 남경 국민정부는 국제연맹이 나서서 중재해 주기를 바랐을 뿐 아니라 일반 민중 역시 국제공법, 켈로그 부전조약과 9개국 조약을 인용하여 국제연맹에 제소했고 국제연맹이 나서서 정의를 수호해 주기를 요청했다. 그들은 여전히 국제공법, 부전조약 등이 세계 사람들이 평화와 정의를 유지하는 수단으로 삼고 있으며 일본 역시 준수해야 한다고 믿었다.[114] 그러나 제1차 세계대전 후 진리가 강권에 승리한다고 믿은 것과 마찬가지로 국제연맹은 다시 중국인을 실망시켰다. 그래서 어떤 이는 어쩔 수 없이 이러한 각오를 가졌다. "현재의 세계는 강권은 있지만 정의는 없다. 어떤 평화, 어떤 부전 등 듣기 좋은 말은 모두 강자가 이름을 걸고 약자를 기만하는 일종의 수작이다." 이러한 인식은 국제사회에 대해 사람들이 보편적으로 품는 의심의 태도를 면하기 어렵다. 예를 들어 왕제칭(王洁卿)은 중국의 주요 위협은 우선 일본에서 오고 다음은 소련, 그다음은 영국과 미국이라고 했다. 미국이 중국을 동정하는 표현에 대해서도 역시 '특별한 영웅이 사람을 깔보는 말'이라고 생각했다.[115]

국제연맹의 무능은 국제 사회의 국제연맹 지위와 역할에 관한 토론을 불러일으켰고 중국인 역시 어쩔 수 없이 다른 출로를 고려해야 했다. 1936년 린시첸(林希謙)은 그의 글에서 현재 각국에는 세계정부를 구축할 아량이 아직 없으며 '현재 인류심리 상태하에서 국제연맹은 실로 조숙한 감이 없지 않다"[116]라고 지적했다. 린시첸은 중국 외교는 국제연맹

114 裴錫頤, 1931. 9. 25,「爲暴日入寇東北事警告日人幷勉國人」, 學生抗日救國會宣傳股編,『暴日侵占東省特刊』, 學生抗日救國會, 79쪽.

115 王洁卿, 1931. 9. 25,「帝國主義侵略下之中國應有之覺悟」, 學生抗日救國會宣傳股編,『暴日侵占東省特刊』, 學生抗日救國會, 第68頁.

116 林希謙, 1936. 4,「非常時期之國聯認識與我國之路線」,『中國新論』第2卷 第4期, 第25~26頁.

에 의지하는 길 외에 갈 수 있는 두 갈래의 길이 있는데, 첫째는 반제국주의 전선에 가입하는 것이고, 둘째는 아시아 민족을 연합하여 동방해방을 추구하는 것이라 생각했다.[117] 청젠성(程劍聲)은 당시 중국인이 외교상에서 취해야 했던 노선에 대해 3종류로 나누었다. 공산주의자는 소련과 연합하여 국제 공산당에 가입하고 세계혁명에 융합되어 들어가는 것을 주장했다. 민족주의자 가운데 급진파는 민족국제 혹은 삼민주의 국제를 조직하고 동방삼민주의 연방을 구축하여 대동세계로 향해 가기를 희망했다. 이런 웅장한 뜻이 없는 자는 세계혁명을 이야기하지 않고 중국과 이해가 일치하는 국가와 연합하여 침략에 저항하는 것만 생각하고 심지어 강국과 연합을 주장하며 산만한 인민 전선이 파시즘의 침략에 저항할 수 있을 거라고 믿지 않았다.[118]

전면적인 항전이 서로 대립하는 단계에 진입한 후 레이하이쭝(雷海宗), 린퉁지(林同濟)를 대표로 하는 전국책파는 여전히 서양문화가 열국단계의 고봉, 바로 전국시대에 있으며 이미 '초열국이 대일통에 들어가는' 징조가 출현하였다고 믿었다.[119] 바로 수많은 중국인이 앞으로 세계대동이 실현될 것이라 믿기 때문에 그래서 전후에 반드시 국제연맹보다 더 효과적인 국제기구를 수립하여 통일된 세계질서를 구축하기를 희망하였다. 비록 사람들은 국제연맹에 대해 많은 불만을 갖고 있었지만 그것은 필경 국제사회가 무정부 상태에서 유정부 상태로 들어섰음을 대표하고 있고 사람들은 무력을 쓰지 않고 법률로 문제를 해결하는 방향을

117 林希謙, 1936. 4,「非常時期之國聯認識與我國之路線」,『中國新論』第2卷 第4期, 第27頁.

118 程劍聲, 1938. 10,「對中國前途的觀察」,『中華評論』創刊號, 第8~9頁.

119 林同濟, 雷海宗, 1946,『文化形態史觀』, 大東書局, 第2頁.

진보적이라고 믿었으므로 많은 사람이 제2차 세계대전 이후 이 방향을 따라 한층 진일보하였다. 위자쥐(余家菊)은 국제연맹이 연약한 것은 국제연맹이 경제 제재를 이용해 침략을 막으려 하였는데 경제 제재의 결과는 오히려 전쟁이라 만약 전쟁 준비를 하지 않았다면 경제 제재는 관철될 수 없었을 것이고 침략 역시 제지할 수 없었을 것이므로 그는 각국의 군대 외에 일종의 독립된 국제 군대를 창립하자 주장했다.[120] 진티첸(金體乾)은 경제상에서 전후 세계평화를 위해 기초를 구축하기를 바랐다. 그는 소련의 신경제정책이 일종의 국가자본주의를 대표하고 있다고 생각하고 제3차 세계대전은 국가자본주의와 자본주의 사이에서 전개될 것이라고 생각했다. 제3차 세계대전의 발발을 피하기 위해 그는 "각국이 모두 국가자본주의 제도를 구축하고 국내에서 계획경제와 통제경제를 채용하자. 국제상에서는 계약된 국가무역 제도를 구축하고 각국의 식민지 개방을 협정하고 각국의 이민 표준을 확정하자. 조직상에서는 세계경제위원회를 설립하여 세계의 경제를 관리하며 점진적으로 공동경찰, 공동화폐, 공동세금 제도를 수립하자"고 제안하였다.[121] 게다가 전후 세계질서가 도의 성질을 갖도록 하기 위해 중국문화를 이용해 세계를 구하자는 이도 있었다. 예를 들어 샤오이산(蕭一山)은 인류의 평화 계획을 위해 반드시 중국의 중용문화를 전 세계에 선양해야 하고 전 인류가 평화, 관대, 지족의 덕성의 감염을 받아들일 수 있도록 해야 한다고 주장했다.[122] 첸돤성(錢端昇) 역시 국제관계상에서 반드시 동방 전통도덕에

120 余家菊, 1943. 8,「論國際武力」,『當代論壇』第5期, 第10頁.

121 金體乾, 1944年,『建立世界和平的設計』, 正中書局 第26~112頁.

122 蕭一山, 1943. 7,「戰后和平與中國文化(續)」,『當代論壇』第4期, 第8頁.

따라 행사해야 하고 나라와 나라 사이에는 충서의 도를 준수해야 한다고 생각했다.[123]

비록 전후 세계질서 수립 문제를 적극적으로 토론했지만 당시 사람들은 세계를 합쳐 하나가 되는 것은 앞으로 실현할 수 있더라도 여전히 그 전도는 매우 요원하고 현실 정치의 지도 원칙이 될 수는 없을 것이라고 인식하였다. 전국책파 역시 국제문제는 아직 매우 복잡하고 형세가 미묘하여 전국시대는 절대 이번 대전으로 끝나지 않을 것이라고 여겼다. 세계연방을 구축하는 것은 여전히 불가능한 것이고 국가는 소멸하지 않을 것이며 국경 또한 폐지되지 않고 미래의 세계 관계는 여전히 나라와 나라 사이의 관계일 것이며 초국가적이지 않을 것이다.[124] 그러므로 제2차 세계대전 종식 후 사람들은 여전히 국가, 지역, 세계의 3개 차원에서 문제를 고려하려 했다.

V. 맺음말

근대 동아시아인의 국가, 지역, 세계 정체성은 동양과 서양, 중국과 일본 사이의 권세 전환과 동시에 전개되었다. 전통 유가 정치윤리에서 천하는 최고의 가치 존재였고 국가는 중간 단계에 지나지 않아 그래서 량치차오, 신채호 등은 민족주의를 제창할 때 모두 중국인이나 조선인의 가족관념과 천하관념을 있는 힘을 다해 제거하려 했다. 그러나 민족(국

123 錢端升, 1943. 7,「中美英蘇友好合作爲和平基礎論」,『當代論壇』第四期, 第3頁.

124 胡秋原, 1943. 4,「世界和平之心理基礎」,『國民外交』第1卷 第2期, 第21頁.

가)주의의 영향은 비록 크고 강하지만 가족관념과 천하관념 역시 철저하게 없앨 수 있는 것이 아니었다. 가정관념은 철저하게 없앨 수 없을 뿐 아니고 천하 역시 동아시아 지역과 세계로 분화되어 전통적인 천하관념과 각종 새로운 지식, 새로운 관념과 결합하여 지역주의와 세계주의를 형성하였고 지속적으로 영향력을 발휘하고 있다. 국가는 가족관념과 천하관념 속에서 벗어나고자 할 뿐 아니라 종주와 번속, 중화와 이적, 중심과 변두리의 대립 구조 역시 타파해야 하지만 그것을 맞이하는 것은 더욱이 동양과 서양, 황인종과 백인종, 동양문화와 서양문화, 제국주의와 민족주의, 자본주의와 사회주의 등 더욱 다원화된 대립구조로 국가 역시 절대적인 지고지상의 지위에 있을 수는 없어 사람들은 여전히 어쩔 수 없이 국가, 지역, 세계의 3개 차원에서 문제를 사고한다. 동아시아인에게 지역주의와 세계주의는 유가 천하주의에서 근대 민족주의로 가는 과정 중 나눌 수 없는 반려물로 마치 전통적 '가국천하연속체'를 타파하고 난 후 다시 하나의 새로운 '가국천하연속체'를 구축하려고 시도하는 것 같다. 근대 동아시아의 지역주의는 주로 일본이 만들고 해석하였고 중국과 한국은 상대적으로 피동적인 지위였으며 일본의 침략전쟁으로 안정적인 아시아 정체성을 수립하기 어려웠다. 지역주의에 비해 세계주의의 중국에 대한 영향은 더욱 오래 지속되었고 더욱 깊었으며, 중국 근대 정치사상은 명이든 암이든 모두 세계대동을 최고의 목표로 삼아 전개하였다.

참고문헌

자료

鄭喬, 1906. 11,「國際公法」,『少年韓半島』第1號.

崔南善, 1973,「白頭山覲參記」六堂全集編纂委員會 編,『六堂 崔南善全集』第10卷, 玄岩社.

近衛篤麿, 1901. 7. 17,「論列國宜妥商保護滿洲」,『北京新聞彙報』.

竹越與三郎, 1900. 3. 31,「中國人種侵略世界」,『淸議報』第40冊, 時論彙錄.

李大釗, 1917. 4. 18,「大亞細亞主義」,『甲寅』日刊.

______, 1919. 2,「亞細亞主義與新亞細亞主義」,『國民』第1卷 第2號.

______, 1919. 9,「'少年中國'的'少年運動'」,『少年中國』第1卷 第3期.

______, 1919. 11,「再論新亞細亞主義」,『國民』第2卷 第1期.

林希謙, 1936. 4,「非常時期之國聯認識與我國之路線」,『中國新論』第2卷 第4期.

未詳, 1899. 1. 22b),「擬立瓜分中國平和會」,『淸議報』第4冊, 西報譯編.

____, 1899. 4. 30,「論太平洋之未來與日本國策」,『淸議報』第13冊, 外論彙譯.

____, 1899. 8. 6c),「對淸政策(譯商業世界報)」,『淸議報』第23冊, 外論彙譯.

____, 1899. 9. 5,「論保存中國之策(譯太陽報第十六號)」,『淸議報』第26冊, 聞戒錄.

____, 1899. 10. 5a),「歐洲列國對中國用柔緩侵略論」,『淸議報』第29冊, 聞戒錄.

____, 1918. 11,「和平會說三」,『道德淺言』第7冊.

____, 1966,「論中國爲各國聯盟之中心點(上海商務日報)」, 橫濱新民社輯,『淸議報全編』卷二十五, 文海出版社影印.

____, 1966,「與中國國志士書(東亞同文會報告)」, 橫濱新民社輯,『淸議報全編』卷十七, 文海出版社影印.

蕭一山, 1943. 7,「戰後和平與中國文化(續)」,『當代論壇』第4期.

徐勤, 1897. 3. 8,「中國盛衰關於地球全局」,『知新報』第4冊.

____, 1897. 4. 7,「論俄國不能混一亞東」,『知新報』第10冊.

____, 1897. 4. 22,「論俄國不能混一亞東(續第十二冊)」,『知新報』第1

吳恆煒, 1897. 3. 3,「知新報緣起(續前稿)」,『知新報』第3冊.

王光祈, 1919. 8,「'少年中國'之創造」,『少年中國』第1卷 第2期.

王潔卿, 1931. 9,「帝國主義侵略下之中國應有之覺悟」, 學生抗日救國會宣傳股編,『暴日侵占東省特刊』, 學生抗日救國會.
哀時客, 1899. 2. 20, 「愛國論一」, 『淸議報』 第6冊, 本館論說.
______, 1899. 10. 15a, 「論近世國民競爭之大勢及中國之前途」, 『淸議報』 第30冊, 本館論說.
______, 1899. 7. 28b, 「愛國論三 · 論民權」, 『淸議報』 第22冊, 本館論說.
任公, 1900. 2. 10, 「少年中國說」, 『淸議報』 第35冊, 本館論說.
____, 1900. 8. 5, 「論今日各國待中國之善法」, 『淸議報』 第53冊, 本館論說.
____, 1901. 10. 22, 「國家思想變遷異同論」, 『淸議報』 第95冊, 本館論說.
余家菊, 1943. 8, 「論國際武力」, 『當代論壇』 第5期.
惲代英, 1920. 7, 「怎樣創造少年中國?(上)」, 『少年中國』 第2卷 第1期.
蔣介石, 「駁斥所謂“建立東亞新秩序”謬說」, 『最高領袖駁斥所謂“建立東亞新秩序”謬說的重要演詞』, 江西省各界民衆第二期抗戰第一次宣傳周籌備委員會印.
錢端升, 1943. 7, 「中美英蘇友好合作爲和平基礎論」, 『當代論壇』 第4期.
程劍聲, 1938. 10, 「對中國前途的觀察」, 『中華評論』 第1卷 第1期.
陳繼儼, 1897. 12. 24, 「論中國今日聯歐亞各國不如聯美國之善」, 『知新報』 第41冊.
陳啟天, 1924. 1, 「新國家主義與中國前途」, 『少年中國』 第4卷 第9期.
裴錫頤, 1931. 9, 「爲暴日入寇東北事警告日人幷勉國人」, 學生抗日救國會宣傳股編, 『暴日侵占東省特刊』, 學生抗日救國會.

佩弦生, 1900. 4. 10, 「論中國救亡當自增內力」, 『淸議報』 第41冊, 本館論說.
傅斯年, 1919. 10, 「新潮之回顧與前瞻」, 『新潮』 第2卷 第1期.
韓文擧, 1897. 3. 18, 「萬國公政說(續前稿)」, 『知新報』 第6冊.
何樹齡 1897. 4. 10, 「論今之時局與戰國大異」, 『知新報』 第12冊.
胡秋原, 1943. 4, 「世界和平之心理基礎」, 『國民外交』 第1卷 第2期.
胡漢民, 1934. 9, 「再論大亞細亞主義」, 『三民主義月刊』 第4卷 第3期.
康有爲, 1913. 2, 「中華救國論」, 『不忍』 第1冊.
孫文, 1939. 10, 「大亞洲主義」, 『興建月刊』 第1卷 第1號.

福澤諭吉, 1885. 3. 16, 「脫亞論」, 『時事新報』.
________, 1960, 「朝鮮の交際を論ず」, 『福澤諭吉全集』 第8卷, 岩波書店.

단행본

丹齋 申采浩先生記念事業會 編, 1984,『丹齋 申采浩先生全集』別集, 螢雪出版社.
柳麟錫, 1973,『毅菴集(上·下)』, 景仁文化社.
李沂, 1974,『海鶴遺書』, 國史編纂委員會.
자오팅양 지음, 노승현 옮김, 2010,『천하체계: 21세기 중국의 세계인식』, 길.
黃景源, 1991,『江漢集』, 景仁文化社.

內藤湖南 著·林曉光 譯, 2016,『東洋文化史硏究』, 復旦大學出版社.
中山優, 1944,『關於大東亞宣言』, (南京)中央電訊社.
小寺謙吉 著·丘引夫 等譯, 1917,『併呑中國論』, 民鐸雜誌社.
顧炎武, 1929,『日知錄』, 商務印書館.
國家檔案局明淸檔案館編, 1958,『戊戌變法檔案史料』, 中華書局.
梁漱溟, 1949,『中國文化要義』, 路明書店.
梁啓超, 1926,『先秦政治思想史』, 商務印書館.
林同濟·雷海宗, 1946,『文化形態史觀』, 大東書局.
羅夢冊, 1943,『中國論』, 商務印書館.
曙光, 1934,『大同世界』, 成都大中印務局.
史桂芳, 2001,『東亞聯盟論硏究』, 首都師範大學出版社.
許紀霖, 2017,『家國天下-現代中國的個人, 國家與世界認同-』, 北京世界文景文化傳播有限公司.
汪少倫, 1946,『中國之路』, 商務印書館.
王屛, 2004,『近代日本的亞細亞主義』, 商務印書館.
趙汀陽, 2005,『天下體系: 世界制度哲學導論』, 江蘇教育出版社.
金體乾, 1944,『建立世界和平的設計』, 正中書局.
鄭觀應 著, 辛俊玲 譯註, 2002,『盛世危言』, 華夏出版社.
朱謙之, 1929,『國民革命與世界大同』, 泰東圖書局.
陳獨秀, 1987,『獨秀文存』, 安徽人民出版社.
何永佶, 1948,『中國在戳盤上』, 觀察社.
甘乃光 外, 1927,『孫文主義研究集』, 大東書局.
康有爲, 1935,『大同書』, 上海中華書局.
孫文, 1927,『三民主義』, 民權書局.

논문

雷家聖, 2010. 6, 「"大東合邦論"與"大東合邦新義"互校記-兼論晚淸 "合邦"在中國的發展」, 『中國史硏究』 66.

배경한, 2011. 12, 「신해혁명 전후시기 순문의 아시아 인식」, 『중국근현대사연구』 52.

白永瑞, 2000. 8, 「在中國有亞洲嗎?-韓國人的視覺」, 『東方文化』 4.

嚴紹璗, 1997. 1, 「幕末的"宇內混同說"與明治時代的"大東合邦論"-近代日本的"國家主義思潮硏究"」, 『日本學刊』 1.

趙姸傑, 2018. 5, 「爲國破家: 近代中國家庭革命的反思」, 『近代史硏究』 3.

12장

국가건설 패러다임의 전환: 민족에서 천하로

전인갑
서강대학교 사학과 교수

I. 머리말: 문제의 소재

중국제국은 스스로를 천조(天朝)라 칭하고 지배영역을 천하로 확장했다. 그리고 자신들이 만들고 주도적으로 운영한 질서를 천하질서, 자신들이 생산한 이념과 가치를 천하주의라 하여 '중국의 질서'와 '중국의 가치'를 보편화했다. 그러나 실질은 그렇지 않고, 중국 스스로도 자신의 패권에 상응하는 경쟁자의 존재를 '인지'했음에도 불구하고, 자신을 이처럼 보편적 존재로 인식했음은 물론이고 중국 밖의 세계에 대해서도 이처럼 인식하게 했다. 이와 같은 사유방식을 천하주의(天下主義)라고 한다. 전통시대 중국인의 입장에서 보면, 천하주의는 보편주의의 다른 이름이라 하겠다. 이러한 보편주의를 전제로 작동되는 질서를 천하질서라 하고 이 질서를 구현하기 위해 만들어진 시스템을 천하체제라고 부른다.

진의 시황제 이래 중국제국은 보편제국/문명제국을 표방할 만한 역량을 갖고 있었다. 보편제국을 지탱하는 두 개의 축은 패권(霸權)과 문명(文明)이었다. 우선 패권의 측면에서 보면 제국은 대내적으로 강력한 중앙집권질서를 구축하여 제국의 내경(內境) 전체를 하나의 중국으로 통합할 수 있었다. 대외적으로는 압도적인 경제력과 군사력을 기반으로 중국 중심의 세계질서-중화질서(中華秩序)-를 구축하고 자신의 필요[時變]에 따라 그 질서를 변경하면서 유지했다. 중화질서는 대내적으로는 중앙집권질서, 대외적으로는 중국 중심의 세계질서로 이원화하여 작동되고 있었다.

---

* 이 글은 『동북아역사논총』 67호에 게재한 논문을 수정·보완한 것임을 밝힌다.

문명의 측면에서 보면 중국제국은 천(天), 도(道), 성(性), 리(理) 등으로 개념화한 보편가치/이념을 생산하고, 이를 '세계의 표준(Global Standard)'으로 확산시켰다. 말하자면 보편성은 중국 문명이 생성·진화하는 대원칙이었다. 그리고 이를 대원칙으로 삼은 중국 문명이 종극적(終極的)으로 지향하는 세계는 대동세계였고, 중국 문명의 진화는 대동세계의 구현을 향해 나아가는 과정이었다. 보편가치/이념이 정립되면 이를 지상에 구현하기 위한 규범과 제도가 만들어지기 마련인데, 유교의 제반 규범과 제도가 그것이었다. 전통시대 중국인들은 그러한 가치와 이념에 따라 사유하고, 그러한 규범과 제도에 맞게 행동했다. 말하자면 당위로 여긴 패러다임이 정립된 것이다. 우리는 전통시대에 존재했던 이 패러다임을 유교적 사유방식 혹은 천하주의적 사유방식이라고 한다. 이 글에서는 이 패러다임을 문명제국 패러다임이라 정의했다. 그리고 이 패러다임을 구현하려는 질서를 천하질서, 이 패러다임을 구현하려는 시스템을 천하체계라 부른다.

중국의 근현대사는 보편제국/문명제국의 붕괴에서 시작된다. 이 붕괴를 천하질서의 해체 또는 중화질서/중화체제의 해체라고 한다. 그런데 이를 좀 더 분석적으로 접근하면, 보편제국/문명제국은 국민국가(nation state, 이 글에서는 민족국가라는 개념 대신 국민국가라는 개념을 사용)로 바뀌어야 했고, 천하체제(협의로는 중화체제)는 '평등'한 국가들이 병립하는 국가 간 체제(interstate system)로, 천하질서(협의로는 중화질서)는 대내적인 면에서는 집권질서가 분권질서로, 대외적인 측면에서는 중국 중심의 세계질서(위계적 질서: 책봉·조공질서)가 조약질서(treaty system)로 불리는 근대적 국제질서('대등'한 질서)로 대체되어야 했다. 그리고 사유의 패러다임에서도 변화가 불가피했는데, 천하주의적 사유방식이 민족주의적 사유방식, 말하자면 규범과 질서, 체제와 제도의 원천인 이념이 천하주의(천하/문명)에서 민족주의(nationalism 국민국가/민족)로 바뀌어야 했다.

근현대 중국인에게 근대의 수용이란 이러한 변화를 '상식'으로 받아들이는 것이었다. 따라서 지난 150여 년 동안 중국인들과 동아시아인들은 민족주의에 충실하게 헌신하고, 국민국가 건설에 매진해야만 했다. 이러한 '상식'의 뒤바뀜은 양무운동이 실패로 귀결되면서 본격적으로 시작되었다. 사유방식-패러다임-의 변화가 발생한 것이다. 이 변화의 본질은 천하주의-보편성-를 대전제로 정립된 문명제국 패러다임이 민족주의를 상식으로 여기는 국민국가 패러다임으로의 전환을 시작했다는 사실이다.

그렇다면 국민국가 패러다임이란 무엇인가? 국민국가 패러다임은 20세기의 중국 나아가 동아시아 여러 국가가 절대적 가치를 부여하고 추구했던 패러다임이다. 이 패러다임은 21세기에 접어들어 20년을 지나고 있는 현 시점에서도 마치 역사적 소임을 굳건히 완수하려는 늙은 장수처럼 여전히 동아시아 세계에 강한 영향력을 지속하고 있다. 그리하여 우리는 동아시아와 중국의 근현대는 국민국가 패러다임의 시대였다고 단언할 수 있다. 이것은 "서구의 보편가치와 개념, 민족주의, 국민국가/민족국가를 '진리'로, 그 실천을 당위로 여기는 사유방식"[1]이라고 정의할 수 있다. 말하자면 이 패러다임은 근대 서구가 생산하고 오늘날의 미국이 심화 발전시킨 이념과 가치 그리고 개념을 전제로 자신과 세계를 사

---

1 전인갑, 2019, 「오사 100년, 「신화」에서 「역사」로: 현대중국 문화담론의 반전」, 『현대중국연구』 21-2, 118쪽.

유하고, 실천의 준거로 삼는 사유방식이다.

국민국가 패러다임이 정립되면서 중국에서는 다음 세 개의 과제가 시대적 명제(命題)가 되었다. 즉 '근대적 보편가치' 수용(내향성), '근대적 국민국가' 건설, '민족주의 · 반제 · 반패권' 실현(외향성)은 국민국가 패러다임의 3대 명제였다. 이 패러다임은 내향성과 외향성 양면을 내포했다. 내향성은 '근대적 보편가치'의 수용이라는 명제에서 전형적으로 나타나는데, 국민국가 내부의 민주주의 확충을 비롯하여 자유, 평등, 인권, 시장(市場) 등의 가치가 구현되는 국민국가를 건설하는 방향으로 전개되었다. 국민국가 패러다임의 내향성은 중국 사회의 구조적 안정성과 응집력-패어뱅크(J. K. Fairbank)의 표현을 빌리면 "놀라운 타성(remarkable inertia)"[2]-그리고 (정치) 문화전통으로 인하여 항상 격렬한 문화논쟁과 국가건설 방향을 둘러싸고 치열한 정치 · 경제 · 사회적 쟁론을 수반했다.[3] '근대적 국민국가' 건설[4]이라는 명제 그 자체는 이념(理念)과 정파(政派), 신구(新舊)와 보혁(保革)을 뛰어넘어 근현대 중국인이 일치하여 추구한 과제였다.

외향성은 '민족주의 · 반제 · 반패권' 실현이라는 명제에서 명확히 보인다. 이 명제는 국민국가의 자주와 독립, 반식민 나아가 반패권-대국의

---

2 John K. Fairbank, Edwin O. Reischauer & Albert M. Craig, 1965, *East Asia: The Modern Transformation*, Boston, Houghton Mifflin Company, p. 404.

3 이 문제는 중서문화 논쟁의 핵심 쟁점이었다. 결과적으로 보면 중체서용론 등장 이후 100여 년 이상의 사상/문화 논쟁에도 불구하고 그 수용을 둘러싸고 여전히 논란이 지속하고 있다. 하지만 향후 이 개념들의 중국적 재개념화가 한층 가속화될 것으로 예상된다.

4 이하 이 글에서 사용하는 국가건설(state building)은 '근대적 국민국가' 건설을 의미한다.

패권주의에 반대할 뿐 아니라 패권을 추구하지 않고 국민국가 간의 '대등'한 공존을 모색-을 실천하는 방향으로 전개되었다. 20세기 전반기까지는 외향성이 민족운동이라는 이름으로 중국과 동아시아 세계 전체에서 압도적인 우세를 점했다. 이것은 동아시아 국가들과 인민들이 광범위하게 공유한 국가건설의 핵심 명제였다. 그리고 20세기 후반기부터 이 패러다임의 외향성은 동아시아 각국 간, 한·중 혹은 한·일 간의 소통과 공감 그리고 갈등의 토양으로 지속적인 영향을 끼쳤다. 동북공정, 일본군'위안부' 문제를 비롯한 한·중·일의 각종 역사 현안과 그로 인해 확산되는 외교 분쟁은 국민국가 패러다임이 여전히 강력하게 작용하고 있다는 대표적인 사례다. 그러나 20세기 후반, 21세기에 접어들어 동아시아 각국이 추구하는 명제에 분화가 발생하고 있다. 중국은 외향성, 한국은 내향성이 국가건설의 주선율(主旋律)이 된 것이 그 대표적인 사례다.

이 패러다임은 청 말 변법운동 시기에 중체서용론적 국가건설 구상이 본격적으로 모색되는 환경 속에서 생성되어 오사(五四)에서 시대적 명제로 정립되었다. 그 후 이것은 20세기 중국이 숙명처럼 추구해야 했던 '우상'이 되었다. 후술하는 바와 같이 량치차오[梁啓超]는 이 패러다임 생성을 상징하는 인물이다. 그는 '문명'이 아니라 '민족'에서 중국의 미래를 찾고자 했다. 그런데 후술하는 바와 같이 이 패러다임을 본격적으로 생산하고 발신한 것은 오사였다.

국민국가 패러다임의 등장은 다음과 같은 점에서 주목해야 한다. 이 패러다임은 장구한 중국사에서 면면히 이어져 오는 중국 고유의 천하주의적 사유방식-특히 중국의 전통적 국가론[5]-과는 매우 이질적인 사유방

5 이에 대해서는 전인갑, 2016, 『현대중국의 제국몽-중화의 재보편화 100년의 실험』,

식이었다. 그럼에도 중국의 근현대는 이 패러다임에 압도된 시대였다. 수많은 중국인은 이것을 '중화 생존'의 대전제로 여겼다. 양무운동의 실패로 제국체제가 본격적으로 붕괴의 길에 접어들면서부터 20세기가 종언할 때까지 중국은 국민국가 건설에 매진한다. 그 길은 길고도 긴, 그리고 혁명과 건설, 혼란과 격동, 실패와 좌절, 기대가 혼재하는 고통스러운 길이었다.

그럼에도 국민국가를 성공적으로 건설하여 '강한 중국'을 회복하려 했던 고난의 여정은 20세기 내내 계속되었다. 이러한 강국몽(强國夢)은 청말민초(淸末民初)부터 최근까지 거의 모든 지식인 엘리트와 권력 엘리트의 공통된 염원이었다. 이 염원을 구현하기 위한 다양한 체제구상이 제시되었다.[6] 권력 엘리트들도 자신들이 디자인한 '강국몽'을 실현하기 위한 집권 경쟁에 돌입했다. 근현대 중국의 지식인 엘리트의 체제구상과 권력 엘리트의 집권 비전의 대전제는 국민국가 패러다임이었다.[7]

량치차오가 '천하 붕괴의 위기 상황'에서 제시한 신중국(新中國) 구상이나 쑨원(孫文)이 창도한 삼민주의 기반의 국가건설 구상, 심지어 연성자치론적 분권국가 구상도 대전제는 국민국가 패러다임이었다. 장제스(蔣介石)의 중국국민당, 마오쩌둥(毛澤東)의 중국공산당 모두 국민국가 완성을 '강한 중국(강국몽)' 회복의 시작과 끝으로 여기고 그 실현에 매

학고방, 23~24쪽과 71~82쪽을 참조.

6 캉유웨이, 량치차오 등 立憲派, 쑨원 등 革命派의 체제구상에서부터 訓政論과 憲政論의 충돌 등 다양한 구상이 경쟁한다.

7 물론 국민국가 모델이 아닌 다른 선택지도 있었다. 예컨대 캉유웨이의 체제구상이다. 그는 중국이 보편제국에서 국민국가 중의 하나로 바뀌는 것이 불가피한 상황-그리고 이를 인식했음에도-에서도 문명과 보편가치를 국가의 根基로 삼는 문명국가를 중국이 만들어 가야 할 국가 모델로 제시했다.

진했다. 장제스의 중국국민당은 자본주의적 건설의 길을, 마오쩌둥의 중국공산당은 비(非)자본주의적 건설의 길과 사회주의적 건설의 길을 선택한 것처럼 다만 그 방법론에서 차이가 있을 뿐이다. 국가건설과 관련하여 결코 소홀히 여겨서는 안 될 또 다른 문제는 근현대 중국인들이 만들고자 한 국민국가가 서구의 국민국가가 아니라 중국제국의 유산을 계승한 국민국가라는 점이다.[8] 엄밀하게 말하면 근현대 중국인이 추구한 국민국가는 중국제국의 유산과 서구 근대의 창안물(국민국가)을 결합한 국민국가라고 할 수 있다. 필자는 이를 제국성(帝國性) 국민국가(國民國家)라고 정의했다.[9]

논지 전개와 논지 이해의 편의를 도모하기 위한 기초작업으로 지난 100여 년의 국가건설 과정과 그 특징을 종합적으로 정리하여, 국가건설 과정을 현재까지 총 6단계로 구분했다.

제1단계는 변법운동부터 1911년까지로 국가건설의 모색 단계이며, 제2단계는 1912년 중화민국(中華民國) 성립부터 1927년 남경국민정부(南京國民政府) 성립까지로 국가건설의 방향 정립 및 주체 형성 단계다. 제3단계는 1928년 남경국민정부 등장부터 1937년 중일전쟁 전까지로 이 시기는 자본주의적 국가건설의 실험 단계다. 제4단계는 1937년 중일전쟁부터 1949년 중화인민공화국 건국을 거쳐 1954년 헌법제정까지로 자본주의적 국가건설과 비자본주의적 국가건설이 경합하는 단계다. 제

---

8 제국의 유산이란 유구한 전통 속에서 생성·진화한 중화문화를 단절시키지 않고 연속시켜야 하는 의무(문명국가, 보편국가의 구현)와 이전 왕조가 확보한 영토를 계승해야 한다는 의무를 의미한다.

9 전인갑, 「제국에서 제국성 국민국가로(Ⅰ): 제국의 구조와 이념」(『중국학보』 65, 2012)과 「제국에서 제국성 국민국가로(Ⅱ): 제국의 지배전략과 근대적 재구성」(『중국학보』 66, 2012)에서 이 문제를 상론했다.

〈표 1〉 국가건설 6단계

	단계	시기	방향
청 말	1단계	1895~1911년 제국질서/집권질서 와해, 신해혁명	제국의 국민국가적 재구성
중화민국	2단계	1912~1927년 분권질서 실험, 국민혁명	국가건설의 주체 형성 제국 유산 계승한 국민국가
	3단계	1928~1937년 집권질서 회복, '건설 10년'	자본주의적 국가건설
	4단계	1937~1954년 중일전쟁, 내전	자본주의적 방식과 비자본주의적 방식의 경합
중화인민공화국	5단계	1954~1982년 집권질서 확립	사회주의적 국가건설
	6단계	1982~현재 사회주의 시장경제체제	'중국 특색'의 국가건설 (비자본주의적 방식: 혼합경제체제) 제국성 국민국가

5단계는 1954년 중화인민공화국 헌법의 제정부터 개혁개방정책이 본격적으로 시작되기 직전(1978~1982년)까지의 시기로 사회주의적 국가건설에 매진했던 단계다. 제6단계는 1982년 헌법 전면 수정부터 현재까지의 시기로 국민국가 건설을 향한 20세기 중국의 실험이 사회주의 시장경제체제라는 '중국 특색'의 국가건설 방식으로 귀결되는 단계이다. 이 단계는 캉유웨이(康有爲)나 량치차오 그리고 쑨원이 그렇게도 복원하고자 염원했던 중국제국의 유산을 계승한 제국성 국민국가가 국내외적으로 내실을 충실히 확충해 가는 단계기도 하다.

이 연구는 21세기 벽두부터 중국의 부상으로 야기된 '문명사적 충격', 즉 국민국가 패러다임이 쇠퇴하고 새로운 패러다임이 이를 대체하려는 전환이 세계적으로 가시화되는 현상을 엄중하게 받아들인다는 전제에서 출발한다. 이것은 오늘날 중국의 위상이 20세기와 전혀 다른 차원으로 발전했다는, 말하자면 미국과 함께 세계질서를 편성하고 변경할 수 있는 위상으로 부상했다는 전제에서 이 연구를 시작한다는 의미다. 20세기에 중국은 제국주의의 침략으로 중국이라는 '천하'의 존망이 위협받는 처지로 전락했고, 그곳에서 벗어나기 위해 서구 근대가 생산한 '진리'를 수용하여 근대적 국민국가를 건설해야 했다. 그러나 오늘날에는 세계질서와 이념의 설계자로 나서려는 존재로 급부상했다.

이 연구는 이러한 시대적 전변(轉變)이 진행되는 상황에서 국민국가 패러다임, 특히 민족주의의 미래를 전망하는 데 목적이 있다. 이 연구는 다음과 같은 논의를 통해 20세기 중국과 동아시아의 국가건설 방향을 결정했던 국민국가 패러다임과 민족주의가 여전히 지속할 것인가, 혹은 패러다임 전환의 가능성이 있는가를 전망하고자 한다. 이러한 논의는 민족주의의 시대가 저물고, '제국'의 시대가 오고 있는가를 검토하는 작업이기도 하다.

첫째, 국민국가 패러다임과 민족주의는 국가건설의 단계별로 발현되는 양상이 상이한바, 이는 이 패러다임이 시변(時變)에 따라 진화(進化)한 결과라 할 수 있다. 이 글에서는 그 진화의 양상과 원인을 살펴보고자 한다. 나아가 그러한 변이가 해당 단계의 국가건설에 어떤 영향을 미쳤는가도 분석할 것이다.

둘째, 근현대 중국인들은 국민국가 패러다임을 '수단'으로 삼아 어떤 중국을 디자인하려 했는가를 살펴보고자 한다. 근현대 중국의 엘리트들이 '진정으로' 서구적 맥락에서의 국민국가를 건설하려 했던가? 그리고 그들이 추구한 민족주의/내셔널리즘(Nationalism)의 개념은 서구적 맥락에서의 민족주의/내셔널리즘 개념과 같았던가를 검토하고자 한다.[10] 이 작업은 근현대 중국인들이 만들어 온 중국의 민족주의, 그 본질에 대한 해명이기도 하다. 이 작업 과정에서 중국의 민족주의가 민족주의의 외피를 쓴 보편주의였다는 사실, 그리고 민족주의와 중화주의가 동일한 의미로 상통(相通)했다는 사실이 다소라도 규명되기를 기대한다. 국력이 부상했을 때마다 중국의 민족주의는 국가 중심에서 문명/보편이념, 말하자면 보편주의를 표방하는 경향이 강하게 나타났음을 고려할 때 이러한 문제의식의 해명은 적지 않은 의미가 있을 것이다.

셋째, 국민국가 패러다임과 민족주의의 미래를 전망하고자 한다. 21세기에 접어들어 중국에서 국민국가 패러다임에서 벗어나 새로운 대안을 모색하는 움직임이 본격적으로 전개되었다. 20세기 내내 그토록 집착했고, '진리'로 숭상했던 반식민, 반제, 반패권적 언설은 낮은 목소리로 전락[반패권론(反霸權論)의 저조(低調)]한 반면 초대국(超大國)의 패권적 언설은 '중화민족의 위대한 부흥'의 기치(旗幟)하에 사회적 논란 없이 당연한 듯 확산[대국론(大國論)의 고조(高調)]하는 현상이 중국에서 최근 일반화되고 있는 듯하다. 이러한 현상의 징조는 이미 1990년대부터 시작되었는데, 최근에 와서 국민국가 패러다임을 대체하는 대안을 모색해야 한다는 방향성을 명확히 드러냈다.

패러다임 전환을 향한 움직임이 가시권에 들어온 상황에서 우리는 중국이 발신하려는 새로운 패러다임(중국의 보편주의) 모색의 실태와 내

---

10 예컨대 중화주의를 중화 민족주의라고 부르기도 하는데, 이러한 호명은 중화주의라는 개념이 내포하는 풍부한 함의를 매우 제한적으로 이해하게 하는 오류에 빠지게 할 수 있다. 민족주의라는 개념과 중화주의라는 개념을 이해할 때, 각 개념이 만들어진 지역의 역사성-전통과 사회문화·정치적 조건, 사유방식의 차이 등-을 고려하지 않고 사용한다면 이들 개념의 본질적인 의미와 미묘하지만 중요한 차이를 파악하지 못할 우려가 있다. 이 점에서 근현대 중국인들이 추구했던 민족주의의 본질에 대한 검토가 필요하다.

용을 정밀하게 살펴야 한다. 현존의 보편가치 특히 아메리카니즘(Americanism)은 뿌리가 다른 세 개의 이념-자유주의, 민주주의, 자본주의-을 융합하여 창안한 미국의 보편이념이다. 중국은 지금 이것과의 경쟁 혹은 이것을 대체한 패러다임 창안에 도전하고 있다. 이 글은 초보적이나마 이 돌파(突破)에 도전하는 지식 엘리트와 권력 엘리트의 실험을 추적, 분석하면서 패러다임의 새로운 돌파 가능성을 가늠해보려 한다. 이 작업은 중국이 어떠한 미래를 기획하는가? 말하자면 어떤 중국을 재조(再造)하고 있는가를 전망하는 일이기도 하다.[11]

II. 문명제국 패러다임의 해체: '천하'에서 '민족/국가'로

근대 중국에서 기존 상식이 전면적으로 무너지기 시작한 것은 양무운동의 실패가 결정적이었다. 이를 계기로 천하주의를 대원칙으로 삼아 생성·진화해 온 '문명제국 패러다임'-이하 이 개념은 '천하'로 표현한다-이 해체되고 내셔널리즘을 전제로 생성된 '국민국가 패러다임'-이하 이 개념은 '민족/국가'로 표현한다-이 새로운 상식으로 확산되기 시작했다. '천하'에서 '민족/국가'로의 패러다임 전환이 시작된 것이다.

---

11 오늘날은 국민국가 패러다임이 새로운 패러다임으로 대체되는 진통기라 할 수 있다. 민족주의 혹은 국민국가 중심의 사유방식을 止揚하고 상호 번영과 평화로운 공존을 추구하기 위한 새로운 역사인식의 패러다임을 한국과 중국의 지식인들이 어떻게 창안할 것인가에 대한 논의가 진행되어야 하나, 이 글에서는 아직 이에 대한 본격적인 입론을 제시하지 못했다.

양무운동은 두 차례의 아편전쟁과 태평천국 이후 심각하게 동요하던 중국 중심의 천하질서-제국의 내적 질서(군현질서)와 외적 질서(조공질서)-를 강력한 군사력 확보와 근대적 산업 육성을 통해 재건하고자 했다. 그러나 1895년 청일전쟁의 패배로 30여 년에 걸친 노력이 실패했음이 드러났다. 이때 중국이 직면한 위기의 본질은 두 가지였다. 첫째, 대내적으로는 집권질서와 이를 유지하던 시스템이 심각하게 약화된 반면 분권적 경향은 대폭 강화되었다. 그 결과 정치적으로 '하나의 중국'이 '복수의 중국'으로 분화하는 현상이 급속히 진행되었다. 중국제국을 강력한 하나의 중국으로 묶어둔 제민지배(齊民支配)의 원리가 심각하게 약화된 것이다. 둘째, 조공질서를 비롯하여 중국 중심의 세계질서를 유지하던 제도와 체제들이 급속히 무너져, 중국이 세계질서의 편성자이자 운영자의 자리를 더 이상 유지할 수 없었다는 사실이다. 화이(華夷)의 원리(原理)가 기능하지 못하게 된 것이다. 이 두 현상을 두고 우리는 중국 중심의 천하질서가 붕괴했다고 말한다.

〈표 2〉 천하질서/대일통 체제의 구조[12]

이념의 영역	규범의 영역	제도의 영역
천하주의/천하관 (유교적 보편주의)	제민(齊民)지배의 원리	집권질서: 군현제도 관료제도 수전(授田)제도
	화이(華夷)의 원리	조공질서: 책봉조공 동맹 기미(羈縻) 호시(互市)
	보편주의+제국질서=대일통(문명과 패권이 결합한 이상적 제국질서)	

12 전인갑, 2018a, 「비대칭적 국제질서」, 『서강인문논총』 51집, 136쪽.

대청제국은 중국 역사상 천하질서를 가장 전형적으로 완성한 천조(天朝)임을 자임했다. 이념적 · 영토적 · 정치적 · 문화적 · 경제적 · 사회적인 면에서 모두 천하일통(天下一統)의 국면을 완성했다고 자부했다. 이를 두고 대일통(大一統)의 국면이 조성되었다고 말한다. 대일통은 중국이 자신과 주변 지역을 공간적으로 통일한 초대형 정치체라는 전제에서 출발하는 이념이다. 대일통은 중국이 지배하는 영역에 대한 영토적 통일뿐 아니라 정치와 사회, 문화 그리고 세계가 하나의 이념과 질서로 통합을 이루는 구조적 통일을 의미한다. 현대적인 의미로 재해석하면 대일통은 중국 내외에 대해 압도적인 패권을 행사하는 데서 출발하여 문화적 보편성의 확보로 완결된다. 대일통의 중국은 단순히 압도적인 패권을 가진 제국이 아니라 문명과 패권(제국)이 결합한 문명제국이었다. 대일통의 구체적인 형상은 시대에 따라 변모하지만, 그것은 전통시대부터 현재까지 지속하는 중국인의 세계관이며, 실현해야 할 중국제국(中國帝國)의 이상(理想)이다.[13]

근대에 와서 천하질서/대일통 체제가 해체되었다는 것은 다음과 같은 것을 함의한다. 이 해체는 외형적으로는 강력한 집권질서가 해체되는 반면 분권질서가 대폭 강화되어 중국제국의 내적 통합력이 크게 약화되는

13 대일통의 이상은 대청제국이 가장 전형적으로 구현했다는 점에는 대체로 이견이 없다. 이는 한족의 중국(중화=한족=중국)을 '실체가 있는' 보편의 중국, 문명의 중국으로 발전시킨 것이 대청제국이라는 의미로 이해할 수 있다. 대청제국은 한족의 세계를 포함하여 위구르, 몽골, 티베트 등 역사상 중화의 세계와 경쟁하던 유목의 세계를 하나의 제국으로 통합했다. 이 점에서 대청제국은 이념적으로 천하의 주인을 자처한 한족의 제국과는 달리 실체가 있는 천하의 주인이라 하겠다. 그리고 이 천하를 아우르는 보편적 지배자로 한족, 위구르, 몽골, 티베트의 상위에 만주족이 위치했고, 만주족-대청제국의 지배자-은 皇帝이자 轉輪聖王, 이슬람의 수호자, 칭기즈칸의 계승자로 보편이념의 담지자였다.

국면을 의미한다. 또한 자신의 강력한 내적 역량-중국 자체에 대한 강력한 통합력-을 기초로 유지되던 보편이념의 제공자로서의 위상과 세계질서의 편성자이자 변경자로서의 권능이 상실되었음을 의미한다. 이는 중국이 문명제국과 보편제국의 자리에서 수많은 국민국가 중 하나의 국민국가로 전락했음을 뜻한다. 이 시기에 문명과 제국이 분리되는 국면, 즉 보편주의를 전제로 유지되던 문명제국이 붕괴하는, 중국 역사상 유례를 찾을 수 없는 상황이 전개된 것이다. 당위로 생각하던 문명제국 패러다임이 해체되기 시작한 것이다. 이 시기 중국인들은 이러한 국면을 '천하(天下)의 와해(瓦解)'(문명의 붕괴)로 받아들였다.

국가건설 제1단계의 주인공들은 이러한 상황에서 문명을 선택할 것인가, 국민국가(민족)를 선택할 것인가, 혹은 제3의 길을 갈 것인가를 결정해야 했다. 사실 이 시기부터 문명의 중국을 유지하면서 중국을 재건할 것인지 혹은 국민국가인 중국으로 전환하여 강한 중국으로 귀환할 것인지를 둘러싸고 다양한 문명담론과 체제구상이 각축을 벌였다.[14] 그리고 대청제국의 집권 엘리트 역시 대일통 와해의 위기, 즉 문명제국 질서(=천하질서)와 체제(=천하체제)의 붕괴 위기를 극복할 전략을 찾아 실천하는 데 매진하게 된다.

지식인 엘리트 사이에서는 청불전쟁을 전후한 1880년대 후반부터 양무운동의 방식으로는 위기를 타개할 수 없다는 자성론이 제기되어 체제를 근본적으로 개혁해야 한다는 제도개혁론이 분출했는데,[15] 그것이 바

14 후술하는 바와 같이 이러한 모색은 현재까지도 지식인과 권력 엘리트 사이에서 초미의 논쟁거리가 되고 있다.

15 1880년대와 1990년대에 변법론이 본격적으로 제기된다. 이들 변법론의 핵심적인 주장은 다음과 같다. 첫째, 청불전쟁과 세 차례의 영국-미얀마 전쟁, 이리위기와 대만사

로 변법론이다. 변법론의 이론적 토대는 중체서용론(中體西用論)이었다.[16] 이 담론은 천하주의적 사유방식과 개념으로 서구의 가치와 개념을 수용하려 시도한 시기에 제기된 중화 본위 수호를 위한 변통적(變通的) 문화론(文化論)이자 변통적 질서구상(秩序構想)이었다. 이러한 변통론은 천하주의적 사유방식이 지속하는 상황에서 서구의 근대성-가치, 질서, 제도-을 기존의 사유방식과 개념-말하자면 중국의 사유방식과 개념-을 통해 이해하고 흡수하려는 노력의 산물이라 하겠다.[17] 여하튼 이 문명담론 등장 이후 오늘날에 이르기까지 중체서용의 방식으로 제반 질서와 규범, 제도를 재구성하여 중화 본위의 중국을 중건해야 한다는 사고방식이 하나의 유력한 사조로 지속되고 있다.

건, 그리고 결정적으로는 일본의 부상은 대청제국이 주도한 지역질서의 위기를 심화시키고, 대외적 굴욕을 피할 수 없었다. 이로 인해 지식인들은 양무운동의 파탄을 심각히 자각하고 대외적 위기를 극복할 수 있는 방안-양무운동 대체이론-을 모색하게 된다. 이것이 西學(정치제도) 수용을 주요 내용으로 하는 변법론이다. 둘째, 부강을 이루기 위해 자본주의적 발전을 추구해야 하는데, 당시 양무기업의 운영이념과 경영방식[官辦,官督商辦]은 비효율적이라는 인식이 널리 공유되었다.

16 중체서용론은 道(유교적 보편가치=제국의 질서, 체제, 제도의 기반이자 원리)를 수호하기 위한 '수단'으로 서구 근대를 이용할 수 있다는 문명담론이다. 이 담론은 중국의 개념과 용어로 중국과 세계를 인식하는 사유방식을 전제로 서구의 개념과 용어로 중국의 사유방식을 보완해야 한다는 주장이었다. 이 점에서 '서구'는 수단에 불과했다.

17 이러한 경향은 청 말 지식계에서 일반적으로 확인할 수 있다. 예컨대 국제법-萬國公法-을 받아들일 때, 천하주의가 국제법의 도덕적 가치를 긍정하는 이론적 토대였다. 또한 국제법을 국가 간 관계를 지키는 道, 理로 이해하기도 했다. 이러한 이해는 천하주의라는 사상적 토대가 청 말 국제법 이해의 기조였다는 사실을 시사한다. 전도는 청 말 지식인의 이러한 사유는 중국의 전통사상의 체계 속에서 국제법을 해석하여 대동세계 질서, 즉 天下主義의 현대적 이론 근거로 삼으려 한 것으로, 이러한 노력은 중국 문화의 道統을 이어가려는 노력이었다고 해석한다. 이 문제는 田濤, 2016, 「天下主義與民族國家-晩淸國際法詮釋」, 『天津師範大學學報(社會科學版)』 第6期(總第249期)를 참조.

청일전쟁 후 '과분(瓜分)의 위기' 속에서 체제개혁론은 정치운동으로 전환하여 변법운동이 본격적으로 시작되었다. 이 시기의 체제구상 중 주요한 흐름은 입헌군주제 구상, 공화제(共和制) 구상, 공교국가(孔教國家) 구상으로 대별할 수 있다. 량치차오가 주도한 입헌군주제 구상과 쑨원 등 혁명파(革命派)가 주도한 공화제 구상은 국민국가 패러다임을 따르는 구상이었고, 캉유웨이의 공교국가 구상은 문명제국 패러다임의 변종이었다. 이 세 흐름이 뒤섞이면서 청 말 민초의 격동적인 정치변동이 연출되었는데, 예컨대 신해혁명은 량치차오의 구상과 혁명파의 구상이 결합한 결과물이었다.

대청제국 집권 엘리트의 위기 타개 전략 모색은 지식인 엘리트의 고뇌보다 훨씬 현실적이고 전방위적이었던 것으로 생각된다. 이들이 추진한 국가전략을 신정(新政)이라 총칭한다. 태평천국운동 이후 중앙권력의 통합력이 크게 약화되고 전국적으로 지방 분권화가 불가역의 시대적 흐름으로 확산하고 있었다. 결국 신정은 미완의 개혁으로 끝났다. 이들의 모색이 비록 짧은 기간의 실험에 그치면서 실패했지만, 이들이 만든 제국 재구성 전략은 그 후 20세기의 국가건설 전략과 정치, 사회, 경제 등 국가 전반의 제도 정비에 지대한 영향을 미쳤다.[18]

---

18 필자는 신정을 다음과 같이 평가한 바 있다. "근현대 전 시기에 걸친 제국체제의 근대적 전환을 위한 정치적·사회적 구조개혁은 청 말 신정(新政)에서 그 기본 틀이 제시되었다. 이 사실은 …… 중국의 국민국가는 제국체제의 근대적 재구성 과정에서 건설된, 서구와는 다른 성격의 국민국가라는 사실을 시사한다. 왜냐하면 신정의 최상위 목표는 근대화를 추진하여 집권적 국가권력을 강화함으로써 제국의 영역을 하나의 정치적 단위로 통합하는 것이었다. 이는 마치 전통 중국제국이 강력한 집권적 국가권력을 통해 광대한 영역을 하나의 정치적 단위로 통합함으로써 제국의 안정과 번영을 지속할 수 있었던 제국운영 비결의 연장선 속에서 구상된 목표였다. 이것은 신정이 변화와 지속이라는 이중적 성격을 띠고 있음을 말하는 것이다. 신정은 근대로의 전환이 불가피한 상황에서 추진된 근본적 구조 변동을 위한 개혁이었다는 변화의 측

국가건설 제1단계에는 '국민국가의 기본 원리'로써의 내셔널리즘 개념이 아직 명확하게 정립되지 못했다. 우선 이 단계에서 운위되는 민족은 량치차오의 민족 이해의 정도를 보여주는 개념인 국족(國族), 혁명파의 슬로건인 '구제달로(驅除韃虜), 회복중화(恢復中華)'에서 보는 바와 같이 종족(種族, ethnic group)을 서구식 민족 개념으로 이해했다. 즉 종족=민족으로 이해한 것이다. 이렇게 이해함으로써 민족주의는 국민국가를 건설하는 논리가 아니라 한족의 정치적 권리를 확보하고 비한족을 배타의 대상, 타도의 대상으로 삼는 배타적 종족주의를 벗어나기 어려웠다. 이러한 민족/국가 개념 이해는 대한족주의(大漢族主義)로 변질될 가능성이 농후했다. 그러므로 이 단계의 민족/국가 이해는 국민국가 패러다임을 초보적으로 받아들이는 수준에 불과했다고 해야 할 것이며, 이때의 지식인들이 이해한 민족과 국가 개념은 서구식 국민국가 건설과 결합한 개념으로 보기 어렵다. 국민국가의 기본 원리로써의 민족주의에 대한 이해는 중화민국 성립 이후 '중화민족' 개념이 등장할 때까지 기다려야 했다.

면이 있다. 이와 동시에 신정은 역사상의 한 왕조(국가권력) 혹은 한 시대가 중국사의 정통이 되기 위해서는 필수적으로 달성해야 하는 '하나의 중국' 유지를 위한 역사적 의무를 이행하고자 했던 개혁으로 평가할 수 있는바, 이는 지속의 측면이라 할 수 있다. 제국의 유산을 계승한 중화민국과 중화인민공화국에서 추진된 정치, 사회적 구조개혁의 궁극적인 지향 역시 그러했다. 이 점에서 중국의 국민국가는 중국(및 그 영역)을 보존하기 위한 수단이었다고 해도 큰 무리는 없다." 전인갑, 2016, 앞의 책, 116~117쪽(일부 문장은 수정).

III. 국민국가 패러다임과 국가건설

국가건설의 제2단계는 중화민국 성립(1912년)부터 남경국민정부 성립(1927년)까지다. 20세기 중국사에서 격동적인 사건은 이 시기에 다수 발생했다. 공화제(共和制) 국가(國家) 출범, 쑹자오런(宋敎仁)의 의회정치 실험과 좌절, 위안스카이(袁世凱) 정권의 등장과 홍헌제제(洪憲帝制), 군벌혼전, 오사운동(五四運動)과 국민혁명[國民革命, 대혁명(大革命)]이 그것이다. 이 단계는 그야말로 정치, 사회, 사상적으로 혼돈의 시대였다 해도 과언이 아니다. 주목할 것은 오사는 혼돈의 시대가 낳은 새로운 활력이었다는 사실이다. 오사는 새롭게 만들 국가의 이념, 가치, 제도 그리고 국가 구성원의 사유방식, 생활방식 등 모든 부문에서 '표준'을 제시했다. 이 점에서 오사 시기의 다양한 문화 담론은 제국 시기와는 다른 패러다임을 중국에 정립하고 뿌리내리는 데 결정적인 역할을 했다고 할 수 있다.

신해혁명의 성공으로 2,000여 년 동안 상식으로 여긴 황제지배체제가 무너지고 새로운 세상이 열렸다. 공화국이 제국을 대체한 것이다. 그리하여 신해혁명 직후의 시대적 상황은 공화정치, 의회정치가 중국을 새롭게 도약시킬 것이라는 분위기와 자신감이 팽배하고, 이상주의(理想主義)가 사회 전반을 압도하는 분위기였다. '강한 중국' 회복[强國夢]을 향한 중화민국의 도전은 이런 분위기 속에서 시작했다. 그러나 중화민국은 태생적으로 국가건설을 추진할 만한 강력한 리더십을 확보할 수 없었다. 신해혁명 그리고 중화민국 탄생 자체가 분권적 흐름이 만들어 낸 대청제국 붕괴의 산물이었기 때문이다. 이 말은 신해혁명의 성공으로 대청제국이 멸망한 것이 아니라 제국이 붕괴한 결과 중화민국이 탄생했고,

결과적으로 신해혁명이 성공할 수 있었다는 의미이다. 신해혁명 이후 정치적 혼란과 군벌 혼전의 근원이 여기에 있었다.

각 성(省)이 대청제국의 지배에서 독립을 선언함으로써 제국은 무너지기 시작했고, 독립을 선언한 각 성이 모여 중화민국을 건국했다. 이로 인해 신해혁명 이후의 지역[地域, 군벌(軍閥)] 할거(割據)는 불가피했다. 중앙집권적 국가건설을 도모했던 위안스카이의 실험이 끝나자 곧바로 군벌 체제가 등장하고 중국은 '항상적(恒常的) 전시상태(戰時狀態)'로 빠져들었으며, 신중국 건설의 희망은 절망으로 바뀌었다. 태평천국운동 이후 가속화된 분권 경향이 군벌 시기에 이르러 정점에 달한 것이다. 그리하여 "군벌로 상징되는 분권적 경향(의 강화로) 공화제에 의한 국가건설은 좌절의 위기에 봉착했다. 더욱 심각한 것은 분권적 경향의 강화, 다시 말해 영토적 분열은 새로운 국가건설의 전제가 되었던 제국의 영토적 통합성의 계승과 유지라는 전제에 정면으로 배치되었다. 그러므로 민국 초 그 어떠한 권력도 국가건설 주체로서의 정당성을 원천적으로 확보할 수 없었다."[19]

이에 신해혁명의 성과에 대한 근본적 의문이 제기되기에 이른다. 그 결과 구질서, 구가치, 구관념의 철저한 청산과 '민주와 과학'을 원리(原理)로 새로운 질서를 모색하는 문화혁명이 오사신문화운동이라는 이름으로 전개되었다.[20] 적어도 국가건설 제2단계의 지식인 사회에서 전통의 청산과 단절은 새로운 중국을 디자인하기 위해 필수적이고 절박한 문명사적 어젠다로 공유되었다. 오사의 주인공들은 청산/단절의 대안으로

---

19 전인갑, 2016, 앞의 책, 112쪽.

20 이에 대한 상세한 내용은 전인갑, 2016, 위의 책, 308쪽을 참조.

근대 서구(modernity)의 수용, 즉 서구의 가치와 개념, 사유방식, 규범과 제도의 수용을 제시했다. 이것은 근대 서구가 창안(創案)하고 정립(定立)하여 오늘날 문명의 표준(서구의 보편주의)으로 진화한 패러다임이다. 필자는 국가건설 제2단계의 문화담론과 국가건설 방식을 청 말 민초의 '변통형(變通型) 문화중건(文化重建)'과 구분하여 '수용형(受容型) 문화중건(文化重建)'이라 개념화한바 있다.

이 변화가 갖는 결정적인 의미는 천하주의(天下主義, 중국의 보편주의)를 대원칙으로 삼아 정립(定立)·진화(進化)한 문명제국 패러다임이 본격적으로 쇠퇴하고 국민국가 패러다임이 새롭게 당위적 권위를 확보하여 그 자리를 대체하게 되었다는 사실이다. 오사가 남긴 역사적 공헌은 사유방식과 사유체계의 혁명, 즉 패러다임의 전환이었다. 말하자면 "중화를 문명의 표준으로 여긴 사유방식이 서구를 문명의 표준으로 삼는 사유방식으로 전환되는 국면이 전개되기 시작한 것이다. 또한 유교적 보편가치[오상(五常): 인의예지신(仁義禮智信)]를 진리로 여기는 사유방식이 서구가 창안한 근대의 보편가치(자유, 평등, 민주, 공정, 휴머니즘 등)가 대원칙이 되는 사유방식으로 대체"된 것이다.[21]

전술한 바와 같이 오사에서 국민국가 패러다임이 정립되었다. 그것은 중국 나아가 동아시아 국가들의 입장에서는 '근대적 보편가치'(내향성), '근대적 국민국가', '민족주의·반제·반패권'(외향성)이라는 3대 명제(命題)를 해결해야 하는 패러다임이었다. 전인갑(2019)에서 3대 명제에 대해 상세하게 논의했다.[22] 오사는 서구가 만든 보편가치(이하 서구의 보편

---

21 전인갑, 2019, 앞의 글, 130쪽.

22 이하 오사에서 정립된 국민국가 패러다임의 3대 명제에 대한 설명은 「오사 100년, 「신화」에서 「역사」로: 현대중국 문화담론의 반전」, 128~132쪽(전인갑, 2019)의 내용

가치로 표현)가 중국이 수용해야 할 보편가치 나아가 글로벌 스탠더드(global standard)가 되어야 한다는 시대를 열었다. 그리하여 이제 중국인들은 "서구의 보편가치를 전제로 서구의 개념과 용어로 사유하고, 그러한 사유방식에 따라 중국을 만들어"야 했다. 이에 따라 "사유의 기준과 실천 방식이 '중화'에서 '서구'로 전환"하지 않을 수 없게 되었다. 이것은 서구의 스탠더드(Western Standard)가 중국의 스탠더드(Chinese Standard)를 대체하는 인식체계상의 혁명이었다.

그런데 '근대의 보편가치' 수용 문제는 수용의 폭과 방식을 둘러싸고 격렬한 문화논쟁을 초래했다. 중서문화논쟁, 동방문화열, 전반서화론, 중국문화본위론, 신유학 등이 그것이다. 20세기 내내 진행된 중국의 문화논쟁들은 오사에서 제기된 '근대의 보편가치' 수용 문제가 단순히 수용하느냐 안 하느냐의 문제가 아니라 중국의 전통적 사유방식과 사상체계 속으로 서구를 어떻게 끌어들일 것인가에 대한 지적 고뇌의 산물이었다. 고뇌의 깊이만큼 논쟁은 격렬하게 진행될 수밖에 없었고 현재까지 이와 관련한 문화논쟁이 진행되고 있다. 오랫동안 반복된 여러 문화논쟁이 남긴 하나의 성과를 꼽으라면 근대의 보편가치와 중화의 보편가치가 일방적으로 수용 혹은 청산되는 것이 아니라 양자가 융합되어 문화담론-어떤 중국을 만들 것인가에 대한-의 새로운 차원이 하나씩 개척되었다는 점일 것이다.

'민족주의 · 반제 · 반패권'은 오사에서 정립된 국민국가 패러다임의 3대 명제 중에서 강국몽을 상상하던 중국인들이 가장 치열하게 추구했

을 원문 그대로(이 경우 인용 표시로 구분) 혹은 수정하여 인용하고, 논의를 발전시켜 일부는 새로이 서술했다.

던 명제였다.[23] 이 명제의 실천은 수많은 희생을 수반하는 고통스러운 일이었지만 중국(그리고 동아시아 각국)은 지난 150여 년 동안 중국(동아시아)을 짓누른 이 명제로부터 결코 자유로울 수 없었다. 민족주의·반제·반패권을 위한 투쟁이 곧 국가건설을 위한 실천이고, 민족주의·반제·반패권의 실현이 국민국가의 완성이라는 인식은 숭고한 가치를 지닌 신념이 되었다. 반패권을 향한 지난 150여 년 중국인의 외침과 그 실천 그리고 희생이 오늘날 중국 부상의 부인할 수 없는 토대였다. 오늘날의 중국은 근현대사에서 전개된 치열한 중국인들의 반패권 투쟁의 결실이라 해도 과언이 아니다.

여하튼 오사를 계기로 민족주의·반제·반패권은 중국이 국가건설에 성공하여 강국몽을 구현하기 위해 반드시 실현해야 할 핵심 중의 핵심 명제로 뿌리내린다. 그런 만큼 20세기 내내, 그리고 21세기 초만 해도 반패권을 향한 중국인의 열정과 목소리는 드높기만 했다. 사실 오사를 계기로 국가건설 제1단계에서 발견되는 국민국가 패러다임과 민족주의에 대한 이해의 부족이 극복되었다. 예컨대 "오사를 분기로 종족주의적 민족주의[ethnic nationalism; 한족민족주의(漢族民族主義), 대한족주의(大漢族主義)]가 근대적 국민국가의 이념으로써의 민족주의(nationalism)로 진화"[24] 했다.

물론 이러한 진화를 오사의 영향으로만 설명할 수 없다. 신해혁명 후 배만민족혁명(排滿民族革命, 한족민족주의)은 대청제국이 남긴 대일통 중국을 분열시켜 중국의 영역이 축소될 위험성을 크게 증가시켰다. 이에

23 세 명제 중 '근대적 국민국가' 건설 문제에 대한 간략한 설명은 「오사 100년, 「신화」에서 「역사」로: 현대중국 문화담론의 반전」의 제3장(전인갑, 2019)을 참조하라.

24 전인갑, 2019, 앞의 글, 130쪽.

중국은 오족공화(五族共和)의 기치를 내리고 중화민족(中華民族)이라는 새로운 통합 이념을 높이 들었다. 말하자면 종족주의적 민족주의를 폐기하고 국민국가의 다양하지만 통합된 구성원을 만드는 작업이 중화민국 성립 이후 본격적으로 전개되었다. 그 과정에서 근대적 국민국가의 이념으로써의 민족주의가 중국 사회에 착근(着根)했다. 중화민족이라는 새로운 통합 이념의 생성과 확산, 이것은 분명 새로운 전통의 창조였다.[25]

오사가 확립한 국민국가 패러다임은 그 후 중국을 재조(再造)하는 이념이 되고, 국가건설을 위한 실천의 대원칙이 되었다. 소위 국민국가 패러다임은 오사전통 혹은 오사정신이라는 이름으로 불가침의 권위를 갖게 되고 국가건설을 위한 '신화'로 진화했다. 20세기 중국의 새로운 정치제도, 사회제도는 오사가 생산한 이 패러다임의 영향을 직·간접적으로 받았음은 부정할 수 없다. '신화'가 된 국민국가 패러다임은 1930년대 이후 줄곧 그 내용이 확충되면서 국가건설의 전범으로 뿌리내리게 된다.[26]

국가건설 제5단계는 이 패러다임이 전형적으로 실험된 단계이다. 이 단계는 중화인민공화국 헌법이 제정되고 중국공산당의 일당체제가 본

---

25 국민국가 패러다임은 중국과 동아시아에서 새로운 전통으로 정착하게 된다. 그런데 그 과정에서 이 패러다임의 동아시아적 진화가 동시에 진행되는바, 동아시아 각국의 고유한 역사와 문화, 각기 지향하는 國家理想 등 각국에 맞는 길과 방식으로 국민국가 패러다임이 분화 발전했다. 특히 중국의 경우 중국 고유의 방식으로 고유의 길을 모색하고 그에 따라 국민국가 패러다임의 중국적 재구성이 진행되었다.

26 국민국가 패러다임의 중국적 재구성과 문명제국 패러다임의 근대적 재구성을 위한 움직임이 1930년대와 1990~2000년대에 주류 국가건설 담론과 주류 문화담론으로 발전하는 것을 볼 수 있다. 이는 역설적이게도 문명제국 패러다임을 극복하려 한 오사가 정립한 국민국가 패러다임으로 중국의 부상이 이루어진 결과였다.

격적으로 시작되는 시점(1954년)부터 문화대혁명으로 '폐기'된 헌정이 회복되는 1982년(신헌법 공포)까지이다. 이 단계에서는 비자본주의적 국가건설의 길-신민주주의 방식-을 '조급'하게 폐기하고 사회주의적 국가건설을 전면적으로 추진했다.

중화인민공화국은 중국인민정치협상회의 공동강령을 '임시헌법' 격으로 하여 건국한 연합정부다. 형식상으로 보면 중국공산당은 '신중국' 건국에 참여한 9개 정파 중의 하나였고, 이들 여러 정파의 연합으로 중앙인민정부가 구성되었다. 우리는 이를 신민주주의 연합정부라고 부른다. 마오쩌둥은 「논연합정부(論聯合政府)」에서 한 계급의 독재, 한 정당의 독점은 있을 수 없고, 신민주주의 국가와 정권 형태는 긴 기간 동안 존재할 것이라고 약속했다.

그럼에도 마오쩌둥은 건국 3년 남짓 만에 신민주주의 단계의 비자본주의적 국가건설의 길과 연합정부를 폐기하고, 그 대신 1953년 8월 정식으로 과도 시기 총노선을 선언하고 중국공산당 일당체제로 전환했다. 그 기조는 사회주의적 국가건설 방식을 전면적으로 추진하는 것이었다. 그리고 그 목표는 중국을 완전히 개조하여 현대화한 사회주의 강국으로 발전하는 것이었다. 이때부터 사회주의적 국가건설이 본격적으로 시작되어 대약진운동, 문화대혁명 등의 과격한 실험이 이어졌다. 이 단계의 주선율은 단절과 청산을 통해 새롭고 '강한 중국'을 건설하는 과업[强國夢 實現]이었다.

청 말 이래 국가건설의 큰 흐름 속에서 신중국 등장의 의미를 살펴보면 다음과 같이 설명할 수 있다. 영토적인 측면에서는 중국국민당 정부가 복원하기 시작한 중앙집권화를 한층 강화하여 중화인민공화국의 지배영역 전체를 중국공산당의 일원적 통치가 가능한 '하나의 중국'으로 통합하는, 즉 영토적인 측면에서 천하일통(天下一統)의 국면(局面)을 실현하는 것이 필요했다. 그리고 권력 구조의 측면에서는 분권적 권력 구조를 집권적 권력 구조로 혁신하는 것이었다. 이러한 혁신을 위해서는 과거 권력 구조와의 단절, 기존 지배 엘리트의 청산이 필요했다. 이와 동시에 국가통치 시스템을 새롭게 정비하고 새로운 국가를 이끌어갈 엘리트의 충원 메커니즘을 새롭게 창출하는 것이 무엇보다 긴요했다.

지난(至難)한 곡절과 희생을 대가로 치렀지만, 이 단계에 부과된 과제는 대체로 해결되었다고 판단된다. 무엇보다 분권적 권력 구조가 집권적 권력 구조로 전환되었다. 대표적인 사례를 소개하면 다음과 같다. 1954년에 정무원(政務院)을 폐지하고 새로운 행정기구인 국무원(國務院)을 설립했다. 그리고 그 후속 조치로 중앙 행정기구를 대대적으로 정비했다. 이 개혁으로 지방과 사회 영역에서 중앙권력이 체계적이고 강력하게 관철될 수 있는 시스템이 구축되었다. 이와 함께 지방에서 '봉건 제후'처럼 독립적 권력을 행사하던 6개의 대행정구(大行政區)를 폐지하고 각 대행정구의 최고 권력자를 베이징으로 불러들였다. 이를 오마진경(五馬進京)이라 한다.[27] 이는 중앙정부가 지방-성(省)-을 직접 통치하는 집권체제를 대폭 강화하는 조치였다. 오마진경으로 상징되는 지방통치체제 개편은 장제스의 국민정부 이래 근대적 국민국가를 만들기 위해 지속적으로 추진한 집권체제 강화라는 흐름 속에서 나온 조치라고 해석할 수 있다.

---

27 대행정구는 5개 전후의 성을 통치했는데, 건국 직후에 중앙정부와 성 간에 설치되어 광범위한 자치권을 가졌다. 6대 대행정구는 中南區, 東北區, 西北區, 華東區, 西南區, 華北區이다.

이 단계에서 중국공산당은 지방, 특히 '비중화의 중국'[28] 지역, 사회 영역과 이념에 대한 지배력을 대폭 강화했다. 예컨대, "문화대혁명은 지방에 대한 중앙의 장악력을 높이고, 광대한 영토 안에 존재하는 비중화의 세계-소수민족 지구-를 중국으로 통합함으로써 중화인민공화국의 영토 통합력을 강화하는 데 결정적인 작용을 했다. 비록 그것이 폭압적으로 진행되었지만, 역사적인 관점에서 그리고 국가통합을 강화해야 한다는 측면에서 볼 때, 문화대혁명은 결과적으로 국가의 사회·경제 장악력, 이념/문화 통합, 영토 통합을 강화하는 데 기여했다."[29] 전 왕조가 남긴 영역을 온전히 보존한 것 자체로 중국공산당과 중화인민공화국의 정통성이 한층 더 강화되었음을 간과해서는 안 된다.

중국공산당은 이 단계에 전 중국에 걸쳐 영토적 통일과 사회적 통일, 이념적 통일을 구현하여 천하일통의 국면을 회복하는 데 성공했다고 할 수 있다. 이는 청 말 이후 지속된 분권과 집권의 길항 관계가 이제는 집권의 흐름이 분권 경향을 압도하는 방향으로 전개되었음을 의미한다. 이러한 변화는 장제스의 국민당 정부가 본격적으로 시작한 집권질서 회복을 위한 국가체제 정비가 이 단계에 와서 마무리되었음을 뜻한다.

사회주의적 국가건설은 중국공산당의 일당 체제하에서 30여 년 동안 진행되었다. 이러한 방식의 건설은 전체적으로 보아 비교적 성공적으로 추진되었다고 평가할 수 있다. 신중국 건국 이후 정치적·사회적 안정을 바탕으로 경제는 신속히 회복되어 1950년대 중반에는 이미 중일전쟁 직전의 경제력 수준으로 회복했다. 또한 비록 '고난의 3년'이라는 참담

28 '비중화의 중국'은 비한족의 세계로, 대청제국에 편입된 신강, 티베트, 몽골, 만주를 지칭한다.

29 전인갑, 2006, 「근현대사 속의 문화대혁명」, 『역사비평』 77, 208쪽.

한 결과를 가져오기는 했지만, 대약진운동은 중국 사회를 사회주의 사회로 개조하는 데 크게 기여했다. 이를 계기로 인민공사와 단위(單位)의 집체소유제가 확립되어 공유제(국유와 집체 소유)가 완성되면서 소유제 혁명이 일단락되었다. 소유권의 국유화와 집체화가 완성된 것이다. 이로써 사회주의 국가건설은 안착 단계에 확실히 진입했다.

마오쩌둥은 경제의 안정화, 사회와 이념 영역에서의 사회주의화 성공을 기반으로 국가통치 시스템과 엘리트 충원 메커니즘을 근본적으로 재구성하여 사회주의 국가건설을 앞당기고자 했다.[30] 한걸음 더 나아가 그는 사회주의 강국을 영속시킬 수 있는 시스템 창안을 시도하는데, 그것이 바로 문화대혁명이다. "문화대혁명으로 건설하고자 했던 마오쩌둥식 사회주의 국가는 부단한 계급투쟁을 통해 사회적 모순을 해소하고 평균주의가 지배"하는 현대화한 사회주의 강국이었다.[31] 그러한 사회주의 강국은 이상(理想)이었다. 마오쩌둥의 이상주의가 압도한 문화대혁명 기간 동안 이상과 현실의 긴장은 상실되었다. 그 결과는 '호겁(浩劫)의 10년'이었다. 말하자면 사회주의적 국가건설의 파행이 불가피했다. 그렇다고 해서 문화대혁명이 지향한 국가권력 기구 재편을 통한 중앙집권체제의 강화가 개혁개방정책이 성공적으로 추진될 수 있는 기반으로 작용했다는 의미까지 과소평가할 수는 없다.

30 이하 문화대혁명에 대한 서술은 전인갑(2006)의 관련 내용에 근거하여 서술했다. 전인갑, 2006, 위의 글.

31 전인갑, 2006, 위의 글, 207쪽.

IV. 국민국가 패러다임의 중국적 재구성

국민국가 패러다임의 중국적 재구성이란 국민국가 패러다임과 문명제국 패러다임을 융합하여 중국 특색의 패러다임과 중국 고유의 패러다임을 발신하려는 움직임을 말한다. 이러한 움직임은 문명제국 패러다임을 근대적으로 재구성하려는 움직임과 동시에 진행되었는데, 이 두 움직임은 사실상 동전의 양면과도 같은 관계였다.[32] 국민국가 패러다임의 중국적 재구성과 문명국가 패러다임의 근대적 재구성을 위한 움직임이 1930년대와 1990~2000년대에 주류 국가건설 담론과 주류 문화담론으로 발전할 수 있었던 것은 역설적이게도 오사에서 정립된 국민국가 패러다임이 '중국의 부상'을 견인한 결과로 볼 수 있다.

서구 근대가 생산한 보편가치, 서구의 개념과 사유방식으로 국가건설을 해야만 강국몽을 실현할 수 있다는 '진리'가 '오사정신'이고, 이러한 시대정신의 근저에는 국민국가 패러다임이 자리 잡고 있었다.[33] 따라서

32 필자는 오래전부터 근대 중국에서뿐 아니라 오늘날에 이르기까지 전통을 근대적으로 재구성하려는 실험과 근대를 중국적으로 재구성하려는 실험이 지속되었음을 주장했다. 사상적으로나 정치적으로 급진 혹은 보수를 불문하고 중국의 지식 엘리트와 권력 엘리트들은 '서구 혹은 근대성을 수단으로 전통을 비판적으로 재구성함으로써 중국 문화의 새로운 전개, 궁극적으로 중국의 국정에 적합한 국가건설을 모색해 왔다. 필자는 이를 두고 전통의 근대적 재구성과 근대의 중국적 재구성이라 설명했고, 이것이야말로 중국 근현대 지성사의 큰 특징이라는 점을 강조했다. 이 두 실험이 충돌하는 과정에서 자연스럽게 '중화'와 '근대(modernity)'가 융합되는 현상이 전개되는바, 필자는 이를 두고 '융합형 문화담론'이라 정의했다.

33 오사가 지난 100년 동안 중국의 문화담론과 문화논쟁 그리고 중국을 再造의 방향에 미친 영향 등을 필자의 관점에서 정리한바 있는데(전인갑, 2019, 앞의 글), 이 글과 기본 논지는 동일하다. 다만 이 글은 국가건설의 과정에 초점을 두고, 전인갑(2019)의 글은 100년간에 전개된 문화논쟁의 轉變에 중점을 두었다.

중화가 부정의 대상이 되는 것은 당연한 귀결이었고, 천하주의를 대원칙으로 삼아 생성·진화·작동된 문명국가 패러다임-이 패러다임을 전제로 만들어진 규범, 질서, 제도-역시 철저한 청산의 대상으로 전락했다.[34] 이러한 변화는 20세기 중국에 새로운 활력을 불어넣어 1930년대와 1990~2000년대 '중국의 부상'의 토대가 되었다.

그런데 '중국의 부상'을 계기로 전통의 긍정과 중화의 발굴을 통해 문명제국 중국이 생산한 가치 그리고 중국의 개념과 사유방식을 근간으로 삼아 중국을 건설해야 한다는 국가건설 담론과 문화담론이 지식인 엘리트뿐 아니라 권력 엘리트 사이에서 크게 확산되는 현상이 나타났다. 말하자면 국민국가 패러다임이 '중국의 부상'을 실현하고, '중국의 부상'이 국민국가 패러다임의 중국적 재구성을 자극하여 '중국의 길'과 '중국의 방식'으로 중국 고유(특색)의 패러다임을 창안하려는 움직임이 형성된 것이다.

국가건설 제3단계는 장제스가 중국을 재통일(1928년)한 이후부터 중일전쟁 발발(1937년)까지의 시기이다. 이 단계는 국민국가 패러다임에 따라 국가건설이 실제 진행된 최초의 단계였다. 국민국가 패러다임의 주요 실천 과제는 국가통합(국민국가의 영토, 집권체제), 국민통합(이념적 통합, 정치적 통합), 반제·민족주의의 실현(국민국가의 주권 확립)이었다. 장제스의 국민정부는 이 세 측면 모두에서 비교적 성공적인 성과를 거두었다고 할 수 있다.

우선 국가통합의 측면을 살펴보면 다음과 같다. 무엇보다 군벌체제

34 이를 논급하는 자는 반오사, 반계몽, 말하자면 복고, 수구, 보수일 뿐 아니라 반민족적·반혁명적이라는 비난을 감수해야 했다. 이는 문화 보수주의자들의 지적 도전이 내포한 '계몽'적 측면이 지나치게 홀시된 측면이 있다.

가 극복됨으로써 1850년대부터 격류를 타고 있던 분권이라는 시대적 조류가 차단되어 분권적 정치체제가 집권적 정치체제로 본격적으로 전환하기 시작했다는 점이 주목된다. 태평천국운동 이후 분권적 경향은 정치적으로 불가역의 흐름으로 정착했다. 태평천국운동 진압 이후 성역주의(省域主義)는 빠르게 확산되기 시작했다. 성역주의란 하나의 성을 하나의 '독립'된 정치적 단위/정치공동체로 건설하려는 움직임을 말한다. 이것이 확대되었다는 사실은 집권 체제하에서 중앙에 종속되어 있던 지방이 독립적 정치역량을 보유하게 되어-성의 정치화[35]-성의 자치가 대폭 강화되는 국면이 조성되었음을 의미한다. 즉, 분권의 강화이다.

다소 이견은 있겠지만 대청제국의 붕괴는 이 흐름의 직접적인 산물이었다. 위안스카이의 좌절-홍헌제제(洪憲帝制)의 실패- 역시 그러했다. 군벌시대는 그러한 시대적 흐름의 정점이라 하겠다. 극심한 정치적 혼란과 상시적(常時的) 전시상태(戰時狀態)를 초래한 군벌 할거의 시대였음에도 집권과 분권의 긴장 관계라는 측면에서 이 시대를 이해하면 집권의 표상인 천하일통의 국면이 크게 약화되고, 분권화가 급진전하던 혼란스러운 시대였다. 신해혁명 과정에서 성(省)의 독립이라는 형태로 나타난 성역주의가 군벌체제하에서 더욱 강화되었다. 이때 성이 하나의 정치적 단위로 독립하고 복수의 성이 연합하여 중국이라는 국가를 만들어야 한다는 국가건설 구상으로까지 발전하게 된다. 1920년대에 성헌법(省憲法) 제정 논의가 각 성에서 활발하게 전개되고, 후난성(湖南省)이 실제로 성헌법을 제정한 것은 이러한 경향의 산물이었다. 이것이 연성자치(聯省

35 省의 政治化는 정치의 지방화를 초래하고, 성역주의 노선에 기초한 정치와 대중 동원의 정치가 조직화·구조화되고 있었다.

自治) 구상이다.

분권의 흐름은 대청제국의 동맹자와 정복지에 해당하는 '비중화의 중국' 영역에도 지대한 영향을 미쳐 이들 지역의 원심적 경향이 대폭 강화되었다. 청 말 민국 시기 지역의 정치화는 '중화의 중국' 영역[元中國, China proper]에서는 성역주의의 확산과 군벌 할거라는 형태로 전개된 반면, '비중화의 중국' 영역에서는 오족공화의 구성원 혹은 중화민족의 일원 혹은 연방(聯邦)의 구성원이 아니라 각 민족이 하나의 국민국가로 전환하려는 민족주의적 움직임으로 진행되었다. 티베트의 독립화(獨立化), 동투르키스탄의 독립운동-동투르키스탄 이슬람공화국-그리고 몽골, 특히 외몽골-몽골인민공화국-의 독립이 그러한 동향의 대표적인 사례이다.

중국국민당은 북벌에 성공하여 다소간 한계는 있으나 청 말 이후 지속된 영토적 할거 상황-1910~1920년대의 군벌 시대-을 종식하고, 천하일통의 국면을 구현하는 데 성공했다. 중국의 재통일 달성이라는 업적을 배경으로 장제스의 남경국민정부는 비교적 강력한 리더십을 가지고 전국에 걸쳐 집권질서를 회복해 갔다. 이 시기 국가건설은 국민국가 패러다임을 전제로 한 자본주의적 국가건설의 길이었다. 이 시기에 청 말 이래의 분권적 경향이 약화되는 반면 집권적 경향이 강화되는 현상이 나타났다. 영토적으로나 정치적으로 전국을 중앙집권적으로 지배하는 남경국민정부의 권능이 그 이전 시기에 비해 한층 강화되었다. 이는 태평천국운동 이후의 거대한 시대적 흐름이 바뀌기 시작했음을 의미한다.

이와 더불어 1928년부터 시작한 열강과의 관세자주권 회복 협상이 1930년에 완료되었다. 그동안 중국 경제의 발목을 잡던 최대의 난제가 해결된 것이다. "이로써 남경국민정부의 경제적 기반이 내실을 갖추고 본격적인 산업화에 박차를 가하여 '황금 10년'이 가능했다. 사실 이 시기는 민국 시기 전체를 통틀어 가장 번영한 시기라고 해도 과언이 아니다."[36] 말하자면 국내적으로 영토 재통일과 집권질서 회복을 기반으로 강력한 중앙집권적 통치 시스템을 회복함으로써 경제적 번영과 사회적 안정이 가능했다. 국제적으로도 세계 대공황의 여파에도 불구하고 '중국의 부상'이 가시권에 들어오기 시작했다. 이는 지역질서의 불안정성이 고조되는 요인으로 작용하게 된다.

다음으로 국민통합의 측면을 살펴보면 다음과 같다. 이 단계에서 국민통합 이념은 삼민주의였다. 쑨원이 재해석한 민족주의와 민권주의, 민생주의는 언뜻 보면 서구 근대가 창안한 개념인 듯 보이나 실제는 그렇지 않다. 민족주의는 쑨원이 서구의 민족주의를 중국적으로 재구성한 개념으로 보아야 하고, 민권주의 역시 민주의 개념을 중국적으로 재구성한 것이다. 민생주의는 전통적 민본론·균분론과 시장주의가 결합한 경제체제론으로 해석할 수 있다.

국민정부가 추구했던 국가건설은 삼민주의가 전제이자 목표인 건설 전략이었다. 이 전략의 본질은 엘리트 전위정당인 중국국민당이 당치(黨治)-훈정(訓政)-를 통해 집권체제를 대폭 강화하는 한편 전국에 걸친 강력한 정치적 리더십을 바탕으로 위로부터의 국민국가 건설을 강력하게 추진하는 것이었다. 그리고 이러한 형태의 건설을 추진할 국가체제는 당정국가(黨政國家) 체제였다. 이 체제에서 삼민주의는 체제의 대전제였다. 당정국가 체제는 삼민주의를 대전제로, 삼민주의의 실현을 최종 목적으로 삼는 수단인 셈이다.

36 전인갑, 2016, 앞의 책, 316쪽.

여기서 주목해야 할 점은 삼민주의가 겉으로는 국민국가 패러다임을 충실히 따르고 있지만, 그 내용을 찬찬히 분석해보면 국민국가 패러다임의 주요 명제(민족, 반패권, 국가/국민통합)를 천하주의적 사유체계 속으로 끌어들여 재해석하고 있음을 발견할 수 있다는 사실이다. 이들의 관점에서 볼 때, 무엇보다 삼민주의는 공맹으로부터 시작한 중화(中華) 도통(道統)의 계승이라는 인식이 있었다. 즉 삼민주의는 중화의 도통이 현대적으로 발현된 이념/가치였다.[37] 따라서 유교적 보편가치가 그러했던 것처럼 삼민주의는 모든 규범, 질서, 제도는 삼민주의가 가르친바에 따라 만들어져야 하고, 삼민주의를 지상에 구현하는 것이 종국의 목적이 되어야 했다. 그러므로 중국국민당이 주도한 이 단계의 국가건설 전략에서 "전통문화가 강조되는 것은 지극히 당연한 귀결이었다. 왜냐하면 전통문화는 단순한 전통문화가 아니라 향후 건설해야 하는 국가의 성격을 결정하고 중국을 부흥시킬 수 있는 원천"이기 때문이다.[38]

국민국가 패러다임을 구현하기 위한 국민정부의 전략은 '건국 10년'이라 말할 정도의 성공을 거두었다. 이 성공으로 다음 두 현상이 나타났다는 점에 주목할 필요가 있다.

첫째, 1930년대 중국의 부상이다. 정치·영토적 통일의 실현, '황금 10년'으로 상징되는 안정적 경제발전, 삼민주의 이념 기반의 강력한 국민통합 그리고 중국국민당의 안정적 권력 장악력, 중화의 자신감 회복

---

37 삼민주의를 국가 지도이념으로 격상시키고, 그 철학적 논거를 제시한 다이지타오는 장문의 분석을 통해 쑨원은 요순과 공자의 이론과 道統을 계승했으며, 삼민주의는 중국의 정통사상을 계승하여 부흥시킨 이론으로 정의했다. 戴季陶, 1927, 『孫文主義之哲學的基礎』, 民國叢書 第三編 6卷, 中山主義研究會, 40~46쪽.

38 戴季陶, 1927, 위의 책, 318쪽.

은 당시에 목격된 '중국의 부상' 현상이었다. 중국의 부상은 청일전쟁 이후 안정적으로 뿌리내린 동아시아 지역 질서의 구조를 동요시킬 불안 요인으로 작용하게 된다. 소수 지식인 사이에 벌어진 논전이라 해도 1920년대 말, 1930년대 초에 벌어진 일본의 '중국통일화논전(中國統一化論戰)'을 통해 이러한 현상에 대한 일본의 위기의식을 읽을 수 있다. 1930년대 일본의 중국 침략 강화는 장제스 정권 시기에 빠르게 진행된 중국의 부상에 대한 반작용인 측면이 강하다. "중국 내셔널리즘에 도전한 최대의 열강은 일본 제국주의였다. 동아시아의 패권을 장악한 일본은 신생 중국이 통일 국가가 되어 재생하는 것을 가장 싫어했고, 중국이 필요로 하는 안정적 환경을 파괴"하려 한 것이 일본의 대륙침략 강화였다.[39]

둘째, 강한 중국으로 복귀할 수 있다는 기대감을 바탕으로 민족주의 그리고 국민국가 패러다임의 중국적 재구성이 운위되기 시작했다는 점이다. 문화 보수주의의 급속한 확산이 그것이다. 중국의 재통일, 경제적 번영, 정치·사회적 안정은 제국주의 열강의 침략에서 벗어나 '강국몽'을 실현할 새로운 국가건설이 본궤도에 올랐다는 인식이 광범위하게 확산되었다. 이러한 시대적 분위기는 민족주의 강화로 이어지고 중화의 길, 중화의 역량, 중화의 사유방식으로 중국의 국가건설을 추진하는 계기로 작용했다. 신유학(新儒學)이 유행하고, 중국문화본위논쟁을 필두로 하는 문화 보수주의 사조가 맹위를 떨치게 되는 이면에는 이러한 분위기가 저류에 흐르고 있었기 때문이다.

제4단계는 중일전쟁(1937년)부터 중화인민공화국 건국(1949년)을 거

39 橫山宏章, 1997, 『中華民國-賢人支配の善政主義』, 中央公論社, 200쪽.

쳐 신민주주의 혁명 정권(연합정부)이 종언을 고하는 1954년(중화인민공화국 헌법제정)까지다. 20세기 중국에서 확인할 수 있는 국가건설의 길은 자본주의적 방식, 비자본주의적 방식, 사회주의적 방식이 있었는데, 이 단계는 국가건설의 자본주의적 방식과 비자본주의적 방식이 치열하게 경합하는 시기다. 이 단계의 시대적 과제는 중일전쟁에서 승리하여 망국의 위기를 극복하는 것과 전후 어떠한 국가를 건설할 것인가라는 전후 국가건설의 방향을 결정하는 문제였다.[40]

1937년 7월, 중일전쟁의 발발로 대규모 경제건설과 국가체제 정비에 박차를 가했던 '황금 10년'은 종언을 고했다. 일본의 전면적인 대륙침략은 '황금 10년'의 성과를 기반으로 중국이 동아시아 국제질서의 새로운 강자로 부상하는 데 대한 견제의 성격이 강했음은 사실이다. 이로 인해 그동안의 정치적·경제적 성취가 형해화(形骸化)되었을 뿐 아니라 '강한 중국' 건설에 대한 기대감[强國夢]이 좌절을 맛보게 되었다. 이것은 삼민주의를 유일 이념으로 삼아 추진한 자본주의적 국가건설의 추진력이 현저히 약화되었음을 의미했다. 그리고 '건국 10년'이라는 자본주의적 국가건설의 성과가 이 시기 동안 무력화되었다.

반면 "전민족적 일치항일과 민주주의의 신장을 통해 국가의 모든 역량을 통합하여 급박한 망국의 위기를 극복할 것을 요구하는 국민적 열기의 고조"는 "비자본주의적 국가건설에 매진하던 중국공산당과 여러 민주당파의 역량을 강화시키는 결과"를 낳았다. 이로써 '강국몽' 실현이라는 목표는 같았으나 방법이 다른 또 하나의 건설 구상이 항일전쟁을

40 이하 국가건설 제4단계에 대한 서술은 『현대중국의 제국몽』(전인갑, 2016), 113~114쪽과 322~323쪽의 내용을 원문 그대로 종합하고, 일부는 내용을 새로이 보완했다.

통해 정치적 역량을 갖게 된 것이다.

자본주의적인 길과 비자본주의적인 길, 이 두 충돌하는 국가건설의 방식은 중일전쟁이 끝나갈 무렵인 1940년 전후부터 정치적으로 본격 충돌하기 시작했다. 그 충돌의 대표적인 사례가 장제스의 『중국의 명운(中國的命運)』과 마오쩌둥의 '연합정부론(聯合政府論)'의 충돌이라 하겠다. 전후 구상이 본격적으로 시작된 1940년 전후에 조성된 이러한 상황은 전후에도 지속되어 결국 내전을 불러왔다. 내전의 결과는 비자본주의적 건설 구상의 승리였다. 그렇지만 중화인민공화국이 건국되고 얼마 후 건설의 방향이 사회주의적 국가건설로 급속히 전환되면서 그 승리는 지속되지 못했다. 이는 민주당파들이 동의했던 신민주주의 방식의 국가건설, 즉 비자본주의적 국가건설이 마오쩌둥에 의해 좌절되었음을 의미한다.

V. 맺음말: '국민국가'에서 '문명대국' 패러다임으로

국가건설의 제6단계는 덩샤오핑(鄧小平)이 선도한 개혁개방의 시대, 사회주의 시장경제체제의 시대로, 비자본주의·비사회주의 방식으로 국가건설이 추진되고 있다. 이 단계는 문화대혁명 때 사실상 사문화한 헌법을 '전면개정'[41]하여 공포한 1982년부터 현재까지다. 청 말 이래 입헌/

41 중화인민공화국 헌법은 1954년에 제정된 후 1975년, 1978년 그리고 1982년에 총 세 차례 制定에 준하는 '전면 개정[修憲]'이 이루어졌다. 현재의 헌법은 1982년 헌법이며, 그 후 1988년, 1993년, 1999년, 2004년과 2018년에 '부분수정[局部修正]'이

헌정은 국가건설의 핵심 과제 중의 하나였다. 1954년 중화인민공화국 헌법제정으로 제도적인 측면에서 헌정체제가 실현되었다. 국민국가의 제도적 기반이 확립된 것이다. 그러나 문화대혁명은 그러한 헌정체제를 사실상 와해시켰다. 1982년 헌정 복구는 국민국가의 제도적 기반을 재확립하는 의미가 있었다.

사회주의 시장경제는 '중국 특색의 국가건설' 방식을 가장 상징적으로 표현하는 개념이다. 사회주의 시장경제는 시장의 자율성과 계획경제의 타율성이 결합하여 경제를 운영하는 체제이기도 하거니와 보다 핵심적인 특성은 다종 소유제를 인정한다는 점이다. 1999년 헌법 수정을 통해 "국가는 사회주의 초급단계에서는 공유제를 주체로 하고 다종 소유제 경제가 공동 발전하는 기본 경제 제도를 견지"하며, "개체경제, 사영경제 등 비공유제 경제"를 "사회주의 시장경제의 중요 조성 부분"으로 인정하고, 이를 보호할 것을 규정했다. 그러므로 사회주의 시장경제는 혼합경제체제라 할 수 있고, 이를 사회주의 초급단계의 경제체제로 정의했다. 그런데 이 체제는 국가건설의 제4단계에서 실험된 신민주주의 체제의 부활이다. 사회주의 초급단계와 신민주주의 혁명 단계 모두 혼합경제체제를 전제로 국가건설을 추진한다는 측면에서 양자의 본질적 차이는 없다.

중국 특색의 국가건설은 주지하다시피 성공적으로 진행되고 있다. 청말 이래 '강한 중국'을 복원하기 위해 추진해 온 국민국가 건설의 노력이 미국과 더불어 세계질서의 편성자로 나서려 할 정도의 결실을 맺었으니 더욱 그러하다. '중화'에 대한 자부심을 복원하기에 충분한 성과라

이루어졌다.

하겠다. 그런데 이 성과는 청 말 이후 지속적으로 추구했던 집권화의 흐름, 그리고 강력한 영토적·사회적·이념적 통합, 즉 천하일통의 구현 그리고 국가통치 시스템의 중국적 제도화가 있었기에 가능했다는 점을 기억해야 한다. 가까이로는 덩샤오핑 시대의 성공에는 마오쩌둥 시대의 정치혁명이 자양분으로 작용했다.[42]

시진핑(習近平)의 '신시대(新時代)' 선언은 근대의 패러다임, 말하자면 국민국가 패러다임의 완성과 다음 시대로의 질적 전환을 선포하는 것처럼 보인다. 그는 청 말 이래 지난하게 모색했던 국가건설의 과정을 다음과 같이 총결한 바 있다. "중국몽을 실현하기 위해서는 중국의 길을 가야 한다. 이것은 중국 특색의 사회주의의 길이다. 이 길은 쉽게 오지 않았다. 그것은 개혁개방 30여 년의 위대한 실천 속에서 태동한 것이며, 중화인민공화국 성립 60여 년의 계속된 탐색 속에서 만들어졌다. (또한 이 길은) 근대 이후 170여 년 동안 중화민족이 추구해 온 발전의 역정에 대한 본질적 총결산 속에서 나온 것이다. 그리고 중화민족이 5,000여 년의 유구한 문명을 전승하는 과정에서 형성된 길이다."[43] 그리고 그는 2017년 10월 중국공산당 제19차 전국대표대회에서 "중국 특색의 사회주의가 신시대에 진입"했음을 선언했다. 그리고 신시대에는 중국의 사유방식과 중국의 방안으로 새로운 사회제도와 이념을 만들어 인류운명공동체를 건설하고, 신세계질서를 구축하는 과업을 중국이 수행할 것을 강조했

42 그 성공의 비결은 모순되는 이념과 제도 그리고 체계들이 각각의 고유한 특성을 가진 채 '하나의 전체'를 이루어 조화롭게 공존한다는 점이다.

43 習近平, 2013,「在第十二屆全國人民代表大會第一次會議上的講話」, 中共中央文獻硏究室 編,『習近平關于實現中華民族偉大復興的中國夢論述摘編』, 中央文獻出版社. 35쪽.

다.[44] 그리고 2018년에는 여기서 한 걸음 더 나아가 중국은 서구와의 가치와 규범경쟁을 공식적으로 선언했다.

이러한 일련의 움직임은 서구를 추종했던 20세기 국민국가 패러다임의 '대안적(代案的)' 반전(反轉)이다. 시진핑의 '신시대'는 국민국가 패러다임에서 중국이 벗어났음을 의미함과 동시에 중국이 새로운 패러다임으로 미래를 창조하겠다는 의미를 함축한 개념으로 보아야 한다. 그 목표는 분명하다. 중화민족의 위대한 부흥(중국몽)을 실현하는 것이다. 중국몽이 어떻게 구현될지 혹은 어떤 결과를 가져올지는 아직은 미지수다. 그러나 분명한 사실은 중국이 이제 국민국가 패러다임의 완성을 선언했고, 중국 특색의 국가건설 방식을 중국만의 고유한 방식이 아니라 일반화/보편화할 수 있는 국가건설 방식으로 진화시키려 한다는 점이다. 시진핑의 '신시대'는 미래담론이다. 이 미래담론은 시진핑의 '신시대' 선언에서도 읽을 수 있듯 중화성(中華性)을 전제로 만들어지는 사유방식이자 질서고, 이념일 것이다.

21세기 벽두부터 중국에서는 국민국가 패러다임에서 벗어나 새로운 대안을 모색하는 움직임이 크게 유행하고 있다. 이 움직임은 지난 150여 년 동안 중국이 서구가 생산한 '근대'(=서구)적 사유방식 그리고 서구의 개념과 이론을 뒤쫓아가느라 급급했다는 반성에서 출발한다. 이러한 반성은 이제는 중국이 창안하는 새로운 사유방식과 개념, 이론으로 중국과 세계의 문제를 사유하고 해결하며, 미래의 중국과 세계를 건설해야 하는 단계로 넘어왔다는 자신감의 발로라 하겠다. 이러한 움직

---

44 習近平, 2017. 10. 27,「決胜全面建成小康社會奪取新時代中國特色社會主義偉大胜利-在中國共產黨第十九次全國代表大會上的報告(2017. 10. 18.)」,『新華网』, 30쪽.

임은 현재 우리가 당연하다고 여기는 인식체계를 중국의 역사적 경험/전통과 현실(비서구 세계의 역사적 경험과 현실로 환치해도 무방하다)을 중심에 두고 전면적으로 재구성하려는 문명사적 도전이라 생각된다. 말하자면 패러다임의 전환을 향한 중국 지식인의 문명담론이 최근 봇물 터지듯 분출되는 듯하다. 국민국가 패러다임의 대안 모색 역시 그러한 현상의 일단이다.

필자는 그동안 중국이 새로운 패러다임을 발신하는 현상을 분석하는 연구를 지속해 왔다. 2000년대 이후 중국에서 전개되고 있는 세계담론[45]과 새로운 패러다임 모색의 양상과 그 의미에 대해서는 필자의 기존 연구에서 상세히 다루고 있어 이 글에서는 이에 대한 분석을 생략한다.[46] 다만 이러한 현상이 발생하여 진화하는 경과를 간략하게 소개하려 한다.

우선 변화한 시대의 분위기를 스케치하면 다음과 같다. 중국인의 사유방식이 국민국가 패러다임으로 전환하면서 반제·반식민, 자주와 독립은 20세기 내내 중국인들의 치열한 외침이었다. 이 외침은 널리 퍼져 근현대 중국인이라면 모두가 추구해야 할 당위였다. 한마디로 말해 반패권은 근현대 중국의 출발이고, 그 구현은 강국몽을 실현하려는 근현대 중국의 목표였다. 오늘날 '중국의 부상'은 반패권을 그토록 치열하게

45 필자는 세계담론을 '천하주의, 천하관 등 중국 중심의 사유방식으로 중국과 인류, 세계의 문제를 사유하고 새로운 보편주의를 발굴하려는 담론'이라 정의한 바 있다. 이 담론의 스펙트럼은 넓어 신조공질서론, 신천하주의론, 천하체계론, 문명국가론, 문명형 대국론, 신유가문명국가론, 유가헌정국가론 등 다양한 양상을 보인다.

46 전인갑, 2016, 앞의 책; 전인갑, 2019, 앞의 글; 전인갑, 2018b, 「중화체제와 하나의 중국 그리고 규범경쟁」, 『성균차이나브리프』 제6권 제4호(통권 49호); 전인갑, 2015, 「지식 패러다임의 反轉과 '帝國夢'-'中華'의 再普遍化로」, 『中國近現代史硏究』 68.

추구해온 결실이라 해도 지나친 비약은 아닐 것이다.

그런데 최근 이러한 분위기가 크게 변화하는 조짐이 나타난다. 어느 비판적 지식인의 다음과 같은 우려는 기우라 할 수 없을 정도로 중국 사회, 특히 지식인 사회나 권력 엘리트 사회에 확산되고 있다. 그의 관찰을 정리하면, '몇 년 전 누군가가 중국이 패도국가(霸道國家)가 될 가능성이 있다고 말했다면 쓸데없는 걱정이라 일축했을 것이다. 왜냐하면 중국은 왕도(王道)의 문화를 지닌 문명국가이고 반식민, 반제, 반패도를 외쳐왔기 때문이다. 그러나 지금은 이 말을 부정하지 못하는 듯하다. 최근 중국 사회에는 패권적 언어들이 넘치고' 있다는 논지다.[47] 이러한 패권적 언설과 중국 문화(중화) 중심의 새로운 가치 모색은 중국몽, 일대일로, 인류운명공동체, 중국의 길과 방식, 중국 모델, 베이징 컨센서스, 아시아 문명대화대회 등 일일이 열거할 수 없을 만큼 다양한 형태로 활발하게 실험(實驗) · 개진(開陳)되고 있다. 시대의 대세가 반패권(反霸權)의 고조(高調)에서 패권(霸權)의 고조로 바뀐 것이다. 이러한 현상은 중국 중심적 사유의 복원이라 해도 과언이 아니다.

중국이 주도하는 세계담론의 창안과 새로운 패러다임의 정립에 대한 천착은 이미 1990년대부터 그 조짐이 나타났고, 최근에 와서 명확한 방향성을 드러냈을 뿐이다. 1990년대에 갑자기 '국학열' 풍조가 크게 유행하고 뒤이어 20세기 내내 급진주의 문화 담론에 압도되어 '냉대'받았던 문화 보수주의가 주류 문화 담론으로 급부상했다. 문화 보수주의의 부상은 현대 사상사에서 하나의 큰 변곡점이라 할 수 있다. 왜냐하면 오사운동으로 본격 진행된 전통-중화- 부정과 청산을 명제로 삼은 '중화 부

---

47 허자오톈 지음, 임우경 옮김, 2019, 『현대중국의 사상적 곤경』, 창비, 263쪽.

정의 실험'이 중화를 계승하고 인류의 미래-한계에 봉착한 서구문명을 대신하여-를 여는 자산으로 활용해야 한다는 '중화 긍정의 실험'으로 전환하는 지성사적 대전환의 상징이기 때문이다.[48]

2000년대 이후 활발하게 개진되는 세계담론과 새로운 문명론은 '중국사상계가 세계와 문명을 사유의 단위로 국가 대전략과 세계질서를 구상'하고 있음을 보여주는 어젠다라 할 수 있다. 이들 어젠다는 보다 직접적으로는 현존하는 보편가치인 아메리카니즘에 대신하여 중국이 발신하는 보편주의를 창안하려는 실험의 일환이다. 아메리카니즘은 근대 서구에서 뿌리가 다른 세 개의 이념인 자유주의, 민주주의, 자본주의를 융합한 '이념적 돌파'의 산물인바, 중국의 실험이 과연 미국의 경우와 같은 이념적/문명론적 돌파를 통해 새로운 패러다임을 창안하고 발신할 수 있을 것인가는 면밀히 지켜볼 일이다. 다만 현재 중국에서 논의되는 문화론은 '중국 특색' 혹은 중국의 고유성을 회복, 확장하는 차원에서는 크게 벗어나 있음이 분명하다. 보편주의를 운위하는 단계로 진입했다고 보아야 할 것이다.

48 필자의 기존 작업에서 누차 강조한 바와 같이 20세기는 중화문명을 부정하고 서구문명을 수용하여 강국몽을 실현하려 한 시기로 '중화 부정의 시대'였다. 이러한 시대정신을 가능하게 한 인식체계는 곧 국민국가 패러다임이다.

참고문헌

단행본

가라타니 고진 저, 조영일 역, 2016, 『제국의 구조』, 도서출판b.

김재철, 2017, 『중국과 세계: 국제주의, 민족주의, 외교정책』, 한울.

전인갑, 2016, 『현대중국의 제국몽--중화의 재보편화 100년의 실험』, 학고방.

허자오텐 지음, 임우경 옮김, 2019, 『현대중국의 사상적 곤경』, 창비.

戴季陶, 1927, 『孫文主義之哲學的基礎』, 民國叢書 第三編 6卷, 中山主義研究會.

横山宏章, 1997, 『中華民國-賢人支配の善政主義』, 中央公論社.

Fairbank, John K., Reischauer, Edwin O., & Craig, Albert M., 1965, *East Asia: The Modern Transformation*, Boston, Houghton Mifflin Company.

논문

유용태, 2009, 「근대중국의 민족인식과 내면화된 제국성」, 『동북아역사논총』 23호.

전인갑, 2006, 「근현대사 속의 문화대혁명」, 『역사비평』 77.

______, 2015, 「지식 패러다임의 反轉과 '帝國夢'-'中華'의 再普遍化로」, 『中國近現代史研究』 68.

______, 2018a, 「비대칭적 국제질서」, 『서강인문논총』 51집.

______, 2018b, 「중화체제와 하나의 중국 그리고 규범경쟁」, 『성균차이나브리프』 제6권 제4호(통권 49호).

______, 2019, 「오사 100년, 「신화」에서 「역사」로: 현대중국 문화담론의 반전」, 『현대중국연구』 21-2.

甘陽, 2012, 「導論: 從民族-國家走向文明-國家」, 『文明 · 國家 · 大學』, 北京: 三聯書店.

習近平, 2013, 「在第十二屆全國人民代表大會第一次會議上的講話」」, 中共中央文獻研究室 編, 『習近平關于實現中華民族偉大復興的中國夢論述摘編』, 中央文獻出版社.

______, 2017. 10. 27, 「決胜全面建成小康社會奪取新時代中國特色社會主義偉大胜利

-在中國共產黨第十九次全國代表大會上的報告(2017. 10. 18.)」,『新華网』.
李揚帆, 2015,「"中華帝國"的概念及其世界秩序:被誤讀的天下秩序」,『國際政治研究』第5期.
田濤, 2016,「天下主義與民族國家-晚淸國際法詮釋」,『天津師範大學學報(社會科學版)』第6期(總第249期).

Callahan, William A., 2007. 5, "Tiaxia, Empire and the World: Soft Power and China's Foreign Policy Discourse in the 21th Century", *BICC Working Paper Series*, No. 1.

찾아보기

ㄱ

ㄴ

ㄷ

ㅇ

ㅈ

ㅊ

ㅋ

ㅌ

ㅍ

ㅎ

기타

한중 역사인식의 공유
- 민족주의의 뿌리와 과제

초판 1쇄 인쇄 2020년 10월 30일
초판 1쇄 발행 2020년 11월 5일

엮은이 전인갑, 왕위안저우
펴낸이 김도형
펴낸곳 동북아역사재단

등 록 제312-2004-050호(2004년 10월 18일)
주 소 서울시 서대문구 통일로 81 NH농협생명빌딩
전 화 02-2012-6065
팩 스 02-2012-6189
홈페이지 www.nahf.or.kr
제작·인쇄 (주)동국문화

ISBN 978-89-6187-564-6 93910